Klaus Berger
Formgeschichte des Neuen Testaments

Klaus Berger

Formgeschichte des Neuen Testaments

Quelle & Meyer Heidelberg

FÜR C.

CIP-Kurztitelaufnahme der Deutschen Bibliothek

Berger, Klaus:
Formgeschichte des Neuen Testaments / Klaus Berger. –
Heidelberg : Quelle und Meyer, 1984.
  ISBN 3-494-01128-1

Satz und Druck: Druckhaus Darmstadt GmbH, Darmstadt.

Inhaltsverzeichnis

Vorwort

Das methodische Programm, das ich in meinem Buch „Exegese des Neuen Testaments. Neue Wege vom Text zur Auslegung" (UTB 658), Heidelberg 1977, ²1984 dargelegt habe, soll hier nun nach seiner formgeschichtlichen Seite hin für alle Texte des Neuen Testaments konkretisiert werden. – Die wichtigste Vorarbeit speziell für dieses Buch war ein längerer Aufsatz über die in erster Linie durch die Griechisch sprechende Umwelt biblischer Überlieferung vermittelten „hellenistischen Gattungen" in ihrer Beziehung zum Neuen Testament („Hellenistische Gattungen und Neues Testament", in: Aufstieg und Niedergang der römischen Welt, II 23,2, Berlin 1984, S. 1031–1432 + Reg.). Dieser Aufsatz wird hier, insbesondere was die umfangreichen dortigen Literaturangaben betrifft, häufiger vorausgesetzt oder zusammengefaßt. Zu vielen Punkten wird dort ein ausführlicherer Unterbau geliefert. Da der Aufsatz 1981 abgeschlossen wurde, hat sich im Laufe der Zeit auch einiges verschoben.

Dem Leser wird nicht entgehen, daß ich eine Fülle von Detailangaben der Sekundärliteratur verdanke und daß bei der Darstellung der einzelnen Gattungen stets viele historische und theologische Urteile impliziert sind, die oftmals – des begrenzten Umfangs eines Studentenbuchs wegen – nicht näher begründet sind. Da es eine Reihe guter Kommentare zu verschiedenen Schriften des Neuen Testaments gibt, konnte ich mir im Gegensatz zu R. Bultmann und M. Dibelius eine Detailanalyse der einzelnen Texte in der Regel sparen. Wie ich mir die Komposition der einzelnen Bücher des Neuen Testaments denke, habe ich in dem Buch „Bibelkunde des Alten und Neuen Testaments. Bd. 2: Neues Testament" (UTB 972), Heidelberg 1981, ²1984, dargestellt.

Die Anregung, eine neue Formgeschichte zu wagen, ging von Herrn Prof. D. Otto Michel (Tübingen) aus, der bei einem seiner Besuche in Gaiberg unwidersprochen forderte: „Was wir brauchen, ist eine neue Formgeschichte."

Das Buch soll vor allem dazu helfen, bei der eigenen Arbeit sinnvolle Fragen zu stellen.

Heidelberg, 1. November 1983   Klaus Berger

A. Einführung

Lit.: BERGER, Exegese S. 128.132; ANRW S. 1034–1048. Ferner: R. BLANK: Analyse und Kritik der formgeschichtlichen Arbeiten von Martin Dibelius und Rudolf Bultmann (Theologische Dissertationen 16), Basel 1981. – K. W. HEMPFER: Gattungstheorie (UTB 133), München 1973. – E. D. HIRSCH: Validity in Interpretation, New Haven 1967 (deutsche Übersetzung: Prinzipien der Interpretation, UTB 104, München 1972). – U. B. MÜLLER: Prophetie und Predigt im Neuen Testament, Gütersloh 1975. – W. SCHMITHALS: Kritik der Formkritik, in: ZThK 77 (1980) 149–185.

Diese eher systematischen Bemerkungen sind im wesentlichen induktiv aufgrund einer formgeschichtlichen Bearbeitung aller Texte des Neuen Testaments entstanden. Vormeinungen darüber, was Formgeschichte sei, wurden anhand der neutestamentlichen Texte revidiert und erweitert. Das einzige maßgebliche Bestreben war, einen Aufriß zu schaffen, der für alle Texte des Neuen Testaments eine formgeschichtliche Bearbeitung erlaubte.

§ 1 Allgemeine Begriffsbestimmungen

1. *Formgeschichte* ist die Verbindung aus Gattungskritik und Gattungsgeschichte. *Gattungskritik* ist die Ermittlung von Gattungen anhand bestimmter Kriterien. *Gattungsgeschichte* ist die Geschichte der Verwendung einer Gattung im Rahmen der Geschichte des Mittleren und Vorderen Orients und Europas. Der Ausdruck Formgeschichte wurde beibehalten, weil die Analyse der literarischen Form jeweils der erste Schritt exegetischer Arbeit ist.

2. *Form* ist die Summe der stilistischen, syntaktischen und strukturellen Merkmale eines Textes, d. h. seine sprachliche Gestalt. Für die Formbestimmung wird diese Summe bereits nach bestimmten Prinzipien gesichtet, so daß sich Schwerpunktmerkmale bilden. Vor allem im Vergleich zu Formen anderer Texte wird erkennbar, welche formalen Elemente für einen Text charakteristisch sind (vgl. dazu näherhin Berger, Exegese, S. 33–85). Jeder Text hat eine Form; er kann sie mit anderen Texten teilweise oder auch ganz gemeinsam haben. *Strukturelle Merkmale* sind solche, die sich aus dem Verhältnis der Teile des Textes zueinander ergeben (z. B. Aufbau a-b-a).

3. *Gattung* ist eine Gruppe von Texten aufgrund gemeinsamer Merkmale verschiedener (d. h. nicht nur formaler) Art. Zur Bestimmung einer Gattung sind diese Merkmale nicht nur kumuliert, sondern stehen in einem bestimmten Hierarchieverhältnis zueinander. Die Merkmale sind daher durch bestimmte Beziehungen untereinander ausgezeichnet. Für die Gattungsbestimmung entscheidend ist, welches Element auf den Leser den stärksten Eindruck macht (rhetorische Herleitung der Gattungen; vgl. dazu unten § 5.3).

Der Streit, ob Gattungen „an sich" bestehen oder nur induziert werden, ist so alt wie der Streit zwischen Realismus und Nominalismus. Wir stellen jedenfalls fest: Die neutestamentlichen Gattungen haben Namen und Merkmale entweder bereits im Neuen Testament (z. B. „Evangelium" (?); Gleichnis; Epistel) oder in der zeitgenössischen antiken Rhetorik (z. B. Chrie; Apophthegma) oder durch die modernen Exegeten erhalten (z. B. „Wiedererkennungsgeschichte"). Entscheidend ist, daß eine Gattung nicht nur literarische Merkmale aus verschiedenen Ebenen besitzt, sondern sich auch historisch zuordnen läßt – etwa einer typischen Situation oder einem typischen Problemkomplex innerhalb der Geschichte des Urchristentums. Man kann Gattungen auch als Systeme von Konventionen bezeichnen (E. D. Hirsch), wenn man beachtet, daß es sich um gesellschaftliche Konventionen handelt: Diese Konventionen erfüllen bestimmte Funktionen in der Geschichte. Und zur Ermittlung der Funktion kommt es eben darauf an, innerhalb der Gattung bestimmte Schwerpunkte herauszufinden, die diese Funktion ermöglichten: die in einem Mitteilungsgeschehen jeweils dominierenden Elemente.

§ 2 Bedeutung der Formgeschichte für die Exegese

1. Anhand der Scheidung von Konvention und situationsbedingter Abweichung wird erkennbar, worin die *individuelle Ausrichtung* eines Textes liegt.

2. Zugleich wird so sichtbar, wie die einzelnen und in der Regel sehr zahlreichen Merkmale eines Textes zu *gewichten* und miteinander zu *verbinden* sind. Das bewahrt vor Überinterpretation stark konventioneller Passagen. Überhaupt ist offenbar die Gewichtung und die rechte Kombination von Merkmalen der wichtigste Nutzen, den man für einen Einzeltext aus formgeschichtlicher Betrachtung ziehen kann.

3. Da die Frage nach der Funktion in der Geschichte notwendig zu einer Gattung gehört, hilft formgeschichtliche Betrachtungsweise dazu, den *Handlungs-* und *Wirklichkeitsbezug* eines Textes – durch Vergleich mit ähnlichen Texten – zu erkennen. Das heißt: diejenigen Punkte wahrzunehmen, an denen ein Text über die rein literarische Ebene hinausweist auf das besondere Interesse seiner Träger, wo er sie verändern, beeindrucken oder zu einer Entscheidung bringen soll.

4. Zur Auswertung textlinguistischer Beobachtungen (vgl. dazu Berger, Exegese, S. 11–27) können in der Formgeschichte positive Anhaltspunkte für die *Einheitlichkeit* eines Textes erbracht werden. Beispiel: Das Gleichnis vom verlorenen Sohn (Lk 15,11–32) kann durchaus einheitlich konzipiert sein; der Abschnitt über den älteren Bruder (Lk 15,25–32) stört keineswegs das Konzept: Mt 21,28–31 zeigt als gattungsmäßig verwandtes Gleichnis von zwei Söhnen ähnlichen Gesamtaufbau und auch ähnlichen Sitz im Leben (vgl. dazu unten § 16).

5. Da Formgeschichte auch an der Bestimmung der jeweiligen Kommunikationssituation orientiert ist (ein Punkt, an dem der Text Wirklichkeitsbezug hat), wird hier auch die Frage nach der *Verbindlichkeit* beispielsweise

paränetischer Abschnitte zum Thema. So etwa, wenn Paulus sich in 1 Thess 4,1 als den einführt, der „im Herrn" mahnt.

§ 3 Unterschiede dieser „Formgeschichte" zu den Arbeiten von R. BULTMANN und M. DIBELIUS

Diese „Formgeschichte" unternimmt es erstmals, jeden neutestamentlichen Text und Teiltext formgeschichtlich zu bestimmen. Daß dieses möglich wurde, hatte freilich eine gegenüber der „klassischen" modifizierte Anschauung von Formgeschichte zur Voraussetzung oder besser gesagt: zur Folge; denn Ausgangspunkt war zunächst die Beobachtung, daß die klassische formgeschichtliche Methode zwar für einige synoptische Texte paßt, für den Rest des Neuen Testaments (schon vom JohEv an) aber unfruchtbar geblieben ist, wenn man von einigen „Liedfragmenten", Katalogen und „Bekenntnisformeln" absieht.

Die hauptsächlichen Unterschiede liegen in folgendem:

1. Gegenüber R. Bultmanns Konzept „vom Stoff zum Tradenten" gilt: Die historische Dimension eines Textes wird weniger in seiner mündlichen Vorgeschichte gesucht als vielmehr in seinem Bezug zu „typischen Situationen" in der Geschichte des Urchristentums (vgl. dazu Berger, Exegese, S. 113–127).

2. Der „Sitz im Leben" ist nicht beschränkt auf institutionelle und stets wiederkehrende Begehungen des Gemeindelebens, sondern eben auf typische Situationen allgemein ausgeweitet, wie sie charakteristisch für die Geschichte des Urchristentums im ganzen oder in bestimmten Phasen waren.

Bei R. Bultmann und M. Dibelius stand in erster Linie die schöpferische Aktivität der Gemeinde und damit ihr „Bedürfnis" im Vordergrund. Dagegen rechnete dann H. Schürmann (1968, zuerst publ. 1960) bereits mit einer überlieferungsgeschichtlichen Kontinuität zum vorösterlichen Jüngerkreis. Inzwischen hat man die Frage der Perspektive möglicher Rezipienten eines Textes hinzugewonnen. Das bedeutet: Für einen Text ist nicht mehr nur die Entstehungssituation von Bedeutung, sondern auch Interessen der Jünger und Gemeinde, die offenbar über diese Situation hinausgingen und den Text zu einer wiederverwendbaren typischen Antwort werden ließen. Hinzugekommen ist auch, daß ein Text nicht nur Interessen der Hörer entspricht, sondern ihnen auch entgegenlaufen kann (vgl. dazu: K. Berger: Die impliziten Gegner. Zur Methode des Erschließens von „Gegnern" in neutestamentlichen Texten, in: FS G. Bornkamm, Tübingen, 1980, 373–400).

Die Einführung der Perspektive der *Rezeption* eines Textes bedingte die Herauslösung aus seiner institutionellen Verankerung. Ich rechne vielmehr damit, daß es in den späteren Situationen (nach der Ursprungssituation, die oft beim besten Willen unerreichbar ist) jeweils (mindestens) ein *tertium comparationis zwischen Text und Situation* geben konnte (nicht: mußte) und kann.

11

3. Formgeschichte wird betrieben a) als Geschichte der Beziehungen zwischen Gattungen und historischen Abläufen, also mit sehr viel stärkerem Bezug zur wirklichen *Gemeindegeschichte,* und b) als *Literaturgeschichte der einzelnen Gattungen,* insbesondere mit ihrer Vorgeschichte im Alten Testament und im Judentum einerseits und/oder im Bereich des paganen Hellenismus andererseits. Formgeschichte kann man diachronisch betreiben, dann geht es um Kontinuität und Innovation innerhalb der Geschichte der Gattungen, oder synchronisch, dann geht es um die Stellung der Gattungen zueinander im Rahmen eines offenen Systems. Die vorliegende Arbeit ist dem Konzept der Gliederung nach synchronisch, im Aufbau der einzelnen Paragraphen aber wesentlich diachronisch. In einer abschließenden Übersicht werden die für die verschiedenen Situationen der Geschichte des Urchristentums wichtigen Gattungen zusammengestellt.

4. Sehr viel stärker als in der „klassischen" formgeschichtlichen Forschung ist die literarische *Form* des Textes (nach den oben § 1.2 genannten Kriterien) ein Ausgangspunkt, wenn auch das bei weitem nicht einzige Kriterium zur Bestimmung einer Gattung. Dadurch werden eine Reihe der außerordentlich unscharfen Gattungsbestimmungen Bultmanns vermieden (etwa seine „Gesetzesworte"). Vielmehr ist ein klarer Kriterienkatalog anzugeben (unten § 5). Im Ansatz verfolgt die Arbeit ein Stück dessen weiter, was einst E. Norden, Agnostos Theos/Zur Formengeschichte religiöser Rede, begonnen hatte, was aber seither kaum aufgegriffen wurde.

5. Die Frage nach der *mündlichen Vorgeschichte* eines Stoffes oder Textes (z. B. als Tradition) ist von der Frage nach der Gattung und ihrer Geschichte prinzipiell zu trennen. Die Herausbildung fester und häufig ähnlicher Formen ist im übrigen auch dann erklärbar, wenn die schriftliche Form nicht nachweisbar identisch ist mit der mündlichen Vorstufe. Denn die Aneignung der Gattungen vollzieht sich oftmals durch das Lesen und Hören von bereits Geschriebenem. Dazu bedarf es übrigens nicht des Postulates eines besonderen Schulbetriebs.

Auch Redaktion folgt im übrigen bestimmten Formgesetzen, ist nicht individuelle Zutat jenseits der Formen und Gattungen von Sprache.

6. Gegenüber M. Dibelius bin ich (vgl. ähnlich R. Bultmann, GST S. 5 f.) nicht der Meinung, daß es eines zuvor entworfenen Schemas des Ablaufes der urchristlichen Geschichte bedarf, um die Geschichte der Formen des NT zu schreiben. Die Starrheit des von Overbeck herleitbaren Geschichtsentwurfes hat sehr häufig die Hypothesen von M. Dibelius schwer belastet (vgl. dazu ANRW S. 1364–66 und R. Blank S. 77 f.).

7. Die ältere Formgeschichte betonte seit H. Gunkel die Bedeutung der Institution für die Gattung. Das dazu kritisch in Exegese (S. 112–116) Bemerkte muß hier nicht wiederholt werden. – In die typischen Aporien der Formgeschichte führen auch die Ausführungen von U. B. Müller (Prophetie, 201–203) über den Sitz im Gottesdienst.

Daß ich als Theologe Formgeschichte betreibe, muß sich nicht darin äußern, daß ich mit fortschreitender Enteschatologisierung der Botschaft Jesu rechne. Es zeigt sich vielmehr gerade darin, daß ich bereit bin, die außerordentliche Verschiedenheit der Gattungen gerade in ihrer *diversitas* ernstzunehmen und als Offenbarung des einen Gottes gelten zu lassen *(unitas in diversitate)*, ohne die eine oder die andere für besonders christlich zu halten, und ferner darin, daß ich – unter Berücksichtigung besonders des zwischentestamentlichen Judentums – ein Stück Verbindung zwischen Altem und Neuem Testament im Bereich der Formgeschichte darstellen möchte. Die Nachgeschichte der neutestamentlichen Gattungen in der Kirchengeschichte liegt mir zwar genauso am Herzen, konnte aber hier aus Gründen des Umfangs nicht geleistet werden.

§ 4 Zum Verhältnis von Schriftlichkeit und Mündlichkeit

1. Formgeschichte wird hier im allgemeinen ohne *Literarkritik* und *Quellenscheidung* betrieben, sofern sie über die Annahme von Q und unumstrittenen Texten hinausgeht (z. B. 1 Kor 15,3.5; 1 Kor 11,25–29; 1 Tim 3,16). Denn die übrigen Hypothesen über Quellen sind nicht nur ungesichert, sie verschieben die formgeschichtlichen Probleme vielmehr auf eine andere und sehr viel schwieriger zu bearbeitende Ebene, ohne sie zu lösen. Die Kriterien, die dieses Buch liefern möchte, müßten freilich auch dort gelten.

2. Das unter 1. Bemerkte bedeutet nun freilich nicht, daß auf *traditionsgeschichtliche Analyse* von Texten zu verzichten wäre. Diese wird jedoch methodisch anders geleistet, besonders durch die Analyse von Wortfeldern (vgl. dazu Berger, Exegese S. 137–159). Diese können zwar auch formal strukturiert sein (vgl. ibid., S. 147 f.), sind aber eben keine fixierten Texte, die im Sinne von Quellen zu „benutzen" wären. Sie repräsentieren nicht „freie", sondern regulierte Mündlichkeit, die ihre Gestalt auch der Lektüre und Aneignung schriftlicher Quellen (wie der alttestamentlichen) verdanken konnte.

Daß es im frühen Christentum mündliche Analogien zu vielen literarischen Gattungen gegeben hat, ist unbestreitbar, und für sie lassen sich auch „Sitze im Leben" angeben. Erwähnt sei nur der christologische Schriftbeweis, wie er etwa Act 4,25–27 erhalten ist und seinen Sitz in der christlichen Sabbatpropaganda in jüdischen Synagogen hatte (Lk 4,16 ff.; Act 17,1 usw.). Nur zeigt gerade Act 4,25–27, daß sich literarisch die mündliche Gattung dann in einem Gebetstext spiegeln kann.

Darüber hinaus nehme ich eine vorgängige mündliche Überlieferung schriftlicher Texte des Neuen Testaments, in der sie *als solche Texte* bestanden haben dürften, für folgende Fälle an:
a) Sentenzen sind fixiert geläufig,
b) eng mit a) verwandt sind fixierte Wanderlogien,
c) liturgische Formeln (Doxologien, Eulogien, Gebete) und die Kultätiologie 1 Kor 11,23b–25,

d) Formeln des Zeremoniells, die sicher mündlich nachweisbar sind wie Grußformeln.

3. Nicht bestritten werden soll, daß die Substanz charakteristischer Ereignisse und Worte aus dem Leben Jesu vor der Fixierung im Evangelium mündlich tradiert worden sein kann. Nur ist dieses eben nicht sicher zu erweisen, und daher ist auch über deren Gestalt und Gattung nichts festzumachen. Was W. Schmithals (1980) für das synoptische Erzählgut behauptet hat, daß nämlich keine mündliche Überlieferungsschicht nachweisbar sei, die älter wäre als das älteste schriftliche Evangelium, gilt genauso für die Logienüberlieferung. Es hat keinen Sinn, mit Schmithals zu scheiden zwischen der synoptischen Tradition des Markus als „poetischem Produkt des Kerygmas" einerseits und der „unkerygmatischen und unchristologischen Jesusüberlieferung der vorkirchlichen frühen Logientradition" andererseits. W. Schmithals ist bei dieser Scheidung der Dogmatik R. Bultmanns gefolgt, insbesondere was die historischen und theologischen Implikationen der Rede vom „Kerygma" betrifft.

Um einem erwartbaren Mißverständnis mit Entschiedenheit sogleich vorzubeugen: Es geht hier nicht um einen generellen Skeptizismus, als könne man über Jesus und die Zeit vor der Fixierung der Jesusüberlieferung nichts mehr wissen. Mit relativ zuverlässiger Tradition und vielfältiger Überlieferung ist vielmehr in hohem Maße zu rechnen. Diese generelle Annahme, die sich auch durch Kenntnis des weisheitlichen, frührabbinischen und apokalyptischen Milieus nahelegt, in dem die neutestamentlichen Schriften entstehen (vgl. dazu die Arbeit von W. Riesner), ist jedoch etwas anderes als der erbrachte Nachweis für einzelne Texte. Wegen der bekannten Differenz von Mündlichkeit und Schriftlichkeit halte ich es a) für unmöglich, durch literarkritische Operationen mündliche Vorstufen zu erstellen, b) für unmöglich, den positiven Nachweis zu erbringen, daß ein Text im Einzelfall (außer den oben genannten) so auch mündlich umgelaufen sei; auch die Jesusworte bei Paulus und im ThomasEv legen diese Vorsicht nahe. So finden sich auch in der Logienquelle eine Reihe ausgebauter und kunstvoller symbuleutischer Argumentationen, denen ein mündlicher Transport schlecht bekommen wäre. Gerade wenn man – wie es hier geschieht – für Formgeschichte die sprachliche Gestalt („Form") zu einem maßgeblichen (weil nachprüfbaren) Ausgangspunkt macht, ist die mündliche Vorgeschichte des „Stoffes" methodisch anders anzugehen als die vorliegende literarische Gestalt. Wenn W. Schmithals (1980, 161) fragt, wie die kunstvollen Schöpfungen theologisch reflektierter Erzählungen in freier Überlieferung wiedergegeben worden sein sollen, dann gilt diese Schwierigkeit auch für die kunstvollen symbuleutischen Argumentationen, wie sie sich schon in Q finden (vgl. dazu unten § 30).

4. Aussagen über die Möglichkeit der Rekonstruktion mündlicher Vorgeschichte eines Textes besagen nichts über deren „Echtheit" im Sinne der Herkunft vom vorösterlichen Jesus. Auch diese ist weder negativ noch positiv

zu erweisen. Urteile über das, was Jesus nicht „zuzutrauen sei", halte ich für äußerst problematisch. Auch hier sind die Kurzschlüsse von M. Dibelius ein warnendes Vorbild. Nach M. Dibelius trennt ein radikaler Bruch Jesus von der Gemeinde: Während Jesus Eschatologie und eschatologisches Ethos predigte, gleicht sich die Gemeinde zunehmend an die Welt an und verkündigt zweckbedingte Ethik der Anpassung. Dieses alles ist an den Texten nicht erweisbar und Resultat einer vorgefaßten Dekadenztheorie. Die Differenz zwischen unbedingtem Ethos und zweckbedingter Ethik wird sich u. a. als ein formgeschichtlicher Unterschied zwischen protreptischer und gemeindeorientierter Mahnrede erweisen lassen. So weist auch sonst alles darauf, daß Jesus und die frühe Gemeinde nicht nur in dem gleichen religionsgeschichtlichen Milieu lebten, sondern „aus dem gleichen Holz geschnitzt" sind, d. h. weithin auch die Lebensform teilten usw. Ein Beispiel für vermutete gattungsgeschichtliche Kontinuität zwischen vor und nach Ostern sind die Drohworte gegen Städte. Aus dem vorhandenen Material läßt sich die These begründen, daß Jesus in erster Linie wegen seiner prophetischen Drohworte gegen Stadt und den Tempel umgebracht werden sollte (vgl. dazu Berger, Auferstehung, 222.630f.). In Lk 10,1–16 bilden eben solche Drohworte den Schluß der Aussendungsrede an die Jünger, nur jetzt als Drohung an Städte, die die Jünger in ihrer missionarischen Sendung erreichen werden. Es ist also zumeist nicht einfach und auch nicht unbedingt wichtig, hier nach der ipsissima vox zu suchen. Das einzige – freilich reichlich unscharfe – Kriterium, das weiterhilft für die Frage nach dem, was von Jesus stammt, ist meines Wissens das der „wirkungsgeschichtlichen Plausibilität", d. h.: Wird die weitere Geschichte des Urchristentums (die Wirkungsgeschichte Jesu) im ganzen unverständlich (oder gewinnt sie an Verständlichkeit), wenn Jesus dieses oder jenes gesagt oder getan haben soll?

5. *Fragwürdige Kriterien* für eine direkte schriftliche Wiedergabe mündlicher Rede sind: der Gebrauch der Botenformel in Apk 2f. (U. B. Müller, 1975, 102), Anakoluthe (wenn sie nicht überhaupt Stilmittel sind, um mantische Sprache herzustellen [vgl. die Arbeit von G. Mussies: The Morphology of Koine Greek as used in the Apocalypse of St. John. A Study in Bilingualism, Diss. Leiden 1971], dann doch höchstens aus dem Diktieren entstanden, nicht aber Indizien für mündlich geübte Prophetie).

Vermuten kann man, daß Texte mit hoher momentaner Aktualität (zur Zeit ihrer Abfassung) der mündlichen Rede der jeweiligen Gegenwart sehr nahe stehen. Aber dann geht es nicht um mündliche Überlieferung, sondern um eine Verzahnung von Sprech- und Schriftsprache.

Auch ist die Scheide zwischen Mündlichkeit und Schriftlichkeit eine andere als die zwischen *Tradition und Redaktion*. Denn redaktioneller Sprachgebrauch sagt weder etwas über die Nichtexistenz vorgängiger Tradition noch etwas über deren mögliche Gestalt. Am Beispiel des Lukas ist das oft gezeigt worden.

6. Ein besonderes und wichtiges Phänomen ist das *Wieder-Mündlich-Werden von Texten,* die bereits schriftlich waren. Der fixierte Text steht dann im Hintergrund, aber nicht als Quelle; er wird wieder mündliche Tradition.

7. *Stichwortverbindung und Strukturähnlichkeit* als Verbindung zwischen kurzen Einheiten ist als Kompositionsprinzip von (Sammel-)Texten zu beobachten, die der Mündlichkeit nahestehen. Für die Logien des ThomasEv läßt sich dergleichen durchgehend beobachten. Sowohl die Kürze der Logien, bzw. Texteinheiten als auch die Memorierbarkeit aufgrund zahlreicher verbindender Eselsbrücken sind Kriterien für Orientierung an der Mündlichkeit. Jedoch ist nicht erweisbar, ob die Mündlichkeit hier das der schriftlichen Fixierung des Ganzen vorausgehende Stadium war oder ob sie nicht vielmehr – wie bei kurzen Katechismen – das intendierte Ziel ist. Dann wäre die vorliegende Schrift eine Komposition zum Zweck des Auswendiglernens gewesen. Mündlichkeit ist dann als sekundäre Stufe intendiert. Mit Reihenbildungen insgesamt ist wohl die Intention nachschriftlicher Mündlichkeit bzw. Einprägbarkeit verbunden.

8. Die *historische Frage* im Zusammenhang von Formgeschichte wird daher hier in der Regel nicht über die mündliche Vorgeschichte der schriftlichen Fassung abgewickelt. Zwar ist überall mit vorausgesetzter Tradition zu rechnen, die auch ihre Trägergruppen mit bestimmten Interessen hatte, aber in jedem Fall muß auch bei der Aufnahme einer Tradition in das Medium der Schriftlichkeit ein entsprechendes Gruppeninteresse bestanden haben. Und da kann man dann Kontinuität oder Wandel des Interesses vermuten. Die formgeschichtlich-historische Frage wird in erster Linie beantwortet, indem wir die Texte bestimmten historischen oder typischen historischen Situationen im Rahmen der Geschichte des Urchristentums zuordnen. Dabei rechnen wir mit abgestuften Graden der Einmaligkeit von Situationen.

§ 5 Kriterien für Gattungen

1. Generelle Kriterien

Mit K. Hempfer kann man unterscheiden zwischen *anthropologischen* Gattungstheorien (hier wird mit einer apriorischen Existenz der Gattung gerechnet), *produktionsästhetischen* G. (ein eher historisches Verständnis, aber auf den Sender/Autor eines Textes beschränkt) und *kommunikativen* Gattungstheorien (keine universal nachweisbaren Gattungen; Einbeziehung von Autor und Leser). Der folgende Entwurf beruht auf einer kommunikativen Gattungstheorie, die sich insbesondere der Theorie und Praxis *antiker Rhetorik* verpflichtet weiß. Denn in diesem Punkt trifft sich das Bestreben des Historikers, soweit nur irgend möglich antike Einteilungsgesichtspunkte zu verwenden (um die Gefahr zu verringern, den Texten Fremdes überzustülpen) mit aktuellen Einsichten der Textwissenschaft, hinter die man kaum einfach zurückgehen kann.

Orientierung an der Rhetorik für die Frage nach der Gattung heißt konkret: Unter den vielen Elementen in einem Text werden diejenigen für gattungsbestimmend angesehen, die der jeweils wirkungsdominante Faktor sind. Beispiele: Für die Gattung Werberede sind kennzeichnend Ich-Stil und Mahnrede an die 2. Person Plural, in der Verben des Kommens oder Hörens sich als Aufforderung an die Angeredeten richten. Ausschlaggebend für die Gattungsbezeichnung ist hier der semantische Aspekt der auffordernden Verben (z. B. Mt 11,25–29). – Merkmalsarme Verben in Verbindung mit Mahnrede und symbuleutischer Argumentation sind dagegen das Kennzeichen des Protreptikos (vgl. § 62).

Gemeint ist dasjenige an einem Text, das gegenüber dem Hörer die größte Innovationskraft besitzt, ihn am stärksten „verändern" kann. Das bedeutet selbstverständlich nicht, daß Gattungen selbst nicht das in der Regel Bekannte und Vertraute sind, an das als Konvention angeknüpft werden müßte. Es bedeutet nur: Welche der vielen in einem Text gebündelten Konventionen ist so dominant, daß sie ein Kriterium für die Gruppierung des Textes abgibt? Oder: Wo wird das Interesse des damaligen Hörers – nach allem, was wir über antike Rhetorik wissen – so angesprochen, daß sich daraus eine Klassifizierungsmöglichkeit ergibt, so daß sich dann vergleichbare Texte gegenseitig erhellen und den Blick auf historische Situationen freigeben? Es geht *um diejenige Konvention, die aufgrund ihres Gewichtes im Text den Hörer am stärksten verändern kann.* Man kann auch sagen: Gattung wird konstituiert durch ein bestimmtes Verhältnis, in dem Inhalt, Form und Wirkung zueinander stehen (C.N.). So bildet das Grundgerüst dieses Buches die antike Einteilung in *symbuleutische, epideiktische und dikanische Texte,* d. h. Texte, die den Leser aktivieren oder mahnen wollen (symbuleutische), Texte, die ihn beeindrukken wollen (epideiktische) und Texte, die ihm eine Entscheidung verdeutlichen wollen (dikanische). In verschiedener Weise geht es dabei um Veränderung des Hörers.

2. Vielschichtigkeit von Texten und Zugehörigkeit zu mehreren Gattungen

Die Qualität eines solchen Einteilungsunternehmens steht und fällt mit der Fähigkeit, auf die leisen und vom Exegeten oft vorschnell zum Schweigen gebrachten Signale zu achten, die der anfangs angestrebten Klassifizierung sich widersetzen. In solchen Signalen liegt oft der Kern für ganz andere Einteilungen und Gruppierungen als sie sich der Exeget zunächst gedacht hatte. Insbesondere sollte er der Versuchung zu einliniger Kategorisierung widerstehen: Ein Text konnte für die Gemeinde seiner Empfänger unter mehreren Hinsichten interessant sein, beispielsweise sowohl für die Auseinandersetzung mit dem Judentum wie für gemeindeinterne Probleme, vielleicht auch für beides mit- und ineinander. Ganz eindeutig einzuordnen und nur in einer Hinsicht interessant pflegt auch sonst in der Geschichte nur weniges zu sein. Es kommt daher darauf an, mit Vielschichtigkeit zu rechnen; schon wegen dieser verschiedenen Horizonte, in denen ein Text gesehen werden konnte, ist die Frage nach der Gattung von der nach der Ursprünglichkeit und dem

Alter eines Textes zu trennen. Mithin kann ein Text auch mehreren Gattungen zugehören, weil die Kriterien für die Zuweisung vom Exegeten erstellt werden und auf verschiedenen Ebenen liegen können. Daraus ergeben sich einige Phänomene, die z. T. neu sind gegenüber der klassischen Formgeschichte:

a) Ein längerer Text kann mehrere Gattungen in sich bergen (Rahmengattung – inkorporierte Gattung); von der Gattung Evangelium, von Brief und Testament war das auch bisher schon bekannt. Schon von daher hätte man auch prinzipiell mehrere mögliche „Sitze im Leben" eines Textes annehmen können.

b) Ein und derselbe Text kann mehreren Gattungen zugehören, und zwar nicht nur durch Rahmung, sondern als eben dieser Text. Beispiel: Mk 14,32–42 ist wegen V. 38 ein exemplum: Im Gegensatz zu den Jüngern, die einschlafen, stellt sich Jesus durch sein Beten als Vorbild dar und zieht in V. 38 daraus eine allgemeine Lehre. – Andererseits erzählt die Geschichte Jesu Begegnung mit der himmlischen Welt, in der er durch dreimaliges Gebet gekräftigt und zu seiner einmaligen Aufgabe befähigt wird (Lk 22,43 f. bekräftigt das); damit wird etwas berichtet, was nur Jesus zukommt, und zwar nach unserer Gattungsdefinition (vgl. unten § 100) im Rahmen der biographischen Gattung Evangelium.

c) Wenn gattungsmäßig verschiedene Elemente gleichberechtigt nebeneinanderstehen, ohne daß ein Teil dominiert, kann ein Text Kombination aus mehreren Gattungen sein, etwa aus Schelte und Mahnung, aus Apologie und Anklage. Die Redlichkeit verbietet hier eine eindeutige Zuordnung. Daher gibt es auch Gattungen, die an der Grenze zwischen symbuleutisch und epideiktisch stehen, oder an der Grenze zwischen symbuleutisch und dikanisch.

Kriterien im einzelnen

a) Symbuleutische, dikanische und epideiktische Texte

Diese Gattungseinteilung unter kommunikativen Gesichtspunkten betrachtet Texte als Teil eines Geschehens zwischen Autor und Leser. Nach der Art dieser Beziehung unterscheiden wir:

symbuleutische Texte: Sie zielen darauf, den Hörer zum Handeln oder Unterlassen zu bewegen. Der Name kommt von gr. *symbuleuomai* zu etwas raten. Häufig wird die 2. Person angesprochen. Die einfachste Form ist die Aufforderung, die komplizierteste die symbuleutische Argumentation.

epideiktische Texte: Der Leser soll zu Bewunderung oder Abscheu beeindruckt werden, sein Empfinden für Werte wird im vor-moralischen Bereich angesprochen. Epideiktisch sind Texte, die etwas schildern und darstellen (Sachen, Personen, Geschichten). Sie sind beschreibend und erzählend, zeichnen nach und lassen ein Bild von etwas entstehen. Der Name kommt von gr. *epideiknymi* aufweisen, aufzeigen.

dikanische Texte: Ziel ist, den Leser die Entscheidung in einer strittigen

Sache nachvollziehen zu lassen oder nahezulegen. Es geht um Ja oder Nein zu einem umstrittenen Gegenstand, um Scheidung und Entscheidung, daher auch um die Argumentationsstruktur des „nicht-sondern". Dikanisch ist ein Text, der zur Parteinahme und Entscheidung für oder gegen eine Sache hinführt, nicht aber dazu auffordert. Der Name kommt von gr. *dikanikos* zum Prozeß gehörend.

b) Antike Einzelgattungen

Soweit irgend möglich wurden auch andere antike Gattungsbezeichnungen übernommen. Das setzt Anerkennung antiker Kriterien voraus. Daher werden nicht nur rhetorische Gattungen übernommen (z. B. Dialog; Sentenz), sondern auch weitere Bezeichnungen für sprachliche Vorgänge (z. B. *akoē* für Verhör). Die antiken Kriterien sind wechselnd, zumeist kombiniert (Gegenstand, Aufbau, Umfang spielen wichtige Rollen). Das gilt auch für antike Gattungssysteme, z. B. das im 19. Brief des Apollonius v. Tyana (Hercher 113 f.) Überlieferte (philosophisch, historisch, richterlich, brieflich, berichtend).

c) Moderne und zusätzliche Klassifikationen

Eine Anzahl Einteilungen aus der bisherigen kritischen Exegese konnte übernommen werden; denn das wirkungsdominante Element war auch ohne Gattungstheorie erkennbar gewesen. In der Regel mußten jedoch Inhalt und Kriterien einer Klassifikation neu oder jedenfalls präzise beschrieben werden. Das war auch wegen der gattungsgeschichtlichen Verbindungen zum Alten Testament notwendig (etwa im Fall der Scheltworte in Anknüpfung an die Arbeit von Markert). Da schon innerhalb der alttestamentlichen Wissenschaft nicht gerade Einigkeit über die Gattungsmerkmale besteht, mußte hier – wie in der kritischen Sichtung gegenwärtiger neutestamentlicher Wissenschaft – nach festen Kriterien entschieden werden. Diese Kriterien wurden übrigens nicht a priori festgelegt; sie erwiesen sich vielmehr im Laufe der Sichtung des ganzen Neuen Testaments als die ertragreichsten und als die relativ einfachsten. Nach ihnen wurden auch die antiken und modernen Bezeichnungen umschrieben.

Eine Gattung wird nicht durch ein Kriterium allein bestimmt, sondern durch die Relation von Kriterien untereinander. Von dieser Einsicht K. Hempfers abgesehen, kann die Exegese von der Diskussion über Gattungen in den neusprachlichen Philologien im einzelnen jedoch kaum etwas übernehmen, da Gattungseinteilungen dort sehr viel großflächiger vorgenommen werden. – Relativ große Bedeutung für die Gattungsbestimmung kommt den Verben zu.

Liste der Kriterien:

I. Welche *grammatische Person* ist Subjekt? Ist eine bestimmte andere grammatische Person ständiger Adressat des Subjektes? – So weist Rede in der 1. Person regelmäßig auf das Vorliegen von Apologie oder Autobiographie oder Rechenschaftsbericht. Für bestimmte briefliche Abschnitte ist die ständig wiederholte Beziehung zwischen dem redenden Ich und den angesprochenen Ihr entscheidend. – Für eine besondere Art von Mahnrede ist die 1. Person Plural bestimmend („kommunikativer Plural"). Der Wir-Stil ist aber auch kennzeichnend für Reiseberichte. In der zur Obergattung Erzählung gehörenden Konflikterzählung geht es um das Gegenüber von zwei Parteien in der 3. Person.

II. *Modus und Tempus des Verbs*. Der Imperativ kann Indiz für die Gattung Mahnwort sein, das Futur für die Gattung Vaticinium (Weissagung) (zu den Tempora vgl. K. Hempfer, 169). Wie wenig diese Kriterien schematisch zu handhaben sind, darauf weisen zwei Phänomene: Indikative können sehr wohl als besonders zugespitzte Imperative verstanden werden, und Apk 6,16 (wie verwandte Texte) sind nicht als Mahnwort aufzufassen; hier hat der Imperativ „symbolischen" Charakter (vgl. dazu § 39,8).

III. Der syntaktische *Aufbau* und das Verhältnis der Teilsätze zueinander. In der Gattung des konditionalen Mahnwortes besteht ein bestimmtes Verhältnis zwischen Protasis (Formulierung der Bedingung oder Voraussetzung) und Apodosis (Folge des Einhaltens der Bedingung).

IV. *Satzarten:* Typisch für die Gattung Argumentation wie für bestimmte Gleichnisse sind rhetorische Fragen (z. B. „Wer unter euch . . .?"); häufig damit verbunden ist das Merkmal der Kürze und inhaltlich die deductio ad absurdum.

V. *Binnenstruktur* eines Textes nach den Ergebnissen der Textlinguistik (vgl. dazu: Berger, Exegese, S. 11–32). Entscheidend ist häufig das Verhältnis zwischen Einleitung und Schluß sowie die verwendeten Konjunktionen. Ein Text, der mit „nun/also" am Anfang des letzten Satzes schließt, ist regelmäßig eine Argumentation, ein Text, der das Nacheinander von Ereignissen (in einfacherer Form durch „und" verbunden) bietet, eine Erzählung. Eine Reihe gleichartiger Elemente nennt man Katalog oder Liste.

VI. *Semantik* (Wortbedeutungen). Die Rolle der Semantik für die Formgeschichte wurde bislang entweder unterschätzt oder blieb, höchst unklar als „Inhalt" chiffriert, in der methodologischen Grauzone. Ein einfaches Beispiel für die formgeschichtliche Bedeutung von Semantik sind Makarismen (Seligpreisungen), deren gemeinsames Merkmal der Beginn des Satzes mit „selig/glücklich" ist. Visionsberichte sind erkennbar an der Verwendung typischer Verben wie „sehen", „erscheinen", „bei jemandem stehen" (hellenistischer Typ).

VII. *Umfang*. Die relative Kürze ist das einzige sichere Kriterium für die Gattung Brief, abgesehen vom Formular. Die Länge wörtlicher Rede ist Merkmal für eine Rede (oratio). Auch für die Gattungen Mahnwort und Sentenz ist der Umfang von großer Bedeutung.

VIII. Verhältnis der Texteinheit zum umgebenden literarischen *Kontext*.

Gleichnisse, Vergleiche und Beispiele sind als solche nur erkennbar, weil sie in Differenz zum umgebenden Kontext auf einer anderen Ebene der Zeit oder der Personen angesiedelt sind. Gleiches gilt für Spottrede oder verspottende Handlungen (im Neuen Testament: Ironie als Kontrast zum martyrologischen Kontext). Häufig ist eine offenkundige Differenz zwischen der Gattung, die einem Text für sich genommen zukommt, und der Gattung, der er aufgrund seiner Funktion im Kontext zuzuteilen ist: Mt 11,25 ist ein Dankgebet, im Rahmen der Komposition Mt 11,25–30 ist es integraler Teil der Selbstempfehlung Jesu. Ähnliches gilt auch bereits für Sentenzen: Die epideiktische Sentenz „Kein Prophet . . .“ ist in Mk 6,4; Lk 4,24 apologetisch verwendet.

Im Unterschied zu Dibelius und Bultmann gilt vor allem: Aufgrund der literarischen Einbettung in größere Zusammenhänge hat jeder Einzeltext auch an deren Gattungsmerkmalen teil. Das hat man sich nach Art immer weiter werdender Horizonte vorzustellen, die die einzelne Einheit je neu bestimmen. Sofern sich für diese größeren Horizonte Gattungsmerkmale ausmachen lassen, verschiebt sich damit auch der „Sitz im Leben“. – Beispiele: Die Zeichenhandlung mit Wort über die Bedingungen zum Eingehen in das Reich in Mk 10,13–16 wird durch den Kontext eingebettet in Gemeindeprobleme über Ehe und Besitz; dazu paßt das Thema „Kinder“ aus diesem Abschnitt. – Lk 6,27 ist für sich genommen ein *Mahnwort*. Es steht in einer Reihe gleichartiger Mahnworte in V. 27–28, die als Reihe den Namen Paränese verdient. Zu dieser *Paränese* gehören auch die Mahnworte für besondere Fälle, wie sie in V. 29–30 angefügt sind (andere Form). Durch V. 31 (Goldene Regel) wird diese Reihe zusammengeschlossen und mit einem generalisierenden Schluß und Anwendungsschlüssel versehen. Dadurch aber, daß jetzt in den Versen 6,32–36 (unter Aufnahme von Verben aus V. 27 f.) argumentiert wird, erhält der Gesamtzusammenhang V. 27–V. 36 den Charakter einer *symbuleutischen Argumentation,* in der V. 32–36 argumentative Motivation darstellen. Symbuleutische Argumentation ist nun eine recht weit verbreitete Gattung mit festen Merkmalen. Der ganze eben besprochene Abschnitt 6,27–36 bildet aber nur einen Teil in der lukanischen Feldrede Lk 6,20–49, die eine symbuleutische *Rede* nach dem Zwei-Wege-Schema ist und die damit zur Gattung der *protreptischen Mahnrede* gehört. Im Aufbau des LukasEv hat diese Rede ihrerseits die Funktion, nach der Berufung der Zwölf die *Bedingungen der Jüngerschaft* darzulegen.

Jede abgrenzbare Texteinheit kann auf ihre Zugehörigkeit zu einer Gattung befragt werden, und daher bedarf es zur Klärung der Frage nach der Gattung nicht der literarkritischen Rekonstruktion (z. B. gegen R. Bultmann, GST S. 10 f. zu Mk 3,22–30). Denn die Frage nach der Gattung eines Textes ist unabhängig vom relativen Alter der Gestalt, in der er uns begegnet.

Indem wir also behaupten, daß jeder als solcher erkennbare literarische Abschnitt auch dann, wenn es sich um eine Komposition handelt, einer Gattung zugehören muß und eine historische Relevanz hat oder mit dem bestimmten Interesse seiner Trägergruppe verbunden ist, weiten wir die Frage nach Gattungen konsequent auf den Bereich aller literarischen Formen aus. R. Bultmann und M. Dibelius waren daran gehindert, weil sie – aufgrund der ständigen Rückfrage nach der mündlichen Vorstufe – nur für die jeweils kleinsten Einheiten nach Gattungen fragten. Daß sie dabei inkonsequent waren, fällt jedem Leser ihrer Werke auf. Insbesondere für die Briefliteratur, aber auch schon für die Reden in den synoptischen Evangelien und überhaupt für jede Frage nach dem Sinn von Kompositionen, erwies sich die erweiterte Frage nach Gattungen als sinnvoll.

IX. *Meta-Ebenen im Text* haben im Rahmen unserer rhetorischen Gattungsbestimmung eine besondere Bedeutung. Denn hier wird jeweils die allgemeine Ebene des Textes verlassen, was eine besondere Bedeutung für den Leser hat, jedenfalls soll es seine besondere Aufmerksamkeit wecken. Die wichtigste dieser Gattungen ist der *Kommentar* des Verfassers zu dem, was er berichtet. Der Verfasser kann auch unvermittelt den Leser *direkt* ansprechen (Mk 13,14a; Joh 20,31), auch in Gestalt von Wir-Sätzen (Joh 1,14; 21,24). Die nicht aufgelöste Frage Mk 8,21 „Versteht ihr noch nicht?" hat in erster Linie den Leser im Auge. – Aber der Leser wird auch dann besonders angesprochen, wenn mit hinweisendem „hier" direkt aus dem Text heraus auf die Situation verwiesen wird (z. B. Apk 13,10b) oder wenn der Sprecher im Text seine Handlung mit Ich-Worten begleitet. Auch Gruß/Begrüßung stellen eine besondere Beziehung zwischen Sprecher und Leser her.

X. *Leserbezüge,* aufgrund deren sich die Gattung nicht nur aus dem Text, sondern auch aus der Situation der Leser ergibt. Sätze wie Mt 10,14f. sind für die Apostel Erfolgsverheißungen, für Leser zu allen Zeiten aber eine dringliche Warnung. Mt 10,19f. ist für die Apostel ein Vetitiv (negatives Mahnwort), für die Leser eine Aufforderung, so Umherziehende zu versorgen. Aufgrund dieser Beobachtungen kann man vor naiven, ungeprüft wörtlich nehmenden historischen oder soziologischen Rückschlüssen aus dem Text auf die Situation nur warnen: Die Mißverstehenden im JohEv sind doch wohl kaum die wirklich Außenstehenden (wenn ein als Prophet auftretender Mensch vom Wasser des Lebens spricht, wird niemand im Bereich biblischer Überlieferungen dieses wörtlich nehmen). Diese Texte erhalten ihre formgeschichtliche Bedeutung vielmehr erst in der Situation der Gemeinde (vgl. unten § 71,2).

XI. Aufgrund der alttestamentlichen *Zitate* hat eine Reihe typisch alttestamentlicher Gattungen Einzug in das Neue Testament gehalten.

§ 6 Gattungen und Geschichte des Urchristentums

1. Wir gehen davon aus, daß Gattungen nicht allgemein-menschheitlich und nicht aus der Struktur der menschlichen Psyche herleitbar sind. Sie werden vielmehr mit der Muttersprache angeeignet, ähnlich wie die sprachlichen Regeln durch Hören und Abstraktion. Daher war es in jedem Falle wichtig, die

im Alten Testament, im Judentum und im paganen Hellenismus üblichen Gattungen mit darzustellen, denn sie waren die angeeigneten Muster. Im antiken Schulbetrieb steht sodann die Aneignung bestimmter literarischer Gattungen so im Mittelpunkt, daß diese nicht nur rezeptiv, sondern auch aktiv beherrscht werden (zu den Progymnasmata vgl. ANRW S. 1296–1299). Beim Gebrauch einer Gattung geht es daher nicht um die Frage, ob der Autor bewußt oder unbewußt handelt, sondern welche Muster und Konventionen er erlernt hat und aktiv zu reproduzieren in der Lage ist. Damit ist historisch gesehen die Frage nach dem Bildungswesen und der Erziehung im Bereich der Entstehung der neutestamentlichen Schriften gestellt. Für Alexandrien gibt die Studie von R. W. Smith, The Art of Rhetoric in Alexandria (1974), vgl. auch D. L. Clark (^{3}1963), wichtige Informationen.

2. Gattungen haben eine Geschichte. Die These K. Hempfers, daß neue Gattungen aus der Kombination einer Vielzahl von Organisationsprinzipien bereits existierender Gattungen entstehen (a.a.O., 218 für die Novelle), auch aus Verknüpfung von Elementen, die vorher in Opposition zueinander standen, mag als Arbeitshypothese gelten. Mit einer kontinuierlichen Entwicklung innerhalb der Gattungsgeschichte ist freilich nicht zu rechnen.

3. Kriterien, nach denen Text und Situation einander zugeordnet werden können:

a) Rekonstruktion der konkreten Fragen, auf die – nach unserer sonstigen Kenntnis des Urchristentums – ein Text eine Antwort sein könnte.

b) Auf eine Situation können mehrere Gattungen reagieren, und dieselbe Gattung kann Reaktion auf unterschiedliche Situationen sein.

c) Der Schriftsteller, der eine ältere Überlieferung rezipiert, wird sehr wahrscheinlich auch ein aktuelles Interesse damit verbunden haben (auch wenn es sich nicht geradlinig aus dem Wortlaut ergibt).

d) Rekonstruktion der sozialen Gruppe, deren Interesse die Formulierung des Textes entspricht/widerstreitet. Wo der Rückschluß auf bestimmte Trägerkreise nicht mehr möglich ist, sollte eine Gattung wenigstens als Sprachgeschehen beschrieben werden.

e) Bestimmte Gattungen dominieren in einigen Phasen und Regionen der Geschichte des Urchristentums. Ein starres Entwicklungsschema, wie es M. Dibelius annahm, ist abzulehnen. Noch U. B. Müller (a.a.O., 171) fragt, wie es kam, daß die prophetische Paraklese der eschatologisch hochgespannten ersten Jahrzehnte die übliche Paränese wurde, „wie sie die sich hier auf Erden konsolidierende Gemeinde betrieb". Für weitere Kriterien vgl. Berger, Exegese, S. 218–241.

Die Frage nach der typischen Situation in der Geschichte des Urchristentums tritt hier auch deshalb an die Stelle der älteren Frage nach dem Sitz im Leben, weil diese häufig nur liturgisch (Gottesdienst [U. B. Müller, 201–203] Abendmahl, Taufe) oder mit Hinweis auf die Predigt (Dibelius) hatte beantwortet werden können (vgl. dazu auch: Berger, Exegese, S. 112–116).

Generelle Gesichtspunkte: Ohne aktuelles Interesse wird nicht tradiert, auch wenn die Tradition dabei bildhaften Charakter erlangt. Verhältnismäßig schwierig ist es aber, Interessen ganz fest mit bestimmten Jahren oder Orten der Geschichte des frühen Christentums zu verbinden (Beispiel: Auseinandersetzungen mit der jüdischen Führungsschicht gibt es von Jesus an über das ganze erste Jh. und darüber hinaus, vgl. Justins Dialogus). Schließlich darf man nicht „blauäugig" bestimmte Traditionen kurzschlüssig und nur aufgrund äußerer Merkmale an bestimmte „Trägerkreise" binden.

4. Texte betrachte ich nicht als „symbolische Handlungen" oder „Zeichen", mit denen der Mensch seine soziale Situation zu bewältigen versucht, sondern als Teil einer vielschichtigen (auch das Soziale umfassenden) Wirklichkeit, freilich als „offenen" und aufdeckenden Teil. Aber das Dargestellte ist dann nicht Symbol auf einer anderen Ebene, sondern *pars pro toto.* Selbst die Speisungsberichte und das Öffnen der Augen vor dem Messiasbekenntnis (Mk 8, 22–26) sind nicht Zeichen für etwas ganz Anderes (das gilt auch für die joh Wunder) sondern wie konkrete Glieder einer umfassenderen Leibhaftigkeit.

5. Für *epideiktische* Gattungen (z. B. für Doxologien und narrative Texte) ist der Sitz in der Geschichte des Urchristentums häufig gleichartig (1) und liegt doch gleichzeitig auf zwei verschiedenen Ebenen (2). – Zu (1): Es geht sehr häufig um die Präsentierung von Autoritäten (Jesus, Petrus, Paulus), insbesondere in Ich-Berichten, Installationen und Doxologien, für die ein bestimmter Anspruch erhoben oder bisweilen auch destruiert wird (Irrlehrer). Auf dieser Ebene geht es daher zumeist um „Lob", Darstellung der *Bedeutung* der betreffenden Personen, im Falle Gottes: seiner Verläßlichkeit, um Affirmation der gemeinsamen Tradition oder um *Aufklärung* über weiterreichende und eben darin stabile *Zusammenhänge,* schließlich um Erinnerung an Eigenes oder um dessen Einordnung, wenn es bereits zu Tradition wurde. So verfolgen epideiktische Gattungen wesentlich das Ziel der *Affirmation.* – Zu (2): Auch auf der weiteren, zweiten Ebene, die den Interessen der *Rezipienten* entspricht oder entgegenläuft, ist die Zielrichtung relativ einheitlich: Hilfe zur Identitätsfindung der Gruppe, Stärkung ihres Identitätsgefühles durch Integration, Darstellung von Vorbildern oder „Typen", an denen die Gruppe ihre eigene Wirklichkeit – bisweilen überdimensional vergrößert und anschaulich gemacht – wiedererkennen kann. Sowohl der Aufweis von Bedeutsamkeit wie die Einordnung in größere Zusammenhänge (1) dienen daher auf dieser Ebene häufig dem Trösten, der Bewahrung und Einigung.

Daß man die Funktion innerhalb der narratio von der rezeptionsorientierten unterscheiden muß, zeigt ein Beispiel: Erzählungen über Mission müssen nicht selbst wieder der Mission dienen, sie können durchaus *Erinnerungen an den Anfang* sein (Insofern hätten dann die postconversionale Mahnrede der Briefe und Missionserzählungen in den Evv und Act eine gemeinsame Bedeutung).

B. Sammelgattungen

Im folgenden sind zunächst die sog. Sammelgattungen zu besprechen, welche sich nicht auf symbuleutische, epideiktische oder dikanische Merkmale festlegen lassen und vielmehr für alle drei Gruppen von Gattungen Belege liefern. Die gemeinsamen Merkmale sind so deutlich ausgeprägt, daß sich eine zusammenfassende Behandlung empfiehlt.

I. Analogische und bildhafte Texte

Lit.: J. B. BAUER: Gleichnisse Jesu und Gleichnisse der Rabbinen, in: ThpQ 119,4 (1971) 297–307. – K. BERGER: Materialien zur Form und Überlieferungsgeschichte neutestamentlicher Gleichnisse, in: NT 15 (1973) 1–37. – Ders.: Zur Frage des traditionsgeschichtlichen Wertes apokrypher Gleichnisse, in: NT 17 (1975) 58–76. – J. D. CROSSAN: Parable, Allegory and Paradox, in: D. PATTE (Hrsg.), Semiology and Parable, Pittsburgh Theological Monograph Series 9, Pittsburgh 1976, 247–281. – R. DITHMAR: Die Fabel. Geschichte, Struktur, Didaktik (UTB 73), [2]1974. – P. FIEBIG: Altjüdische Gleichnisse und die Gleichnisse Jesu 1904. – Ders.: Die Gleichnisreden Jesu im Lichte der rabbinischen Gleichnisse des neutestamentlichen Zeitalters, 1912. – D. FLUSSER: Die rabbinischen Gleichnisse und der Gleichniserzähler Jesus, I. Das Wesen der Gleichnisse (Judaica et Christiana 1), Bern, Frankfurt, Las Vegas, 1981. – H. HARNISCH: Die Sprachkraft der Analogie. Zur These vom „argumentativen Charakter" der Gleichnisse Jesu, in: StTh 28 (1974) 1–20. – M. HENGEL: Das Gleichnis von den Weingärtnern Mc 12,1–12 im Lichte der Zenonpapyri und der rabbinischen Gleichnisse, in: ZNW 59 (1968) 1–39. – J. JEREMIAS: Die Gleichnisse Jesu, Göttingen [8]1970. – A. JÜLICHER: Die Gleichnisreden Jesu, I–II, 1910, Nachdr. 1969. – E. JÜNGEL: Paulus und Jesus, HUTh 2 (1962). – Ders.: Metaphorische Wahrheit. Erwägungen zur theologischen Relevanz der Metapher als Beitrag zur Hermeneutik einer narrativen Theologie, in: Ders. – P. RICŒUR, Metapher. EvTh Sonderheft 1974, 71–122. – H.-J. KLAUCK: Allegorie und Allegorese in synoptischen Gleichnistexten, (NTA NF 13) Münster 1978. – H. G. KLEMM: Die Gleichnisauslegung Ad. Jülichers im Bannkreis der Fabeltheorie Lessings, in: ZNW 60 (1969) 153–174. – E. LINNEMANN: Gleichnisse Jesu. Einführung und Auslegung, [5]1969. – R. PESCH: Zur Exegese Gottes durch Jesus von Nazareth. Eine Auslegung des Gleichnisses vom Vater und den beiden Söhnen, in: FS B. WELTE, Freiburg 1976, 76–86. – E. RAU: Jesu Kunst der Rede vom Gott Israels. Zur Methodik der Gleichnisinterpretation, Habil. masch., Hamburg 1978. – R. REITZENSTEIN: Zu Quintilians großen Declamationen, in: Hermes 43 (1908) 104–119. – P. RICŒUR: Stellung und Funktion der Metapher in der biblischen Sprache, in: Ders., E. JÜNGEL: Metapher. EvTh Sonderheft, 1974, 45–70. – L. SCHOTTROFF: Das Gleichnis vom verlorenen Sohn, in: ZThK 68 (1971) 27–51. – G. SELLIN: Allegorie und Gleichnis. Zur Formenlehre der synoptischen Gleichnisse, in: ZThK 75 (1978) 281–335. – M. G. STEINHAUSER: Doppelbildworte in den Evangelien. Eine form- und traditionskritische Studie, Würzburg 1981. – H. WEDER: Die Gleichnisse Jesu als Metaphern. Traditions- und redaktionsgeschichtliche Analysen und Interpretationen (FRLANT 120), Göttingen 1978. – H. WEINRICH: Sprache in Texten, Stuttgart 1976. – A. WEISER: Die Knechtsgleichnisse der synoptischen Evangelien (StANT 29), 1971. – I. ZIEGLER: Die Königsgleichnisse des Midrasch, beleuchtet durch die römische Kaiserzeit, 1903.

Vgl. bes.: W. HARNISCH (ed.): Gleichnisse Jesu. Positionen der Auslegung von Ad. JÜLICHER bis zur Formgeschichte (WdF 366), Darmstadt 1982. – Ders.: Die neutestamentliche Gleichnisforschung im Horizont von Hermeneutik und Literaturwissenschaft (WdF 575), Darmstadt 1982.

A. Zwischen den reichen und vielfach schönen Bildern der zeitgenössischen apokalyptischen Texte und der bildhaften Rede Jesu (und der ApkJoh) bestehen folgende Beziehungen:

1. Um das Neue und Zukünftige zu beschreiben, reichen die Erfahrungen der bisherigen Geschichte Israels nicht aus (ausgenommen die universale Katastrophe der Sintflut, aber das betrifft auch nur den negativen Aspekt). Da das Neue und Zukünftige in keiner Weise Wiederholung des Alten sein wird, bleibt paradoxerweise nur die Möglichkeit, das Eschatologische mit dem Alltäglichen zusammenzubringen, so daß im Alltäglichen das Neue entdeckt wird und dieses von daher entschlüsselt werden kann. Nur das Alltägliche reicht als metaphernspendender Bereich soweit an das Eschatologische heran.

2. Aus der alltäglichen Welt sind Vorgänge bekannt, die Anfang und Ende haben. Nur von solchen Vorgängen her aber kann das Ende auch der ganzen Geschichte veranschaulicht werden.

3. Die völlige Unanschaulichkeit des Neuen und Zukünftigen, dessen Unausweisbarkeit durch den gegenläufigen Augenschein, kann am ehesten nur durch das Anschaulichste und alltäglich Sichtbarste eingefangen werden.

4. Die Erfahrungen und Ahnungen vom radikal richtenden und vom radikal begnadenden Gott erfordern gleichermaßen einen Kampf um die für Radikalität allein ansprechbare Mitte des Menschen: sein Herz. Da Gleichnisse regelmäßig auf Emotionen bezogen sind, ist ihre Rhetorik im besten Sinne des Wortes Mittel und Weg der notwendigen Veränderung von innen her.

5. Der Ausschluß des Mittelmaßes im apokalyptischen Denken kann paradoxerweise nicht mehr mit menschlichen Gefühlen selbst sprachlich beschrieben werden, sondern nur noch mit „sachlichen" Geschehnissen (z. B. Dreschen des Getreides Mt 3,7ff.par) oder mit entsprechend sachlichen Vorgängen aus den Bereichen Rechtsprechung und Verwaltung (Gleichnisse vom Rechenschaftsbericht usw.). Das die menschliche Fassungskraft Übersteigende ist nurmehr wieder als sachlicher Vorgang beschreibbar (so übrigens auch bei Paulus: die völlig apersonal geschilderte „Umwandlung" durch das Pneuma).

B. Es geht hier um alle diejenigen Texte, in denen (mindestens zwei) verschiedene Zeit- oder Realitätsebenen nebeneinandergestellt werden, und zwar mehr oder weniger übergangslos. So ergibt sich in jedem Fall eine Spannung zwischen dem Kontext, in dem der Leser bisher geführt wurde, und der von ihm nicht erwarteten Einblendung einer anderen Ebene. Dabei verstehen wir unter Kontext die konzentrische Einbettung der je gewählten literarischen Einheit in größere literarische Formen bis hin zur geschichtlichen Situation. – Je nach der Art der Beziehung zwischen Kontext und eingeblendeter Ebene unterscheidet man verschiedene Arten analogischer und bildhafter Texte:

§ 7 Vergleich

Vergleichen ist ein sprachlicher Vorgang, in welchem bereits im laufenden Kontext das Stichwort gegeben wird, auf welches sich die eingeblendete Analogie bezieht. Der Leser muß diesen Ähnlichkeitsaspekt also nicht erst herausfinden, sondern er wird ihm vorgegeben. Beispiel: Mt 10,16 „Seid nun vorsichtig wie die Schlangen". Das Stichwort, das die Angeredeten mit dem Wirklichkeitsbereich Schlangen verbinden soll, ist hier das Wort „vorsichtig". Der Leser wird deutlich gelenkt, der Hinweis auf die Schlangen illustriert die Anweisung zur Vorsicht.

Was in Mt 10,16 von einem symbuleutischen Text galt, findet sich in Mk 9,3 („so weiß wie . . .") in narrativem Kontext. Lk 7,8 zeigt, daß die Vergleichspartikel nicht notwendig ist („denn auch ich . . .").

Ein breiter ausgeführter Vergleich findet sich in Gal 4,1–2/3–5; hier geht es nicht um nur einen einzigen Vergleichspunkt, sondern um die Verbindung von Unmündigkeit und Sklaventum.

Die Funktion des Vergleichs ist häufig argumentativ (Lk 7,8; Gal 4,1–5), wie besonders aus Jak 2,26 deutlich wird: „Denn wie der Leib ohne Geist tot ist, so ist auch der Glaube ohne Werke tot." Der Vergleich bildet hier den drastischen Schluß einer Mahnrede (drastisch ist dabei besonders die Verwendung von „tot"). Ebenso drastisch ist der Vergleich des Geschicks des Reichen mit dem der Blume in Jak 1,10–11 (die Vergleichsstichworte sind Vergehen und Dahinwelken).

Obersätze in Argumentationen sind Erfahrungssätze, die aufgrund der beim Hörer vorausgesetzten theologischen Metaphern als Vergleich funktionieren können: Lk 11,17/18 (auch Satan hat ein Reich); Mk 10,25 parr („hindurchgehen" ist parallel zu „eingehen"; Schluß a maiore ad minus).

In besonderem Maße in Argumentation einbezogen ist der Vergleich, wenn er nicht nur Ähnlichkeit, sondern auch Überbietung demonstrieren soll. Ein solches Vergleichen ist das Grundmuster der sog. Typologie: In Mt 12,39–45 werden Jona und Jesus in ihrem Geschick und dann nochmals Jona und Salomo unter dem Aspekt des Verhältnisses zu ihrem jeweiligen Publikum mit Jesus verglichen. Während im Geschick mit Jona Übereinstimmung festgestellt wird, wird bei den letzten Vergleichen Jesus über Jona und Salomo gestellt. Sodann wird nochmals das Geschick der bösen Generation am Ende verglichen mit dem Unheil von Geistern im zweiten Stadium ihrer Wirksamkeit (Rückfall). Das ganze Geflecht der argumentativen Vergleiche dient der Kennzeichnung der Bosheit der Angeredeten: Obwohl Jesus da ist, der mehr ist als Jona usw., ist es mit ihnen so schlimm wie mit rückfälligen Dämonen.

In Mt 24,37–39 wird in dem Aufbau des Gleichnis-Diskurses der typologische Vergleich anderem Gleichnismaterial gleichgeordnet behandelt (s. unten § 17). Der Vergleich spielt mithin in argumentativer und symbuleutischer Rede seine wichtigste Rolle. In der Auseinandersetzung mit Gegnern (ungläubige Generation, Reiche, Judaisten) spielt er seine historisch bedeutsamste Rolle.

§ 8 Beispiel

Lit.: ANRW – S. 1145–1148. – S. K. Stowers, The Diatribe and Paul's Letter to the Romans, SBL Diss Series 57, 1981, 155–174; bes 168–173. – Vgl. auch hier § 85.

Im Unterschied zum *Gleichnis* betrifft das *Beispiel* die *gleiche Art* der Handlung. In Differenz zum Vergleich gilt: a) Das Beispiel bezieht sich auf die zentrale Intention einer Texteinheit und ist daher in erster Linie verbal orientiert. b) Dem entspricht, daß es sich trotz Verschiedenheit in Zeit und Personen (Betroffenen) um einen strikt gleichartigen Vorgang handelt. Zentral ist daher die Kategorie der *Wiederholung.* c) Dem entspricht, daß sich bei Beispielen eine Tendenz zur Reihung zeigt: Das gleichartige Handeln/Geschehen kann öfter wiederholt werden. Während der Vergleich im Neuen Testament paarig orientiert ist, finden sich für das Beispiel des öfteren Reihen. d) Das Beispiel ist nicht nur Illustration noch betrifft es nur einen Punkt (wie der Vergleich), sondern es ist ein Vorgang im Rahmen einer Beziehung (zwischen Partnern); daher „stützt" es stärker (als Motivation; als Vergleichsfall in der Apologie; in der Argumentation a minore ad maius). Der Vergleich kann ein abgekürztes Beispiel sein.

Über Funktion und Vorgeschichte der Beispiele im Neuen Testament gilt: a) In der Rhetorik gelten *exempla* als *probatio* (Beweis), als Bekräftigung, zur Aneignung und Warnung. In der kynischen Tradition wird die Beziehung zum Vorbild kräftig entwickelt (was sich auch in der Gattung der Chrien zeigt). Den *exempla maiorum* der römischen Tradition entsprechen die Väter Israels als Vorbilder (insbesondere in der Testamentenliteratur und im „Väterlob" Sir 44–50). Man unterscheide exempla, die der Text selbst als bereits *vor der Zeit* geschehene nennt, in der er entstanden ist oder entstanden zu sein behauptet, von solchen exempla, deren Zeuge der (fiktive) Verfasser selbst ist. Beleg für das erste: Jak 5,17 f. nennt Elia als Vorbild für erfolgreiches Beten. Beleg für das zweite: In Lk 10,39–42 wird Maria als Vorbild dem Leser vor Augen gestellt, Martha als Warnung.

b) *Apologetische Funktion* von exempla: In der Zeit früher Auseinandersetzung mit dem Judentum spielen exempla eine wichtige Rolle, um den christlichen Standpunkt und die ihm entsprechende Praxis zu legitimieren. Das geschieht in zwei Bereichen: für die Sabbatpraxis und für die Frage nach der Legitimität des Pneumas Jesu.

Für die *Sabbatpraxis* wird in Mk 2,25 f. der Mundraub am Sabbat durch das Beispiel Davids verteidigt (aus Hunger darf man das Heilige verletzen). Die Praxis der Wunderheilungen am Sabbat (hier war ja das geeignete Publikum vorhanden) wird an zwei Stellen durch Beispiel und Argument a minore ad maius gerechtfertigt (Mt 12,11: Schaf; Lk 13,15: Esel), in Lk 14,5 durch ein einfaches Beispiel (Tiere im Brunnen). – Eine Reihe von zwei Beispielen bietet Mk 3,24 (Reich). 25 (Haus): Da für beide gilt, daß mit sich selbst Entzweites nicht bestehen kann, gilt das auch nicht (V. 26) für Satans Reich. Damit soll bewiesen sein, daß Jesus nicht im Namen Beelzebubs wirken kann – er trüge ja sonst zum Untergang des Reiches bei.

c) In *symbuleutischen* Kontexten hat Gottes eigenes (früheres) Handeln *paradigmatische* Funktion, aus der indirekt eine Motivation für die Gegenwart hergeleitet wird. Auch hier findet sich die Argumentation a minore ad maius:

Gott sorgt für Lilien und Gras und für die Vögel (Raben), um wieviel mehr dann erst für die Jünger (Lk 12,24.27; Mt 6,26.28). Das soll diese zur Sorglosigkeit motivieren.

Gleiches gilt von den Spatzen und den Haaren des Hauptes (Lk 12,6.7) im Verhältnis zu den Jüngern.

Anhand von Mt 6,26.28: (Vögel des Himmels und Lilien des Feldes), wird der Unterschied zwischen Vergleich, Beispiel und moralischem Vorbild deutlich. Um moralische Vorbilder handelt es sich nicht, weil es nicht um Taten geht, die zur Nachahmung empfohlen werden. Um einen Vergleich geht es nicht, da es ein positiv benennbares Handeln auf gleicher Ebene gibt. Ein Beispiel liegt vielmehr deshalb vor, weil es um das Verhältnis zwischen Gott und anderen Nicht-Sorgenden geht. Gott verhält sich hier so, wie er sich auch in noch viel höherem Maße den Jüngern gegenüber verhalten würde. In der *Geschichte* hat Gott gestraft, und dieses dient den Gegenwärtigen zur Warnung: 2 Petr 2,4–7; Jud 5–7 referieren eine *Beispielreihe*, die ihre nächsten Analogien in Sir 16,5–15; CD 2,14–3,12; 3 Makk 2,3–7 und TestNaft 2,8–4,3 besitzt. Gemeinsames Gut dieser Reihen sind vor allem: Die Bestrafung Sodoms, der gefallenen Engel/Wächter, die Bestrafung bei der Sintflut (über die Riesen oder die alte Welt) und die Bestrafung Israels aufgrund des Murrens in Qadesch (der 2. Aufstand nach Nu 14; so ist das „zum zweiten Mal" in Jud 5 aufzufassen). Während in Jud 5–7 die Reihe ausschließlich abschreckenden Charakter hat, geht es in 2 Petr 2,5–9 dabei außerdem um die Rettung der gerechten Minderheit aus der Versuchung, die zum Beispiel wird.

d) *Moralische Beispiele* aus der Vergangenheit sind in Jak 5,11 Hiob (Beharrlichkeit) und in 5,17f. Elia (Gebet und Erhörung). In Form einer *Beispielreihe* ist Hebr 11 gestaltet (Paradigmenkatalog). In Hebr 11 wird V. 1f. eine Definition des „Glaubens" vorweg geliefert, und dann werden in einer *anaphorischen Reihe* (d. h. unter Aufnahme des Anfangsstichwortes zu Beginn des Beispiels) in zeitlicher Abfolge Träger dieser Haltung genannt. Formal vergleichbar ist Philo, Praem 13 (zum Stichwort „Hoffnung", aber nicht in geschichtlicher Abfolge, sondern mit Beispielen aus dem Leben). Aus dem Judentum ist besonders SapSal 10 zu vergleichen: Wie in Hebr 11 läßt hier eine *Überschrift* Ziel und Schwerpunkt der Reihe erkennen, wie dort wird hier der *gleiche Bezugspunkt* (hier: Weisheit) auf Abstand wiederholt. Das ist bei den sonst oft zum Vergleich herangezogenen atl. Reihen aus der

Konzeption des deuteronomistischen Geschichtsbildes nicht der Fall (z. B. Dtn 26,5–9). Daher handelt es sich in SapSal 10 und in Hebr 11 um eine griechische Gattung (Rede XIX des Lysias über Aristophanes, § 45–49; Isokrates, Antid. § 231–235). – Jesus selbst ist das Vorbild in 1 Petr 2,21–24 (vgl. die Einführung „. . . hinterließ euch ein Vorbild, damit ihr seinen Fußstapfen folget").

Jesus ist auch das Beispiel in Mk 14,32–42par Mt 26,36–46; Lk 22,40–46: Jesus ist der vorbildliche Beter im Kontrast zu den Jüngern. Zugleich wird seine soteriologische Bedeutung darin begründbar, daß er allein nicht versagt. – Mit zwei Beispielen argumentiert die Rede des Gamaliel: Act 5,36 (Theudas).37 (Judas der Galiläer); 5,38 ist die Anwendung auf den konkreten Fall.

Moralisch *abschreckende* Beispiele aus der Vergangenheit sind Kain, Bileam und Korah nach Jud 11 (Leugnung des künftigen Gerichtes; falscher Gebrauch prophetischer Vollmacht; Auflehnung gegen Gottes Boten), bzw. Bileam in 2 Petr 2,15 ff. (Falschprophet um Geld). In Jud 9 und 2 Petr 2,11 sind Engel (bzw. Michael) Vorbild für Unterlassung. Es fällt auf, daß Beispiele dieser Art vor allem in ausgeprägt judenchristlichen Schriften begegnen und die Gleichartigkeit von christlicher Gemeindesituation und vorangehender Geschichte zumindest prinzipiell voraussetzen.

Zum abschreckenden Paradigma in Hebr 3 f. (Geschick der Wüstengeneration und des Jetzt): „Siehe, das erste Geschlecht ist in der Wüste gestorben, weil sie ihrem Gott widersprochen haben. Und jetzt, ihr Führer alle, wisset heute, daß wenn ihr in den Wegen eures Gottes wandelt, eure Wege recht sind. Wenn ihr aber nicht auf seine Stimme hört und gleich werdet euren Vätern, ... euer Name von der Erde verschwinden wird." (Ps.-Philo, AntBibl 20,3 f. Rede Josuas) – Besonders auffällig ist die gemeinsame Verbindung von Ps 95,7–9 mit dem negativen Beispiel der Väter in der Wüste und Josua. – Das „heute" ist breit in der Tradition belegt.– Die Wüstengeneration ist abschreckendes Beispiel auch in 1 Kor 10,1–12.

e) Im Rahmen *symbuleutischer Argumentation* werden die Hörer auf ihr eigenes Verhalten in anderen Bereichen im Sinne von Beispielen angesprochen: Die Wolken und den Wind vermögen sie zu beurteilen, die Zeit Jesu nicht (Lk 12,54.55) (Rhetorische Frage und Schelte). Nach Lk 10,13.14 hätten Tyrus und Sidon in vergleichbarer Situation anders gehandelt (V. 14 schließt mit einem Vergleich)

f) Deutliche *Affinität zum moralischen exemplum* haben auch andere Gattungen: so etwa Gleichniserzählungen (vor allem Lk 10,29–37 mit dem Schluß V. 37 „geh und auch du tue desgleichen") und Chrien (Lk 10,39–42 mit Maria als Vorbild).

g) *Apologetisch* im Rahmen der Biographie Jesu sind die beiden Beispiele in Lk 4,25 f.27 (Elia und Elisa im Verhältnis zu Heiden). Sie rechtfertigen durch Beispiel den Satz 4,24, daß in seinem Vaterland der Prophet nicht angenommen wird und weisen zugleich in die positive Alternative (Heidenmission).

Bemerkenswert ist, daß sich Beispiele jeglicher Art vor allem in stark *judenchristlich* geprägten Schriften des NT finden (Q; Lukas; Jak; Hebr; 2 Petr und Judas) und im ganzen die Auseinandersetzung mit dem Judentum auf gleicher Ebene widerspiegeln. Dem entspricht, daß auch in stärker heidenchristlichen Schriften des NT Exempla aus der paganen Geschichte fehlen und überhaupt undenkbar sind. Obwohl das Phänomen exemplum auch und vor allem (vgl. aber z. B. 2 Chron 15,2–7; Jub 7,21–25) hellenistisch ist, findet es sich gleichwohl fast nur in den am stärksten judenchristlich geprägten Schriften des NT. D. h. diese Gattung wurde entweder durch das hellenistische Judentum vermittelt – oder sie fehlt.

§ 9 Exemplarische Mahnung

Vom exemplum unterscheiden wir die exemplarische Mahnung, denn hier verstehen wir das Exemplarische wie folgt: Es handelt sich um einen einprägsamen und drastisch formulierten Spezialfall, an dem ein bestimmtes generell gefordertes Verhalten überdeutlich wird. Das Exemplarische besteht darin, daß der Extremfall innerhalb einer gedachten Reihe ähnlicher Verhaltensweisen genannt wird. Ähnlich gibt es auch exemplarische Situationen, die wir Episoden nennen (s. d.).

Solche Mahnungen liegen vor in Mt 5,39f. (Wange und Meile) (wohl auch schon ähnlich in der zuvor genannten Stelle aus Ex 21,24f., wo „Auge um Auge", „Zahn um Zahn" ebenfalls eher das Prinzip angeben); Mk 9,41 (= Mt 10.42) (Becher Wasser als Beispiel für das Minimum); Lk 3,11 (Wer zwei Chitone hat . . .); Lk 12,58–59 (Versöhnungsbereitschaft als Musterfall, Schlichtung zur rechten Zeit).

Der exemplarische Charakter bestimmt sich jeweils vom Kontext her. Das kommende Gericht spielt jeweils (auch ungenannt) eine entscheidende Rolle.

§ 10 Metaphern

In der Diskussion über die Gattung Gleichnis spielt gegenwärtig die Frage nach der Eigenart der „Metapher" eine zwar häufig überschätzte, aber doch zu besprechende Rolle. Vor allem ist zu fragen, ob Gleichnisse in der Tat entfaltete Metaphern sind oder ob sich nicht vielmehr Metaphern in signifikanter Weise unter anderem auch mit der Gattung Mahnspruch verbunden haben.

Lit.: G. Kurz: Metapher, Allegorie, Symbol, Göttingen 1982. – E. Rau: Jesu Kunst der Rede vom Gott Israels. Zur Methodik der Gleichnisinterpretation, Habil. masch., Hamburg 1978. – P. Ricœur, E. Jüngel: Metapher. Zur Hermeneutik religiöser Sprache (EvTh Sonderheft), München 1974. – G. Sellin: Allegorie und „Gleichnis". Zur Formenlehre der synoptischen Gleichnisse, in: ZThK 75 (1978) 281–335. – H. Weder: Gleichnisse als Metaphern, Göttingen 1978. – H. Weinrich: Sprache in Texten, Stuttgart 1976, bes. 276–341.

Zu den Ergebnissen der Diskussion um „Metaphern":

Folgende Thesen aus der Diskussion erscheinen mir als bemerkenswert:

1. Man unterscheidet (seit Weinrich) *Bildspender und Bildempfänger.* In der metaphorischen Prädikation „ich bin . . . der hellstrahlende Morgenstern" (Apk 22,16) ist Jesus der Bildempfänger, der Bereich der Astronomie der Bildspender. Diese Unterscheidung macht vor allem aufmerksam auf die „störende" und spannungsvolle Beziehung zwischen Metapher und Kontext (semantische Inkongruenz). Dabei bleibt das übertragene Nomen (Morgenstern) transparent für seinen ursprünglichen Ort.

2. Da sich – entsprechend textlinguistischen Ansätzen – die Semantik der Metapher in erster Linie also vom Kontext her bestimmt, hat man die aristotelische „Substitutionstheorie" ersetzt durch diese „*Interaktionstheorie*". Mit dem letzteren ist gemeint: Kontext und Metapher interpretieren sich gegenseitig, und nur nach seiner Funktion im Kontext ist etwas wörtlich oder metaphorisch zu verstehen (G. Kurz bringt ein Beispiel: Der Satz „Peter ist ein Kind" ist metaphorische Prädikation, wenn Peter 30 Jahre alt ist, er ist nicht metaphorisch, wenn Peter 6 Jahre alt ist). Gegenüber dieser wechselseitigen Interpretation, die sich Kontext und Metapher liefern (Interaktion), besagte die Substitutionstheorie, daß bei der Metapher ein eigentliches Wort durch ein fremdes ersetzt wird; Voraussetzung war die Annahme einer ungestörten Entsprechung von Sein und Sprache, bei der jeder Sache das ihr zugehörige Wort zukam. Die Metapher war dann nicht das „richtige" Wort. Die *Interaktionstheorie* geht dagegen davon aus, daß es eine sprachliche Bedeutung oder eine festgelegte Etikette für eine Sache nicht „an sich" gibt – *Metaphern weichen daher nicht vom wörtlichen, sondern nur vom dominanten Gebrauch des Wortes ab* (G. Kurz, S. 17). Der dominante Gebrauch ist nicht für alle der gleiche: „Man muß den Standpunkt der Sprechenden einnehmen, um etwas als eine Metapher identifizieren zu können" (G. Kurz, S. 18).

3. Die Metapher ist also nicht uneigentliche, sondern eine *besondere Art eigentlicher Rede.* Das wird nicht nur durch die Interaktionstheorie deutlich, sondern auch aufgrund der These von der Unübersetzbarkeit der Metapher. Diese These besagt, daß mit der Metapher dem Bildempfänger ein Zuwachs an Bedeutung geschenkt wird, der nicht anders erlangbar wäre. In der Metapher wird etwas Neues entdeckt *(„entdeckte Analogie"),* sie ist nicht nur Mimesis, sondern Poiesis, Stiftung einer neuen Welt, Sich-Selbst-Vorausein des menschlichen Geistes in seinen Bildern, eine „Vermutung des Geistes", sie „verhilft dem Wirklichen zur Wahrheit", kurz, ist eine „Sinnstiftung und Neubeschreibung der Welt". Daher wird – und das ist nun für die Gleichnistheorie wichtig – die *Unterscheidung zwischen Sachhälfte und Bildhälfte* aufgegeben. Ein tertium comparationis entfällt (bei der oben aus Apk 22,16 genannten Metapher wäre dieser Vergleichspunkt: die Ankündigung des Tages durch eine Größe, die selbst etwas von dessen Lichtglanz hat).

4. Gerade in ihrer Unübersetzbarkeit zielen Metaphern auf Erfahrung

und wollen in der Praxis des Lebens angewandt werden. *Als Neugewinn von Wirklichkeit sind sie Sprachereignis,* und dieses kann nur im Handeln des Menschen seine Entsprechung finden. Dabei wird auch die *Auffassung vom Bildspender verändert.* Wenn Gott „Vater" genannt wird, so hat das Rückwirkung für alle Vaterschaft (bildspendender Bereich) überhaupt.

5. Metaphern durchlaufen eine *Geschichte,* in der sie zunächst neu entdeckt und lebendig sind, dann zum Klischee werden und schließlich *lexikalisiert* werden, wobei sich ihr metaphorischer Effekt zusehens auflöst: Die Metapher ist zum terminus technicus geworden. Im Christentum geht damit die *Ontologisierung* von Metaphern durch die kirchliche Systematik einher. Am Beispiel der Geschichte der Metapher Sohn Gottes ließe sich das gut aufweisen. Bei Ontologisierung wird die Metapher im strikten Sinne als Seinsaussage verstanden, wodurch sich eine Reihe neuartiger Probleme ergeben (z. B. Wann ist dieser Sohn gezeugt?).

6. Metaphern haben eine besondere Wirkung(sgeschichte), da sie dazu veranlassen, Konnotationen und *Gefühle* zu assoziieren: Das Erleben des jeweiligen Hörers/Lesers wird deutlich angesprochen.

Als Kritik und Ergänzung zu diesen Ergebnissen und Thesen möchte ich folgendes bemerken:

a) Die Differenz zwischen *Vergleich und Metapher* besteht darin, daß bei der Metapher die Anweisung fehlt, welche Eigenschaft des Bildempfängers durch den Bildspender erhellt werden soll. Dieses herauszufinden ist vielmehr bei der Metapher Aufgabe des Hörers/Lesers, und die dabei einzusetzende Kreativität macht die Metapher emotional interessant. Die Differenz besteht aber nicht darin, daß die Vergleichspartikel „wie" fehlt (oder Entsprechendes). Ermäßigt wird beim Vergleich die semantische Konterdetermination zur *Illustration.*

b) Da Metaphernbildung ein normaler sprachlicher Vorgang ist (insbesondere im Bereich der zwischenmenschlichen und religiösen „ungreifbaren" Wirklichkeit), ist der *Zeitfaktor* in der Tat entscheidend; die Wirkung der Metapher hängt von ihrem (relativen) Neuheitscharakter ab.

c) *Metaphern sind nicht „unübersetzbar".* Abgesehen davon, daß hier bei „Übersetzung" ein frühschulisches und wohl am Vokabelheft orientiertes Verständnis vom Übersetzungsvorgang vorliegt, wird hier einem semantischen Irrationalismus Vorschub geleistet. Wer Metaphern für unübersetzbar erklärt, schafft ein unkontrollierbares Vakuum und läßt insbesondere den Prediger hier allein und umgeht so geschickt das, was nun eigentlich Aufgabe des Theologen (inbesondere des Exegeten) wäre. Denn dessen Geschäft besteht gerade darin, Worte zu finden, mit denen er die Konnotationen der Metaphern einfangen kann, mit denen er die metaphorischen Ausdrücke gewissermaßen umzingelt, um sorgsam und sprachlich angemessen (die Sprache des ThW ist nicht die einzige, derer sich ein Exeget bedienen sollte) das damals Gemeinte wie das heute Notwendige zu formulieren. Die Aufgabe besteht so in einer sprachlich angemessenen Beschreibung/Nacherzählung.

Vorausgesetzt ist dabei, daß mit der Metapher auch damals ein eindeutiger (und nicht ein diffuser) Sinn verbunden war, der sich religionsgeschichtlich rekonstruieren läßt (was auch von den möglichen Konnotationen gilt). Die Assoziationen werden heute andere sein, sind aber ebenso darstellbar.

d) Die These von der *wirklichkeitsschaffenden* und *sinnstiftenden* Rolle der Metapher ist ein verspäteter Eintrag aus der Philosophie des Deutschen Idealismus (Sprache schafft Wirklichkeit, der Sprecher als Schöpfer). Gewiß ist Sprache – neben anderem – ein Handeln (wie auch übrigens reflexive Erinnerung oder vorgreifende Hoffnung), aber das Bild der Schöpfung halte ich hier für unangemessen. Als Sprecher schaffe ich nicht Wirklichkeit, sondern wirke ent-deckend ein auf einen kontinuierlichen Strom, der mich selbst auch immer schon getragen hat. Die *Verbindungslinien* zwischen Text und Situation sind es auch, die eine Metapher damals wie heute nicht beliebig auslegbar sein lassen. So gewiß Sprache Wirkung hat (in den Metaphern kann sie potenziert werden), so wenig ist dieses je Wirkung ab ovo, sondern Verursachung und Wirkung sind durch den realgeschichtlichen Kontext in tiefster Substanz bedingt, gefärbt und wenn nicht vorhersehbar, so doch begreiflich zu machen. Metaphern sind „Brennpunkte" von Erfahrungen.

e) Die Metapher *entwirft nicht* „Zusammenhänge, die über das Wirkliche hinausgehen" und ist nicht die „Kraft des Möglichen gegenüber dem Wirklichen", sondern sie soll den Leser auf eine seine Kreativität miteinspannende Weise über Erfahrungen des Sprechers in gezielter und beschreibbarer Weise *informieren*. Worte sind als Katalysatoren von Erfahrungen anzusehen; sie *seligieren, koordinieren, konzentrieren* (eine Vielfalt wird kurz gefaßt) und *finalisieren* (mit einem rezipientenorientierten Ziel) Erfahrungen und *kanalisieren* sie auf den Hörer hin, *verändern* also den Sprecher wie den Hörer. Nur darf man aus der Leerstelle, die die Metaphern für die Aktivität des Hörers lassen, aus der damit gegebenen Chance, daß der Hörer das Spiel nicht versteht oder später in seiner ihm belassenen Freiheit Neues assoziiert, weil das Bild vieldeutig ist, nicht folgern, es sei auch vieldeutig gemeint.

f) Mit der These von der Unübersetzbarkeit der Metapher ist häufig die vom *Sprachereignis* verbunden. (Sie besagt: In der Metapher und im Gleichnis und exklusiv nur hier ist das Reich Gottes Sprache und für Menschen Wirklichkeit geworden). Dazu ist zu sagen: Abgesehen davon, daß man in vielfältigen Texten vom Gottesreich reden kann und abgesehen davon, daß Metaphern nicht unübersetzbar sind (auch wenn das Übersetzte dann ein neuer Text ist), ist doch das *Sprachgeschehen kein Sachgeschehen*. Sprache zeitigt wohl pragmatische Wirkung, aber ob das in dieser Wirkung Realisierte das Reich Gottes ist, entzieht sich jeglicher Erweisbarkeit.

g) Ebenso unerweisbar ist die behauptete *Rückwirkung* der Metapher auf den metaphernspendenden Bereich. Hier ist wohl der Wunsch Vater des Gedankens – es liegt eine eindeutige Überschätzung sprachlichen Geschehens (wie auch sonst) vor.

Aus alledem folgt:

1. Die *Unterscheidung zwischen Bildhälfte und Sachhälfte* ist zwar sprachlich unglücklich, sachlich aber zumindest prinzipiell aufrecht zu erhalten. Denn es geht nicht um Hälften, sondern um metaphorische oder sonstwie analogische Sprache (und deren spätere Wiedergabe, z. T. in einem neuen Text mit jedenfalls anderem Bildcharakter für ein neues Publikum); es geht auch nicht um den Gegensatz von Bild und Sache, sondern oft nur um den von kühneren und lexikalisierten Metaphern. – Vor allem ist die „Sache" nicht als *Satzwahrheit* zu haben (gegen Jülicher): Metapher wie Gleichnis sind *nicht Verdeutlichung eines Satzes, sondern vielschichtiger Erfahrung.* Die Metaphern sind schließlich auch nicht immer Bilder, es kann sich auch um Abstrakta handeln (z. B. „ich bin die Auferstehung"). *In den Gleichnissen vom Gottesreich ist „Basileia" die lexikalisierte Metapher, das Corpus des Gleichnisses dann die neue, kühne Gleichnisrede.*

2. *Erfahrung und Sprache* sind einander zugeordnet, und nicht Erfahrung und Unübersetzbarkeit (gegen H. Weder, 72).

3. Metaphern gehören in ein *sprachliches Spiel* mit offenem Ausgang. Gelingt das Spiel in dem vom Sprecher intendierten Sinn, dann wird *Gemeinsamkeit unter Wahrung der imaginativen und assoziierenden Freiheit des Hörers* gewonnen. Gerade der Verzicht auf ausdrückliche Beschilderung (wie beim Vergleich) läßt die Gemeinsamkeit des Verstehens als Geschenk erfahren.

4. Zum Verständnis der Gleichnisse ist eine religionsgeschichtliche Erarbeitung der damaligen möglichen Metaphernfelder notwendig, für eine heutige Verwendung Entsprechendes für heutige Metaphernfelder. Metaphern bringen neue Information, aber welche sie bringen, das war intendiert und ist rekonstruierbar.

5. Die These von dem *einen tertium comparationis* ist aufzugeben (auch wenn man an der *einen Pointe* festhalten kann), denn schon bei der Metapher kann es häufig mehrere gemeinsame semantische Merkmale zwischen Bildspender und Bildempfänger geben. Gerade die abgestufte Vielfalt macht hier den Reiz einer Metapher aus.

Weiterhin gilt:

1) Bei der Prägung einer Metapher wird eine Vielfalt von Erfahrungen zu einer Einheit gebracht. Gerade das glückliche Vereinen und Bündeln von Diffusem in einer geprägten Gestalt ist ihr Kennzeichen. Durch dieses Koordinieren in einem Punkt kann eine Analogie (zum metaphernspendenden Bereich) sichtbar werden.

2) Metaphern stehen häufig in Beziehung zu umfassenderen Modellen, die weite Bereiche der unsichtbaren und sichtbaren Wirklichkeit zu deuten versuchen. Diese Modelle sind Ausdruck einer jeweiligen (eventuell historisch zu rekonstruierenden) Weltanschauung. Wichtige Modelle sind:

die Organisation von Haus und Familie als Bild für das Ganze (daraus die Metaphern Vater/Kinder, Herr/Sklave etc.)

die Organisation von Königshof und Königsthron (daraus die Metaphern für Boten, Thron, Hinzutreten, Königreich usw.)
der Zusammenhang Tun/Ergehen (Aufhäufung der Taten als „Masse")
die Organisation des Kultes (zum Teil sich überschneidend mit königlicher Metaphorik; darüber hinaus: rein/unrein; Stellvertretung, z. B. als Übertragen der Schuld auf den Sündenbock)
Licht-Metaphysik (Abglanz, Licht, erleuchten, Finsternis etc.)

Ausschnitte aus diesen Modellen sind bestimmte Bildfelder (z. B. Sklaverei). Die Bedeutung dieser umfassenderen weltanschaulichen Modelle für biblisches Denken erhellt daraus, daß in Visionen und Himmelsreisen diese Modelle als zusammenhängende Bilder geschaut werden (der Visionär sieht, wie die „Werke" dem Sünder figürlich nachfolgen, er sieht Jesus als Abglanz des Vaters im Rahmen des Thrones etc.). Der Visionär schaut in ästhetisch beschreibbarer Weise zumindest einen großen Ausschnitt als Bild, aus dem die jeweilige Metapher ein Einzelstück darstellt. Was die Metapher punktuell erfaßt (s. unter 1), wird hier als Kontinuum geschaut, beide erfahren in gleicher Weise „Verdoppelung" von Wirklichkeit, um so deren Einheit (die Aussagbarkeit des Unsichtbaren mit Hilfe des Sichtbaren) zu erfassen.

3) Auch wo der Bildgehalt von Metaphern verblaßt ist, hat dieses noch Bedeutung für die Konnotationen, für den Kontrast in Synonymitätsverhältnissen und für die Gattung, in der sie begegnen.

Metaphorische Redeweise in dem hier gezeichneten Sinn hat zunächst zwei wichtige Gattungen im Gefolge: Metaphorische Mahnrede und metaphorische Personalprädikationen.

§ 11 Metaphorische Mahnrede

Es geht hier um Mahnrede, die mehr oder weniger stark metaphorisch durchsetzt, aber eben *syntaktisch noch als Mahnrede erkennbar* ist (wie z. B. Lk 10,2: „Bittet nun den Herrn der Ernte . . .", oder Mt 8,22: „Laß die Toten begraben ihre Toten . . ."). Während bei *Gleichnissen* die üblichere theologische Metaphorik häufig semantisch „durchschlägt", wobei doch der Gesamtvorgang auf einer anderen Wirklichkeitsebene spielt, ist bei der *metaphorischen Mahnrede* der direkte syntaktische Bezug auf die Hörer bewahrt: Angesprochen wird die 2. Person (oder die 3.), und zwar imperativisch oder konditional. Die Rede ist also direkt an ihre wirklichen Adressaten gerichtet; wie bei Gleichnissen zeigt sich außerdem häufig semantische „Normalität". Nur einzelne Elemente sind also metaphorisiert. Aus allem wird deutlich, daß es sich nicht um Gleichnisse handelt. Daß man die Metaphern nicht wörtlich zu nehmen hat, dafür sorgt entweder der Kontext (im Zusammenhang von Mt 7,13a geht es nicht um die Technik des Passierens von Hauseingängen) oder die Extravaganz des Bildes selbst (da Tote nicht beerdigen können, muß es sich in Mt 8,22 um metaphorische Tote handeln, wenn nicht gar der ganze Satz metaphorisch zu nehmen ist).

Dabei ist erkennbar, daß die metaphorische Redeweise folgenden Zweck hat: a) Das Gemeinte wird *emotional einprägsam*. Das gilt insbesondere von Oppositionen (Balken im Auge/Splitter im Auge). Anhand der *Wirkungsgeschichte* dieser Worte Jesu ist nachweisbar, wie intensiv gerade die metaphorische Formulierung Wirkung begünstigt hat. Diese leistet damit einen immensen Beitrag zur sekundären Vermündlichung der schriftlich festgehaltenen Rede. b) Die drastische und häufig überspitzte Formulierung ist nicht nur kurz, sondern soll für den Leser/Hörer kein Wenn und Aber zulassen: Die Weisungen sind *radikal und eindeutig* formuliert. Dabei sind gerade die *surrealen Bilder* (Balken im Auge) gut verständlich. Die rhetorischen Tugenden der *brevitas* (Kürze) und *perspicuitas* (Eindruck hervorrufend) sind bei diesen Texten besonders gegeben.

Während Lk 6,45 weniger stark metaphorisiert ist, ist dieses in Lk 11,34–36; Mt 7,6 in hohem Maße der Fall. In einigen Texten ist nur die Apodosis metaphorisch (Mk 3,35; Mt 12,50; Lk 8,21), in Lk 9,62 nur die Protasis. In Mt 7,7b bildet eine metaphorische Umsetzung der bisherigen Mahnworte (klopft an, und es wird euch aufgetan werden) den eindrucksvollen Schluß der Einheit.

Besonders interessant sind Texte, die auf einer *metaphorisch formulierten These* oder auf einem *sentenzartigen Basissatz* aufbauen, worauf dann erst eine Mahnung folgt. Solche Texte gewinnen dadurch eine Art argumentative Struktur. Zu nennen sind: Mk 9,49–50 („Gut ist das Salz . . .“); Mt 9,37f. par Lk 10,2 („Die Ernte groß, der Arbeiter wenige . . .“); Lk 11,34a/34b–36 („Das Licht des Leibes ist dein Auge . . .“) par Mt 6,22f.; Joh 12,35 („Noch kurze Zeit ist das Licht unter euch . . .“).

Besonders entfaltet und aufwendig entwickelt ist metaphorische Mahnrede in *protreptischen* (Grundsatz-)*Mahnungen,* und zwar da besonders mit den Metaphern Licht und Finsternis (Lk 11,35–36; Mt 5,14–16; Joh 12,35f.; Mt 10,27). Ähnlich wichtig ist in Mahnungen gleichen Charakters das Bild des Weges (Mt 7,13f.; Lk 13,24, vgl. auch Joh 1,23 nach einem Basissatz als Ich-Wort). Diesem Befund entspricht, daß auch die *Entscheidung zur Nachfolge* eine typische angesprochene Situation ist: Lk 9,62; Mt 8,22 und Lk 9,60a. – Lk 11,33–36 ist die Aufforderung zum Hören (zur Analyse vgl. Berger, BK S. 293). Ebenso bezieht sich Mt 11,29f. (Joch aufnehmen) deutlich auf die protreptische Situation. Eine Bedeutung haben schließlich die Metaphern von Ernte (Mt 9,37f.; Lk 10,2. – Realbezug: Mission), Herz (Lk 6,45 par; Mt 6,19–21 par) und Salz (Mt 5,13; Mk 9,49–50).

Auf die innergemeindliche Situation sind metaphorische Mahnworte verhältnismäßig selten bezogen: Mt 7,3–5; Lk 6,41–42 (Splitter und Balken: Bruder); Mk 9,49–50 (Frieden untereinander).

Mithin gilt für den *historischen Kontext* der bildhaften Mahnworte:

a) Sie entstammen großenteils der Logienquelle.

b) Sie beziehen sich großenteils auf das missionarische Werk der Christen oder auf die Hinwendung zu Jesus in der Mission bzw. auf die Entscheidung zur Nachfolge. Auch Mt 7,6 (das Heilige den Hunden) ist wohl sicher auf die

Situation der Mission zu beziehen. Auch für Mk 9,49–50 ist wegen der Verwandtschaft zu Mt 5 ein Bezug zur missionarischen Situation (Wirkung auf Außenstehende) nicht auszuschließen.

c) Da Worte dieser Art auf Innergemeindliches fast nie bezogen sind und in späteren Schriften des NT nicht begegnen, wird eine ziemlich genaue Fixierung auf eine bestimmte Gruppe und für bestimmte Situationen möglich.

d) Nur zwei dieser Worte sind als *Ich-Rede* Jesu formuliert (Mt 10,27; 11,29f.); christlich ist in den metaphorischen Mahnworten vielmehr eine eigentümliche Freiheit gegenüber jeglichen familiären oder materiellen Bindungen; eben diesem Aspekt kommt die drastisch-bildhafte Formulierung entgegen; zugleich erlaubt die Metaphorik aber ein bestimmtes Maß von Freiheit bei der Verwirklichung. Daher ist eine Festlegung – etwa auf wandernde Missionare – nicht möglich. Vielmehr weist alles darauf, daß hier *im Milieu jüdischer Gemeindeverbände* noch jeder Christ zugleich ein Missionar war, so daß all sein Tun zugleich missionarischen Charakter hatte.

e) Eine Opposition zum Judentum fehlt diesen Sätzen. Erst Mt 15,13 ist im jetzigen Kontext antipharisäisch. – Dagegen wird der Bruder innerhalb der Gemeinde in der Verbindung von Schelte und Mahnrede Mt 7,3–5; Lk 6,41–42 als Heuchler angeredet. Auch Lk 6,45 ist auf das Verhältnis Außen/Innen bezogen.

f) Innerhalb der bedingten Unheilsansage ist in Apk häufig die *Gerichtsansage* metaphorisch formuliert. Die Metaphern sind dabei jeweils systematisch im Kontext grundgelegt (vgl. 2,5 mit 2,1; 1,13 und 2,16 mit 2,12; 1,16, auch 2,22 mit 2,20). Das sind wichtige Hinweise auf die innere Verzahnung von visionärem Bild und Metapher, die wohl im Sinne einer gegenseitigen Bedingung aufzufassen ist. Auch die sog. Überwindersprüche der Apk (2,7.17.26f.; 3,5.12.21) sind alle in der Apodosis bildhaft formuliert. Da die Bilder z. T. später in dieser Schrift wieder begegnen, entsprechen auch hier die Metaphern den Visionen (vgl. oben vor § 7).

In ähnlichem Sinne liegt eine metaphorische Rede in Joh 4,35–38 vor. Innerhalb der bildlichen Rede werden die angesprochenen Hörer direkt benannt, und es fehlt auch nicht an Hinweisen auf die Handlung des Sprechers und die Situation (z. B. V. 36a: schon). Daher liegt kein Gleichnis vor, vielmehr eine *epideiktische* Rede zur Darstellung des Ich-Ihr-Verhältnisses.

§ 12 Metaphorische Personalprädikationen

Gemeint sind Aussagesätze, in denen ein *Personalpronomen* (1. oder 2. Person) mit einer *Metapher als Prädikat* verbunden ist. Das Schema ist daher: *Ich bin* (oder: du bist, ihr seid) + Bildwort, z. B. „Ich bin das Licht der Welt". Derartige Sätze liegen vor in Mt 5,13 (ihr: Salz); 5,14 (ihr: Licht der Welt); 16,18 (du: Fels); Joh 1,23 (ich: Stimme des Rufers); Joh 6,35 (ich: Brot des Lebens); 8,12 (ich: Licht der Welt); 10,7.9 (ich: Tür); 10,11.14 (ich: guter Hirte); 11,25 (ich: die Auferstehung und das Leben); 14,6 (ich: der Weg und die Wahrheit und das Leben); 15,1.5 (ich: der Weinstock); 1 Kor 5,7 (ihr: neuer Teig); vgl. auch 2 Kor 5,21 (wir: Gerechtigkeit Gottes); Apk 22,16 (ich: Wurzel und Geschlecht Davids, leuchtender Stern der Frühe).

Funktion dieser Sätze ist, dem Träger eine *einmalige* und unersetzliche hoheitsvolle *Rolle* zuzusprechen. Die offenkundige Konkurrenz von Mt 5,14 und Joh 8,12 (die Jünger oder Jesus als Licht der Welt) macht dabei nur deutlich, daß im JohEv jegliche Sätze dieser Art auf Jesus bezogen sind: Für die Gemeinde des JohEv ist in der Situation totaler Desorientierung bei der Trennung vom Judentum Jesus die zentrale Integrationsfigur, im MtEv sind es die Jünger insgesamt und ist es besonders Petrus, die für die Orientierung wichtig sind, denn sie bewahren für die ekklesia Jesu alles, was der einzige Lehrer geboten hat.

Der formgeschichtliche Ursprung dieser Ich-bin-Prädikationen liegt in ägyptischen Göttersprüchen und ist durch Zeugnisse des ägyptischen Judentums als von dorther vermittelt auch nachweisbar. Wenn man sich wirklich streng an der Form „Ich bin" (etc.) + Bildwort orientiert, so ist eine Herleitung aus dem AT unmöglich. – In Sir 24,18 sagt die Weisheit von sich: „Ich bin die Mutter der guten Liebe", in TestAbr A XVI sagt der Engel: „Ich bin der bittere Kelch des Todes" (Berger, Exegese, 197f.), in den ägyptischen Texten heißt es dann: „Ich bin die Magd der Welt", „Ich bin die Treue", von altägyptischen Göttern: „Ich bin der Stier des Ostgebirges" (Exegese 197f.). Obwohl die jüdischen Belege spät sind, ist dadurch, daß alle vor-mandäischen Zeugnisse nach Ägypten weisen, ein einheitlicher Ursprung hypothetisch zu sichern. Die jüdischen Belege finden sich jeweils im Munde einer Mittlerfigur.

In der sog. Hirtenrede Joh 10,1–5.6.7–18 (zum zugrundeliegenden Aufbauschema allegorischer Gleichnisinterpretation vgl. unten) liegt im Auslegungsteil V. 7–18 eine zur Reihenbildung entfaltete metaphorische Selbstvorstellung vor (Ich bin + Bild). Am Ende steht die Selbst-Identifikation mit dem guten Hirten in V. 11. Statt zwischen den einzelnen Versen hier literar- und quellenkritisch zu scheiden, sollte man beachten, daß hier (ähnlich wie es in der „Brotrede" in Joh 6 geschieht) ein Bildfeld von verschiedenen Seiten her angegangen wird; der Verf. „spielt" mit dem gesamten Material des metaphernspendenden Bereichs, der in diesem Falle „Schafzucht" ist. Ohne Bildmaterial liegt eine ähnliche Selbstempfehlung mit Abgrenzung vor in 1 Thess 2,3ff.

Die *literarische Position* dieser Sätze ist in der Regel der *Anfang einer Redeeinheit,* der Kontext ist zumeist *symbuleutisch.* Denn für Mahnrede bedeutet die epideiktische metaphorische Prädikation einen festen Ausgangs- und Bezugspunkt. Daß die wichtigsten Belege sich bei Joh und bei Mt finden, weist die zugehörigen Gemeinden – wenn auch in verschiedener Weise – als in hohem Maße integrationsbedürftig und autoritätsorientiert aus.

Wenn jemand von sich sagt: „Ich bin . . .", so geht es um eine Art Selbstvorstellung und Selbstempfehlung. Die Prädikation „Du bist . . ." ist eine

Empfehlung für andere von seiten des Sprechers, der diese Rolle zuweist (vgl. § 68,1). Für die Leser ist die Wirkung trotz verschiedener Form nicht unterscheidbar. Denn die jüdischen Belege zeigen, was auch sonst aus dem Kontext des JohEv ersichtlich wäre: Die Ich-bin-Prädikation kommt dem zu, der zwischen Gott und Menschen vermittelt. Die Metapher drückt dabei eine Funktion zugunsten der Menschen aus, etwas, das ihnen von Gott her durch diesen Mittler zugänglich wird.

§ 13 Gleichnisse (allgemein)

Lit.: ANRW S. 1110–1124 und hier vor § 7

Zum Verhältnis zu anderen Gattungen analogischer und bildhafter Rede:

Seit A. Jülicher wird in der Forschung lebhaft darum gestritten, wie das Verhältnis insbesondere von Gleichnis, Allegorie, Vergleich und Metapher zueinander sei. A. Jülicher hatte Vergleich und Gleichnis einander zugeordnet sowie Metapher und Allegorie und jeweils die zuletzt genannte Form als Entfaltung der ersteren dargestellt. Seine Absicht war es im besonderen, die Gleichnisse aus der allegorisierenden Inanspruchnahme durch kirchliche Dogmatik zu befreien. Dabei geht Jülicher davon aus, daß in einer Allegorie jeder Zug des Textes metaphorisch verstanden wird (ein im übrigen nach Jülicher außerordentlich künstliches und der Natürlichkeit Jesu ganz unangemessenes Verfahren), während im Gleichnis wie bei einem Vergleich *nur eine Pointe* und damit auch nur ein Vergleichspunkt (das sog. tertium comparationis) zu ermitteln sei. Dieser Vergleichspunkt ist nach Jülicher stets eine *allgemeine Wahrheit* – womit freilich dann etwas herauskommt, was der von Jülicher bekämpften Allegorie nicht unähnlich ist, denn um zu einer allgemeinen Wahrheit zu kommen, bedarf es einer ganz erheblichen Abstraktion. So definiert Jülicher „*Gleichnis* als *diejenige Redefigur, in welcher die Wirkung eines Satzes (Gedankens) gesichert werden soll durch Nebenstellung eines ähnlichen, einem anderen Gebiet angehörigen, seiner Wirkung gewissen Satzes*" (S. 80). D. h. ein Gedanke, ein Satzurteil, soll durch etwas Ähnliches beleuchtet werden. Das Gleichnis ist konkrete Vermittlung abstrakter Wahrheit.

Die Kritik an Jülicher, die seither erhoben wurde, hatte vor allem folgendes erbracht:

a) Die These von der Einkleidung der *abstrakten Wahrheit* durch das Gleichnis ist nicht haltbar. Das betrifft auch die gewaltsame Reduzierung auf ein einziges tertium comparationis. Der Nachweis, daß Gleichnisse *mehrgipflig* sein können, wurde schon von P. Fiebig aufgrund des rabbinischen Materials geführt, und vollends Beobachtungen über die Verschränkung von Bild und Sache schon im Gleichnis selbst (L. Schottroff, 1972) führten Jülichers These ad absurdum. Dennoch bleibt das Phänomen der Pointe bestehen.

b) Die Zuordnung von *Metapher und Allegorie,* wie sie Jülicher vornahm, ist inzwischen fast durchgehend aufgegeben worden. Statt dessen sieht man jetzt Gleichnisse als Entfaltung von Metaphern an. Dabei ist freilich zu beachten, daß bei Jülicher der *Vergleich* viele der Merkmale aufweist, die man heute bei der Metapher annimmt. Andererseits sind Allegorie und Gleichnis zum Teil wieder einander angenähert worden (besonders wenn man die These von der Eingipfligkeit der Gleichnisse aufgibt) (vgl. dazu unten).

c) Die Einteilung in *Sachhälfte und Bildhälfte* ist so nicht haltbar (s. o.). Das Gleichnis selbst ist jedenfalls ein für sich zu beurteilender Text. Auch wenn er allegorisiert wird, bleibt er in seiner Eigenrolle bestehen. Dennoch bleibt das Phänomen der Analogie und damit die Frage nach den analogata.

d) Jülicher hat das Phänomen der *Erzählung,* insbesondere der Gleichniserzählung, nicht erfaßt. Eine Erzählung ist nicht nur Einkleidung einer Satzwahrheit. Um die Eigenart der erzählenden Gleichnisse herauszustellen, hat E. Rau die Unterscheidung in *erzählende und besprechende* Gleichnisse vorgeschlagen (1978). Da man jedoch nur vom Überwiegen des einen oder anderen Aspektes sprechen kann, bleibt die Einteilung fragwürdig.

e) Neu in die Diskussion eingebracht hat man seit Jülicher vor allem die formgeschichtliche Frage nach *Situation und Kontext* der Gleichnisse, und zwar in verschiedener Weise.
– J. Jeremias: Jedes Gleichnis ist in einer konkreten *Situation des Lebens Jesu* gesprochen, und sein ursprünglicher Sinn wird dadurch konstituiert. Nach bestimmten Gesetzen der *Umformung* wird es dann der *Situation der Gemeinde* angepaßt.
– E. Linnemann: Es geht um ein *Urteil* des Erzählers über die Situation. Dieses Urteil verschränkt sich mit dem des Hörers.
– E. Jüngel: Die *Situation* ist die *Sachhälfte* des Gleichnisses. – Ähnlich G. Sellin: Der *Kontext* ist die Sachhälfte des Gleichnisses.
Ganz bestritten wird die Situationsbezogenheit der Gleichnisse von D. O. Via mit der These der *ästhetischen Autonomie* der Gleichnisse.

f) Umstritten ist, ob Gleichnisse argumentative Funktion haben (dagegen: W. Harnisch).

Zu dieser Diskussion ist aus meiner Sicht folgendes zu ergänzen:

1. Nach dem Ansatz von E. Fuchs (vgl. E. Jüngel; H. Weder) sind Gleichnisse Bildgeschehnisse und nicht „über den Gegenstand verfügende" Lehre. Aber: a) Sprachgeschehen ist nicht Sachgeschehen (S. 34), b) Die Alternative zwischen Lehre und Existenz/Pragma ist falsch. Weder gehen alle Gleichnisse über das „Reich" noch beziehen sie sich alle auf denselben Aspekt, geben mithin komplexe Erfahrung wieder, die das Lehrhafte nicht ausschließt. c) Gleichnisse sind dem Historiker greifbar als eindrückliche Vermittlung menschlicher Erfahrung. Als solche sind sie beschreibende und erzählende Lehre im umfassenden Sinne des Wortes. d) Die Verschränkung als Verstrickung des Lesers ist auf besondere Weise Merkmal jeder Gattung

des NT (was gerade dieses Buch zeigen möchte), aber nicht nur der Gleichnisse.

2. Die Abwertung der Allegorie und die wiederholten Versuche, die allegorischen Gleichniserklärungen der Evangelien als nicht-jesuanisch zu erweisen, sind aufzugeben. Anhand der apokalyptischen Literatur haben K. Berger und H.-J. Klauck gezeigt, daß es sich dabei um ein besonderes Konzept von Offenbarung handelt, die aus zwei Etappen besteht: Die erste Phase der Offenbarung ist die Kundgabe des Bildes (als Gleichnis oder als Vision), die zweite (meist erst zusätzlich zu erbittende, jedenfalls aber nicht selbstverständlich folgende) Phase ist die allegorische Erklärung des Bildes. Diese betrifft immer die besondere Situation des Angeredeten; daher sind Gemeindebezüge in den synoptischen Allegoresen nicht notwendig schon als solche „sekundär". Diese besondere Offenbarung wird Auserwählten zuteil. Von der Konzeption her besteht nicht der geringste Grund, Jesus diese apokalyptische Gattung abzusprechen – es sei denn, man erklärt aus bestimmten Vorentscheidungen, Jesus könne und dürfe mit keiner Art von Apokalyptik etwas zu tun gehabt haben.

3. Statt der Bezeichnung Sachhälfte/Bildhälfte möchte ich die termini *Ausgangsebene und Bildebene* vorschlagen: a) Es handelt sich weder um Hälften, die erst zusammengenommen ein Ganzes bildeten, noch um Texte, die in sich fertig wären. Vielmehr zeigt gerade das Phänomen der semantischen Gemeinsamkeiten, daß sich hier Sprachebenen gegenüberstehen oder durchdringen. b) Es handelt sich nicht um die Sachebene, sondern um die *Ausgangsebene*. Damit ist gesagt: Hier ist der *üblichere* Sprachgebrauch gegeben; er besteht selbst großenteils aus usuellen oder lexikalisierten Metaphern, ist also keineswegs notwendig bildfrei, er repräsentiert nur die üblichere und unerhellte Weise, über ein Thema zu reden. *Relativ* in bezug auf diese Ebene erscheint das Gleichnis als Bild. c) Damit ist in besonderer Weise dem *Kontextprinzip* Rechnung getragen: Gleichnis ist ein Text relativ zu seinem Kontext und nicht für sich.

4. Wesentlich stärker als bislang ist in der Gleichnisforschung die Frage der *Semantik* zu beachten. Denn sehr häufig bestehen zwischen Bildebene und Ausgangsebene enge semantische Beziehungen, ja eine Art Verzahnung, und diese bedingt eine je geringere oder größere, zunehmende oder abnehmende Nähe zwischen beiden Ebenen. Die auffällige semantische Verflechtung der beiden Ebenen kennzeichnet häufig das Gleichnis als solches und liefert den Schlüssel zu dessen Verständnis, so etwa in Joh 12,24: Von Weizenkörnern pflegt man nicht zu sagen, daß sie sterben. – Andere Wendungen haben indes auf beiden Ebenen Platz, und zwar in größerem oder geringerem Maße, so daß sich eine *Gemeinsamkeit zwischen beiden Ebenen im Bereich der Semantik ergibt*. Diese Nähe ist um so größer, je eindeutiger das Wort auf der Ausgangsebene unmittelbar verständliche Umgangssprache ist und in eben diesem Sinn auch im Gleichnis verwendet wird. Kann eine Analogie zwischen beiden Ebenen nur über (usuelle) Metaphern bereits auf der

Ausgangsebene hergestellt werden, dann wird die Distanz um so größer, je ungeläufiger und spezieller diese Metaphern sind (vgl. auch § 110).

Beispiel I: Lk 12,36–38: Die größte Nähe der Ausgangsebene besteht in dem Verb „erwarten" (V. 36); bereits weiter entfernt ist die Rede vom Kommen des Kyrios (V. 36–38); sie ist ja bereits auf der Ausgangsebene bildlich; noch weiter entfernt ist das Bild von der Hochzeit (V. 36), das nur unter bestimmten Voraussetzungen und bei besonderen Kenntnissen der Hörer als gemeinsame theologische wie bildliche Sprache erkannt wird (Hochzeit als Bild für Parusie). Am weitesten entfernt ist das Klopfen und Öffnen (V. 36b). Hier besteht keine semantische oder auch nur metaphorische Gemeinsamkeit mehr mit der Ausgangsebene. Die Seligworte schließlich sind eindeutige Einwirkungen der theologischen Sprache der Ausgangsebene in das Gleichnis hinein.

Die Nähe zwischen Ausgangsebene und Bildebene ist also sehr groß, wenn, wie in diesem Fall, das Verb „erwarten" beide Male denselben semantischen Gehalt hat. Sie schwindet, je weniger direkte Entsprechungen zur usuellen Sprachverwendung vorliegen. Je mehr nur Metaphern die Brücke zwischen beiden Ebenen bilden und je ungewohnter diese sind, um so stärker wird der Hörer von der Ebene üblichen Sprachgebrauchs hineingeführt in die Welt des Gleichnisses. An dem obigen Beispiel ist die Bildung der Gleichniswelt als Prozeß erkennbar, in dem der Hörer immer stärker weggeführt wird von der Ebene üblicher Sprache und hineingeführt wird in die Welt des Gleichnisses. Gleichnissen eignet daher ein eisagogischer Zug. Die „Pointe" ist eine; „tertium" ist jede Analogie in Semantik und Struktur.

Beispiel II: Zwischen beiden Ebenen besteht deutliche semantische Verzahnung etwa in Mt 6,24ab: Übereinstimmend gebraucht werden „nicht können". Auf der metaphorischen Ebene vergleichbar sind hier: „Dienen": Im Gleichnis dienen Sklaven ihrem Herrn, auf der Ausgangsebene wird Dienen metaphorisch gegenüber Gott (usuelle Metapher) und gegenüber dem Reichtum (als Metapher neu) verwendet. Auch die beiden Herren sind mit Gott noch metaphorisch vergleichbar (Gott als der Herr als usuelle Metapher), neu ist nur wiederum der Mammon als Herr. Die Neuheit „dem Mammon als einem Herrn dienen" ist hier zugleich Ausweis für die Pointe.

Beispiel III: Mt 13,44 (Schatz im Acker): Am nächsten an der Ausgangsebene ist die Aktion: „aus Freude alles verkaufen", denn auf der Ausgangsebene steht dieses (etwa: als pars pro toto) für die Aufgabe von Besitz und innerweltlichen Bindungen, ist also auf dieser Ebene auch wörtlich zu nehmen und stellt so verstanden einen erheblichen Teil des Ganzen bereits dar. Entfernter ist bereits der „Schatz", wenngleich es wie bei der Basileia um einen Wertbegriff geht; der „Schatz" kann metaphorisch für die Basileia stehen. Bereits eine kühne Metapher ist hingegen das Kaufen für das Annehmen-Wollen. Der Acker und das Wiederverbergen des Schatzes im Acker dagegen stehen bereits außerhalb der Vergleichbarkeit.

5. Die größere oder geringere Nähe im semantischen Bereich verhindert,

daß zwischen Ausgangsebene und Bildebene ein Graben entsteht. Typisch ist dagegen ein solcher Graben für die *Allegorie:* Allegorien weisen weder das eisagogische Element der Gleichnisse auf, noch ist die semantische Nähe größer oder geringer, der Abstand ist vielmehr überall gleichmäßig.

6. *Gleichnis und Metapher.* Zuerst bei R. W. Funk, dann bei E. Fuchs und E. Jüngel, ausführlich begründet bei G. Sellin und H. Weder werden Gleichnis und Metapher zueinander in Beziehung gesetzt. Die Grundform sei gemeinsam: Dem „ist" oder „ist nicht" der Metapher entspreche das „ist wie" oder „ist ähnlich" zwischen Ausgangsebene und Bildebene. In beiden Fällen sei die Spannung zwischen beiden Ebenen semantischer Art. Nur sei die *Metapher* dem *Satz,* das *Gleichnis* der *Komposition* zugeordnet, so daß Gleichnisse „*entfaltete Metaphern*" seien (welche Entfaltung als „Geschichte" eine längere Lebensdauer als die Metapher besitze). – Gegen die Herleitung des Gleichnisses aus der Metapher ist einzuwenden: a) Die Metapher kennt nicht die semantische Verzahnung der beiden Ebenen (vgl. oben unter 4.). b) Charakteristisch für die Bildebene von Gleichnissen ist die *zeitliche Differenzierung* (etwa: Tun und Ergehen; Abfolge von zwei Phasen; Nebeneinanderstellen von zwei Vorgängen, von Bedingung und Tun usw.). Der Metapher dagegen fehlt die zeitliche Differenzierung, sie gibt bestenfalls eine Phase, wenn nicht nur einen Punkt wieder. c) Metaphern können dagegen als Vermittler zwischen Ausgangs- und Bildebene eine Art *Baustein* von Gleichnissen sein (vgl. oben unter 4.), wenn auch das Organisationsprinzip der Gleichnisse selbst ein Neues ist. d) Der Metapher fehlt die Überschrift (z. B. „Mit was soll ich x vergleichen . . .?") wie die „Unterschrift" (Anwendung). – Die These, Gleichnisse könnten auf Metaphern *zurückführbar* sein, offenbart daher ein beträchtliches Nicht-Verstehen der Kategorie „Erzählung".

Gemeinsam ist freilich Gleichnis und Metapher, daß auf der Ausgangsebene die Prädikation fehlt: Gegeben ist lediglich ein unexplizierter Gegenstand oder Sachverhalt, von dem man innerhalb der Ausgangsebene „nicht weiß, was mit ihm ist". Wir nennen dieses, was der Prädikation (auf der Bildebene) bedarf, den *Ausgangsgegenstand.* Damit meinen wir das, was durch das Gleichnis (oder die Metapher) erhellt, in neues Licht gestellt, durchschau- oder wenigstens anschaubar und aufgeklärt wird. Dieser Ausgangsgegenstand kann verschiedene *sprachliche Gestalt* haben:

– eine Person (z. B. „ihr")
– eine sachliche Größe (z. B. „Basileia")
– ein gegebener Fall (z. B. „Jeder, der diese meine Worte hört und sie tut" Mt 7,24)
– ein im Kontext gegebenes Thema aus der Situation (z. B. Lk 15,1–2: das Murren der Pharisäer und Schriftkundigen)
– eine Anfrage (z. B. Lk 10,29: „Und wer ist mein Nächster?").

Diese verschiedenen Gestalten des Ausgangsgegenstandes kann man nun unmöglich lediglich als „Situation" zusammenfassen, wie es häufig geschieht. Vielmehr ist in dem hier gemeinten Sinn zu differenzieren.

Im Gleichnis verwendete Metaphern können sich verselbständigen und zu *lexikalisierten Metaphern* werden. Dieser Fall liegt vor bei 2 Petr 3,10 („und die Erde und die Werke in ihr werden gefunden werden"). Vom Finden ist die Rede in den synoptischen Gleichnissen vom Kommen des Herrn zu den Knechten (Mt 24,46; Mk 13,36; Lk 12, 37.38) sowie in der verwandten Gleichnistradition vom Dieb (Mt 24,43.46; Lk 12,38.39.43). Vom Kommen und Finden im Zusammenhang mit dem Dieb ist die Rede in Apk 3,3, und hier ist in V. 2 auch – wie in 2 Petr 3,10 – von den Werken die Rede. Das bedeutet: Innerhalb der verbreiteten Tradition der Parusiegleichnisse ist Finden zum technischen Ausdruck für das Vorfinden der Gerichtsmaterie bei der Parusie geworden. So ist 2 Petr 3,10, nunmehr isoliert von Gleichnismaterial doch nur auf dessen Hintergrund verständlich.

7. *Abgrenzung zu anderen Gattungen*

Das Gleichnis steht *zwischen Beispiel und Allegorie*. Im *Beispiel* geht es um *gleichartige* Vorgänge; die Distanz ist in erster Linie zeitlich (abgesehen von den meist verschiedenen Personen). In der *Allegorie* dagegen ist die Distanz zwischen beiden Ebenen *gleichbleibend groß*. Die allegorische Auslegung verwendet die Elemente der Bildebene im Sinne „kühner Metaphern" oder im Sinne von Symbolen. Beides setzt besondere Kenntnis voraus und ist stark gruppenbezogen. Das Gleichnis dagegen verwendet zumeist mehr oder weniger usuelle Metaphern als Bausteine. Die Übergänge zwischen Ausgangs- und Bildebene sind daher je nach Publikum unscharf.

§ 14 Gleichnisse im engeren Sinne

A. Jülicher hatte die verschiedenen Gleichnistypen der Synoptiker eingeteilt in Gleichnis (im engeren Sinn), Parabel und Beispielerzählung. Diese Einteilung ist vor allem deshalb heftig kritisiert worden, weil die Differenz von Gleichnis und Gleichniserzählung nicht genau beachtet wurde.

Die folgende Einteilung ist an Klassifikationen der antiken Rhetorik orientiert. Wir behandeln zunächst Gleichnisse im engeren Sinn (gr.: parabole) in der Form der descriptio. Solche Gleichnisse sind Beschreibung von Regelmäßigkeiten und daher epideiktisch. Erst in bezug auf den Kontext werden sie zu Gleichnissen.

a) Gleichnisse, die etwas Unsinniges oder Unmögliches nennen

Gleichnisse dieser Art haben eine fest Form, und Parallelversionen zeigen, daß man sich bewußt war, diese Formen auch miteinander tauschen zu dürfen:
– Wer . . .? (Rhetorische Frage. Antwort: „Niemand"), so z. B. 1 Kor 9,7 (3x); 14,8; Lk 14,31 f.; 15,8. Besondere Abwandlung:
– Wer unter euch . . .? (Rhetorische Frage. Antwort: „Niemand"), so im NT in: Mt 6,27 par; 7,9 f.; Lk 15,4; Mt 12,11; Lk 11,5; 14,28; 17,7; 11,11.
– Niemand . . . tut etwas (Maßstab ist hier das alltägliche, vernünftige, le-

benserhaltende Tun), so z. B. Mk 2,21.22 parr; Lk 11,33; 2 Tim 2,4–6
(Reihe); Mt 6,24.
- (tut jemand) etwa . . .? (gr.: *mē* oder *mēti*), so z. B. Lk 6,39; Mk 4,21; Jak
3,11 (als Reihe); Mt 7,16b par Lk 6,44.
- nicht kann . . . tun/geschehen (Aufweis einer Unmöglichkeit), so z. B. Mt
5,14b; Mk 3,24.25; Mt 7,18; Mk 3,27. – Verwandt ist: Wie kann . . ., wenn
nicht? z. B. Mt 12,29. – Verwandt ist: Nicht . . . wenn nicht, z. B. 2 Tim
2,5. – Verwandt ist: Kann etwa . . .? z. B. Jak 3,12. – Verwandt ist:
Wenn . . ., wird er nicht? z. B. Mt 18,12–13; ferner: Was so . . . beschaffen
ist, wird nicht . . . (Mt 12,25). – Nicht . . . tut man (w.: tun sie), so z. B. Mt
5,15.

In allen diesen Gleichnissen geht es darum, *etwas dem Ausgangsgegenstand
Analoges als absurd zu erweisen;* das Gleichnis dient daher der deductio ad
absurdum, das Ziel ist symbuleutisch oder dikanisch (apologetisch). In der
Geschichte dieser Gattung unterscheiden wir (auf der Basis älterer gemein-
vorderorientalischer Gemeinsamkeit) zwei hauptsächliche Stränge, die auch
im NT nebeneinanderliegen, einen Strang aus der jüdischen Weisheitsliteratur, der insbesondere in der Logienquelle fortlebt, und einen aus der hellenistischen Popularphilosophie, der in den stärker griechisch-hellenistischen
Schriften des NT aufweisbar ist (Lukas, Paulus, Pastoralbriefe) und der sich
in erster Linie an „Berufen" orientiert.

a) *AT und Q:* Vgl. etwa: Sir 12,13 f. („Wer hat Mitleid, wenn ein Schlan-
genbändiger gebissen wird, oder wenn sich jemand einem Raubtier nähert?
So steht's mit dem, der zu dem Frevler sich gesellt . . .“); derartige Gleichnisse kennt auch die prophetische Überlieferung: Am 3,3–6.8 (Tiere); 6,12
(Rennen Rosse über Felsen? Oder pflügt man mit dem Rind das Meer?); Jes
28,24 (Pflügt etwa der Pflüger allzeit, um zu säen, reißt er auf und eggt seinen
Acker?) (Beruf!).

In Q handelt es sich um eine wichtige symbuleutische Gattung; auf das
hohe Alter weist, daß die Stoffe häufig schon sehr verschiedenartigen Zwek-
ken dienstbar gemacht werden: Das Material von den blinden Blindenfüh-
rern richtet sich ursprünglich in Lk 6,39 gegen falsche Selbsteinschätzung derer, die als Judenchristen über ihre Mitjuden richten wollen, in Mt 15,14 gegen Pharisäer. – Ähnlich wird das Wort vom Scheffel und vom Leuchter vielfach verwendet: Außerhalb von Q in Mk 4,21 als Tröstung angesichts der gegenwärtigen Verborgenheit der Basileia, in Lk 8,16–18 als Drohung (alles
Verhüllte wird offenbar werden), in Lk 11,33 wird es auf Jesus selbst bezogen
(er ist das Licht, zum Gesehenwerden bestimmt, daher muß man auf ihn hören), in Mt 5,15 dagegen auf die Jünger (ihre Werke sollen leuchten).

In symbuleutischem Kontext haben Sätze dieser Gattung motivierende
und damit argumentative Funktion, so in Mt 6,27 par Lk 12,25 (Weil niemand mit seinen Sorgen etwas erreicht, deshalb hat es keinen Sinn zu sorgen)
und in Mt 6,24; Lk 16,13 (gegen Reichtum). – In Mt 7,9 f.; Lk 11,11–13 und
in Lk 11,5–8 stützen Gleichnisse dieser Art das Vertrauen auf Erhörung des

Gebets und sind damit motivierend. In Mt 18,12–13 ist der Stoff vom verlorenen Schaf auf das Verlorengehen von Gemeindegliedern bezogen, in Lk 15,4–6.7.8–10 wohl auf den ursprünglicheren Vorgang der Gewinnung von Christen aus Sündern überhaupt, bezieht sich aber auch auf die Reaktion derer, die schon Christen sind. – Insgesamt sind Gleichnisse dieser Art in Q *für solche bestimmt, die schon Christen sind,* und die Tendenz zur Applikation auf *gemeindeinterne Probleme* (inklusive Abgrenzung nach außen: Mt 5,15; 15,14; 18,12–13; Lk 16,13 f.) (antipharisäisch) nimmt zu. Das gilt auch für Mk 4,21.

In späteren Texten der synoptischen Überlieferung verblaßt der symbuleutische Charakter ganz gegenüber dem apologetischen: Daß Jesus nicht mit Satan im Bunde ist (Mk 3,27: Erfolg nur bei gewaltsamer Gegenaktion), kann so ebenso verteidigt werden wie das Fasten der Jünger (Mk 2,19–22: kein Ding zur Unzeit) und das christliche Verhalten am Sabbat (Mt 12,11 cf. Lk 14,5). – Wo Gleichnisse dieser Art die Antwort in Chrien sind, haben sie deutlich argumentative Struktur, da sie ein vorgegebenes Problem lösen sollen; vgl. dazu Mk 2,18–22; Lk 15,1 ff.

b) *Die griechisch-hellenistische Tradition.* Hier wird jeweils das Verhalten dessen, der die Technik seines Handwerks/Berufes versteht, zum Muster. Für das hellenistische Judentum ist Philo, Über die Vorsehung II 7, als Vorbild zu nennen:

„Welcher Lehrer würde je aus Empörung über die Trägheit der Schüler es auf sich nehmen, ihre Verwandten statt sie selber zu züchtigen? Keiner. Wenn ein Arzt es in Angriff nehmen würde, statt den kranken Vater oder die kranke Mutter den gesunden Sohn zu brennen oder zu schneiden, würde man ihn nicht für verrückt oder für den Anstifter eines schauerlichen Verbrechens halten? Um wieviel widersinniger ist es, das, was nicht einmal von Menschen gesagt werden kann, von den Göttern zu glauben."

Ähnliche Beispiele sind in NovTest 17 (1975) 58–76 gesammelt. Gemeinsam ist den Belegen eine ausgesprochene Tendenz zur Reihenbildung. Bei Lukas wird das Jüngersein zu den antiken Berufen analog gesehen, so in Lk 9,62 (Bauer; metaph. Mahnrede); 14,28–30.31–32.33 (Turmbauer und König), in 17,7–9 (Sklaven) (vielleicht ist auch schon Mt 6,24; Lk 16,13 f. auf diese Tradition zurückzuführen), bei Paulus gilt das vom Apostel (1 Kor 9,7: Söldner, Weinbauer, Hirt), in 2 Tim 2,4–6 primär von Timotheus als dem Soldaten Jesu Christi (Söldner, Wettkämpfer, Bauer), damit aber für alle als Vorbild.

Wo die Gattung symbuleutischen Charakter hat, handelt es sich (außer in 1 Kor 14,9) eher um grundsätzliche Mahnungen. Die formbedingte Radikalität (etwas wird als unsinnig und absurd erwiesen) des Inhaltes hat zur Folge, daß besonders Unvereinbarkeit von Handlungsweisen zum Thema wird (Mt 7,16; Lk 6,44: Trauben nicht von Dornen etc.; Mt 6,24; Lk 16,13: zwei Herren dienen; Jak 3,11–13: drei Beispiele für Unvereinbarkeit. Vgl. KoptEliaApk [ed. Rosenstiehl, 1,22–26]).

Da die Form „Wer unter euch . . .?" auch in der Popularphilosophie nachweisbar ist (Epiktet, Diss I, 27,15–21 „Wer von euch, der ins Bad gehen wollte, ging statt dessen in die Mühle?"), ist in jedem Falle der Einfluß griechischer Tradition sehr erheblich.

Für die soziologische Verortung ist sowohl der innergemeindliche Charakter der Mahnungen wie dann in den stärker griechischen Texten die Beziehung zu antiken Berufen wichtig. Die Tendenz zielt ganz auf den, der „vollberuflich" Christ ist. Im ganzen ist der unselbständige und argumentative Charakter der Gleichnisse dieser Art zu betonen (sie begegnen vornehmlich in größeren Kompositionen – daher auch die Multifunktionalität).

b) Typische Geschehnisse/Handlungen des allgemeinen Menschenlebens

Es handelt sich um Vorgänge und Verhaltensweisen, die regelmäßig geschehen, üblich sind oder doch jeden Tag zu geschehen pflegen. Die Struktur ist narrativ (dies im Unterschied zur sentenzartigen Struktur der Gleichnisse der folgenden Gruppe).

Zu dieser Gruppe sind folgende Gleichnisse zu rechnen: aus Q: Lk 6,47–49; Mt 7,24–27; Mt 18,12–14 (vgl. Lk 15,4–6); Mt 11,16–17/Lk 7,32 (spielende Kinder); Mt 13,33/Lk 13,20f./Gal 5,9 (Sauerteig). – Aus Mk: Mk 4,1–9 (Allegorie) parr; Mk 13,28f./Mt 24,32f./Lk 21,29–31 (Feigenbaum) (bes. Merkmal: 2. Person Plural); Lk 11,21–22 (Gleichnis vom Stärkeren) ist aus Mk 3,27 (andere Form). – Sondergut des Mk: Mk 4,26–29 (Selbstwachsende Saat); 13,34 (Auftrag des Hausherrn an den Türwächter). – Sondergut des Lk: 13,6–9 (Unfruchtbarer Feigenbaum). – Sondergut des Mt: Mt 13,44 (Schatz im Acker); 13,45f. (Perle); 13,47–50 (Fischernetz); 13,52 (Hausvater). – In Mt 12,43–45 haben die Aussagen über den unreinen Geist und seine Rückkehr die Funktion eines Gleichnisses dieser Art: Es illustriert die These von der Pejorisierung trotz empfangener Wohltaten. – Joh: 16,21 (Gebärende Frau); – In Joh 3,29a beschreibt ein Gleichnis in epideiktischer Funktion das Verhältnis zwischen Johannes d. Täufer und Jesus. Der Vergleichspunkt ist die Freude. Die Pointe des Gleichnisses vom Wind Joh 3,8 ist, daß für normales menschliches Verständnis das Woher und das Wohin des Windes rätselhaft sind. Diese beiden Züge aber gelten auch von jedem Geistgeborenen. Das Gleichnis hat hier, ähnlich wie verwandte Hinweise auf meteorologische und physikalische Phänomene in der jüdischen Literatur (4 Esr 4, 10; TestHiob 37; b Sanh 39a) die Funktion, im Schluß a minore ad maius für himmlische Dinge erst recht einen Offenbarer nötig zu machen (vgl. den Schluß in Joh 3,12a).

Auch wenn Einzelereignisse geschildert werden (wie Lk 13,6–9), so fehlt den Vorgängen doch jedenfalls der Charakter des Individuell-Einmaligen, das ist schon durch die Beziehung zur belebten oder unbelebten Natur hergestellt. – Eine Beziehung besteht zu den unter a) genannten Gleichnissen, da öfter Parallelversionen in der Gestalt dieser Gleichnisse begegnen (Mt 18,12–14 hat in Gruppe a) eine Entsprechung in Lk 15,4–6; Lk 11,21f. in Mk 3,27; Mt 12,29). Folgende Merkmale sind für diese Gruppe kennzeichnend:

a) Ausgeprägte Beziehung zur *Emotionalität* der Hörer (im Gegensatz zur ersten Gruppe, die sich an den Intellekt wandte), so etwa: zur Freude (Mt 13,44; Lk 15,4–6; Joh 16,21); zum Schrecken (Lk 6,47–49; Mt 7,24–27 im negativen Fall; Mt 13,47–50 im negativen Fall); als Erwirken von Trost und

Geduld bei den Hörern (Mt 13,33 und Lk 13,20: Sauerteig; Mk 4,26–29: Selbstwachsende Saat); als aggressive Schelte (kindisches Verhalten: Mt 11,16–17; Lk 7,32); als Drohung (Lk 13,6–9: letzte Frist); als Appell an das Werturteilen der Hörer (Mt 13,44: Schatz; 13,45 f.: Perle).

b) Beziehung zu *Gericht* in der Zukunft und zu *Scheidung und Entscheidung* jetzt: Mt 7,24–27/Lk 6,47–49 (das Haus fällt ein oder bleibt, jeweils bezogen auf das künftige Ergehen im Sturm in der Katastrophe); Lk 13,6–9 (Abholzen); Mt 13,47–50 (Scheidung beim Gericht); Mk 4,1–9 (Vergehen oder Fruchtbringen); 4,26–29 (die Ernte kommt von selbst); Mt 13,33; Lk 13,20 (Durchsäuerung des Ganzen als Zielpunkt); Mk 13,28 f. parr (Zeitpunkt des Gerichtes). Wo das nicht der Fall ist, geht es um die Entscheidung in der Gegenwart (Mt 13,44 Schatz; 13,45 f. Perle) (auch Mk 4,1–9 spricht davon). Auch der Hirt, der das eine Schaf mehr liebt als die 99, trifft eine Entscheidung und hat eine Vorliebe.

Die Schelte in Lk 7,32; Mt 11,16–17 hat gerichtlichen Charakter in der Gegenwart ("dieses Geschlecht").

c) Analog zu b) ist die *Struktur* öfter die von *Anfang und Ende* (Sauerteig; Mt 7,24–27 par: auf Jesu Worte in der Bergpredigt hören als Anfang; Mk 4,1–9 Saat–Ernte; Mk 4,26–29 Saat–Ernte), und daher liegt in diesen Fällen eine "geraffte Erzählung" vor. Oder die Struktur ist die *vom Geringeren und vom Größeren* (auf Werte bezogen: Gleichnisse von Schatz und Perle; Lk 11,21–22: der Stärkere) oder die *vom kleinen Teil und vom großen Ganzen* (Sauerteig; verlorenes Schaf) oder *von alt und neu* (Mt 13,52). Wo die Gleichnisse nicht in diesem Sinne kontrastreich sind, besteht der Kontrast auch im doppelten Ausgang (Mt 13,47–50; Mt 7,24–27/Lk 6,47–49).

d) Dasselbe Thema wie Mt 7,24–27 par Lk 6,47–49 verbindet mit exakt der gleichen Gattung Jak 1,23 f. (Denn ist jemand nur Hörer des Wortes und nicht Vollbringer, der gleicht einem Mann, der das ihm angeborene Antlitz im Spiegel betrachtet. Er betrachtete sich nämlich, ging von dannen und vergaß, wie er aussah). Daß es hier um eine *Tradition mit jüdischem Hintergrund* geht, wird deutlich aus der Entsprechung in Abot Rabbi Nathan A 24 (ed. Schechter, 77): "Elischa ben Abuja sagte: Ein Mensch, der Taten besitzt und viel Gesetz gelernt hat, wem gleicht er? Einem Menschen, welcher zuerst Steine und dann Ziegel aufbaut. Sogar wenn viele Wasser kommen und neben den Steinen stehen bleiben, lösen sie sich nicht von ihrer Stelle auf. – Ein Mensch aber, der keine Taten besitzt und das Gesetz gelernt hat, wem gleicht er? Einem Menschen, der zuerst Ziegel und dann Steine aufbaut. Sogar wenn nur wenig Wasser kommen – gleich stürzen sie sie um."

Eine eindrückliche Entsprechung zu Lk 13,6–9 bietet aus dem hellenistischen Judentum Ps.-Philo, De Iona (Übers. F. Siegert) § 52 "Glaube doch auch, daß ein Bauer – und mit diesem Beispiel dürfte ich (dich) überzeugt haben –, der auf den Ertrag eines Baumes (nicht mehr) hofft, sich (zwar) daran macht, auszureißen, was er gepflanzt hatte; wenn er (dabei aber) Knospe(n) sieht, die kurz vor dem Aufplatzen sind, wird er (ihn) um der Früchte willen unversehrt lassen. Völlig zu recht! Denn einen Baum, der nutzlos ist, fällt man; bringt er aber Früchte, läßt man ihn stehen. Auch die Nineviten waren einst ohne Früchte der Frömmigkeit . . .".

e) Eine deutliche formgeschichtliche Entwicklung liegt vor bei der formelhaften rhetorischen Frage *„Mit wem soll ich x vergleichen?"* Während in Sir 25,11 diese Frage Ausdruck der Unvergleichlichkeit ist, die nicht beantwortet wird, wird sie in den neutestamentlichen Belegen stets mit einem Gleichnis beantwortet (in Q: Mt 11,16 par Lk 7,31; Lk 13,18; 13,20; in Mk: 4,30). Diese Entwicklung ist ein Signal für die Bedeutung und Funktion neutestamentlicher Gleichnisse: Wer im Gleichnis redet, meint, etwas auf der Ausgangsebene relativ *Unvergleichliches* zu sagen (was nicht gleichbedeutend damit ist, daß Metaphern nicht übersetzbar wären). Mk 10,23–25 verdeutlicht das: Die übergroße Schwierigkeit (vgl. Sir 25,10: Wie groß ist endlich, wer die Einsicht fand!) provoziert geradezu das Gleichnis von Kamel und Nadelöhr in 10,25. In Sir 25,10 blieb der Ausruf auch hier ohne Gleichnis.

f) Gleichnisse von der Form *„Wer x tut, ist wie . . . (gleicht dem . . .)"* haben eine längere *Vorgeschichte in der jüdischen Weisheitsliteratur:* Sir 22,1.2 (der Faule gleicht . . .); 22,17 (ein Herz . . . ist wie . . .); 26,27 (ein Weib, das . . ., gleicht einem . . .); 21,8 („Wer sich sein Haus mit fremdem Gut erbaut, gleicht einem, der für seinen Trümmerhaufen Steine sammelt"); 34(31),2: („Wie einer, der den Schatten faßt und nach dem Winde jagt, so ist, wer sich verläßt auf Träume . . .") und Analogien auch in Jak, vgl. Jak 1,6 (wer zweifelt, gleicht der Meereswelle, die vom Winde bewegt und umhergetrieben wird); 1,23 f. (Denn ist jemand nur Hörer des Wortes und nicht Vollbringer, der gleicht einem Mann, der . . . betrachte . . . von dannen ging . . . und vergaß). Hier besteht, wie bemerkt, besondere Affinität zu Mt 7,24–29 par. Sowohl in Jak 1,23 f. wie auch in Mt 7,24–29 liegt bereits der Ansatz zu einer entfalteten Erzählung vor.

Die umfassende historische Bedeutung dieser Gleichnisse läßt sich durch die Schlagworte Apologetik, Protreptik und Paraklese (Trost) kennzeichnen.

§ 15 Gleichnis und Sentenz

Da Gleichnisse wie Sentenzen allgemeinere menschliche Erfahrung bündeln und diese dabei kurz wiedergeben, konnte eine enge Beziehung zwischen beiden nicht ausbleiben:

– Sentenzen bilden den *Abschluß* von Gleichniserzählungen, und zwar regelmäßig als kurze Anwendung der im Verhältnis längeren Erzählung („wer hat, dem wird gegeben . . ." Lk 19,26; Mt 25,29; „wer sich erniedrigt, wird erhöht . . ." Lk 18,14; „erste werden letzte sein . . ." Mt 20,16; „viele berufen, wenige auserwählt . . ." Mt 22,14).

– Sentenzen stehen *nahe bei kürzeren Gleichnissen,* und zwar zur Erläuterung auf anderer Sprachebene (nach dem Gleichnis von Baum und Frucht Mt 12,33 in V. 34b: „aus dem Überfluß des Herzens spricht der Mund"; nach dem Gleichnis vom Leuchter und vom Scheffel Mk 4,21 in V. 22 „nichts ist verborgen, was nicht offenbar wird . . .";im Kontext nach dem metaphorisch formulierten Satz 4,24 in V. 25 „denn wer hat, dem wird gegeben . . .").

– Sentenzen funktionieren in ihrem Kontext *als Gleichnisse* und sind dann für den Ausleger besonders rätselhaft: Lk 23,31 grünes Holz/trockenes Holz – wohl: Wenn einem Unschuldigen solches zukommt, was dann erst den Schuldigen?; Lk 17,37; Mt 24,28 Aas/Geier – wohl: die absolute Gewißheit des Gerichtes für den, der „tot" ist; auch in Lk 14,34 f. liegt Ähnliches vor. Es fällt auf, daß Sentenzen der beiden ersteren Gruppen häufig am Tat-Folge-Verhältnis orientiert sind, so auch Lk 17,37 par.

Anhand von Mt 20,16 kann verdeutlicht werden, daß das Verhältnis zwischen Sentenz und Gleichnis zwar spannungsvoll sein kann, aber nicht nach einer quellenkritischen Lösung ruft. Ein einfacher und naiver Weg wäre, zwischen Gleichnis und Sentenz einen Bruch anzunehmen, als sei das „ursprüngliche" Gleichnis durch die Sentenz sinnentstellend verändert worden (also nunmehr: als Mahnung für die Gemeinde, daß sich ihre Heilsgewißheit als Selbsttäuschung erweisen könnte). Eine solche Spannung fände ich freilich unerträglich, da sie den Bestand und die Pointe des Gleichnisses völlig ausmanövrierte. Vielmehr sollte man nach dem tertium comparationis zwischen Gleichnis und Sentenz fragen. Dann aber will die Sentenz in ursprünglicher Verbindung mit dem Gleichnis nur sagen: Erster oder Letzter sein ist irrelevant. Es kommt also nicht darauf an, die Sentenz „stur" wörtlich zu nehmen, entscheidend ist die Außerkraftsetzung der geltenden Maßstäbe, was Erste und Letzte überhaupt betrifft. Diesen Gesichtspunkt verstärkt die Sentenz. Ähnlich geht es um ein *tertium comparationis* zwischen Gleichnis und *Schriftzitat* in Mk 12,1–9/10 f.

Ich halte es für möglich, daß durch die Überschrift mit dem Wort „parabole" Lk 14,7 (obwohl dieses nicht notwendig Gleichnis bedeuten muß) angedeutet wird, daß die ganze Belehrung Lk 14,8–10 gleichnishafte Illustration für die allgemeinere und damit theologisch relevante Sentenz Lk 14,11 sein soll. – In Lk 6,40 hat der Satz vom Schüler und Lehrer im Kontext Gleichnisfunktion: Er macht auf anderer Ebene deutlich, daß ein Bruder kein Recht über den Bruder hat.

§ 16 Gleichniserzählungen

Dazu rechne ich folgende Texte: I Luk 18,9–14 (Pharisäer und Zöllner). – II Lk 18,1–8 (Witwe und gottloser Richter). – III Lk 10,30–37 (Barmherziger Samaritaner). – IV Lk 12,16–21 (Törichter Reicher). – V Lk 14,16–24 (Großes Gastmahl). – VI Lk 15,11–32 (Verlorener Sohn). – VII Lk 16,1–13 (Ungerechter Haushalter). – VIII Lk 16,19–31 (Lazarus). – IX Mt 20,1–16 (Arbeiter im Weinberg). – X Lk 19,11–27 (Minen). – XI Mt 25,14–30 (Pfunde). – XII Mk 12,1–12; Mt 21,33–43; Lk 20,9–19 (Weinberg). – XIII Mt 22,1–14 (Gastmahl). – XIV Mt 25,1–13 (Zehn Jungfrauen). – XV Mt 13,24–30 (Unkraut unter dem Weizen). – XVI Mt 18,23–35 (Schalksknecht). – XVII Mt 21,28–32 (Ungleiche Söhne). – XVIII Lk 7,41–43 (Zwei Schuldner). – Die röm. Ziffern werden im folgenden als Kurzbezeichnung verwendet.

Im Unterschied zu den bisher behandelten Gleichnisarten wird in dieser Gruppe ein Geschehnis *einmaligen und nicht regelmäßigen* Charakters ausführlich erzählt (auch die Länge des Textes ist eines der Unterscheidungskriterien).

Folgende zusätzliche Merkmale ergeben sich:

1. *Autoritäre Struktur.* In fast allen Erzählungen dieser Art liegt zwischen den Hauptpersonen ein ausgeprägtes Gefälle der sozialen Position und Autorität vor (Struktur oben/unten, bzw. Recht und Vollmacht/Betroffene). – Nur in Nr. III fehlt dieses Element; in Nr. VIII ist Abraham die Instanz (wie auch sonst Vaterfiguren, z. B. in VI,XVII).

2. Es geht um eine Art *Urteil.* Entweder wird in der Erzählung selbst ein Urteil gefällt (X–XVI), oder Jesus fällt als Kommentar ein Urteil (I,IX), oder beides geht ineinander über (V,X,XI,XIII), oder ein Urteil wird von Jesus angekündigt (II), was auch innerhalb des Gleichnisses geschehen kann (IV). Auch das Lob in VII ist eine Art Urteil. In der Regel geht es nicht um ein förmliches Gerichtsurteil auf der Bildebene (außer in II, aber dort wird ein solches nur angekündigt).

Ein besonderer Fall sind *paradigmatische Rechtsentscheide:* Dem Hörer wird die rhetorische oder von ihm auch wirklich beantwortete Frage vorgelegt, wie in dem vorgetragenen Fall zu richten oder zu urteilen sei (vgl. dazu: NovTest 15 (1973) 20–25 § 3 und 17 (1975) 72). Die Form liegt bereits vor in 2 Sam 12,1–7: Nathanparabel (David fällt als Zuhörer in 12,5 f. das Urteil über den Konflikt zwischen den beiden Männern. Nathan in V. 7: „Du bist der Mann"). Diese Gattung liegt auch vor in Jes 5,1–2 (Erzählung vom unfruchtbaren Weinberg). 3 (Aufforderung an die Zuhörer, zu richten zwischen Besitzer und Weinberg). 4–6 (der Besitzer verkündet selbst das Urteil). Für das Judentum: Apokryphon Ezechiel (JSHRZ V,1 S. 52) „Ein Mann hatte in seinem Reich alle Männer unter Waffen . . . (15) Was tut nun der gerechte Richter? . . .". Ein gutes Beispiel ist das Doppelgleichnis vom kriegerischen Plan in 4 Esra 4,13–21 (Fabel) mit der Frage des Engels an Esra in 4,18 „Wenn du nun ihr Richter wärest, wem gäbest du Recht und wen verurteiltest du?" und der Antwort 4,20: „Du hast recht gesagt". 4,21 bringt einen Wie/so-Vergleich.

Im Neuen Testament: Nr. XVII mit der einleitenden Frage „Was dünkt euch?", die dann ebenso in dem wirklichen Gerichtsverfahren Mt 26,66 vom Richter an die Miturteilenden gestellt wird (vgl. Mk 14,64). Wie in der Nathanparabel müssen die Angesprochenen in XII (Mk 12,12) erkennen, daß sie selbst mit der Gerichtsentscheidung gemeint sind, und in Mt 21,33–43 ist XII auch ausdrücklich als paradigmatischer Rechtsentscheid gestaltet (V. 40 f.). Ebenso: Lk 7,41–43 (Kurzdialog). Auch III ist nach dieser Form gestaltet: In Lk 10,36 f. entscheiden die Hörer über den Casus. – In allen Fällen wird diese Form neutestamentlich verwendet, wenn es um das Versagen der jüdischen Führungsschicht mit der Folge der Einbeziehung von Sündern bzw. Nichtjuden geht. Um diesen Vorgang innerhalb der Geschichte des frühen Christentums zu rechtfertigen, werden diese Gleichnisse erzählt.

Auch in dem verwandten Gleichnis-Diskurs Lk 12,36–38 liegt Urteilsstruktur vor (Jesus kommentiert).

Wie in Lk 10,29,36 f. ein narrativer paradigmatischer Rechtsentscheid zu

einer Einzelfrage vorliegt (Begriff des Nächsten), so wird in Mt 17,25 f. ebenfalls eine juristische Einzelfrage paradigmatisch in einem kurzen Dialog entschieden, aber ohne Gleichniserzählung. Doch hat die ganze Diskussion
V. 25 f. paradigmatischen Charakter (V. 24 geht es um die Tempelsteuer)
und ist dazu stark argumentativ.

Die für Rechtsentscheide übliche Frage „Was dünkt euch?" (aber nur dieses Element) steht als rhetorische Frage auch Mt 18,12 voran.

Die Urteilsstruktur unterscheidet auch Gleichniserzählungen in Zweifels-
fällen von einfachen exempla (dazu unter § 8).

3. Entsprechend geht es in Gleichniserzählungen sehr oft um zwei Gruppen, zwischen denen entschieden wird, so in Nr. I, III (3 Gruppen), VI, VIII,
IX, X (3 Gruppen), XI (3 Gruppen), XIV, XVII, XVIII und in zahlreichen
rabbinischen Gleichniserzählungen, auch in dem oben zitierten Apokryphon
Ezechiel.

4. Aufgrund ihres *autoritären und juristischen Charakters* sind die genannten Gleichniserzählungen der hellenistischen *Deklamation* verwandt: Hier
werden juristische Modellfälle erdacht, die möglichst wirklichkeitsgetreu –
auch wenn vieles im Ungewissen bleibt – eine gerichtsnahe Materie behandeln (vgl. dazu: ANRW S. 1120–1123). Am bekanntesten ist der Vergleich
zwischen der 5. Deklamation Quintilians mit dem Gleichnis vom verlorenen
Sohn (L. Schottroff, in: ZThK 68 (1971) 27–51).

Und umgekehrt finden sich auch im Neuen Testament in typisch juristischen Texten
Beweisgänge mit Hilfe von Gleichnisanalogien. In Mt 17,24–27 hat das Schlußverfahren in V. 25–26 Gleichnischarakter. In Mt 12,11 ist die mit „Wer unter euch . . .?" im
Stil der Gleichnisse eingeleitete Passage ein Analogiefall in einer Rechtsfrage. Ein weiterer Hinweis auf die juristische Dimension von Gleichnissen.

5. Der allgemeinere Hintergrund für die Gattung der Gleichniserzählungen ist in der Gattung der antiken *Fabeln* zu suchen, soweit sie auf Menschen
bezogen sind (vgl. besonders die von H. C. Schnur griechisch und deutsch
edierten Fabeln des Äsop, München 1978) (zum Ganzen vgl. ANRW S.
1116–1123). Viele dieser Fabeln beginnen wie die Gleichnisse bei Lukas mit
„*Es war ein Mensch* (Mann, Frau, Bauer usw.) . . .". Häufig werden hier zwei
gegensätzliche Figuren verglichen, und es wird eine Anwendung mit
„So . . ." oder „Die Geschichte macht deutlich . . ," geliefert. – Auf diese
und andere kürzere fiktionale Texte treffen die in der Rhetorik über die *narratio* (Erzählung) gemachten Aussagen zu: Die rhetorische narratio ist eine
kurze, erfundene und doch wahrscheinliche Geschichte mit dem Ziel der
Überredung des Hörers (dazu: ANRW S. 1114 f. und besonders: E. Rau,
1978, 87 f.). Die Darstellung ist in sich geschlossen (Anfang, Mitte, Ende)
und stellt alltägliches Geschehen dar. Für die Diskussion um neutestamentliche Gleichnisse ist besonders wichtig, daß diese Erzählungen jeweils als *Teil
einer argumentativen Strategie* gedacht sind. Das wird anhand der Kontext-
einbindung der neutestamentlichen Gleichniserzählungen zu überprüfen
sein.

Ein wichtiger Unterschied zu den paganen Geschichten ist aber, daß in den neutestamentlichen Texten die *Pointe* regelmäßig nicht die Struktur hat: „So ist das Leben", sondern: „Man staune, so etwas kann es auch geben".

Aufgrund des bisher zu den Gleichniserzählungen Ausgeführten dürfte deutlich sein, weshalb ein Text wie Mk 4,1–9 nicht in diese Gruppe gehört: Hier fehlt nicht nur der Charakter der Einmaligkeit, es geht auch nicht um Geschehen zwischen Personen mit autoritärer und (zumindest latent) juristischer Struktur.

6. Der *kommentierende Schluß mit „ich sage euch...*" ist typisch für Gleichniserzählungen (wenn auch nicht für sie allein) und findet sich hier in dreifacher Funktion: A. Als *abschließende Hinführung zur Ausgangsebene:* in VII (Lk 16,9, hier zugleich Einleitung zum Mahnwort), XVII (Mt 21,31) und XII (Mt 21,43), vgl. auch Lk 15,4.6. – B. Innerhalb der Gleichniserzählung als *Einleitung des Urteils der Autorität* in Mt 25,12 (Amen, ich sage euch..., vgl. dazu: ZNW 63 (1972) 71 f.). – C. Als *Kommentar des Sprechers,* der die Folge für das erzählte Tun anzugeben vermag: in II (Lk 18,8), I (Lk 18,14), V (Lk 14,24), X (Lk 19,26), vgl. Lk 12,37. Zum kommentierenden Urteil durch „ich sage euch" vgl. auch z. B. äth Hen 99,13 („Wehe euch, die ihr..., ich sage euch, ihr habt keinen Frieden."). Die Autorität Henochs steht hier hinter dem „ich sage euch". – Dieser Zug findet sich nicht in paganen Analogien; da der Redebeginn mit „ich sage euch..." (auch und besonders in der Erweiterung durch die Schwurformel Amen zu „Amen, ich sage euch...") Kennzeichen *autoritativer religiöser Rede* ist – darauf weist das Vorkommen besonders bei Offenbarungen und Mahnreden (vgl. ZNW 63 (1972) 56–63) – werden die Gleichniserzählungen auf diese Weise herausgehoben aus dem der Gattung Deklamation und narratio eigenen allgemein einsichtigen, „weisheitlichen" und damit auch autoritätsunabhängigen Charakter. Sie werden so der Autorität Jesu zugeordnet, und das „ich sage euch" leitet Sätze ein, die seiner Autorität bedürfen, oder die nur er wissen kann, weil er um Gottes Maßstäbe und sichere Reaktion weiß. – In Gleichnissen anderer Art gibt es Schlüsse mit „ich sage euch" auch in Lk 11,8; Mt 18,13.

Der Schluß mit „so..." (gr. hūtōs) in IV, IX und XVI entspricht paganen „Fabeln"; zu „Deshalb..." Mt 24, 44 vgl. den Schluß der Susanna-Erz. LXX V. 62 als „Anwendung" (jüd. Beleg für Beispielerzählung!).

Dieser Kommentar-Abschnitt der Gleichnisse verdient besondere Beachtung. Grundsätzlich ist er angelegt in dem So-Abschnitt auch der paganen Fabel. Im hell. Judentum lassen sich Übergänge feststellen, die zu einer Verstärkung dieses Kommentar-Elementes führen, so in dem oben zitierten Ps.-Philo, De Iona § 52. Der Kommentar lautet dort: „Völlig zu Recht! Denn einen Baum... Auch die Niniviten...". In den Jesus-Gleichnissen geht bisweilen der Kommentar des urteilsprechenden Richters, das Urteil der Autoritätsfigur im Gleichnis, nahtlos über in den Kommentar Jesu.

7. Die *Aussageebene* kommt in den Gleichniserzählungen häufig zweimal zur Sprache: in der *Überschrift* und in der sog. *„Anwendung",* in der dann in der üblicheren Sprache formuliert wird, was die Erzählung für das in der

Überschrift angegebene Thema gebracht hat. In IV, IX und XVI ist dieser Schluß durch „so ..." (gr. hūtōs) eingeleitet, in XIV durch „nun" (Einleitung zur Mahnrede), sonst durch Jesu kommentierendes „ich sage euch" (I, VII, X, XVII), in X noch innerhalb der Erzählung. In XIII ist der Schluß durch „denn" eingeleitet. – Häufig bilden Sentenzen den Schluß (vgl. oben unter § 15), in VII, XIV und XVI ist der Schluß des Gleichnisses als Mahnrede gestaltet (in XVI als konditionale Mahnrede, im Unterschied zu den Sentenzen, die auch häufig der konditionalen Mahnrede angehören, hier persönlich formuliert).

Insgesamt sind *Schluß und „Anwendung"* daher entschieden stärker betont als in den außerneutestamentlichen Analogien. Und im Unterschied zu rabbinischen Gleichniserzählungen findet sich ein expliziter Schriftverweis nur in XII (Mk 12,10). Das ist sicher kein Zufall, denn hier geht es um die Diskussion über Israels Rang.

8. Für die Frage nach der Gattung des übergreifenden Kontextes und für die Frage nach der Funktion der Gleichnisse ist entscheidend die Art, in der sie mit dem *Kontext* verflochten sind. Dabei ergibt sich: A. Die Mehrzahl der Gleichniserzählungen bildet den *Abschluß von Mahnreden,* und das entspricht den Regeln der antiken Rhetorik, wonach bildliche Rede als eindrucksvolles, drastisches Element an den Schluß, in die *peroratio* (intensiver Schlußteil der Rede) gehört. – Dazu sind zu rechnen: I und II (Abschluß der mit Lk 17,20 einsetzenden apokalyptischen Mahnrede; vgl. 18,8b und die Beziehung der zwei Figuren in I zu Lk 17,34–36); III (nach der Frage des Wegs zum ewigen Leben ab Lk 10,25); IV (nach Chrie über die Habgier); VI (Mitfreude als Thema der Gleichnisreihe); VIII (Abschluß der Ausführungen über Gesetz und Besitz); IX (Schluß des symbuleutischen Jüngerdialogs ab Mt 19,16, speziell Verdeutlichung von dessen Schlußsentenz Mt 19,30); XI (nach symbuleutischem Gleichnisdiskurs); XVI (nach der Mahnrede über Vergeben). – Eher dikanischen Charakter haben die Schlußgleichnisse in XII und XIII (Begründung der Verwerfung). –

B. *Selbständige Belehrung* und nur lose (durch Anfrage oder andere Vor-Äußerungen anderer Personen veranlaßt) biographisch verankert sind Gleichniserzählungen nur in V, VI, X, XV.

C. In einer *Gleichnisreihe* stehen derartige Texte in I, II, VI, XIV, XV, XVII, XVIII. Die Tendenz zur Reihenbildung ist bei Gleichnissen ausgeprägt wie bei *exempla*.

D. *Überschriften* geben das Ziel an: In Lk 18,1 (Dazu, daß, ...); 18,9 (Zu einigen ...) und in den Basileia-Gleichnissen bei Mt.

E. Ausführlichere *abschließende Paränese* findet sich in VII, und in sog. Gleichnis-Diskursen (s. § 17) ist diese verselbständigt.

F. Einer Nachfrage und Begriffsdefinition dient III.

Aufgrund dieses Gesamtbildes kann gelten: Gleichniserzählungen sind nur selten autonom in bezug auf den Kontext und haben häufig rhetorisch-argumentative Funktion. Das hat für die systematische Beurteilung von Gleichnissen die Konsequenz, daß man sehr vorsichtig sein muß bei dem Bestreben, die Gleichnisse von ihrem Rede-Kontext zu isolieren. Folge dieser Isolierung wäre eine Überschätzung des theologischen Gewichts dieser Sprachform als solcher. Vgl. ferner: § 110.

Im folgenden geht es um die Zugehörigkeit der Gleichniserzählungen zum Bereich der symbuleutischen oder dikanischen Gattungen:

9. *Symbuleutischen* Charakter haben folgende Gleichniserzählungen:
– Um das Verhalten zum *Besitz* geht es in IV, VII, VIII,
– um das Verhalten gegenüber dem *Mitchristen* geht es in XVI (dem Bruder vergeben),
– um das Verhalten gegenüber *Mitmenschen* überhaupt in III.

Gemeinsam ist diesen Gleichniserzählungen die Aufforderung zu Erbarmen. Der Gattung *exemplum* stehen III, IV und VIII nahe, denn hier geht es um ein Tun derselben Art wie auf der Ausgangsebene. Der Unterschied besteht jedoch im *fiktionalen Charakter* dieser Gleichniserzählungen.

– Um die *Bewährung in der Zwischenzeit* bis zum Ende geht es in II, VII, X, XI, XIV, XV (nicht richten jetzt, bzw. jetzt das Böse ertragen), insbesondere um *Wachsamkeit* (XI ist wohl auf den Gebrauch der Gabe von Erkenntnis/Lehre bezogen),
– um das Gebet geht es in I und II (I hat Nähe zum exemplum),
– um die Haltung der Demut allgemein in I (protrept.).

Im Sinne *paradoxer Intervention* ist XII zu verstehen (vgl. § 110).

Häufig sind in den symbuleutischen Gleichniserzählungen die *Knechte/Sklaven und ihr Herr*. – Der Unterschied zu exempla liegt in der juridischen Struktur (vgl. oben unter 1–3).

10. *Dikanischen* Charakter haben folgende Gleichniserzählungen:
– Wer *berufen* ist, aber *ablehnt,* wurde verworfen und wird verworfen werden: V, XIII.
– Der *Widerstand* derer, die schon länger dabei sind, gegen die Aufnahme oder Gleichbehandlung neuer, weniger privilegierter, ist unberechtigt: I, VI, IX, XVII, XVIII.
– *Verlust der Prärogative* bei Ablehnung oder Tötung Jesu: XII, XVII.

In allen diesen Texten geht es um die Rechtfertigung (daher: dikanisch) von Entscheidungen, die innerhalb der frühesten Geschichte der Jesusbewegung gefallen waren: Die gegenseitige Absage an die religiösen Führungsschichten und die Hinwendung zu Sündern, anderen Deklassierten und schließlich Heiden. Daß dabei auch symbuleutische Elemente Gewicht haben, ist deutlich erkennbar (besonders in VI, V und XIII).

11. In den beiden unterscheidbaren Gruppen neutestamentlicher Gleichniserzählungen geht es mithin um wenige, aber grundlegende Probleme früher Gemeinden: *um Reichtum, das Erbarmen mit dem Bruder und Mitmenschen, die Bewährung bis zum Gericht und um die Rechtfertigung der Hinwendung zu Sündern und Heiden.* Dabei geht es immer wieder auch um die *Einheit* der Gemeinde (in I, III, VI, IX, XV, XVI), besonders in VI und IX.

§ 17 Gleichnis-Diskurse

Mit dieser neuen Bezeichnung (Diskurs – reflektierte Erörterung) benennen wir kompliziertere formgeschichtlich beschreibbare Gebilde, die sich von der Form üblicher Gleichnisse unterscheiden. Es handelt sich um zumeist umfänglichere Abschnitte, die oft auch reguläre Gleichnisse, vor allem aber *Gleichnismaterial* enthalten, das in andere Formen eingegangen ist. Die Gleichnis–Diskurse gehören fast alle dem symbuleutischen Bereich an.

Zur Gattung der Gleichnis–Diskurse rechne ich folgende Texte: I Mt 24,36–25,30 (große Komposition mit regelmäßigem Aufbau und Schlußgleichnis in 25,14–30); II Mk 13,32–37; III Lk 13,24–27 (Drohrede); IV Lk 12,35–40; V Lk 12,42–46 par Mt 24,45–51; VI Mt 12,33(34–35); Lk 6,43–44(45); VII Lk 11,21–22; VIII Joh 12,24; IX Mt 15,14; Lk 6,39; X Lk 23,31; (XI Lk 14,7–11); XII Lk 16,(1–8)9–13; XIII Lk 12,57–59. – Die Texte gehören demnach in erster Linie Lukas und der Logienquelle zu. Ein Gleichnisdiskurs liegt aber wohl auch in 1 Kor 5,6b–8 vor. Auf das Gleichnis vom Sauerteig (V. 6b) folgt die metaphorische Mahnrede in V. 7a und die Begründung mit einer metaphorischen Deutung des Todes Jesu. In V. 8 folgt wieder metaphorische Mahnrede. Bildspender ist das Feld Sauerteig/ungesäuerte Brote/Passahfest.

Folgende Merkmale sind typisch für die Gattung:

1. In I–V und XII liegt *gemeinsames Gleichnismaterial* zugrunde: Haus, Hausherr, Sklave, Stunde, Wachen–Schlafen, Dieb, an die Tür klopfen, die Tür öffnen, Hochzeit, der Hausherr kommt wieder, nicht wissen (sc. die Stunde). Keines dieser Elemente ist überall vertreten; es handelt sich vielmehr um offenbar leicht verfügbares, disponibles Material. Mit diesem Material wird regelmäßig ein großer Themenkomplex bearbeitet: *Das Verhalten in der Zwischenzeit bis zum Kommen des Herrn.*

2. Geschlossene *Gleichnisse werden verarbeitet* in I (Mt 25,1–12; 25,14–30); in II (Mk 13,34); in VI (Mt 12,33; Lk 6,43) und in XII (Lk 16,1–8).

3. Typisch ist der *Vergleich* zwischen zwei entgegengesetzten, alternativen *Fällen* und deren Beurteilung (Schema: Wenn . . ., wenn aber . . .), so in I (Mt 24,45–47/48–51) und in V (Lk 12,42–44.47/45–46.48), ferner in Joh 12,24 (VIII); in VII (Lk 11,21/22); verwandt in IV (Lk 12,35–37/38 „und wenn"). Nebeneinandergestellt (im Verhältnis der Steigerung) sind die beiden Fälle in Lk 12,35–37.38. – Die Argumentation a minore ad maius findet sich dabei in XII (Lk 16,11.12 f.: trügerischer Mammon/wahres Gut und: fremdes Gut/eigenes Gut) und in Lk 23,31 (grünes Holz/trockenes Holz). Eine Argumentation a minore ad maius kennen auch schon – im Verhältnis zwischen Bild- und Ausgangsebene und außerhalb von Gleichnis-Diskursen – Lk 18,6 f.; Lk 11,13, vgl. auch Lk 12,24.28. *Nebeneinandergestellt sind die Möglichkeiten* in VI (Mt 12,33.35; Lk 6,43.45). In IX geht es nur um den Fall „Wenn . . .". In Mk 13,35 wird mit „ob . . ., ob . . . oder . . ." gerechnet. So werden hier nicht Vorgänge oder Geschehnisse berichtet, sondern das Material wird intensiv reflektiert verarbeitet. Dazu gehört auch der Satz „Wenn

der Hausvater wüßte . . ., dann . . ." (in I: Mt 24,43; in IV: Lk 12,39). Eine ähnliche Struktur mit „Wenn . . ., wenn aber . . ." hat das Gleichnis, das Josephus in seiner Rede von Jotapata (b 3,372) als Argument (!) gegen den Selbstmord bringt: „Oder glaubt ihr nicht, Gott werde zürnen, wenn der Mensch an seinem Geschenk frevelt . . .? Wenn jemand ein Gut, das ihm von einem anderen anvertraut ist, vernichtet oder schlecht verwaltet, gilt er als verwerflich und untreu. Wenn aber einer das ihm von Gott anvertraute Gut aus seinem eigenen Körper fortschafft, glaubt er dann dem, den er so beleidigt hat, verborgen zu bleiben?" Zwischen den beiden erwogenen Fällen besteht so etwas wie ein Schluß a minore ad maius. Außerdem werden die Gleichnisse von den Minen/anvertrauten Pfunden (Mt 25,14–30; Lk 19,12–27) mit den verschiedenen Knechten, die die verschiedenen Möglichkeiten darstellen, als Übergangsstufen zum Diskurs hin erkennbar.

4. Nur in dieser Gleichnisgattung finden sich *Seligpreisungen innerhalb* der Gleichnisse (Lk 12,37; 12,43; Mt 24,46) – anstelle des sonst eher üblichen „ich sage euch . . .".

5. Typisch sind *rhetorische Fragen,* so in Mt 24,45; Lk 12,42; Mt 12,34; Lk 6,39; 23,31; 16,11 f.; 12,57.

6. Typisch ist die Verwendung weiterer bildhaften Materials außerhalb der Gleichnisse, so die exemplarische *metaphorische Mahnrede* in Lk 12,35, die metaphorische Mahnrede in Mt 12,35; Lk 6,45; Mk 13,35–37, der typologische Vergleich in Mt 24,37–39 und die Verbindung der Angeredeten mit dem Gleichnismaterial (Verflechtung mit den Gleichnispersonen in Lk 12,36.39–40.57–59; 13,24–27; Mk 13,35–37). – Ein Gleichnis steht am Schluß in Lk 16,13; Mt 25,14–30. – Stück eines Gleichnisses ist Mk 13,34.

7. Ein kunstvoller Aufbau liegt in I vor. Drei gleichartige Blöcke sind durch V. 37–42.43–44 und 24,45–25,12 gegeben: Die erste Stufe bildet jeweils ein „Gleichnis" oder Vergleich (im 3. Block doppelt), die zweite Stufe eine Folgerung mit „nun/deswegen" + Imperativ, die dritte Stufe eine Begründung mit „denn" (gr.: *hoti*). Dieser Begründungssatz ist jeweils bezogen auf die Ungewißheit des Zeitpunktes (24,42b.44b; 25,13). Der Abschluß ist das Gleichnis Mt 25,14–30 (Betonung der Gerichtsaussagen als *peroratio*). Für Mt 12,33–35; Lk 6,43–45 ist die Abfolge Gleichnis–Scheltrede–Sentenz festzustellen. Nur Mt 12,36 hat zusätzlich die Gerichtsdrohung.

8. Typisch sind *imperativische „Unterbrechungen"* mit Mahnungen zur Wachsamkeit. In Lk 12,35 ist der entsprechende Imperativ vorangestellt.

Die Gleichnis-Diskurse mögen innerhalb der Traditionsgeschichte des Gleichnismaterials Spätstufen sein; beweisbar ist das nicht. Als literarischen Niederschlag gibt es davon in Q schon hinreichend viele Beispiele. Der unter I genannte Komplex ist historisch am ehesten greifbar: Mit dem sonst auch in den Knechtsgleichnissen begegnenden Material verarbeitet die Gemeinde Probleme, die sich aus dem Verhältnis von *Eschatologie und Ethik* ergeben. Insbesondere geht es darum, die Mahnung zur Wachsamkeit inhaltlich zu füllen (z. B. Lk 12,45).

Geht es in Lk 12,42 ff. um die Begründung des „Amtes"? Die Entsprechung von „Nahrung geben" (V. 42) und „Willen des Herrn kennen" (V. 47) weist (wie auch sonst die Entsprechung von Speisen und Lehren) nur darauf, daß, wer immer besondere Erkenntnis und Lehre hat, auch verschärfte Verantwortung dafür trägt (auch das Schlagen V. 45 in diesem Zusammenhang weist auf den Lehrer).

In den Bildern von Herr und Sklaven, aber auch von Bräutigam und Jungfrauen versucht die Gemeinde, eine sehr eigenständige (traditionsgeschichtliche Parallelen sind sehr selten) Beschreibung ihres Verhältnisses zum Herrn in der Zeit bis zu seinem Wiederkommen zu geben. Die Verbreitung und Differenzierung der Ausdrucksformen weist darauf hin, wie wichtig der Gemeinde diese Tradition war.

§ 18 Allegorie und Allegorese

Lit.: ANRW S. 1113 f. 1123 f.

Der literaturwissenschaftliche Begriff Allegorie bezeichnet einen bestimmten Modus der Zuordnung zweier Texte. Verbindlich ist zunächst vor allem die Abfolge dieser Texte: Ein als Bildebene späterhin gedeuteter Text steht voran. Ein auslegender Text folgt, der auf der normalsprachlichen Ausgangsebene die Bedeutung des Bildes beschreibt. Entscheidend ist nicht, daß die Auslegung Stück für Stück geschieht – denn es gibt auch eingipflige Allegorien, und Gleichnisse wie Gleichniserzählungen können mehrere theologisch relevante „Gipfel" haben. Entscheidend ist vielmehr, daß es sich bei der Allegorie durchweg um „kühne Metaphern" handelt und damit um eine Beziehung zwischen Bild und Deutung, die nur dem besonders Kundigen zugänglich ist. Dabei hängen aber Bild und Deutung in sich jeweils sinnvoll zusammen. Was fehlt gegenüber dem Gleichnis, ist das *Mehr oder Weniger der Nähe* zu üblichen Metaphern. Vielmehr sind bei der Allegorie alle Metaphern *kohärent unüblich*. Daher kann beim Gleichnis die „Anwendung" fehlen, bei der Allegorie nicht.

Innerhalb des Neuen Testamentes unterscheiden wir drei Arten von Allegorien je nach der Form:

a) Der *Verf. selbst* gibt die allegorische Bedeutung eines von ihm zuvor genannten Gegenstandes an. Dabei kann es sich um visionär geschaute Dinge handeln (Apk 5,6 die sieben Augen des Lammes; 5,8 Räucherwerk; 16,13 f. drei Geister wie Frösche), aber auch um lediglich berichtete (Apk 11,8 die große Stadt wird „pneumatisch" Sodom genannt; 13,18 die Zahl 666; 19,8b das Leinen). Diese Art der *allegorischen Kommentierung* hat formal größte Ähnlichkeit mit der kommentierenden Übersetzung von Fremdwörtern: Allegorie als Übersetzungsproblem von einer Sprachebene in die andere.

In fast allen diesen Fällen ist die Allegorie eingipflig.

b) Der *Offenbarer* (nicht der Verfasser!) erklärt von sich aus das *Bild*, das er zuvor hat sehen lassen. So in Apk 21,1 f./3 (Und ich sah . . . und ich hörte . . .); 1,12 f.f./20 (Das Geheimnis, das du gesehen hast . . .). Der Ursprung der Allegorie ist hier die sehr *altertümliche Abfolge von Vision und Audition*. Die Audition deutet das in der Vision Geschaute.

c) Zwischen Bild und Deutung liegt ein *Dialog zwischen Offenbarer und Empfänger.* Dieser Dialog kann sowohl die Bitte um Entschlüsselung zum Inhalt haben wie auch den Tadel menschlicher Unkenntnis – beides aber bereitet den dann folgenden zweiten Teil der Offenbarung vor: die Umsetzung des Bildes. – Das Besondere ist nun, daß diese Art von Allegorie gegenüber mehreren Arten von bildhaften Texten gilt: Als bildhafter Text können angesehen werden eine Vision, ein Gleichnis, ein Traum und die Schrift des Alten Testaments; diese alle tragen in der Funktion als zu deutendes Bild die Bezeichnung „*parabole*". Die Allegorie ist hier in der Regel mehrgipflig; die so auszulegenden Gleichnisse sind daher oft streng segmentartig angeordnet (z. B. Mk 4,1–9).

Im Neuen Testament findet sich diese Art der Allegorie daher sowohl bei einer *Vision* (Apk 17,1–6.7 (Dialog). 8–16: Bild von Frau und Tier; in der Auslegung begegnen auch Vaticinien in V. 8b.10b.11.14.16.17, wodurch diese sich ebenfalls als vollwertige „Offenbarung" erweist) als auch bei zwei *Gleichnissen* (Mk 4,1–9.10–13 Dialog. 14–20 Deutung; [parr: Mt 13,3–23; Lk 8,5–15]; Mt 13,24–30.36 Dialog. 37–43). – Der verbindende *Dialog* enthält in Mt 13,36 nur die Bitte, in Apk 17,7 Reaktion, Tadel der Reaktion und Ankündigung der Auslegung und in Mk 4,10–13 alle möglichen Elemente: Bitte, Formulierung des sog. Parabelgeheimnisses und Tadel der Unkenntnis. Zum Parabelgeheimnis fällt auf, daß auch in Apk 17,7 an derselben Stelle des Zwischendialogs vom Geheimnis die Rede ist, und ebenso in Apk 1,20a als Überschrift der Deutung. Das „Geheimnis" Mk 4,11 gehört daher formgeschichtlich an diese Stelle. – Bei der Schriftauslegung in Lk 24,26 f. ist das ganze Schema auf die Schelte des Unverstands geschrumpft (Lk 24,25b): Auch christologische Schriftauslegung ist „allegorische" Auslegung und daher nur durch Offenbarung des Auferstandenen zugänglich [vgl. Berger, Auferstehung, S. 525.575 Anm. 272.427]; vgl. NT 17 (1975) 74–76, § 6.

Der Sinn der *Verstockungsaussage* und des sog. *Parabelgeheimnisses* in Mk 4,10–12 ist: Wer die Lehre Jesu nur oberflächlich begreift, im Sinne einer schönen „Geschichte", der bleibt draußen und wird dadurch verführt, daß das Gleichnis ja in sich stimmig ist. Wer dagegen den tieferen Sinn erfassen will, ist dazu darauf angewiesen, *noch einmal* auf Jesus zu hören und sein *Jünger* zu werden. Die Gleichnisreden offenbaren gerade in ihrer Eigenschaft als Allegorien den *ekklesiologischen* Sinn der Verkündigung Jesu. Es darf nicht bei der Unverbindlichkeit der schönen Erzählung bleiben. (Hier wäre dann auch forschungskritisch nachzufragen, was die Hochschätzung der Gleichnisse Jesu einerseits und die strikte Ablehnung jeder Allegorie für Jesus andererseits miteinander zu tun haben.)

Nach diesem Schema ist ebenfalls aufgebaut die sog. Hirtenrede in Joh 10,1–5.6.7–18. In 10,6 steht die entscheidende Bemerkung über das

Nicht–Verstehen der angesprochenen Hörer. In der Tat beginnt Jesus dann ab V. 7, die verschiedensten Metaphern mit sich selbst in Verbindung zu bringen (das ist neu). Ebenso liegt dieses Schema zugrunde in Mt 15,11/15–17a/17b–20. Der Rätselsatz V. 11 (vgl. die entsprechende Aufforderung zur Aneignung in V. 10) wird nicht verstanden: Petrus bittet um Erklärung des „Gleichnisses", und Jesus schilt die Jünger (V. 16–17a). Dann folgt die Erklärung. – In Mk 8,17 f. ist die *Schelte* das Signal für die allegorische Interpretation der Wundergeschichten, die in V. 19–21 angedeutet wird (die Zahl der übriggebliebenen Stücke soll der Schlüssel sein).

Nach dem angegebenen Schema ist auch aufgebaut Joh 13,1–11/ 12/13–20: Auf die Zeichenhandlung folgt die – für das Zwischenstück übliche – Frage „Versteht ihr, was ich euch getan habe?", dann wird die Zeichenhandlung erklärt. Diese hatte also die Funktion verschlüsselter Offenbarung.

Die älteste bisher belegte Gestalt dieser Gattung liegt vor in dem *Visions-Dialog* in Sach 4–6. Der Engel fordert auf zur Vision (z. B. in 5,5) und kann nach der Vision Fragen stellen: „Weißt du nicht, was diese bedeuten?", worauf der Seher antwortet: „Nein, mein Herr" (4,13). Darauf folgt dann die Erklärung mit Hilfe der für alle späteren Belege auch noch typischen „ist"-Identifikation. Ein ausführliches jüdisches Beispiel liegt vor in der syrischen Baruch-Apokalypse (K. 53–76). Die Vision selbst („Und ich sah ...") ist relativ kurz (K. 53). Die entscheidende Zwischenphase ist hier als Gebet gestaltet (K. 54). Dann erscheint der Engel (K. 55) und gibt ausführliche allegorische Erklärungen (K. 56–74) nach dem Schema: „Und das . . ., das du gesehen hast, das ist . . .", jeweils mit weiterführenden Vaticinien verbunden wie die Deutung in Apk 17. Vor einer abschließenden Heilszusage in K. 76 antwortet der Seher in einem *Lobpreis auf die geoffenbarten Geheimnisse,* der deutliche Entsprechungen zu Röm 11,34 f. hat (auch dort ging es um ein Geheimnis: 11,25): „Wer kann sich vergegenwärtigen, o Herr, deine Güte? Denn sie ist unerreichbar. Und wer kann erforschen deine Gnade, die doch schrankenlos ist? Oder wer kann erfassen deine Einsicht? Oder wer kann die Gedanken deines Verstandes erzählen? . . .".

Wo die Vision als *Himmelsreise* gestaltet ist, wird der Engel die Begleitperson („der Engel, der mit mir war", „der mich führte"), der die Orte der himmlischen Geographie erläutert. Neben das *„ich sah"* tritt hier *„der Engel zeigte mir".* Die Funktion dieses Deute-Engels *(angelus interpres)* haben bei Lukas die je zwei Engel (nach dem Prinzip der mindestens zwei Zeugen) in Lk 24,4–7 (die zwei Engel deuten das Zeichen des leeren Grabes. Ihre Deutung ist die Auferstehungsbotschaft) und in Act 1,10–11 (die beiden Engel deuten das unverstandene Zeichen der Hinwegnahme Jesu im Sinne seiner Wiederkunft auf den Wolken des Himmels).

Eine noch ältere Vorstufe dazu ist der Typ der Vision, wie er in Am 7,7 f.; 8,1–2; Jer 1,11 f. gegeben ist: In der Vision wird ein Gegenstand geschaut. Gott fragt den Seher, was er sieht. Dieser antwortet zutreffend. Darauf erfolgt eine Deutung (H. W. Wolff, Komm. Amos, S. 367 unterscheidet hier noch zwischen Symbolvision und Wortspielvision; der Gattungsvielfalt sind keine Grenzen gesetzt) durch Gott.

d) Eine *ausgeführte Allegorie* liegt auch vor in Gal 4,21–31. Auch hier geht es um zwei Texte: Der als Bild aufgefaßte Text ist der Schrifttext in Gen 16,21, auf den 4,22 Bezug nimmt. – Die *Schrift gilt als das auszulegende Geheimnis*, ein zeitlicher Abstand zwischen damals und heute wird nicht gedacht.

Wo die Deutung, wie hier, erst offensichtlich nachträglich an einen Text herangetragen worden ist (was sich für die unter c) genannten Texte eben nicht erweisen läßt), kann man (mit H. J. Klauck) von Allegorese sprechen.

Für die Allegorien unter c) und d) ist als besonderer Sitz auszumachen: *Die Gemeinde grenzt sich schon durch die Wahl der Gattung scharf von allen Außenstehenden ab* (was nicht bedeuten kann, daß nicht auch Jesus seine Jünger ähnlich abgrenzen wollte und von Verstockung reden konnte): In Mk 4 wird daher *auch inhaltlich das Problem der Minorität zum Inhalt der Allegorie*, in Mt 13 das apokalyptische Geheimnis der *Scheidung* zwischen Guten und Bösen. In Apk 17 geht es um zentrale Aussagen über die *gegnerische Macht Rom*. In der allegorischen Auslegung des Alten Testamentes schließlich wird die Schrift ausgewählt und komprimiert auf den endzeitlichen Mittler hin und auf die charismatische Gruppe derer, die es wie er versteht, zur Offenbarung „Schrift" die fehlende, entschlüsselnde Hälfte zu ergänzen.

Im Unterschied zu den Gleichnissen gehören die Allegorien dem epideiktischen Bereich zu.

II. Sentenzen

§ 19 Allgemeine Merkmale von Sentenzen

Lit.: ANRW S. 1049–1074.

Als Sentenzen bezeichnen wir Sprichwörter, in denen allgemeine Erfahrung in der Regel in beschreibender Form in kurzen Sätzen zum Ausdruck gebracht wird. Im Unterschied zu den Sentenzen sind die *Gnomen* strikt symbuleutisch ausgerichtet und Grundbausteine der Mahnreden und Paränesen (vgl. unten § 38–48). *Merkmale der Sentenzen* sind: Kürze, einfacher Aufbau, offensichtliche Nähe zur Mündlichkeit und daher weite Verbreitung und Eignung als Wanderlogien. Auf bestimmte Gattungen sind die Sentenzen nicht festgelegt, sie lassen sich vielmehr – und stets an hervorragenden Stellen – in Dienst nehmen, was ihrer literarischen Unselbständigkeit entspricht. Deutliche Nähe besteht zu Redensarten und „geflügelten Worten". Inhaltlich geht es um allgemein feststehende Erfahrung, die nicht der besonderen Legitimation durch die Autorität eines hervorragenden Weisen bedarf: was zu geschehen pflegt und was das gewöhnliche Ende von einer Sache ist. Mit konditionalen Mahnworten überschneiden sich Sentenzen, wo es sich um allgemeinere Erfahrung handelt, die nicht besondere Einsicht in apokalyptische

Zusammenhänge offenbart. Die Multifunktionalität bedeutet auch eine bestimmte Fremdheit gegenüber dem jeweiligen Kontext, was die Sentenzen – im deutlichen Unterschied zu Gnomen – dazu befähigt, Gleichnisfunktion zu übernehmen. Wie bei den Gnomen sind die nächsten Analogien in der Weisheitsliteratur des Judentums zu finden. Im Unterschied zu R. Bultmann (GST 84–86) sehe ich keine Möglichkeit, eine Formgeschichte des Maschal derart zu rekonstruieren, daß ich die einfache, eingliedrige Form (den allgemeinen Weisheitsspruch, wie z. B. Mk 2,17a: Nicht bedürfen die Gesunden des Arztes) an den Anfang einer Entwicklung zu stellen, die dann zunehmend erweitert und ausgestaltet worden sei. Diese hypothetische „reine Urform" gibt es nicht. Man braucht sie nur dann, wenn man einen künstlichen Gegensatz schafft zwischen der angeblich „schlichten" volkstümlichen Urform und dem genauso fragwürdigen verkomplizierenden Gemeindeinteresse.

Übersicht über die wichtigsten jüdischen und christlichen Sammlungen von Gnomen und Sentenzen (nach M. Küchler, Frühjüdische Weisheitstraditionen, S. 174).

	Hebräische Bibel: Prov Koh
aramAchiqar (5. Jh. v. Chr.)	Tob 4 und 14 Sir Hebr und Gr

Anthologie gefälschter Klassikerzitate „Apologeticum" Philo, Hypothetika 7,1–9 Hillel	
	Jesus Q und Ähnliches PapOx 1.654.655 Jak
Josephus, Ap 2,190–219 Aboth Aboth R. Nathan A und B talmud. Kollektionen Ps.-Phokylides Ps.-Menander syrAchiqar und Parallelen Derek Ereş Traktate (Pirke de Rabbi Eliezer)	EvThomas (kopt) Väterkollektionen Sentenzen des Sextus Lehren des Silvanus

Inhaltliche Kennzeichen:

1. **Sätze über bestimmte Berufe:** über Propheten (Lk 4,24 und Joh 4,44: Prophet und Vaterstadt; Lk 13,33: Prophet und Jerusalem), Gesandte (Joh 13,16: Gesandter/Sendender), Sklaven (Joh 13,16; 15,20; Mt 10,24) und Schüler (Mt 10,24; Lk 6,40: Schüler/Lehrer). Für die drei letzten Fälle geht es darum, daß der Untergeordnete nicht größer ist als der Übergeordnete und

daher mindestens dasselbe an Unannehmlichkeit zu erwarten hat. (Zu Lk 6,39 f. s. unten). – Vgl. Hebr 8,3 (Hohepriester); 7,12 (Priester).

2. **Sätze über den Menschen:** Mk 8,36; Mt 16,26; Lk 9,25: Was nützt es dem Menschen . . .; Mk 8,37: Denn was soll der Mensch geben . . .; Mt 8,20; Lk 9,58: In Differenz zu Füchsen und Vögeln hat der Mensch nichts, wohin er sein Haupt lege, der Ranghöchste (vgl. Dan 7: Tiere/Mensch[ensohn]) hat am wenigsten. Für den ,,Menschensohn", auf den das Logion dann bezogen wird, gilt die Paradoxie von Vollmacht und Ergehen dann im besonderen. In Q wird der Satz schon auf Nachfolge bezogen! – Joh 3,27: Kein Mensch kann etwas nehmen, das . . . – Mk 2,27: Der Sabbat ist wegen des Menschen . . .; Mt 12,35; Lk 6,45: Der gute Mensch . . ., der böse Mensch . . . (vgl. Mt 12,36: die Menschen); Mk 7,15; Mt 15,11: Nicht . . . verunreinigt den Menschen . . ., sondern . . . (in Mk 7,17 als *parabolē* bezeichnet); Joh 2,10a: Jeder Mensch (Weinregel) . . . – Man vergleiche dazu, was Sir 19,29 f. (26 f.) über den ,,Mann" sagt. – Diese allgemeinen Sätze über ,,den Menschen" haben in ihrem Kontext höchsten Argumentationswert.

3. Zu Sentenzen in Verbindung mit *Gleichnissen* vgl. oben § 15.

4. Die *Folge oder Sanktion* wird mit Hilfe einer Sentenz formuliert oder begründet: Lk 18,14 (denn jeder, der sich erhöht . . .); Lk 19,26; Mt 25,29 (im Gleichnis von den Minen/Talenten: Denn wer hat, dem wird . . .); Mk 14,21; Mt 26,24; Lk 22,22 (über den Verräter: Es wäre ihm besser, er wäre nicht geboren); Mt 22,14 (Gleichnis vom Gastmahl: Denn viele sind berufen . . .); Lk 13,30 (Juden verurteilt, Heiden im Reich: ,,Letzte werden Erste sein . . ."); Mt 20,16 (Begründung des Urteils im Gleichnis von den Arbeitern im Weinberg: ,,Die Letzten Erste . . ."). Ebenso wird auch der himmlische Lohn für die begründet, die hier alles aufgegeben haben (Mk 10,31). Es fällt auf, daß vor allem in Gleichnissen Sentenzen diese Funktion haben und häufig kontrastiv formuliert sind. Die Logik der Gleichnisse wird durch diese allgemein akzeptierten Sätze drastisch eingeschärft. – Auch Lk 14,11 (Wer sich erhöht . . .) begründet abschließend ein Urteil (für eine gleichnishafte Mahnrede).

5. Über das unter 4. Genannte hinaus wird durch Sentenzen die *Zukunftsperspektive* eröffnet in Lk 12,2 (Nichts verborgen, was nicht offenbar . . .), ebenso in Mk 4,22 (nach dem Gleichnis 4,21). Während der Satz in Lk 12,2 das notwendig über die Heuchelei (= Verborgenes) der Pharisäer kommende Gericht beschreibt, ist der Satz in Mk 4,22 als Trost für die Gemeinde gedacht, da die jetzt verhüllte Basileia offenbar werden wird. In Mt 10,26 beschreibt der Satz gar das Bekanntwerden-Sollen (vgl. V. 27), ist also ein Aufruf zu Freimut und Bekenntnis. So wird derselbe Satz an drei Stellen völlig verschieden verwendet (,,*Wanderlogion*").

6. Sentenzen stellen in sich selbständige *Argumentationen* dar: Lk 16,10 (a minore ad maius); Mt 26,52 (Talio); Lk 23,31 (a minore ad maius).

7. Erfahrungsbegründete *Werturteile:* Act 20,36 (was seliger ist); Mk 9, 43.45.47 (was besser ist); 2 Petr 2,21 (was besser gewesen wäre); Mk 10,25

7. Erfahrungsbegründete *Werturteile:* Act 20,35 (was seliger ist); Mk 9, 43.45.47 (was besser ist); 2 Petr 2,21 (was besser gewesen wäre); Mk 10,25 (was leichter ist); Lk 17,1 f. (was nützlicher wäre). Durch die (zumindest der Logik nach) komparativischen Formulierungen wird jeweils eine einprägsame „Rechnung aufgemacht". Vgl. dazu schon Prov 25,7; Sir 40,28 (29). – Vgl. dazu auch: G. E. Bryce, „Better"-Proverbs. An Historical and Structural Study, in: SBL Proc 1972 2, 343–354.

8. *Faustregeln:* Für die Beurteilung der Zugehörigkeit (Mk 9,40; Lk 9,50: Wer nicht gegen uns ist . . .; Lk 11,23; Mt 12,30: Wer nicht mit mir ist . . .). – Weinregel: Joh 2,10a. – Eine Faustregel ist die in der kritischen Chrie Mk 7,15 verwendete Sentenz.

9. Klage, *wie schwierig* eine Sache ist: Mk 10,23.24. – Vgl. Sir 26,29 (28): Nur schwerlich bleibt ein Kaufmann frei von Schuld.

10. *Verselbständigte Ich-Worte:* Apk 3,19 (Die ich liebe, überführe und erziehe ich . . .); Mit 9,13; 12,7 (verselbständigte Gottesrede aus Hos 6,6: „Erbarmen will ich und nicht Opfer"); Lk 11,23; Mt 12,30 wird die Faustregel (s. 8.) verselbständigt als Regel für die Notwendigkeit strikter Parteinahme im Umgang mit Dämonen.

11. *All-Sätze:* Lk 18,14b (jeder, der sich erhöht); Lk 19,26/Mt 21,29 (jeder, der hat); Mt 26,52 (alle, die nehmen); Lk 14,11 (jeder, der sich erhöht); – Joh 2,10a (jeder Mensch); – Mk 10,27 (alles ist Gott möglich).

12. *Spottrede:* Lk 4,23 (Arzt, heile dich selbst).

Zuordnung zu bestimmten Gattungen: Mt 8,20; Lk 9,58 (Sentenz über den „Menschen") hat hier *symbuleutische* Funktion (Nachfolge); *apologetische* Funktion haben die *epideiktischen* Sentenzen Lk 4,24; Mt 12,7 (Rechtfertigung der Sabbatpraxis der Gemeinde). *Symbuleutische* Funktion hat Mk 10,25.

§ 20 Funktion der Sentenzen:

Sentenzen stehen häufig *am Ende* einer Einheit oder als abschließender Kommentar, häufig auch als Begründung von Mahnungen, z. B. Mt 6,34b (Genug ist für jeden Tag sein eigenes Übel, vgl. b Ber 9b „Es ist genug an der Not zu ihrer Stunde") begründet die Mahnung, nicht für morgen zu sorgen. – So auch Lk 16,9–10; Mk 14,38par; Mt 26,52; Act 20,35; Apk 3,19; Mk 9,40 und Lk 9,50; Lk 12,2; Mt 6,34b; Joh 13,16; Mk 9,43–47; Mk 4,25 zu V. 24; Mt 10,26; Mk 8,36f. parr. *Innerhalb von Argumentationen* haben sie eine wichtige Funktion in Lk 16,10; Apk 3,19 (eifere nun . . .); Mt 10,24f. (den Jüngern kann es nicht anders als Jesus ergehen) (argumentatio a minore ad maius); Mt 12,33.34b.

Regeln mit sentenzartigem Charakter spielen eine wichtige Rolle in der *apologetischen Argumentation* des Hebr:

8,3: Jeder Hohepriester wird dazu bestellt, Gaben und Opfer darzubringen (weshalb auch dieser etwas haben muß, was er darbringen kann).

9,16: Wo ein Testament vorliegt, muß die Todesurkunde des Erblassers herbeigeschafft werden.

9,22: Ohne Blutvergießen geschieht keine Vergebung.

7,12: Wenn das Priestertum wechselt, muß auch ein Wechsel des Gesetzes eintreten.

9,23: Die himmlischen Dinge müssen durch bessere Opfer gereinigt werden als deren irdische Abbilder.

Die *allgemeinen Erfahrungsgrundsätze* funktionieren im Kontext als unbefragbare Axiome. Ausgesprochene *Wanderlogien* sind die Sätze „Wer hat, dem wird gegeben . . .", „Erste werden Letzte sein . . .", „Wer sich erhöht, wird erniedrigt . . ." und „Nichts ist verborgen, was nicht offenbar werden wird". Leicht sind diese Sätze auf das Gericht zu beziehen (sie erläutern dessen Eigenart aus menschlicher Erfahrung), und bis auf den ersten Satz ist ihnen das Umkehrschema zueigen. – Häufig begegnen Sentenzen in *Chrien* (Lk 10,42 eher als Redensart: „Nur wenig ist nötig, eher, nur eines"; Mt 12,7; 9,13; Mk 2,27; Lk 9,57 f.; Mk 7,15 par; Joh 3,27). – Als *Gerichtsankündigungen* und Drohungen werden Sentenzen verwendet in Mt 24,28; Lk 23,31; Mt 13,12; Mk 4,25; Mt 25,29; Lk 19,26. – Innerhalb von *Vaticinien* in Lk 13,33; Mt 10,24 f.; Joh 13,16 und 15,20. –

§ 21 Zur Form der Sentenzen

1. *Zahlensprüche:* In Prov, Sir und in der paganen Gnomik (z. B. GNP [zu den Abkürzungen vgl. ANRW S. 1049–1051] „Meer, Feuer, Frau – das dritte Übel" und DP II 148 „Drei Trauben läßt der Weinstock hervorgehen: Vergnügen, Rausch, Hochmut") sind derartige Reihenbildungen beliebt, in denen das Schwergewicht immer auf dem letzten Glied liegt. Mt 19,12 ist ein nachgeahmter Zahlenspruch (drei Arten von Eunuchen, das Schwergewicht liegt auf der letzten Art), hier, wie bei Zahlensprüchen öfter, auch mit dem Charakter des Rätselwortes. Es fehlt die für Zahlensprüche übliche Über-, bzw. Unterschrift mit der Zahl-Angabe. Sitz im Leben: Rechtfertigung der Ehelosigkeit der frühen und späteren Wandermissionare (Johannes d. T., Jesus, Paulus . . .).

2. *Antithetische Struktur,* Umkehrschema oder antithetischer Parallelismus (auch als Talio: Handeln wird zu Ergehen Mt 26,52), so regelmäßig in den oben in § 20 genannten Wanderlogien. Sentenzen mit derartiger talionartiger Vergeltung finden sich häufiger in der Weisheitsliteratur: Prov 13,13LXX „Wer eine Sache verachtet, wird verachtet werden von ihr" oder Prov 22,8 „Wer Schlechtes sät, wird Böses ernten". Im Judentum finden sich solche Sätze etwa SlavHen 60,3 f. „Wer einen Menschen in eine Schlinge verschließt, wird in sie gefangen werden". Hier bleibt offen, um welche Zukunft es sich handelt. Eine besondere Rolle spielt das Schema: Soweit man sich des Menschen erbarmt, soweit erbarmt sich auch Gott. Erst *wenn das Zukunfts-*

verständnis des Kontextes apokalyptische Eschatologie ist, werden Sätze dieser Art in der Apodosis auf das zukünftige Gericht bezogen.

3. *Ausruf:* Wie . . .! Mk 10,23.24 und Sir 25,10 (13) (Wie groß ist endlich, wer die Einsicht fand . . .).

4. *Konditionale Mahnworte* (z. B. Lk 18,14b: Jeder, der sich erhöht . . .); ferner Mt 26,52. Auch das häufige „Wer hat, dem wird . . .“ ist so zu denken.

5. Die Struktur *x ist (nicht) mehr als y* liegt zugrunde in den oben unter § 19.7 genannten Tob-Sprüchen wie in den oben § 19.1 genannten Worten über Gesandte, Sklaven und Schüler (sie sind nicht „mehr“ als der ihnen jeweils Vorgeordnete).

6. *Kennzeichensätze* liegen vor in Mk 9,50; Lk 9,50; Lk 11,23; Mt 12,30 (Gruppenzugehörigkeit).

§ 22 Die historische Relevanz der Sentenzen

Der besondere *historische Wert* der Sentenzen liegt darin, daß sie eine der wenigen Möglichkeiten sind, relativ sicher auf *mündliche Vorstufen* der Evangelienüberlieferung zurückzugehen. Die Wanderlogien und mit ihnen die relativ häufig vertretene antithetische und auf Umkehrung der Größenordnungen und Werte bezogenen Sätze weisen auf eine Gemeinde, deren Situation wie folgt zu beschreiben ist: a) Die gemeinsame Struktur dieser vielgebrauchten Worte weist darauf, daß man mit einer grundsätzlichen *Umkehrung* von Größen und geltenden Werten rechnet und von dieser Umkehrung alles erwartet. b) Das bedeutet ein *kritisches Verhältnis* zu allem, was Bestand und Rang hat und ein entsprechendes Verhalten innerhalb der Gemeinde (Mk 10,42–45). c) Dieses kritische Verhältnis und die damit verbundenen Versuche anderer Ordnung schaffen *Fremdheit und Distanz* zur umgebenden Gesellschaft. Das Geschick Jesu, des Stephanus und anderer Verfolgter verstärken diese soziale Erfahrung. d) Vom kommenden Gericht erwartet die Gemeinde eine bis zur Ungerechtigkeit gehende Härte in der Frage nach dem Ja oder Nein der *Entscheidung.* Der Satz „Wer hat, dem wird gegeben, und wer nicht hat, dem wird das, was er hat, genommen werden“ kennzeichnet das Gericht in diesem Sinne als ungerecht: Es kommt nur auf Ja oder Nein an, Differenzierungen dazwischen kennt dieses Gericht nicht, und wenn sie vorhanden sind, so werden sie gegenstandslos. (Dieser Spruch ist also nicht zuerst sozialgeschichtlich zu deuten).

III. Reden

§ 23 Reden in den Evangelien und in Apg

Lit.: H. BECKER: Die Reden des Johannesevangeliums und der Stil der gnostischen Offenbarungsrede (FRLANT 68 NF 50), Göttingen 1956. – U. WILCKENS: Die Missionsreden der Apostelgeschichte. Form- und traditionskritische Untersuchungen (WMANT 5), Neukirchen ³1974.

Die „Reden" sind in der älteren Formgeschichte wegen deren Ausrichtung vor allem an den kleineren, möglicherweise mündlich tradierten Einheiten und an der „niederen" Literatur noch nicht recht in den Blick gekommen. Demgegenüber sind sie jedoch auch als Kompositionen formgeschichtlich zu beschreiben und auf die Situationen zu befragen, in denen sie haben gelten können. Die „Reden" des JohEv sind freilich zumeist Dialoge. – Ein Kriterium dafür, was man im Bereich frühchristlicher Literatur als Reden ansah, finden wir zuerst bei Matthäus. Er markiert das Ende von Texten, die er als Reden ansieht, regelmäßig durch die Formel „als Jesus beendet hatte diese Worte". Von daher gewinnen wir auch Kriterien dafür, was man früher und später als Reden betrachten konnte.

1. Die älteste synoptische Redekomposition ist die sowohl bei Markus (Mk 6,[8 f.]10 f.; Mt 10,7–14; Lk 9,3–5) als auch in Q (Lk 10,1–16; Mt 10, 7–16) in verschiedener Form überlieferte Rede mit Anweisungen über das Verhalten bei der *Mission.* Es handelt sich um Anweisungen in der 2. Person Plural. Die Anweisungen über die Ausrüstungsgegenstände haben ihre nächste Parallele in den Listen über die Tracht und *Ausrüstung kynischer Wanderphilosophen,* die sehr zahlreich überliefert sind (die Schilderung der Reisesitten der Essener bei Josephus, b 2,124–127 und aus den Kynikerbriefen Alkiphron III 40 § 3 (Hercher, Epistolographi Graeci, S. 79 f.); 65 § 5 (ibid., 85 f.); Anacharsis 5 (ibid., S. 103); Apollonius v. Tyana 8; Krates 16 (ibid., S. 211); 23; Diogenes 7; 15 (ibid., S. 239); 26; 30 (ibid., S. 244 f.); 34; 46; Julian 37 (ibid., S. 360); Sokratikerbriefe 6 (ibid., S. 613)). Was dort fehlt, sind die speziell für Charismatiker geltenden Regeln über *Fluch- und Segenshandlungen* (Verweigerung des Grußes unterwegs, Friedensgruß, Verfluchung durch Abschütteln des Staubes und anschließende Gerichtsdrohung Lk 10,12–16; Mt 10,15). Dadurch ergibt sich innerhalb der Rede ein Gefälle von der *Aussendungsrede,* die sich an Jünger richtet, zur *Gerichtsdrohung,* die sich vor allem an die Leser richtet. Dasselbe Phänomen ist auch Mt 10,40–42 zu beobachten: Die Rede gilt nicht nur für die „hauptberuflichen" Jünger, sondern auch für alle, die sich ihnen gegenüber verhalten sollen, und darin liegt ein deutlicher *Leserbezug* (natürlich darin auch, daß die Gemeinden für Jünger, die ohne Habe umherziehen, aufkommen mußten).

Die ausgebauteste Redekomposition weist Mt 10,5–11,1 auf: 10,5–11: Anweisungen über das Umherziehen; 12–15: Friede oder Fluch; 16–33: Verhalten in Verfolgung; 34–36: Entscheidung und Scheidung; 37–42: Konditional formulierte Mahnungen, in V. 40–42 auf das Verhalten gegenüber den Jüngern bezogen.

2. Ebenfalls *Listenbildungen* sind die Vorstufen für die synoptische *Apokalypse* (Mk 13; Mt 24,1–36; Lk 21,5–38); es handelt sich um Listen mit apokalyptischen Schrecknissen, wie sie u. a. aus Micha 7,6 herausgebildet wurden und etwa in 4 Esr 5 breit entfaltet sind (vgl. damit Mk 13,7 f. parr). In der synoptischen Apokalypse ist dagegen daraus ein regelrechtes *Kompositionsschema* geworden: *Zukünftige Ereignisse – Nähe des Kommens – Mah-*

nungen zur Wachsamkeit. Bei Lukas stellt sich das letztere vor allem als Mahnung zum Gebet dar. Bei Matthäus ist die Wachsamkeitsmahnung stark entfaltet (in einem Gleichnis-Diskurs, s. o. § 17.7), und an das Ganze schließt sich eine Gerichtsschilderung an. Daher ergibt sich bei Matthäus in 24,1–26,1 eine abweichende Komposition: *Bereits auf Einzelmahnungen ausgerichtete Schilderung der Ereignisse bis zum Kommen des Menschensohnes – Mahnung über das Erkennen der Zeichen und Wachsamkeit – Gerichtsschilderung.* – Entsprechend verlagert sich das auf die Gemeinde bezogene Interesse: Bei Mk geht es um die Entflechtung von Zerstörung Jerusalems und Menschensohnerwartung im jüdischen Krieg (Jesus/der Menschensohn hat mit der Zerstörung Jerusalems nichts zu tun, vgl. das Falschzeugnis Mk 14,58 f.), dagegen ist das Ziel bei Mt die umfassende Mahnung zur Wachsamkeit besonders in der liebenden Hinwendung zum Nächsten. – Vgl. auch § 77,1; 100.

Ein einfacherer Aufbau apokalyptischer Rede ist in Lk 17,20–18,14 belegt: Auf die *Schilderung und Darstellung,* die in 17,37 in höchst bedrohlicher Weise enden, folgt die *Mahnrede* (18,1–14) mit entsprechender Überschrift in der Gestalt von zwei Gleichnissen.

Diese einfache Komposition findet sich ähnlich auch in dem Redeteil des Dialogs Joh 3,5–21, und zwar im Aufbau: V. 11–12 Einleitung (Qualität der Erkenntnis), V. 13–17 (die Botschaft), V. 18–21 (doppelteilige Mahnrede über die Annahme der Botschaft).

3. Eine „Rede" ist auch die *Gleichniskomposition* in Mk 4. Formgeschichtliche Analogien sind einerseits die *Reihungen von exempla* in den Moraltraktaten der paganen Literatur (z. B. Plutarch, De TranqAn 4) und in der frühchristlichen Literatur (vgl. oben § 8), andererseits die Reihung bildhafter Weisheitssprüche (z. B. Prov 13,8 f.; 14,1–4). Bei Markus ist daraus eine durchdachte Komposition geworden: Wie in Weisheitstexten (z. B. Prov 5,1 f.; 7,1–3), so geht der Anfang über das *Hören und Durchhalten* (Mk 4,1–13.14–20), dann folgt ein Abschnitt über das *Offenbarwerden des jetzt Geheimen* im kommenden Gericht (V. 21–32), und 4,26–32 gehen auf die *Bewältigung der Gegenwart* ein. Die eindrücklichen Gleichnisse von der Saat und vom Senfkorn motivieren eine Gemeinde zur Hoffnung in einer Zeit, da ihr das Neue unanschaulich geworden und die Notwendigkeit eines Durchgangs durch Leiden begreiflich zu machen ist. Matthäus hat anders komponiert und legt den Ton viel stärker auf das *kommende Gericht* (Gleichnis über das *Hören* – 3 Gleichnisse über das *Ertragen der Gegenwart* – 13,34 f.: Gleichnisse offenbaren Verborgenes von Anbeginn – V. 36–50: *Apokalyptische Belehrung* über das Gericht – 3 Gleichnisse über *Kriterien des Gerichtes* und Scheidung – Gleichnis über *Gleichniserzählen* am Schluß). Matthäus folgt damit einem sehr üblichen Schema, längere Rede mit dem Hinweis auf das Gericht zu schließen. – Kürzere *Gleichnisreihen* kennen auch sonst die Evangelien (Lk 15) und das ThomasEv (z. B. Logion 96–98 über das Reich Gottes).

4. Wie die bisherigen Reden, so sind auch Feldrede (Lk 6) und *Bergpredigt* (Mt 5–7) Kompositionen aus vielfältigem Material. Was für die Auslegung wichtig ist: Einleitung und Schluß sind eindeutig *protreptischer Art*, so daß von daher die Gattung des Ganzen bestimmt wird: Ein Protreptikos (vgl. § 62) steht am Anfang der Belehrung (so sind auch Bergpredigt und Feldrede jeweils die erste Rede Jesu) und soll den Hörer grundsätzlich und prinzipiell *für den Weg gewinnen,* den er einschlagen soll und ihm auch dessen Gewinn vor Augen stellen. In der Form von Seligpreisungen und Weherufen stellt Lukas in 6,20–26 die beiden Wege gegenüber (ausdrücklich als die beiden „Wege" bezeichnet, findet sich das gleiche Material in Didache 1(–4)). Ohne daß hier die These vom „Katechismus der zwei Wege" erneuert werden soll, ist der Protreptikos der allgemeinere Horizont, in dem zwei Möglichkeiten des Lebensweges diskutiert werden. Auch am Schluß von Bergpredigt und Feldrede begegnet wieder der Hinweis auf die *beiden entgegengesetzten Möglichkeiten* (Gleichnis vom Hausbau Mt 7,24–27; Lk 6,47–49). Bei Mt stehen nicht Selig und Wehe gegenüber, sondern in den Antithesen der Bergpredigt das alte und neue Verständnis des Willens Gottes. Angesichts der pharisäischen Opposition sind auch dieses zwei Entscheidungsmöglichkeiten. Der ganze Abschnitt 5,2–48 (Seligpreisungen – Aufruf zur wahren Gerechtigkeit – Antithesen) bildet daher eine einzige zusammenhängende *Abgrenzung.* Die gerade in Bergpredigt und Feldrede ausgeprägten *Lohnverheißungen* (Seligpreisungen, Hinweis auf die wahren Werte vor Gott Mt 6,1–34, Belehrung über das Maß in 7,1–12 und die Vergeltung) sollen die Vorzüge dieses Weges auch in seiner Zukunftsperspektive vor Augen stellen (bei Lukas: Lieben, Nicht-Richten, Entsprechung von Wort und Tat).

5. Alte Reden aus relativ *gleichförmigen Einheiten* sind die beiden *antipharisäischen Wehereden* in Mt 23,1–36; Lk 11,37–54 (bei Lukas geteilt in Weherufe gegen Gesetzeslehrer und Pharisäer). Im corpus sind beide Reden vor allem begründete Unheilsankündigungen, die sich am Ende (Mt 23,34; Lk 11,49–51) zu Vaticinien gestalten. Formgeschichtliches Vorbild für die Reihung von Weherufen sind die Wehe-Reihen in äthHen 98–100. – Vgl. § 55.

Im ganzen gilt: Mehr oder weniger stark lassen alle Redekompositionen der synoptischen Evangelien erkennen, daß das Vorbild *Reihenbildungen* aus gleichartigen Elementen waren. Daher kommt es, daß entweder Material zum gleichen Thema (Apokalypsen) oder zur gleichen Gattung (Gleichniskapitel) oder zu beidem (Wehereden) zusammengestellt wird. Die Position der Reden im Aufriß der Evangelien ist deutlich an der *Führung des Lesers* orientiert: Bergpredigt und Feldrede stehen aus den genannten Gründen am Anfang (als prinzipielle Einführung); die Apokalypse steht am Ende, nicht nur als testamentarisches Vaticinium, sondern auch um Jesu Tod und die Zerstörung Jerusalems zu entflechten, bzw. das Verhältnis zwischen Gericht und Jüdischem Krieg sicherzustellen.

6. Dem Typ nach offenbar relativ jüngere Reden entstehen durch *Erweiterung von Chrien* (dazu: § 25–29), besonders durch die Verknüpfung mit Schelte (Mk 7,1–15(23)par Mt 15,1–20), durch weitere Zwischenfragen und durch Gleichnisse (Mt 18,1–20.21–22.23–35). Auch in Act 2,37b/38f. ist eine Chrie an die Rede angehängt. Für Lk 12,13–21; Mt 18,21f. beobachten wir, daß hier eine Chrie mitten in eine Rede eingearbeitet worden ist.

7. Eine Reihe von Reden hat Lukas nach dem *Vorbild antiker Historiographen* in die Apostelgeschichte eingefügt. Im Judentum ist das nächste Vorbild 1 Makk (Reden in 2,49–68; 3,18–22; 4,8–11; 13,3–6; 16,2–3). Wie überall in der antiken Historiographie, so haben die Reden auch hier die Funktion, Entscheidendes zu erklären, zu motivieren oder vorzubereiten. Sie sind ein vorzügliches Instrument, mit dem der Schriftsteller seine Reflexion zum Ausdruck bringt.

a) Man unterscheidet *Missionsreden* (pagane Analogien: ANRW S. 1363–71) an die Juden und solche an Heiden. Die an die Juden sind wie folgt aufgebaut:

I. *Einleitung:* Anknüpfung an die Situation.

II. *Jesuskerygma:* Schuldhaftes Handeln der Juden an Jesus – Gott aber errettet Jesus (Kontrast zwischen Gott und Juden).

III. *Aufruf zur Umkehr.*

Mit der Umkehrmahnung kann auch die Heilsverheißung verbunden sein (Act 2,38b–39; Act 3,20f.; vgl. 4,12), zumindest ist von der Sündenvergebung die Rede (5,31; 10,43; 13,38).

Formgeschichtlich gesehen handelt es sich bei diesem Predigtschema um die Abfolge von Aufweis der Schuld (Schelte) – Umkehrmahnung – Heilsansage. – Die beiden ersten Elemente finden sich häufiger in Kurzformulierungen (nach dem Schema „Kehrt um, die ihr gesündigt habt", so in Jer 3,14; Jes 46,8LXX; Tob 13,6), vgl. auch Bar 4,28; Hos 14,2. – Das vollständige Schema der an die Juden gerichteten Actareden findet sich in Mal 3,7: „Seit den Tagen eurer Väter habt ihr euch von meinen Vorschriften abgewandt und sie nicht gehalten (= Schelte, Aufweis der Schuld). Kehrt um zu mir (= Umkehrmahnung), dann kehre ich mich zu euch (= Heilsansage)". Das Schema ist daher in allen Teilen deuteronomistischer Herkunft.

Auch in anderen neutestamentlichen Texten hat sich deuteronomistische Tradition in Texten, die an Juden gerichtet sind, mit dem Tod Jesu verbunden, so in der Stephanuspredigt Act 7,52f. und in Mk 12,1–9 (vgl. auch 1 Thess 2,15f.). Die Stephanusrede bleibt freilich bei der Schelte, Mk 12 fügt dem Aufweis der Schuld noch die Strafe hinzu. Dennoch können beide Texte noch als Umkehrpredigt im weiteren Sinne gelten.

Die Missionsreden an die Heiden haben dagegen folgenden Aufbau: *Umkehr als Abwendung von Götzen und Hinwendung zum Schöpfer – Weltgericht – Auferweckung Jesu.*

Dieses Schema findet sich in Act 14,15–17; 17,30f. (vgl. analog: Apost Const VII, 34,1f. 6–8; VIII, 12,12–16.20); 1 Thess 1,9f.; Hebr 6,1f.

b) Ganz anders als in den Synoptikerreden findet sich in denen der Act bisweilen ein Aufbau, der dem Schema der antiken Rhetorik nach *narratio* (Erzählung der relevanten Ereignisse) – *argumentatio* (Beweisführung) und *peroratio* (wichtige Schlußfolgerung, was zu tun sei) folgt. Dazu gehören: Act 13,16–41 (narr.: 16–31 *Geschichte* Israels bis zur Auferweckung Jesu inclusive; 32–39 *Schriftbeweis* über Jesu Kommen und Auferstehung; 40–41 drastischer Schluß: *Drohung*).

Act 15,7–11 (Petrusrede: *Erzählung* von den alten Tagen an) und 15,14–18 (Jakobusrede: *argumentatio* mit der Schrift) sind de facto nach dem Schema der antiken Rede zwei Teile derselben Rede, die sich ergänzen und die gerade so aufeinander folgen müssen. Sie bereiten die *peroratio* (Deswegen urteile ich . . .) in 15,19–21 mit dem Vorschlag des Apostel-dekrets vor.

In anderen Reden fallen *argumentatio und narratio* zusammen, so in Act 1,16–22 (*Schilderung* der Lage und Situation aufgrund der Schrifterfüllung; *peroratio* in V. 21: Es ist nun nötig . . .); Act 2,14–36 (V. 15–35: Erklärung der Situation aufgrund der Schrifterfüllung, V. 36 und dann in 38 f. und V. 40b (nach Unterbrechungen): *peroratio*).

Lediglich *narratio* und *argumentatio* weist die Rede in Act 13,46 f. auf. – Andere Elemente antiker Reden zeigt Act 17,22–31: Auf die *captatio* in 17,22–23a (in Act auch in 26,2 f.) folgt die Angabe des Themas (*propositio*) in V. 23b, und dann wechseln *narratio* (V. 26.30 f.) und *argumentatio* (V. 27–29). Die Rede scheint durch den Spott in V. 32 unterbrochen, endet aber in Wahrheit doch richtiggehend mit dem Hinweis auf das Gericht in V. 31.

c) In der Analyse bei U. Wilckens unterschätzt ist der *Schriftbeweis* in den Actareden. Wir unterscheiden Reden, deren *erste Hälfte argumentativer Schriftbeweis* ist (Act 28,25–28; Act 1,16–22; 2,14–40 (in V. 15–36)) von solchen, in denen dieser die *zweite Stelle* einnimmt (Act 13,16–41; 13,46–47; 15,7–21 (als eine Rede zu betrachten, vgl. oben unter b)); 3,12–36 mit dem Schriftbeweis in 3,22–26. – Wo der Schriftbeweis im hinteren Teil der Rede steht, hat er mehr *argumentativen* Charakter (besonders deutlich wird das in 13,16–41), wo im vorderen, mehr *narrativen*.

Der Sitz im Leben dieser Schriftverweise ist im Zusammenhang der phari-säerfreundlichen Haltung des Lukas (insbesondere in Act) zu sehen. Denn die Betonung der Kontinuität mit dem Alten Testament ist sicher kein theo-logischer Selbstzweck.

d) Reden, die mit der *Aufforderung zu Umkehr/Bekehrung* enden: Act 14,15–17; 17,22–31 (V. 30); 2,14–36(40).

8. Typische Schlüsse neutestamentlicher Reden:

a) *Ende mit konditional formulierter Mahnrede:* Act 13,39 vor der perora-tio; Mt 10,5 ff. in 10,37–42; Lk 10,2 ff. in V. 16; Joh 6,44–47b. 51–58b; Joh 3,11 ff. in V. 18–21; Lk 6,20 ff. in V. 47–49; Mt 5,1 ff. in 7,24–27. Dieser

Schluß ist doppelteilig in Lk 6; Mt 7 und Joh 3. – Funktion: Appell an die offene Entscheidung des Hörers.

b) *Ende mit Gerichtsschilderung oder Drohung:* Lk 10,2 ff. in V. 13–16; Act 13,16 ff. in V. 40 f. („Seht zu, daß auf euch nicht zutrifft . . .“); Act 19,25 ff. (Rede des Demetrius) in V. 27 (Hinweis auf drohende Gefahr); Act 5,35 ff. in V. 39 („Kämpfer gegen Gott“); 17,22 ff. in V. 31 (Gericht); 19,35 ff.(Rede des Stadtschreibers von Ephesus, in V. 40: sonst werden wir ohne Grund des Aufruhrs beschuldigt). So schon im doppelteiligen Schluß (vgl. a) in Lk 6; Mt 7 und Joh 3, ferner im Gleichnisdiskurs Mt 24,1–26,1 in der Gerichtsschilderung Mt 25,31–46). – Am Schluß der apokalyptischen Rede in Lk 17,20 ff. in V. 34–37, bzw. in 18,8b. – In der Gemeindebelehrung Mt 18,1–19,1 in 18,23–35, bes. V. 35 (So wird mit euch . . .). – In der Gleichniskomposition Mt 13,1 ff.: ab V. 36 Belehrung über das Gericht und die Kriterien des Gerichtes. Eine längere Rede auf diese Weise zu beenden, entspricht der drastischen Eigenart der antiken peroratio.

c) *Ende mit Gleichnissen:* Lk 17,20 ff. in V. 37, bzw. in den beiden Gleichnissen über das Gebet in 18,1–8.9–14. – Mt 18,1 ff. in 25,23–35 (Schalksknecht); Mt 24,1 ff. in 25,14–30 (Schlußgleichnis); Mk 4,1 ff. in V. 30–32 (Senfkorn). Gleichnishaft sind auch die Schlüsse in Mt 7,24–29; Lk 6,47–49 (Hausbau); Mt 13,1 ff. in V. 52 (Gleichnis vom Hausherrn). Das Ende mit Gleichnissen entspricht der Forderung der antiken Rhetorik, der Schluß einer Rede müsse einprägsam und anschaulich sein.

Diese Reden haben in jedem Fall *symbuleutischen* Charakter (vgl. auch die typischen Briefschlüsse: ANRW S. 1348–1350).

9. Ausführliche *Geschichtsüberblicke* liefert Lukas in den Reden Act 7,2–50(53) (das Ende ab V. 51 redet die 2. Person Plural als Scheltrede an; Vorbild: deuteronomistische Geschichtsüberblicke mit ebenso kritischer Tendenz); 13,17–22: die in Act 7 fehlenden Daten ergänzt Lukas hier.

10. Eine offensichtlich traditionsgeschichtlich alte und verbreitete frühchristliche Redegattung ist die *Verbindung von Apologie und Scheltrede:* Act 4,9–12 (Rede des Petrus: Apologie, Beschuldigung V. 10–11 – peroratio V. 12); Act 5,29–32 (Apologie V. 29: Rechtfertigung des Handelns, Beschuldigung V. 30: Ihr habt getötet) ist Reaktion auf die Anklage gegen die Apostel in 5,28. In 5,32 nennen sich die Apostel auch ausdrücklich „Zeugen“: Das Ganze hat deutlich *dikanisches* Milieu. – Die Stephanusrede in Act 7,2 ff. ist ab V. 41 ff. Rechtfertigung der kult- und tempelkritischen Position der Hellenisten und zugleich (ausdrücklich ab V. 51) Anklage. Auch die erweiterte Chrie in Mk 7,1–23; Mt 15,1–20 ist sowohl Apologie des Nicht-Händewaschens der Jünger wie Scheltrede (Mk 7,9–13). Im einzelnen ist die Verbindung von Apologie und Schelte auch für joh Dialoge kennzeichnend: Joh 5,19–47 (19–37a: Apologie; 37b–47: Scheltrede). – Tadel oder Schelte weisen ferner (zu Beginn oder Ende) folgende Reden auf: Act 14,15–17; Act 3,12–36 (zu Anfang); Act 21,21–26.

11. Regelrechte *Apologien* (vgl. § 103) bietet wiederum Lukas im Munde des Paulus in Act 24,10–21; 26,2–23.

12. Weitere wichtige *Gemeinsamkeiten in Reden* sind: Die Darlegung einer *gemeinsamen Grundlage* zwischen Sprecher und Hörer am Anfang (das betreffend, was allgemein zugegeben ist), so in Act 19,25 ff. bis V. 26; in Act 17,22 ff. zunächst in V. 22–23a, dann im Wechsel von Übereinstimmung und Korrektur (17,24b.25a); Act 21,20 ff. in V. 20 (Hinweis auf das, was vor Augen liegt); Act 19,35 ff. in V. 35. – Über den oder die *Lehrer* geht es zu Anfang oder am Ende einer Rede: Mt 23,1–36 in V. 1–12 (falsche Lehrer/rechtes Tun, V. 1–5: Worte/Werke, 6–12: hoch/niedrig), in Mt 13,1 ff. am Schluß: V. 52 Gleichnis über den Lehrer. Die Bergpredigt endet in 7,15–23 mit dem Thema Pseudopropheten, während in 7,24–29 Jesus indirekt als wahrer Lehrer vorgestellt wird. Zur *Synkrisis* als Prinzip des Aufbaus von Reden vgl. § 72,4.

Reden, die im Hauptteil die *Taten Gottes* aufzählen, finden sich in Act 14,15–17; 17,22–31 (beides Reden an Heiden). In Act 10,34–43 steht ein Abriß der Taten Jesu (bzw. des Evangeliums) in V. 36–42 an dieser Stelle (ebenfalls Rede an Heiden). Hier wird die *Affinität zur paganen Gattung von Hymnus und Enkomium* deutlich, die beide untereinander verwandt sind und in welchen die Aufzählung der Taten wichtiges Element darstellt (vgl. § 69).

Trotz mancher Gemeinsamkeiten aus der Geschichte rhetorischer Tradition unterscheiden sich die Reden der Evangelien deutlich von denen der Acta: Während Reden in der synoptischen Tradition *thematische Zusammenstellungen* von Material zu wichtigen *Gemeindeproblemen* sind (z. B. Gottesreich oder Verhalten zum kommenden Gericht oder protreptische Belehrung) und auch das JohEv (nur scheinbar situationsabgehobener) bestimmte Aspekte der Botschaft betont (3,11–21: zentrale Initiation; 17: Jesus als Fürbitter für die Einheit usw.), stehen in Act die Reden durchweg im Sinne eines einzigen redaktionellen, *kirchen- und realpolitischen Zieles:* Es geht überall um die aktuelle Lösung des Verhältnisses Judentum/Christentum/Heidentum. Alles andere, was an Material geboten wird, ist dem ein- und untergeordnet, hat aber immerhin die Funktion der Rekapitulation und Einschärfung zentraler Aussagen, auch der wichtigsten Daten der alttestamentlichen Heilsgeschichte. Aber eben dieses gerade steht durchaus im Dienste des übergreifenden einen theologischen Zieles, welches zugleich ein politisches ist: Die Situation, in die die Act hineingesprochen sind, fordert den Nachweis, daß Christentum messianisch verwirklichtes, universalisiertes Judentum ist und daher keine Unruhestiftung im römischen Reich bedeutet; des Judentums beste Kräfte, die Pharisäer, müßten lediglich christliche und auch schon von Gesetz und Propheten geforderte Armut annehmen – was aber eben keine Abrogation des Judentums noch des römischen Staates ist.

§ 24 Testamentarische Reden

Lit.: H. W. HOLLANDER: Joseph as an Ethical Model in the Testaments of the Twelve Patriarchs (SVTP 6), Leiden 1981. – M. DE JONGE: Studies on the Testaments of the Twelve Patriarchs (SVTP 3), Leiden 1975. – E. v. NORDHEIM: Die Lehre der Alten I: Das Testament als Literaturgattung im Judentum der hellenistisch-römischen Zeit (ALGHJ 13), Leiden 1980.

NT: H.-J. MICHEL: Die Abschiedsrede des Paulus an die Kirche Apg 20,17–38. Motivgeschichte und theologische Bedeutung (StANT 35), München 1973. – Th. L. BUDESHEIM: Paul's Abschiedsrede in the Acts of the Apostles, in: HThR 69 (1976) 9–30. – E. CORTÈS: Los discursos de Adios de Gen 49 a Jn 13–17, Barcelona 1976. – J. LAMBRECHT: Paul's Farewell-Address at Miletus (Acts 20,17–38), in: J. KREMER (Hrsg.) Les Actes … (1979) 307–337. – X. LÉON-DUFOUR: Das letzte Mahl Jesu und die testamentarische Tradition nach Lk 22, in: ZKTh 103 (1981) 33–55.

Zur Gattung der ultima verba: vgl. ANRW S. 1257–1259.

In den testamentarischen Reden des Neuen Testaments begegnen sich die eher alttestamentlich-frühjüdische Gattung der literarischen *Testamente* (zusammenfassend dargestellt bei E. v. Nordheim) und die pagane Gattung der *ultima verba*. Beide Gattungen sind biographisch und symbuleutisch zugleich. Darüber hinaus ist die Gattung Testament noch Sammelgattung für weitere Gattungen (negative Bekenntnisreihen, Visionen, Träume, Himmelsreisen, Hymnen und Dialoge), letzteres jedoch nicht im Neuen Testament. In Joh 13 und 16 spielen überdies Elemente der antiken Trostrede eine bedeutsame Rolle. *Testamentarische Aktion* ist die Bestimmung des Nachfolgers am Lebensende: 2 Tim 4,5/6–8 ist mit Joh 21,(1–14)15–17 zu vergleichen.

a) Zur **Gattung Testament** hat die neuere, verhältnismäßig intensiv betriebene Forschung folgendes erbracht:

1. v. Nordheim betont sehr stark den weisheitlich-argumentierenden und belehrenden Charakter der Gattung. Die Testamente wollen überreden, überzeugen und einsichtig machen: Der Sterbende zieht Ereignisse seines Lebens heran und demonstriert an ihnen Fehler oder die Richtigkeit seiner Verhaltensweisen im Wechsel von ermunterndem und abschreckendem Vorbild. Die Testamente sind so ,,die Summe eines ganzen wie eines hochberühmten Lebens". Der Leser soll es außerdem besser machen als die Vorfahren in der Zwischenzeit seit dem Ableben des Patriarchen.

Diesem ethischen Ziel sind die übrigen Elemente des Testaments eingeordnet: Durch den pseudepigraphen Charakter wird es möglich, die Zeit vom Tod des Patriarchen bis zur Gegenwart im Sinne des *vaticinium ex eventu* aufzurollen. Dadurch wird die Geschichte zum negativen Lehrbeispiel. – Auch die Situation der Todesstunde gewinnt ihre Funktion darin: Hier ist die letzte und reifste Möglichkeit, die Erfahrungen des ganzen Lebens, die bis hierher korrigiert werden und sich bewähren konnten, anzubringen. – Die Zukunftsvaticinien, die über die Zeit des Lesers hinausreichen, haben den Sinn, die Konsequenzen zu erfassen, die sich aus dem Handeln für die Zukunft ergeben.

2. Die Todesstunde ist also nicht per se wegen der Nähe zur himmlischen Welt die Weissagungsstunde (gegen Cicero, De div I 30,64 *divinare morien-*

tes), daher gibt es auch keine Aufklärung über das Jenseits. Der Sterbende steht nicht mit einem Bein im Jenseits, sondern mit beiden im Diesseits (v. Nordheim). Vielmehr geht es darum, die Weisheit der Alten als Hilfe für kommende Generationen fruchtbar zu machen. Und alles, was über „Zukunft" gesagt wird, ist nicht Weissagung, sondern auf der Basis des Zusammenhangs von Tun und Ergehen verkündet.

3. Testamente haben einen bestimmten *Aufbau:* Zum *Anfangsrahmen* gehört vor allem der Hinweis auf den bevorstehenden Tod, der wichtige Mittelteil besteht aus der Rede des Sterbenden an die um ihn Versammelten. Diese Rede besteht aus:

A. *Moralische Autobiographie,* die Tugenden und Laster nennt, B. *Mahnungen* und C. *Zukunftsweissagungen* (die Zukunft des Stammes und ganz Israels betreffend). – Die Reihenfolge der Elemente A–C ist austauschbar, und sie sind auch wiederholbar, etwa A im Sinne einer abschließenden Todesbeichte. –

Der *Schlußrahmen* besteht aus der Bestattungsanweisung und den Notizen über Tod, Bestattung und Trauer.

Dazu ist vor allem zu ergänzen:

1. Die Testamente sind eine *schriftliche* Gattung, und sie bringen dieses selbst zum Ausdruck, indem häufig von den „Schriften" der Väter die Rede ist, aus denen der Vater (oder die sterbende Mutter) das Überlieferte selbst empfangen hat. Damit stehen Testamente sehr eng in Beziehung zum jüdischen *Traditionsdenken.* Das kommt etwa in TestXIISim 7,3 zum Ausdruck: „Darum befehle ich euch dieses, damit auch ihr es euren Kindern befehlt, damit sie es beachten in ihren Generationen". Es geht um die unversehrte (und deshalb schriftliche) *Weitergabe eines Erbes.* Denn nur zu dessen Bedingungen kann der Stamm und kann Israel weiterleben. Aus diesem Grund spielt vor allem der Gedanke des sozialen Zusammenhalts, definiert als *„Liebe"* eine große Rolle.

2. Wie bei der Chrie (s. §§ 25–29) besteht ein ganz enger Zusammenhang zwischen dem *Leben des Lehrers und der Lehre,* die er zu vertreten hat. Dieser Gesichtspunkt vor allem erklärt, weshalb die Gattung Testament im hellenistischen Judentum überragende Bedeutung gewinnt (ungefähr mit der Bedeutung der ähnlich biographisch-exemplarisch ausgerichteten Chrien in den Evangelien vergleichbar), und zwar nicht nur in den Schriften, die dem Titel nach „Testament" heißen, sondern auch in Texten wie Jub, Ps.-Philo AntBibl usw. – Denn die *Vorbilder und Vorstufen der Gattung im Alten Testament* (Gen 49: Jakob an seine zwölf Söhne; Dtn 33: Mosesegen) können nur sehr unzulänglich die enorme Blüte der Gattung erklären, die zeitlich genau mit der stärksten Hellenisierung des Judentums zusammenfällt, in der sich dieses an den *exempla maiorum* orientiert. Es geht um das spezifisch hellenistische Bildungsideal der Einheit von Lehre und Leben.

3. Entsprechend dem besonderen Traditionsdenken ist in der Literatur

der Testamente eine besondere Sensibilität dafür entwickelt, daß Unheil und *Abweichen von der Lehre* bzw. *Irrlehrer* miteinander zusammenhängen. Es geht also nicht nur um den weisheitlichen Zusammenhang von Tun und Ergehen, sondern um Bewahren oder Abweichen von dieser bestimmten autoritär begründeten Weisung der Väter. Aus diesem Grunde ist auch (gegen v. Nordheim) ein striktes Heraushalten alles „Jenseitigen" aus der Gattung „Testament" allzu modern gedacht; es geht in dieser Gattung eben nicht nur um Überreden, Überzeugen und Einsichtigmachen (zu oft ist von Visionen die Rede, die zur autoritäten Rolle des Vaters durchaus hinzugehören), und auch die Heilsaussagen für die Zukunft sind nicht einfach als Konsequenzen menschlichen Handelns zu begreifen. – In allem sind die Testamente besonders auf die *Diasporasituation* ausgerichtet.

Bei der Erörterung der christlichen Rezeption dieser Gattung wäre vor allem die falsche Alternative zu überwinden, als sei im Gegensatz zu Jesu Intention mit dem Gebrauch dieser Gattung ein eo ipso abzulehnendes jüdisches Traditionsdenken eingedrungen. Die Würfel sind vielmehr damit gefallen, daß Jesus Jünger um sich gesammelt hat.

b) Im Rahmen der Gattung der *ultima verba* (vgl. ANRW S. 1257–1259) gibt es Texte, die sehr nahe an die Testamente herankommen:

Plutarch, Otho 16. Der sterbene Kaiser Otho mahnt seinen Neffen Cocceius, „den Mut nicht zu verlieren . . ., nicht zu fürchten. Dies ist meine letzte Ermahnung: Vergiß es nicht: Du hast einen Cäsar zum Oheim gehabt."

Diogenes Laertius, Philosophenleben X 16 (über Epikur): „. . . nachdem er die Freunde gemahnt, seiner Lehren eingedenk zu bleiben".

Plutarch, Lykurgos 29 (Lehr- und Mahnrede vor großer Versammlung): „Sie müßten *darinbleiben* (gr. emmenein) in den bestehenden Gesetzen und nichts ändern noch abschaffen".

Tacitus, Annales 16,34 *(hortatur . . . monet).*

Dion Chrysostomus, Or 30,8–44 (Rede des Timarchos): „Mein Schicksal hat sich so erfüllt, wie es dem Gott gefallen hat, und wir dürfen nichts, was nach seinem Willen geschieht, für hart halten und unwillig darüber sein. Das empfiehlt neben anderen weisen Männern vor allem auch Homer, wenn er sagt, die Menschen dürften die Gaben der Götter auf keinen Fall von sich weisen, und ganz richtig nennt er die Werke der Götter „Gaben", denn sie sind alle gut und dienen zu unserem Besten. (9) Das ist meine Ansicht, und ich nehme mein Schicksal gelassen an. Diese Worte sage ich nicht zu einem beliebigen Zeitpunkt, sondern da sich mein Schicksal schon erfüllt hat und ich den Tod so nah vor Augen sehe . . . Soweit ihr es vermögt, gebt euch nicht dem Schmerz hin. (Es folgt eine längere Erklärung über Menschen und Welt, auch ihre Beziehung zu den Göttern. Die Rede endet in dem weit ausgeführten Gleichnis vom Gastmahl:) (29) Auf diese Welt kommen die Menschen, um zu feiern, vom König der Götter zu prunkvollem Fest und Schmaus geladen, um alle Güter zu genießen. Wie beim Mahl lassen sie sich nieder . . . (43) Ist dann die Stunde zum Aufbruch gekommen . . . (44) Der Gott nun, der ganz genau beobachtet, wie jeder sich bei Tisch benimmt – es geschieht ja in seinem eigenen Haus – ruft jeweils die Besten zu sich, und wenn er besonders großen Gefallen an einem findet, lädt er ihn ein zu bleiben und macht ihn zu seinem Tischgenossen und Freund. Fortan wird er mit Nektar bewirtet, der dem Trank der Nüchternheit ähnelt, aber viel klarer und reiner ist, vermutlich, weil er der Trank göttlicher und wahrer Nüchternheit ist".

In den ersten vier Texten dominiert das Element des Ermahnens, in dem letzten folgt nach der testamentarischen Anfangsschilderung und einer breiten philosophischen Lehrentfaltung ein Gleichnis, das den Tod deutet und im übrigen die testamentarische Rede Jesu in Lk 22 besser verstehen läßt (s. u.).

c) Im **Neuen Testament** spielt die Gattung Testament in folgenden Texten eine große Rolle:

1. Act 20,17–38 *Testament des Paulus* an die Gemeinde von Ephesus. Typische Elemente der Gattung sind: V. 18–21: Rückblick und Rechenschaftsbericht (Selbstempfehlung). – V. 22–24: Ausblick auf die bevorstehenden eigenen Leiden (Gefängnis, Trübsal, Tod). – V. 25–31: Mahnung an die „Nachfolger", auf die Herde zu achten. Irrlehrer werden kommen. Wachsamkeit wird empfohlen. – V. 32–35: Selbstempfehlung als Vorbild mit Mahnrede über den Besitz. Schluß der Rede mit einer Sentenz (Geben seliger denn Nehmen).

Besonders auffällig sind die zahlreichen *Selbstempfehlungen* (man vergleiche mit 2 Kor 11,23–29, um den Kontrat zu sehen), aber auch die *Vorhersagen* über die „reißenden Wölfe" und die Irrlehrer, von denen die Act ebensowenig sonst berichten wie über den Tod des Paulus. Im Testament des Paulus nimmt Lukas daher am deutlichsten auf seine eigene Zeit (nach dem Tod des Paulus) bezug. An die Stelle der Weissagungen über das Geschick *Israels* ist mühelos die Prophetie über die Zukunft der Gemeinde getreten, nicht ohne daß in V. 28b die Kirche als erworbenes Eigentum (wie sonst Israel) geschildert ist. In 20,28a garantiert der Geist das *Weiterbestehen* der Herde. Er ist der Garant der Kontinuität, zusammen mit der Mahnung zur Wachsamkeit ist er an die Stelle der Bewahrung väterlicher Tradition aus den jüdischen Testamenten getreten.

Anhand der Mahnung zur *Wachsamkeit* in V. 31 ist darauf hinzuweisen, daß in synoptischer Überlieferung Wachsamkeitsmahnungen ebenfalls testamentarisch verstanden werden können, da das Wachsamsein jedenfalls im Zusammenhang der Rede von Sklaven und Hausherrn stets eine Haltung der Zwischenzeit ist, nachdem der Hausherr weggegangen ist. Die Bewältigung der Zwischenzeit durch Wachsamkeit hat also als „Sitz im Leben" für Wachsamkeitsmahnungen zu gelten (vgl. § 39,7; 42).

2. Lk 22,7–38 *„Jesu letztes Mahl als Testament"* enthält folgende testamentarische Elemente: Ankündigung des Todes (V. 15 f.–18), Deutung des Todes (V. 19 f.), Vorhersage des Verrats = Abfalls (V. 21–23), Rangstreit (V. 24–27a; in den jüdischen TestXII wird der Rangstreit dadurch gelöst, daß Levi und Juda zu Führern bestimmt werden), Selbstempfehlung als persönliches Vorbild (V. 27b), Bestimmung der Gemeindeführung nach Jesus (V. 28–34: Übertragung des Reiches an die Jünger und Gebet für Petrus, trotz seines Abfalls) und schließlich Ausblick auf die bevorstehende Notzeit (V. 35–38).

Wie im Mahlgleichnis der Abschiedsrede bei Dion Chrysostomus stellt Jesus seine eigene Zukunft (V. 16.18) wie die der Jünger (V. 30) im *Bilde des Gastmahls* dar, ja er deutet, wie Dion Chrysostomus die Gegenwart, so den Dienst in der Gemeinde als Dienst beim Mahl (V. 27). Wie bei Dion gelangt zum himmlischen Mahl nur der, der sich auf Erden bewährt hat (V. 28). Wie es bei Dion Chrysostomus um eine Deutung des Todes geht, so ist bei Lukas das Abendmahl zu einer solchen Deutung geworden. Die Differenz besteht darin, daß dieses alles nicht allgemein und von jedem Guten gilt, sondern in die Verfügungsgewalt Jesu gestellt ist.

Es wird erkennbar, daß Lukas in Lk 22 (im Rahmen eines Symposion!) sehr deutlich unter dem Einfluß der paganen Gattung *„Abschiedsrede"* steht und diesen mit den Elementen der Gattung *„Testament"* kombiniert. In Act 20 dagegen wurde viel reiner das Schema der jüdischen Gattung bewahrt.

3. *Testamentarische Elemente in 2 Tim:* Paulus richtet sich an Timotheus als sein „Kind" (1,2) – Mahnung zum Bewahren (1,13 f.; 3,14) – Aufforderung zur Weitergabe der Botschaft auch an andere (2,2; 2,9 f.; 4,7 f.) – Vorhersage über die Irrlehrer (3,1–9.13 und 4,3 f.). – Ankündigung des bevorstehenden Todes in 4,6.

Die testamentarischen Elemente sind sehr verstreut. Die fingierte Gattung Brief und die persönliche Mahnrede kennzeichnen stärker die Gesamtheit des Briefes.

4. *2 Petr* ist ähnlich zu beurteilen wie 2 Tim. Testamentarische Elemente finden sich in 1,12–15 (Ankündigung des baldigen Todes) und in 2,1–3; 3,1–4.17 (Vorhersage der Irrlehrer) sowie in 3,1 (wachrufen, vgl. 1,13 [wachzuhalten] und zu „Wachsamkeit" oben), ferner in 3,2 (Rekurs auf Tradition).

Es fehlt gegenüber 2 Tim der Bezug auf das persönliche Vorbild. Weder in 2 Tim noch in 2 Petr ist die strenge Gliederung jüdischer Testamente erkennbar: Es handelt sich um Briefe.

5. *Abschiedsreden des JohEv.* Diese bestehen aus formal sehr verschiedenartigem Material, in dem auch nicht überall Themen der Testamente behandelt werden.

13,1–17	Zeichenhandlung und Deutung des unverstandenen Zeichens
13,18–30	Erzählung: Vaticinium und Erfüllung
13,31–35	**Testamentarische Rede I** (Elemente der Testamente: Ankündigung des bevorstehenden Todes und Gebot, einander zu lieben; vgl. dazu oben a))
13,36–14,31	Lehrdialog mit den Jüngern Petrus, Thomas, Philippus und Judas. Elemente aus Trostreden: Das Weggehen Jesu hat einen positiven Sinn (Frage des Petrus 13,36–14,4; ähnlich 14,28 f.). *Testamentarische Elemente:* Tun und Ergehen 14,21 als Bewahren der Gebote Jesu. Ebenso 14,23 f. Verweis auf Abschied 14,25. Vorhersage auf Zukunft: 14,26.
15,1–16,4	**Testamentarische Rede II**
	15,1–8 Metaphorische Mahnrede (Weinstock-Metaphorik) im Ich-Stil (ich – der Vater – ihr) *Testamentarisches Element: Bleiben* als Bewahren der Kontinuität über den Abschied hinaus.

	15,9–17 *Liebesgebot (testamentarisch)*
	15,18–16,4 *Vorhersage der Verfolgung (testamentarisches Vaticinium).*
16,5–33	*Trostrede:* Das Weggehen ist eigentlich ein Gut. Und auch die Trauer wird sich in Freude wandeln.
16,29–33	Abschlußdialog 16,32: *testamentarische Abfallsweissagung* auf V. 31 hin.
17,1–26	Fürbittgebet des Todgeweihten. Großenteils gefaßt als *Rechenschaftsbericht* (und dadurch wiederum als implizite Selbstlegitimation), so bes. V. 4.6.8.12.22.26.

Die wichtigsten testamentarischen Elemente sind mithin: Aufforderung zu gegenseitiger Liebe, Ankündigung des Weggehens, Vorhersage von Verfolgung und Abfall und die autobiographischen Züge der Selbstdarstellung in K. 17. – Wichtig ist, daß bei Joh daneben ganze Partien von einer anderen antiken Gattung bestimmt sind: von der Trostrede. Zu den besonderen Merkmalen dieser Gattung gehört es, daß der Tod als etwas dargestellt wird, das nicht nur negativ ist, sondern auch sein Gutes hat. Das wichtigste Gut ist, daß der Paraklet jetzt kommen kann. – Zu vergleichbaren Zügen in antiken Trostreden vgl. ANRW S. 1198–1201 und z. B. Seneca, Trostschrift an Marcia 19,4 „Bedenk, nichts Böses berührt den Verstorbenen . . . Verlassen hat dein Sohn die Grenzen, innerhalb derer man Sklave ist, aufgenommen hat ihn der große, ewige Friede . . . dort steht er, von wo ihn nichts vertreibt, wo ihn nichts erschreckt . . .". – 20,4 „Bedenk, *wieviel Gutes ein Tod* zur rechten Zeit *hat* . . .".

Die *historische Bedeutung* testamentarischer Reden besteht darin, daß sie explizit die Zeit nach dem Ableben der autoritativen Verfasserfigur in den Blick nehmen. Insofern sind die testamentarischen Reden Symptom für die christliche Orientierung „an den Anfängen", die dann auch Funktion des Kanons im ganzen wurde. – Die in diesen Reden ausgeprägte *Bestellung des „Nachfolgers"* (phänomenologisch auch als Konkurrenz zum schriftlichen Testament vorstellbar) findet sich auch in Joh 21, welches kein Nachtragskapitel ist, sondern der letzte, nunmehr durch den erhöhten Kyrios vollzogene testamentarische Akt: Vollmacht und Identität werden durch das Wunder (zugleich Zeichenhandlung) erwiesen, und dann folgen, wie auch sonst oft, Installatio (V. 15–17) und persönliches Vaticinium (V. 18–23 [vgl. auch Act 9,15 f. und vielleicht analog Mk 9,7.12 f.]), vgl. auch § 100.

IV. Chrie und Apoftegma

Lit.: ANRW S. 1092–1110

Folgende neutestamentliche Texte werden als Chrie/Apoftegma bezeichnet (die römischen Zahlen werden in der folgenden Analyse beibehalten).

Aus Markus:
I Mk 1,35–38 (Abkehr von Kapernaum)
II Mk 2,16 f.; Mt 9,11–13; Lk 5,30–32 (Essen mit Zöllnern)
III Mk 2,18–22; Mt 9,14–17; Lk 5,33–39 (Fastenfrage)
IV Mk 2,23–28; Mt 12,1–8; Lk 6,1–5 (Ährenraufen)

V Mk 3,23–30; Mt 12,25–37 (Beelzebubfrage)
VI Mk 3,31–35; Mt 12,46–50; Lk 8,19–21 (Wahre Verwandte)
VI A Mk 6,1–6; Mt 13,53–58 (Prophet und Vaterstadt)
VII Mk 7,1–13(23); Mt 15,1–9(20) (Reinheit)
VIII Mk 8,11–13; Mt 12,38–39; 16,1–4 (Zeichenforderung)
IX Mk 8,14–15; Mt 16,5–6; Lk 12,1 (Sauerteig)
X Mk 9,33–37; Mt 18,1–5; Lk 9,46–48 (Rangstreit)
XI Mk 9,38–41; Lk 9,49–50 (Fremder Exorzist)
XII Mk 10,1–12; Mt 19,1–12 (Ehescheidung)
XIII Mk 10,13–16; Mt 19,13–15; Lk 18,15–17 (Segnung der Kinder)
XIV Mk 10,17–22; Mt 19,16–22; Lk 18,18–23 (Reicher Jüngling)
XV Mk 10,26f.; Mt 19,25f.; Lk 18,26–27 (Wer kann gerettet werden?)
XVI Mk 10,28–31; Mt 19,27–30; Lk 18,28–30 (Petrusfrage)
XVII Mk 10,35–40; Mt 20,20–23 (Zebedaidenfrage)
XVIII Mk 11,27–33; Mt 21,23–27; Lk 20,1–8 (Vollmachtsfrage)
XIX Mk 12,13–17; Mt 22,15–22; Lk 20,20–26 (Kaisersteuer)
XX Mk 12,18–27; Mt 22,23–33; Lk 20,27–40 (Sadduzäerfrage)
XXI Mk 12,35–37a; Mt 22,41–46; Lk 20,41–44 (Davidssohnfrage)
XXII Mk 12,28–34; Mt 22,34–40; Lk 10,25–28 (Hauptgebote)
XXIII Mk 12,41–44; Lk 21,1–4 (Scherflein der Witwe)
XXIV Mk 13,1–2; Mt 24,1–2; Lk 21,5–6 (Zerstörung des Tempels)
XXV Mk 13,3–37; Mt 24,3–36; Lk 21,7–36 (Apokalypse)
XXVI Mk 14,3–9; Mt 26,6–13 (Salbung Jesu)

Aus Q:
XXVII Mt 4,1–11; Lk 4,1–13 (Versuchungsgeschichte)
XXVIII Mt 8,18–22; Lk 9,57f.61f. (Nachfolge)
XXIX Mt 11,2–6; Lk 7,18–23 (Täuferfrage)

Sondergut Mt:
XXX Mt 9,36–38 (Die Ernte ist groß)
XXXI Mt 12,10–12 (Rettung am Sabbat) (in Wundergeschichte)
XXXII Mt 15,12–15 (Frage über Pharisäer)
XXXIII Mt 17,24–27 (Tempelsteuer)
XXXIV Mt 18,21–35 (Vergeben)
XXXV Mt 21,15–16 (Kinderjubel)

Sondergut Lk:
XXXVI Lk 3,10f.12f.14f. (Anfrage an den Täufer)
XXXVII Lk 10,17–20 (Rückkehr der Siebzig)
XXXVIII Lk 10,29–37 (Fortsetzung von XXI) (Samaritergleichnis)
XXXIX Lk 10,38–42(40–42) (Maria und Martha)
XL Lk 11,14–23 (Beelzebubfrage)
XLI Lk 11,27–28 (Seligpreisung der Mutter Jesu)
XLII Lk 11,37–44.45–54 (Gegen Pharisäer und Schriftgelehrte)
XLIII Lk 12,13–21 (Gleichnis vom törichten Reichen)
XLIV Lk 13,1–9 (Umkehrpredigt)
XLV Lk 13,22–30 (Israel und das Reich)
XLVI Lk 13,31–35 (Weissagungen über sich und Jerusalem)
XLVII Lk 14,1–6 (Der Wassersüchtige) (Chrie V. 3–6)
XLVIII Lk 14,15–24 (Gleichnis vom Gastmahl)
XLIX Lk 15,1–32 (Essen mit Sündern)
L Lk 16,14–31 (Besitzverzicht und Gesetz)
LI Lk 17,5–10 (Glaube und Bewährung)
LII Lk 17,20–21 (Reich Gottes ist in euch)

LIII Lk 19,1–10 (Zakchäus)
LIV Lk 19,37–40 (Jüngerjubel)
LV Lk 22,24–27 (Rangstreit)

JohannesEv:
LVI Joh 1,24–27 (Warum taufst du?)
LVII Joh 2,13–22 (Tempelreinigung)
LVIII Joh 3,25–36 (Johannes/Jesus)
LIX Joh 4,31–34 (Über das Essen)
LX Joh 6,28–29 (Was sollen wir tun?)
LXI Joh 6,30 ff. (Bitte um Zeichen)
LXII Joh 7,1–9 (Öffentlichkeit des Wirkens)
LXIII Joh 8,1–11 (Ehebrecherin)
LXIV Joh 11,8–10 (Warum gehst du nach Jerusalem?)
LXV Joh 12,1–8 (Salbung Jesu)

Act:
LXVI Act 2,37–39 (Was sollen wir tun?)
LXVII Act 16,30–31 (Was soll ich tun?)

§ 25 Allgemeines zur Gattung Chrie

1. *Definition:* Als Chrie bezeichnet man *veranlaßte,* doch die Situation trans-
zendierende *Rede oder Handlung im Leben einer bedeutenden Person.* Veranlassung und Reaktion gehören immer zusammen. Und da die Veranlassung und Situation sich aus der Biographie der Person ergeben, besteht
eine natürliche Eignung der Chrie zum Einbau in die Gattung Biographie
(vgl. § 100).

– Veranlaßt kann *Rede* sein. Dann spricht man von Verbalchrien. In der
klassischen Chrie ist die veranlaßte Rede kurz, oft eine Gnome oder Sentenz.
Die kürzeste Form nach dem Schema ,,x (Name) wurde gefragt y (Gegenstand) und sagte z (Sentenz oder Gnome)" nennt man *Apoftegma.* Das Apoftegma ist also eine Untergattung der Chrie. Und hier gibt es gewöhnlich nur
eine fragende und eine antwortende Person. In der Chrie ist die Bindung an
Situation und Einzelfall ausgeprägter, und auch die Antwort kann länger
sein. Wir verwenden im folgenden den Ausdruck Chrie, obwohl manchmal
auch der Ausdruck Apoftegma angebracht wäre.

Entscheidend ist in Apoftegma und Chrie die *Bindung eines Ausspruchs an
eine historische Person.* Auch wenn es sich zuvor um herrenloses Gut handelte, wird dieses doch in der Chrie und im Apoftegma einer bestimmten Autorität zugeteilt.

– Veranlaßt können bestimmte *Handlungen* sein, oft auch in Verbindung
mit Worten, z. B. bei der Segnung der Kinder (XIII). Man spricht dann von
einer Handlungchrie oder (bei Handlung *und* Wort) von einer ,,gemischten
Chrie".

– Quintilian, Inst 1,9,4 *unterscheidet* die Chrien nach ihrer Einleitung: I
(er sagte), II (er wurde gefragt) und III (als jemand etwas gesagt oder getan
hatte). Typ I läge vor in XXX, Typ II in Mt 18,1–3 (X), Typ III in XLIV.

2. Chrien sind deshalb so verbreitet, weil sie in der antiken Rhetorenschule zu den *Progymnasmata* gehörten, der etwa seit dem 2.Jh. v. Chr. üblichen Grundausbildung für Rhetoren und Literaten (s. ANRW S. 1296–1299). Fabel und Chrie gehören zu den einfachsten Stufen (darauf folgen „Ekphrasis" [Beschreibung] usw.). Die Gattung ist freilich schon seit Xenophon belegt, und seit dem 4. Jh. v. Chr. gibt es *Chriensammlungen.* Das Wort „Chrie" kommt von gr. *chreia,* d. h. Anwendung (einer Gnome auf einen bestimmten Fall).

3. Chrien sind *keine alttestamentlich-altjüdische Gattung,* sondern hellenistisch-griechischen Ursprungs. Noch in der zwischentestamentlichen Literatur sind Chrien äußerst selten; die meisten finden sich im Testament des Hiob (Übers. B. Schaller) und in der Achiqar-Tradition; beide sind nicht palästinischen Ursprungs. Philo hat fast alle Chrien aus der *griechischen Geschichte* oder Mythologie entnommen (nur in De Abrahamo 260 f. hat er die Gattung auf eine biblische Figur bezogen). Bei Josephus spielt keine Chrie zeitlich vor der *Perserzeit,* und damit kommt auch bei Josephus der unbiblische Ursprung der Gattung zum Ausdruck. – Die späteren Rabbinen haben zwar die Gattung sehr ausführlich rezipiert, aber in tannaitischer Überlieferung gibt es noch kaum entsprechende Parallelen zum Gebrauch der Evangelien. So bleibt es dabei: Die nächsten Entsprechungen zu den Chrien der Evangelien finden sich in pagan-griechischen Sammlungen über Philosophen und Politiker. Im 1. Jh. n. Chr. ist die Gattung zwar bei sehr gut hellenistisch gebildeten Juden bekannt und in Gebrauch, aber sie ist noch nicht mit der religiösen Überlieferung des Judentums verschmolzen. Der extensive Gebrauch der Gattung in den Evangelien weist daher auf einen gegenüber „palästinischem" Judentum sehr durchgreifenden Hellenisierungsprozeß (vgl. dazu auch ANRW S. 1105–1110).

4. Die *Sammlung* mehrerer Chrien über eine Person in schriftlicher Form hat nachweislich größte Bedeutung für das Entstehen der antiken *Biographie.* Das läßt sich von Xenophons Memorabilien des Sokrates (Chrie ist eine Untergattung zu Apomnemoneuma) über Plutarchs Vitae parallelae bis hin zu Lukian (z. B. Vita des Demonax) erweisen.

5. Chrien haben bestimmte *inhaltliche Merkmale:*

– In der klassischen Chrie beweist die reagierende Person Witz und Schlagfertigkeit. M. Dibelius möchte dieses Jesus absprechen und rechnet das allmähliche Eindringen der Chrie in den Prozeß der *Verweltlichung* des ursprünglich von eschatologischem Ernst geprägten Evangeliums. Aber dieses Entwicklungsschema ist vorgefaßt, und die Chrien von Mk 12 (Nr. XIX–XXII) zeigen Schlagfertigkeit und Weisheit in nicht entwirrbarer Weise.

– Da Chrien besonders in der *kynischen* Tradition gepflegt werden (vgl. die Diogenes-Überlieferung in den Philosophenleben des Diogenes Laertius), eignet ihnen – wie dieser gesamten Tradition – ein sehr stark *kritischer* Zug, der sich auf die Infragestellung geltender Werte und Würden richtet. Das kritische Potential der Botschaft wird gerade in dieser Gattung so umgesetzt, daß es innerweltliche Auswirkung haben kann. Daher geht es in dieser Gattung nicht um „griechische Bildung", sondern um eine kritische Nützlichkeit. Auch wenn man – wegen der Geschichte der Gattung im ganzen – den Anteil sehr stark griechisch (und weniger genuin palästinisch) geprägter Gemeinden an der Masse der urchristlichen Chrien als überwältigend bezeichnen muß (in Q sind nur drei Texte nachzuweisen: XXVII–XXIX), so besagt das doch nichts über eine Verweltlichung oder Verfälschung der Botschaft Jesu. Und da die Einführung dieser Gattung zum Teil erst redaktionell gegen den Seitenreferenten erfolgt (XXX ist bei Mt als Chrie formuliert, das Material aber bei Lukas nicht), besagt dieses alles auch nichts über die „Unechtheit" der betreffenden Jesusworte (nur der Erweis ihrer situativen Verankerung entfiele).

– Chrien sind in paganer Tradition ganz *rational und frei von Wunderbarem und Übernatürlichem*. Dieser beherrschende Zug kritischer Rationalität hat sich auch dann erhalten, wenn Chrien in Wundergeschichten eingedrungen sind (XXXI, XLVII), denn hier bestreiten sie den argumentativen Teil.

– Chrien haben in jedem Fall einen bedeutenden gesellschaftlichen Rang. Ob im Munde von Philosophen, Politikern oder Königen – sie haben *regulativen Charakter* für eine Vielzahl von Menschen, die sich der jeweils genannten *Autorität* verpflichtet fühlen. Gerade angesichts der Chrie wird ein „ideales", „utopisches" Element sichtbar: das wechselseitige Sich-Bedingen von Weisheit und Autorität. Und entsprechend ist die formulierte Weisheit durchweg „nützlich" für die tradierende Gruppe. Jede Autorität gilt, wenn sie nur Nützliches zu sagen hat. So finden sich auch im Neuen Testament Chrien nicht nur im Munde Jesu, sondern auch des Täufers (XXXVI, LV, LVII) und der Apostel (LXV, LXVI), in den Apoftegmata Patrum im Munde von Mönchsvätern (auch hier Chrien wieder als Sammlung von Stoffen, die gerade einer Vielzahl von Autoritäten verpflichtet sind). Der entscheidende Schritt in Richtung *Biographie* geschieht also dann, wenn Chrien nur für diese eine Autorität *gesammelt* werden.

6. Für unbeweisbar halte ich die Ausgangsthese R. Bultmanns, am Anfang der Entwicklung der neutestamentlichen Chrien habe das isolierte Wort gestanden, welches die Situation bzw. die Szene erzeugt habe (GST 20.49), und schließlich seien die Apoftegmen selber durch Hinzufügung freier Logien noch gewachsen, so daß man von der „zeugenden Kraft dieser Form" sprechen könne. Ursprünglich ist für Bultmann immer das, was abgerundet und knapp aussieht, alles, was dieser Form nicht entspricht, sei „Entwicklung". So stellt R. Bultmann in seiner Studie „Die Erforschung der synoptischen Evangelien", Gießen 1925, 22 das Überlieferungsgesetz auf: „In Einzelheiten waltet die Phantasie", dazu gehöre auch, daß Unbenanntes später zu Benanntem werde: Die „Jünger" seien ursprünglich eine unbestimmte Jüngerschar, erst später seien die Zwölf und namentlich Genannte daraus geworden. Hier ist ein naives Entwicklungsschema vorausgesetzt, das schon der

Differenziertheit mündlicher Rede (abgesehen davon, daß es um solche gar nicht geht) nicht gerecht zu werden vermag.

§ 26 Probleme der Einteilung der Chrien

1. R. Bultmann (GST 8–73) unterschied in den „Apophthegmata" neben den Streit- und Schulgesprächen die „biographischen Apophthegmata". Die Kriterien dafür sind höchst ungenau, und das ist mit der Sache gegeben; denn jede Chrie ist durch die Verankerung in der Situation bereits in hohem Maße biographisch. Es gibt jedoch Chrien, deren Antwort erkennbar auf die 1. Person des sprechenden Jesus bezogen ist, und das wäre dann ein Kriterium der Einteilung.

2. Im Neuen Testament finden sich vielfach Texte, die über die für die klassische Chrie geforderte Kürze in der Antwort hinausgehen, die aber sehr wohl biographisch und situativ durch eine Frage oder einen Einwand „veranlaßt" sind. Die ursprüngliche Kürze rührte daher, daß Gnomen und Sentenzen verarbeitet wurden. Der Exeget steht nun vor der Wahl, für diese längeren, chrienähnlichen Gebilde einen neuen Namen zu schaffen oder aber die Bezeichnung Chrie beizubehalten und innerhalb der Gattungsgeschichte mit bestimmten Entwicklungen zu rechnen. Ich habe mich für das letztere entschieden, da es den Vorteil hat, bei offensichtlichen Übergängen nicht gewaltsam trennen zu müssen; der Nachteil besteht freilich darin, daß innerhalb der Gattung mit einer – erklärungsbedürftigen – recht gravierenden Entwicklung gerechnet werden muß. Aber dieser Preis erschien mir weniger hoch, als zusammenhanglos Gattungen nebeneinanderzustellen. So rechne ich für einen Teil der Texte mit *„erweiterten Chrien"*.

3. Neu gegenüber R. Bultmann ist die Gattungskategorie *„dramatische Chrie"*. Diese Kategorie hat vor allem den Sinn, die Beziehung zwischen Chrien herkömmlicher Art und Wunder- und Berufungsgeschichten sichtbar und nicht vergessen zu machen. Es geht auch hier um eine Schutzmaßnahme gegen einen allzu starren Einteilungsmechanismus (vgl. unten § 78.81): Eine Reihe sogenannter Wundergeschichten (deren Erfassung als literarische Gattung hier als unzweckmäßig erscheint, vgl. § 78) sind als dramatische Chrien gefaßt. Der klassische Fall der ähnlich zu bewertenden gemischten (d. h. aus Wort und Tat bestehenden) Chrie liegt vor in Mk 2,1–12 (par Mt 9,1–8; Lk 5,17–26): Sündenvergebung und Heilung als Tatworte; Dialog als Rede; wie in anderen Chrien wird Anstoß an Jesu Tun genommen: Mk 2,6–7; Lk 5,21. Ferner: Mk 1,29–31; 3,1–6; Lk 13,10–17; Lk 14,1–6 und Act 3,1–21 (Selbstzeugnis und Heilung).

Ferner ist zu überlegen, inwiefern nicht alle Erzählungen, in denen Jesu Wort die Lösung des Problems bringt (z. B. Mt 9,20–22.27–31) den Chrien strukturell verwandt sind und als derartige dramatische Wort/Tat-Chrien zu bezeichnen sind. Denn daß das lösende Wort Heilung bewirkt, verändert nicht die Gattung. Schließlich werden wunderhafte Geschichten mit Jesu entscheidendem Wort, bzw. das Geschick wendender Tat als Zentrum auch gereiht wie sonst Chrien und Gleichnisse. Für sie gelten demnach Prinzipien, die sonst bei Wortüberlieferungen zu finden sind.

4. Zur Einteilung von R. C. Tannehill u. a. und zu einem eigenen offenen System vgl. ANRW S. 1096–1110.

§ 27 Chrien in der Geschichte des Urchristentums

1. Mit Chrien werden vor allem *gemeindeinterne Probleme* zur Sprache gebracht. Das entspricht der Rolle politischer und gesellschaftlicher Bedeutung der Chrien überhaupt. Jesus erscheint hier als die autoritative Lehrerfigur. Seine Weisung hält die Schar der Schüler zusammen. Vor allem aber ist es sein Vorbild, das aufgrund der biographischen Struktur der Chrien nicht nur zusammen mit seinem Wort wirkt, sondern das auch ausdrücklich in seiner Weisung hervorgehoben wird. So geht es um den Rang in der Gemeinde in X („Wer der Größte sei") und LIV, um die Auswahl von Missionaren durch Gebet (XXX), wie sie in Act (z. B. 13,1–3) auch als vollzogen berichtet wird, um das Vergeben innerhalb der Gemeinde (XXXIV), und um die Rolle von Kindern in der Gemeinde (XIV). Das Problem des Reichtums wird angesprochen (XLIII, XIV–XVI), und Ehescheidung wird diskutiert (XII). Auch die Frage, ob und welche Steuern man zahlen soll, ist ein Problem der Gemeinde (XIX und XXXIII).

In XI (Fremder Exorzist) wird eine offenbar früher vollzogene *Abgrenzung gegenüber anderen christlichen Gruppen* als falsch gebrandmarkt und soll rückgängig gemacht werden (daß hier Petrus und Johannes genannt werden, weist wohl nach Samarien, vgl. Act 8,14 ff: Hier gab es ein nicht bzw. erst spät mit Jerusalem koordiniertes Christentum).

Die Bedeutung des *Verhaltens Außenstehender zu Jüngern* wird im Interesse der Gemeinde durch das Konzept der stellvertretenden Affiziertheit hervorgehoben (X, XI in Mk 9,41). Aber die Mission darf auch nicht an einem Ort bleiben (I).

In den Gestalten von Maria und Martha (XXVI, XXXIX, LXIV) reflektiert die Gemeinde selbst über die *Differenz zwischen der vorösterlichen und der nachösterlichen Situation* (vgl. dazu auch: Joh 11,17 ff). Martha leistet jeweils das, was auch der (späteren) Gemeinde zukommt: Werke, Dienen, Ablegen des Glaubensbekenntnisses. Maria stellt demgegenüber die Einzigartigkeit des Lebens Jesu dar: Sie hört auf ihn, sie salbt ihn (Arme hat man immer, Jesus aber nicht immer) und sie weint wie er (Joh 11,35 und 11,33). Sie bringt die strikte Einmaligkeit von Jesu Dasein zum Ausdruck, und sie hört daher auf ihn, solange er noch da ist. Nur wenn man dieses beachtet, „erdrückt" in Joh 11 die Vorbildlichkeit der Martha nicht Maria. – Daß Reflexionen dieser Art den Gemeinden nicht unbekannt waren, zeigt – ebenfalls in einer Chrie – II mit der Unterscheidung zwischen der Zeit, in der der Bräutigam da ist, und der Zeit, in der er fort ist. – Überdies entsprechen Maria und Martha dem klassischen Gegenüber der je zwei Frauen in der griechischen Protreptik.

Probleme der Gemeinde sind Fragen der *Jüngerschaft* und der *radikalen Nachfolge,* wie sie in den Chrien XXVIII, XIV, XVI, XVII, VI und XLI (hier:

Aufhebung der Verwandtschaft) behandelt werden (darum geht es auch bei den Brüdern Jesu in LXII). An erster Stelle steht die Aufhebung der Familienbindungen, es folgt die Absage an den Reichtum und dann die Erwartung der Heimatlosigkeit in der Übernahme des Geschicks des Menschensohnes (Martyrium: XVII). Diese Chrien enthalten sicher Reminiszenzen an die ·Praxis Jesu und der frühen Wandermissionare, zu denen ja auch Paulus gehörte. Welchen Sinn hatten sie für die Evangelisten? Da die Gattung Evangelium als biographische Gattung (s. u.) insgesamt exemplarischen Charakter besitzt, haben diese Sätze daran teil: Sie stellen exemplarische und deshalb radikale Standards auf und *verzichten absichtlich* – um der Einmaligkeit Jesu und seiner wie seiner ersten Jünger Lebenspraxis willen – auf situative Anpassung. Die Affinität zwischen Chrie und Beispielgeschichte wird deutlich anhand von Lk 10,38–42 (vgl. § 85 und zur Synkrisis § 64).

Um Gemeindefragen geht es auch in Chrie LI. Dabei ist wichtig, daß die Frage nach der charismatischen Kraft des Glaubens aufgegriffen und interpretiert wird durch die Konzeption des selbstlosen Dienstes der Sklaven, die nur ihre Schuldigkeit tun; hier wie auch sonst sind typische Gemeindeprobleme im *Gleichnisbild der Sklaven* eingefangen.

Das *Haus* als Ort urchristlicher Mission und Gemeindepraxis steht in den Chrien LIII, XIII (Kinder), XXVI und LXV wie XLVIII (Symposien) und dann im Vordergrund, wenn Jesus die Jünger im Hause besonders belehrt (VII, XII).

2. Der nächstwichtige Bereich, der mit Chrien abgedeckt wird, sind grundsätzliche und offensichtlich sehr alte *christologische Fragen:* das Verhältnis zu Johannes d. T., die Frage der Herkunft der Vollmacht Jesu und eng damit verbunden die Bitte um Zeichen der Legitimation und schließlich – weniger deutlich – die Davidssohnschaft Jesu. – Das *Verhältnis zum Täufer* ist von Anfang an eng verbunden mit der Frage der eigenen Legitimation (XVIII, XXIX, LV). Diese wird wiederum besonders akut angesichts der *charismatischen Wirksamkeit* Jesu, denn diese kann noch nicht schon für sich selbst eindeutig auf Gott weisen (Beelzebubfrage: V und XL). Besonders die Chrie XXXVII (Lk 10,17–20) ist in dieser Hinsicht interessant: Hier sollen nicht charismatische Phänomene an sich infrage gestellt werden (in V. 18f. wird doch sehr positiv darüber berichtet), sondern es geht um die Aufhebung der Ambivalenz (Himmel oder Satan als Ursprung dieser Vollmacht): Der Satan fiel aus dem Himmel, während der Jünger Namen eben dort verzeichnet sind (auch in 10,21f. geht es wieder um den Ursprung der Vollmacht Jesu: vom Vater). Nicht das Dämonenaustreiben an sich ist erfreulich, sondern daß dieses in Verbindung mit dem Himmel geschieht. Es geht also um die Legitimität.

Eng mit der Bitte um Aufhebung der Verborgenheit des Tuns Jesu (LXI) sind Chrien verbunden, in denen Jesus um ein legitimierendes Zeichen gebeten wird (VIII, LVII, LXI). – Um die Frage der Davidssohnschaft Jesu geht es in XXI und XXXV. Um seine Sendung in LIX.

Schließlich sind *Zeichenhandlungen* Jesu häufig in die Gestalt von Chrien gekleidet (XIII, XXVI, LVII). Die Geeignetheit der Gattung dafür liegt auf der Hand: Die Verbindung von Tat und Wort und die Knappheit des andeutenden Zeichens sind der Gattung traditionell verbunden.

3. Erstaunlich selten wird in den Chrien die *Verkündigung speziell in Israel* behandelt: LXVI gehört nicht zur synoptischen Tradition, und XLIV weist bereits so deutlich auf die kommende Bestrafung Israels, daß man diese Chrie einem anderen wichtigen Thema der Chrien zuweisen muß: der *Erörterung des Geschicks Jerusalems im Jahre 70.* Dazu gehört außer der dieses andeutenden Chrie XLIV besonders LIV (die Steine werden schreien: Wer die messianische Proklamation verwirft, den trifft das Gericht); XLVI enthält ein Vaticinium über Jesus und eines über das Gericht, das Jerusalem treffen wird (wie auch über eine eschatologische Versöhnung Israels mit seinem Messias: Lk 13,35).

In XXIV geht es um die Unheilsweissagung der Tempelzerstörung, wozu dann – korrigierend – in XXV ausgeführt wird, daß nicht der Menschensohn die Ursache dieser Zerstörung sein wird (gegen Mk 14,58; Act 6,14). Dagegen enthält LVII die Äußerung Jesu über die Zerstörung des Tempels als Jesuswort, freilich auf Auferstehung hin interpretiert. Die Chrienbildung reicht hier in einen für die Entstehung der Evangelien selbst wichtigen Zusammenhang hinein (vgl. unten § 100).

4. Chrien über den *Kontakt Jesu mit Zöllnern und Sündern* haben für die Evangelisten offenbar den Sinn, die Zuwendung der Mission zu den Heiden im Leben des Lehrers Jesus zu verankern. So in den Chrien LIII (Zakchäus), II, XLIX aber auch in XXXVIII (Samariter), während in XLV die Heilsweissagung für die Heiden mit einer Unheilsansage für Israel verbunden ist. Dabei ist die Konzeption zumindest in den drei erstgenannten Texten: Gerade indem sich Jesus ganz Israel zuwendet und niemanden dabei ausläßt, erreicht er auch die Sünder und Zöllner, so daß sich die Zuwendung zu ganz Israel und dann die zu den Sündern überhaupt (und damit den Heiden) nicht ausschließen, sondern in radikaler Konsequenz einander bedingen.

5. Gemeindeexterne Probleme: Die *Auseinandersetzung* Jesu *mit jüdischen Gruppen,* vor allem mit den Pharisäern, hat in den Evangelien zweifellos nicht nur historische Bedeutung, sondern dürfte die zentrale Auseinandersetzung mit Diasporapharisäern widerspiegeln (vgl. dazu auch unten S. 267); jedenfalls streitet hier die Gemeinde mit der für religiöses Judentum außerhalb Palästinas, d. h. in der Diaspora maßgeblichen Gruppe. Die sog. *„Streitgespräche"* sind nichts anderes als Chrien, in denen *kritische Einwände* von seiten der Gegner beantwortet werden. Diese Chrien haben zum Teil defensiv-apologetischen Charakter (Verteidigung der christlichen Sabbatpraxis: IV, XXXI, XLVII; der Reinheitsvorstellungen: II, VII und XLIX; der Fastenpraxis: III), sind aber zum anderen Teil auch durchaus *aggressiv* gehalten, was sich in der – formgeschichtlich neuartigen – Verbindung von *Chrie und Scheltrede* äußert, so in VII, XLIII usw. (vgl. unten § 53). Beides ist hi-

storisch hochbedeutsam und in seiner Bedeutung für die frühe Gemeindegeschichte noch gar nicht ausgeschöpft. Denn die Auseinandersetzung wird ja
durchaus auf dem Boden der Schrift oder zumindest des im damaligen Judentum Vorstellbaren geführt. Daß sie überhaupt berichtet wird, weist auf eine
lebendige und zur Zeit der Evangelienbildung offenbar noch nicht ganz hoff-
nungslose Diskussion. Diese Chrien sind nicht nur apologetisch, so daß die
christliche Gemeinde nicht nur in der Defensive steht, vielmehr sind gerade
die polemischen Töne nur sinnvoll, wenn man sich davon Erfolg bei der angesprochenen Gruppe verspricht, die die Schelte „nicht auf sich sitzen lassen
will". Die erweiterte Chrie L macht dieses deutlich: Der ganze Abschnitt hat
den Sinn zu zeigen, daß der religiöse Gegensatz zu den Pharisäern gleich Null
ist, daß es vielmehr auf einen lebenspraktischen ankommt, den religiös völlig
unproblematischen Verzicht auf Reichtum; das Gesetz gilt nämlich für die
Christen (Lk 16,17, ja es wird verschärft: 16,18), aber schon der Inhalt von
Gesetz und Propheten ist der Besitzverzicht, und wenn die Pharisäer dieses
nur konsequent tun, ist die entscheidende Hürde genommen. Nun sind die
Pharisäer historisch gesehen nicht als besonders reich bekannt; es geht hier
vielmehr darum, mit dieser Gruppe (auch innerchristlich?) auf der Basis ge-
setzespraktischen Verhaltens ins Gespräch zu kommen. Gleiches gilt für
XLII – auch hier geht es um Fragen des Verhaltens im ganzen, dem das
christologische Problem wie in L (Auferstehung in Lk 16,30) nur eingeordnet
ist. – So sind die Chrien Zeugnisse von Abgrenzung, Auseinandersetzung
und Versuchen der Hinzugewinnung der besten Kräfte des damaligen Judentums. In diesem Zusammenhang gehört auch die erst später dem JohEv zugeordnete Perikope Joh 8,1–11 (LXIII). – Die Auseinandersetzung mit den
Sadduzäern (XX) hat möglicherweise auch die Pharisäer als Adressaten.

§ 28 Zur Form der Chrien

1. Entsprechend der Form der klassischen paganen Chrie ist die Antwort
(oder ein Teil von ihr) häufig als *Gnome oder Sentenz* formuliert, so in II, IV,
VII, X, XI, XV, XVI, XXV, XXVIII, XXXIX, XL, XLV, L (Lk 16,15b);
LIV, LVIII. – Von vergleichbarer Häufigkeit und der Sentenz ohnehin ver-
wandt sind *Gleichnisse* als Antworten in Chrien, und zwar in: III (Reihe), V,
VIII in Mt 16,1–4, XXXII, XXXIV, XXXVIII, XL, XLIII, XLIV, XLVIII,
XLIX (Reihe), L, LI, LXIV. – *Argumentation mit der Schrift* weisen folgende
Chrien auf: II (Mt 9,13), IV, XII, XIV, XX, XXI, XXII, XXVII, XXIX,
XXXV. Hier wird der jüdische Horizont der Chrien erkennbar. In paganen
Chrien stehen an dieser Stelle vor allem Homerzitate (vgl. ANRW S. 1101).

2. Neuartig gegenüber der klassischen paganen Chrie ist die *Verbindung
mit Schelte und Unheilsankündigung*. Schelte und Tadel der jüdischen Gegner: IV, VII, XLII, L und XII (Herzenshärte). Tadel der Jünger: LI. – Bedingte Unheilsankündigung: XXXIV, XLIV. – Unheilsankündigung: XXIV,
XXV, XLV, XLVI und auch VIII (Ablehnung eines Zeichens). Alle diese
Elemente tragen regelmäßig zur *Erweiterung* der Chrien bei (vgl. z. B. in

VII). Da formgeschichtliche Analogien fehlen und andererseits die Gestaltung als Chrie zum Teil sekundär sein könnte (vgl. z. B. XLII gegenüber Mt 23), ist anzunehmen, daß sich hier Formen *prophetischer Verkündigung* mit der Gattung Chrie verbunden haben.

Auf Verbindung mit prophetischer Verkündigung weisen auch *Urteile und Beurteilungen* in Chrien, wie sie sich sonst nicht finden, insbesondere *Vaticinien* des Sprechers über sich selbst (XXVI, LXV, XLVI) und über andere (XXVI, XLVI, vgl. XLV, XXIV, XXV) und auch die Beurteilung des Scherfleins der Witwe (XXIII). Darauf weist auch die Verwendung des „(Amen) ich sage euch" als Merkmal autoritativer Rede (was eigentlich dem Charakter von Chrien entgegenläuft) in VIII, XXIII, XXVI, XLIV.

3. *Erweiterte Chrien* liegen außer in den unter 2. genannten Fällen (es geht regelmäßig um Tadel, Gericht, Unheil oder Weissagung überhaupt) vor in Chrien, die *Gleichnisreihen* bieten (V und XLIX) oder wo die Chrie exemplarisch mit der Mission verknüpft ist, die die „Häuser" zum Zentrum hat (LIII). In XXXIII (Tempelsteuer) ist singulär an die Chrie zur autoritativen Bekräftigung ein *Wunder* angehängt – etwas für die pagane Gattung Undenkbares, was aber auf der gleichen Linie liegt wie die unter 2. erwähnten prophetisch-charismatischen Elemente. So ist eine Chrie auch in eine *Wundererzählung* eingebaut in XXXI und XLVII, sie folgt im Anschluß an Wunder in V und XXXII und in LXVII. Eher dem paganen Stil entsprechend ist es dagegen, wenn Chrien im Anschluß an Reden vorkommen, so in XXXII, XXXVI, LXVI. Sehr gut entspricht es griechischer Tradition, wenn eine Chrie im Rahmen eines Symposion begegnet (XXVI, XLVIII).

4. *Chrienreihen* entsprechen den paganen Chriensammlungen, so in II, III und IV, in V und VI, in VIII und IX, in X und XI, in XII bis XVI, in XIX bis XXII, in XXXIV und XXXV, innerhalb von XXVII und innerhalb von XXVIII, in XLV und XLVI. Besonders auffällig ist die Reihung, wenn die Chrien gleiche Struktur haben, so in II–IV und in XXVII sowie in XIX–XXII. – Hier handelt es sich in der Tat um Grundbausteine der Gattung *Evangelium*. Hier wie dort geht es um die Einheit von Lehre und Leben.

5. Eine enge gattungsgeschichtliche Beziehung älterer Herkunft besteht zwischen *Chrie* und *Dialog*. So wird aus der Reihung und Verkettung der Chrien in Lk 18,18–23 und 29–37 de facto ein Dialog. Durch schriftgelehrte Argumentation wird die Chrie zum Dialog in XII. Der Chrienkomplex XIV–XVI ist ein längerer Dialog mit wechselnden Partnern. – Die Verbindung besteht darin, daß seit Plato auch schriftliche Dialoge eine biographische Gattung sein können.

6. Nicht selten weisen Chrien *argumentative* Strukturen auf, was den Ernst theologischer Auseinandersetzung erkennen läßt. Abgesehen von *schriftgelehrter* Argumentation findet sich *epideiktische* Argumentation in XX, XXXII, XII, LV, *dikanische* Argumentation in XXXI und in XLVII. In XXXIII wird ein Analogiefall als Argument herangezogen, der hier Gleichnisfunktion bekommt.

Anstelle einer geschlossenen Einteilung empfiehlt sich eine offene Klassifizierung, die Doppelzugehörigkeit zuläßt.

1. Die meisten auf interne Gemeindeprobleme bezogenen Chrien sind *symbuleutischer* Art, so IX (direkt auf die falschen Lehrer bezogen), XI, XII, XIV, XVI, XXVIII, XXX, XXXIII, XXXIV, XXXVII, XLIII, XLIX, LI, LV, LXIII. – Besonders abzugrenzen ist eine Gruppe, deren Antwort konditional formulierte Mahnworte sind (V, VI, X, XI, XIII, XVI, XLIV). Eine eigene Gruppe mit deutlichen paganen Analogien (vgl. ANRW S. 1098 f.) sind Chrien, deren Anfrage lautet: „Was sollen wir (was soll ich) tun?", so in XIV, XXII (bei Lk), XXXVI, LXVI, LXVII, LX. Es handelt sich um die Frage an den Lehrer um den Weg des Lebens.

Auf Bekehrungspredigt bezogen sind folgende Chrien: VI, VIII, XXIX, XLV, LII, LIV, LXIV.

Eine besondere Gruppe sind Chrien, die um die gesetzliche Erlaubtheit einer Sache diskutieren (gr.: exestin), so XIX (Steuer), XII (Ehescheidung), XXXI (Heilen am Sabbat), XLVII (Heilen am Sabbat). Über die „Erlaubtheit" (gr.: exestin) geht es auch in paganen Chrien, z. B. GNV (= Gnomologium Vaticanum, ed. L. Sternbach) 376: Kyros sah einst eine schöne Frau, und jemand sagte: „Es ist dir erlaubt, sie zu gebrauchen, da du König bist." Da sagte er: „Aber dem König ist es nicht erlaubt, nicht klug zu sein." – Um „Gesetz" geht es in GNV 417.

2. Chrien *dikanischer* Art sind (außer der schon genannten Verbindung mit Schelte und Urteilssprüchen) besonders interessant, wenn sie apologetische Funktion haben: Dann wird das christlich Neue (die Praxis der Gemeinde oder die Legitimität Jesu) verteidigt. Eine eigene interessante Gruppe sind *Rechtfertigungen dafür, daß Jesus gehuldigt* wird (LIV, XXXV mit Schriftbeweis, XXVI und LXV). Jesu Umgang mit Zöllnern und Sündern wird gerechtfertigt in II, XLIX, LIV, die Messianität in XXIX, die Fastenpraxis der Gemeinde in III, die Sabbatpraxis in IV, XXXI, XLVII, die Reinheitsauffassung der Gemeinde in VII, die charismatische Legitimität Jesu in V, XVIII, XXVII, XL, die Legitimität der Jünger in XXXVII. – In VI A wird eine negativ ausgehende Demonstratio (vgl. § 79) durch die Sentenz vom Propheten und seiner Vaterstadt zu einer apologetischen Chrie, in der sich wohl allgemeinere Missionserfahrungen spiegeln (biographische Nähe und Missionserfolg).

3. *Epideiktische* Chrien liegen vor in XX (Auferstehung ist möglich), XXI (Jesus Kyrios, nicht Davidssohn), XXII (das größte Gebot), LVI (Synkrisis Jesus/Täufer).

4. Ein beliebtes Stilmittel, das Kompetenz und Autorität des Lehrers hervorhebt, ist die *Korrektur* des Fragers durch den Lehrer, so in IV, VI (wahre Verwandte), XI, XIII, XX, XXVI, XXVII, XXXIV, XXXV, XXXVII (freut euch nicht – freut euch vielmehr), XXXVIII, XLI (selig – ja, selig), XLVIII,

LI, LXII, LXV. Die kritische Funktion der Chrien wird hier besonders sichtbar.

Ähnliche Funktion haben kritische *Gegenfragen* des Lehrers, so in XIX und XXIX, XXII (Lk), XII.

5. *Anfragen von Schülern und Anfragen von Gegnern* sind – entgegen landläufigen Vorstellungen von „Streitgesprächen" – oft nicht genau zu unterscheiden (z. B. in XXXI), denn typische Gegner können sachliche Fragen stellen (XXXV, XX, XII, vor allem LII) und Schüler können kritische Fragen stellen (Joh 4,27 als nicht gestellte Frage berichtet, LXV, XXVI, XXXIX, LXIV). Die entscheidende Differenz wird vielmehr durch *Schelte* (s. zur erweiterten Chrie) und durch die Notiz *„um ihn zu versuchen"* hergestellt.

Schülerfragen sind wohl folgende Chrien: I (Bericht als Frage), XI (Bericht als Frage), XIV–XVI, (XX), XXII, XXIV (siehst du?), XXVI, XXVIII, XXIX, XXXII, XXXIV, XXXVI (Johannesjünger), XXXVII–XXXIX, LI (Bitte an Jesus; vielleicht auch Mk 10,35–45parr), LVIII (Johannesjünger), LX, LXI, LXIV–LXVII, vgl. auch Joh 4,27.

Gegnerfragen sind dagegen folgende Chrien: II–V, VII, VIII, XII, XVIII, XIX, XX, XXXI, XXXIII, XXXV, XL, XLII mit Lk 11,45, LII, LIII, LIV, LVI, LVII, LXIII.

6. In einer Reihe von Chrien ist das *Ich des Sprechers* in der Antwort dominant – was ein möglicher Anlaß wäre, hier von „biographischen Apoftegmen" zu reden; wir vermeiden das jedoch auch jetzt, da es sich hier weniger um Biographie handelt (alle Chrien sind „biographisch"), als um folgende Aspekte:

– Darstellung der *Sendung* (Selbstvorstellung des Boten) in I, II, LIX (vgl. auch: VIA). – Jesus verurteilt nicht: LXIII. – Er treibt Dämonen aus: XL.
– *Menschensohnworte* in ähnlicher Rolle: LIII. – Vollmacht des Menschensohnes: IV. Menschensohn als Repräsentant der Jünger: XXVIII.
– *Vaticinien* über sich selbst: XLVI, XXVI.
– *Ich/Ihr-Worte* über das Verhältnis Jesus/Jünger oder Angeredete: XXXVII (Vollmachtsübergabe), XLV (im kommenden Gericht), XLVI (bei der Wiederkunft Jesu), LV (Jesus als Vorbild – ein für Chrien typisches Element), LXII (Differenz).

Vergleichbare Chrien mit Antwort in der 1. Person Sing. sind in der antiken Literatur überaus häufig. Dagegen habe ich Chrien, nach dem Ich/Ihr-Schema, die auf das Verhältnis zwischen Lehrer und Schülern eingehen, nicht gefunden. Chrien, die auf Schüler überhaupt Bezug nehmen, gibt es dagegen häufiger, z. B. GNV 365.449.

7. Nur ein verhältnismäßig kleiner Teil der Chrien ist selbständig im Kontext des Evangeliums. Die Mehrzahl ist per Anschluß mit dem jeweils vorangehenden Text verknüpft. Das ist besonders auffällig bei angehängten *unselbständigen Chrien,* die dank Pronominalisierung nie isoliert hätten überliefert werden können (z. B. XXXV, LIV und wohl auch XV). Der typische Ort

von Chrien ist die Reaktion (und die Antwort darauf) nach einem längeren vorangehenden Bericht, welcher sein kann: Rede, Dialog, Predigt, Reisebericht, Huldigung Jesu, Volksbelehrung (auf die Jüngerbelehrung im Haus dann folgt), Wunder, Berufung etc. – Auch die Reihenbildung weist ja als solche bereits auf relativ große Unselbständigkeit im Rahmen der Biographie.

V. Argumentation

Lit.: ANRW S. 1047. 1148. 1291–1294. – W. Klein: (ed.) Argumentation (= Heft 38/39) LiLi 10 (1980). – Ders.: Logik der Argumentation, in: Sprache der Gegenwart 54 (= Dialogforschung) (1980) 226–264.

„In Argumentationen wird versucht, etwas kollektiv Fragliches mit Hilfe des kollektiv Geltenden in kollektiv Geltendes zu überführen" (W. Klein, 1980b, 233). Im Argument müssen die Aussagen gerechtfertigt, verknüpft und koordiniert werden.

Argumentation richtet sich auf die Veränderung der Urteils- und Entschlußvoraussetzungen des Hörers. Dieses geschieht vornehmlich in rationaler, oft aber auch teils rationaler, teils deutlich an die Emotionen appellierender Gestalt. Wer Argumentation verwendet, rechnet nicht damit, daß ein Konsens besteht oder leicht möglich ist; er will vielmehr – parteilich – den Hörer erst gewinnen, und er tut dieses in einem längeren Anlauf. Dadurch aber wird Argumentation sogleich auch *historisch* interessant. Denn ihr Vorkommen ist eine Wünschelrute für Kontroversen; für solche freilich, in denen Hoffnung bestand, den Hörer zu gewinnen und zu überzeugen, in denen eine Gruppentrennung noch nicht definitiv war, für *Konflikte* also, die noch vor der Schwelle der Trennung anzusiedeln sind. Überdies sind Argumentationen formal leicht erkennbar: Argumentativ wird ein Text aus symbuleutischer, epideiktischer oder dikanischer Gattung dann, wenn sich über die Merkmale der üblichen Gattungszugehörigkeit hinaus ein gewisser Reichtum an *zusätzlichen Formen* findet, die nicht auf die Gattung selbst festlegbar sind. Diese Formen sind je nach der Gattung verschieden. Texte können *mehr oder weniger stark argumentativ durchsetzt* sein.

§ 30 Symbuleutische Argumentation

1. Symbuleutische Argumentation in der Geschichte des Urchristentums

Typische Texte: Mt 18,15–20; Mk 8,35–9,1; Mt 7,7–11par Lk 11,9–13; Mt 6,25–33par Lk 12,22–31; Lk 16,9–13; 14,25–35; 11,1–13; 1 Kor 8,7b–13; 10,1–22; 11,2–16; 14,1–25; Röm 6,11–7,6; Gal 5, 1–12; 1 Thess 4,3–8; 5,1–11; 1 Petr 4,12–19; 1 Joh 4,7–21.

Die wichtigste Gruppe behandelt *gemeindeinterne Probleme,* insbesondere bei Verfehlungen des Bruders (Mt 18,15–20; Mt 7,1–5par Lk 6,37–42; 2 Kor 2,5–11) oder wenn es um den *Frieden* untereinander und die Bewahrung der *Einheit* geht (Mk 9,50; Eph 4,1–6; 1 Joh 4,7–21; Phil 2,1–18; 1 Kor 3,16–23 im Zusammenhang der Spaltungen in Korinth; Kol 2,8–23 gegenüber den Gegnern). Wichtig sind Texte über das *Ärgernis* gegenüber dem Bruder (Mt 18, 1–14; 1 Kor 8,7–13; 10,1–22) oder über die *Rangfolge* in der Gemeinde (Lk 22,25–30; Mk 10,41–45). Gegen das Chaos in der Gemeindeversammlung richtet sich 1 Kor 14,1–25. In 1 Kor 14,1–25 wie in anderen Texten geht es um das *Kultverhalten* der Gemeinde, das öfter ähnlich deutlich mit Argumentationen behandelt wird: Um das schwierige Thema der sicheren Erhörung des Gebetes geht es in den Argumentationen Mt 7,7–11par Lk 11,1–13 und in Mk 11,21–25par Mt 21,20–22, um die *Abgrenzung* der Gemeinde bei Beten, Fasten, und Almosen in Mt 6,1–18. In 1 Tim 2,1–2a/2b–7 geht es um das Gebet für alle. Die relative Häufigkeit der Argumentationen zu diesem Thema zeigt, daß der Bereich für wichtig gehalten wurde, aber mit Schwierigkeiten belastet war. Das ist beim Thema Gebetserhörung fast selbstverständlich; aber auch das Gebet für alle (inklusive der Obrigkeit) bedurfte des besonderen Nachdrucks, weil hier offenbar Vorbehalte bestanden. Zum kultischen Themenbereich gehört auch 1 Kor 11,2–16 mit den Argumenten für die Verschleierung der Frau.

Ein zweiter Bereich, der – offensichtlich angesichts des Widerspruchs von Christsein und steigendem Reichtum – Bedeutung gewinnt und argumentativ erörtert werden mußte, ist das *Verhältnis zum Besitz.* Die Rede über das Sorgen (Mt 6,25–33; Lk 12,22–31) bietet ein besonders großes Arsenal von Argumenten: Die Rede richtet sich doch wohl an eine seßhafte und relativ vermögende Gemeinde, die vor dem Verlust der Prioritäten gewarnt wird. Als Rede an Wandercharismatiker ist das Stück kaum denkbar: Diese hatten zu umfassender Vorsorge ohnehin keine Gelegenheit; ihnen eine solche Predigt zu halten, hätte entweder Hohn bedeutet oder Eulen nach Athen zu tragen. Ebenso ist auf den Reichtum bezogen Lk 16,9–13. – Zum Geben ermuntert Paulus ausführlich in der Bitte um die Kollekte in 2 Kor 9,1–15.

Ein wichtiger weiterer Bereich, in dem argumentiert werden mußte, war – wiederum verständlicherweise – die Aufforderung, *um des Bekenntnisses oder um des Christseins willen zu leiden,* so Mk 8,35–9,1parr und Mt 10,24–33, ferner 1 Petr 4,12–19; Hebr 12,1–12; Apk 14,6–13. Die Verfolger sind verschiedenartig: In den Evangelien und in Hebr 12 ist vorauszusetzen, daß es Juden waren, in 1 Petr und Apk waren es sicher Heiden. Aber auch schon das Stück der Bergpredigt/Feldrede Mt 5,44–48; Lk 6,27–36, das von Feinden, Verfolgern usw. spricht, wird als einziger Abschnitt der betreffenden Reden argumentativ „unterfüttert", was nichts anderes bedeutet, als daß hier das jeweils schwierigste gegenwärtige Problem lag (dafür sprechen auch schon die Einleitungen in Mt 5,10–12 bzw. Lk 6,22f.26).

Der vierte Bereich, in dem man argumentiert, betrifft die *grundsätzliche Hinwendung zur Gerechtigkeit* und zum Christsein oder doch die Bewahrung desselben. Wegen der Grundsätzlichkeit kann man diese Argumentationen „protreptisch" nennen (vgl. § 62):

So geht es in Röm 6,11–7,6 um den Nachweis, daß die Christen zu einem Dienst der Gerechtigkeit mit Hoffnung auf Leben befreit sind. Ähnlich geht es in 1 Joh 2,28–3,3 um die Gerechtigkeit. In Lk 14,25–35 wird die Jüngerschaft als etwas dargestellt, das man sich genau überlegen muß, wodurch sie freilich auch attraktiv wird. Die Umkehrpredigt in Q (Lk 3,7–9; Mt 3,7–10) ist auch deshalb argumentativ ausgestaltet, weil die Hinzunahme der Heiden im Horizont der Aussage liegt. In 1 Thess 4,3–8 geht es um die Mahnung zur Heiligkeit, in 5,1–11 um Wachsamkeit in der konkreten Ausprägung von Glaube, Liebe und Hoffnung. In Röm 8, 12–17 geht es um die protreptische Frage der Zugehörigkeit zu Fleisch oder Geist, in Gal 5,1–12 um die Frage, ob man sich auch nach der Taufe noch beschneiden lassen soll, was von Paulus zu einer grundsätzlichen (protreptischen) Frage hochstilisiert wird.

Um Probleme mit anderen Gemeinden geht es in Mk 9,38–41parr.

Es wird erkennbar, daß symbuleutische Argumentation auf wenige und grundsätzlich wichtige Themen bezogen bleibt, auf Bereiche, deren Realisierung entweder *mühevoll und unangenehm oder einschneidend und grundsätzlich war.* Das trifft auch noch dann zu, wenn die symbuleutische Argumentation *schriftgelehrt* ist wie in Mk 10,6–9 (Ehescheidung).

2. Die Mittel symbuleutischer Argumentation

Die folgende Aufstellung nennt die Merkmale, anhand derer über die rein symbuleutischen Elemente (wie z. B. Imperativ) hinaus das Vorliegen symbuleutischer Argumentation festgestellt werden kann. – Diese Merkmale wurden induktiv gewonnen. Als nicht zugehörig (d. h. schwer oder gar nicht zuzuordnen) erwiesen sich Texte, die den Namen „Argumentation" nicht verdienen; das waren im Zweifelsfall besonders solche symbuleutischen Texte, in denen die einzelnen Textsegmente eher nebeneinander standen, als daß sie auf den Erweis der Richtigkeit eines einzigen Elementes gerichtet wären (z. B. in den Gemeindebriefen der ApkJoh: keine zusammenhängende Argumentation, eher diverse Elemente).

Textbeispiele:
A. (christlich) Gal 5,1–12: (1) Für die Freiheit *hat* uns *Christus befreit.* Steht *also* und werdet nicht *wiederum* mit dem *Joch der Knechtschaft gefangen.* (2) Sieh, *ich, Paulus,* sage euch, daß *wenn* ihr beschnitten werdet, *Christus* euch *nichts nützen* wird. (3) Ich *bezeuge* aber nochmals jedem Menschen, der beschnitten wird, daß er ein *Schuldner* ist, das ganze Gesetz zu tun. (4) *Beseitigt* wurdet ihr von *Christus* weg, die ihr im Gesetz gerecht gemacht werdet, aus der Gnade seid ihr *herausgefallen.* (5) Denn wir erwarten im Geist aus Glauben das Hoffnungsgut der Gerechtigkeit. (6) Denn in *Christus* vermag weder Beschneidung etwas noch Unbeschnittenheit, sondern Glaube, durch Liebe wirksam. (7) *Gelaufen seid ihr schön. Wer* hat euch abgehalten, der Wahrheit nicht zu gehorchen? (8) Die(se) Überredung ist nicht aus dem, der euch *ruft.* (9) *Ein wenig Sauerteig durchsäuert den ganzen Teig.* (10) Ich *vertraue auf euch* im Herrn, daß ihr nichts anderes denken werdet. Der aber euch verwirrt, *wird das Gericht tragen,* wer auch immer er sei. (11) *Ich aber,* Brüder, wenn ich Beschneidung noch verkünde, *was werde ich noch verfolgt?* Also wäre *vernichtet* das Ärgernis des Kreuzes. Es müßten *gleich ganz verschnitten werden,* die euch aufstacheln.

Kommentar: Es handelt sich um einen symbuleutischen Text wegen der grundsätzlichen Mahnung in V. 1 (vgl. auch die Verben in V. 7b und 10). – V. 1: *hat befreit:* Heilserfahrung der Vergangenheit. – *Christus:* christologisches Argument. – *also:* Gefolgerter Imperativ. – *wiederum:* Schema Einst–Jetzt. – *Joch der Knechtschaft gefangen:* metaphorische Redeweise zur Verdeutlichung. – V. 2: *ich Paulus:* Autoritäre Redeweise zur Verstärkung. – *Wenn* . . ., *dann:* Aufweis von Tun und Folge. – *nichts nützen:* Hinweis auf den Nutzen. – V. 3: *bezeuge:* Zeugenschaft als Argument. – *Schuldner:* Tat–Folge. – V. 4: *beseitigt, herausgefallen:* Tat–Folge. – V. 5: *wir:* Kommunikativer Plural. – V. 6: *Christus:* christologisches Argument. – V. 7: *Gelaufen seid ihr schön:* captatio der Leser durch Lob. – *Wer* . . .?: Rhetorische Frage. – V. 8: *ruft:* Appell an die eigene Erwählung. – V. 9: Gleichnis (vgl. Mt 16,8). – V. 10: *ich vertraue auf euch:* Kommunikative ich/ihr-Beziehung. – *wird das Gericht tragen:* Tat–Folge mit besonderem Hinweis auf das Gericht. – V. 11: *Ich aber:* Wirksames Argument ad personam des Verfassers. – *was werde ich noch verfolgt?:* Rhetorische Frage – deductio ad absurdum. – *wäre vernichtet:* Widersinnigkeit. – *gleich ganz verschnitten werden:* Konsequenz (drastisch, ironisch).

b) außerchristliche Antike:
6. Pythagoräerbrief (Theano an Nikostrate, Übers. A. Städele). Ich hörte von der Torheit deines Mannes: *Er* gibt sich mit der Hetäre ab . . . *Du aber* läßt den Kopf hängen Tag und Nacht und bist niedergeschlagen und überlegst dir etwas gegen ihn. *Tue das doch nicht,* meine Liebe! Denn der *Vorzug* einer Ehefrau *besteht* nicht in der Überwachung ihres Mannes, sondern im Verständnis für ihn; Verständnis zu haben aber bedeutet, gedankenloses Verhalten zu ertragen. Ferner gibt er sich mit der Hetäre nur zu seinem Vergnügen ab, mit der Ehefrau aber zum *Nutzen;* nützlich ist aber, schlechtes Verhalten nicht mit schlechtem Verhalten zu beantworten und der *Torheit* nicht eine weitere Torheit *hinzuzufügen.* (2) Manches Fehlverhalten aber, meine Liebe, wird, *wenn* man es ans Licht bringt, nur noch *verstärkt,* geht man aber mit Schweigen darüber hinweg, gibt es sich eher, *wie das Feuer,* sagt man, erlischt, wenn man es in Ruhe läßt. Denn *falls* du seine Leidenschaft des schützenden Schleiers beraubst . . ., wird *er* seine Fehltritte auch offen begehen . . . (3) . . . *Denn nur kurzfristig* ist die Liebe eines Mannes, der nicht gänzlich schlecht ist, zu einer Hetäre. *Was ist nämlich* hinfälliger als eine Lust, die genießt, was nicht recht ist? . . . (5) *Falls* sein Verhalten also von dir ertragen wird, schämt er sich eher, wird er sich schneller versöhnen lassen . . . (7) *Was also?* Willst du gegen ihn vorgehen? Tue es nicht, meine Liebe! Die Eifersucht zu beherrschen hat uns doch *schon die Tragödie* gelehrt, die eine Abfolge von Handlungen zum Inhalt hat, mit denen Medea frevelte. Doch *wie man von erkrankten Augen* die Hände fernhalten muß, so halte von seiner krankhaften Leidenschaft die Möglichkeit ihrer Steigerung fern. *Denn wenn du geduldig ausharrst, wirst du die Leidenschaft schneller zum Erlöschen bringen.*

Kommentar: Es handelt sich um einen symbuleutischen Text wegen der grundsätzlichen Mahnung in § 1 *Tue das doch nicht, meine Liebe.* – § 1: *Er* . . . *Du aber:* Kontrast durch Opposition. – *Der Vorzug* . . . *besteht:* Allgemeine Erfahrung in Kurzfassung. – *Nutzen, nützlich ist:* Argument des Nutzens. – *der Torheit* . . . *hinzuzufügen:* Widersinnigkeit als Konsequenz. § 2 *wenn* . . . *verstärkt:* Tat–Folge. – *wie das Feuer:* Vergleich (bildhaft). *Falls* . . ., *wird er:* Tat–Folge. – § 3 *Denn nur kurzfristig:* Kurzfassung von Erfahrung. *Was ist nämlich* . . .?: Rhetorische Frage. Erfahrungssatz. – § 7: *Was also?:* Diatribe-Element. – *Willst du gegen ihn vorgehen?:* Rhetorische Frage. – *Schon die Tragödie:* Beispiel aus der Geschichte. – *Wie* . . . *von erkrankten Augen:* Vergleich (bildhaft). – *Denn wenn* . . .: Tat–Folge.

Symbuleutische Argumentation mit Formen wie „darum", „deshalb", „daher" und Aufforderungen „versuche" (typisch für hellenistische briefliche Mahnungen) finden sich besonders häufig in den Briefen 1, 2, 3 und 5 des Aristoteles (ed. R. Hercher, Epistolographi, 172–174).

Die einzelnen Mittel der Argumentation:

A. Größere Schemata und Formen:

I. *Der Schluß a minore ad maius* (gr.: pollō mallon): Aufgrund eines durch Erfahrung gegebenen Vorgangs wird abgeleitet, daß bei einem neuen, ähnlichen Geschehen die Folge noch sehr viel wahrscheinlicher oder stärker eintritt. Der Schluß ist selbst epideiktischer Art, begegnet aber häufig in symbuleutischem Kontext: Mt 10,29–31; Lk 12,6–7 (Spatzen) (vgl. p Schebiit 9,38d: Ein Vogel geht nicht zugrunde ohne den Himmel, um wieviel weniger der Mensch); Mt 7,9–11par Lk 11,11–13 (den Kindern geben); Mt 6,26par Lk 12,24.26 (Vögel); Mt 6,30par Lk 12,28 (Gras des Feldes). – In allen diesen Fällen geht es um Gottes *Fürsorge*. – Ferner: 1 Joh 4,20 (Bruder, den man sieht/Gott, den man nicht sieht).

Beispiel im Judentum: Sir 10,31: Wer in seiner Armut schon geehrt ist, wie erst, wenn er reich wird. Doch wer in seinem Reichtum schon entehrt ist, wie erst, wenn er arm wird.

II. *Kettenreihen:* Röm 8,17 und Filiationsreihen (2 Petr 1,5–7) suggerieren durch ihre Geschlossenheit die notwendige Folge.

III. *Einst–Jetzt-Schema:* Röm 6,17f.20–23; 7,5–6; Gal 5,1; Kol 3,7.

IV. *Abfolge von Mahnungsteil und Begründungsteil:* Lk 22,25–27/28–30; 1 Tim 2,1–2a/2b–7; Tit 2,2–10/11–14; 3,1–2/3–7.

V. Eine bestimmte *Abfolge von bedingter Mahnrede und Gleichnissen* nach dem *einleitenden Imperativ:* Imperativ – bedingte Mahnrede – Gleichnis/Vergleich: Mt 7,7–11; Lk 11,9–13. Oder: Imperativ – Gleichnis: Lk 6,37–42; Mt 7,1–5. – Die bedingte Mahnrede steht an 2. Stelle auch in Mk 9,38–41.

VI. Die Abfolge Imperativ – begründendes Argument – Schluß (= Imperativ) liegt vor in: Mt 5,33–37. 44–48; 6,25–34; 7,1–5par Lk 6,37–42; Mt 10,26–31; Mk 11,22–24(25). – Die Rolle des Imperativs hat bedingte Mahnrede in Lk 14,25–33 (bedingte Rede/Gleichnis/bedingte Rede).

B. Kleinere Schemata und Formen

I. Wichtig ist vor allem der Gebrauch der *rhetorischen Frage* Mk 9,50; Lk 3,7par Mt 3,7; Mt 7,9f.par Lk 11,11f.; Mk 8,36f. (Was nützt es?); Mt 10,29par Lk 12,6 (Spatzenkauf); Mt 7,3f.par Lk 6,41f. (Was siehst du?); Mt 6,25; 6,27f.par Lk 12,22f.; Lk 16,11f.; Lk 22,25–30 in V. 27; 1 Kor 8,10; 10,16.18.19.22; 11,13; 14,6.7b.8.9.15.16.23; Röm 6,15.16.21; Gal 4,16; 5,7.11; 1 Petr 3,13.

II. Dem *einleitenden Imperativ* in synoptischen Texten (vgl. unter A V. VI) entsprechen in den Briefen *einleitende Überschriften:* Röm 6,1; 1 Kor 14,1; 1 Thess 5,1; 2 Kor 9,1.

III. *Reihenbildung* zur Wiederholung: Lk 6,27–30.37–38a; Mt 6,31; Lk 12,29.

IV. Das *persönliche Vorbild* wird am Schluß genannt: Mk 10,41–45 in V. 45 cf. Lk 22,27.

Die symbuleutischen Briefe der Apk enden mit Ich-Worten. V. „(Amen) ich sage euch" zur Betonung eines wichtigen Abschnittes.

VI. Mit *also* eingeleitete Imperative ziehen Folgerungen aus dem Vorhergehenden und sind regelmäßig Indiz für das Vorliegen der Gattung Argumentation:

Lk 3,8par Mt 3,8; Mt 5,48; 6,31.34; 10,26.31; Gal 5,1; Kol 2,16; 3,5; Apk 3,2–3; vgl. auch Lk 14,33; Röm 6,12.

Mit *deswegen* eingeleitet: 1 Kor 14,13; Mk 11,24; 1 Kor 11,10; 1 Thess 5,11. Mit *daher* eingeleitet: 1 Kor 3,21.

VII. *Steigerung der rhetorischen Mittel:* Gerichtsankündigung (Mt 10,24–33) oder Imperativ + Verheißung (Mt 7,1–5) stehen am Schluß.

C. Argumente aus der Logik

I. *Unvereinbares:* Mk 9,39; Lk 16,13; 1 Kor 10,21.

II. *Absurdes:* Mk 8,36; Lk 14,28–31 und alle verwendeten Gleichnisse auf Wer/niemand; 1 Kor 14,8 f.; 10,22; Gal 5,11. – Aus dem gegnerischen Verhalten wird eine absurde Konsequenz gezogen: 1 Kor 11,6; Gal 5,12.

III. *Systemzusammenhänge* haben rhetorische Wirkung: 1 Kor 3,22–23; 11,3.7–8.11–12; 10,20 f.

Ebenso: die Zusammengehörigkeit *er–sie:* 1 Kor 11,11.12.

D. Allgemeinere Begründungen

I. Verweis auf ein *Gebot:* 1 Joh 4,21; II. „es ziemt sich": 1 Kor 11,13; III. „etwas *schuldig* sein": Röm 8,12; 1 Joh 4,11; IV. Hinweis auf *„die Natur":* 1 Kor 11,14 f.; V. Hinweis auf die *Schöpfung:* 1 Kor 11,7–9.15; Mk 10,6–9; VI. „*das ist dasselbe wie*" 1 Kor 11,5; 1 Kor 10,14 (Götzenopferfleisch = Götzendienst); VII. *Aussagen über Gott:* Lk 6,35 f.; Mt 6,4.18; 5,44 f.; 6,32par Lk 12,30; 1 Kor 3,19; 8,8; 10,13; 2 Kor 9,7–10; Hebr 6,10.13 f. 17 f.; 10,30 f.; Phil 2,13; 1 Petr 3,12; 4,14; 1 Thess 4,6; 5,2 f. – VIII. *Begründungen aus Gottes zukünftigem Gerichtshandeln:* Lk 3,9; Mt 3,10; Mk 3,28 f.; Mt 10,28; 6,4.18; Lk 12,5; 1 Thess 4,6; 5,2 f.; Hebr 10,30 f. – IX. *Naherwartung:* Lk 3,9par Mt 3,10; Mk 9,1; Hebr 10,37. – *Ungewißheit der Parusie:* Mk 13,33; 1 Thess 5,2 f. – X. Beschreibung des *Status* der Angeredeten: Röm 6,13.14; 7,4; 8,14; 1 Thess 5,4.5.8; 1 Kor 3,16.17b.23. – XI. *Himmlische Geheimnisse:* Mt 18,10.

E. Begründung aus vergangenen Erfahrungen

I. *Sentenzen:* Mk 9,50 (Salz); Lk 6,40 (Schüler/Lehrer); 6,31 (Goldene Regel); Mt 10,24 (Lehrer/Schüler); 10,26 (Verborgenes/Offenbares); 6,34 (Schlechtigkeit des Tages); Faustregel: Mk 9,40par Lk 9,50. – 2 Kor 9,6; 1

Kor 10,12 (Gnome). – *Kurze Erfahrungssätze:* Röm 6,7; Hebr 12,11. II. *Liturgische Praxis:* Röm 8,15. III. *Allgemein menschliche Praxis:* Hebr 6,16. IV. *Geschichte und Erinnerung der Angeredeten:* Röm 6,17–20; 8,15; Kol 3,1.3; Gal 4,12–20; Hebr 10,32–34; Apk 3,2 f. V. *Ruf und Berufensein:* Gal 5,8; Eph 4,1; 1 Thess 4,7; 1 Petr 3,9. – VI. *Christologische Begründung:* Lk 22,27; Eph 4,1–6/7–16; 1 Kor 8, 11.12; Kol 2,9–15.17.19.20; 3,1 f.3.4; 1 Thess 1,9 f.; 1 Tim 2,5 f.; Gal 5,1.4; Phil 2,6–11 in 1–18; Hebr 2,1–4/5–18; 6,20 in 9–20; 1 Petr 3,18–22 in 8–22; 4,13 f. in 12–19. – VII. Begründung *aus Gottes speziellem Handeln:* Lk 6,36; Mt 5,45.48; 1 Joh 3,1; 4,9.10.13.19; 1 Thess 4,8; 5,9; Hebr 6,17 f.; 12,5–7; 2 Kor 9,8. VIII. *Zeugnis* (geben): 1 Joh 4,14; 1 Thess 4,6; Gal 4,15; Röm 8,16; Hebr 2,4.

F. Hinweis auf den Zusammenhang von Tun und Ergehen

I. *Bedingte Mahnrede: Konditionale Relativsätze* in Mk 8,35–9,1; Mt 10,32 f.; Lk 12,8 f.; Mt 18,4–6; Mt 7,8; Lk 11,10 (denn jeder, der bittet, empfängt). – Mk 11,23; Lk 22,26; Mk 10,43 f.; Lk 14, 26.27.33; 14,8–11; 1 Kor 3,17 (Talio). – 1 Joh 4,15 f.20; 2 Kor 9,6. – *Bedingte Erfolgsverheißung:* Mk 9,41; 11,24 f.; Mt 18,18–20. – *Bedingte Unheilsansage:* Lk 3,8 f.par Mt 3,8 f.; Mt 10,28; Apk 3,2–3. – II. *Frage nach dem Nutzen eines Tuns:* Mk 8,36; 1 Kor 14,6; Gal 5,2. – III. *Lohn und Lohnverheißung:* Mk 9,41; Lk 6,37–38; Mt 7,1–2; Lk 6,32–35; Mt 7,7par Lk 11,9; Mt 6,1.5.16 gegenüber 6,4.18. – Mt 5,46; Mt 6,23par Lk 11,34 f.; Lk 14,10.12–14. – Hebr 10,35 f. – IV. *Hinweis auf die Folgen eines Tuns:* 1 Kor 14,23–25 (V. 23: negative, Folgen, V. 24–25: positive Folgen); Röm 6,16.21–23; 7,5 f.; Hebr 10,26 f.38; 1 Petr 3,10.12. – V. *Alternativer Ausgang:* Mt 10,32 f.; Lk 14,12.14; Röm 8,13; Apk 14,9–11/12–13. – VI. *Aufweis der Konsequenz:* 1 Kor 8,10 f.; Gal 5,3.4. – VII. *Kennzeichensätze:* 1 Kor 8,12; 11,4 f.14 f.; 14,2–4; 1 Joh 2,29; 4,7 f. – VIII. Angabe von Ziel und Zweck mit „*damit*": Mt 5,44 f.; 6,4.17 f.; Mk 11,25; Lk 16,9; 1 Tim 2,2b; Röm 8,17; 1 Petr 3,16; 1 Joh 2,28; mit „*damit nicht*": Mk 13,36; Lk 14,8 f.12–14; 1 Kor 8,13; 2 Kor 2,11; Hebr 2,1. –

G. Argumentation mit Analogien

I. *Analogie* (einfach) 1 Kor 10,16 f.18 (Abendmahl und Opfer im Verhältnis zum Götzenopferfleisch). – II. *Beispiel:* 1 Kor 10, 1–11(–22) (Wüstenzug); Hebr 6,13–16 (Abraham); Mt 6,26.28 (Vögel, Lilien). – III. *Gleichnis:* Mt 18,12–14 (verlorenes Schaf); Lk 6,39 (V. 40: Sentenz mit Gleichnisfunktion); Lk 14,28–32; 1 Kor 14,8; Röm 7,2–3; Gal 5,9; 1 Kor 14,7–8 (Wer-Gleichnisse). – *Gleichnis-Diskurse:* Lk 16,9–13; Mk 13,32–37. – IV. *Vergleich:* Mt 10,29par Lk 12,6 (Spatzen); 1 Thess 5,2.3. – V. *Illustration:* In Mt 18,8–9 illustriert die Aufforderung zur Verstümmelung nur die geforderte Radikalität des Verfahrens mit dem, der Ärgernis gibt. – VI. *Nachahmung* eines persönlichen *Vorbildes:* Mk 8,34; Lk 22,27; Mk 10,45; Hebr 6,12(–16); Gott als Vorbild: Lk 6,36par Mt 5,48; Kol 3,13; 1 Joh 2,28–3,3;

vgl. besonders 3,2 f. mit Mt 5,45–48; 1 Joh 4,11.19. – VII. Einprägung des Geforderten durch *metaphorische Redeweise:* Lk 6,41 f.par Mt 7,3–5; Mt 10,27 (Finsternis/Licht); Röm 6,19 f.; 1 Kor 14,20; Gal 4,19; 1 Thess 5,1–11; Hebr 6,19.

H. Kommunikative Elemente

I. Das epistolare *Ich als Beispiel:* 1 Kor 8,13; 14,6.11.14.18f.; 1 Thess 4,10; Gal 4,12. – II. *Ich/ihr-Beziehung:* Lk 22,25–30; 1 Kor 10,20; 1 Kor 14,11–12; 2 Kor 9,1–5; Gal 4,12–20; Phil 2,16–18. – In den Briefen der Apk: Ich/du-Beziehung. – Begründung durch Berufung auf apostolische *Autorität:* 1 Tim 2,7; Gal 5,2. – Ich/er-Beziehung: Lk 12,8 f./Mt 10,32 f. – III. *Abgrenzung* von Außenstehenden: Mt 5,46 f. (Zöllner, Heiden); Lk 6,32–34 (Sünder); Mt 6,2 f.5 f.7 f.16–18 (die Heuchler oder Heiden); Mt 6,32par Lk 12,30 (Heiden); Mk 10,41–45 (Herrscher); Lk 22,25 f. (Könige, Herrscher); 1 Kor 10,20 f. (Genossen der Dämonen); 1 Thess 4,5 (die Heiden); 5,3–6 (die Übrigen); Phil 2,15 (böse und verkehrte Generation); Abgrenzung *von Gegnern:* Gal 5,10.12. – IV. Verwendung des sog. *kommunikativen Plurals* (1. Person Plural, „Wir-Stil") u. a. in Gal 5,5; 1 Joh 2,28–3,3; 4,7–11. – *Kennzeichensätze:* vgl. F VII.

I. Auf die Emotionalität der Hörer bezogene Elemente

I. *Eingebaute Schelte:* Lk 6,42par Mt 7,5; Lk 3,7par Mt 3,7; Mt 6,28par Lk 12,26; Mt 6,30par Lk 12,28; Kol 2,21; Apk 3,2 f.; Hebr 12,4–5. – Es fällt auf, daß dieses Mittel vor allem in Q gebräuchlich ist. – II. *captatio* (Lob der Hörer, um diese zu gewinnen) Gal 5,7; 2 Kor 9,2; 1 Kor 10,15; Hebr 6,10. – „ihr tut es ja schon": 1 Thess 5,11. – III. Verwendung geläufiger *Schlagworte:* 1 Tim 2,5 (Ein Herr . . .); Eph 4,5 (Ein Herr . . .); 1 Kor 10,23 („alles ist erlaubt") – IV. *Gebet:* Röm 6,17; 1 Kor 14,18; 2 Kor 9,15. – V. *Pleonastische Reihen:* Lk 6,37–38a; Mk 10,43 f.; 1 Kor 14,6; 3,22. – VI. *Metaphorische Rede:* vgl. oben G VII. – VII. Vorwegnehmende Abweisung des Widerspruchs *„sagt nicht bei euch":* Lk 3,8par Mt 3,8; Mt 6,31 (schon alttestamentlich in der Weisheitsliteratur: Prov 20,22 und Koh 7,10).

Im Anschluß sind noch einige berühmte symbuleutische Argumentationen des Neuen Testaments kurz darzustellen:

a) Mt 23,8–12: Abgrenzung, christologische Begründungen in V. 8 und 10, theologische in V. 9, Begründung des Mahnwortes V. 11 durch die doppelteilige Sentenz V. 12. Während V. 8–10 nur negativ fordert, wird in V. 11 positiv gemahnt, V. 12 ist als bedingte Heils-, bzw. Unheilsansage eine Art peroratio.

b) Lk 11,34–36: Schlußfolgerung und metaphorische Mahnrede; Voraussetzung: Das Auge kann den Leib erhellen. Folgerung sachlicher Art: Also ist der Leib, je nach Auge, hell oder dunkel. Folgerung als Mahnrede: Also muß man darauf achten, daß das Auge nicht finster ist. Folgerung aus den ersten beiden Sätzen: Der Leib wird solange hell sein, wie er vom Auge Licht empfängt. (Auge steht hier für Wahrnehmen der Botschaft, davon ist der Zustand des Menschen abhängig.)

c) Röm 11,17–24: Eingebettet in apologetische Passagen; starke Elemente der Diatribe/Dialexis (z. B. V. 11). – Schluß a minore ad maius in V. 12.15.16.21.24. – Bedingte Unheilsansage: V. 18.22.23.

d) 1 Kor 3,16–23: Schriftbeweise V. 19 f. – Analogieschluß V. 16 f. (Tempel/Tempelzerstörung). – Dialektische Argumentation mit der Gesamtordnung (vgl. dazu oben unter C III) V. 22 f.

e) 1 Kor 6,12–20: Die wichtigsten Argumente werden mit „wißt ihr nicht . . .?" eingeleitet (V. 15.16.19). – Schriftbeweis in V. 16. – Der Kern der Argumentation in V. 16 f. ist ein Analogieschluß unter Voraussetzung der Gegensätzlichkeit von Fleisch und Geist, die sich ausschließen.

f) Hebr 10,19–31: Christologische Begründungen – bedingte Unheilsansage V. 26 f. – Argumentation a minore ad maius V. 28 f. – Darstellung des Gerichtes mit Hilfe von einprägsamen Schriftzitaten V. 30 – Sentenzartiger Schluß V. 31.

g) Hebr 12,1–13: Jesus als Vorbild (12,2 f.) – Schelte V. 4 f. – Rechtfertigung von Gottes Handeln mit Schriftzitat V. 5 f. – Argumentation V. 7 f. (alle Söhne werden gezüchtigt – wäret ihr frei von Züchtigung, dann wäret ihr keine Söhne). – Schluß a minore ad maius V. 9 f. – V. 11 allgemeine Erklärung (Ekphrasis: Züchtigung), V. 12: peroratio: Abschließende Aufforderung.

h) Jak 5,7–10: Beispiel des Ackermanns (V. 7). – Begründung mit Naherwartung V. 8.9. Hinweis auf das Vorbild der Propheten V. 10, Beispiel des Hiob V. 11.

§ 31 Epideiktische Argumentation

Überaus häufig sind epideiktische Argumentationen des Neuen Testaments schriftgelehrt (vgl. § 35), und hier sind daher nur die Aspekte zu nennen, die unabhängig von der Schriftverwendung gelten. Man kann auch zögern, ob nicht die hier epideiktisch genannten Texte alle zum dikanischen Genus gehören. Denn in fast allen epideiktischen Argumentationen geht es um den *Ausschluß einer Größe* im Rahmen einer Nicht-sondern-Struktur. Es wird argumentativ dargestellt, inwiefern etwas gegenüber einer anderen Größe höheren Rechtes und größeren Wertes sei. Darin liegt etwas Legitimatorisch-Apologetisches, denn es wird eine Entscheidung nahegelegt. Andererseits, und dafür wird hier votiert, ist der Vergleich zwischen zwei Größen und die Darstellung des höheren oder höchsten Wertes ein grundsätzliches Unterfangen der Epideiktik. Die Schwierigkeit der Zuordnung hat auch historische Gründe: Die Rede vor Gericht war einst die Mutter allen Argumentierens gewesen, und das haftet der epideiktischen Argumentation noch an – nicht zuletzt darin, daß hier eben mit dem „Gesetz" (in diesem Falle: Schrift des Alten Testaments) argumentiert wird.

1. *Typische Texte* mit epideiktischer Argumentation: Röm 3,9–20; 4,1–17; 5,1–21; 6,1–11; 7,7–8,39; 1 Kor 15,11–58; 2 Kor 3,4–18; Gal 3,1–18; 4,21–31; Hebr 1,5–14; 2,5–18; 3,1–6; 7,11–10,18; 12,18–24. – Im Rahmen der epideiktischen Argumentation mit Schriftbeweisen in Hebr 1 hat 1,4 die Funktion einer These (propositio), 1,5–13 die Rolle der Beweise durch exempla, 1,14 ist eine zusammenfassende Auswertung der Beweise (conclusio). – Zur Argumentation in 1 Kor 15 vgl.: M. Bünker: Briefformular und rhetorische Disposition im 1. Korintherbrief, Göttingen 1984; Berger, Exegese, S. 58.

In Mk 12,26 f. geht es um den epideiktischen Beweis der Möglichkeit einer Auferstehung:

Der Beweisgang besteht aus zwei Sätzen: der Zitierung von Ex 3,6 (weggelassen ist „deines Vaters" aus LXX Ex 3,6) und dem Satz: Nicht ist Gott (ein Gott) der Toten, sondern der Lebendigen. – Mit den „Lebendigen" sind zunächst die in Ex 3,6 genannten Abraham, Isaak und Jakob gemeint. Entscheidend ist die Frage, ob man V. 27 als Prämisse oder bereits als Konklusion betrachtet. – Möglichkeit A: Hält man den Vers für die Konklusion, läuft der Beweis so: Mose gegenüber, der lebte, als die Erzväter längst tot waren, bezeichnet sich Gott als den Gott dieser Erzväter. Sich als den Gott jemandes zu erklären, der schon längst tot ist, wäre aber widersinnig. Soll Gottes Selbstprädikation gegenüber Mose sinnvoll sein, so muß er auch jetzt noch ihr Gott sein, sie müssen ihn als ihren Gott „haben". Um aber einen Gott zu haben, muß man am Leben sein. – Das beweisende Element liegt hier in der zeitlichen Differenz zwischen Mose und den Erzvätern. Gott kann nicht ein Gott Toter sein, sonst würde er sich nicht so nennen. Da die Erzväter aber gestorben sind, müssen sie wieder zum Leben gelangt sein. Das aber setzt Auferstehung voraus. Also setzt Ex 3,6 Auferstehung Toter voraus, wenigstens in diesen drei Fällen (vgl. zur Argumentation a particulare ad universale auch 1 Kor 15,12 f.). – Möglichkeit B: Betrachtet man V. 27 noch als eine der beiden Prämissen, so hätte der Syllogismus folgende Struktur: Ich bin der Gott Abrahams, Isaaks und Jakobs. Nun aber ist Gott nicht ein Gott Toter, sondern ein Gott Lebender. Also leben Abraham, Isaak und Jakob. Also gibt es Auferstehung. Das beweisende Element wäre nicht die zeitliche Differenz zwischen Mose und den Erzvätern, sondern die antithetisch formulierte „Sentenz" 12,27. Als Parallele wäre Ps 115,17 f. zu nennen. Der Vers 12,27 wäre freilich für sich genommen eher ein Beweis für das Gegenteil und ist als Schlagwort im Munde von Auferstehungsleugnern durchaus denkbar. Nur durch die Verbindung mit Ex 3,6 gewinnt er einen anderen Sinn.

2. Die *Mittel des Argumentierens* sind dieselben wie bei der symbuleutischen Argumentation; sie werden nur sparsamer gebraucht. Es genügt, die wichtigsten hier kurz zu nennen: Vergleich (Gal 3,15), „Gleichnis" (1 Kor 12,14 ff.), Sentenz (Röm 8,31; 1 Kor 15, 42), Ausgehen von Erfahrungen und von dem, was vor Augen liegt (1 Kor 1,26; Röm 7,15), Argument der Nützlichkeit (1 Kor 12,7; 13,3); Abgrenzung (Gal 2,15; 1 Kor 1,22–24), Kettenreihen (Röm 5,3–4; 8,29 f.) und rhetorische Fragen (Röm 7,24; 8,31–36). Ausgeprägt ist wieder der *Schluß vom Größeren auf das Geringere* (und umgekehrt), und zwar in doppelter Gestalt: A. Rein als Verhältnis von mehr oder weniger, größer oder kleiner (2 Kor 3,7 f.9.11; Röm 5,8 f.10 und im Judentum: 4 Esr 4,31 f.: „Ermiß du selber, wenn schon ein Körnchen bösen Samens solche Frucht der Sünde getragen hat – wenn einst Ähren des Guten gesät werden ohne Zahl, welche große Ernte werden die geben?"). B. Als antithetische Entsprechung (Sterben/Gnade, Tod/Leben, so in Röm 5,15b.17). – Besonders wichtig wird für Paulus auch der breit ausgeführte

Hinweis auf die *Analogie in der Schöpfung;* der für das hellenistische Judentum typische argumentative Verweis auf die Schöpfung erhält bei Paulus in apokalyptischen Zusammenhängen eine neue Funktion, so in 1 Kor 15,35–44 und in Röm 8,19–23.

Von den logischen Verfahren der Argumentation spielt besonders die *deductio ad absurdum* (der Nachweis der Unsinnigkeit der gegnerischen Position anhand der Konsequenzen, die sich aus ihr ergeben) eine große Rolle, und zwar in dreifacher Gestalt:

A. Wenn x der Fall wäre, so wäre mein eigenes Tun und Leiden (1 Kor 15,14a.30) oder das anderer (1 Kor 15,14b.29; Gal 2,21) sinnlos oder umsonst – mit der Konsequenz des moralischen Nihilismus (1 Kor 15,32b).

B. Wenn x der Fall wäre, gäbe es y gar nicht, von dem wir annahmen, daß es (glücklicherweise) geschehen sei (1 Kor 15,13.16.17–19).

C. Wenn x der Fall wäre, so würde ich selbst oder würden andere als Lügner oder als Sünder dargestellt (1 Kor 15,15; Gal 2,17.18), oder es ergäbe sich ein totaler Widerspruch zu allem, was wir von jemandem wissen (Gal 2,17: Christus Diener der Sünde).

3. Wichtiger ist hier, daß Paulus wie Hebr eine *argumentative Axiomatik* erkennen lassen, die nahe an die theologischen Grundlagen heranreicht, ohne jedoch mit Christologie, Anthropologie oder religionsgeschichtlichen Vorstellungen verwechselbar zu sein. Es handelt sich um eine „historische argumentative Logik", die zunächst für Paulus so zu beschreiben ist:

A. Die *Abfolge von Ereignissen* stellt eine so unverbrüchliche Ordnung dar, daß sie als axiomatischer Ausgangspunkt dienen kann. Aus dem Vorher folgt notwendig das Nachher, und in dem Vorher ist ein Teil des Nachher schon enthalten.

So weist Stöhnen als Zeichen für Wehen wie alle Wehen notwendig auf etwas Schönes, das dann kommt (Röm 8,22 f.; vgl. auch 2 Kor 5,3 f.). Und der Ablauf der Endereignisse ist nach 1 Kor 15,23–28 eine Ordnung, aus der man auch die Auferstehung der Toten ableiten kann. Und Vergänglichkeit kommt notwendig vor Unvergänglichkeit (1 Kor 15,42–45) wie das Psychische vor dem Pneumatischen (1 Kor 15,46). Und wenn man den Geist als „Angeld" deutet, dann ist er teilweise Gabe und Selbstverpflichtung Gottes auf das, was dann noch kommen wird (2 Kor 5,5; Röm 8,23). So ist auch die Folge von Tod und Auferstehung zwingend für alle, die Jesus ähnlich sind: Wer an dem ersten teilhat, wird sicher auch des zweiten teilhaftig werden (Röm 6,5). – Zu diesem Ordnungsdenken gehört auch der Grundsatz, daß das, was später ist, das Frühere nicht außerkraftsetzen kann (Gal 3,17); das Frühere ist höheren Rechts, und Späteres kann es höchstens bestätigen (Röm 4,10–13) – die gesamte paulinische Argumentation, daß das Gesetz erst später gekommen sei, später jedenfalls als Glaube und Verheißung, ruht auf diesem Axiom.

B. Das Verhältnis zwischen Gott und Welt ist stark gegensätzlich, und diese *Gegensätzlichkeit* bestimmt sowohl die Geschichte der Zuwendung Gottes zur Welt wie insbesondere die beiderseitigen Wertmaßstäbe. Diese sog. paulinische „Dialektik" ist dabei kein ontologisches Prinzip, sondern eher temporal zu sehen (Zeit der Schwäche und der Nichterfüllung des Willens Gottes vor der Zeit der Kräftigung und die Möglichkeit, sich zu versperren gegenüber dieser neuen, eschatologischen Zeit). – Das paulinische Argumentieren ist freilich in höchstem Maße durch Antithesen bestimmt, und Paulus setzt voraus, daß überall in der Schrift dieselben gelten (Röm 4,1–8: Der Gegensatz Glaube/Werke kann überall vorausgesetzt werden). Undurchschaubare und zweifelhafte Sachverhalte werden auf die ihnen zugrundeliegenden Antithesen zurückgeführt (Gal 3,1–18). Und wenn bei gegebener Antithetik von A und B die Größe A nicht infrage kommt, gilt automatisch B (Gal 3,14: Wenn der Fluch beseitigt ist, kann der Segen Wirklichkeit werden). – Das antithetische Argumentieren bedeutet zugleich, daß Zugehörigkeit zum einen oder zum anderen jeweils abstrakt exklusiv gesehen wird (ohne die nach unserem Verständnis viel realitätsnäheren Zwischentöne). Dieses schwarz/weiß-Denken ist historisch auch im Gefolge von Weisheit und Protreptik zu sehen.

C. Das Verhältnis des Menschen zu den antithetisch beschreibbaren Mächten in der Welt ist das der *Zugehörigkeit* zu dem einen oder anderen Bereich. Diese Zugehörigkeit ist verwirklicht als Immanenz (Sein „in Christus" usw.), als Teilhabe oder als Leben von etwas her und auf etwas hin (gr.: *zēn* + Dativ), vor allem aber in der Kategorie des Eigentums: Menschen „gehören" mit allem, was sie haben und sind, dem Bereich, in dem sie stehen (Bild von der Leibeigenschaft des Sklaven). Die Lösung dieser Bindungen kann sich (im Falle des Christentums) als Befreiung vollziehen; diese hat aber neue Zugehörigkeit mit allen (und in diesem Falle: besseren) Konsequenzen zur Folge (Texte: 1 Kor 6,12–15; Röm 6,11 ff.). Zugehörigkeit zu einem Bereich hat auch zur Folge, daß alles Handeln in Gehorsam gegenüber dem jeweiligen Herrn geschieht und dadurch in seiner Folge qualifiziert ist (Röm 6).

D. Die entgegengesetzten Bereiche bestehen nicht abstrakt, sondern sind notwendig personal, und zwar so, daß sie in einer Person repräsentiert werden können (wie der antike „Staat" in seinem Herrscher) – die Kategorie der *Repräsentanz* ist im Neuen Testament eine messianisch-politische. Die juristische Kategorie der Zugehörigkeit (vgl. Axiom C) ist hier ebenso Voraussetzung wie ein ausgeprägtes Analogiedenken. Das bedeutet: Was die Schrift über einen „sozialen Repräsentanten" sagt, gilt nicht nur für ihn selbst, sondern für alle, die zu ihm gehören, wenn sie ihm *ähnlich* sind (Röm 4,23 f.: Abrahamskindschaft). Das, was an Christus geschehen ist, gilt für alle, die zu ihm gehören, auch wenn – nach der Axiomatik A – diese Stellvertretung erst im Laufe der Zeit eingeholt wird (Röm 8,11). Wer etwas tut wie der Repräsentant, wird wie er, ist sein „Sohn" (Gal 3,7) und hat teil an dem Gut des Vaters.

E. Als Theologe weiß sich Paulus befugt, Daten und Größen so einander zuzuordnen, daß er in deren Existenz und Abfolge *Ziel und Zweck* erkennt;

darauf weisen insbesondere „kommentierende" „damit"-Aussagen: Früheres war, *„damit"* späteres Heil sein konnte (z. B. Röm 5,20f.; Gal 3,22–24). Dazu gehören auch Texte wie Röm 7,13: Damit etwas als es selbst erkennbar wird (hier: die Sünde als Sünde), bedarf es des Gegenteils (hier: Gesetz) als eines Katalysators. Theologische Argumentation kommt also nach dem Selbstverständnis des Paulus zum Ziel, wenn Zweck und Funktion in einem größeren Zusammenhang durch „damit" erklärt werden können.

F. In der Argumentation werden gegebene Daten totalisiert, generalisiert und universalisiert. So kommen paulinische *All-Aussagen* zustande. So gilt für Paulus ohne weiteres, daß Dtn 27,26 auf alle zutrifft, die unter dem Gesetz sind (Gal 3,10). Röm 3,19 steht mit seinen All-Aussagen nicht ohne Grund am Schluß einer längeren Argumentation („Nun wissen wir doch, daß *alles,* was das Gesetz sagt, es denen sagt, die unter dem Gesetz sind, damit *jeder* Mund gestopft und die *ganze Welt* schuldig werde vor Gott"), vgl. dann die folgenden All-Aussagen in Röm 3,20.22b–23 in der Verbindung mit der unter B geschilderten antithetischen Axiomatik: Weil alle Sünder sind und weil Gesetz und Sünde einerseits, Gnade und Gesetz andererseits strikte Gegensätze sind, kann aus dem Geschick des Sünders rettend nur die Gnade befreien.

G. *Relationalität* im Tat-Folge-Zusammenhang. Göttliche Größen (Gott, Gesetz, wohl auch Mächte) wirken nicht an sich Heil oder Unheil; ob das eine oder das andere zutrifft, ist überhaupt nicht „abstrakt" auszumachen. Vielmehr wird diese Beziehung dadurch entschieden, zu welchem Bereich der Mensch gehört, der ihnen begegnet (Rolle des Gesetzes in Röm 7, vgl. Berger, BK S. 356f.).

Diese Axiome paulinischer Argumentation sind nicht nur auf bestimmtem historischen Hintergrund entstanden (z. B. patriarchalische Gesellschaft und hellenistischer Herrschergedanke in D), sie haben auch bestimmte *Funktionen in der Geschichte des Urchristentums* und gehören deshalb in eine Formgeschichte: Das unter A beschriebene Ordnungsdenken kann – gerade als nicht ausdrücklich an der Torah orientiertes Ordnungsdenken – wichtige Beiträge zur *Stabilisierung* der Gemeinde leisten; das gilt sowohl für die Zukunftshoffnung als auch für die Beurteilung der Rolle des Gesetzes in der Zeit seiner jüdisch-nationalen Begrenzung gegenüber judaistischen Tendenzen. – Das unter B beschriebene antithetische Argumentieren hat regelmäßig die Funktion, mittels *Abgrenzung* die Identität der zugehörigen Gemeinde darzulegen. Die Axiomatik C bedeutet für die Gemeinde: *Zugehörigkeit* begründet die Ethik und nivelliert zugleich die individuelle soziale Zugehörigkeit der einzelnen Gemeindemitglieder. Die unter D genannte Repräsentation bedeutet für die Gemeinde: *Integration* um den einen Mittler und zugleich *Akzeptieren* aller anderen Glieder. Wichtig für die Gemeinde ist auch die unter E genannte Axiomatik: Indem es der Gemeinde gelingt, auch gegenteilige Positionen zu vereinnahmen und in einem Gesamtkonzept unterzubringen (darin den relativen, vorläufigen Sinn etwa des Gesetzes verständlich zu machen), gelingt in der Auseinandersetzung die Darstellung einer positiven Alternative. – Die unter F genannten Axiome haben selbstverständlich ihre Bedeutung im Kontext der Hinwendung zur *universalen Heidenmission,* aber auch darüber hinaus: Die All-Aussagen haben ihre Bedeutung für eine Durchsetzung des Anspruchs des einen Gottes in eschatologischer Zeit.

Die *Axiomatik des Hebr* ist zum Teil von der des Paulus verschieden:

A. Die *Existenz* der neuen Ordnung selbst macht deutlich, daß die alte Ordnung des Aufhebens bedürftig war. Denn hätte die alte Ordnung genügt, was hätte es der neuen bedurft.

B. Die Zeit wird bestimmt durch die *je geltende Ordnung* (eines Priestertums).

C. Die *Aufhebung einer Ordnung* geschieht dann, wenn die spätere offenkundig leistungsfähiger ist. In diesem Zusammenhang ist das Argument des Nutzens wichtig.

D. Die *Qualität* einer Ordnung richtet sich nach der Seinsqualität des für sie wichtigen Mittlers/Repräsentanten.

E. So besteht zwischen der alten und der neuen Ordnung keine Dialektik (gegen Paulus B), sondern das Verhältnis des Größeren und Wirkungsvolleren gegenüber dem Schwächeren, also das Mehr. Andererseits wird das Fehlen der Dialektik dadurch ausgeglichen, daß die spätere Ordnung die frühere aufhebt (gegen Paulus A).

F. Gott handelt nach dem, was für ihn „geziemend" ist, und das ist vor allem „Vollendetheit" (gr.: teleiōsis).

G. Es besteht ein grundlegendes Überbietungsverhältnis zwischen zwei Seinsbereichen, die zugleich Zeiten sind: *Die Einzahl ist besser als die Vielzahl,* das Himmlische besser als das Irdische, die Wahrheit des Urbildes besser als der Schatten, die Reinigung des Gewissens besser als die nur äußerliche Reinigung. Das Himmlische, Ewige, Eschatologische und Innerliche ist „besser" als das Irdische, Vergängliche, Sichtbare. – Daher auch das Axiom: Was ausreichend ist und Vollendetheit bringt, bedarf keiner Wiederholung.

Der Sitz im Leben dieser Axiome ist die Darstellung der Christologie gegenüber den zunächst scheinbar offenkundigen Vorzügen derer, die Juden blieben oder zum Judentum zurückkehrten.

§ 32 Apologetische Argumentation

Lit.: ANRW S. 1287–1291.

1. Die Rechtfertigung von Sabbatheilungen ist ein alter und wichtiger Ansatzpunkt für apologetische Argumentation. Von der einfachsten bis zur am weitesten entfalteten Form läßt sich hier die „Entwicklung" verfolgen: a) In Mk 3,4 (innerhalb der Heilung des Mannes mit der gelähmten Hand)/Lk 6,9 stellt Jesus lediglich eine rhetorische Frage („Ist es erlaubt, am Sabbat Gutes zu tun oder Böses . . .?"). b) Bei der Heilung des Wassersüchtigen (Lk

14,1–6) fragt Jesus ähnlich, fügt dann aber eine rhetorische Frage, ein Beispiel enthaltend, hinzu („Wer von euch . . .?"): Sohn oder Rind würde man am Sabbat aus dem Brunnen ziehen. c) Bei der Heilung der gekrümmten Frau in Lk 13,10–17 wird der Einwand gegen Jesus zum ersten Mal wörtlich wiedergegeben. Jesus antwortet in 13,15–16 mit einem Schluß a minore ad maius (Ochs und Esel werden am Sabbat abgebunden und zur Tränke geführt – und eine Tochter Abrahams, die 18 Jahre gebunden war, darf man nicht am Sabbat befreien?). d) Bei der Rezeption von Mk 3,1–6 (oben unter a)) in Mt 12,9–14 argumentiert Jesus in 12,11 f. ebenfalls mit einem Schluß a minore ad maius (ein Schaf wird am Sabbat aus der Grube gezogen – ein Mensch ist wertvoller als ein Schaf), und Jesus zieht hier selbst nunmehr expressis verbis den Schluß: „Es ist also erlaubt, am Sabbat Gutes zu tun." – Man könnte folgende Traditionsgeschichte entwerfen: Zur rhetorischen Frage kam das Beispiel hinzu; das Beispiel wurde zur Argumentation a minore ad maius, und alles kombiniert finden wir bei Matthäus. Doch die Genese ist nicht so einlinig vorzustellen. Offenbar bilden *Beispiel und Argumentation* den einen ursprünglichen Ansatz, die *rhetorische Frage nach der Erlaubtheit* den anderen. Matthäus 12 wie Lk 14 setzen beides voraus. – Jedenfalls liegt in Joh 5 und 7 die am weitesten entfaltete Stufe vor: Nach der Heilung in 5,1–15 argumentiert Jesus zunächst damit, daß er den Vater nachahmt, und dieses hat die Funktion eines *Zeugnisses* für ihn, das besser ist als das des Johannes. Denn der Vater weckt Tote auf. Bei der Wiederaufnahme des Gesprächs in K. 7 geht Jesus in 7,23 auf das Sabbatproblem ein: Die Beschneidung verletzt den Sabbat nach Ansicht der Juden auch nicht, wie dann eine Heilung? Wie bei Lk und Mt entscheidet der *Analogiefall.* Zwei weitere, allgemeinere Argumente bietet der Kontext: Legitimität erkennt man daran, ob jemand nach Gottes Willen handelt; die Juden tun es nicht (7,17.19.22), da sie nicht das Gesetz befolgen. Und: Jesus sucht nicht die eigene Ehre; auch das müßte für ihn sprechen. – Im JohEv ist aus der Frage ein Problem der Legitimation Jesu selbst geworden.

Die Argumentation bei den Sabbatheilungen ist deshalb hier entfaltet worden, weil sich hier ein Sitz im Leben mit hoher Wahrscheinlichkeit rekonstruieren läßt: Im jüdischen Gesetz gibt es keine Bestimmung gegen Heilungen am Sabbat; das Problem war also durchaus offen; daß die nicht christlich gewordene jüdische Seite hier ansetzte und die Unerlaubtheit behauptete, war zwar theologisch schwach zu begründen, sollte aber die christlichen Aktivitäten in und um den Sabbatgottesdienst treffen. Denn in charismatischen Zeichenhandlungen und in charismatischer Schriftexegese am Sabbat bestand vornehmlich die älteste christliche Missionstätigkeit. Hier lag das eigentliche Ärgernis, das man durch den Vorwurf, Heilungen seien „Arbeit" zu unterbinden hoffte. Ein sehr früher und an zentraler Stelle ansetzender Sitz für apologetische Argumentation der Judenchristen: Das vorgeschützte Argument der Unerlaubtheit sollte nach allen Regeln der Kunst widerlegt werden.

2. Ein zweites, nicht weniger wichtiges Thema für *apologetische Argumentation* war der Beelzebub-Vorwurf:

a) Mk 3,23–30 geht darauf ein mit der typischen Verbindung von Apologie und (bedingter) Unheilsankündigung. Nach dem einleitenden Thema (V. 23b) und vor der bedingten Unheilsansage in V. 28f. wird mit Hilfe von drei Gleichnissen (Reihung durch: „nicht kann . . .") erwiesen, daß Satan nichts gegen sich selbst unternehmen kann, daß er vielmehr gebunden werden muß, wenn Dämonen ausgetrieben (sein Haus beraubt) werden. Nach den beiden ersten negativen Gleichnissen (Reich und Haus) wird in V. 26 eine erste *Conclusio* gezogen: Satan hätte ein Ende, wenn er sich so gegen den eigenen Vorteil verhielte. Die differenzierte Argumentation weist hier auf ein zentrales Thema der Christologie, mit dem die Gemeinde es sich nicht leicht macht.

b) Matthäus erweitert das Stück um Mt 12,33–37 durch Gleichnis, Schelte, Sentenzenpaar und Gerichtsankündigung, gibt aber dadurch dem Ganzen ein neues Schwergewicht: Dieses liegt jetzt auf dem Warnen vor jeglichem negativen Gerede (sc. über Christentum).

c) Eine subtile Argumentation liegt in Lk 11,14–28 vor:

I. 11,17f.: *Gleichnis* vom geteilten Reich und *rhetorische Frage:* „Wie kann . . . bestehen?".

II. 11,19f.: Eine Alternative wird zum *Dilemma:* V. 19 geht davon aus, der Vorwurf bestehe zu Recht: Jesus treibt mit Beelzebub Dämonen aus. Die Konsequenz: Auch die Söhne der Angeredeten treiben Geister aus; und wer über Jesus so urteilt, muß zwangsläufig auch zum gleichen Resultat anderer jüdischer Exorzisten Stellung nehmen. Der Nachteil, den man mit Urteilen dieser Art inkauf nimmt, ist nur: Wer einen Charismatiker richtet, wird von ihm gerichtet. Hier ist das letzte Wort also „Gericht". – V. 20 dagegen geht *vom umgekehrten Fall aus:* Wenn Jesus nun aber nicht mit Beelzebub, sondern wenn er mit Gottes Finger Geister austreibt, dann ist das Schönste geschehen, was man erwarten könnte: Gottes Reich ist gekommen. So steht das Kommen des Reiches dem Gerichtetwerden gegenüber.

III. V. 21f.: *Gleichnis* vom Sieg des Stärkeren: An Jesu Praxis zeigt sich, wer der Stärkere ist, und das ist Gott.

IV. V. 23: Ich-Wort als *Faustregel* („Wer nicht mit mir ist . . ."). Was soll dieses Wort hier? Dieses Wort ist hier offenbar nicht auf Jesus zu beziehen, sondern eine generelle Regel zur Illustration des Vorangehenden: Es gibt, so will die Sentenz sagen, zwei Möglichkeiten: Wenn man mit jemandem ist, macht man gemeinsame Sache mit ihm. Wenn man gegen jemanden ist, dann verstreut man gegen ihn. Bei Jesus kann man es sehen: Er verstreut gegen Satan – also ist er nicht für ihn (das ist der apologetische Sinn der Sentenz im Kontext). Es geht also in der Sentenz nicht darum, mit Jesus zu sammeln. Das Ich der Sentenz ist nicht Jesus, sondern Satan! Zu dieser Erkenntnis führt die Beobachtung, daß es sich um einen geradlinig streng aufgebauten apologetischen Argumentationszusammenhang handelt.

V. V. 24–26: Das Schlimmste ist der Rückfall: Geheilt und wieder besessen. Und das ist wohl eine *Aussage über die* undankbaren *Hörer* Jesu. Also: Gottes Wort hören und es bewahren, und speziell: Nicht als Dank für Jesu Exorzismen ihn beschuldigen, denn damit offenbart man gerade sein eigenes Wieder-Besessensein.

3. In Joh 10,24–39 liegt eine *christologische apologetische Argumentation* vor. Darin bilden die Verse 31–33 eine Zäsur. Im ersten Abschnitt der Rede V. 25–30 geht es eher um eine **narratio** im Ich-Stil, im 2. Teil V. 34–38 um eine *argumentatio* mit Hilfe von Schrift und anderen Beweisen. Damit entspricht der Aufbau des Abschnittes dem sonst in Act geläufigen Schema der Abfolge von narratio und argumentatio (s. o. § 23). Im ersten Teil wird die Frage, ob Jesus der Christus sei, eher erläutert als bewiesen durch eine Schilderung der Aktionseinheit Jesus/Vater. Diese legitimiert ihn, und der Unglaube der Hörer wird gleich miterklärt. Das Wort „Christos" fällt nicht, aber das Bild des Hirten ist, wie jedermann wußte, nicht nur auf den Messias bezogen, sondern auch, und das ist hier wichtiger, auf die Schafe, die Jesus folgen und die damit sich von Schafen unterscheiden, die nicht zu ihm gehören. *Apologetisch* ist die *in sich konsistente und stimmige Ausführung* Jesu über die Konstellation von Vater, Sohn (= Hirt) und Schafen. Der „Beweis" liegt nur darin, daß in diesem differenzierten Bild alles Notwendige zusammengeschaut werden kann. Anders in der **argumentatio** ab V. 34: I. V. 34–36. *Basis des Beweises:* Schriftzitat Ps 82,6: Die Empfänger von Gottes Wort werden dort „Götter" genannt. *Zweiter Satz:* Die Schrift kann nicht außer Geltung kommen. *Schluß a minore ad maius:* Bei Jesus geht es nicht nur um einen, an den das Wort Gottes erging, sondern der Vater hat ihn geheilt und in die Welt gesandt. *Conclusio:* Also lästert man nicht, wenn man ihn als Sohn Gottes bezeichnet. Der Titel „Sohn Gottes" für Jesus ist mit Hilfe der Schrift apologetisch verteidigt. – II. V. 37 f.: *Zwei Möglichkeiten:* Jesus tut nicht die Werke Gottes, dann braucht ihm niemand zu glauben – oder: Jesus tut sie, dann sollen sie wenn nicht ihm, so doch den Werken glauben und so zur Erkenntnis der Wirkeinheit von Vater und Sohn gelangen. Der Beweisgang hier *appelliert an das Wahrnehmbare,* an das Zeugnis, das Jesu Werke von ihm ablegen.

4. Apologetische Argumentation liegt auch vor in Röm 9,14–33; 10,1–21. Der scheinbar willkürlich erwählende und verwerfende Gott muß gegen den möglichen Vorwurf, er sei ungerecht, verteidigt werden: Das Geschöpf hat aber kein Recht, mit seinem Schöpfer über dessen Maßnahmen zu rechten. Wo die Argumentation schriftgelehrt wird, werden erstmalig Schriftzitate auf Heiden (9,24–26) und auf Juden (9,27–29) *verteilt* (vgl. dann auch: 10,20 f. mit einem einzigen Schrifttext). Die Argumentation in 10,1–21 zielt auf die Unentschuldbarkeit Israels; im Mittelpunkt der Argumentation steht eine *Kettenreihe* (10,11–18).

Im 35. Brief des Apollonius v. Tyana (Hercher, Epistolographi 115 f.) endet eine apologetische Argumentation (Ausschluß einer Größe: Geld und Tugend sind entgegengesetzt) in einer Apologie.

Die Bedeutung rhetorischer Argumentation ist für den Fall des Gal in jüngerer Zeit von H. D. Betz untersucht worden (The Literary Composition and Function of Paul's Letter to the Galatians, in: NTS 21 (1975) 353–379 und sein Kommentar „Galatians" in der Reihe Hermeneia; ferner: R. B. Hays: The Faith of Jesus Christ: An Investigation of the Narrative Substructure of Gal 3,1–4,11, Missoula 1982). Gal im ganzen bezeichnet Betz als „apologetischen Brief". Sein rhetorisch-argumentativer Aufbau:

1,1–5 *Präskript* (superscriptio – adscriptio – salutatio)

1,6–11 *Exordium* (Summar der Fakten), hier als Verbindung von insinuatio (wo das Publikum durch Gegner gewonnen worden war) und principium (eigentliche Eröffnung)

1,12–2,14 *Narratio* (Hergang der Fakten) als causae expositio. Sie macht die Bestreitung von 1,11 plausibel.

2,15–21 *Propositio* a. summarische Angabe des materialen Inhalts der narratio, b. Argumente, die in der probatio zu diskutieren sind, V. 19 f. als enumeratio und expositio, c. Dinge, in denen man sich einig sein könnte, werden aufgestellt (2,15 f.), aber auch die Uneinigkeit wird in 2,17 f. betont (distributio)

3,1–4,31 *Probatio*
1. 3,1–5: Das factum war legal
2. 3,6 ff. Beweis mit der auctoritas der Schrift, Abraham als exemplum
3. 4,12–20 Eine Kette von Topoi zum Thema Freundschaft wird hier, wie auch sonst oft, in der probatio gebraucht. Denn die Evidenz dieser Topoi scheint gesichert.

5,1–6,10 *Parainesis*

6,11–18 *Postskript* als *peroratio*
1. 6,12–17 recapitulatio
2. 6,12–18 indignatio (Ärger gegen den Opponenten) und conquestio (Mitleid) bes. in V. 17.

Ähnlich wären auch andere Briefe zu gliedern (vgl. auch Berger Exegese S. 42–58). Vgl. ferner: § 103.

§ 33 Argumentation und Diatribe

Lit.: Vgl. ANRW S. 1047. 1124–1132. 1148. 1291–94. – VETSCHERA, R.: Zur griechischen Paränese (Programm des Staatsgymnasiums zu Smichow), 1912.

Häufig mit Argumentation verbunden, aber nicht damit identisch ist die sog. *Diatribe/Dialexis* (vgl. dazu ANRW S. 1124–1132). – Der Gattung nach liegt Diatribe/Dialexis vor, wenn deren Elemente dominieren. Diese bestehen literarisch und historisch in folgendem:

1. Der Hörer wird in der 2. Person (meist: Singular) direkt angesprochen: er erhält Titel (z. B. „du Elender"), seine Meinung wird vorweggenommen (z. B. „du wirst jetzt sagen"), er wird gefragt (z. B. „siehst du nicht, daß . . ."), er wird rhetorisch angeredet (z. B. „denke doch an . . ."). Kennzeichnend ist auch der „kommunikative Plural" („dann laßt uns . . ."). Der sprechende Lehrer betont sein Ich (z. B. „ich glaube . . ."). Beispiele und Verwendung von Gleichnissen ist typisch. Der Reichtum an Worten ist groß.

2. Neuere Untersuchungen haben ergeben, daß der Ursprung dieser Art zu reden nicht die „Straßenpredigt" für die „Massen" ist, sondern der *Schulvortrag*. Daher geht es weniger um Gegner als um Schüler, und falsche Schlüsse oder Einwände markieren den Punkt, an dem eine wichtige These aufgestellt wird. Dabei hat der Lehrer eine überragende Position: Seine Selbstdarstellung nimmt einen großen Raum ein (Ich-Stil), und gegenüber den Schülern kann er sich Tadel und Anklage „leisten".

3. Die *Differenz zum Dialog* besteht darin, daß der Dialog zu den epideiktischen Gattungen gehört: Er wird berichtet. Die Diatribe/Dialexis dagegen setzt die Identität von Autor und Gesprächsführer voraus. Dieser starken Betonung des redenden und schreibenden Ich des Autors entspricht die Unselbständigkeit des Gegenübers: Er hat keinen Namen und seine Einwände „weiß" der Autor in der Regel zuvor. Das weist darauf, daß der Autor sich in erster Linie als Seelenführer versteht: Als überlegener Seelenführer weiß er gerade die Reaktionen seines Gegenübers im voraus. Da das Gegenüber nicht notwendig real anwesend ist, ergibt sich eine besondere Eignung der Gattung als *brieflicher Verwendungsform*. – So ist eine Herkunft aus dem Dialog ganz unwahrscheinlich, es handelt sich um eine eigene autoritative Gattung, deren Sitz die Bewältigung von Lebensfragen im Sinne einer Seelenführung durch den überlegenen Lehrer ist.

4. Das *Verhältnis zur Argumentation:* Zum Teil hat man die Mittel der Gattung Argumentation als die der Diatribe bezeichnet (so auch noch ANRW S. 1131 f.), ohne einen klaren Unterschied zu machen. Ich möchte die Gattung Diatribe/Dialexis an den oben unter 1. genannten Kriterien festmachen, also den sog. „dialogischen" Elementen. Der Stil der Diatribe ist zudem wesentlich lockerer als der festgefügter Argumentation (niemand würde in den Argumentationen von Hebr 7 „Diatribe" sehen, und umgekehrt sind Texte wie Röm 2,1–5.17–24; 9,19–21; 11,17–24; 14,4 zur Diatribe/Dialexis zu rechnen). Diese Differenzierung zwischen Argumentation und Diatribe ist vor allem eine Folge der Feststellung argumentativer, nicht zur Diatribe/Dialexis gehörender Formen in den Evangelien.

5. Den Namen Diatribe/Dialexis schlage ich vor, da das Wort „Diatribe" nur den Sitz im Leben angibt („Kollegstunde") und als Gattungsbezeichnung nicht möglich ist; den Begriff „Dialexis" dagegen kann man, was hier geschehen soll, füllen und in Gegensatz zum Dialog stellen.

VI. Formgeschichtliche Aspekte des Umgangs mit der Schrift im Neuen Testament

§ 34 Schriftgelehrte Gattungen und Techniken

A. Gattungen

1. *Midrasch.* (Zur Lit. vgl. auch: M. Gertner: Midrashim in the New Testament: JSS 7 (1962) 267–292): Aktualisierende, auf die jeweilige Gegenwart

bezogene Auslegung der Schrift, wobei der Bezug zum auszulegenden Bibelvers immer gewahrt bleibt (schon in der Schrift selbst: Reinterpretation von Texten in späten Schriften). – So in Hebr 1,5.13; 3,16–19; 12,7–11. Ein typischer Midrasch liegt vor in Eph 4,8–12 zu dem Zitat in V. 8: Die wichtigsten Wörter aus dem Zitat werden aufgegriffen und kommentiert. – *Auslegungsmidrasch:* Der biblische Text wird Vers für Vers kommentiert. – *Homilien-, bzw. Predigtmidrasch:* nur an best. Verse anknüpfend (Hebr 3,7–4,11). – *Peticha:* Grundvers aus Festperikope plus weiterer Vers, der ihn erläutert. – *Jelammedenu:* Auslegung des Perikopenverses durch halachische Belehrung eingeleitet. – *Seder:* auf Sabbatperikopen beruhende Auslegung (Voraussetzung für Lk 4,17–22). – *Histor. Midrasch:* Bibl. Stoff wird in frei nacherzählender Form wiedergegeben: Act 7; jüd.: LibAnt Ps.-Philo.

2. *Midrasch pescher:* Auf längere Schriftstelle folgt unmittelbar die Auslegung: Wiederholung von Wörtern, Wendungen und ganzen Satzteilen aus der Zitation unter Einbau in den neuen syntaktischen Zusammenhang; Substitution: Einsetzung ähnlicher Wörter oder neuer Subjekte und Objekte in den Wortlaut des biblischen Textes. Andere Schriftstellen erschließen den Sinn, z. B.: Ps 8,5–7 in Hebr 2,6–10; Gen 14,17–20 + Ps 110,4 in Hebr 7,4–28.–

3. *Frage- und Antwort-Midrasch:* Erklärung der Schrift durch Frage und Antwort vorangetrieben: Worte als Frage umgewandelt und mit weiteren Worten aus der zitierten Stelle beantwortet. Spuren in Hebr 1,5; 3,16–19. Allgemein für Midrasch: Die Schrift wird in kurzen Abschnitten zitiert und gleich erklärt.

4. *Allegorese:* Punktuelle Identifizierung von Text und Deutung; identifikativ; kein zeitl. Abstand: die Schrift selbst als ausgelegtes Rätsel/Orakel (Esoterik des Verstehens). „Es gibt kein Früher oder Später in der Heiligen Schrift." – Ursprünge in der Traum-, Visions-, Orakel- und Gleichnisdeutung. – Begriff *allegor-* seit 1. Jh. v. Chr.; in 1 Kor 10,6.11 noch als „typos", „typikos" bezeichnet.

5. *Typologie:* Der Begriff Typologie ist spätneuzeitlich; ,typos' wird im NT z. T. anders gebraucht; in dem hier vorausgesetzten Sinn in Röm 5,14; 1 Petr 3,21 (antitypos) – bezeichnet dann aber nicht den Auslegungsvorgang, sondern einen der beiden Pole, die durch Exegese in Beziehung gesetzt werden. Nicht ohne allegorische Züge, im Unterschied zur Allegorie aber nicht identifikativ, sondern zeitlich differenzierend: die Schrift wird im Literalsinn und im historischen Abstand begriffen: Typologie verbindet zwischen alt und neu, zwischen himmlisch und irdisch. Anfänge schon prophetisch: Endzeit mit Zügen der Vorzeit dargestellt. Anders: Paradeigma: paränetisches Vorbild.

B. Einzelregeln: I. *Veränderung von Schriftworten* (Mt 2,6; „keineswegs" eingefügt). – II. *Verbindung von zwei Schrifttexten* (z. B. Ps 2,7 und 2 Sam 7,14 in Hebr 1,5). – III. *Was nicht in der Tora ist, ist nicht in der Welt* (z. B. Hebr 7,2b.3ab und Philo Ebr 60 f.: Sara ist *ametor* wegen Gen 20,12). – IV. Die neue Tat Gottes hebt die alte auf (z. B. Hebr 8,1.13 – Philo, Heres 278: Gen 12,1 f. „Gott hätte ihm doch nicht ein gewissermaßen neues, junges Volk und Geschlecht gegeben, wenn er ihn nicht vollständig von dem alten hätte trennen wollen"). V. *Schluß a minore ad maius* (z. B. Hebr 10,28 f.; rabb: *qal wa homer;* der Schluß vom Leichten auf das Schwere, vom Geringeren auf das Größere = Regel des Hillel I; Philo). – VI. *Analogie durch gleiche Worte* (z. B. ,*katapausis*' Hebr 3 f.; rabb: g^{e}zera sch^{e}wah = der Schluß nach Analogie, Hillel II). VII. *Etymologie* (z. B. Hebr 7,1.2; Philo, Leg All III 79 „Melchisedek" = Friedenskönig, gerechter König). – VIII. *Zahlensymbolik* (Barn 9,8; Philo). – IX. *Alle Bedeutungen eines Wortes ausschöpfen.* – z. B. 1 Kor 14,21 f. – X. *Allegorische Deutung nach folgenden Auffälligkeiten:* bei überflüssigen oder fehlenden Ausdrücken, bei Wiederholung früher gesagter Dinge; bei Wechsel im Ausdruck; bei auffallendem Ausdruck, Zahl oder Tempora; bei Fehlen oder Stehen des Artikels; aufgrund des Artikels, eines Adverbs oder einer Präposition; durch Versverbindung ohne Rücksicht auf Zugehörigkeit zum Satzteil; bei Synonyma. – XI. *Wortspiele* (z. B. probaton und probainein [Philo]).

§ 35 Verwendungsweisen und Sitz im Leben der Schriftzitate im Neuen Testament und im Judentum

Wir unterscheiden zwei grundsätzliche Modi, in denen im Neuen Testament Schrift betrachtet wird: Identität und Differenz, bezogen auf den *Abstand* zwischen dem vom jeweiligen Verfasser gemeinten „neuen" Offenbarungsinhalt und dem, was in der Schrift seiner Meinung nach darüber stand.

A. IDENTITÄT (Unvermittelte Geltung von Schriftaussagen in der Gegenwart und für sie)

1. Aussagen über Gott (wie er ist und was er tut)
2. Aussagen über die Heilsbeziehung Gott/Mensch: Röm 1,17. Aussagen über „den Gerechten": Röm 1,17; 3,20. – Aussagen über den Gerechten und den Ungerechten: 1 Petr 4,18. – Aussagen über Verhaltensweisen im allgemeinen: Hoffnung (Röm 5,5); Liebe (1 Petr 4,8; Jak 5,20). – Aussagen über die Unterwelt: Mk 9,48.
3. Allgemeine Aussagen über den Menschen und die Schöpfung: Die Schöpfungsordnung gilt als Gesetz: Mk 10,6–8; Mt 19,5–7; 1 Kor 11,7 – Jüdisch: CD 4,21: (gegen Hurerei „daß sie zwei Weiber zu ihren Lebzeiten nahmen") „Aber die Grundlage der Schöpfung ist: Als Mann und Weib hat er sie geschaffen."
4. Das Gesetz wird als gültige Größe zitiert
5. Das Gesetz wird allegorisch auf neue Fälle hin ausgelegt: 1 Kor 9,9; 2 Kor 13,1; 1 Tim 5,18. – Judentum: Aristeasbrief.
6. Das Gesetz wird auf neue, analoge Fälle bezogen: Mt 18,16. – Es wird erweitert und verschärft: Mt 5,21–30; Judentum: Jub 50 und CD 10,17 ff. („Und niemand darf am Sabbattag ein törichtes oder eitles Wort sagen. Nicht darf man etwas an seinen Nächsten ausleihen. Nicht soll man über eine Angelegenheit von Besitz und Gewinn richten. Nicht darf man über Fragen der Arbeit sprechen . . .").
7. Schriftstellen gelten direkt von der eschatologischen Heilsgemeinde. – Auch: Jetzt ist das „Heute" des alttestamentlichen Textes: 2 Kor 6,2; Lk 4,19; Hebr 3,7–4,11. –
8. Negative Schriftstellen gelten vom unbekehrten Rest Israels. Das gilt im NT besonders für Verstockungsaussagen.
9. Aufteilung von Schriftstellen auf Gemeinde/ungläubiges Israel: Röm 10,20 f.; 1 Petr 2,6.7–8.9; Barn 2.
10. Die Völker von damals sind die Heiden von heute: Röm 15,9–12; 15,21; Mt 12,18.21; Mk 11,17; Act 4,25; 13,47; 15,17; Röm 2,24; 10,19; Gal 3,8.
11. Die Worte der Schrift schildern das jetzige Ereignis: Mt 2,18; Lk 23,30; 14,8 f.; 17,2; 18,2 f.; Eph 2,13.17.
12. Aussagen über Gott werden auf die Gemeinde übertragen: 1 Thess 5,8; Eph 6,14–17.
13. Die Gemeinde ist der Beter des Psalms: 2 Kor 4,13; Hebr 13,6.15; Röm 8,36.
14. Die Christen sind „der Mensch nach Gottes Bild" Kol 3,10. – Qumran: Doxa Adams nach CD 3,20 ff. (s. o. 7.).
15. Identifikation nach Analogie des Berufs: Dabei vor allem Gleichsetzung von Prophet und Apostel: Lk 2,32; 4,18 f.; Act 13,47; 26,17 f.; Röm 10,15 f.19; 11,2 f.; Gal 1,15; Hebr 2,13; Apk 5,1. – Vgl. ähnlich Röm 10,18.
16. Christliche Zentralbegriffe interpretieren die atl. Geschichte: Hebr 11,3 ff., bes. 11,26. – Judentum: SapSal 10 ff. (Weisheit).

17. Neuer symbolischer Gehalt für bereits zuvor symbolische Aussagen: Mt 4,15f. (Licht); Lk 2,30–32 (Licht); Gal 4,27 (Jerusalem als Frau); Apk 3,7 (Schlüssel Davids). – Ähnlich auch „Greuel" Mk 13,14; Mt 24,15.
18. (Verwandt mit 17.) Konstanz visionärer Inhalte: Mk 14,62; Apk 1,13–16; 4,1–8; 10,5.9; 13,1; 14,14; 20,11; 20,4.
19. Zurückführung gegenwärtiger Gruppen auf Väter- und Müttergestalten des AT auch ohne leibliche Abstammung: Röm 4 (Abraham); Gal 4,21–31 (Hagar/Sara); 1 Petr 3,6 (Sara). (Vielleicht zu B).
Deutung von atl. Einzelfiguren als die christliche Gemeinde: Eva nach 2 Kor 11,3; Eph 5,31f. – Judentum: Ps.-Philo, LibAnt 32,15: „Nicht ungerechterweise nämlich hat Gott von dir (sc. Erde) die Rippe des Ersterschaffenen genommen, da er wußte, daß aus dessen Rippe Israel geboren würde. Es wird nämlich deine Erschaffung zum Zeugnis dienen dafür, was der Herr seinem Volk tun wird."
20. Gegenstände der Schöpfung mit eschatologischer Funktion: Ruhe (Hebr 4,4f.); Paradiesbaum (Apk 2,7). Judentum: Katapausis zur Bezeichnung der himml. Welt bei Philo.
21. Gleichsetzung in der Schrift genannter Einzelgestalten mit einer eschatologischen Figur (dazu auch: christologischer Schriftbeweis).
a) Johannes d. T.: Mt 3,3; 11,10; Mk 1,2f.; Lk 3,4–6; 7,27; Joh 1,23.
b) Jesus: er ist in den Psalmen angeredet, ist ihr Beter oder überhaupt im AT „gemeint".
22. Allegorische eschatologische Interpretation von im AT genannten Gegenständen auf die eschatologische Einzelfigur hin; bisweilen im Zusammenhang mit der Gemeinde (z.B. „Stein, Fels").
23. Gestalten des AT repräsentieren Zustände/Mächte: Gal 4,21–31 (Sara: Freiheit v. Gesetz; Hagar: Sklaverei unter dem Gesetz). – Judentum: Philo, Congr 23 (Hagar: Bildung, Sara: Tugend); Jub (Jakob: Israel; Esau: Rom).

B DIFFERENZ. Der zeitliche Abstand zwischen Schrift und Gegenwart wird reflektiert und sprachlich zum Ausdruck gebracht. Die Gegenwart muß dabei nicht immer strikt eschatologisch verstanden sein.
1. Exempla. Atl. Gestalten sind Vorbilder oder Warnung für die Gemeinde:
Lk 17,31f. (Lots Weib); Röm 4,3.9–24 (Abraham); 1 Kor 10,5–10 (Wüstengeneration) (V. 6: typos); Hebr 3,7–11.15–19 (Wüstengeneration); 2 Kor 11,3 (Eva/Schlange); Gal 3,6f. (Abraham); Hebr 6,13–15 (Abraham); 11,4–40 (Liste von atl. „Zeugen"); Jak 2,21–23 (Abraham). 25 (Rahab); 5,11 (Hiob); 1 Petr 3,6 (Sara). – Judentum: z. B. 1 Makk 2,52 (Abraham).
2. Vergleich gegenwärtiger Größen mit solchen aus der Schrift, z.B. Mt 12,40 (Jona).
3. Gottes Handeln in der Vergangenheit war paradigmatisch:
Röm 9,7–23.29. – Gericht: 1 Kor 10,5–10; Hebr 3,8–11.15–19. – Sintflut: Mt 24,37ff.; 2 Petr 2,5.9.
Judentum: Philo, Leg Alleg III 77–88 (Liste von Menschen, die Gott erwählt hat, ohne daß sie ein Werk zuvor vollbracht hätten: Noah, Melchisedek, Abraham, Isaak, Jakob und Esau); vgl. zu Röm 9.
4. Christlich-eschatologische Deutung von Zukunftsaussagen der Schrift.
5. Eschatologische Stellen werden auch so verstanden.
6. Texte über den kommenden Davididen.
7. Eschatologische Deutung einer verheißenen Figur:
Mt 1,23; 2,6; Act 3,22 (Prophet wie Mose); Gal 3,16 (Same Abrahams exklusiv auf Christus bezogen).
8. Vorhersage und Erfüllung:
Reflexionszitate. – Judentum: Ps.-Philo, AntBibl 56,1; 58.1

9. Im AT nicht erfüllte Worte weisen über die Geschichte Israels hinaus auf die eschatologische Zeit: Act 2,34 f.; 13,34–36; Hebr 4,6.10–11; 11,13–16.
10. Eine schon im AT bestehende Konkurrenz von zwei Größen weist auf das Alte und das Neue: Gal 4,21–31; Hebr 7,1–28 (bes. 7,11). – (Judentum: Widerspruch zwingt zur Allegorie).
11. Überbietung des Alten durch das Neue: Mt 11,(3–)6; Joh 6,31 f.; 2 Kor 3,7–18; Röm 5,12 ff.; Hebräerbrief (Christus/Engel in K.1 f.; Christus/Mose in K.3 f.; Christus/atl. Priester in K.8–10; Priestertum des Melchisedek gegenüber dem Priestertum des Aaron/Levi in K.7; Sion und Sinai K.12).
12. Das Neue ist der Gegentypus des Alten: Röm 5,12 ff.; 1 Joh 3 (Christus/Kain). – Judentum: Rede vom 2. Adam (Noah, Mose); Gegenüberstellung der Äonen in 4 Esr. Daher auch Joh 1,17 (Mose/Jesus). – Alte/neue Offenbarung: Mt 5,21–48; 19,5–7 (uralt).
13. Nacherzählung des Vergangenen als Vergangenheit: Act 7,2–47; 13,17–22; Hebr 11,2 ff.
14. Erfüllung innerhalb des AT: Jak 2,21–23. – Vgl. Ps.-Philo, unter 8.

Im folgenden beziehen wir das hier gebotene Material auf die Geschichte des Urchristentums und die in ihr entstandenen Schriftengruppen. Dabei werden die Anfangsziffern aus der vorstehenden Übersicht beibehalten. Aufgenommen wurden hier nur die Arten der Schriftverwendung, die für bestimmte Epochen und Schriftengruppen als typisch auszumachen sind.
A. Älteste Schichten und wohl auch Jesus selbst:
Gesetz als gültige Größe (A 4). – Konstanz visionärer Inhalte (A 18). – Vergleich mit Figuren aus der Schrift (B 2). – Sintflut-Typologie. – Eschatol. Deutung von Zukunftsaussagen (B 4). – Überbietung der alten Offenbarung durch die neue (B 11.B12). – Identität mit Elia. – Verstockung.
B. Früheste nachösterliche Zeit:
Ps 110 christologisch gedeutet. – Ps 8 christologisch gedeutet. – Ps 2,7: Jesus als leidender Gerechter (A 21b). Gattung des christl. MIDRASCH. – Typos und Antitypos (B 11 und B 12). – Eschatol. Stellen des AT (B 5).
C. Den neutest. Texten weithin gemeinsam und überdies in relativ frühe Zeit weisend: Zitate über Gott (A 1). – Verstockungsaussagen (A 8). – Berufsanalogie Jesu und der Apostel mit Propheten (A 15). – Kyrios-Texte auf Jesus bezogen (A 21b). – Christol. Deutung der Stein-Metapher (A 22). – Deutung von „Heiden" (ethnē)-Stellen auf Heiden (A 10). – Exempla (B 1). – Schema von Vorhersage und Erfüllung (B 8). – Neuer symbol. Gehalt für symbol. Aussagen (A 17). – Technik der ALLEGORIE.
D. Gemeinsamkeiten ausschließlich in der Briefliteratur:
Allgemeine Regeln über die Heilsbeziehung Gott/Mensch, über den Gerechten und Hoffnung oder Liebe (A 2). – Allegor. Deutung des Gesetzes (A 5). Deutung von Schriftstellen auf die Gemeinde als Gemeinde (A 7) (nur 1× bei Mt), auf gegenw. Geschehnisse (A 11) oder auf die Gemeinde als Beter der Psalmen (A 13). – Ps 8 christol. ausgelegt. – Alt und Neu nebeneinander in der Schrift (B 10).
E. Elemente, die sich vornehmlich bei Paulus, aber auch in 1 Petr und Hebr finden: Technik des MIDRASCH PESCHER. – Aufteilung von Schriftstellen auf Kirche/Israel. – Atl. Väter als Väter der Gemeinde (A 19). – Gottes Handeln hatte paradigmatischen Charakter (B 3; außer Sintflut).
F. Gemeinsamkeiten außerhalb von Paulus und nicht in den Synoptikern:
Unerfüllte Worte des AT (B 9). – Nacherzählung des Vergangenen (B 13). – Erfüllung innerhalb des AT (B 14). – Zentralbegriffe zur Interpretation (A 16). – Schöpfungsdinge als Eschata (A 20). – Widersacher (A 21). – Allegor. Deutung auf Gemeinde (A 22).

G. Nur in den Evangelien und Acta belegt:
Schöpfungsordnung als Gesetz (A 3). – Gesetzesverschärfung (A 5). – Schriftbeweis über Joh. d. T. als eschatolog. Figur (A 21a). – Jesus in den Pss angeredet oder Beter der Psalmen (A 21b; außer Röm 15,3). – Texte über den kommenden Davididen.

Die AT-Zitate haben im Neuen Testament eine dreifache Funktion: eine *apologetisch-argumentative* (Rechtfertigung des Neuen mit Hilfe des Alten), eine *doxologische* (Darstellung der Bedeutung des Neuen) und eine *eschatologisch-pneumatische* (die bislang rätselhafte Offenbarung wird endzeitlich enthüllt). Soziologisch gesehen ist die apologetische Verwendung nach außen gerichtet, die doxologische auf das Innere der Gemeinde bezogen, während die pneumatische Verwendung zunehmend in der Hand autoritativer Lehrer liegt (vgl. die Ätiologie der Gemeindepraxis christologischer Schriftauslegung in Lk 24,27.44–47 und ferner 2 Petr 1,20f). – Was im ganzen gegenüber der Schrift geschieht, kann man bezeichnen als Auswahl und damit Komprimierung der Tradition auf den charismatischen endzeitlichen Mittler und die charismatische Minorität. Symptomatisch ist die häufige Verwendung der Psalmen im NT: Jesus ist der Davidide (wie David Autor der Psalmen war), und als solcher ist er vor allem durch seine exorzistische Tätigkeit ausgewiesen. Die Feinde sind jetzt die Dämonen.

Die *formgeschichtliche Bedeutung* des AT übersteigt die der ausdrücklichen Zitate (vgl. besonders § 56 für die Mahnrede und § 101 für die Evangelienform). Wie so etwas angeeignet wurde, wird, auch bezüglich der Gattungen, in 4 Makk 18,10–19 ausführlich dargestellt. Auch dort, wo Zitate selbst sekundär sind, kann eine Art *Midrasch* zugrundeliegen (so öfter im Verhältnis Mk/Mt zu beobachten). Jedoch ist moderner Biblizismus nicht auch für die Zeit des 1. Jh. vorauszusetzen. Weder die zwischentestamentliche Literatur noch das NT sind nur Extrakt oder Abklatsch des Alten Testaments. Jeder Versuch, Traditionen wie Gattungen des NT vor allem aus dem AT herzuleiten, ist abwegig, da er vor allem die eigenständige Bedeutung des Judentums verkennt. Neben vielfältigen Neuentwicklungen steht im Judentum lebendige Weiterüberlieferung bestimmter Traditionen der Schrift (vor allem das Pentateuch) und – vor allem seit dem 1. Jh. (Philo, Qumran, Neues Testament) – das Zitieren der Schrift. Dieses Zitieren setzt eine Art Abschluß und autoritative Geltung „kanonischer" Bücher voraus, was vor allem durch die Rückbesinnung auf den „eisernen Bestand" nationaler Traditionen (vgl. etwa Jub) im 1. und 2. Jh.v.Chr. bedingt war.

C. Symbuleutische Gattungen

§ 36 Die einfache Aufforderung

Lit.: D. ZELLER: Die weisheitlichen Mahnsprüche bei den Synoptikern, Würzburg 1977. – Ferner: ANRW S. 1075–1077.

Gegenüber D. Zeller sprechen wir hier nicht sogleich vom „Mahnspruch", vielmehr zwingt uns die Breite des Materials, allgemeiner von Aufforderungen zu reden (vgl. unter 5.). Mahnspruch ist als Teilmenge der „Aufforderung" die „weisheitlich" oder gnomisch geprägte moralische Anweisung.

1. Als einfachen *Mahnspruch* bezeichnen wir eine Weisung ohne Begründung, wie z. B. Lk 3,13: „Fordert nicht mehr, als euch vorgeschrieben ist." Isoliert begegnen solche Mahnsprüche recht selten; häufiger findet man sie in Paränesen (§§ 37 ff.) und in symbuleutischen Kompositionen wie den Gemeindebriefen der Apk, wo sie freilich auch relativ isoliert stehen. Abgesehen von der Verwendung in Paränesen notieren wir folgende Vorkommen:

a) *Protreptische Verwendung:* Als grundsätzliche Aufforderung zur Umkehr begegnet der einfache Mahnspruch in Act 2,40 („rettet euch aus diesem bösen Geschlecht") und in Apk 2,5b („gedenke . . . kehre um und tue deine früheren Werke"); 2,16 („kehre nun um"); 3,3b; 3,19b. – Vergleichbar ist 2,25 („was ihr habt, bewahrt, bis ich komme"). – Protreptisch ist auch die Verwendung in Sätzen, die zum Wichtigsten ermuntern (Mt 6,33 „sucht nun zuerst . . ."; Jak 5,12 „vor allem schwört nicht . . .").

b) Erwartungsgemäß begegnet der einfache Mahnspruch in *Chrien,* wo er den Charakter einer Gnome hat, so in Mk 12,17parr („das des Kaisers gebt dem Kaiser . . ."); Mk 10,9; Mt 19,6 („was nun Gott verbunden hat, soll der Mensch nicht trennen"). Strukturell und inhaltlich mit dem letztgenannten Satz verwandt ist Act 10,15 („was Gott rein gemacht hat, sollst du nicht unrein machen"). Zur Bedeutung der Gnomik vgl. § 48.

2. Dem *Offenbarungsgeschehen* zugeordnet sind häufig ein Auftrag, darüber zu schweigen oder ein genereller *Auftrag,* darüber zu reden und eine Botschaft auszurichten (vgl. Mt 10,7 „sagt: . . ." und Mt 11,4–6par Lk 7,22–23) (zum Ganzen vgl. Berger, Auferstehung, S. 485 Anm. 190.191f.). Für das zeitgenössische Judentum ist 5 Esr 2,48 zu nennen: „Geh und verkünde meinem Volk, welche und wie große Wundertaten Gottes du sahst." – Dem Redeauftrag verwandt ist die Ernennung zu Zeugen (Lk 24,48 und dazu: Berger, Auferstehung, S. 488 Anm. 198: Äth Petrus-Apk „sei du Zeuge dessen, was du gesehen hast").

Schweigegebote finden sich dagegen nach Wundergeschichten z. B. in Mt 9,30; Mk 1,44; 5,43par Lk 8,56. Die Funktion dieser *Schweigegebote* ist: Soweit es an ihm selbst liegt, will Jesus nur durch Gottes Tat bei der Auferweckung legitimiert werden, nicht durch menschliches Zeugnis (vgl. dazu § 100).

3. Auf ähnlicher Ebene wie die unter 2. genannten Aufträge zu reden

(Beauftragung von Boten) oder zu schweigen liegen die *Anweisungen der Aussendungsreden* (Mt 10,5 f.8; 10,27; Lk 10,5.9; Mk 6,8–11 und Lk 9,2–5).

Aus alledem wird deutlich: Auch wenn diese Aufforderungen in Listen begegnen und formal dem Mahnspruch gleichen, sind sie nicht in die weisheitliche oder gnomische Tradition einzureihen. Hier handelt es sich um *Beauftragungen von Boten;* dieses ist der Sitz im Leben und nicht protreptische oder moralische Mahnung wie beim einfachen Mahnspruch. Das Kriterium ist jedoch nicht eine mögliche ursprüngliche Selbständigkeit des Mahnspruchs.

4. Ebenfalls nicht in die Tradition des „Mahnspruchs" gehören *Aufforderungen zu hören oder sich eine Erkenntnis anzueignen.*

Die Aufforderungen vor *Beispielen* wie Prov 6,6–8: „geh . . . sieh . . ." und die Imperative zum Betrachten in äthHen 2,1–5,3 (zur rabbinischen Formel: Str.-Bill. I 499) sowie Mt 6,26.28b (Seht . . .); Lk 12,24.27 zeigen, daß es – ähnlich wie bei dem „Weckruf" bei Gleichnissen („wer Ohren hat zu hören, der höre") – Aufforderungen gibt, die *Analogien wahrzunehmen* und sich durch dieses Tun das Bild anzueignen. Wie auch sonst in bildlicher und analogischer Redeweise sind auch hier Gleichnis (Mk 4,3.24; Lk 8,18), Schriftwort (Mt 9,13), Sentenz (Mk 7,16) und Rätsel (Apk 13,18) gleichgeordnet: Sie alle müssen angeeignet werden: Daher begegnet hier überall der Weckruf. Nach dem Gleichnis vom Säemann leitet der Weckruf (Mk 4,8parr) zur allegorischen Auslegung über; in Mt 13,43 soll diese wiederum angeeignet werden. So kann gelten, daß der Weckruf ein Signal für besondere Offenbarung ist (daher auch in Apk 13,9), die der Hörer begreifen und auf sich beziehen soll. Wenn die Offenbarung ein Bild oder Geheimnis ist, folgt auf den Weckruf bisweilen die Auslegung: So hilft eben diese bei der Applikation (Material dazu: ZNW 65 [1974] 214 Anm. 116). Wahrscheinlich kann sogar gelten, daß man als Offenbarung im strikten Sinn nur die oben genannten Typen bildlicher Rede ansah (Schrift, Gleichnisse usw.; so wäre auch Mk 4,34a zu verstehen), so daß das Vorkommen des Weckrufes ein Signal dafür wäre und zugleich ein wertvolles Indiz für ein besonderes Verständnis von Offenbarung.

In der Briefliteratur haben längere Passagen die Funktion, die Leser *zum Hören* zu bewegen. Besonders ausgeprägt ist dieses Phänomen in Hebr: 3,7–4,13 ist eine einzige Mahnung über die Dringlichkeit des Hörens gerade jetzt. – Die Argumentation in K. 7 ff. wird gerahmt durch eine Aufforderung zum Hören am Anfang (Hebr 5,11–6,8) und am Schluß (Hebr 12,25–29), und ebenso ist nochmals am Ende des Briefes Hebr 13,22a eine Mahnung zum Hören. Vgl. auch § 72,5g S. 265–267.

Die ausführliche Lehreröffnungsformel in 6 Esr 16,36 („Höret aber dies und versteht es, Knechte des Herrn! Siehe, ein Wort des Herrn, nehmt es auf! Zweifelt nicht an dem, was der Herr sagt: Siehe . . .") verbindet den Höraufruf mit der Legitimationsaussage („Wort des Herrn") und macht deutlich, daß auch die Botenformel in den Briefen der Apk als Höraufruf fungiert.

5. Eine besondere Bedeutung hat auch die *Aufforderung zur Erinnerung,* und zwar nicht nur zur Einführung des Beispiels aus der Heilsgeschichte (Lk 17,32), sondern auch zur Erinnerung an die eigene Gemeindegeschichte (Apk 2,5; 3,3a; Hebr 13,7: „gedenkt eurer Vorsteher, die euch das Wort Gottes verkündigt haben"; daran knüpfen sich Mahnworte). Im Rahmen der persönlichen Mahnrede soll sich Timotheus in 2 Tim 2,8 an Jesus Christus erinnern, worauf in V. 9 ff. unmittelbar das Beispiel des Paulus selbst folgt.

6. Eine eigene Tradition sind die kurzen Mahnungen, auf sich (d. h. auf sein Leben) zu achten, *sich zu hüten* (z. B. Mk 13,9.23.33; Lk 17,3; 2 Joh 8. – Im AT: Jer 17,21a. – Im Judentum: 1 Q 22). Hier besteht ein Zusammenhang mit der generellen *Wachsamkeitsmahnung.* Gegenüber dem AT wurde das Auf-der-Hut-Sein gelöst von der Gesetzesbeobachtung und vor allem auf das Abfallen überhaupt bezogen.

Die Aufforderungen nicht zu sorgen in Lk 12,11 f. nach der strengen doppelteiligen Mahnrede in 12,8–10 und nicht zu fürchten in Lk 12,4–7 vor dieser Mahnrede haben nicht nur auffordernden, sondern auch ermunternden und tröstenden Charakter.

7. Eng mit dem narrativen Kontext verbunden, aber doch als eigene Gruppe erkennbar, sind *Aufforderungen an den Charismatiker, sich durch Zeichen zu legitimieren.* Diese Aufforderungen geschehen zumeist aus ungläubiger und ironischer Absicht, zum Teil steht es für den, der so auffordert, von vornherein fest, daß der Charismatiker der Aufforderung nicht Folge leisten kann oder wird. Texte: Mk 14,65: „Prophezeie, wer es ist, der dich schlug", par Lk 22,64; bei Mt 26,68 mit dem Zusatz: „o Christus"; die Aufforderungen in der Versuchungsgeschichte Mt 4,3.6; Lk 4,3.7.9, die übrigens wie die Aufforderungen an den Gekreuzigten (Mk 15,30–32; Mt 27,40–43; Lk 23,35.37) bis auf Mk 15,32 im Vordersatz immer eine Bedingung angeben: „Wenn du (wenn dieser) der Sohn Gottes bist (ist), dann . . . (Imperativ)." – Die Aufforderung Joh 7,4b wird in 7,5 ausdrücklich auf Unglauben zurückgeführt, und die ähnliche Bitte Joh 14,8 („zeige uns den Vater, und das wird uns genügen") wird ebenfalls mit Tadel beantwortet. – Vorausgesetzt sind solche Bitten auch in Lk 23,9 und in Mk 8,11–13, wohl auch in Mk 15,35–36. – Sicher liegt diese Gruppe von Aufforderungsworten dem bereits sentenzenartig formulierten Satz Lk 4,23 zugrunde: „Arzt, heile dich selbst", jedenfalls im Kontext des frühen Christentums. – Die ganze Gruppe weist deutlich auf das Problem der Nicht-Machbarkeit charismatischer Erweise im frühen Christentum. Die Lösung dieser Schwierigkeit in den Texten wird so gesehen, daß derartige Aufforderungen stets zu Lasten der Außenstehenden gehen, die in „versucherischer Absicht" fragen.

8. *Symbolische Imperative* sind Aufforderungen, die keineswegs wörtlich zu nehmen sind und großenteils noch nicht einmal im auffordernden Sinn verstanden werden sollen. Die Aufforderung an die Berge und Hügel: „Fallt auf uns, bedeckt uns" (Lk 23,30; Apk 6,16; im AT: Hos 10,8) soll als Äußerung der Angst vor dem Gericht verstanden werden (die Berge sollen vor

dem Gericht schützen) und dient daher der Gerichtsankündigung. – Der Befehl zum Ausmessen in Apk 11,1–2a ist, wie aus 11,2b hervorgeht, als Unheilsankündigung gedacht (himmlische Maße und Meßbarkeiten haben „astrologische" Funktion). – Der Imperativ Apk 22,10 kann nur von „Kennern" verstanden werden: In Differenz zu Dan 12,4 wird durch diesen Imperativ die Nähe des Endes zum Ausdruck gebracht. –

Wirklichen Aufforderungscharakter besitzen die symbolischen Imperative bereits in Apk 18,4 f.: Der Auszugsbefehl (vgl. Jes 48,20; 52,1; Jer 50,8; 51,6.9.45) bedeutet die Distanznahme; die Aufforderung zur Vergeltung in 18,6 ist dagegen eher nur als Gerichtsankündigung zu verstehen. – Das Abhauen der Glieder in Mk 9,43–47 weist auf die Intensität, mit der Ärgernisse zu vermeiden sind: Selbst unter hohen Opfern sind sie auf jeden Fall auszuschließen. In Mt 18,8 f. steht, wie der Kontext erschließen läßt, das radikale Vorgehen gegen den, der Ärgernis gibt, im Vordergrund. Doch wird diese Radikalität in der Folge – gegen die Tendenz der wörtliche Imperative – nicht als richtendes Vorgehen verstanden, sondern als Intensität der Suche nach dem Verlorenen.

In einem symbolischen Imperativ (vgl. aber auch § 9) gipfelt auch der Dialog Lk 22,35–37: Wie andere Worte reflektiert dieses den Unterschied zwischen Jesus-Zeit und Jünger-Zeit (vgl. oben § 27): Jesus wurde zu den Gesetzlosen gerechnet. Wenn nun aber der Waffenlose als Gesetzloser hingerichtet wird, kommt es in der Folge darauf an, sich nicht durch betonte Arglosigkeit „ans Messer zu liefern". So wie die Maßstäbe der Welt sind, wird der, der wie ein Schaf aussieht, für einen Wolf gehalten: Gebt euch unauffällig. Die Änderung der Taktik soll weitere Martyrien vermeiden: Sich als Gerechter soweit zu „verkleiden", daß man nicht eo ipso Opfer wird.

Die Mahnung Mt 8,22; Lk 9,60 ist nicht ein Verstoß gegen das „Gesetz", denn sie kann ja nicht wörtlich gemeint sein. Eher geht es – und daher würde sich die Wahl der Bilder erklären – um die exemplarisch genommene Aufforderung zu radikaler Reinheit (von den Nasiräern: Nu 6,6), wobei die Reinheit hier als Teilaspekt für die umfassende neue Gerechtigkeit selbst steht, die so radikale Trennung verlangt. Die Paradoxie der Formulierung und die für antikes Verständnis anstößige, weil pietätlose Forderung ist Zeichen zum Aufmerken und für die Radikalität der Trennung.

Imperativische Anweisungen wie Lk 17,31 und Verwandtes sind wohl eher *Illustration* für die Plötzlichkeit des Gerichtes als wirklich im Sinne von Anweisungen gemeint – aber beweisbar ist das hier nicht.

9. Die *Aufforderung zum Lobpreis Gottes* in der 2. Person Plural (Apk 19,5: „Lobt unseren Gott . . .") ist typisch für Psalmen (Ps 22,24; am Anfang: Ps 134,1; 135,1–3). Direkt zu vergleichen ist auch das (gleichbedeutende) Hallelu-ja am Anfang von Ps 111 und 112; denn es begegnet dann auch sogleich in Apk 19,6b, also als Entsprechung zu 19,5. Die Aufforderung zum Lobpreis ist zweifellos (ursprünglich) als liturgisches Signal zu verstehen gewesen.

§ 37 Allgemeine Merkmale von Paränese

Lit.: ANRW S. 1049–1077.

M. Dibelius (Der Brief des Jakobus, [11]1964, 16 f.) definiert Paränese als einen „Text, der Mahnungen allgemein sittlichen Inhalts aneinanderreiht". Das ist zu präzisieren: Diese Mahnungen sind stets verhältnismäßig kurz, daher auch häufig unbegründet, die Anreihung geschieht *ohne* syntaktische *Verbindung.* Die Reihung geschieht dennoch nicht wahllos, sondern die gereihten Elemente sind zumeist formal gleichartig, und sie umfassen bestimmte Themenbereiche, die sie „flächendeckend" behandeln. Sollen verschiedene Themenbereiche abgesteckt werden, so geschieht das im Nacheinander. Inhaltlich geht es regelmäßig um stark traditionelle, konventionelle Normen. Die Funktion paränetischer Reihen ist daher die Erinnerung an allgemeine Verhaltensnormen.

Mit diesen Eigenschaften tritt Paränese in ein spannungsreiches Verhältnis zur alttestamentlichen Torah, und zugleich ist das Verhältnis von Paränese und Recht im frühen Christentum zu diskutieren.

Zuvor noch eine Bemerkung zur Form: Ältere Formen von Paränese weisen deutlich darauf, daß der Katalog formal gleichartiger Elemente zu thematisch umgrenzten Gebieten am Anfang der Entwicklung steht (vgl. ANRW S. 1068 ff.) Damit scheidet die lose Form der Reihung, wie sie die jüdische Weisheitsliteratur oftmals bietet, als formales Vorbild für die Paränese aus. Denn hier wird regelmäßig formal Verschiedenes gereiht, und der Bereich möglicher Themen ist unbegrenzt. Beides ist bei der Paränese anders. Die Katalogform als ideale paränetische Form hat zumeist auch Kürze der Einzelglieder zur Folge. Doch gibt es im Neuen Testament auch paränetische Texte, die lockerer reihen.

§ 38 Zum Verhältnis von Torah, Paränese und Recht

1. Die theologische Beurteilung der Größe „Gesetz" in der paulinischen Theologie und die davon noch einmal verschiedene in den reformatorischen Ansätzen ist von der Dimension „Recht" grundsätzlich zu trennen. Andernfalls kann weder das Judentum angemessen beurteilt werden noch überhaupt der Sozial- und Öffentlichkeitsbezug christlicher Moral. „Gesetzlichkeit" sehe ich als Form des Mißbrauchs, nicht als Einwand gegen die Institution.

2. Das Neue Testament liefert nicht selbst eine Definition, was unter Recht zu verstehen sei; dieses ist vielmehr eine Kategorie des Historikers, von deren Gebrauch in „hermeneutischer" Hinsicht allerdings außerordentlich viel abhängt. Denn es ist für den Gemeinschaftsbezug christlicher Aussagen erheblich, was etwa in den außerrechtlichen Bereich gehört. – Offensichtlich ist es verfehlt, Recht nur dort anzunehmen, wo Strafsanktionen für die Nichtbefolgung einer Weisung bestehen. In den Bereich des Rechts gehört vielmehr *jede sichtbar werdende und damit nachweisbare Berührung der Freiheit des Mitmenschen.* Recht und Sichtbarkeit hängen mithin zusammen, und daher ist Recht die notwendige Folge der *Verleiblichung einer Bezie-*

hung. Erfassung von Handlungen als rechtsrelevant setzt ferner voraus, daß diese als typisch bzw. wiederholbar gelten, und entsprechend gehören Kontinuität und Stabilität wesentlich zum Recht hinzu.

3. So läßt sich gerade von den Gesetzescorpora des AT zur Zeit Jesu zeigen, daß sie zwar als Normen gemeinschaftsverbindlich sind, hinsichtlich der *Sanktionen* jedoch nicht gelten: Die Ehebrecherin wird nach Sir 23,22–27 (32–37) zwar der „ekklēsia" vorgeführt, aber nicht gesteinigt, sondern nur verflucht (V.25–27). Trotz der Gemeinschaftsrelevanz des Vergehens gelten die Gesetzescorpora nicht als Strafgesetzbuch.

Und andererseits erwartet man vom jüdischen Lehrer – und davon berichten die Chrien –, daß er Entscheidungen in rechtlich relevanten Fragen gibt (z. B. in den Chrien mit „es ist erlaubt" gr. *exestin,* so etwa über die Kaisersteuer); die Sammlung von Rabbinenmeinungen zu einer Frage entspricht formal der Sammlung von Rechtsentscheiden. – Andererseits weisen die Chrien häufig Gnomen auf, die die Antwort auf rechtlich relevante Fragen bilden. So ist also auch auf dieser Ebene eine enge Beziehung zwischen Recht und Gnomik feststellbar.

4. Recht ist zur Zeit des NT regelmäßig an großen Autoritäten orientiert und daher eher personal als codexhaft verstanden (daher auch im hellenistischen Judentum die Fiktion von Mose als Gesetzgeber [vgl. auch § 51,8e]; im paganen Bereich: Solon, Lykurg). Am Beispiel Solons kann man zeigen, daß gerade die großen, alten Gesetzgeber zugleich als Weise und Gnomendichter gelten. Es bestehen daher sehr enge Wechselbeziehungen zwischen gnomischer Weisheit und rechtlichen Setzungen. In der Übersicht zur Formgeschichte der Gnomik (ANRW S. 1068–1073) habe ich versucht darzustellen, daß insbesondere Infinitiv-Reihen und Reihen mit Negativ-Formulierungen sowie Imperativ-Reihen mit „alter Sozialethik" auch im Zeitalter des Hellenismus soziale und politische Relevanz besaßen (als Vereinsregeln, als Untertanenspiegel usw.).

5. Andererseits besteht bekanntlich ein Spannungsverhältnis zwischen gnomischer Weisheit und geltendem Recht. Die gnomische Weisheit wird daher unter dem Titel „ungeschriebene Gesetze" überliefert, und Forderungen wie die der Buzygien sorgen für den Konflikt in Sophokles „Antigone". Hier, in dieser Spannung, ist nun ganz offensichtlich der Ort *religiöser Gemeinschaften:* Im Namen und im Bereich von Religion werden ungeschriebene Gesetze zu geschriebenen, oder anders formuliert: Es ist Merkmal paränetischer Gnomik, den Bereich sozialer Normen wirklich abzustecken und zu erfassen, und dieses ist unter der oben in 2. formulierten Bedingung Recht. In religiösen Gruppen wird *erstens* die Grenze des sozial Relevanten nach vorne verlegt: Bereits eine Frau begehrlich anzusehen, ist Ehebruch und damit sozial und rechtlich relevant (Mt 5,27 f.). Das bedeutet: *Der Bereich des Vor-Rechtlichen wird eingeschränkt, ja soll völlig reduziert werden:* Religion ist darin „radikal", daß es keinen Bereich gibt, in dem ich der Verpflichtung vor Gott und den Mitmenschen mich entziehen kann. Normen, und zwar ge-

rade rechtliche Normen, die den Menschen *ganz* erfassen, sind *religiöse* Normen. Gerade durch den Aufweis des rechtlichen Charakters solcher Normen wird vermieden, die Bergpredigt (z. B. Mt 5,27 f.) als reine Innerlichkeitsreform auszugeben. Gerade indem es nicht um Innerlichkeit geht, sind diese Normen gemeinschaftsbezogen, und damit ist der rechtlich relevante Bereich ausgeweitet. Eben dieses geschieht vor allem in den ersten vier Antithesen der Bergpredigt, die ja im ganzen die Gestalt einer paränetischen Reihe besitzen. – *Zweitens* wird in religiösen Gruppen auch die Grenze enger gezogen, in der ein Verstoß mit *Sanktionen* belegt wird, wobei es zunächst unerheblich ist, ob diese Sanktionen Ausschluß vom Gottesreich bedeuten (1 Kor 6,9 f.) oder von der Gemeinde vollzogen werden (1 Kor 5). Jedenfalls bemerken wir anhand von 1 Kor 6,9 f., daß hier mit einem Male übliche paränetische Reihen mit einer Sanktion ausgestattet werden: In der Gemeinschaft des Gottesreiches ist dieses nicht tragbar. So ist im Bereich einer „religiös" bestimmten Gemeinschaft gnomische Paränese nicht nur Recht, sondern sanktioniertes Recht geworden. Daher liegt in religiösen Gemeinschaften in jedem Falle eine *Verschärfung dessen vor, was als überhaupt gemeinschaftsrelevant, wie auch dessen, was als gemeinschaftszerstörend angesehen wird.* Im Zeitalter des Neuen Testaments gibt es dafür außer den frühen christlichen Gemeinden auch jüdische Belege (Jub, Qumran und Essener) sowie einen paganen (die Kultgemeinde von Philadelpheia aus dem 2. Jh. v. Chr., in der paränetische Reihen zur Gemeindesatzung erhoben werden, vgl. dazu ANRW S. 1070–1073. 1086–1088).

6. Die Torah des Alten Testaments bietet in den alten Prohibitivreihen (zu denen auch die Dekaloge gehören) wie auch in der „Predigt" des Dtn Stoffe, die sowohl formal wie inhaltlich der paganen Gnomik gut vergleichbar sind. Bei den Prohibitivreihen sind die Affinitäten zu gnomischen Negativ-Reihen so bedeutend, daß hier mit gemein-vorderorientalischen Ursprüngen zu rechnen ist (vgl. ANRW S. 1070 f.). Jedenfalls erkennt das hellenistische Judentum diese Verwandtschaft (neu), was zu einer Dekalogisierung paganer gnomischer Reihen und Lasterkataloge führt (vgl. dazu: Berger, Gesetzesauslegung, S. 392). Mithin finden wir „entdecktermaßen" zur Zeit Jesu in der Torah stellenweise dieselbe Auffassung von Recht, wie sie auch der paganen Gnomik zugrunde liegt: gemeinschaftsrelevante Weisungen ohne Sanktionen.

7. Konsequenzen aus diesem Ansatz: a) Es ist nirgends so unsinnig wie ausgerechnet für das frühe Christentum, mit einer Trennung von rechtlichem und charismatisch-geistlichem Bereich zu rechnen. b) Paränetisches Recht ist der „Vorreiter" für sanktioniertes Recht, ist aber nicht damit identisch.

8. Die Paränese in neutestamentlichen Briefen unterscheidet sich hinsichtlich ihres Verpflichtungsgrades und ihrer rechtlichen Relevanz nicht von Sätzen der Torah. Daher kann auch das Liebesgebot in Gal 5,14 als Summe der Torah und zugleich verschiedener paränetischer Kataloge angesehen werden. Die Verquickung von Torah und Paränese zeigt sich überdies nicht

nur in der oben erwähnten Dekalogisierung paränetischer Reihen, sondern auch in jüdischen Sentenzensammlungen wie Ps.-Phokylides (Edition und Kommentar von P. v. d. Horst). Offenbar machen wir uns oft falsche Vorstellungen über das Maß an Biblizismus zu neutestamentlicher Zeit. Jedenfalls wird eine Durchdringung und teilweise Verdrängung von biblischen Geboten durch Paränese nicht als Abfall vom Nomos angesehen, und im übrigen kommt es darauf an, ob die Autorität dessen, der festlegt, welche Paränese gilt, mit der des Mose vergleichbar ist (das oben formulierte Personalprinzip). Und für Jesus und Paulus ist das durch den Rahmen der Paränesen hinreichend sichergestellt (einer der Gründe für Pseudepigraphität paränetischer Briefe im Zeitalter des Judenchristentums: die Frage der Kompetenz zur Weisung).

9. Folgende *Entwicklungslinien rechtlichen Denkens* lassen sich innerhalb des NT erheben:

a) Unter dem Aspekt des Verhältnisses zum Judentum:
Vom Geborgensein im jüdischen Gemeindeverband über die Nachahmung der jüdischen Institutionen nach Trennung von der Synagoge (Älteste) bis zum Episkopos als Abbild des einen Herrn Jesus Christus.

b) Unter dem Aspekt des Verhältnisses von Moral und Recht:
Von der Radikalisierung jüdisch-hellenistischer Paränese über funktionsbezogene paränetische Kataloge (Amtsspiegel) bis zu umfassenden Kirchenordnungen (die beiden letzten Etappen im Verhältnis Pastoralbriefe/Syrische Didaskalie)

c) Unter dem Aspekt des Anwachsens der Gemeinde bis hin zu frühen volkskirchlichen Strukturen:
Jüngerkreis als Prophetenschüler – Schülergemeinde wie Philosophenschulen – Hausgemeinden wie hell. Kultvereine – Nachbildung der Polis zunächst mit kollektiver Führung – monarchischer Episkopat

Dabei gilt oft die Regel, daß mit je größerem Wachstum der Gemeinden der Führungskreis immer kleiner wird (offenbar auch in Nachahmung politischer Strukturen).

d) Unter dem Aspekt der Verlagerung des Gewichts vom Rand zum Zentrum:
Von der Betonung der Bedingungen der Zugehörigkeit am Anfang über die kollektive Gestaltung der Binnenstruktur bis zur Rechtsfindung durch den Spruch des Episkopos.

§ 39 Kleinere paränetische Gattungen

1. **Allgemeine soziale Pflichten:** Seit den Praecepta Delphica, den Sprüchen der Sieben Weisen und den unter dem Namen des Isokrates überlieferten Gnomensammlungen (vgl. dazu ANRW S. 1067 ff.) gehört Sozialethik zu den wichtigsten Themen von Paränese. Zeugnisse im NT: 1 Petr 2,17 (ehren–lieben–fürchten–ehren; wichtig ist hier die typische Verbindung Gott-König); Tit 3,1 f. (untertan und freundlich sein); Gal 5,10b (alle Menschen).

2. **Innergemeindliche soziale Pflichten:** 1 Thess 4,9–12 (Bruderliebe, sich von niemandem abhängig machen, ehrbar wandeln vor den Außenstehenden); Hebr 10,23–25 (aufeinander achtgeben – nicht von Versammlungen wegbleiben – einander aufmuntern); 12,12–16 (Frieden, Heiligung, zusehen, daß keiner zuchtlos ist); besonders: 13,1–7 (Bruderliebe, Gastfreundschaft, Gefangene und Mißhandelte nicht vergessen, Vermeidung von Unzucht und Ehebruch, von Geldgier) (zur Verbindung von Eigentums- und Ehedelikten vgl. unten unter 4.).

3. **Gemeindeparänese:** Im Unterschied zu 2. ist hier in der Mehrzahl der Fälle ein bestimmtes Wortfeld gegeben: *einander – der andere (gr.: heteros) – ein anderer (gr.: allos) – der eine . . ., der andere (gr.: tis . . .tis); wenn einer . . .; der zwar . . ., der aber (gr. hos men . . . hos de); jeder; Bruder.* Zur Beschreibung der Einheit: *einmütig, dasselbe denken, eins, gemeinschaftlich haben (gr.: koinonein), alle.* An Formen ist der Imperativ der 3. Person verbreitet. Ziel der Gemeindeparänese ist die reihenmäßige Darstellung von verschiedenartigen, für verschiedene Gruppen in der Gemeinde bestehenden Möglichkeiten. Die Voraussetzung ist regelmäßig: Ein jeder hat seine Gabe und Möglichkeiten von Gott erhalten, und dennoch kann es gerade so zu einem Dasein füreinander kommen. Paulus und 1 Petr entfalten in der Gestalt dieser Paränese ihre Charismenlehre. Sitz und Leistung dieser Gattung in der Geschichte des frühen Christentums ist: a) Im Rahmen des als religiöse Volksgemeinschaft fest definierten Judentums brachte individualistisches Wirken begnadeter Charismatiker keine Probleme; das änderte sich zwangsläufig für eher heidenchristliche Gemeinden in der Diaspora, deren Identitätsfindung auf die Zusammenkunft beschränkt bleiben mußte. Wo der weite Rahmen einer Volksgemeinschaft wegfällt, erst dort entsteht das Problem des Nebeneinanders verschiedenster Begabungen auf kleinstem Raum. b) In Anbetracht mangelnder hierarchischer Struktur ist jeder einzelne (das typische Wort dieser Paränesen) Christ dazu verpflichtet und auch darauf angewiesen, den charismatischen Offenbarungscharakter seines Bekenntnisses nach außen und nach innen hin selbst darzustellen. So wird jedes Tun, das etwas von der vertikalen Offenbarungsdimension sichtbar werden läßt (nicht jeder Beruf überhaupt) als Charisma erklärt. c) Die Darstellung von *Einheit* im Miteinander ist theologisch als Ausdruck der neuen Gerechtigkeit notwendig. – Vgl. auch ANRW S. 1342.

Texte: 1 Kor 7,1–16: Anweisungen für verschiedene Fälle und Gruppen (Affinität zu den ebenfalls zur Paränese gehörenden Ständetafeln, in denen gleichfalls Pflichten für Mann und Frau begegnen); typisch für die Gattung ist V. 7b („ein jeder hat seine eigene Gabe von Gott"). V. 17 („ein jeder, wie es ihm der Herr zugeteilt"); 12,1–31: Typisch für die Gattung: V. 7–11: „dem einen – dem anderen – das eine Pneuma – jedem für sich zuteilend"; vgl. die Einheitsaussagen in V. 12 f. Typisch ist hier die Zuordnung von „alle" und „eins". – 1 Petr 4,8–11 („Liebe zueinander – Gastfreundschaft zueinander – ein jeder, wie er sein Charisma empfing – verschiedengestaltige Gnade – wenn einer . . ., wenn einer . . ., damit in allen . . ."). – Phil 2,1–5 („dasselbe denken – eines denken – einander – jeder das Seine betrachtend , aber auch das der anderen alle"). – Eph 4,7–16 („einem jeden – die einen, die anderen – Einheit – entsprechend der jedem einzelnen Teil zugemessenen Kraft"). – Jak 5,9–20 („nicht mürrisch zueinander – einander bekennen – füreinander beten", V. 9.16; die VV. 13–19 rechnen mit verschiedenen Einzelnen). – 1 Joh 4,7–12 („einander lieben"). – 1 Thess 5,11 („gegenseitig aufrichten und einander erbauen"). – Vgl. auch 1 Kor 3,4–15 („einer sagt – ein anderer – jeder, wie der Herr ihm gab – jeder den eigenen Lohn – nach der Gnade, die mir gegeben – ein anderer – jeder – wenn jemand . . . – jedes Werk usw."). – 1 Kor 11,17 ff. („jeder sein eigenes – wenn jemand Hunger hat . . ."). – Hebr 3,12 f. („einander ermahnen"). In den beiden letztgenannten Texten ist die Gattung nicht deutlich, in 1 Kor 3 ist sie übertragen.

Die soziologischen Voraussetzungen sind des öfteren mit religiös profilierten Vereinen dieser Zeit gemeinsam, vgl. dazu besonders ANRW S. 1070–1073. 1086–1088.

4. **Paränese über Eigentum und Sexualethik** findet sich im Neuen Testament in 1 Thess 4,1–9; Hebr 13,4 f. und ist unter anderem in der Dekalogrezeption des 6. und 7. Gebotes vorbereitet (vgl. Berger, Gesetzesauslegung S. 331).

5. **Paränese zum Sich-Unterordnen** findet sich im Neuen Testament

a) für Frauen, die sich den Männern unterordnen sollen: Eph 5,22; Kol 3,18; Tit 2,5; 1 Petr 3,1.5.

b) für Christen, die sich der Obrigkeit unterordnen sollen: Röm 13,1.5; Tit 3,1; 1 Petr 2,13; 1 Clem 61,1.

c) für Sklaven, die sich den Herren unterordnen sollen: Tit 2,9; 1 Petr 2,18; Did 4,11.

d) für Christen, die sich der Gemeindeführung unterordnen sollen, wobei zunächst die Jüngeren den Älteren sich unterordnen sollen (1 Petr 5,5); Ausweitung in 1 Kor 16,16; 1 Clem 1,3; 2,1; 57,1.

e) für Christen, die sich einander unterordnen sollen: Eph 5,21; 1 Clem 38,1.

Es überwiegen Untertänigkeitsmahnungen für Frauen, Sklaven und Staatsuntertanen. Entsprechende Mahnungen gegenüber der Kirchenleitung nehmen erst nach dem Neuen Testament zu. Weder in paganen Moraltraktaten noch im Judentum sind derartige Mahnungen besonders häufig; demgegenüber kennzeichnet die älteste christliche Literatur eine erstaunliche Zunahme der Rede vom Untertansein; für alle damaligen Vorstellungen sind die neutestamentlichen Mahnungen konservativ. – Drei Arten von Begründungen werden gegeben: Verweis auf die Ordnung („wie es sich ziemt", „wie das Gesetz sagt") – Missionarische Begründung (Reaktion der Außenstehenden) – Begründung aus der ontologischen Struktur der abgestuften Abbildlichkeit gegenüber Gott. Spezifisch religiös ist nur diese dritte Motivation, nach der das Untertansein indirekt Gott selbst gilt (1 Kor 11,3 ff.; Kol 3,18 „im Herrn"; Did 4,11; Röm 13,1 f.). Hieran wird besonders deutlich der allgemeinere Grund für die Zunahme der Untertänigkeitsmahnungen im Christentum erkennbar: Untertänigsein ist ein Wert vor Gott, und so besteht eine enge Beziehung zum Demütigsein, so im Kontext der genannten Stellen

1 Petr 3,8; 5,5; Phil 2,3; Gal 5,13; Eph 5,21; 1 Clem 38,1. Konsequent endet 1 Petr 3,1 ff. in 3,8 f. in Aussagen über christlichen Machtverzicht. Die auch für antike Vorstellungen „reaktionäre" Gestalt der christlichen Position erklärt sich daher auch aus spezifisch theologischen Gründen. Untertansein ist freilich deshalb ein Wert vor Gott, weil zwischen Gott und Welt ein – nur eschatologisch und dann in der Umkehrung dieser Machtverhältnisse lösbarer – Gegensatz besteht. Aber wer zu Gott gehört (und dem damit die Zeit nach der Wende mit gehört), ist jetzt demütig und verzichtet auf Macht.

So bewegen sich die Mahnungen zum Untertansein zwar in der Materie der sog. Haustafeln (vgl. § 41), sind aber aus theologischen Gründen doch gesondert zu behandeln.

Der formgeschichtliche Hintergrund liegt in der Sentenzenliteratur, vgl. Aristeasbr. 257 (Gott nimmt an, die sich demütigen, die Menschen lieben die, die sich unterordnen); Philo-Frgm. (Ri. 233) „Sich den Besseren (Stärkeren) unterordnen ist nützlich".

6. **Paränese über den Verzicht auf Vergeltung, Lohn, Widerstand und richterliches Handeln in diesem Äon:**
Texte: Mt 5,39–48par Lk 6,27–31; Mt 6,1–18; 7,1–12; Röm 12,14–21; Kol 3,12 f.; 1 Petr 3,8 f.; 2 Tim 2,24 f. und auch Tit 3,1 f. – Mt 5–7 und Lk 6 zeigen gegenüber den brieflichen Texten deutlich eschatologische Motivation: Der Verzicht auf erfolgreichen Machtgebrauch hier und auf Anerkennung hier (Mt 6) ist geradezu die Vorbedingung für eschatologischen Lohn und Erfolg. Wie bei den Mahnungen zum Untertansein (in 1 Petr 3,1–8 und Tit 3,1 f. mit diesen Stoffen verbunden, ähnlich auch in Röm 12 f.) ist dabei ein grundsätzlicher Wechsel der bestehenden Verhältnisse von Macht und Gewalt in Aussicht gestellt und wirkt als Motivation. Auch wenn die brieflichen Texte diese Begründung nicht ausdrücklich geben, so steht doch – wie aus 1 Petr ersichtlich – die Konzeption der Abfolge von unschuldigem Leiden und Herrlichkeit im Hintergrund. Röm 12,14–21 macht innerhalb einer postconversionalen Mahnrede (vgl. § 40) deutlich, weshalb die Mehrzahl dieser Paränesen auch sonst innerhalb gerade dieser Sorte Mahnrede begegnet: *Im Rahmen einer eschatologischen Ausrichtung auf den kommenden Gott wird jedes richterliche Tun jetzt zum Angriff gegen den Alleinanspruch Gottes, Richter und Rächer zu sein.* Paränese des Machtverzichts steht daher theologisch gesehen im Zusammenhang der konsequenten Durchsetzung von Gottes Machtanspruch – jetzt in zeitlicher Dimension und nicht mehr nur auf die Gegenwart bezogen gesehen.

Der Konzeption nach verwandt sind paränetische Stücke in der Henochliteratur, z. B. äthHen 99,15 f.: „Wehe denen, die Unrecht tun, die Gewalttätigkeit unterstützen und ihren Nächsten töten bis zum Tage des großen Gerichts, denn er wird eure Herrlichkeit zu Boden werfen . . ."; 96,5: „Wehe euch, die ihr das Mark des Weizens verzehrt, die Kraft der Wurzel der Quelle trinkt und die Niedrigen durch eure Kraft niedertretet." Das gemeinsame Merkmal der sog. Henoch-Paränesen (äthHen 92–105) ist, daß die „Gerechten" sich in Leiden, Armut und Unterdrückung befinden. Zugleich sind Weisheit, Wissen und Gebet auf ihrer Seite. Die Gegenseite sind die Lästerer, Gewalttätigen und Reichen (vgl. 103,14: Die Obrigkeit ist bei ihnen). Erwartet wird die plötzliche Umkehrung des Bestehenden. Ziel der Paränese ist dabei Trost der Armen und Appell an die Reichen; Israel ist also als „gemischte Gruppe" Adressat. Die bedeutende Verwandtschaft zur Umkehr-Erwartung in Q (vgl. Selig- und Weherufe) findet ihre Fortsetzung in den Paränesen des Slavischen Henochbuches, wo nun auch die positive Seite, die Ethik der Sanftmut, ihre Entsprechung findet: „Jetzt nun, meine Kinder, in Geduld und Sanftmut verweilet die Zahl eurer Tage, auf daß ihr den endlosen Äon ererbet, der der letzte sein wird. Jeden Schlag und jede Wunde und jedes böse Wort, wenn auf euch kommt Anfechtung und Wunde um des Herrn willen, erduldet das alles um des Herrn willen. Und vermögend hundertfältige Vergeltung zu vergelten, vergeltet weder den Nahen noch den Fernen; weil der Herr vergeltend ist, und er wird euch ein Rächer sein am Tag des großen Gerichts, auf daß ihr nicht werdet allhier von Menschen gerächt, sondern dort von dem Herrn." (slavHen 50,2–4 LR).

Innerhalb der *Paränesen der Bergpredigt* stehen auf kleinem Raum mehrere verschiedenartige Konzeptionen nebeneinander, die hier kurz darzustellen sind:
   A. Das Schema „*Segnet, die euch verfluchen*" (wie: Liebt eure Feinde, tut Gutes den euch Hassenden, betet für die, die euch bedrängen, fastet für die, die euch verfolgen). Die inhaltliche Struktur ist: Mit dem konträren Gegenteil dessen antworten, was man empfangen hat. Entscheidend für die Bestimmung des Sitzes im Leben ist: Die angesprochenen „Gerechten" sollen das *nach außen* wenden, was üblicherweise nur *intern* für das brüderliche Verhalten innerhalb der Gemeinde zueinander gefordert wird (Liebe, Fürbitte, usw.). Es geht in der Tat um das, was Gerechte als solche vermögen (nur sie können als Gerechte auch fürbitten), und daher um wirkliche Heilsgabe für die anderen. Diese Anderen sind hier gedacht als diejenigen, die die Gerechten ohne deren Schuld und um des Gerechtseins selber willen verfolgen. Die Konzeption ist: Die Gerechten, die erst *Opfer* sind, werden aber *Heil* für die anderen. Eine konzentrische Denkweise steht im Hintergrund, vergleichbar der Auffassung, daß Israel für die anderen Völker Ursache des Heils ist und auch den Gottesdienst der ganzen Menschheit leistet – so wie hier fürbittend gebetet und gefastet (Did 1) wird. Man beachte, daß Segnen, Beten und Fasten hier kultische Aktivitäten sind, was nicht eliminiert werden sollte; man vergleiche auch den Satz Philos, daß der Weise Lösegeld für den Bösen sei. – Die Funktion der verfolgten Minorität ist daher hier ähnlich wie in Mt 5,13–16 (Licht der Welt).
   B. Schema: „*Dem, der dich schlägt auf die rechte Wange, reiche auch die andere*" (wie: Gewand nehmen – auch den Mantel geben; eine Meile zur Begleitung zwingen – zwei mitgehen): Die inhaltliche Struktur ist: Bei Ausübung von Zwang und Gewalt freiwillig das Geforderte verdoppeln. Es geht also nicht um ein Hinnehmen, sondern um eine Aktivität. Die Kette von Gewalt und Gegengewalt, die sich sonst immer weiter fortpflanzen müßte, wird prinzipiell durch freiwillige Vorleistung zum Ende gebracht. Ähnlich wie in A. ist auch hier das Gegenteil dessen, was empfangen wurde, zur Antwort gemacht, nur in anderer Gestalt: *Gewaltsames* wird durch *Freiwilliges* von derselben Art beantwortet. Das Konzept ist hier: Das Ende von Gewalt herbeizuführen. Die Gerechten haben die Kraft zu solcher Freiheit.
   C. Schema: „*Jedem, der von dir fordert, gib*" (wie auch: den, der leihen will, weise nicht ab; fordere nicht zurück, wenn jemand das Deine dir nimmt; leiht, nicht hoffend

128

zurückzuerhalten). – Hier geht es nun in der Tat darum, dem Gegenüber zu willfahren, um das reine Geben ohne erwartbare Gegenleistung. So soll man sich die Möglichkeit schaffen, an der kommenden Wende positiv teilzuhaben. Im Hintergrund steht der oben dargestellte Gegensatz von Gott und Welt. Durch ihre Haltung sind die Gerechten nach diesem Konzept lebendige Zeichen für die große Wende.

Ähnlich ist das theologische Konzept der Anweisungen über das Frommsein im Verborgenen (Mt 6): So bleibt der Lohn, sonst wäre er durch gutes Ansehen schon innerweltlich abgegolten.

D. Schema: *„Richtet nicht, damit ihr nicht gerichtet werdet"* (wie auch: verurteilt nicht, damit ihr nicht . . .; sprecht frei, und ihr werdet freigesprochen werden; gebt, und es wird euch gegeben werden). Konzeption: Alles Tun jetzt wird durch das Gericht talionartig beantwortet werden. Demnach soll sich das Tun nach dem richten, was man empfangen möchte: Die eschatologische Fassung der Goldenen Regel (nur die Vergeltenden sind nicht die Menschen). Die göttliche Gerechtigkeit reagiert genau angemessen. – Angesprochen sind hier Menschen, die richten, verurteilen, freilassen und geben können, also solche, die sozial nicht ganz „unten" stehen.

Wer formuliert derartige Paränese, und zu welchem Zweck geschieht es? Der Kontext der Bergpredigt wie der Feldrede läßt erkennen, daß es um *protreptische Paränese* geht: Die bessere Gerechtigkeit hat als solche eine Zukunftsperspektive, die allen anderen Wegen überlegen ist. Denn wer gibt, ohne zu empfangen, orientiert sich an einer Zukunft, die allen, die jetzt Nehmende und Empfangende sind, nicht mehr gehören kann. Wie in der alten griechischen Paränese (vgl. oben § 39,1), so geht es auch bei diesen Forderungen um Sozialverhalten. Doch das Regulativ für die Gestalt der Forderungen ist nicht mehr das Miteinander in der Polis und die Erhaltung von Gemeinschaft unter Menschen – das Regulativ ist die einseitige Ausrichtung auf die Wende und das Festschreiben der Status von Gerecht und Ungerecht (wie in Apk 22,11). Aus der Gattung *Protreptikos* (vgl. § 62) ist beibehalten: Der bessere der beiden Wege hat den größeren Nutzen für die Zukunft, er ist derjenige Weg, der sich am Ende, gegenwärtigem Schein zum Trotz, bewähren wird. Unter der Bedingung der Erwartung der großen Wende im Gericht ist dieses also durchaus weisheitliche, weil auf das Prinzip des am Ende größten Gewinns gerichtete Paränese. Den Seligpreisungen Mt 5,1–11; Lk 6,21–23 liegt dasselbe Prinzip zugrunde. Auch deren Reihung ist nichts anderes als der Reihung paränetischer Weisungen nachgebildete Einkleidung von Mahnungen in Seligpreisungen. Sowohl in den Antithesen wie in den Seligpreisungen haben wir es mit formal umgestalteten, aber noch deutlich als solche erkennbaren paränetischen Reihen zu tun.

7. Metaphorische Paränese über Wachsamkeit und Nüchternsein.

Eine metaphorisch geprägte Paränese, die regelmäßig Reihenform angibt, gruppiert sich um das Wortfeld *nüchtern – wachen – trunken – bereit – Gebet – Gürten der Lenden –* zu einem Teil in Verbindung mit *Lampen* und *Hochzeit,* zum anderen in Verbindung mit *Waffenrüstung und Widerstand.* Das Material begegnet häufiger auch in Gleichnissen und Gleichnis-Diskursen. Die Texte: 1 Petr 4,7f.; 1,13; 5,8; 1 Thess 5,6f.; Eph 6,14(–18); Lk 12,35–48; Mt 25,10; Did 16,1. Nahezu in allen Texten wird durch eine Zeitmetapher *(Tag, Stunde)* angegeben, daß es sich um spezifisch eschatologische Paränese handelt, in der die Ausrichtung auf das Ende zu einer alle Moral fundierenden Erwartung gemacht wird. Der Modus dieses Fundierens wird u. a. in 1 Petr 4,7 deutlich: Dieser Vers ist die Einleitung zur folgenden Gemeindeparänese; ähnlich ist die fundamentale Position des Wachsamkeitsrufes in Apk 3,2. Die Tendenz zur konkreten Füllung dieser allgemeinen Mahnung ist verbreitet (vgl. etwa 1 Thess 5: Füllung durch Glaube, Liebe, Hoffnung; Lk 12,35–40: in 12,45 ist jedenfalls Mißhandeln der Mitsklaven das Gegenteil).

§ 40 Postconversionale Mahnrede

Lit.: ANRW S. 1340–42. 1344.

So bezeichnen wir paränetisch strukturierte Abschnitte in neutestamentlichen Briefen (mit Spuren auch im LkEv), in denen die Angeredeten gemahnt werden, sich dem vollzogenen Wechsel gemäß zu verhalten. Im Falle von 1 Thess 4,2 wird vor einer solchen Mahnrede ausdrücklich daran erinnert, daß der Apostel solches bereits (möglicherweise sogleich im Anschluß an die Bekehrung) der Gemeinde schon einmal vorgetragen habe. In Act Thomae 58 ist eine vergleichbare Predigt im Kontext einer Erzählung über Mission und Bekehrung überliefert. Anders als etwa in den späteren Umkehrreden in den Briefen der Apk (K. 2–3), die wir nicht zu dieser Gattung zählen, ist diese Mahnrede noch immer ganz am Zeitpunkt des Wechsels orientiert, ist also ein echter *reditus ad baptismum.* Damit ist zugleich das theologische Problem dieser Reden genannt: Später soll noch immer das vollzogen werden, was doch eigentlich bei der Bekehrung zum Christentum geschah. Anders als für unser heutiges Verständnis wird der Wechsel als radikaler Einschnitt und als Statusbegründung angesehen. Die christliche Existenz soll das einholen, was in diesem Augenblick geschah.

Mit Hilfe von Textvergleichen und besonders unter Verwendung der Wortfeldmethode läßt sich aufgrund eines gemeinsamen Arsenals erschließen, welche Texte direkt zur Gattung gehören und wo möglicherweise nur Reminiszenzen vorliegen.

1. *Die Texte:* 1 Thess 4,3–12 (13–18); 5,1–13. – 2 Kor 6,14–7,1; Röm 12,1–13,14; Kol 3,5–4,6; Eph 4,17–6,20; 1 Petr 1,13–3,12; 4,7–11; 5,6–9; – Restelemente sind erhalten in: 1 Kor 6,9–11; Röm 6,17–19; 1 Kor 5,7f. – Ein anderer Typ liegt zugrunde in Gal 5,13–6,10; hier ist aber in einigen Punkten deutliche Verwandtschaft gegeben. – 1 Petr und 1 Joh sind über weite Partien aus dieser Gattung zu verstehen.

2. *Die gemeinsamen Elemente:* In unterschiedlicher Reihenfolge und nicht überall vollständig weisen diese Texte folgende Elemente auf:
a) *Lasterkataloge:* 1 Thess 4,4–6; 2 Kor 7,1; Röm 13,13; 1 Petr 2,1; Eph 4,18–20;5,3–5; Kol 3,5.8f.; vgl. Gal 5,19–21. – *Tugendkataloge* im Sinne von Gal 5,22 f. kennt die Gattung nur bei Philo. Es gibt nur die sehr all-

gemeinen Verbindungen in Eph 4,24; 5,8 und die Nominareihe mit Glaube, Liebe, Hoffnung in 1 Thess 5,8. – In den Lasterkatalogen werden die typisch heidnischen Laster der „Vergangenheit" der Christen genannt (vgl. § 47).

b) *Schema einst/jetzt:* 1 Petr 1,14.17–21; 2,10; Eph 5,8; Kol 3,7 f. Zur postconversionalen Mahnrede gehört auch das „nicht mehr" (gr.: mēketi), so 1 Petr 4,2; Eph 4,14.17.28; Röm 6,6; 14,13; 2 Kor 5,15; vgl. Joh 5,14; 8,11. – Pagane Belege: ANRW S. 1344.

c) *Ablegen* (sc. des Alten)/*Anziehen* (sc. des Neuen, des Christus): Röm 13,12 f.; 1 Petr 2,1; Eph 4,22–25; Kol 3,8–10.12.

d) *Opposition Licht/Finsternis:* 1 Thess 5,4 f.; 2 Kor 6.14; Röm 13,12; 1 Petr 2,9; Eph 5,8.11.13–14. – Tag/Nacht: Röm 13,12; 1 Thess 5,5–7. – Andere *dualistische* Aussagen: 2 Kor 6,14 f.

e) *Kampf und Waffenrüstung:* 1 Thess 5,8; Röm 13,12; 1 Petr 1,13; Eph 6,11–17. – Kampf: 1 Petr 2,11; 4,8 f.; Eph 6,11–12.

f) *Götzen* (direkter Hinweis auf die Konversion aus dem Heidentum): 2 Kor 6,16; Kol 3,5; Gal 5,20.

g) *Erneuerung, neu:* Röm12,2;Eph 4,22 f.; Kol 3,9 f.

h) *Begierde* (als heidnisches Kardinallaster): 1 Thess 4,5; Röm 13,13; 1 Petr 1,14; 2,11; Eph 4,22; Kol 3,5. – Vgl. Gal 5,16 f.24.

i) *Abgrenzung* (nicht so wie die Heiden): 1 Thess 4,5.13; 5,6; 2 Kor 6,14 f.17; 1 Petr 2,7–8; Eph 4,17 f.; 5,7.11.15. Vgl. ANRW S.1340 f. – „*Nicht sich gleichgestalten* (sc. mit dem Bereich, der hinter einem liegt)": Röm 12,2; 1 Petr 1,14.

k) *Berufung:* 1 Thess 4,7; 1 Petr 1,15; 3,9; Kol 3,15. – Vgl. Gal 5,13.24.

l) *Heiligung* als Ziel der neuen Ethik: 1 Thess 4,3 f.7.8; 2 Kor 7,1; Röm 12,1; 1 Petr 1,15 f.22; Eph 5,3.26 f.; Kol 3,12.

m) *Wille Gottes:* Eph 5,10.17; 1 Thess 4,3; Röm 12,2.

n) *Vorbild Gottes:* Eph 4,32; 5,1–2.25; Kol 3,13.

o) Der neue Weg ist ein „*Wandeln*" (gr. peripatein): Eph 5,2.8.15; Kol 3,7; 4,5; Röm 13,13; 1 Thess 4,12. – Vgl. Gal 5,16.

p) *Naherwartung:* 1 Thess 4,15; Röm 13,11; 1 Petr 4,7, vgl. Eph 5,16.

q) *Eschatologische* Paränese (bes.: Wachsamkeit, Nüchternsein, Gebet): 1 Thess 5,6–8.10; Röm 13,11–13; 1 Petr 1,13; 4,7; 5,6–9 (mit „Demut"; der Topos „Sorge" durch „Gebet" veranlaßt); Eph 5,14.18; 6,18(19); Kol 4,2. – Vgl. § 39.7.

r) der neue Wandel soll auf die *Reaktion der Außenstehenden* bedacht sein: 1 Petr 2,12; 1 Thess 4,12; Kol 4,5–6.

s) die Bekehrten sind „*für einander*" (gr.: allēlois) da: 1 Thess 4,9.18; 5,11; Röm 12,5.10.16; 13,8; Eph 4,25.32; 5,21; 1 Petr 1,22 f.; 4,9; 5,5; Kol 3,13. – Vgl. Gal 5,13.15; 5,26; 6,2.

t) *Worte* füreinander: 1 Thess 4,13–18; 5,11; Kol 3,16; 4,6.

u) *Verhalten mit Worten:* 1 Petr 3,10; Eph 4,29–31; 5,4.6.19–20; Kol 3,8.15 f.17.

v) *Verzicht auf Rache und Macht:* 1 Petr 3,8f.; Röm 12,14–21; Kol 3,12f. – Vgl. auch Gal 5,22f. – Vgl. § 39.6.

w) *Bruderliebe:* 1 Thess 4,9; 1 Petr 1,22; Röm 12,10. – Liebe: 1 Thess 5,8; Röm 12,9; 13,8.10; 1 Petr 4,8; Eph 5,2; Kol 3,14 (cf. 3,12f.). – Vgl. auch Gal 5,13f.

3. *Zur Auswertung:* Die Elemente gliedern sich in solche, die vor allem den Kontrast beschreiben (a–i), und solche, die den neuen Status positiv beschreiben (k–u).

Ein besonderes Merkmal dieser Paränesen ist, daß zu einzelnen Stichworten häufiger größere *Einlagen* attrahiert und assoziiert werden. Die wichtigsten dieser „Einlagen" sind: Mahnungen zur Unterordnung unter die Obrigkeit (Röm 13,1–7; 1 Petr 2,13–17, hier mit weiterer typischer Sozialethik), sog. Haustafeln (vgl. § 41; so in 1 Petr 2,18–3,17; Eph 5,22–6,9, einleitend ist 5,21; Kol 3,18–4,1. Auch die Kultinschrift von Philadelpheia (2. Jh. v. Chr.) kennt im Rahmen der Initiationsparänese eine blockartig zusammengestellte Belehrung über die wechselseitigen Pflichten von Mann und Frau (Z. 25–41 [vgl. ANRW S. 1086f.]), typische Gemeindeparänese (vgl. § 39.3; so in: Röm 12,3–8; 1 Petr 4,9–11). Wie diese, so ist möglicherweise auch das oben genannte Element 2v (Racheverzicht) anhand der Stichworte „Liebe" und „einander" oder an deren Stelle assoziiert worden. Besonders interessant ist in diesem Zusammenhang die Plazierung von 1 Thess 4,13–18: Als apokalyptische Belehrung ist das Stück eigentlich völlig kontextfremd. Es ist aber durch die gattungsgemäßen Topoi in V. 13 (Abgrenzung, vgl. oben Element 2i) und V. 18 („einander" vgl. Element 2s und „Worte für einander" vgl. Element 2t) in die Gattung eingebunden. Die Belehrung ist so strikt einbezogen in die gegenseitige verbale Hilfe, die sich die Bekehrten zu leisten haben.

Von besonderem Interesse ist auch eine alte Beziehung, die zwischen den Elementen 2e und 2q besteht: sowohl in den Texten über das Wachsamsein wie in denen über die Waffenrüstung kann die Wendung „Gürten der Lenden" begegnen, nur wurde sie das eine Mal im kriegerischen Sinne fortgeschrieben (Eph 6,14), das andere Mal in Richtung Ankleiden beim Aufwachen (1 Petr 1,13; Lk 12,35). Das Nebeneinander dieser zwei Stränge ist schon sehr alt; es ist in 1 Thess 5,6–8 schon vorausgesetzt (so erklärt sich hier das Miteinander der Metaphorik von Wachen und Schlafen einerseits und der Waffenrüstung andererseits, ohne daß hier das verbindende Glied noch genannt wäre). Das *größte inhaltliche Gewicht* (und daher auch die „Einlagen" an dieser Stelle) *besitzt die Mahnung zum „für einander" und zur Liebe.* So kann denn in diesem Zusammenhang (und auch nur in diesem) in der paulinischen Briefliteratur des Neuen Testaments das Liebesgebot zitiert werden: Röm 13,9 und vergleichbar in Gal 5,14. So wird der Blick vor allem auf die *neue Gemeinschaft* gelenkt – eine im Blick auf die allgemeine paränetische Tradition nicht unerhebliche Neuerung, weil es darin in der Regel um alle Menschen ging; 1 Petr 2,17 zeigt die Neuerung: „die Bruderschaft ehret",

Gal 6,10 liefert den Ausgleich (alle Menschen/Glaubensgenossen). Es kann sein, daß Paulus mit dem Bezug auf das Gesetz an diesen Stellen der postconversionalen Mahnrede als einziger neutestamentlicher Autor (vgl. aber auch unten zu 1 Joh 2,7 f.!) eine Reminiszenz an die jüdische Gestalt der Gattung (s. dazu unten) bewahrt hat. Denn diese könnte in der Tat der Ort für eine *Einführung in das Gesetz* und seinen Sinn gewesen sein.

Der Schluß dieser Paränese lag offenbar nicht fest; er ist sehr variabel gestaltet (christologisch: 1 Thess 5,9 f.; Röm 13,14; als Heilsansage: 2 Kor 6,16 f.; als Bitte um Fürbitte: Eph 6,19 f.).

4. Von besonderer Bedeutung ist, daß *große Partien des 1 Petr* aus diesem Material gestaltet sind – weshalb man diesen Brief irrtümlich für eine bei der Taufe zu haltende „Homilie" betrachtete; doch soviel ist eben wahr daran, daß weite Passagen zur Gattung der postconversionalen Paränese gehören. „Unterbrochen" werden diese Partien des 1 Petr durch Paränese, die als *Martyriumsparänese* hier gleichfalls der Bekehrung zugeordnet ist (die nach der Bekehrung erwartbaren Prüfungen durch Leiden, vgl. unten § 45), nämlich: 1 Petr 3,13–4,6; 4,12–19; in 5,9b mit der hier behandelten postconversionalen Paränese verschmolzen.

5. Auch der *1. Johannesbrief,* dessen Gattung stets fraglich war, kann von der Gattung der postconversionalen Mahnrede her weitgehend gedeutet werden; ähnlich wie 1 Petr ist dieser Brief mit umfänglicheren *Einlagen* versehen, und zwar beziehen sich diese hier auf das Problem Irrlehrer/Abweichen vom Bekenntnis (2,18–23; 4,1–6), obwohl sicher auch dieses Thema mit dem „Bleiben bei den Anfängen" zusammenhängt.

a) 1 Joh rekurriert selbst ausdrücklich auf die *Mahnrede am Anfang,* als deren Wiederholung er sich versteht (2,24: „Was ihr nun von Anfang an vernommen habt, soll in euch bleiben", vgl. 2,27).

b) Wir hatten ermittelt, daß das paränetische Zentrum der postconversionalen Mahnrede die *Mahnung zur Liebe* ist. Von daher ist 1 Joh im Ganzen zu verstehen, besonders aber in Texten wie 3,11: „Denn das ist die Botschaft, die ihr von Anfang an vernommen habt: wir sollen einander lieben"; 3,14: „Wir wissen, daß wir hinübergeschritten sind vom Tod ins Leben, weil wir die Brüder lieben. Wer nicht liebt, bleibt im Tode." Hier wird die Bruderliebe direkt verbunden mit dem für die postconversionale Mahnrede typischen „Dualismus" (vgl. oben unter 2d). Ganz richtig betont daher 1 Joh den Zusammenhang von *Bruderliebe und Bekenntnis* (4,20 f.).

c) Der gattungstypische Gegensatz Licht/Finsternis: 1 Joh 1,5–8; dazu: Tod/Leben 3,14 (vgl. oben 2d).

d) Die *Abgrenzung* (vgl. oben unter 2i) geschieht hier gegenüber der „Welt": 2,15 f.; 3,1.13.

e) *Lasterkatalog* (vgl. oben unter 2a): 1 Joh 2,16 (Gegensatz Welt/Gott).

f) *Naherwartung* (vgl. oben unter 2p): 1 Joh 2,18.

g) *Heiligung* (vgl. oben unter 2l): 1 Joh 3,3.

h) Verbindung des früheren Status mit *„Begierde"* (vgl. oben unter 2h): 1 Joh 2,16f.

i) *Götzen* (vgl. oben unter 2f): 1 Joh 5,21.

k) *Neuheit* (vgl. oben unter 2g) hier als „neues Gebot" (2,8).

l) *Vorbild* Gottes (vgl. oben unter 2n): 1 Joh 3,16; 4,11.19. *Ähnlichkeit* mit Gott: 1 Joh 3,2.

m) Die *Bruderliebe* (vgl. oben 2w) ist in 1 Joh breit entfaltet. Vgl. auch das häufige *„einander"* in 1 Joh.

Ähnlich wie 1 Petr 2,2f., aber abweichend von der allgemeineren Tradition, kennt 1 Joh das (Neu)*Geborensein* im Zusammenhang mit der conversio (2,29; 3,9; 4,7). – Was vor allem fehlt (wie im JohEv), sind Elemente der eschatologischen Paränese (oben unter 2q), wie auch die damit verwandten Elemente über Waffenrüstung und Kampf.

6. Die Paränese in Gal 5,13–6,10 ist in einigen Elementen mit der hier behandelten verwandt *(Lasterkatalog; Oppositionen; Berufung und Wandel; Bedeutung der Liebe und des Füreinander),* jedoch auch deutlich unterschieden: Sonst nicht begegnend ist der Gegensatz von Sarx und Pneuma, die Schelte in 5,15, die Ankündigung der Vergeltung in 6,7–10, die verschiedenen Mahnungen in 5,25–6,6. Der Tugendkatalog in 5,22f. ist wohl eindeutig dem Element 2v der obigen Liste zuzuordnen. Der Bezug auf das Gesetz entspricht Röm 13; 1 Joh 2,7f. – Das Element des Streites (vgl. 2e): Gal 5,17.

7. Im Gleichnis-Diskurs Lk 12,35.45.47 ist die hier genannte Tradition über die sonst dort allein begegnende eschatologische Paränese hinaus auch in synoptische Überlieferung eingedrungen: Durch die Rede vom Gürten der Lenden in 12,35 besteht Beziehung zu den Texten über Waffenrüstung, durch V. 45 zu den Lasterkatalogen, durch V. 47 zur Rede über den „Willen" Gottes.

8. Zum *Fortleben der Gattung* vgl. Act Thom 58: „Glaubt also an Jesus Christus, so vergibt er euch die vordem getanen Sünden und wird euch von allen euren körperlichen Begierden reinigen, die auf der Erde bleiben, und er wird euch von den Vergehungen heilen, die euch begleiten und mit euch fortgehen und vor euch gefunden werden. Ein jeder von euch ziehe also den alten Menschen aus und ziehe den neuen an. Eure erste Lebensweise aber und Wandel gebt auf! Und die Diebe sollen nicht mehr stehlen, sondern sich mühen und arbeiten und davon leben. Und die Ehebrecher sollen keine Unzucht mehr treiben, damit sie sich nicht der ewigen Strafe überantworten. Denn der Ehebruch ist bei Gott viel schlimmer als alle anderen bösen Werke. Legt aber auch die Habsucht ab und die Lüge und die Trunkenheit und die Verleumdung und vergeltet nicht Böses mit Bösem. Denn dies alles ist dem Gott, der von mir gepredigt wird, fremd und zuwider. Sondern wandelt vielmehr im Glauben und in Sanftmut und in Heiligkeit und in Hoffnung, über welche sich Gott freut, damit ihr seine Hausgenossen werdet, indem ihr von ihm die Gaben erwartet, die nur einige wenige empfangen."

Daß der Text von keinem neutestamentlichen Einzeltext abhängig ist, sondern in Gemeinsamkeit mit verschiedenen Exemplaren der Gattung deren wichtigste Elemente aufweist, zeigt, daß die Gattung lebendig war und „beherrscht" wurde.

9. *Zur Vorgeschichte der Gattung:* Verschiedene Indizien weisen darauf, daß die Vorgeschichte der Gattung im hellenistischen Judentum liegt. Denn

die meisten Entsprechungen finden sich in Texten, in denen von der *Metanoia* (Umkehr/Buße) die Rede ist: in TestXII Gad 5,7 ist mit ihr die Metaphorik von Licht und Finsternis verknüpft, und insbesondere Philos Traktat über die Metanoia (De Virtutibus 175–186) ist für die christliche Bekehrung insgesamt, besonders aber auch für die hier behandelte Mahnrede von Belang: Die Umkehrenden werden „Sieger" genannt wie in den Briefen der Apk (175), Metanoia bedeutet Rettung aus Krankheit (176, vgl. Mk 2,17 und Wundergeschichten), Rettung aus Gefahren der Seefahrt (176, vgl. die Seewunder und Pauli Schiffbruch nach Act 27), die Umkehrpredigt enthält die für *Paränese* typischen Mahnungen, „Wahrhaftigkeit zu üben, Dünkel zu verabscheuen, nach Wahrheit und Bescheidenheit zu streben". Nach 179 muß man „alle, die dem Schöpfer und Vater des Alls Verehrung zu zollen entschlossen sind . . ., als gute *Freunde und Verwandte* ansehen", womit die Mahnungen zu Gegenseitigkeit und Liebe eine Entsprechung finden. In 179 kennt Philo die Metaphorik von Finsternis und Licht. Nach 181 geht es gleichzeitig darum, „die tückische Herrschaft des Lasters abzuschütteln und sich unumwunden der Tugend zuzuwenden; auch müssen, wie in der Sonne der Schatten dem Körper folgt, mit der Verehrung des seienden Gottes die anderen Tugenden aufs engste verbunden sein". Es folgt ein *Tugend- und ein Lasterkatalog,* sodann eine Auslegung von Dtn 30,11–14, die für Röm 10,6–9 wegen ihres Vorkommens gerade hier bedeutsam ist (auch bei Philo in allegorischer Auslegung). – 185 erwähnt das *Gebet* wie oben Element 2q: Das Gebet spielt wohl deshalb in der postconversionalen Mahnrede eine bedeutsame Rolle, weil die Anbetung der sichtbare Ausdruck der Zugehörigkeit zu dem Gott ist, dem man sich in der Bekehrung zuwandte. – Sehr wichtige Elemente der oben dargestellten frühchristlichen Gattung gehörten demnach schon im Judentum zum Umkreis dessen, was beim Stichwort „Umkehr" assoziiert wurde und theologisch lebendig war. – Zum „Ablegen" vgl. auch noch Aristeasbrief 122, wonach die gesprächsbereiten Heiden bereits „die Schroffheit und Härte ihres Sinnes abgelegt hatten". Für ein Beispiel pythagoreischer Umkehrpredigt vgl. ANRW S. 1368–1370. Der postconversionalen Mahnrede entspricht aber besser der Kratesbrief 23 (ed. Malherbe, S. 72 f.; vgl. ANRW S. 1344).

Die *Rückbeziehung auf den Anfang* in der neutestamentlichen Paränese hat auch Analogien im paganen Bereich, insbesondere in der religiösen Gruppe von Philadelpheia (2. Jh. v. Chr.): Die Vereinsregel ist der Initiation zugeordnet. Bei den Festen muß die Inschrift mit dieser Satzung berührt werden; nur wer ein reines Gewissen hat, darf die Inschrift berühren (vgl. dazu auch ANRW S. 1086–1088).

§ 41 Haustafel und Pflichtenspiegel

Lit.: ANRW S. 1078–1086. – Besonders (und Ergänzungen): J. E. CROUCH: The Origin and Intention of the Colossian Haustafel (FRLANT 109), Göttingen 1972. – W. KRÄMER: De Aristotelis qui fertur Oeconomico libro primo, Diss. Gießen, Leipzig

1910. – D. LÜHRMANN: Neutestamentliche Haustafeln und antike Ökonomie, in: NTS 27 (1980) 83–97. – Ders., „Wo man nicht mehr Sklave oder Freier ist", in: WuD NF 13 (1975) 53–83. – W. SCHICK: Favorin Peri paidōn trophēs und die antike Erziehungslehre, Diss. Freiburg, Leipzig 1922. – C. C. VERNER: The Household of God and the Social World of the Pastoral Epistles, Ph. D. Emory University, 1981. – F. WILHELM: Die Oeconomica der Neupythagoreer Bryson, Kallikratidas, Periktione, Phintys, in: RhMus NF 70 (1915) 161–223. – Ferner: ZNW 69 (1978) 196–200.

Texte: Kol 3,18–4,1; Eph 5,21–6,9; 1 Petr 2,(13–17)18–3,7; 5,1–5; Tit 2,1–10 oder 2,9 f.; 1 Tim 2,8–15; 6,1 f.; 1 Clem 21,7–9; Ignatius, Pol 4 f.

1. *Zur Forschungslage:* In der älteren Literatur ging man seit M. Dibelius und K. Weidinger davon aus, daß die sog. Haustafeln (Bezeichnung seit M. Luther) auf die stoische Pflichtenlehre zurückgingen. Dagegen hat man eingewandt, daß die Liste der Bezugspersonen nicht übereinstimmt und daß die Reziprozität der Pflichten in den Haustafeln nicht gegeben ist. – Neuerdings haben D. Lührmann und K. Thraede auf die antike Gattung des *Oikonomikos* verwiesen; jedoch hilft auch dieser Hinweis nur wenig weiter:

a) Unter der Überschrift Oikonomikos sind uns eine Reihe von Traktaten und eine größere Anzahl von Fragmenten überliefert. Form wie auch Umfang dieser Traktate sind in keiner Weise den eindeutig paränetischen Formen der neutestamentlichen Haustafeln vergleichbar. Wer die Wichtigkeit der literarischen Form erkennt, stößt hier auf einen zumindest höchst erklärungsbedürftigen „Graben". – b) In den antiken Traktaten fehlt bis auf einen, von K. Thraede besonders hervorgekehrten, Fall auch eine Art Wechselseitigkeit der Verpflichtungen (K. Thraede, S. 363: im 3. Buch des Ps.-Aristoteles über die Oikonomia wird die Frau *socia vitae* des Mannes genannt, das gemeinsame Leben soll eine *societas honorabilis et fidelis* sein, die Ehe braucht *concordia, unanimitas und dilectio.* Der Mann soll gegenüber seiner Frau *verecundia et pudor, modestia* und *timor* aufbringen. – Die übrigen Traktate fordern Loyalität zwischen den Gatten und Einmütigkeit). c) Von dem im Neuen Testament häufigen Dreierschema (Eheleute – Kinder – Sklaven) ist trotz gegenteiliger Behauptungen in der Gattung Oikonomikos nichts zu sehen: Aristoteles, Politika I 1253b ist weder der Gattung Oikonomikos noch der Gattung Haustafel einzuordnen, und die öfter zitierte Stelle Seneca, epist 94,1 ebensowenig. Im Bryson-Fragment bei Stobaios IV 28,15 p. 680, 7 ff. geht es nur um Sklaven, während diese im arabischen Bryson fehlen. – d) Häufig spielen die Beziehungen des Hausherrn zu Frauen oder Sklaven nur eine *geringe Rolle* innerhalb der Traktate. In Xenophons Oikonomikos geht es um die Pflege eines Landgutes, bei Bryson vor allem um den Gelderwerb.

2. Im Blick auf die Gesamtentwicklung der paränetischen Traditionen (vgl. dazu besonders: ANRW 1058–1074) legt sich dagegen folgende Entwicklung hypothetisch nahe:

I. Innerhalb der traditionellen Gnomik findet sich seit alters her eine Reihe von paränetischen Mahnsprüchen, die das Gebiet des Hauses betreffen. Das gilt angefangen von dem berühmten „über das Weib herrsche" der Praecepta Delphica bis hin zu Sentenzen, wonach des Schweigen der Frau schönster Schmuck sei (über die Bedeutung der Gnomik vgl. auch unten § 48).

Material: (Abkürzungen nach ANRW S. 1049–1051) UG (Plutarch, LibEduc 7E): den Herrschern sich fügen, die Freunde lieben, mit Frauen vernünftig verkehren, die

Kinder liebhaben, die Sklaven nicht mißhandeln; D (Kyz.) I 25 Die Söhne erziehe III 3 Über die Frau herrsche; DM 222.275.277.280 (Kindererziehung); SW Kleobulos: Die Kinder erziehen, berauschte Sklaven nicht strafen; SW Chilon: Dem eigenen Haus stehe vor; SW Sosiades: Die du aufziehst, liebe; AN 2 S. 121: Um deine Sklaven kümmere dich, ihnen Anteil gebend an dem, was du hast, damit sie nicht nur als Herrn dich fürchten, sondern auch wie einen Wohltäter ehren. 122: Deine Frau soll dich eher verehren und nicht fürchten, denn nicht als Dienerin hast du sie genommen, sondern als Genossin des Lebens; PS 63: Nicht tyrannisieren, sondern beherrschen soll der Mann die Frau; 99 (= DP III 43) (ewige Kinder, wenn man nur den Leib, nicht die Seele ernährt); PM I 36: Man muß Kinder erzeugen, denn man muß hinterlassen, die Gott verehren; MF 10 (nicht ablassen, den Sohn zu schlagen: wie Mist für das Land). 11: Halte im Zaum deinen Sohn, solange er noch klein ist, daß er nicht heranwachse und du nichts mehr über ihn vermögest und erröten müßtest über sein verderbtes Handeln; PG 172: Man soll Kinder erzeugen. – SX 481: Anfang der Sorge für das Vaterland ist am besten als Sorge um das Eigene; DM 110: Die Frau soll sich nicht um Rede mühen, denn das ist abscheulich; 274: Schmuck ist wenig Reden für das Weib, etwas Schönes ja auch des Schmuckes Schlichtheit. – KL 75: Eine Frau, die Schmuck liebt, ist nicht treu. – PS 62: Kein Besitz ist allein dem Mann, der nicht auch der Frau gehört. – MES S. 31: Für alle Frauen ist Schweigen Schmuck. – SX 231: Jeder Frivole ist Ehebrecher an seiner eigenen Frau. 235: Für die treue Frau ist kluge Enthaltsamkeit Schmuck. – 236: Der Mann, der die Frau wegschickt, gibt zu, noch nicht einmal über die Frau herrschen zu können. – 237: Eine verständige Frau ist des Mannes Ruhm. – 500: Betrachte die Frau als Teil von dir. – 501: Wenn du Ehrfurcht hast, bewahrst du die Ehegenossen. – 503: Mann und Frau sind eines vollkommenen Lebewesens Teile. – 503: Es soll ehren der Mann die Frau wie eine Vorsteherin, die Frau den Mann als Beschützer. – 504: Kein Besitz soll dem Mann gehören, der nicht auch Besitz der Frau ist. – 508: Über die Frau zu herrschen ist fähig der besonnene Mann. – 514: Der Mann ist Gesetz für die Frau. – 515: Der Mann soll die Frau zum Gehorchen bringen. – 521: Wie deine Frau ist, so wird auch dein Haus sein. PM I 53: Die gerechte Verteilung im Haus ist der Anfang der ganzen Wohlgeordnetheit in den Städten. Denn von den Häusern her haben die Städte Bestand. – ME 7: Wie angenehm für Eltern der traute Umgang der Kinder. – 9: Wie angenehm ist Eintracht von Eltern und Kindern. – DE 61: Die Besonnenheit des Vaters ist der beste Befehl für die Kinder. – SX 490: Wie du willst, daß deine Kinder sein sollen, so sollst du zu deinen Eltern sein. Vgl. SX 519–523.

Es wird erkennbar, daß fast alle Themen der sog. Haustafeln in der Gnomik begegnen, zum Teil auch bereits in Kombination, wie gleich das erste Beispiel aus den „Ungeschriebenen Gesetzen" zeigt.

II. Innerhalb der Gnomik nimmt die Bildung von sog. Nestern zu, d. h. *Zusammenstellungen von thematisch zusammengehörigen Gnomen.* In dem obigen Material ist das nicht nur an UG erkennbar, sondern auch an DM 275–280, SX 235–237.500–504 usw.

In der Inschrift des vorchristlichen Kultvereins in Philadelpheia (2. Jh. v. Chr.) ist Paränese für das Verhältnis Mann/Frau blockartig zusammengefaßt: „Außer seiner Frau soll der Mann eine fremde Frau, sei es eine Freie, sei es eine Sklavin, die einen Mann hat, nicht schänden, auch nicht einen Knaben, noch eine Jungfrau, noch einem anderen solche zu empfehlen. Sondern wenn er bei jenem Mitwisser ist, diesen offenbar zu machen . . . Eine freie Frau soll heilig sein und nicht kennen eines anderen außer des eigenen Mannes Bett oder Zusammensein . . .". – Es gibt hier eine gewisse Wechselseitigkeit der Verpflichtungen. Dabei handelt es sich hier nicht um einen Oikono-mikos-Traktat, sondern um eine archaisierende Reihung von Paränese (unter der Bedingung des Ausschlusses aus dem Kultverein). –

Im Bereich des hellenistischen Judentums ist das Lehrgedicht des Pseudo-Phokylides ein gutes Beispiel, wo die entsprechenden Regeln ab V. 171 ff., insbesondere aber ab V. 195 ff. zusammengestellt sind (Eheleute, Verwandtschaft, Kinder, Alte, Sklaven), hier auch bereits in Reziprozität des Verhältnisses (z. B. 196 f.). An der gattungsmäßigen Verwandtschaft zur Gnomik besteht hier kein Zweifel, ebenso deutlich ist aber auch, daß hier noch weitere Stoffe assoziiert werden, die wir aus den Haustafeln des NT nicht mehr kennen (bes. die Effeminierung von Knaben: 210–214). Aus dem hellenistischen Judentum ist auch der Passus aus Philos Hypothetica VIII 7,14 zu nennen, denn auch hier handelt es sich um ein „Nest" innerhalb ausgedehnter Gnomik („die Frauen sollen den Männern dienen, zu keinerlei Überheblichkeit, sondern zu Gehorsam in allem, die Eltern sollen über die Kinder herrschen, zu Wohlergehen und langem Leben, ein jeder soll Herr sein über den eigenen Besitz . . . und der Mann soll der Frau, den Kindern soll der Vater, den Sklaven soll der Herr die Gesetze zu übergeben in der Lage sein"). – Sowohl die Anweisungen bei Ps.-Phokylides als auch die bei Philo sind noch verhältnismäßig kürzer als die in den neutestamentlichen Haustafeln.

III. Auch im Neuen Testament sind die sog. Haustafeln nicht, wie es mit dieser Materie aber in den Traktaten der Fall ist, isoliert vom übrigen paränetischen Material. Es ist daher oft kaum möglich, die Haustafeln wirklich strikt als Gattung zu isolieren: In 1 Petr 2,13–17 bilden allgemeines Material über Untertansein gegenüber der Obrigkeit und eine kurze Sammlung sozialethischer Stoffe in V. 17 die Einleitung für die „Haustafel" 2,18–3,7. In Tit pflegt man 2,9–10 oder auch 2,1–10 als Haustafel zu bezeichnen, obwohl auch hier in 3,1 etwas über die Obrigkeit und in 3,2 etwas über das Verhalten zu allen Menschen gesagt wird. Die Haustafel in 1 Tim 6,1–2 steht nach längeren Ausführungen über Haus (5,8) und Witwen in K. 5, ohne daß nun ein besonderer Grund erkennbar wäre, hier eine eigene Gattung abzutrennen. Ähnlich ist in 1 Tim 2,8–15 das über Mann und Frau Gesagte nicht von der in K. 3 beginnenden Kirchenordnung zu trennen. – Lediglich in Eph 5,22–6,9 und in der „Vorlage" Kol 3,18–4,1 ist das Material der Haustafeln relativ fremd gegenüber dem Kontext, wenngleich vor allem vorab allgemeineres Material gleichfalls paränetischer Herkunft plaziert ist. Kurzum: Es ist zumindest fraglich, ob man mit einigem historischem Recht „Haustafeln" als eben nur auf das Haus beschränkte Weisungen überhaupt als eigenständige Gattung abtrennen kann. Nun läßt es sich freilich auch nicht leugnen, daß diese Mahnungen im Neuen Testament zusammenstehen. Vielmehr haben wir es im Neuen Testament wohl mit einem *Übergangsstadium* zu tun, und die Aporien der bisherigen Forschung rühren zum Teil daher, daß man mit einem zu statischen Gattungsbegriff gerechnet hat und für diese Gattung immer nach direkten Entsprechungen suchte, wobei die Enttäuschung nicht ausbleiben konnte. Das Übergangsstadium besteht darin, daß das Neue Testament ein Zeuge dafür ist, daß sich die „Nester" aus paränetischer Tradition allmählich zu verselbständigen beginnen. Der Zusammenhang innerhalb der Thematik wird stärker. In dieser Phase ist deshalb auch Reziprozität aktuell, gewissermaßen als Symptom dafür, daß die Mahnungen über das Haus zusammengesehen und zusammengearbeitet werden. In 1 Petr und Tit ist diese Abgrenzung der Stoffe noch am wenigsten weit vorangeschritten, in Kol und dann in Eph relativ am meisten. Aus der allgemeinen Paränese löst sich mithin der Themenkomplex „Haus" erst allmählich heraus, und das Neue Testament zeigt verschiedene Stadien dieser Entwicklung. In diese Phase der *Verselbständigung* der Pflichten im Haus fällt naturgemäß auch ihre *Vervollständigung*: Wo die Sklaven oder die Kinder noch nicht bedacht waren, treten sie nun hinzu (zunächst noch im Zusammenhang mit anderer Paränese), damit alles erfaßt wird, was zum Haus gehört. Andererseits wird ausgesondert, was nicht strikt zum Haus dazugehört: Material wie etwa die Mahnungen über Knaben in Ps.-Phokylides; insofern ist der reichere Bestand in Ps.-Phokylides eine wirkliche Vorstufe für die Herausbildung strenger auf das Haus bezogener Paränese. – Es kommt daher nicht darauf an, zu suchen, wo in der antiken (Traktat)Literatur das Schema Eltern–Kinder–Sklaven begegnet – daß es diese drei Gruppen im Haus gibt, ist vielmehr jedem geläufig –, sondern es kommt darauf an zu fragen, ab wann sie (und nur sie) zusammen in der Paränese vorkommen und was bei dieser Vervollständigung geschehen ist.

IV. Deutlich noch vor der neutestamentlichen Entwicklung steht Philo v. Alexandrien (außer den oben erwähnten Hypothetica); immerhin ist aber deutlich erkennbar, daß er wenigstens alle Bereiche sozialer Verpflichtungen aus dem weiteren Bereich der Ethik überhaupt herausgelöst hat. In De Decalogo 165–167 werden unter dem 4. Gebot des Dekalogs verschiedene strukturell ähnliche Sozialbeziehungen behandelt, ohne daß dem Haus schon eine besondere Rolle zufiele, ähnlich in De mut nom 39–40. In Immut 17.19 und in Post Caini 181 dagegen sind die Pflichten im Haus schon deutlicher getrennt von den übrigen Sozialpflichten und bilden eine Gruppe (Anordnung in konzentrischen Kreisen).

V. Gründe für diese *Verselbständigung* der Gattung speziell im Neuen Testament sind 1. die besondere Rolle des Hauses in der frühchristlichen Kirchengeschichte (als Missionszentrum und für das Zusammenkommen der Gemeinde) und 2. die besondere Bedeutung, die das Untertansein (gr.: *hypotassesthai*) im frühen Christentum gewonnen hat (s. o. § 39.5).

VI. Die aufgezeigte Verselbständigung der Gattung trifft sich vor allem in den Pastoralbriefen mit der Gattung der sog. *Standespflichten/Amtsspiegel*. Vgl. z. B. Tit 1,5b–6: Älteste; 1,7–9: Episkopen; 2,2: Alte Männer; 2,3f.: Alte Frauen; 2,4f.: Junge Frauen; 2,6: Junge Männer; 2,9f.: Sklaven. Texte mit Standespflichten haben im Neuen Testament die Gestalt kurzer paränetischer Reihen: Lk 3,13 (Zöllner); 3,14 (Soldaten); Älteste: 1 Tim 5,17–18;

Diakon: 1 Tim 3,8–13; Episkopos: 1 Tim 3,1–7; Witwe: 1 Tim 5,4–6.8–10.11b–16. – „Sklave des Herrn": 2 Tim 2,24 f. Ein Amtsspiegel über die Pflichten und Eigenschaften eines Hohenpriesters liegt vor in Hebr 5,1–4.

Im Unterschied zu paränetischen Weisungen sind diese „Spiegel" eher nominal aufgebaut. Sie benennen eine Reihe von Eigenschaften, die der ideale Inhaber des Amtes aufweist. Der Ursprung der Gattung ist vor allem in hellenistischen Herrscher- und Feldherrenspiegeln gegeben (als Beispiel vgl. den Feldherrenspiegel des Onosander in ANRW S. 1202 f.). Die nominale Form weist darauf, daß der Ursprung nicht im Bereich der Paränese liegt, sondern in der *Ekphrasis*, d. h. in der lobenden Beschreibung. Am Anfang der Formgeschichte dieser Amtsspiegel steht daher wohl die rühmende Aufzählung der Eigenschaften eines existierenden Herrschers im Herrscherlob (Enkomion). In hellenistischer Zeit wird die deskriptive Aufreihung einer Fülle vollkommener Eigenschaften präskriptiv.

VII. Die aufgezeigte Verselbständigung eines Teilgebietes der traditionellen sozialethischen Paränese ist auch schon vorchristlich im Rahmen hellenistischer Philosophie durchgeführt worden, und zwar in der *Traktatenliteratur*. Dabei zeigen sich folgende Arten von Traktaten:

a) Sozialethisch ausgerichtete Teiltraktate in der Gattung Oikonomikos, z. B. das 3. Buch des Oikonomikos des Ps.-Aristoteles.

b) Traktate mit der stoischen Pflichtenlehre gegenüber Göttern, Eltern, Freunden, Vaterland usw., so etwa von Hierokles dem Stoiker. Dazu ist auch die Schrift des Kallikratidas zu rechnen (Stobaios IV 28,16; 22,101; 28,17; 28,18), in der das Verhältnis des Mannes zu Verwandten, Freunden, Frau und Kindern beschrieben wird. Aber wie bei Hierokles ist *nur der Mann* angesprochen (weitere Texte vgl. ANRW S. 1079–1081).

c) Traktate, in denen nur die *Frauen* angesprochen werden: Dazu gehören vor allem die Briefe der Pythagoreerinnen (ed. A. Städele; vgl. ANRW S. 1081–1086) und weitere Briefe an Frauen (ANRW ibid.), ferner der Traktat der Periktione „Über die Wohlgeordnetheit der Frau" (Stob Flor IV 25,50; 28,19) und der Traktat der Phintys „Über die Besonnenheit der Frau" (Stob IV 23,61 f.). – Besonders in diesen Traktaten finden wir das in den neutestamentlichen Haustafeln kurz Angedeutete nun breit entfaltet.

VIII. Während innerhalb des Milieus höherer Bildung und in den Kreisen reicher, philosophisch gebildeter Frauen die Weisheit der Gnomik zu *Traktaten* über Einzelgebiete ausgebaut wird, verläuft innerhalb des frühen Christentums die Linie in Richtung auf *Kirchenordnungen*. Durch die Zusammenstellung mit Pflichtenspiegeln über Episkopen, Älteste, Witwen und Diakone schon in den Pastoralbriefen werden die Paränesen für die einzelnen Gruppen im Haus allmählich Teil einer kirchlichen Ordnung, über die dann insgesamt der Episkopos die Aufsicht führen wird.

IX. Schematisch läßt sich die hier angenommene Entwicklung wie folgt darstellen:

Gnomische Sammlungen
mit „alter Sozialethik"

Verstärkte Herausbildung
von „Nestern", d. h. Sammlung
thematisch zusammengehöriger
Gnomen

Verselbständigung in sozial höherem Milieu zu *Traktaten* über stoische Pflichtenlehre Teilen der Gattung *Oikonomikos* *Briefen an Frauen* (bes. bei Pythagoreerinnen)	ausgeprägt im hell. Judentum, vgl. Ps.-Phokylides und Philo, Hypothetica Gegenseitigkeit der Pflichten
	Verselbständigung beginnt auch im Neuen Testament
	Zusammenstellung mit *Pflichtenspiegeln* (urspr. nicht paränetisch)
	Aus dieser Kombination entstehen: *Kirchenordnungen,* z. B. die Syr Didaskalie.

§ 42 Briefliche Schlußparänese

Lit.: ANRW S. 1348–1350.

Viele neutestamentliche Briefe weisen direkt vor abschließenden Grüßen, Gebetsformeln oder speziellen Anweisungen relativ kurze Reihen paränetischer Art auf. Beispiel: 2 Kor 13,11 „im übrigen, Brüder, freuet euch, werdet vollkommen, ermahnet einander, seid gleichen Sinnes, seid friedsam, und der Gott der Liebe und des Friedens wird mit euch sein".

Ähnliche paränetische Abschnitte finden sich in: 1 Kor 15,58; 16,13f.; 2 Kor 13,11; Gal 6,7–10; Eph 6,10–20; Phil 4,4–9; Kol 4,2–6; Hebr 13,1–17 (unterbrochen durch ein spezielleres Stück in V. 10–16); 1 Thess 5,12–22; Tit 3,14; 2 Thess 3,13; 1 Joh 5,21; Apk 22,11.

Diese Paränesen haben innerhalb der Briefe die Funktion der peroratio; sie geben das Wichtigste noch einmal kurz an, wobei auch durchaus die Besonderheit des jeweiligen Briefes ein Stück weit erkennbar wird (in dem obigen Beispiel aus 2 Kor 13,11 wird im Vergleich zu anderen Briefen die auf das Miteinander bezogene Paränese besonders eindringlich erwähnt). Folgende wichtigen Gemeinsamkeiten ergeben sich in diesen Paränesen:

1. Sie mahnen zur *Wachsamkeit* und/oder zum *Gebet* (1 Kor 16,13: seid wachsam; Eph 6,18: beten und dazu wachsam sein; Phil 4,6: nicht sorgen, sondern Gebet; Kol 4,2: Gebet . . . wachend; Hebr 13,18: Gebet [das Wachen war in V. 17 den Führern vorbehalten gewesen]; 1 Thess 5,17: Gebet;

5,1–11: Wachsamkeit). – Das Gebet soll häufig für den Verf. des Briefes sein.
– Auffallend ist nun, daß *auch die synoptischen Evangelien am Schluß des lehrhaften Teils die Mahnung zur Wachsamkeit* aufweisen, die bei Lukas auch ausdrücklich eine Mahnung zum Gebet ist (vgl. Mk 13,33–37; Lk 21,34–36 – hier wird auch die Verbindung von Nicht-Sorgen und Gebet erkennbar wie in Phil 4,6; Mt 25,13). Es handelt sich also um ein älteres, gemeinchristliches Schema. Diese Mahnungen haben einen deutlichen Bezug zur Zwischenzeit bis zum Ende, in der der Lehrer nicht mehr da ist, vgl. auch § 24; 39,7. Auch das hier unter 3. und 5. Genannte hat testamentarischen Charakter.

2. Diese Paränesen nennen häufig *Werke/Gutestun* (1 Kor 15,58; Gal 6,9.10; Tit 3,14; 2 Thess 3,13) oder betonen die Wichtigkeit der *Wirkung auf Außenstehende* (Gal 6,10; Phil 4,5; Kol 4,5), aber auch den Frieden im Innern (2 Kor 13,11; 1 Thess 5,13 f.).

3. Sie mahnen dazu, *nicht nachzulassen* mit dem, was man schon tut (Gal 6,9; 2 Thess 3,13). In Apk 22,11 soll dieses auch für die Unrechttäter gelten („Wer frevelt, frevle weiterhin; wer sich besudelt, der besudele sich fernerhin . . .“), denn die Scheidung muß sich vollziehen.

4. Häufig ist diesen Paränesen eine *Verheißung* beigegeben (1 Kor 15,58: Mühe nicht vergeblich; 2 Kor 13,11: Gott mit euch; Gal 6,9: ernten; Phil 4,7: Friede Gottes; 4,9: Gott mit euch; in Hebr 13,20 folgt ein Segensgebet; ebenso in 1 Thess 5,23 f.; Tit 3,14: nicht fruchtlos).

5. Erwartungsgemäß finden sich in diesen Paränesen häufig *All-Aussagen* (was man allezeit tun soll usw.) und sehr *pauschale,* inhaltlich weite Begriffe wie Gerechtes, Gutes/Böses oder Friede und Liebe. Wichtig ist die Aufforderung zur Freude (2 Kor 13,11; Phil 4,4; 1 Thess 5,16). Die pauschale Aufforderung, das Böse zu meiden (z. B. 1 Thess 5,21 f. als Schlußsatz) kann auch dahin formuliert sein, daß Böses nicht mit Bösem vergolten werden soll (1 Thess 5,15). – In Eph 6,10–20 dient die Liste der Ausrüstungsgegenstände des Soldaten als Gerippe für die paränetische Reihe.

Die Bedeutung dieser Abschnitte für die Erforschung der Geschichte des Urchristentums liegt einmal darin, daß man so *redaktionelle Besonderheiten* der Briefe gut ausmachen kann (z. B. 1 Thess 5,19 f. ist hier singulär; in 1 Joh 5,21 ist die Mahnung gegen Götzendienst gerichtet, auch dieses ist so hier singulär). Abgesehen von den unter 1. genannten Elementen ist die Übereinstimmung mit allgemein verbreiteten ethischen Standards sehr hoch; darauf weist auch die Rücksichtnahme auf die Außenstehenden als wichtiges Element der Ermahnung.

§ 43 Der paränetische Ketzerschluß in Briefen

Lit.: ANRW S. 1349.

Das Ende neutestamentlicher Briefe ist häufig bestimmt durch *Verhaltensanweisungen gegenüber Abweichlern.* Als solche werden nicht „moralische“ Sünder betrachtet, sondern Abweichler in der Lehre. Daher nennen wir diese

Abschnitte „Ketzerschluß". *Texte:* Röm 16,17 f.; 2 Thess 3,14 f.; 1 Tim 6,20 f.; Tit 3,9–11; Jak 5,19 f.; 2 Petr 3,17; 1 Joh 5,16 f.(–19); Jud 22 f.; Hebr 13,9–16.

a) Deutlich erkennbare Vorstufen: Die Warnung vor dem Umgang mit dem Toren, z. B. Sir 22,13 [14] („Sprich nicht viel mit einem Toren, und verkehre mit keinem Schwein! Nimm dich davor in acht, sonst hast du Ärger und wirst bespritzt, wenn es sich schüttelt! Meide ihn, so hast du Ruhe, nicht Verdruß mit seiner Torheit"). Eine *Analogie* in paulinischen Briefen sind die Mahnungen zur Zurechtweisung in der brieflichen Schlußparänese 1 Thess 5,14 und 2 Kor 13,11. – Eine sehr deutliche *Analogie* ist schließlich die *Warnung vor Irrlehrern* am Schluß der Verkündigung Jesu in Mk 13, besonders in V. 6 und 22. Von daher ist anzunehmen, daß enge formgeschichtliche Beziehungen bestehen zur Irrlehrerweissagung (= -warnung) am Schluß von Testamenten (vgl. dazu § 24). So wird insbesondere verständlich, weshalb der Lehrer sich am Ende seines Briefes gegen die richtet, die anderes lehren (werden) als er selbst.

b) Der regelrechte Ketzerschluß in den oben genannten neutestamentlichen Briefen enthält jeweils die Elemente der *Beurteilung* und der *Anweisung.* Beurteilt werden die Ketzer als solche, die „Zwietracht und Ärgernisse anrichten im Widerspruch zu der Lehre, die ihr empfangen habt", die „ihrem eigenen Bauch dienen und mit schönen Reden und frommen Sprüchen verführen" (gr.: *exapatān*) (Röm 16,17 f.), die „dem Brief nicht folgen" (2 Thess 3,14), die „leere Redereien, Antithesen, die sogenannte ‚Erkenntnis' pflegen und den Weg des Glaubens verloren haben" (1 Tim 6,20 f.), die falsche Lehren vertreten (Genealogien, Kämpfe um das Gesetz) (Tit 3,9–11), die „von der Wahrheit abirren" (Jak 5,19) (gr.: *planān*), die durch Irrtum (gr.: *planē*) gekennzeichnet sind (2 Petr 3,17), die eine „Sünde zum Tode begehen" (1 Joh 5,16, was ich nach Analogie der „Sünde gegen den heiligen Geist" für die Verweigerung des christologischen Bekenntnisses nach 4,2 f. halte), sie sind Schwankende, ihr Kleid ist durch das Fleisch beschmutzt (Jud 23) und vertreten „buntschillernde und fremdartige Lehren", die zu den jüdischen Speisegesetzen zurückführen (Hebr 13,9–16; 13,9 spricht von „Umhergetriebenwerden"). – Historisch gesehen sind diese „Irrlehren" breit gefächert. Wie in Mk 13 ist häufig von *planē* (Irrtum) die Rede. Während sich in diesen *Beurteilungen* schon ein gutes Stück üblicher Ketzerpolemik findet (das Arsenal stammt aus dem Streit zwischen Sokratikern und Sophisten, vgl. ANRW S. 1282–1287. 1345 f.), sind die Anweisungen zum Umgang mit den „Ketzern" erstaunlich differenziert:

Die *Anweisungen* reichen vom Abbrechen des sozialen Kontaktes (2 Thess 3,14; vgl. 1 Kor 5,11!) und der Aufforderung, solche zu meiden (Röm 16,17; 1 Tim 6,20), sowie die Verweigerung der Fürbitte (1 Joh 5,16 f.) über die Anweisung, solches erst nach dem zweiten Versuch der Zurechtweisung zu tun (Tit 3,10, vgl. Mt 18,15–17) und die nach Gruppen differenzierenden Regeln in Jud 22 f. (zurechtweisen/retten/sich mitfühlend annehmen/sich abwenden vom beschmutzten Kleid) bis hin zur Mahnung des Jak, solche einfach zurückzuführen (5,19). 2 Petr 3,17 mahnt nur, daß man selbst nicht fortgezogen werde. Zum Vergleich und als Kontrast seien noch einmal die in den Briefen an vergleichbarer Stelle begegnenden paulinischen Anweisungen zum „Zurechtweisen" (1 Thess 5,14; 2 Kor 13,11) genannt, ohne daß über 1 Kor 5 f. und Mt 18,15–17 zu schweigen wäre. Während es sich in 1 Kor 5 f. wie in Mt 18 um moralische Vergehen handelt (auch wenn die Sanktionen mit den in dieser Gattung hier genannten vergleichbar sind), geht es in der Gattung des Ketzerschlusses regelmäßig um *Abweichungen in der Lehre*. Da mit Ausnahme von Röm 16,17 f. sich alle Stellen außerhalb paulinischer Briefe finden, werden Zweifel über die paulinische Verfasserschaft von Röm 16 zumindest genährt – oder der „Ketzerschluß" ist hier durch die Großgattung bedingt (Lehrbrief). – Für 1 Joh wird die Stellung dieser Mahnung am Ende des Briefes aus der Gattung erklärbar. – So deutlich die zugeordnete typische Situation im Rahmen des frühen Christentums ist, so naheliegend ist die Versuchung, hier an ein frühkatholisches Wahrheitsverständnis zu denken, welches eo ipso auch Ketzer schaffe. Mir scheint, daß das Problem eher mit der vollzogenen Lösung vom Judentum und der damit eingeleiteten Kirchwerdung verbunden ist. Von diesem Augenblick an geht es nicht nur um Christologie, sondern um einen ganzen Satz von Lehren, die gegen Juden und Heiden zu verteidigen sind. Zuvor hingegen bewegte sich alles noch unter dem schützenden Mantel gemeinjüdischer Lehrtradition. Wo die soziologische Einheit nicht mehr durch die Volkszugehörigkeit gegeben war, mußte zwangsläufig die Suche nach neuen Formen sozialer Identität beginnen. Die Orientierung allein am „Haus" genügte nicht, es kam die – schon von Anfang an nicht abwegige – Orientierung an der Gestalt der (Philosophen-)Schule hinzu. Dann aber ging es um Grenzen und Kriterien der Zugehörigkeit neuer Art. Noch einmal: Derartige Kriterien wird es immer wieder und für jede Gemeinschaft geben müssen. Dem Ketzerschluß entspricht die nun zu erörternde Warnung vor falschen oder anderen Lehrern; im Ketzerschluß ist oft auch von den Opfern die Rede, hier geht es um die Urheber.

§ 44 Die Warnung vor falschen Lehrern

Lit.: ANRW S. 1340 f. 1354.

Vor falschen Lehrern wird häufig *am Anfang von Reden* gewarnt (Lk 12,1–3 Anfang der Rede Jesu an die Jünger; Mt 23,3–7 Anfang der antipharisäischen Weherede; in der Briefliteratur nach der anfänglichen Danksagung: Phil 1,28; Kol 2,6–23; 2 Thess 2,1–3, ohne Danksagung in Jud 4). Insofern ist die Warnung vor dem falschen Lehrer eine negative Entsprechung zum Apostolikon (vgl. § 72,5i). – In betonter *Schlußposition* steht die entsprechende Warnung in Mt 7,13 f.15 (Ende der Bergpredigt) und Mk 12,38–40par Lk 20,45–47 (Ende des Auftretens Jesu im Tempel, wo er sich in einer Reihe von Chrien als weiser Lehrer bewährt hat).

In den übrigen neutestamentlichen Belegen werden die Irrlehrer als notwendige Erscheinung der Endzeit bezeichnet (2 Tim 3,1–9; 1 Joh 2,18–27; Jud 17–23; 2 Petr 3,2–18; 2 Joh 7 vgl. Mk 13). Zum häufigen Schluß mit „ihr Ende ist..." vgl. schon Sir 21,9.

Die Angeredeten werden von den Irrlehrern zumeist imperativisch abgegrenzt (haltet euch fern, hütet euch vor . . .), aber auch indikativisch (Phil 1,28; 1 Joh 2,22). In jedem Falle ist die Tendenz Abgrenzung, ohne daß Nuancen erkennbar würden.

Der formgeschichtliche Ursprung jedenfalls der Passagen über den endzeitlichen Charakter der Irrlehrer liegt in der Literatur der Testamente (die Abfallsweissagung wird auf Irrlehrer bezogen in TestXII Levi 14,4). Die Gemeindebriefe des Neuen Testaments haben auch sonst häufig Elemente der Testamentenliteratur in sich aufgenommen (vgl. ZNW 65 [1974] S. 208–219).

§ 45 Martyriumsparänese

1. Mahnungen über die falsche und die rechte Furcht.
Eine ausgeprägte Tradition der Martyriumsparänese ist semantisch und formal eng umgrenzt:

a) Im Hintergrund stehen wohl weisheitliche und prophetische Weisungen über die rechte und die falsche Furcht wie Prov 7,1a LXX („ehre den Herrn . . ., außer ihm fürchte keinen anderen"); Jes 8,12 f. („was es (sc. das Volk) fürchtet, sollt ihr nicht fürchten und sollt davor nicht erschrekken. [13] Den Herrn der Heerscharen, ihn sollt ihr heilig halten! Er soll eure Furcht und euer Schrecken sein"). Im Kontext geht es um die Furcht vor Fremdvölkern.

b) Wichtig ist in den Henoch-Paränesen die Mahnung, sich *nicht vor den Sündern zu fürchten*, z. B. äthHen 95,3: „Fürchtet euch nicht vor den Sündern, ihr Gerechten, denn der Herr wird sie abermals in eure Hand übergeben" (vgl. 96,1: „Hofft ihr Gerechten, denn plötzlich werden die Sünder vor euch umkommen"). Im Kontext werden die Sünder als gewalttätig dargestellt.

c) Bereits unmittelbar im Kontext einer Martyriumserzählung sagen die sieben Brüder zueinander in 4 Makk 13,13–15: „Von ganzem Herzen wollen wir uns dem Gott weihen, der die Seelen gab, und unsere Leiber dahingeben als Schutzwehr um das Gesetz. (14) *Wir wollen uns vor dem nicht fürchten, der da meint, er könne töten.* (15) Denn schwer ist der Seele Mühe und Gefahr, die in der ewigen Qual aufbehalten ist denen, die das Gebot Gottes übertreten haben."

d) Wenn die neutestamentlichen Mahnungen ganz oder in der ersten Hälfte negativ formuliert sind, so entspricht das der jüdischen Tradition, wie sie in b) und c) dargestellt ist: Apk 2,10 („fürchte dich nicht vor dem, was du leiden wirst") und jeweils die erste Hälfte in 1 Petr 3,14 (in Anspielung an das unter a) zitierte Jes 8,12: „Ihre Furcht aber fürchtet nicht, noch laßt euch verwirren . . ."); Mt 10,28a („und fürchtet euch nicht vor denen, die den Leib töten, die Seele aber nicht töten können . . ."); Lk 12,4 („fürchtet euch nicht vor denen, die den Leib töten und danach nicht haben, was sie noch weiter tun können"). Besonders bei den beiden letzten Texten wird die Übereinstimmung mit 4 Makk 13,14 erkennbar.

e) In der Gestaltung der positiven Hälfte („Fürchtet vielmehr . . .") gehen die neutestamentlichen Texte über die jüdischen Aussagen hinaus, halten sich aber formal an die unter a) aufgewiesenen doppelteiligen Worte. Das wird besonders an 1 Petr 3,14 deutlich, wo der erste Teil aus Jes 8,12f. entlehnt ist, der zweite, positive Teil zwar strukturell entsprechend, inhaltlich aber zum Teil neu hinzugebildet ist („haltet aber den Herrn Christus heilig in euren Herzen", vgl. Jes 8,13: „Den Herrn der Heerscharen, ihn sollt ihr heilig halten"). So ist also Jes 8,12 f. auf das Martyrium bezogen und christologisiert worden. Ähnlich ist die positive Hälfte der Mahnung in Mt 10,28b und Lk 12,5 im Sinne der Furcht des Herrn gestaltet worden.

So zeigt also die Formgeschichte ein Ineinander von wörtlicher Übernahme alttestamentlicher und jüdischer Stellen und strukturell analoger Neubildung.

2. In 1 Petr 3,13–4,6 nimmt die Paränese (im oben definierten Sinn) nur die Verse 3,14–16 ein, dann folgt *symbuleutische Argumentation* (deren wichtigste Elemente hier sind: Zielangabe; Besser-Spruch; christologische Begründung; Christus als Vorbild; Abgrenzung von den Heiden durch Lasterkatalog und Gerichtsankündigung für die Heiden). In noch höherem Maße ist 4,12–19 als Argumentation gestaltet (hier auch die für Argumentation typischen Schlüsse a minore ad maius in V. 17 f.). Beide Abschnitte bilden neben der postconversionalen Mahnrede (die hier gleichfalls häufiger christologisch motiviert ist, z. B. in 2,21–24) die wichtigsten Bestandteile im Corpus des Briefes. Sie sind so ausführlich argumentativ gestaltet, weil die Gemeinde dem Leiden vor allem wohl in Gestalt sozialer Isolation (Rufmord) besonders ausgesetzt ist. Erkennbar wird, welche Bedeutung Seligpreisungen für die Leidensparänese haben: in 3,14 neben der rhetorischen Frage vorangestellt und auch in 4,14 an zentraler Stelle (vgl. dazu die ähnlich hervorgehobenen Seligpreisungen in Mt 5,10–12; Lk 6,22f.). Ein Beispiel für symbuleutische Argumentation in der Martyriumsparänese ist 4 Makk 16,16–23 (Argument a minore ad maius; Beispiel Abrahams, Daniels und der drei Gefährten; Argument der Absurdität: „Es wäre doch unvernünftig, sich auf die Frömmigkeit zu verstehen und doch unfähig zu sein, den Leiden Widerstand zu leisten").

3. *Konditional* formulierte Martyriumsparänese findet sich in Sätzen wie Mk 13,13b; Mt 24,13; Lk 21,19; Mt 10,22b nach dem Schema „wer aber ausharrt bis ans Ende, wird gerettet werden". Jüdische Analogie ist TestHiob 4,6–9 (wie die letztgenannten Stellen im Kontext der Vorhersage von Lei-

den): „Doch wenn du ausharrst, mache ich deinen Namen berühmt unter allen Geschlechtern der Erde ... und ich werde dir deinen Besitz wieder erstatten ... Du wirst auferweckt werden bei der Auferweckung."

Daß TestHiob 4 im Zusammenhang der Bekehrung Hiobs zum jüdischen Gott formuliert ist, gibt einen Hinweis auf das Nebeneinander von postconversionaler Mahnrede und Martyriumsparänese in 1 Petr: Soziale Isolation als Folge der Bekehrung ist eine Erfahrung schon des hellenistischen Judentums.

§ 46 Paränese im Jakobusbrief

M. Dibelius hatte (Der Brief des Jakobus [11]1964, 16f.) die These aufgestellt, man dürfe den Jak „in allen seinen Teilen als Paränese bezeichnen". Diese Ansicht dürfte heute – vor allem aufgrund von Gesichtspunkten aus der alttestamentlichen Formgeschichte – nicht mehr möglich sein. Denn weder sind die Invektiven gegen die zerstrittene Gemeinde (4,1–4) und die Reichen (5,1–6), noch ist eine symbuleutische, mit Diatribe/Dialexis angereicherte Argumentation wie die in 2,14–26 einfach mit „Spruchweisheit" zu vergleichen (vgl. M. Dibelius, a.a.O., 17f.). Gewiß ist Jak eine ganz und gar symbuleutische Schrift, aber nur wenn man alle Katzen grau sein läßt, ist symbuleutisch dasselbe wie paränetisch. Überdies ist Jak auch nicht so zusammenhanglos, wie M. Dibelius im Gefolge M. Luthers für Jak und für Paränese überhaupt irrtümlich annahm: Nach unserer Analyse (BK S. 458–461) gibt es ein gemeinsames Thema: alles, was mit Reden und Sprechen Gottes und des Menschen und mit dem Verhältnis von Wort und Tat zusammenhängt. Der erste Teil des Briefes ist *stärker grundsätzlich* gehalten (K. 1 und 2): Er geht anfänglich durchaus ein auf die Lage der Hörer, deren Glauben sich in Versuchung bewähren muß (1,2–12) und dringt dann darauf, daß dem Reden Gottes das Tun des Menschen folgen muß (1,13–27), weil das Gesetz angesichts des Gerichtes nicht zu überspringen ist (2,1–13). Denn vor allem kommt es darauf an, daß der Glaube im Werk Wirklichkeit wird (2,14–26). – Erst nach diesem grundsätzlichen Teil wird der Brief formal der Paränese ähnlicher. Dennoch gibt es auch hier relativ große in sich geschlossene Abschnitte, z. B. die *Ekphrasis* der Zunge in 3,1–8, die so in einer Paränese nicht denkbar wäre. Von den beiden Invektiven wurde bereits gesprochen. Als paränetischer Abschnitt im oben definierten Sinne kommt am Ende nur 5,7–20 infrage, ein Abschnitt, der durch das Thema Sprachverhalten im Miteinander und im religiösen Bereich zusammengehalten wird. Nur hier im Jak sind die Abschnitte kürzer, und der Gesichtspunkt wechselt häufiger, wie wir es bei der Paränese sonst gewöhnt sind. Von Dibelius' These bleibt daher nicht viel übrig: Jak ist eine symbuleutische Komposition, aber keine Paränese.

§ 47 Tugendkataloge und Lasterkataloge

Lit.: ANRW S. 1088–1092. 1202f. – Bes.: A. VÖGTLE: Die Tugend- und Lasterkataloge im Neuen Testament, exegetisch, religions- und formgeschichtlich untersucht, Münster 1936. – E. SCHWEIZER: Gottesgerechtigkeit und Lasterkataloge bei Paulus, in: Rechtfertigung FS E. KÄSEMANN: Tübingen, Göttingen 1976, 461–478.

Als Tugend- und Lasterkataloge bezeichnen wir Reihungen nominalen Charakters, in denen entweder moralisch positiv oder moralisch negativ gewertetes Verhalten oder dessen Träger oder auch nur entsprechende Eigenschaften aufgezählt werden.

1. **Verschiedenartige Kataloge im Neuen Testament.**

a) *Heidnische Laster,* von denen sich Christen bei der Bekehrung prinzipiell abwandten. Deren Aufzählung hat die Funktion der *Abgrenzung* [vgl. ANRW S. 1340f.] Bisweilen begegnet auch noch Götzendienst als Laster: Röm 1,29–31; Kol 3,5–8; Gal 5,19–21; Röm 13,13; 1 Kor 5,10f.; 6,9f.; Eph 5,3–5; 1 Tim 1,9f.; 6,4f.; Apk 9,21; 21,8; 22,15; 1 Petr 2,1; 2 Tim 3,2–4. – Auch das sog. *Aposteldekret* (Act 15,20parr), das in der Form den seit Platon (Phaidon 113c.114a) nachgewiesenen Listen von Kapitalvergehen entspricht, hat die Funktion der Abgrenzung (von Heiden).

b) *Christliche Hauptwerke* (wie: Glaube, Hoffnung, Liebe): 1 Kor 13,13; 1 Thess 1,3; 5,8; Apk 2,19 (vgl. 2,2); 1 Tim 4,12; 2 Tim 2,22; 3,10; 2 Petr 1,5–7.

c) *Christlicher Machtverzicht:* Gal 5,22f.; Kol 3,12–14; Eph 4,2f.; 1 Petr 3,8f. – Wichtige Haltungen: Phil 4,8;

d) *Dekalogähnliche Kapitaldelikte:* Apk 9,21; 21,8; 22,15; 1 Tim 1,9f.

e) *Eigenschaften einer Tugend:* Jak 3,17.

f) *Filiation* von Tugenden untereinander: 2 Petr 1,5–7; 1 Tim 6,4f.

g) Spezielle Kataloge über *Gefährdungen* des Christlichen: 2 Kor 12,20f. (Arten von Streit); Mk 4,19par (Sorgen, Begierden).

h) Sünden mit dem *Wort:* 1 Petr 3,9f.; Eph 4,31.

i) *Briefliche Schlußparänese:* Phil 4,8.

2. **Historische und theologische Bedeutung:** Die Kataloge beschreiben Taten, nicht Personen im ganzen, sondern bestenfalls „Täter" und sind damit sehr stark typenhaft ausgerichtet. Gerade darin aber wird ihr paränetischer Sinn erkennbar: Sie wollen vor Einzeltaten warnen (und nicht Außenstehende im einzelnen charakterisieren). Weil jede Liste unvollständig sein muß, haben die Kataloge die Funktion einer Grenzabsteckung. Ziel ist vor allem, vor einem Rückfall in das Stadium vor der Bekehrung („Heidentum") zu bewahren. Dieses tun diese Kataloge zeichenhaft und beispielhaft. Den Hintergrund in der hell.-jüd. Bekehrungsterminologie betont für neutestamentliche Reihen mit Abstracta S. C. Mott: Greek Ethics and Christian Conversion: The Philonic Background of Titus II 10–14 and III 3–7, in: NT 20 (1978) 22–48. – Dabei ist es offensichtlich die mit dem Katalog verbundene

Intention, daß der neue Status und die Scheidung sich in der Alltäglichkeit und anhand einzelner konkreter Punkte durchsetzen und durchhalten muß (E. Schweizer). Dabei bewirkt freilich die rhetorische Qualität der Kataloge, daß dem Hörer mit je einem Laster auch alle anderen vor Augen stehen und so der Eindruck von totaler Verderbtheit oder herrlicher Vollkommenheit vor Augen gestellt wird. Die Filiationsreihen, aber auch schon die unter 1c) genannten Reihen, bringen den inneren Zusammenhang der einzelnen Verhaltensweisen untereinander besonders zum Ausdruck. So ist mit jeder konkreten Einzelsünde zugleich die extreme Situation des Ausgegrenztseins angedroht. Denn die Kataloge werden von Christen gehört. Die *Abgrenzung,* von der die Kataloge berichten, ist in mehrfacher Hinsicht ihr Problem: als Bekehrung in der Vergangenheit, als Gericht in der Zukunft, als Kontrast zwischen Gemeinde und Welt in der Gegenwart, als Abbruch des Umgangs innerhalb der Gemeinde (1 Kor 5) und als Streit zwischen Fleisch und Geist. Die seelsorgerliche Leistung dieser Reihen besteht darin, die undurchschaubare Mittelmäßigkeit alltäglichen Verhaltens mit einer klaren Alternative zu konfrontieren und verbindliche Grenzen zu nennen. Daher auch die Anklänge an den Dekalog und die Verbindung mit dem Gesetz, das hier an zwei Stellen als „Zaun" in den Blick kommt (1 Tim 1,9f.; Gal 5,23).

3. **Formgeschichtlicher Ursprung:**

a) Die Gattung ist *nicht alttestamentlich.* Vergleichbares begegnet erst – zur Kennzeichnung der Heiden – in SapSal 14,25 f. Reihen wie Ez 18,5–9; Ps 15 nennen zwar Verhaltensweisen des „Gerechten", aber nicht in der knappen, auf ein Nomen beschränkten Art griechischer Kataloge: Die Abstraktion auf Tugend oder Eigenschaft hin ist hier nicht vollzogen. In der apokalyptischen Literatur des Judentums finden sich häufig Reihen, die Lasterkatalogen ähnlich sind und den Ordnungsverfall vor dem Ende beschreiben. Diese Reihen haben, und das ist an der Semantik ausweisbar, einen von den üblichen Lasterkatalogen verschiedenen Ursprung, auch wenn sie, wie in Hen 91,7 in konditionalen Formulierungen verwendet werden („Wenn aber Ungerechtigkeit, Sünde, Lästerung und Gewalttätigkeit in allem Tun zunimmt und der Abfall und Frevel und die Unreinheit wachsen, so wird ein großes Strafgericht vom Himmel kommen . . ."): Die Glieder der Reihe bezeichnen nicht einzelne voneinander abgrenzbare Kapitaldelikte, sondern jedes Glied benennt einen Aspekt des Gesamtverfalls. Der Ursprung hängt eng mit der Geschichte der apokalyptischen Gattungen selbst zusammen (vgl. § 77).

b) Während bei A. Vögtle die Rolle der Kardinaltugenden Platos wohl zu stark betont wird, weist die griechische Gnomik eine breitere Streuung derartiger ethischer Reflexion auf. Es ist auch von vornherein zu erwarten, daß die Reihung von abstrakten Eigenschaften im griechischen Sprachbereich so alt ist wie die ethische Reflexion selbst. – Was in unserem Zusammenhang vor allem erklärt werden muß, ist die „dualistische" Verwendung der Reihen zur Beschreibung der Heiden oder des vorchristlichen Zustands der Gemeinde. Eine solche liegt ja auch dann vor, wenn nicht Tugend- und Lasterkatalog nebeneinanderstehen (das ist nur in Gal 5,19–23; Kol 3,5–8.12 gegeben), sondern in allen oben unter 1a) genannten Fällen. – Neben dieser Tradition gibt es aber offenbar ganz andere Nominalreihen, wie sie etwa in der Verbindung „Glaube, Hoffnung, Liebe" begegnen, die keine Spur dualistischer Verwendung aufweisen. – Und wenn eine solche Reihe als Kurzparänese am Briefschluß begegnet, wie in Phil 4,8, dann ist dieses aus keiner der beiden bisher genannten Stränge zu erklären. Kurz: Mit dem Hinweis auf Nominalreihen überhaupt ist noch nichts erklärt, und man tut gut daran, innerhalb des breiten Materials, das Merkmale dieser Form aufweist, mit divergierenden, vielfältigen und unabhängig voneinander sich entwickelnden Einzeltraditionen zu rechnen.

c) Die „dualistisch" konzipierte Reihe finde ich zuerst ansatzweise bei Isokrates (Ad Demonikon 15d und 30c–31) und ausgebildet in den Parallelversionen und Rezeptionen der Prodikosfabel (Xenophon, Memorabilien II 1,21–97) belegt, und ich sehe eine vielfältige Reihe von Schriften im Umkreis, die dieselbe breite Tradition rezipiert (ANRW S. 1090–1092, 1202–1204). Es geht dabei um das *Bildungs- und Erziehungsideal, das für den jungen Mann aufgerichtet wird.* (Für die junge Frau leisten Ähnliches erst die Traktate der Pythagoreerinnen.) In der Gnomensammlung des Isokrates geht es um die Eigenschaften, die sich der Angesprochene zulegen soll, und um die, die er meiden soll. Bei der Prodikosfabel handelt es sich um „Herakles am Scheideweg" zwischen den beiden Frauengestalten der Schlechtigkeit und der Tugend und ihrem jeweiligen Gefolge (= den katalogartig dargestellten Tugenden und Lastern). Vor allem dieses Schema der beiden Frauen ist weit verbreitet und vielfach abgewandelt (vgl. ANRW ibid.), auch in Gestalt von zwei Wegen. – Ob man nun mit dieser Tradition die Konzeption der beiden Geister und der ihnen zugeordneten Laster und Tugenden in 1 QS 3–4 verknüpft, ist u. a. davon abhängig, wie man sich die Entstehung der jüdischen Apokalyptik und des apokalyptischen Dualismus im ganzen denkt und wie monokausal man dieses aus der „persischen Kosmologie" (in den Katalogen des NT und bei Philo geht es nicht um „Kosmologie") herleitet. Ich halte mich in diesem Fall an die m. E. näherliegende Herleitung aus dem griechischen Hellenismus:

I. Die beiden Frauen der griechischen Tradition finde ich im jüdischen und christlichen Bereich transformiert zu zwei Engeln, zwei bei Geburt eingegebenen Kräften, zwei Arten von Geistern oder – so in Gal 5 – zu Geist (vgl. das *pneuma* hier mit den *pneumata* sonst und den Gegensatz von Engeln und Genossen der Finsternis bei Philo, Immut 1–3) und Fleisch als zwei „Sphären". Das Recht zu dieser Annahme gibt mir der Umstand, daß sich überall ein Gefolge von Tugenden oder Lastern bei jeder der beiden Figuren findet. Ein Bindeglied zwischen paganer und jüdisch-christlicher Gestalt der Tradition ist die Analogie bei Silius Italicus Pun XV 20–21: Von *virtus* und *voluptas* heißt es, sie seien *„per auras allapsae".* Aus dieser Tradition wird auch verständlich, weshalb derartige Kataloge in Barn 18 und Did 1 mit den beiden Wegen verbunden werden, denn das (Scheide-)Weg-Motiv ist dieser Tradition zueigen. Zwar gibt es die beiden Wege auch im Alten Testament, doch ohne Verbindung mit Katalogen.

II. Von besonderer Bedeutung ist wohl die bei Dio Chrysostomus belegte Deutung der beiden Frauen auf Tyrannis und Königtum. Ich sehe darin eine direkte Analogie zu den beiden Frauengestalten der ApkJoh (Hure Babylon und Braut des Lammes = himmlisches Jerusalem), auch was die Qualität der Herrschaft angeht, und ich bringe auch die oben unter 1c) genannte Ethik des Machtverzichts in neutestamentlichen Katalogen damit in Verbindung (vgl. ANRW S. 1317f. m. A 318).

III. Es gibt bei diesem Lösungsversuch eine aufweisbare Kontinuität der *soziologischen Verankerung:* Die christliche Scheidung zwischen Christen und Heiden geht zurück auf die jüdische Scheidung zwischen Gerechten und Ungerechten, wie sie sich nicht nur in 1 QS, sondern auch in anderen Texten dieser Zeit in der jüdischen Literatur im Zusammenhang mit Lasterkatalogen findet. Darin aber ist die griechische Scheidung zwischen Anhängern der wahren Philosophie und den Toren und törichten Reichen radikalisiert worden. Auf diesen griechischen Dualismus hat bereits A. Vögtle im Zusammenhang der Kataloge hingewiesen: Insbesondere in der kynischen Bewegung wird die Kluft zwischen Philosophen und Außenstehenden sehr groß, da sie mit Kritik am gesamten bürgerlichen Wert- und Machtsystem verbunden ist. Diese philosophische Scheidung jedoch sehen wir angelegt in dem aufgewiesenen Bildungsideal in der Prodikos-Tradition und bei Isokrates. Für die Trägerkreise der Tugend- und Lasterkataloge konstatieren wir daher eine zunehmende soziale Abschottung und Entwicklung in Richtung Sekte. In Qumran und im urchristlichen radikalen Rest innerhalb Israels sehen wir das Endstadium einer Entwicklung, in der immer wieder die rhetorische Totalität der Kataloge zum Ausdruck des Selbstverständnisses einer Gruppe wurde. Immer war der Schritt von der einen zur anderen Gruppe als *conversio* verstanden. Deren Radikalität nimmt zu, je intensiver die Gruppe sich als religiös gebunden sieht.

Die Wirkungsgeschichte dieses Konzeptes (Änderung durch radikalen Paradigmenwechsel) war und ist erheblich. Auch das frühe Christentum versteht sich als Gruppe radikaler Neuanfänger. Die Tugendkataloge bringen zum Ausdruck, daß diese Radikalität die verschiedensten Posten des alltäglichen Lebens ergreifen sollte.

d) Ein eigenes, anderes Konzept steht im Hintergrund der sog. *Filiationsreihen* (2 Petr 1,5–7; 1 Tim 6,4): Eine Tugend (ein Laster) geht aus der anderen hervor, so daß sich eine ganze Genealogie von Müttern und Töchtern ergibt (Belege aus der griechischen Gnomik: ANRW S. 1065). Diese Genealogien sind sehr ernst zu nehmende Dokumente ethischer Theoriebildung: Den Reihen ist zum Ende hin ein deutliches Gefälle in Richtung auf Sichtbarkeit und Auswirkungen zueigen. Und da die Sichtbarmachung einer Haltung eng mit der Konzeption des „Werkes" verbunden ist, findet sich für derartige Reihen auch häufiger der Begriff „Werk" oder das Wort „wirksamwerden" und synonym dazu „Frucht"; vgl. etwa Gal 5,6: Glaube, der durch Liebe „ins Werk gesetzt" ist. So ist auch die Zugehörigkeit zu Geist oder Fleisch in Gal 5,19–23 wenigstens mit diesem Schema verwandt: Aus einer bestimmten Grundlage entstehen beschreibbare Werke oder Früchte. – Die Filiationsreihen führen mithin sichtbare Verhaltensweisen zurück auf vorgängige andere und je unsichtbarere Haltungen. Damit entsprechen sie der Tendenz von Paränese, den Spielraum menschlichen Fehlverhaltens dadurch einzuschränken, daß man es bis in die Wurzel hinein aufdeckt. Mit dem Konzept der Filiationsreihen ist daher sehr deutlich die Tendenz verbunden, den Menschen bis in die vorgängigen Regungen des Seelenlebens hinein verantwortlich zu machen. In den ersten beiden Antithesen der Bergpredigt sehe ich eben dieses Bestreben: Töten und Ehebruch sind am Ende nur Schlußglieder von Verhaltensketten, die ihren Ursprung viel tiefer und früher im Zorn und in der Begehrlichkeit des Menschen haben. Und bereits hier ist das Gesetz Gottes übertreten (Mt 5,21 f. 27 f.).

Die beliebteste Filiation ist diejenige, in der Glaube am Anfang steht und Liebe als deren sichtbarstes Werk am Ende:

e) Zur Formgeschichte der paulinischen Trias von Glaube, Hoffnung, Liebe:

1. Nominale Reihungen dieser Art sind entstanden aus *Personenbeschreibungen* (Ekphrasis) [vgl. ANRW S. 1202 f.]. Auch als verselbständigte Kataloge behalten sie die Eigenschaft, Kennzeichen „typischer" Personen und Gruppen zu sein. Sie sind daher nicht nur „theologisch", sondern auch soziologisch zu erklären: als Gruppenmerkmale. Dabei ist die jeweilige Gestalt der Reihe in der Regel mit äußerster Sorgfalt durchdacht.
2. Auch das Vorkommen von **„Liebe"** in diesen Reihen ist nicht erst paulinisch, da es in Josephus a 14,186; Plutarch amat 23,7 (Liebe zueinander und Treue); Sap Sal 3,4.9; Jub 17,18 mit Sicherheit vorpaulinisch, in Barn 1,4.6; 11,8; Sir 24,18; Hebr 6,10; 10,24; Jak 1,12 mit großer Wahrscheinlichkeit ohne paulinischen Einfluß steht. Auch für Ignatius Eph 14,1 ist kaum paulinischer Einfluß anzunehmen.
3. Eine bereits pagane Verbindung von **Liebe und Treue** (Plutarch) wird frühchristlich rezipiert, teilweise noch in paganer Gestalt ohne spezielle Verbindung mit christlicher Systematik (Liebe steht vorweg: Apk 2,19), teilweise aber so, daß pistis technisch aufgefaßt wird und dann regelmäßig als erstes Glied genannt ist („Grundbedingung"): Sap Sal 3,9 noch deutlich als Treue: die Treuen/Glaubenden *bleiben* in Liebe bei ihm; Ign Eph 1,2: gerechte Natur . . . Treue und Liebe; 1 Thess 3,6 Glaube und die Liebe. Cf. 1 Thess 1,3; Barn 11,8.
4. In der **Abfolge Glaube–Liebe** ist die Liebe jeweils als Verwirklichung des Glaubens, als seine konkrete Gestalt, verstanden, so in Gal 5,6 (Glaube, durch

Liebe verwirklicht); Sap Sal 3,9; 1 Tim 1,5 (Liebe von Herzen . . . und Glauben); Ignatius Eph 14,1 (die Treue und die Liebe . . . *der Anfang ist der Glaube, das Ende aber die Liebe).*

5. Besonders aufschlußreich sind Kettenreihen, in denen **Glaube das erste, Liebe das letzte Glied** bildet. Dabei herrscht die Vorstellung vom Glauben als der Mutter, aus der eine Generationenfolge von Töchtern geboren wird: 2 Petr 1,5 ff.; Herm vis 3,8; Herm sim 9,15; Polykarp 2 Phil 3,3 (Mutter: Glaube; Liebe und Hoffnung folgen); Makarios Hom 37 (aus Glaube und Hoffnung wird Liebe geboren). – Zum Ursprung-Denken vgl. auch 1 Tim 1,5.

6. Nahe verwandt sind Stellen, die **Liebe und Werk** zusammenbringen: Gal 5,6; Apk 2,2.4.5; Hebr 6,10; 10,24; Barn 1,6 (Liebe als Zeugnis für Werke der Gerechtigkeit); Ignatius Eph 1,1–2.

7. Die in 3.–5. dargestellte Verbindung Glaube–Liebe gilt auch, und zwar in altertümlichen Texten, für die **Liebe zu Gott als Entfaltung des Glaubens** an ihn: Jub 17,18 (glaubend und liebend den Herrn); 1 Petr 1,5–8 (beide Male geht es um Bewährung des Glaubens).

8. Die Position von **Glauben** kann in diesem Verständnis auch **Weisheit** oder **Erkenntnis** einnehmen (Sir 24,18 sagt die Weisheit, sie sei Mutter – vgl. oben 5.! – von Liebe, Furcht, Erkenntnis, Hoffnung) (Clemens vA, str. 3, 10,69,3 hat die Folge Erkenntnis, Glaube, Liebe).

9. Auch in Reihen, die nicht von Liebe reden, steht **Glaube** voran: Barn 2,2. Das gilt besonders dort, wo das nachfolgende Gut **Hoffnung** ist: 1 Makk 2,59.61; 4 Makk 17,2.4; Ps 77,22 LXX; Sir 2,6; Hebr 10,22; 11,1; 1 Petr 1,6–13; Sir 49,10[12]; 1 Petr 1,21. – Dabei besteht entweder eine weitgehende Synonymität zwischen **Glauben und Hoffnung** (im Parallelismus), oder aber Hoffnung wird (ähnlich wie Liebe nach den in 3. bis 7. genannten Texten) als Erzeugnis des vorgängigen Glaubens angesehen: Gal 5,5 (aus Glauben Hoffnung[sgut] erwartend). Synonymität liegt auch in dem Jesus-Agraphon (Makarios Hom 37) vor, wo Glaube und Hoffnung als gemeinsames Kind Liebe haben. – In Barn 1,6 wird Hoffnung als wichtigster Inhalt des Glaubens aufgefaßt.

10. Wo **Liebe** dagegen am Anfang von Reihen genannt wird, handelt es sich um Listen, die „Werke" bzw. „Früchte" innergemeindlich, d. h. ohne Rücksicht auf ihre Verwurzelung im monotheistischen Bekenntnis, der Rangfolge nach aufzählen. So in Gal 5,22; Apk 2,19; wo Liebe direkt neben Werken steht (Hebr 6,10; 10,24), ist sie als deren vorzüglichstes verstanden. (Ähnliches gilt für Kombinationen von Liebe mit dem Wort *krisis,* wie sie in Lk 11,42 Rechttun und die Liebe zu Gott; Mt 23,23 Rechttun, Erbarmen, Treue/Glauben und Barn 1,6 Gerechtigkeit, des Rechttuns Anfang und Ende vorliegen. Krisis geht hier auf mišpat im Sinne von Rechttun zurück.)

11. Die Verbindung mit „**Geduld**" liegt in 1 Thess 1,3 vor. Sie hat ihren Hintergrund in der jüdischen Märtyrer- und Proselytentradition. Die Verbindung von Geduld und Glaube entstammt der Abraham-Tradition (Bewährung des neuerworbenen Glaubens in der Trübsal erfordert Geduld, vgl. Vg Jdt 8,22; Jub 17,18; 19,8), die von Geduld und Hoffnung der Märtyrertradition (4 Makk 17,4; Röm 12,12; 15,4). – Diesen Traditionen entstammt das in Röm 5,2–5 maßgebliche Wortfeld (Kettenschluß: Trübsal, Bewährung, Geduld, Hoffnung.)

12. Wo **Hoffnung** im diskutierten Zusammenhang begegnet, steht sie oft in Anfangs- oder Schlußposition und gibt die Zukunfts- und Lohnperspektive an; das Moment des Durchhaltens ist speziell ihr zueigen (gegen den Augenschein: vgl. Röm 4,17 f.; 1 Petr 1,6–13; Kol 1,23; mit Geduld: 1 Thess 1,3). Es geht um den Erwerb von Gütern nach einer „Durststrecke": um Heil (1 Thess 5,8) oder um Leben (Barn 1,4.6) oder Unsterblichkeit (Sap Sal 3,4; Ps 77,22) oder um

das Erben der Verheißung (Hebr 6,11 f.) oder um Gerechtigkeit (Gal 5,5). Hoffnung ist also entweder mit diesen typischen Gütern verbunden, oder sie ist gedacht als die Kraft zum Durchhalten und steht dann als zwischenzeitliche Verhaltensform neben (und nach) dem Glauben (so in 1 Kor 13,13: Synonymität heißt nicht Deckungsgleichheit). Hoffnung ist daher wie Glaube – und darin grundsätzlich anders als Liebe – eine „Basis"-Tugend und dort, wo pistis eher initial-grundsätzlich gedacht ist, deren durative Verlaufsform. – Auf diesem Hintergrund ist 1 Kor 13 der durchaus überraschende und auch neuartige Versuch, die eher als Summe des Konkreten gedachte Liebe zur Basistugend schlechthin zu machen – sicher nicht ohne Anlaß in der Gemeinde von Korinth.

13. **Glaube, Hoffnung und Liebe** sind daher bei **Paulus** weder in bezug auf die Größe „Gesetz" noch als Gaben des Pneumas gerade so kombiniert. Vielmehr will Paulus in 1 Thess 1,3 nur sagen: Glaube, Liebe, Hoffnung haben drei spezifische Verwirklichungsformen (Werk, Mühsal, Geduld); diese stehen untereinander in traditioneller Beziehung: Werk des Glaubens ist Liebe, Mühsal der Liebe ist Geduld; die Abfolge von Glaube und Liebe ist durch das Stichwort Werk gegeben. Glaube und Liebe stehen hier zusammen im Sinne der in 3.–7. genannten Tradition. Auch Hoffnung und Geduld gehören zusammen. Daß hier Hoffnung am Schluß steht, gibt dem Ganzen nicht nur die im Brief geforderte paränetische Spitze (Verfolgung), sondern auch generell den zeitlichen Horizont. Zweifellos kommt es auf die durch Geduld und Hoffnung gegebene Perspektive hier an, was durch 5,8 bestätigt wird. – In 1 Kor 13,13 dagegen ist wieder Glaube der Anfang, Hoffnung dessen konkrete Gestalt, Liebe die konkrete Verwirklichung.

14. Im Sinne der antiken Rhetorik steht also das paränetisch entscheidende Element jeweils am Ende, die Voraussetzung am Anfang. – Das gilt auch dann, wenn Hoffnung als die alles begründende Perspektive am Anfang steht (Barn 1,6). – Hoffnung am Ende: 1 Thess 1,3; 5,8; 1 Petr 1,13; Barn 1,4; 11,8; Sir 24,18; Polykarp 2 Phil 3,3; Justin Dial. 110,3; 4 Makk 17,2. –

15. Die Reihung der Nomina führt uns daher in eine ausgebreitete Diskussion über die für die christliche Existenz maßgeblichen Faktoren. Hier, auf diesem Feld, wo es über das Verhältnis von Bedingung, Perspektive und wieder um Voraussetzungen und Ziel geht, kann man sagen: Es wird in einem besonderen Stil Rechtfertigungslehre diskutiert, und zwar ohne den Zusammenhang „Gesetz" oder „Sühnetod", vielmehr (so wie auch sonst in 1 Thess und 1 Kor vor allem) im Sinne der die Existenz bestimmenden Faktoren.

16. „**Hoffnung**" übernimmt im Zuge der speziellen technischen Verwendung von pistis den Großteil von deren ursprünglich hellenistischem Gehalt im Sinne von Treue. Daher das häufige Nebeneinander, in dem pistis eben bald allein nicht mehr ausreichte (vgl. dazu auch syrBar 57,2).

17. Die Rede von der **Geduld** in 1 Thess 1,3 steht hier im Kontext der Verwendung von Konvertitensprache (Bewährung nach Bekehrung).

18. Porphyrius Ad Marcellam (Ende 3. Jh. n. Chr.) K. 24 weist sehr deutliche Affinität zu dem Gesamtkonzept auf. Besonders wichtig sind die Schlüsselpositionen von pistis und elpis. Die Bedeutung der Liebe entspricht dem unter 7. Genannten, doch sind „eros" und „Wahrheit" in keiner jüdischen oder christlichen Reihe zu finden; vorher ist von guten und schlechten Werken die Rede: „Vier Elemente sollten am ehesten genannt werden, wenn es um Gott geht: Treue (pistis), Wahrheit (alētheia), Liebe (eros), Hoffnung (elpis). Denn man muß glauben (pisteusai), daß die einzige Rettung die Umkehr zu Gott ist . . ."

§ 48 Abschließende Bemerkungen zur Bedeutung der griechischen Gnomik für die neutestamentliche Paränese

1. Beispiele für die Entsprechung zu einzelnen Formen:

Aufforderungen:
Mahnwort: Von Sünden bekehre dich (Praecepta Delphica II 8). – § 36,1.
Prohibitiv: Den Eid gebrauche nicht (ibid., I 8).
nicht–sondern Struktur: Deine Sünde versuche nicht mit Worten zuzudecken, sondern mit Erweisen zu heilen (Moschos 13).
eher–als Struktur: Man muß sich mehr um die Philosophie kümmern als um die Eltern (PM I 54).
Anweisungen für einen besonderen Fall: Der Empfänger von Wohltaten soll nicht Böses statt Gutem zurückzahlen (DM 93).
„Weil du a bist, tue x": Es ist Pflicht des Weisen, zu kämpfen den guten Kampf (MF 6). – Der Glaubenden sollen wenig die Worte sein, viel aber die Werke (SX 383). – Vgl. § 49,2.
Haustafel: Ehre die Lehrer (KL 77). – Herrsche über die Frau (Praecepta Delphica III 3). – Berauschte Sklaven nicht strafen (SW Kleobulos). – Vgl. § 41.
Begründetes Mahnwort: Alles, was du sagen möchtest, laß zuvor deine Vernunft überprüfen, denn vielen eilt die Zunge der Überlegung voran (IS 41a). – § 49.
Begründung der Mahnung mit „damit": Schätze das Vermögen, um dem Freund aus der Not zu helfen (IS 28b). – Vgl. § 51.

Aufweis von Bedingung und Folge:
Tun und Ergehen: Jedes wohlgeordnete Leben ist von Freude, jedes häßliche von Trauer erfüllt (DE 128). – Von jeder Erziehung sind die Wurzeln bitter, die Früchte süß (DE 54).
Kennzeichensätze: Feind ist nicht, wer Unrecht tut, sondern wer den Wunsch dazu hat (DM 89). – Vgl. § 51.
Aufweis des Nutzens: Größtes Gut: Was, dem anderen teilgegeben, dir am meisten nützt (PS 32).
Seligpreisungen: Selig, wessen Beschützer der Gott ist (KL 135). – Wer Unrecht tut, ist unseliger, als wem Unrecht geschieht (DM 45).
Weheruf: Es sprach Aristoteles: Wehe dem Reichen, wenn man nicht gibt von ihm (MF).
Unzerstörbares Gut (Priamel): Was die Bildung dir gibt, dieses wird niemand von dir nehmen (KL 15). – Suchen . . . das nach Befreiung von diesem Leben Bleibende (PS 28).
Gerichtsankündigung: Es treibt ans Licht die Wahrheit die Zeit (MES).
Wer a sein will, muß x tun: Wessen Ehre du nachstrebst, dessen Taten ahme nach (DE 87).

Unvereinbarkeit:
Zwei Dinge zugleich ist unmöglich: Es ist unmöglich, daß derselbe Mensch Vergnügen, Leib, Geld und Gott liebe (DP III 44).
Sein und Schein: Von deinen Meinungen sollen deine Werke Beweis sein (KL 49).

Werturteile:
Was das Wichtigste ist: Die Zunge vor allem anderen beherrsche, den Göttern folgend (PM II 15). – Zuvörderst nun erfülle deine Pflichten gegen die Götter (IS 13a).
Zahlensprüche: Meer, Feuer, Frau – das dritte Übel (GNP). – Drei Trauben läßt der Weinstock hervorgehen: Vergnügen, Rausch, Hochmut (DP II 148).

Nicht x ist gut, sondern y: Nicht die Zunge des Weisen ist besonders gut bei Gott, sondern die Werke (PS 14).

Was hinderlich ist: Jede Leidenschaft der Seele ist ihrer Rettung feindlich entgegen (PS 116).

Aufforderung zur Bewertung: Von allem, was gut ist, halte Gott für die Ursache (KL 18).

x zu tun ist gut: Lob zu spenden bei schönen Handlungen ist gut (DM 63).

Besser-Spruch: Besser mit dem Fuß ausgleiten als mit der Zunge (DP II 78).

Klassifikation: Wisse, daß nicht nur das böse ist, ein Straftäter zu sein, sondern auch sich mit Straftätern zu vermischen (PS 48).

x zu tun ist dasselbe wie y zu tun: Einen weisen Mann und Gott zu tadeln ist gleichgroße Sünde (SX 194).

Beschreibung ohne Wertung:

positiv: Enthaltsamkeit ist die Grundlage der Gottesverehrung (KL 13).

negativ: Es kann nicht sein, daß ein Freier beherrscht wird von Leidenschaften (KL 86). – Wer kein Unrecht tut, bedarf keines Gesetzes (AN 2,124 Menander).

Filiation: Pythagoras sagte, in die Städte gehe zuerst ein Schwelgerei, dann Übermut, dann Hochmut, danach Verderben (PM 1,49).

Seele/Leib: Die Seele des Weisen wird durch den Leib von Gott erprobt (SX 425).

Entscheidendes fehlt: Ruhm und Reichtum ohne Einsicht sind nicht sichere Besitztümer (DM 77).

Gegensatz Gott/Mensch: Nur die sind den Göttern lieb, denen das Unrechttun verhaßt ist (DM 217).

2. Auswertung

a) Gnomen werden zumeist ohne Autor und ohne „Handlung" überliefert. Ihr Ziel ist das praktisch Nützliche.

b) Aus dem Bereich der griechischen Gnomik fehlen im Neuen Testament folgende Themen: die Mahnung zur Bildung, Weisheit und Klugheit, Regeln über Freundschaft (außer vielleicht Lk 16,9), Sätze über die menschliche Natur und vor allem Mahnungen an Politiker und Mahnungen, das Mittelmaß zu vermeiden.

c) Da Gnomen keinen eigenen Sitz im Leben haben, wandern sie und werden zur Verstärkung beliebiger Meinungen „zitiert". Schon im Rahmen der Progymnasmata (vgl. ANRW S. 1296–1298) werden sie angeeignet.

d) *Da die Gnomen häufig Grundbausteine von Chrien wie auch von paränetischen Gattungen sind, kommt ihnen eine wichtige Schlüsselstellung für die Verbindung von Evangelien und Briefen im Neuen Testament zu.*

e) Aufgrund der großen Verbreitung und der Nähe von Schriftlichkeit und Mündlichkeit in diesem Fall eröffnet sich vom Studium der Gnomik her eine neue Perspektive der religionsgeschichtlichen Beurteilung des Neuen Testaments. Für das Judentum waren schon Philos Hypothetica, Josephus und Ps.-Phokylides Beispiele für eine nicht-apologetische Rezeption hellenistischer Populärmoral.
Interessant ist auch die Art, in der die Gnomensammlung des Sextus (SX) christianisiert wurde (s. ANRW S. 1057). Auch hier wird sichtbar, daß in diesem Bereich der Alltagsmoral keine Probleme der Symbiose von Christentum und „Heidentum" bestanden. Es gab daher weder im Judentum noch in den ersten christlichen Jahrhunderten ein Bedürfnis, diese Art Gnomik im Kern zu verändern. Sie wurde vielmehr rezipiert und bildet einen wichtigen Bestandteil neutestamentlicher Schriften.

f) Gnomik ist auch im Rahmen des Hellenismus international, nicht nur griechisch, sondern auch allgemein-vorderorientalisch. Man vergleiche die Gnome aus dem Aramäischen Achiqar 57 I 13 f.: „Wenn ein Frevler den Zipfel deines Gewandes erfaßt, laß es in seiner Hand! Darauf nähere dich Schamasch: Er wird jenem das Seinige nehmen und es dir geben" mit Mt 5,40 und SyrAchiqar 3,28: „Begegnet dir ein Feind mit Bösem, so begegne du ihm mit Gutem" mit Mt 5,38–47. Zu Entsprechungen mit der ägyptischen Weisheitsliteratur vgl. Berger, Exegese S. 197.

§ 49 Begründete Mahnrede

Lit.: D. ZELLER: Der Weisheitliche Mahnspruch bei den Synoptikern, Würzburg 1977.

Im folgenden beziehen wir uns mit Absicht nicht auf „Mahnsprüche", um nicht den Eindruck zu erwecken, als sei die Frage zu klären, ob diese Texte je als isolierte „Sprüche" (von Propheten o. dergl.) mündlich umgelaufen sind. Denn wir beobachten begründete Mahnrede auch in größeren literarischen Zusammenhängen.

1. Begründung mit Naherwartung

Texte: Mk 1,15; Mt 3,2; 4,17; 1 Petr 4,7; 1 Kor 7,29–31; Röm 13,11–14; Hebr 10,32–39; Jak 5,8.9; Apk 3,11; 14,7; 22,10–12; Ignatius Eph 11,1 („Es sind letzte Zeiten; folglich wollen wir uns schämen, fürchten wollen wir die Langmut Gottes, damit sie uns nicht zum Gericht werde").

Die durch Naherwartung begründeten Mahnworte sind in der Regel sehr allgemeinen Inhalts. Der klassische Beleg ist Apk 14,7: „Fürchtet Gott und gebt ihm Ehre. Denn gekommen ist die Stunde seines Gerichtes." Gemeint ist damit die letzte Aufforderung zur Bekehrung. Nach dem vorangehenden V. 6 ist eben dies der Inhalt des „ewigen Evangeliums". Damit ist sogleich die Verbindung geschaffen zu Mk 1,15: „Die Zeit ist erfüllt, und nahegekommen ist das Reich Gottes. Kehrt um und glaubt an das Evangelium." Als das erste Wort Jesu im MkEv hat der Satz zentrale Bedeutung und ist eine Zusammenfassung der Botschaft Jesu. Durch seine beiden gleichlautenden Versionen des Wortes in Mt 3,2; 4,17 im Munde des Täufers und im Munde Jesu gibt Matthäus zu erkennen, daß der Täufer nichts anderes lehrte als Jesus auch und damit sein Anliegen nur verstärkte. Der bei Mk und Mt (im Gegensatz zu Apk 14) vorangestellte Indikativ hat den Charakter einer *Proklamation,* da er durch nichts Vorangehendes begründet ist. Die Begründung folgt vielmehr erst in der damit anhebenden Jesus-Erzählung. Ähnlich folgt aber auch in Apk 14 die Begründung: Nach 14,8 ist Babylon gefallen (in den synoptischen Evangelien fällt, so könnte man sagen, der Widersacher). Auch in Ignatius Eph 11 hat der vergleichbare Satz allgemeinste Bedeutung.

Erkennbar mit Material verbunden, das im Zusammenhang der *Bekehrung zum Christentum* steht, sind Mahnungen dieser Art in Röm 13 und in 1 Petr 4: In beiden Fällen handelt es sich um Material der postconversionalen Mahnrede (vgl. § 40): in 1 Petr 4 um Besonnen- und Nüchternsein, in Röm 13 um das Aufstehen vom Schlaf. Beide Themen sind traditionell eng miteinander verknüpft (vgl. oben § 39.7). Die Rede von Nacht und Tag in Röm 13,12 gehört ebenso zu diesem Stoff wie die Aufforderung zum Ablegen und Anziehen. In Differenz zu den erstgenannten Texten geht es hier bereits eine Stufe konkreter um die Folgen für das Verhalten. In Röm 14 f. wie in 1 Petr 4,8.9–11 wird dieser Ansatz dann als *Gemeindeparänese* (vgl. § 39.3) fortgeführt. Hierher gehört auch 1 Kor 7,29–31: Die exemplarischen Mahnungen sind gerahmt durch die beiden Naherwartungsaussagen in V. 29a und V. 31b. Es geht um die Freiheit des Christen gegenüber Bindungen in diesem Äon. Die deutliche Analogie in 6 Esr 16,36–45 geht im indikativischen Element von erst zukünftigen Leiden aus.

Einen dritten Aspekt liefern schließlich die übrigen Texte: Der Hinweis auf die Naherwartung hat hier die Funktion, zu Beharrlichkeit und zum Durchhalten zu mahnen: Apk 3,11: „bewahre, was du hast"; Jak 5,8: „seid beharrlich"; als Konsequenz des Gegenteils wird offenbar das Mürrisch-Sein V. 9 angesehen. In Hebr 10,36 geht es um Geduld angesichts gegenwärtiger Verfolgung, „denn nur noch eine kleine Weile . . .". Von daher wird auch der Glaube in 10,39 als Beharrlichkeit und Treue qualifiziert. – Auch in Apk 22,10–12 geht es darum, daß angesichts des nahen Endes nichts mehr verändert wird: Die Gerechten wie die Ungerechten sollen bei ihrem Tun bleiben, denn es kommt jetzt die Scheidung.

So haben Mahnworte dieser Art zwei entgegengesetzte Funktionen: Sie rufen zum radikalen Wandel auf – oder sie mahnen eindringlich zum Beharren – je nachdem, ob der Kontext missionarisch ist (und damit die Mahnung sich an Nicht-Christen richtet) oder an eine bestehende Gemeinde sich wendet, die gestärkt werden soll, in ihren Nöten noch eine kleine Weile auszuharren.

Die große Ernte ist der Indikativ, der die Mahnung zum Gebet um Arbeiter begründet (Mt 9,37 f.) (zu den alttest. Analogien s. unten § 56).

Formale und inhaltliche Vorstufen gibt es in der Prophetie des DtJes 56,1: „Wahret Recht und übet Gerechtigkeit, *denn* mein Heil ist nahe am Kommen, meine Gerechtigkeit wird bald enthüllt". Wie zu erwarten, finden sich Analogien auch in der apokalyptischen Literatur, so in syrBar 85,9 f.: „Wir wollen uns vorbereiten, damit wir nehmen und nicht genommen werden. *Denn* die Jugend der Weltzeit ist vergangen, und die Vollkraft der Schöpfung ist schon längst zu Ende gekommen". Vgl. auch 6 Esra 16,75 ff.

Formgeschichte kann zeigen, daß das *Verhältnis von Indikativ und Imperativ* eher ein modernes Problem ist. Mahnung geschieht im Neuen Testament häufig als *Erinnerung* (Hypomnesis) an den „Status", und das gemeinsame Grundprinzip von „Indikativ" und „Imperativ" ist die durch das Pneuma oder allgemein durch Gottes Nähe begründete Ähnlichkeit mit Gott und Christus. Außerdem geschah die „indikativische" Tat Gottes nicht nur an uns, sondern auch darin, daß er sich mit den Niedrigsten solidarisierte (Mt 25,40.45).

2. Begründung mit indikativischen Heilsaussagen

a) *Begründung aus dem Sein der Angeredeten:* Was die Christen durch die Taufe geworden sind, wird bei dieser Art Mahnrede zumeist metaphorisch formuliert: sie sind Söhne des Lichtes (1 Thess 5,4 f.) oder Licht der Welt und Salz der Erde (Mt 5,13–16), sie sind wie neugeborene Kinder und königliche Priesterschaft (1 Petr 2,1/2.9). Nach Röm 6,1–11/12–14 und Kol 3,3–4/5.9–12 sind sie bei der Taufe „gestorben", nach Gal 5,1 befreit (aus der Sklaverei des Gesetzes), nach Gal 5,13 „gerufen". Auch nach Röm 8,9–11/12 ist aufgrund des Innewohnens des Christus der Leib der Christen „tot der Sünde wegen" (V. 10). Nach 1 Joh 4,4 „sind" die Angeredeten „aus Gott". – Das, was aus dem neuen Sein jeweils gefolgert wird, hat sehr umfassenden Charakter, und zum Teil handelt es sich um Abschnitte, die wir der postconversionalen Mahnrede zugeordnet haben: So ist die Folgerung in 1 Thess 5,6: Wachen und Nüchternsein, ebenso in 1 Petr 1,13 das Nüchternsein, in Röm 8,12 f.: dem Geiste nach zu leben, in Röm 6,12–14: die Sünde und die Begierden nicht herrschen zu lassen, in Kol 3,5.8 immerhin schon ein Lasterkatalog mit Dingen, die jetzt abzulegen sind. In Kol 3,9–11 ist die Folgerung die Beseitigung der Verschiedenheiten. In Gal 5,1 soll die Konsequenz sein, nicht wieder in die Sklaverei des Gesetzes zu verfallen, in 1 Joh 4 die Bewahrung des Bekenntnisses, in Mt 5,13–16 das Sichtbarmachen der Werke vor den Menschen, in 1 Petr 2 wiederum das Ablegen einer Reihe von Lastern. – In Gal 5,13 geht es um die Liebe, in 5,25 um das Wandeln im Geist. Diese *Pauschalität der Folgerungen* macht erstaunen. War den Hörern der Zusammenhang von Religion und Moral so unklar? War es in so hohem Maße notwendig zu erweisen, daß das im Christentum „entschränkte" Judentum kein moralisches Chaos bedeutete? – Das argumentative Schwergewicht liegt eindeutig auf den Begründungen, nicht auf den Folgerungen: Daß das, wozu alle Weisen und alle Paränese schon immer gemahnt hatten, jetzt auf diesem neuen Weg möglich sein soll, ist das Anliegen dieser Texte. Damit sind sie eindeutig protreptischen Charakters (zur Gattung vgl. ANRW S. 1138–1145; hier § 62).

Der Indikativ der Erwählungszusage ist die Grundlage des Imperativs auch in Act 22,14–16 (auch wenn dieses ein nur auf das Individuum Paulus bezogener Imperativ innerhalb einer Erzählung ist).

b) Typisch für den *Hebräerbrief* ist eine wiederholte Begründung der Mahnrede aus dem eschatologischen Geschehen, das mit Tod und Erhöhung des Hohenpriesters (dem neuen „Indikativ") verknüpft ist. Das Schema ist jeweils gleichartig: Die im Verhältnis zur alten Ordnung größere Gabe jetzt bedingt auch eine höhere Verantwortlichkeit jetzt, und wenn schon das Gericht an den Alten streng vollzogen wurde, wie streng wird es erst an der Heilsgemeinde vollzogen werden, wenn sie nicht gehorcht. Es werden jeweils verschiedene Größen typologisch gegenübergestellt:

2,1–4 Engel/Sohn (dem Gericht entgehen)
3,7–19; 4,11–13 Mose/Jesus (eingehen in die Ruhe)
10,26–31 Hoherpriester der Alten Ordnung/Jesus als Hoherpriester
(Mißachtung des Gesetzes/des Bundesblutes)
12,25–29 Sinai/Sion (Gott nicht entfliehen)
Auf diese Weise wird die Abgrenzung gegenüber dem Judentum paränetisch ausgewertet. Zugleich wird erkennbar, daß die Hohepriesterlehre
nur eines unter vier wichtigen vergleichbaren Elementen des Hebr ist.
Vergleichbar (besonders mit Hebr 3–4) ist 1 Kor 10,1–22, denn hier heißt
es in V. 11, das abschreckende Vorbild sei niedergeschrieben „zur Warnung für uns, für die das Ende der Zeiten gekommen ist". Wie in Hebr
kann die Endzeitgeneration typologisch die Schrift lesen. Doch hier fehlt
im Gegensatz zu Hebr der neue, überbietende Indikativ; statt dessen wird
die Identität des begegnenden Christus behauptet (1 Kor 10,4).
Eine ähnliche Struktur besitzen Jesusworte über „dieses Geschlecht" und
gegen die Städte des Wirkens Jesu, nach denen es im Gericht Sündern der
Vergangenheit besser ergehen wird als denen, die Jesus jetzt abgewiesen
haben (Mt 12,38–42; Mt 11,20–24par). Wie in Hebr gilt hier: Wer das
größere Heil abweist, wird schwerer bestraft werden. Da auch in Hebr mit
exempla aus der Geschichte des Alten Testaments argumentiert wird,
handelt es sich möglicherweise um eine der Verbindungen des Hebr mit
der Evangelienüberlieferung.

c) *Christologische Begründung.* Wie verschieden man unter Hinweis auf Jesus Christus begründen konnte, zeigt ein Vergleich zwischen Mt 23,8–10
(Ablehnung von Titeln unter Hinweis auf den einen Lehrer) und Hebr
10,19–21/22–25 („Da wir einen Hohenpriester haben . . ., laßt uns hinzutreten"; Lasterkatalog). Dem Weg, den der eine prophetische Lehrer
der Evangelientradition angegeben hat, steht der Weg gegenüber, der Jesus als der geopferte Hohepriester selbst ist. In beiden Fällen geht es um
die Folgen des Ausschließlichkeitsanspruchs, der für Jesus erhoben wird.
– Zur christologischen Motivation in 1 Thess 5,9 f. gilt das von N. A. Dahl
(BZNW 21, 1954, 8) Bemerkte: „Das, was dem Verfasser . . . auf dem
Herzen liegt, wird noch durch den Hinweis darauf unterstrichen, daß es
mit dem Ziel der Heilstat Christi übereinstimmt".

Häufig wird christologische Begründung einfach durch das „im Herrn" geliefert.
(Vgl. ferner auch: F. Hahn: Die christologische Begründung urchristlicher Paränese, in: ZNW 72 (1981) 88–99).

d) Merkmal brieflicher Mahnrede ist auch die sog. *„angehängte Mahnrede"*:
Auf eine längere sachliche Erörterung folgt eine Art „Anwendung" als
Mahnrede, so etwa Phil 4,1 ff. nach 3,18–21; 1 Kor 15,58 nach 15,1–57;
Hebr 10,19–39 nach 7,1–10.18; Hebr 12,1–11 nach 11,1 ff.; 1 Petr 1,13
nach 1,3–12; Eph 3,13 nach 3,1–12. Merkmal ist häufiger der Anschluß
mit „Deshalb . . ." (gr.: *diho*). Pagane Analogie: Musonius, Über den

Wert der Philosophie: § 2–9 Darstellung des Wertes, § 10 praktischer Teil als Ermahnung des Lehrers. Ähnlich Anacharsis Brief 3 (ed. Malherbe 103): Beschreibung des Weins, dann: Imperativ mit „nun lasse", Vorbild und Unheilsansage.

3. Begründung aus dem Wissen um die Endereignisse

a) *Mahnungen für die Ereignisse direkt vor dem Ende:* Der berufene Bote Gottes weiß um die festgelegten Stadien vor dem Ende und kann – wie es in der Gattung der Testamente geschieht – seine Hörer rechtzeitig, noch zu Lebzeiten vor dem warnen, was dereinst kommen wird – diese Mahnungen sind jeweils für die Gegenwart der Leser oder für die nächste Zukunft bestimmt. Weil Irrlehrer kommen werden, kann Ps.-Paulus warnen: „Deswegen seid wachsam . . ." (Act 20,31): Lukas aktualisiert so die Wachsamkeitsmahnungen der Evangelien. In 2 Petr 3,1–10 werden die Endereignisse dargestellt; Ps.-Petrus zieht daraus die Folgerung: „Wenn dieses alles sich so auflösen wird, wie sehr muß euch ein heiliger Wandel und Frömmigkeit angelegen sein . . ." (3,11–18). – Ähnlich wird die Mahnung zu beten, „daß es nicht im Winter geschieht" (Mk 13,18; Mt 24,20) begründet: „Es werden nämlich jene Tage eine Drangsal sein . . ." (Mk 13,19f.; Mt 24,21f.). Ähnlich sind auch andere Mahnungen in der synoptischen Apokalypse begründet (Mk 13,5: „Seht zu, daß euch niemand verführe. Denn viele werden kommen . . ."; ebenso ist das „denn" in Mk 13,8 als Begründung des Prohibitivs in 13,7 aufzufassen; auch Mk 13,21–23 par). – Auch die Aufforderung in Lk 23,28–31 ist begründet im Wissen um das Kommende. Alle diese Texte begegnen übereinstimmend in testamentähnlichen Endzeitreden.

b) *Mahnungen aus dem Wissen über das Gericht und seinen Vollzug:* Ohne daß das Tat-Folge-Schema ausdrücklich erkennbar wäre, begegnet der Hinweis auf das Gericht im Zusammenhang mit Mahnungen. Diese Texte sind deshalb besonders interessant, weil das Verhältnis zwischen Mahnung und Gericht implizit viel differenzierter ist, als es bei einer naiven Handhabung des Schemas von Tun und Ergehen zu erkennen ist. In Lk 13,24/25–30 ist, wie V. 29–30 erkennen läßt, auch Gottes „heilsgeschichtlicher Ratschluß" im Spiel (was sich im Blick auf V. 35b verteidigen läßt). In Phil 1,6.9f.; 2,16 (gesprochen wird jeweils vom „Tag Christi") handelt es sich in den beiden ersten Texten um ein Gebet mit symbuleutischer Zielsetzung, in 2,16 geht es nicht nur um das Ergehen der Gemeinde, sondern um den Ruhm für Paulus, also um die gemeinschaftliche Verschränkung vor dem Gericht. – Jak 3,1 f. mahnt: „Meine Brüder, tretet nicht so zahlreich als Lehrer auf, da ihr doch wißt, daß wir ein strenges Gericht erfahren werden. Denn in gar mancher Hinsicht fehlen wir alle . . .". Hier geht es um die *Gefährdung* durch Reden; auch dieses ist nicht mit Tun/Ergehen abzumachen. – Die Rolle des Wissens um das Gericht in diesen Texten läßt erkennen, wie bedeutsam das Wissen um die Zukunftsperspektive des Handelns für die frühchristliche Mahnrede ist.

c) *Argumentationen mit dem Nutzen und Vorteil* kennt das frühe Christentum, wenn es um die Beurteilung des nur äußerlichen Vollzugs des Ritus geht: Röm 3,1; Gal 5,2; Hebr 13,9; ThEv 53. Bereits hier begegnet der Grundansatz, daß das Nutzlose und das nur äußerlich Bleibende zusammenhängen, während das Herz dem zugeordnet ist, was vor Gott gilt. – Dieser Ansatz spielt auch in der indirekt ebenfalls auf Nutzen zielenden Mahnrede Mt 6,19–21 eine Rolle: Der wahre Nutzen ist dort, wo auch die Dimension des Herzens betroffen war (V. 21 ist daher nicht sekundär, gegen D. Zeller, Mahnspruch, 77).

4. Begründung aus dem autoritativen Ich des Sprechers

a) *Im Zusammenhang mit Sendung:* Wer sendet oder wer gesandt ist, begründet jeweils seine Mahnung an den (die) Untergeordneten mit einer vorangehenden *Selbstvorstellung im Ich-Stil.* So wird Jes 40,3 in Joh 1,23 als Ich-Rede umgeformt und zur Basis der folgenden Mahnung gemacht: „Ich bin die Stimme des Rufenden in der Wüste. Macht gerade . . .". In der Entsprechung in Mk 1,2 f. wird das benötigte Ich-Wort aus Ex 23,20 genommen, und es gilt hier von Gott selbst: „Siehe, ich sende . . .", in V. 3 folgt dann auch hier der Imperativ „Bereitet . . .". – Ebenso ist Mt 10,16 aufgebaut: „Siehe, ich sende euch . . , seid nun vorsichtig . . .". Schließlich gehört auch Mt 11,25–27/28–30 hierher: In einem Dankgebet stellt sich Jesus als der vor, der alles, was er zu sagen hat, exklusiv vom Vater erhalten hat (dieses entspricht der Sendungsaussage; zur 3. Person in Hoheitsaussagen vgl. die Menschensohnworte und § 72.5b). Daraus folgt der Imperativ: „Kommt zu mir . . ." (V. 28–30), der ebenfalls stark vom Ich-Stil geprägt ist. – Dasselbe Phänomen begegnet nochmals im Zusammenhang der Mahnungen im Tun-Ergehen-Schema. Dort (§ 51 IV.) ist auch auf den formgeschichtlichen Hintergrund und Sitz einzugehen.

Für den paulinischen Gebrauch des „ich ermahne euch" (gr.: *parakalō*) hat C. J. Bjerkelund (Parakalo. Form, Funktion und Sinn der parakalo-Sätze in den paulinischen Briefen, Oslo 1967) gezeigt, daß gerade dort, wo ein Delegierter etwas zu erreichen versucht (oder: ein diplomatischer Königsbrief auf diplomatische Weise etwas anlegen soll), die nächsten Analogien zur paulinischen Verwendung dieses Ausdrucks liegen. Die klassische Paränese dagegen bietet kaum Parallelen dafür. Wie auch sonst (vgl. die Verwendung des Botenspruchs in den Briefen der Apk), so steht auch hier der Brief dem „Delegierten" nahe. – Im übrigen hat Bjerkelund beobachtet, daß jeweils der erste parakalō-Satz eines Briefes das eigentliche Anliegen des Apostels enthält.

Bereits das Judentum hat aber in feierlicher und autoritativer Rede das „ich ermahne euch" vorangestellt: Jub 36,5 („Und was die Sache der Götzenbilder betrifft, gebiete ich euch und ermahne ich euch, daß ihr . . ."); äthHen 93,1 („Denn ich ermahne euch und sage euch, Geliebte: Liebt . . ."). Die Verbindung mit „im Herrn" und „durch den Herrn" begegnet freilich nicht in den hellenistischen Briefen, wohl aber in Röm 15,30; 1 Kor 1,10; 1 Thess 4,1. U. B. Müller, Prophetie, 123, weist mit gewissem Recht auf die alttestamentliche Wendung „in meinem Namen" (Dtn 18,18 f.) als verwandte Legitimationsformel zu Beginn der Rede, er vergleicht auch mit der Botenformel. Dennoch ist der Rückschluß auf mündliche Prophetenrede nicht zwingend (U. B. Müller, a.a.O., 128 f.). Denn in Act 11,28 ist das „durch den Geist" nicht Bestandteil der mündlichen Rede, sondern Kommentar des Lukas. Vgl. im übrigen zum Gebrauch von Autorisationsformeln gerade in schriftlichen Offenbarungsreden meine Ausführungen in: ZNW 63 (1972) 53–66. – Grundsätzlich dem „ich ermahne euch" verwandt sind Aussagen wie Apk 3,18a („Ich rate dir . . .") oder auch der ausdrückliche Verzicht auf eine Weisung (Act 15,19 f.; Apk 2,24).

b) *Aufforderung zur Nachahmung des Verfassers.* Begründete Mahnrede liegt hier vor, wenn der Briefsteller selbst auf sein Vorbild verweist, so in 1 Kor 11,1: „Werdet meine Nachahmer, so wie auch ich Nachahmer des Christus bin" (vgl. 1 Thess 1,6; 1 Kor 4,16 f.) oder wenn er den Inhalt seines vorbildlichen Tuns näher beschreibt (2 Thess 3,7.9). Die Analogien dazu finden sich im paganen Philosophenbrief: Seneca ermahnt Lucilius, ihn nachzuahmen; für ihn selbst ist Sokrates das Vorbild (vgl. ANRW S. 1134–1137. 1342–1344).

5. Begründung in Aussagen über Gott

Diese Begründungen sind im Neuen Testament verhältnismäßig selten. Auf breiter Tradition beruhen die Mahnungen zur Nachahmung Gottes. Davon sind am bekanntesten die Begründungen zur Feindesliebe in Mt 5,44.48 „seid nun vollkommen, wie auch euer himmlischer Vater vollkommen ist" (wahrscheinlich aber Begründung der Antithesenreihe insgesamt) und zur Barmherzigkeit in Lk 6,36 („wie auch euer Vater barmherzig ist"). Die formalen Vorbilder sind bekannt: Lev 19,2 „Seid heilig, denn heilig bin ich" ist auch Begründung der Mahnung in 1 Petr 1,15 f. (postconversionale Mahnrede). Für das Judentum: Targum Jer I zu Lev 22,28: „Wie unser Vater barmherzig ist, so sollt ihr . . ."; Aristeasbrief 208 (Barmherzigkeit üben, denn auch Gott ist barmherzig). Diese strikt formal ausweisbaren Parallelen sind vom allgemeiner im Hellenismus verbreiteten Motiv der imitatio Dei zu unterscheiden.

In Apk 14,7 wird die Mahnung des „ewigen Evangeliums" zur Bekehrung nicht nur mit der Stunde des Gerichts begründet, sondern auch damit, daß Gott Himmel, Erde und Meer geschaffen hat. – In Mt 5,35 f. wird das Schwören unter Hinweis auf die Beziehung verschiedener Gegenstände zu Gott verboten. In Jak 4,11 f. wird mit Hilfe des Prinzips der stellvertretenden Affiziertheit (s. unten § 51.10a) das Verleumden zurückgeführt auf einen Angriff gegen den Gesetzgeber und Richter. Die Begründung erfolgt unter Hinweis auf den Gegensatz zwischen Mensch und Gott. (Analog: Jak 3,9 [Ebenbildlichkeit]).

6. Begründung unter Hinweis auf geltende Normen und Erfahrungen

In Mt 7,12 wird die Goldene Regel damit sanktioniert, daß gesagt wird: „denn dieses ist das *Gesetz* und die Propheten". In Jak 4,11 f. heißt es in einem Teil der Begründung, daß, wer den Bruder verleumde, das *Gesetz* verleumde und sich über es stelle (es „richte"). – Ähnlich wird in Gal 5,13 f. das Einander-in-Liebe-Dienen damit begründet, daß das ganze *Gesetz* in Lev 19,18 erfüllt sei. Auch in Mt 7,2–5 ging es um das Verhältnis zum Bruder (das Zwischenstück bis 7,12 ist Illustration der Regel des „gleichen Maßes", um die es hier geht). – Der Verweis auf das *Gesetz* bei Mahnworten (vgl. auch Röm 13,8–10) dient regelmäßig dazu, das Verhältnis zum Bruder (in Röm 13: zum Nächsten allgemein) als Erfüllung oder Verletzung der Gesetzesnorm darzustellen. Vorausgesetzt ist ein Gesetzesbegriff, der deutlich am Verhältnis zum anderen orientiert ist.

Eine *Sentenz* dient zur Begründung von Mahnworten in Mt 10,9 f. („denn würdig ist der Arbeiter seiner Nahrung" – eine Aufforderung an die rezipierende Gemeinde). In Jak 5,7 dient die Analogie des Ackersmannes als Motivation für die Mahnung zur Beharrlichkeit. In Lk 12,15 begründet der allgemeine Erfahrungssatz „denn sein Leben hängt nicht ab vom Besitz".

7. Epistolare Mahnrede

Als „epistolar" bezeichnen wir (mahnende) Abschnitte in Briefen, die nicht aus allgemeinen Normen und Regeln begründet werden, sondern aus der besonderen Geschichte der Gemeinde, insbesondere auch aus dem Verhältnis zwischen Apostel und Gemeinde.

Einzelmahnungen werden so begründet in Hebr 10,32–34/35 (die Gemeinde hat schon Leiden überstanden), bevor in V. 36–38 eine allgemeine Begründung durch Naherwartung angefügt wird. In Apk 3,2 wird die Mahnung zur Wachsamkeit begründet mit dem Hinweis auf die Unvollkommenheit der Werke bisher (ähnlich 2,4/5; 2,14 f./16; 3,2b/3), auch Apk 2,24a nennt die Voraussetzung für 2,24b auf Seiten der Hörer. – Längere epistolare Mahnrede liegt vor in 1 Kor 4,14–21 (mit der für Briefe typischen Aufforderung zur Nachahmung in V. 16, vgl. oben unter 4b), in 2 Kor 2,3b–11 (mit der Bitte, Gnade und Liebe gegen den Missetäter walten zu lassen, vgl. besonders V. 8), während 2 Kor 13,1–10 eine Verbindung von Mahnrede und Unheilsankündigung ist (s. u.).

§ 50 Mahnungen für besondere Situationen

Das Neue Testament enthält eine Vielzahl von Anweisungen für typische Situationen, die jeweils als Casus („Wenn . . .") formuliert sind. Die deutlich abgrenzbaren Gruppen geben in besonderem Maße Aufschluß über konkrete Fragen in urchristlichen Gemeinden.

1. *Anweisungen für institutionelle Gelegenheiten.* Eine wichtige Gelegen-

heit ist das *Mahl* (1 Kor 11,33: „Wenn ihr euch versammelt zum Essen, wartet aufeinander" .34 „Hat aber jemand Hunger . . ."). Lk 14,8–11.12–14 bringt eine formal ganz entsprechende Rede („Wenn du eingeladen bist . . ."; „Wenn du ein Mittagessen oder ein Abendmahl gibst . . .") mit dem Ziel der Mahnung zur Demut bzw. dazu, Niedrige einzuladen. – Entsprechende Mahnungen für das Mahl in dieser Gestalt kennt besonders das Sirachbuch („Haben sie dich zum Speisemeister ernannt, überheb dich nicht" 32,1 G; „Beim Wein . . ." 31,25 G; „Beim Weingelage . . ." 31,31 G).

In Mt 6,2.5.16 werden im gleichen Stil Anweisungen für die *kultischen Institutionen Beten, Fasten und Almosen* gegeben. Auch Mk 11,25 redet in ähnlicher Weise über das Beten („Wenn ihr steht betend . . ."), ebenso Lk 11,2 („Wenn ihr betet . . ."). Für das *Almosengeben* ist auf die Analogie in Sir 12,1 zu verweisen („Wenn du Gutes tust . . ."). Auf das *Opfern* bezogen ist Mt 5,23 f. Auf die Situation des Almosengebens ist zu beziehen Mt 5,42; Lk 6,30a und ebenso Lk 3,11.

Die durchgehende Tendenz bei diesen Weisungen ist (inhaltlich *auch* in Lk 11,2 ff., wo das „Vaterunser" mitgeteilt wird), das Verhalten bei den genannten Gelegenheiten den Grundlinien der Botschaft Jesu zuzuordnen (*Niedrigkeit* jetzt angesichts des kommenden Reiches; dem Bruder vergeben; auf äußere Anerkennung verzichten angesichts des kommenden Gerichtes). Gleiche Tendenz haben auch die Anweisungen für die in Mt 5,39 f.; Lk 6,29.30b beschriebenen Fälle (s. dazu oben § 39.6). Für die Verbindung mit Lohn vgl. TestJos 18,2: „Wenn euch jemand Böses zufügen will, so betet ihr durch Gutestun für ihn, und ihr werdet von allem Bösen vom Herrn befreit werden". Bei diesen Gelegenheiten des gesellschaftlichen und religiösen Alltags wird die Botschaft konkretisiert.

2. *„Wenn-du-Sätze" über das Verhältnis zum Bruder.* Bereits die Gesetzescorpora des Alten Testaments kennen entsprechende Sätze im Wenn-Du-Stil, in denen der Nächste und der Bruder die zu schützenden Niedrigen sind (vgl. dazu Berger, Gesetzesauslegung, 82–91 und C. Feucht, Untersuchungen zum Heiligkeitsgesetz, Berlin 1964). Beispiel: Die Anweisungen über die Hilfe für die Tiere des Bruders in Dtn 22,1–4. Im Judentum vgl. TestXII Gad 6,1: „Liebt jeder seinen Bruder . . . (3) Liebt nun einander von Herzen, und *wenn* er gegen *dich* sündigt, sage es ihm in Frieden . . . und *wenn* er bekannt hat und umkehrt, *vergib ihm. Wenn* er es aber abstreitet, verweigert, streite nicht mit ihm" usw. Im Neuen Testament gibt es eine ganze Reihe von Sätzen über den Bruder mit ganz ähnlicher Tendenz: Mt 5,23 f. mahnt zur Versöhnung mit dem Bruder vor dem Opfer; (Mt 5,47 geht davon aus, daß die Brüder sowieso gegrüßt werden); Mt 7,3–5 par Lk 6,41 f. behandelt den Fall der Zurechtweisung des Bruders mit einer Tendenz, die den Bruder schont (Zurechtweisung des Bruders ist ein in der jüdischen Literatur seit Lev 19,15–18 sehr häufig behandeltes Thema). Mt 18,15–35 par Lk 17,3 f. bestimmt, was zu tun ist, wenn der Bruder sündigt; die alte Tendenz „Vergebung" wird von Matthäus differenziert, indem er den Ausschluß aus der Ge-

meinde durch wiederholte Vergebung verhindern will. – Alle bisher genannten Wenn-Du-Sätze beziehen sich auf Fragen der Verfehlung von Christen. Auch Röm 14,15 („Wenn durch Speise dein Bruder . . .“) ist (vgl. die Rolle des Brudertitels im gesamten Kontext) in diesem Stil als allgemeinere Weisung formuliert. Man vergleiche ähnlich die Rede von „meinem“ Bruder in ähnlichem Sachzusammenhang in 1 Kor 8,13 (Ärgernis).

Wie in den Gesetzescorpora des Alten Testaments ist der Bruder schon als solcher der auf jeden Fall zu Schützende. Der Titel genügt bereits als Motivation. Noch immer gibt die Einheit der Familie als Leitbild im Hintergrund genügend Plausibilität für diese Mahnungen. – Vgl. auch: Jak 3,14 (Wenn ihr Streit habt . . . rühmt euch nicht . . .).

3. Wie die letztgenannten Texte auf den Fall des *Ärgernisses* bezogen (und in Mt 18 auch mit der unter 2. genannten Gruppe verbunden) sind Texte über das Abschneiden von Körperteilen im Falle des Ärgernisses (Mk 9,43–47; Mt 18,8 f.; Mt 5,29 f.). Die Anweisung gehört in die Gruppe der symbolischen Imperative. Sie dient im jeweiligen Kontext als Illustration für die Radikalität, mit der ein Übel zu vermeiden sei.

4. *Anweisungen für den eschatologischen Ernstfall* sind in der 3. Person Singular formuliert, wenn es sich um konkrete Anweisungen zur Lebensrettung handelt (Mk 13,14b–16; Mt 24,16–18; Lk 17,31; 21,21: die Aufforderungen zu fliehen, nicht mehr ins Haus zurückzukehren oder sich – nach dem abschreckenden Vorbild der Frau Lots – nicht umzuwenden). Wegen der Motivkombination ist es sehr unwahrscheinlich, hier an die Pella-Flucht der Gemeinde zu denken (gegen R. Pesch), vielmehr steht sehr deutlich Gen 19,17 im Hintergrund (Anweisung an Lot: Rette dein Leben, blicke nicht hinter dich, ins Gebirge rette dich, damit du nicht mitgerissen wirst); von daher erklärt sich sowohl der Bezug auf Lots Weib in Lk 17 als auch Lk 17,33 (Leben retten). Die Flucht in die Berge wird empfohlen und vom Betreten der Häuser wird abgeraten, weil das Gericht die *Städte* trifft (vgl. Mt 10,15; Lk 10,12–15, hier wieder der Bezug auf Sodom).

Anderer Art sind die *Mahnungen, sich* in bestimmten Fällen *nicht erschrecken oder in die Irre führen zu lassen* (Mk 13,7; Lk 21,9; Mk 13,21–23; Mt 24,23–28). Es geht dabei um die Frage, ob die Zerstörung Jerusalems das Ende ist und ob dann mit der Ankunft des Christus zu rechnen sei. Die synoptischen Apokalypsen bemühen sich um eine Entflechtung der Phänomene (s. o. § 23,2), vor allem, um Jesus zu „entlasten“. Dieselbe Aufforderung wie Mk 13,7 („laßt euch nicht erschrecken“) bringt im Zusammenhang apokalyptischer Mahnrede auch 2 Thess 2,2. Auch hier geht es um die Verzögerung des Endes. – Als Warnung vor Kontakt mit Irrlehrern: 2 Joh 10.

5. *Anweisungen für die Situation der Verfolgung.* Nach Mk 13,11; Mt 24,19 f.; Mt 10,19 f.; Lk 12,11 f.; Lk 21,14 f. wird für den Fall, daß Christen sich vor Gericht verteidigen müssen, ihre Verteidigungsrede durch den Geist oder von Jesus ihnen eingegeben werden (nur Lk 21,14 f. ist nicht als Casus formuliert, nur hier gibt Jesus die Rede ein). Traditionsgeschichtlich ist die

Formulierung mit „Weisheit" wohl die älteste (es geht um die Weisheit, mit deren Hilfe man widersteht und der niemand widerstehen kann; gr.: *anthistēmi*). Zur Sache: TRE XII, S. 182, 12–41.

6. *Anweisungen für die Mission.* Während die Anweisungen für die Ausrüstung bei der Mission als Liste von kurzen Aufforderungen gegeben werden, handelt es sich hier um Anweisungen für den Gebrauch der charismatischen Vollmacht. Da es sich zumeist um Sätze im Tat-Folge-Schema handelt (außer: Lk 10,5 Friedensgruß par Mt 10,11 f.; in allen anderen Fällen gilt die Anweisung für einen bestimmten Fall, aber als Folgereaktion darauf), sind diese Sätze in § 51 zu besprechen.

7. *Reagieren für den Fall, daß man zu etwas gezwungen oder genötigt wird:* Mt 5,39.40.42; Lk 6,29.30 (vgl. oben § 39.6).

8. Formal und inhaltlich gesehen steht die Anweisung Mt 5,31 („Wer entläßt . . ., soll geben") den Anweisungen in 1 Kor 7 nahe (z. B. 7,12). Paulus verwendet daher im Rahmen seiner Gemeindeparänese kasuistische Formulierungen von der Art, wie sie bei Matthäus für typisch jüdisch gehalten werden.

§ 51 Mahnungen im Tat-Folge-Schema

Lit.: K. BERGER: Zu den sogenannten Sätzen heiligen Rechts im Neuen Testament, in: NTS 17 (1970/71) 10–40. – ders.: Die sogenannten „Sätze heiligen Rechts" im Neuen Testament, in: ThZ 28 (1972) 305–330. – E. KÄSEMANN: Sätze heiligen Rechtes im Neuen Testament, in: EVB II 69–82.

Es geht hier um Mahnrede nach dem Schema: „Wenn ihr x tut, passiert y als Antwort darauf". Den Wenn-Satz nennt man *Protasis,* den Hauptsatz, der die Folge angibt, *Apodosis.* Sätze dieser Art haben für die Synoptiker, das johanneische Schrifttum und die Apk, an einzelnen Stellen aber auch für Paulus hervorragende Bedeutung. Vom Gericht ist in diesen Sätzen freilich nur selten die Rede (z. B. Mk 8,38), und formgeschichtlich ist der Ursprung dieser Redeform auch nicht an die Eschatologie gebunden. Man kann daher nur annehmen, daß die eschatologische Ausrichtung der Botschaft Jesu in besonderem Maße diese – ursprünglich weisheitliche – Redeform angezogen hat, da sich die – häufig futurische – Apodosis im Kontext der Verkündigung Jesu ohne Schwierigkeit auf die kommende Zeit der Wende und des Gerichtes beziehen ließ. Daß Handeln in der Gegenwart notwendig ist, die Folgen jetzt aber noch verborgen sind, sondern erst vom Zeitpunkt der großen Wende an deutlich werden – dieses ist der theologische Grundgehalt der Sätze mit futurischer Apodosis, der in sich selbst schon eine der vielen Verschmelzungen von weisheitlichem und apokalyptischem Denken darstellt. Daneben gibt es freilich auch Sätze mit präsentischer (oder aoristischer) Apodosis, die die Konsequenzen aufdecken, die das besagte Handeln schon in der Gegenwart hat.

In Mt 10,37–42 ist eine umfänglichere *Jüngerbelehrung* aus verschiedenen

Elementen dieses Typs zusammengesetzt: Den Anfang bilden drei sog. *Kennzeichensätze* (d. h.: Den, der Jesu nicht würdig ist, erkennt man an folgendem Verhalten, V. 37 f.). Dann folgt eine doppelteilige Verbindung von *bedingter Unheils- und bedingter Heilsansage* (V. 39). In V. 40 folgt ein – hier das dann Folgende begründender – Satz nach dem Schema der *stellvertretenden Affiziertheit* (Wer a etwas tut, tut es eigentlich b, und wer b etwas tut, tut es eigentlich c, d. h. Gott, V. 40). Es folgen drei Sätze mit bedingten Heilsansagen über Aufnehmen und Bewirten von Jüngern.

1. Bedingte Heilsansagen I: *Die Folge von Imperativ und futurischer Heilsansage*

Die klassische Form weist Apk 2,10 auf: „Sei treu . . ., und ich werde dir geben den Kranz des Lebens". Häufiger begegnen Sätze dieser Art, wenn sie Konkretes bezeichnen, in Reihen, so etwa

Lk 6,37: Richtet nicht – und ihr werdet nicht gerichtet werden
  verurteilt nicht – und ihr werdet nicht verurteilt werden
  laßt frei – und ihr werdet freigelassen werden
  gebt – und euch wird gegeben werden.
oder Mt 7,7 f.; Lk 11,9 f.:
  bittet – und euch wird gegeben werden
  sucht – und ihr werdet finden
  klopft an – und es wird euch aufgetan werden.
  (In der Folge dann Begründungen mit konditionalen Relativsätzen).
oder Jak 4,7–10:
  Widersteht dem Teufel – und er wird vor euch fliehen
  Naht euch Gott – und er wird sich euch nahen
  Demütigt euch – und er wird euch erhöhen.

Auch die Aufforderungen über Beten, Fasten und Almosen in Mt 6 sind in 6,4.6.18 mit „und dein Vater, der im Verborgenen sieht, wird es dir vergelten" kommentiert. – Zu diesen Reihen ist auch noch der Gesamtaufbau in Lk 6,27–31/32–34 zu vergleichen: Der erste Teil gibt die imperativischen Mahnungen, im zweiten Teil wird mit der Frage: „Wenn ihr nur das tut . . . welcher Dank ist euch?" argumentiert. In 6,35 werden die Mahnungen wiederholt und mit dem Kommentar versehen: „Und es wird euer Lohn viel sein, und ihr werdet sein Söhne des Höchsten . . .". Es geht um Feindesliebe, Gutestun und Leihen ohne Rückerstattung.

An den häufigen Reihungen wird erkennbar, daß es sich um eine Art der *Paränese* handelt, denn Reihen mit kurzen Mahnungen sind für Paränese typisch (s. o. § 37). Ohne die Heilsansagen sind freilich diese Aufforderungen kaum denkbar, und so liegt der besondere Charakter dieser Mahnungen darin, daß sie durch die Heilszusage als sinnvoll erkennbar werden. Im Rahmen der urchristlichen Verkündigung liegt damit das Gewicht dieser Sätze darin, daß mit schier unbezweifelbarer Sicherheit, die übrigens durch suggestive talionartige Formulierungen an den Hörer vermittelt werden soll, der Erfolg von Handlungen verheißen wird, die üblicherweise gar nicht erfolgreich zu sein pflegen. Dazu gehört auch Mk 10,21: „Verkaufe . . . gib, und du wirst haben einen Schatz im Himmel". Und da angesichts dessen, was verheißen wird, das hier jetzt zu Leistende vergleichsweise gering ist, handelt es sich bei diesen Sätzen in der Tat um Heilsansagen, wenn auch um bedingte. Wer so redet, weiß jedenfalls, daß unter den angegebenen Bedingungen das Verhältnis Mensch/Gott von unverbrüchlicher, geradezu paradiesischer Intaktheit ist. So wird weiterhin erkennbar, daß die Mahnungen nach diesem Schema alle grundsätzlicher Art sind und als gleichbedeutend mit der Hinwendung zu Gott erachtet werden. Daher begegnen sie auch großenteils in den protreptischen Texten der Bergpredigt und Feldrede und in Mk 10,21.

Diese Beobachtungen bestätigen sich an weiteren, nicht reihenmäßig tradierten Texten dieser Gattung: Mt 11,28f. („kommt . . . ich werde euch Ruhe geben. Nehmt . . . und ihr werdet finden") hat protreptischen Charakter, ebenso auch das Zitat Lk 3,4–6: „Bereitet . . . und es wird sehen alles Fleisch Gottes Heil". Auch in Röm 6,12–14 handelt es sich um grundsätzliche Mahnungen, auf die die Verheißung folgt: „Denn die Sünde wird nicht über euch herrschen". – Der oben bereits erkennbare häufige Bezug zum Gebet (Mt 7,7; Lk 11,9f.) als einer grundsätzlichen Hinwendung zu Gott wird durch Mk 11,24 bestätigt („glaubt, daß ihr empfingt, und es wird euch sein"). Man vergleiche dazu auch Sir 28,2: „Vergib Unrecht, und dann werden, wenn du bittest, deine Sünden gelöst" (vgl. dasselbe Wort „lösen" auch in Lk 6,37). – Vgl. ferner Hebr 10,35–38 (den Freimut nicht aufgeben, da er große Lohnvergeltung hat). Im Judentum vgl. dazu Tob 4,7:1„Wende dein Antlitz von keinem Armen ab. Und es wird sich auch das Antlitz Gottes von dir nicht abwenden".
Nicht eschatologisch verstanden ist die Verheißung auf die Aufforderung hin in Act 2,38f. und Mt 7,5.7
Das Nebeneinander von Darstellung der guten Tat und Heilsansage kennt Apk 3,4a/4b.

2. Bedingte Heilsansagen II: *Konditionale Formulierungen und futurische Heilsansagen*

a) *Apokalyptische Mahnworte:* Innerhalb der synoptischen Apokalypsen begegnet der Satz: „Wer aber ausharrt bis ans Ende, dieser wird gerettet werden" (Mk 13,13; Mt 24,13), ebenso in Mt 10,22 angesichts des Gehaßtwerdens durch alle. Formal und inhaltlich verwandt sind die sog. Überwindersprüche der Apk (2,7.11.17.26–28; 3,5.12.21); die Bedingung ist jeweils partizipial angegeben mit „der Siegende . . .". Die Lohnverheißung ist häufig in der 1. Person gehalten, aber nicht immer (z. B. 3,5: „Wer so siegt, wird angetan werden mit weißen Gewändern"). Vergleichbar sind Aussagen wie: „Wenn du standhältst, werde ich deinen Namen berühmt machen . . ." (Test Hiob 4,6) und 4 Esr 7,127f.: „. . . wenn er aber siegt, wird er empfangen, was ich dir gesagt habe".

Die Gattung ist in der jüdischen Apokalyptik gut verbreitet: SyrBar 32,1 („Wenn ihr aber eure Herzen vorbereitet, indem ihr die Früchte des Gesetzes in sie hineinsät, so beschirmt es euch in jener Zeit, in der der Allmächtige die ganze Schöpfung erschüttern wird"); 84,6 („Wenn ihr dem willfahrt, was euch gesagt worden ist, so werdet ihr von dem Allmächtigen alles das empfangen, was für euch niedergelegt und aufbewahrt ist"); 44,7 („Denn wenn ihr geduldig ausharrt in seiner Verehrung und sein Gesetz nicht vergeßt, so wandeln sich für euch die Zeiten zum Heil, und ihr sollt die Tröstung

Zions schauen"); TestXIIBenj 10,11 („Wenn ihr wandelt"); TestXIIILevi 13,9 („Und wer Gutes lehrt und tut, wird Throngenosse von Königen sein").

b) *Jüngersprüche:* Wandernde Christen (auch: Propheten, „Gerechte") sollen aufgenommen oder wenigstens mit dem Nötigsten (Trinkwasser) versorgt werden. Dafür wird himmlischer Lohn verheißen (Mk 9,41; Mt 10,41f.). Wie in den unter 1. genannten Texten geht es um unscheinbare Handlungsweisen jetzt. Entscheidend ist hier, an wem sie vollzogen werden (vgl. unten zur stellvertretenden Affiziertheit). Aufnahme wandernder Christen ist wie das unter a) genannte Standhalten (gegenüber der Versuchung zum Abfall) eine der elementaren Notwendigkeiten in frühen Gemeinden. Angesprochen sind hier übrigens seßhafte Gemeinden. – Um das Standhalten im Leiden geht es auch in dem Jüngerspruch Joh 12,26 („Wenn jemand mir dient, wird ihn der Vater ehren"; vgl. den Kontext ab 12,24).

c) Auf das *zukünftige Geschick* bezogen sind 1 Joh 2,17b („Wer den Willen Gottes tut, hat in Ewigkeit Bestand") und 1 Kor 11,31 („Wenn wir uns selbst richteten, würden wir nicht gerichtet werden"). Zu Mk 16,16a: „Wer glaubt . . . wird gerettet werden" vgl. die Rede derer, die nach Act 15,1 für die Beschneidung auch der Heidenchristen sich einsetzen: „Wenn ihr nicht beschnitten werdet nach der Sitte des Mose, könnt ihr nicht gerettet werden" (vgl. „wird gerettet werden" als Apodosis auch in anderen Worten, z. B. Mk 13,13). Anhand von Mk 16,16a; Act 13,39; 15,1 kann man zeigen, daß Konditionalsätze mit Heilsansage jedenfalls einen möglichen Sitz in der Initialkatechese haben; darauf weist schon der latente Universalismus (vgl. dazu: ThZ 28 [1972] S. 314–330).

3. Bedingte Heilsansagen III: *Imperative mit Zielangabe* („damit")

Wachen und *Beten* hat eine Bedeutung für das Bestehen im Gericht (Lk 21,36; Mk 14,38; 1 Thess 5,9f.). – Das Verhalten der Gemeinde im ganzen soll sie als heilvoll unter den Menschen darstellen (Mt 5,16; Phil 2,14f.). Auf *Gebet* bezogen ist auch Mk 11,25, auf *Beten,* Fasten und Almosen Mt 6,4.5.18. – Die Mahnung zur Feindesliebe in Mt 5,44–48 wird begründet „damit ihr Söhne . . . werdet".

4. Bedingte Heilsansagen IV: *Ich-Worte als Autorisierung bedingter Mahn-rede*

In der Briefliteratur wird die Autorisation der Rede in der Regel durch das sog. Apostolikon geregelt, die Selbstvorstellung des Apostels. Dem entspricht für symbouleutische Texte im JohEv, in der ApkJoh und in einigen wenigen Beispielen bei Mt und Lk eine vor- oder nachgestellte Ich-Aussage des Sprechers. Zumeist ist diese Aussage vorangestellt und *autorisiert* die folgende Mahnrede, macht sie dringlich oder begründet ihre Legitimität.

Texte: Mt 10,34–36/37–42; 11,25–27/28–30; 28,18.19f. – Lk 21,14f. – Joh 6,51; 8,12; 10,9; 11,25f.; 15,1f.5–7.10.14. – Apk (2,10) 3,11.19.20; 16,15; 21,6–8; 22,7; 22,12.13–14. – Vgl. auch Joh 3,27–36 (Ich- und Er-Aussage).

a) Sehr häufig bleibt es nicht bei der 1. Person in dem Ich-Wort, sondern auch die bedingte Mahnrede selbst ist davon durchtränkt, zum Teil mit in der Entfernung abnehmender Tendenz (Mt 10,34–41, dann V. 41–42; Apk 21,6–7.8), zum Teil nur in der Protasis (Joh 8,12; 10,9; 11,25). Beispiel für bleibenden Ich-Bezug: Mt 11,25–30. – In Lk 21,14 f. hat die 1. Person in der Begründung eine ähnliche Funktion wie in Mt 28,20b (in beiden Fällen nach dem Imperativ): Zusage von Schutz und Beistand.

b) Die Ich-Rede ist im MtEv narrativ (mir wurde übergeben, ich bin ge-kommen), im JohEv fast überall als metaphorische Ich-Prädikation (z. B. Ich bin das Licht der Welt), in der Apk entweder als Schilderung gegenwärtigen Tuns (oft: ich komme, ich stehe vor der Tür) oder ebenfalls als metaphorische Ich-Prädikation („ich bin das A und das O" Apk 21,6, hier um weitere Heils-aussagen erweitert; 22,13), die aber nur in Apk 21,6b („ich werde dem Dur-stigen geben . . .") auch Heilsgüter zum Inhalt haben, die in den Ich-Prädika-tionen des JohEv mit dem Sprecher gleichgesetzt sind.

c) In Joh 15,1–14 ist diese Gattung die Grundlage einer größeren Kompo-siton und deren durchgängiges, wiederholtes Aufbauprinzip.

d) Aus der Tatsache, daß in ApkJoh sowohl Gott als auch der Christus sich gleichermaßen äußern (vgl. Apk 21,6–8 mit 22,13 f.), wie auch aus den Tex-ten bei Matthäus ist zu ersehen, daß es sich bei den Ich-Aussagen dann, wenn sie im Munde Jesu begegnen, um *Boten-Selbstvorstellungen* handelt, die au-toritativer Gottesrede nachgebildet sind. Die Kennzeichnung als Boten-selbstvorstellung verbindet auch mit dem eingangs erwähnten Apostolikon der Briefe. – Auch in Lk 21,14 f. ist Jesus der Aussender seiner Boten. – Der Form ist daher eine implizite Gesandten-Christologie zuzuordnen.

e) Inhaltlich geht es häufig darum, auf Jesus zu hören, ihm zu folgen, an ihn zu glauben, „durch ihn einzutreten", wachsam zu sein und sein Gewand zu bewahren, zu „siegen", umzukehren, sein Gebot zu bewahren, in ihm zu bleiben, die Worte des Buches zu bewahren – nur in Apk 21,8; 22,14 (La-sterkataloge) und in Mt 10,37–42 wird die Mahnung etwas konkreter. Eine Sonderstellung nimmt der Missionsbefehl in Mt 28,19 f. ein. In fast allen an-deren Texten aber geht es darum, sehr allgemeine und grundsätzliche Mahn-rede mit dem Ich Jesu zu verbinden. In dieser einzigartigen Verknüpfung und Durchdringung von Sprecher und Mahnrede ist für die genannten Schriften das mit der Formel „Indikativ und Imperativ" bezeichnete Problem auf eine an der Person des Mittlers Jesus orientierte Weise gelöst worden. Wer auf ihn hört, und nur der, hat als Folge dieses Tuns Rettung zu erwarten.

In der Geschichte des Urchristentums signalisieren diese Sätze daher in be-sonderem Maße den Ausschließlichkeitsanspruch, den die Gemeinde für ih-ren Lehrer des Lebens erhebt. Die Folge von Tun und Ergehen gilt nicht all-gemein, sondern so nur in der Beziehung auf Jesus Christus.

Hier sind nochmals die *Überwindersprüche* der Apk zu nennen (Apk 2,7.17.26 f.; 3,5.12.21). Denn sie enden mit Ausnahme von 2,11 stets mit einer als Konditionalsatz formulierten bedingten Heilsverheißung im Ich-Stil („Wer siegt . . ., ich werde ge-ben . . . bzw. machen").

5. Konditionalsätze über den sicheren Erfolg liturgischer Worte

Nach festen Kriterien zu beschreiben ist eine über alle vier Evangelien sich erstreckende Gattung konditionaler Formulierungen, in denen für die liturgischen Worthandlungen Gebet, Segen und Fluch bedingter oder unbedingter Erfolg zugesichert wird. Die jüdischen Analogien lassen erkennen, daß es sich bei diesen Zusagen um je besondere Auszeichnungen der Angeredeten handelt: Sie werden so zu Freunden und Hausgenossen Gottes erklärt. Denn nur die Worte derer, die „gerecht" und kultfähig sind, erbitten das, was sie auch ohne Zweifel bewirken. Der Zuspruch Jesu sichert denen, die so angesprochen wurden, bedingte oder unbedingte kultische Integrität und Vollkommenheit der liturgischen Worthandlung zu, die sie vornehmen. Nur bei denen, die unbezweifelbar zu Gott gehören, ist dieser Erfolg möglich. Daher gehören diese Worte zu den *Heilsansagen*.

Der Erfolg wird für folgende Fälle zugesichert: Zum Berg sagen: Hebe dich und wirf dich ins Meer und nicht zweifeln im Herzen, sondern glauben (Mk 11,23; ähnlich Mt 21,21). – Beten und bitten und glauben, daß man empfangen hat (Mk 11,24). – Glauben haben wie ein Senfkorn und „diesem Berg" sagen: Geh weg von hier, dorthin (Mt 17,20). – Binden und lösen (Mt 16,19b; 18,18). – Zwei stimmen überein in dem, worum sie bitten (Mt 18,19). – Bitten, suchen, anklopfen (Mt 7,7; Lk 11,10). – Glauben wie ein Senfkorn haben und zum Maulbeerbaum sagen: Nimm deine Wurzeln heraus und verpflanz dich ins Meer (Lk 17,6). – Joh 14,13 f.: Bitten im Namen Jesu. – In Jesus bleiben und seine Worte in sich bleiben lassen (Joh 15,7). – Alles, was ihr den Vater bittet, wird er geben „in meinem Namen" (d. h. eigentlich ohne jede Bedingung; Joh 16,23). – Zwei machen Friede miteinander in einem Haus und sagen zum Berg: Fall um! (ThEv 48). – Zwei zu einem machen und zum Berg sagen: Fall um! (ThEv 106). – Auch nach Joh 20,23 werden Worte von Jüngern sicheren Erfolg haben (vgl. Mk 16,17b).

Auch die jüdischen Analogien sind als Konditionalsätze formuliert, so die Zusage an Abraham in TestAbr A 8: („Und ich werde dir geben alles, was immer du bittest von mir"), vgl. grEsra-Apk 7 und Art. Gebet, in: TRE XII S. 56,6–26.

Auf *Segen und Fluch* bezogen ist diese Redeform in Lk 10,5–6 (der Segenswunsch bleibt auf dem Sohn des Friedens oder kehrt zurück) und 10,11 f. (analog zum Segen hat der Fluch eine zuverlässige Wirksamkeit: V. 12 sichert zu, daß es im Gericht Sodom erträglicher ergehen wird als einer von Aposteln verfluchten Stadt). Segen und Fluch haben mithin, einmal ausgesprochen, eine vom Betroffenen nicht mehr beeinflußbare Wirkung. Da die entsprechende Tradition im Judentum nur schmal ausgeprägt ist, ist zu fragen, welche Funktion diese gehäuften Aussagen in der Geschichte des Urchristentums haben. Diese Sätze beleuchten eine oft verkannte Seite frühchristlichen Charismatikertums: Die durch Jesu Wort abgesicherte Erfahrung größtmöglicher Nähe zu Gott bedeutet für Wort und Zeichen dieser im übrigen machtlosen und marginalen Gruppe das Bewußtsein eines unglaublichen Machtzuwachses. Aufgrund dieser Voraussetzung ist weder die faktische Erfüllung solcher Gebete ein Problem noch die Gefahr eines magischen

Umgangs mit Gott, entscheidend ist allein, daß diese Worte Signale und Versicherung einer bisher ungeahnten Nähe zu Gott und Zuspruch einer alles Frühere in den Schatten stellenden Gerechtigkeit sind. Die Unglaublichkeit dieser Worte unterscheidet sich nicht vom Verhalten des Vaters im Gleichnis vom verlorenen Sohn – eine „völlig unmögliche", „paradiesische" Wirklichkeit wird in diesen Sätzen auch den Jüngern zugesagt.

6. *Worte nach dem Schema: Wer x sein will, muß a tun*
Derartige Formulierungen verheißen Erfolg unter Beachtung einer bestimmten Bedingung. Der Heilscharakter dieser Sätze liegt darin, daß überhaupt ein Weg angegeben wird, wie man das erstrebte Ziel erlangen kann. Alle Belege dieser Gruppe sind Jüngersprüche im engeren Sinne des Wortes, auch wenn allgemeinere weisheitliche Tradition verarbeitet wird:

a) Regeln darüber, *wenn jemand groß, der Erste sein will:* Mk 9,35; 10,43.44; Mt 20,26f., 23,11; Lk 22,26. Die Bedingung ist jeweils: Diener/Sklave sein. Jesu Vorbild spielt eine entscheidende Rolle.

b) *Bedingungen der Jüngerschaft:* Joh 12,26 setzt voraus, daß es sich um „Diener des Kyrios Jesus" handelt. Wer in diesem Sinne Jesu Diener sein will, soll ihm folgen und da sein, wo er ist. – Auch in Mk 8,34par Mt 16,24; Lk 9,23 geht es um Jüngerschaft („Hinterhergehen"). Die Bedingung ist: Sich verleugnen, Kreuz und Nachfolge.

c) *Der Weg zum ewigen Leben, bzw. zur Vollkommenheit:* Mt 19,17.21: Gebote halten und die Habe verkaufen.

Weisheitliche Parallelen zur Gruppe a): SyrAchiqar 2,67: „Mein Sohn, wenn du weise sein willst, halte deine Zunge ab vom Lügen und deine Hand vom Diebstahl, und du wirst weise werden". – Ptahhotep, Einleitung der 18. und 19. Lehre: „Wenn du hoch sein willst, mein Sohn, mache dich niedrig vor Gott, der den hohen Menschen erniedrigt und den niedrigen Menschen erhöht". – Sir 3,18G: „Um wieviel du groß bist, um soviel mache dich niedrig, und vor dem Herrn wirst du Gnade finden". – Parallele zu c): Ptahhotep 18: „Willst du Freundschaft dauern lassen in deinem Hause, hüte dich, den Frauen zu nahen". 19: „Willst du, daß dein Wesen gut sei, daß du dich befreist von allem Bösen, so hüte dich vor Habgier, denn sie ist ein krankhaftes Leiden".

Gemeinden, die ihre Führung nach den unter a) genannten Regeln beurteilen, übertragen das Konzept der Menschensohntheologie (der Niedrige und Leidende als Träger der Vollmacht) auf die gemeindliche Praxis und ersetzen dabei die Niedrigkeit und das Leiden des Menschensohnes durch das Dienen. Menschensohntheologie wird hier auf diesem Wege für das Verhalten untereinander fruchtbar gemacht. Damit unterscheidet sich dann nicht nur der Menschensohn als Gottes Figur in der Welt total von jedem menschlichen Herrscher, auch die Gemeinde bietet durch ihr Tun eine reale Alternative zum üblichen Machtgebrauch (Mk 10,42–43a). In Joh 13 demonstriert Jesus das Diener-Sein durch eine Zeichenhandlung. Und die Diakonia der Hellenisten nach Act 6 könnte ein Ausdruck dieser Konzeption sein.
Die unter b) formulierten Bedingungen der Jüngerschaft machen auf ähnliche Weise Christologie zum Maßstab des Verhaltens; im Unterschied zu der

unter a) genannten Ausprägung geht es hier jedoch weniger um die Gemeinschaft, sondern stärker um das Geschick des einzelnen zu Jesus Gehörenden (wie in der Proselytendoktrin Abraham gleichfalls immer Vorbild für die Bekehrungsleiden der Einzelnen ist). Wie bei Abraham werden hier die Anfechtungen für den Bekehrten als Abbild des Ersten auf diesem Weg gesehen.

7. Bedingte Heilsansagen in Verbindung mit bedingten Unheilsansagen: Die sog. doppelteiligen Schlüsse

Texte: Mk 16,16 (Wer glaubt: gerettet; wer nicht glaubt: verurteilt); Mt 10,32 f. (Wer mich bekennt: ich ihn; wer mich verleugnet: ich ihn); Mt 7,24–27 par Lk 6,47–49 (Wer hört und tut, gleicht . . .; Wer hört und nicht tut, gleicht . . .); Mt 5,19 (Wer auflöst und lehrt: der Geringste genannt; Wer tut und lehrt: groß genannt); Mt 6,14 f. (Wenn ihr vergebt, wird euch euer Vater vergeben; Wenn Ihr nicht vergebt, wird auch euer Vater euch nicht vergeben); Mk 8,35; Mt 10,39; 16,25; Lk 9,24; 17,33; Joh 12,25 (Wer sein Leben rettet od. findet: verliert; Wer sein Leben verliert: findet); Joh 12,24 (Wenn das Weizenkorn nicht stirbt: bleibt allein; wenn es aber stirbt: viele Frucht); Lk 11,34 (auf das Hören bezogen: Wenn dein Auge gut: ganzer Leib hell; Wenn dein Auge böse: ganzer Leib finster); Mt 12,36 f. (aus Worten gerechtfertigt; aus Worten verurteilt); Lk 19,26par Mt 25,29 (Wer hat: ihm wird gegeben; wer nicht hat: auch was er hat, genommen); Mt 7,13 f.; Lk 13,24 (Breites Tor zum Verderben: viele; schmales Tor zum Leben: wenige); Mt 24,46.48–51 (Verbindung von Wenn-Satz und Seligpreisung im Gleichnis-Diskurs); Apk 14,9–11 (Wenn jemand das Tier verehrt . . .; Selig, die Toten, die im Herrn sterben . . .); Apk 21,7 f. (Wer siegt, wird erben; die Feigen aber [+ Lasterkatalog], ihr Anteil ist . . .); Apk 22,14/15 (Selig, die ihre Kleider waschen . . . Draußen aber sind die Hunde [+ Lasterkatalog]). Verwandt ist auch: Joh 3,20 f. (Wer das Böse tut . . .; wer die Wahrheit tut . . .); Joh 3,36ab (Wer glaubt: ewiges Leben; wer aber nicht glaubt, wird das Leben nicht sehen). Texte aus Apokryphen: vgl. Berger, Auferstehung S. 486 f. Anm. 194. – Hierher gehört auch die Darstellung der Normen, nach denen das Gericht verfahren wird: 1 Kor 3,8.12–17; Apk 21,7 f.; Mt 12,(36)37; Jak 2,13; Röm 2,12–13.

Der Ursprung dieser Form ist die Verheißung von Tod und Leben, Segen und Fluch nach der Belehrung über die Weisung/Torah, so in Jer 22,4/5; Hos 14,10; Dtn 30,16/17 f. Im Judentum: TestXIINaft 8,4–6 („Wenn ihr das Gute tut, werden euch Menschen und Engel segnen . . . Den aber, der das Böse tut, verfluchen Engel und Menschen"). Eine derartige Belehrung bildet sehr oft den Schluß einer längeren Rede symbuleutischen Charakters. Bezeichnend ist, daß der Bezug auf das Gesetz auch in der frühchristlichen Übernahme dieses Schemas noch fortlebt (z. B. Mt 5,19; Barn 21,1; Herm sim 8,6,6). So ist die Substitution der Größe „Gesetz" durch andere Inhalte eines der interessanten theologischen Probleme in den neutestamentlichen Belegen dieser Gattung: Der Lasterkatalog in Apk 21,7 f. weist darauf, daß das oben über das Verhältnis Paränese/Gesetz Gesagte auch hier zutrifft. Wie beides verbunden werden kann, zeigt – aus offensichtlich judenchristlicher Tradition – Herm sim 8,6,6: Hier ist von der Metanoia gegenüber den Geboten die Rede. So beobachten wir, daß in den meisten der oben genannten Texte analog der Bewahrung des Gesetzes folgende Elemente wichtig sind: a) Glauben, Bekennen, Hören, b) wie beim Gesetz: Hören und Tun,

Lehren und Tun (die Bergpredigt wird so durch das einleitende Mt 5,19 und das abschließende Mt 7,24–27 in der Tat zur Verkündigung von „Weisung"), c) das Bekennen und Bewahren unter Lebensgefahr. Hier wird, ohne daß von Gesetz die Rede wäre, doch ein besonderes Erbe aus der Zeit des Kampfes um das Gesetz im hellenistischen Judentum sichtbar, man vergleiche nur das Leiden für das Gesetz, wie es in 2 Makk und 4 Makk geschildert wird. Dem sind Mk 8,35parr; Joh 12,24 und die Stellen aus Apk zuzuordnen. Von den innergemeindlichen Problemen kommt das Vergeben in den Rang einer grundsätzlichen Befolgung der Weisung.

Die konditional formulierte Reihe in 2 Tim 2,11–13 enthält bedingte Heilsansagen (V. 11–12a), in V. 12b auch eine bedingte Unheilsansage. Zum Kontrast vergleiche man 2 Chron 15,2b (der Gottesgeist läßt Asarja prophezeien): „Der Herr ist bei euch, wenn ihr bei ihm seid, wenn ihr ihn sucht, läßt er sich von euch finden, wenn ihr ihn aber verlaßt (gr.: *enkataleipein*), so verläßt er euch". Die talionähnliche Reaktion Gottes scheint auf den ersten Blick im Schlußglied von 2 Tim 2,13 durchbrochen: „Wenn wir untreu sind, jener bleibt treu, denn er kann sich nicht selbst verleugnen". Der Widerspruch zu V. 12b (verleugnen und treu sein sind auch in V. 13 Oppositionen) ist jedoch nicht theologisch, sondern nur formgeschichtlich auszugleichen: V. 13 kann sich nach V. 12b nicht auf Gottes Treue zu den ihm untreuen Menschen beziehen, sondern nur auf Gottes Stabilität und das Sich-Selbst-Treusein (daher auch der Nachsatz V. 13b: sich selbst kann er nicht verleugnen). Damit wird auch die Ankündigung V. 11a (sicher ist das Wort) eingelöst. Gemeint ist: Die Menschen wanken, aber Gott bleibt derselbe, und eben dieses garantiert die Sicherheit und *Unverbrüchlichkeit der talionähnlichen Aussagen* von V. 11f.: Auf Gottes so geschilderte Reaktion kann man sich verlassen. So stehen hier also bedingte Heils- und Unheilsansagen nur in V. 11f., während V. 13 eine Bekräftigung wie V. 11aα ist. 2 Tim 2,13 ist daher eine Garantieaussage über das Eintreffen der V. 11f. geschilderten Folgen. – Verweise auf 1 QS 11,11f. und Röm 3,3 tragen wegen der sonst entstehenden Widersprüchlichkeit von V. 11f./13 nichts aus.

In einem größeren Zusammenhang gilt das Nebeneinander von bedingter Unheils- und bedingter Heilsansage für Hebr 10,19–31 und 10,32–39. (In Lk 13,24–29 ist dagegen die Heilsansage für die Heiden bestimmt und dient daher zur Verschärfung der bedingten Unheilsansage, jedenfalls aus der Perspektive der Angeredeten.)

In kaum einer anderen Gattung wird Scheidung und Entscheidung so sinnenfällig sprachlich zum Ausdruck gebracht. Damit sind diese Texte Zeugnisse für den springenden Punkt, an dem man die soziologische Zugehörigkeit zur Gemeinde sich entscheiden sah. So sind diese Texte in höchstem Maße Formulierungen des Selbstverständnisses der Gemeinden, in denen das unterscheidend Christliche zum Ausdruck gebracht wird. Glauben, Mut zum Bekennen und zum Martyrium und das Tun der Weisung (vgl. dazu auch den strukturähnlichen Satz Mt 7,21) stehen an erster Stelle. Der *christologische* Aspekt kommt in den Sätzen vom Bekennen des Menschensohnes und in den johanneischen Texten zum Ausdruck. Für das JohEv ist besonders Joh 3,27–36 aufschlußreich. In seiner Rede gibt der Täufer zunächst eine einleitende Synkrisis (vgl. § 64) zwischen Jesus und sich (V. 27–30), baut darauf sein Zeugnis (vgl. V. 32; zur 3. Person vgl. unten S. 262) über Jesus auf und führt es auf Gott zurück (V. 33–35). Er endet mit dem doppelteiligen Schluß V. 36. So ist seine Rede nicht nur formal ein Gegenstück zu Joh 3,11–21 (Doppelschluß in V. 20 f.), sondern auch ein Dokument dafür, wie im JohEv die sonst für die Annahme der Weisung plädierende Form des Doppelschlusses nunmehr auf dem christologischen Indikativ aufruht.

8. Bedingte Unheilsansagen

a) Talionartige Vergeltung

Texte: Mt 7,2 (Gericht); Mk 4,24 (Maß); Mt 26,52 (Nehmen des Schwertes); Apk 12,10b (Töten mit dem Schwert); Apk 22,18 f. (Hinzufügen und Wegnehmen); Mt 6,14 f. (Vergeben); Mt 10,32 f. (Bekennen und Verleugnen); Röm 2,12 (Sünder/Gesetz); 1 Kor 3,17 (Zerstören); 1 Kor 14,38 (nicht kennen); 2 Kor 9,6 (spärlich und mit vollen Händen säen/ernten); Act 23,2 f. (Schlagen); Jak 4,8 (sich Gott nähern); 2,13 (Barmherzigkeit).

Die meisten dieser Texte enthalten bedingte Unheilsansagen (wenn sie doppelteilig formuliert sind, zumindest in der einen Hälfte); nur Mk 4,24 ist neutral formuliert, nur Jak 4,8 positiv. – Der Ansatz dieser Texte ist: Für das, was man tut, hat man genau Entsprechendes zu erwarten. Kein Zweifel: Das Neue Testament ist zu dem Zeitpunkt der Geschichte Israels, in dem es entsteht, wie auch angesichts des Geschicks Jesu ein intensiver Versuch, das Konzept der göttlichen Gerechtigkeit und der trotz allen gegenteiligen Anscheins nicht gestörten, sondern intakten Ordnung der Welt zu behaupten und zu erweisen. Denn wenn jemand genau das wieder empfängt, was er getan, so ist das perfekte Gerechtigkeit in der Weltordnung. – Auf den ersten Blick gegenläufig sind Texte, in denen der Täter das Gegenteil von dem empfängt, was er jetzt tut (Schema: Wer sich erniedrigt, wird erhöht; so: Lk 14,11; 17,33; 18,14; Mt 18,4; 23,12. – Auch: Retten/Verlieren des Lebens: Mk 8,35 parr). Doch der Schein trügt. Die Bedeutung der Semantik für formgeschichtliche Beurteilung von Sätzen zeigt sich beispielhaft an dieser Stelle: In diesen Sätzen geht es darum, daß jemand sich illegitime Vorteile verschafft, die angesichts der herrschenden Gerechtigkeit natürlich zu legitimen Nachteilen werden müssen (und umgekehrt). – Konkrete Eschatologie wird in diesen Sätzen nicht ausgeführt, und so sind sie weder apokalyptischen noch eschatologischen Ursprungs. Das einzige Ziel ist vielmehr die „Proklamation" göttlicher Gerechtigkeit im Sinne ausgleichender Weltordnung.

Die Tradition ist im Alten Testament weisheitlich (Prov 13,13: Verachten; 13,20: Weise; 22,8: Schlechtes säen; vgl. Sir 4,10: Vatersein; 7,1: Bösestun; Tob 13,6 f.: Sich Hinwenden) wie auch prophetisch (1 Sam 15,23 [Samuel]: Verwerfen; Hos 4,6: Ablehnen).

Ein besonders wichtiger Traditionsstrang mit großer Wirkungsgeschichte sei hervorgehoben: Wer *Gewaltsamkeit* übt, wird Gewalt an sich selbst erfahren. Schon in Gen 9,6 ist dieses talionartig auf Blutvergießen bezogen, in Mt 26,52; Apk 13,10b ist es auf das Schwert, in Act 23,2f. auf das Schlagen von Unschuldigen angewendet. Die beiden Sätze in Apk 13,10 geben – verschlüsselt – das Ende der Verfolger an. Daher ist hier der Ort für Geduld und Treue der Heiligen: Sie müssen nur noch bis dann warten. – Seine bedeutendste Wirkung hat dieser Ansatz in der Konzeption vom „Tod der Verfolger": Wer die Gerechten gewaltsam verfolgt, wird selbst ebenso enden (Belege: Berger, Auferstehung, S. 344 Anm. 361; vgl. die Schrift des Lactantius „De mortibus persecutorum"). Auf Kain und Abel bezogen ist die Tradition in Jub 4,32: („Mit dem Gerät, mit dem ein Mann seinen Nächsten tötet, mit dem soll er getötet werden"), was der ganz ähnlichen Formulierung in SapSal 11,16 und Ps.-Philo, AntBibl 44,10 an die Seite zu stellen ist. Im frühesten Christentum hat man diskutiert, ob die Zerstörung Jerusalems Antwort auf die Tötung Jesu ist.

Auffällig ist, daß die Gattung im Neuen Testament gegenüber der sonstigen Verwendung deutlich auf *Gemeindeprobleme* bezogen wird (Vergeben; Barmherzigkeit mit dem Bruder; Einheit der Gemeinde bei Paulus; Kollekte bei Paulus, vgl. dazu aber schon TestXIISeb 6,6; 8,1.3).

b) In Apk 22,18f. liegt die sog. *Kanonisationsformel* vor, die nach dem hier dargestellten Schema formuliert ist: Wer dem Buch, das damit abgeschlossen (kanonisiert) ist, etwas hinzufügt, dem werden Schläge hinzugefügt (d. h. auf den werden Schläge gelegt), wer etwas wegnimmt, dem wird sein Anteil am Baum des Lebens weggenommen. (Lit.: Chr. Schäublin: Mēte prostheinai mēt'aphelein, in: Mus Helv 31 (1974) 144–149). In Dtn 4,2 ist die Aufforderung, nichts wegzunehmen und nichts hinzuzufügen, synonym mit der Mahnung, diese Gebote zu bewahren, richtet sich also nicht auf den literarischen Charakter der Urkunde allein, sondern bedeutet „*Erfüllung* nach Buchstaben und Geist" (ebenso: Dtn 13,1). Ausdrücklich auf den literarischen Bestand (Abschreiben und Übersetzen) bezogen ist die Formel – nun auch bereits in konditionaler Formulierung – in äthHen 104,11f. („Wenn sie alle meine Worte . . . richtig abschreiben, nichts ändern oder auslassen . . . Freude, Rechtschaffenheit und Weisheit"). Nur als Annehmen oder Verwerfen des Buches deutet SlavHen 48,7f. Im Vergleich zu äthHen 104,11f. ist die Notiz über die LXX-Übersetzung in Aristeasbrief 310f. wichtig: „. . . ließen sie, wie es bei ihnen Sitte ist, den verfluchen, der durch Zusätze, Umstellungen oder Auslassungen (die Übersetzung) überarbeiten würde. Das taten sie zu Recht, damit sie für alle Zukunft stets unverändert erhalten bleibt". Auch hier geht es deutlich wieder nurmehr um den *literarischen Bestand*. (Vgl. dazu auch Josephus c.Ap.I 42). Die Bezeichnung als Verfluchung in Aristeasbrief 311 darf nicht dazu verleiten, für Apk 22,18f. die Alternative „Fluch" oder „bedingte Unheilsweissagung" aufzustellen. Der Ausdruck „Verfluchung" im Aristeasbrief rührt daher, daß in vergleichbaren Texten (solche sind in NTS 17,36f. benannt) für den Fall der Übertretung das Eintreffen von Flüchen angesagt wird. Doch damit bleiben alle diese Texte bedingte Unheilsansagen (gegen U. B. Müller, Prophetie, S. 180 Anm. 30). Wie man in dieser Zeit Flüche formulierte, zeigt AscJes 3,9: „Ausgestoßen und verflucht seist du und alle deine Mächte und dein ganzes Haus". – Die nächste Analogie zu Apk 22,18f. bildet mithin äthHen 104,11f. Die den Bestand einer Schrift sichernde Kanonisationsformel ist übrigens auch außerbiblisch belegt und stellt ein Stück gemein-vorderorientalischer formgeschichtlicher Tradition dar (vgl. dazu ANRW S. 1377). Ihre Wirkungsgeschichte beschränkt sich aber im Neuen Testament nicht auf Apk 22,18f., vielmehr sind die Verse Mt 5,18f., insbesondere die konditionale Formulierung Mt 5,19, im Sinne der Bewahrung der Integrität des Gesetzesbuches (hier wieder: nach Buchstabe *und* Tun) zu verstehen.

c) *Aufforderungen zur Verhinderung von Unheil* („damit nicht"). (Zur positiven Entsprechung vgl. oben unter 3.) Wenn Mahnworte in dieser Weise mit dem Hinweis auf negative Folgen motiviert werden, steht der Tat-Folge-Zusammenhang im Hintergrund. Muster ist Mt 7,2 („Richtet nicht, damit ihr nicht gerichtet werdet"), ebenso auf das kommende Gericht bezogen sind Apk 3,11 (Festhalten); Mt 5,25f. par Lk 12,58f. (Versöhnung mit dem Gegner, ehe es zu spät ist). – Noch innerweltlich ist zu vermeiden, daß man in Versuchung gerät (Mk 14,38 par Mt 26,41; Lk 22,46: durch Gebet). Mit Gebet verwandt ist das „auf sich Achten", und wie Gebet dient es zur Abwendung von Unheil (Lk 21,34f.). Verhindert werden soll auch, daß die Botschaft an Unwürdige gelangt (Mt 7,6; Hunde und Schweine wie 2 Petr 2,22). „Versuchung" ist die Gefahr, die schon nach der Konzeption des hellenistischen Judentums für jeden Neubekehrten besteht, wieder abzufallen und zurückzukehren; er muß sich erst in den auf die Bekehrung folgenden Leiden als treu erweisen. Die Versuchungen werden so traditionell an der Gestalt Abrahams als des Prototypen des Einzelbekehrten festgemacht (vgl. ähnlich für Hiob in TestHiob). Das Gebet ist daher nicht nur für den Charismatiker die Verbindung zur himmlischen Welt, sondern gewinnt auch für den einzelnen Bekehrten in seiner paganen Umwelt (auch mangels eines anderen zuhandenen etablierten Ritus) an Bedeutung. – Der Satz Mt 7,6 (Perlen vor . . .) ist Dokument von Missionserfahrungen, die mit jüdischen Bildern für Unreinheit verdeutlicht werden; Voraussetzung ist, daß die Kategorie Heiligkeit/Unreinheit weiterhin gilt; Absicht ist auch, die Jünger vor dem Zerrissenwerden zu bewahren, also vor Verfolgung. Die Tendenz des Wortes weist in die Worte über das Würdigsein, speziell auf Worte wie Mt 10,13f.: Wer Wort und charismatische Gaben ablehnt, an den soll man sie auch nicht weiter verschwenden, sondern die Konsequenz daraus ziehen. Die Missionserfahrung ist also nicht eine prinzipielle Beschränkung der Botschaft auf „Würdige", sondern: Daß es sich sehr bald zeigt, wer ein „Sohn des Friedens" ist und wer nicht; und da die Scheidung radikal und grundsätzlich ist, bedeutet ein *Sich-Abgeben mit den Falschen nicht nur Mißerfolge, sondern persönliche Gefahr,* die gemieden werden soll; vgl. Mt 10,16: Seid vorsichtig wie die Schlangen (denn Schlangen meiden das Risiko). Nach Mt ist daher die Konsequenz daraus, daß die Gemeinde wie Schafe unter Wölfen weilt, nicht, sich ans Messer zu liefern, sondern *Vorsicht*. Um diese geht es in Mt 7,6 wie in Mt 10,16 f. – Gegen E. Schweizer (Mt.-Komm) geht es hier also nicht um Bekämpfung der Heidenmission. Für E. Schweizers Verständnis ist es möglicherweise undenkbar, daß es zu bewahrendes Heiliges auch außerhalb sektiererischen Judenchristentums geben kann.

d) *Konditionale Formulierungen*

Außer den Texten mit *Doppelschluß* und einer Anzahl von Sätzen über das *Eingehen in das Reich* (vgl. 9.) sind hier zu nennen: die Gleichnisse Mt 3,10 par Lk 3,9 (Jeder Baum . . . ins Feuer geworfen); Mt 15,13 (Jede Pflanze . . . wird ausgerissen werden) und der Satz über die unvergebbare Sünde Mk 3,28 f. par Mt 12,31 f.; Lk 12,10. In allen diesen Texten geht es um grundsätzliche Mahnungen, die Heil oder Unheil, Draußen- oder Drinnensein betreffen. In Mk 3,28 f. parr wird die Stellungnahme zur Frage der *Legitimität* Jesu als grundsätzlich entscheidend angesehen: Wer den Geist lästert, bezeichnet sein Charisma als dämonisch (wie umgekehrt der, der sich nach Ansicht der Juden Sohn Gottes nennt und dabei doch dämonisch ist, Gott lästert: Mk 14,63, und wie der Engel lästert, der sie für böse, die Welt regierende Dämonen hält: Jud 8; 2 Petr 2,10) – vergebbar ist dagegen, wenn man über Hoheit und Niedrigkeit des Menschensohnes falsche Vorstellungen hat und damit das Maß seiner Vollmacht bezweifelt. Mit der Klassifizierung als „unvergebbare Sünde" gibt die Gemeinde zu erkennen, daß sie in der Frage der *charismatischen Legitimität* die nicht hinterfragbare Grundlage des Christseins erblickt. Historisch gesehen ist dieses in der Tat nicht nur die Schlüsselfrage für die Evangelien, sondern auch zur Beurteilung des Paulus: Nur dann, wenn an Jesus der Geist Gottes wirksam war, hat seine eigene Berufung Bestand (daher wird sie als Offenbarung des Sohnes Gottes bezeichnet), und nur dann sind auch die Konsequenzen in der Gesetzesfrage legitim.

Eine bedingte Unheilsansage kommt auch zustande durch das Schriftzitat am Schluß des Winzergleichnisses in Lk 20,17 f.; Mt 21,42 f. („Jeder, der . . ."). Im Rahmen der Chrie Lk 13,1–9 wird in V. 3.5 jeweils ein Schreckensgeschehen zum exemplum für eine bedingte Unheilsansage; auf die Zerstörung Jerusalems bezogen ist innerhalb einer unselbständigen Chrie Lk 19,39 f. (Wenn diese schweigen, werden die Steine schreien).

Eine weitere Gruppe von Texten ist mit dem Wort „*schuldig*" (gr.: *enochos*) gebildet: „Wer x getan hat, ist schuldig vor y, bzw. angesichts von y". Dazu gehören Mt 5,21 f. (Schuld vor dem Gericht durch böse Worte, vgl. Mt 12,36 f.); 1 Kor 11,27 f. (Wer die Gemeinschaft stört, ist eben nicht nur vor Menschen schuldig, sondern vor der Gemeinde als dem Leib Christi).

Vergleichbare Konditionalsätze mit „enochos"-Formulierungen sind aus griechischen Inschriften wie aus hellenistisch-jüdischen Autoren bekannt (vgl. dazu: NTS 17, S. 36 f.). Aus den Parallelen geht deutlich hervor, daß wir uns hier im Bereich *kultischen Rechts* befinden.

e) Persönliche bedingte Unheilsansagen für den *Fall der Nichtbefolgung der Mahnung* („sonst") kennt Apk 2,5 (nach Imperativ); 2,16 (nach Imperativ); 2,22 f.; 3,2 f. (nach Imperativ, mit metaphorischer Redeweise: „... werde ich kommen wie ein Dieb"). Argumente nach diesem Schema sind tragend in der symbuleutischen Argumentation in Röm 11,12–24, so in V. 18 (erhebe dich nicht . . ., erhebst du dich aber) und V. 22 (wenn du bei seiner Güte verharrst, sonst wirst auch du herausgehauen werden). Auch in Mt 6,1 wird der Verlust des Lohnes angedroht für den Fall, daß die Gerechtigkeit nicht im Verborgenen praktiziert wird, wie V. 1a mahnt. – Zu diesem Punkt vergleichbare Sätze finden sich in prophetischen Texten des Alten Testaments, so in Jer 17,27 („Hört ihr aber nicht auf mich . . ."); 22,5 („Hört ihr aber auf diese Worte nicht . . ."); Ps.-Philo, AntBibl 20,4 („Wenn ihr aber seiner Stimme nicht gehorchen und euren Vätern ähnlich sein werdet, werden eure Werke verdorben werden . . . und es wird von der Erde euer Name verschwinden").

Zum Ganzen vergleichbare konditionale Formulierungen finden sich in äthHen 91,19b: „Denn alle, die nicht in den Wegen der Gerechtigkeit wandeln, werden für immer umkommen".
Ein formgeschichtlich aufschlußreiches Beispiel ist auch Sib III,764–766. Zu Anfang wird eine typische paränetische Reihe gegeben: „Aber treibt euer Herz in der Brust zu Eile an und flieht den ungerechten Götzendienst. Dem Lebendigen (sc. Gott) diene. Hüte dich vor Ehebruch und dem gesetzlosen Beilager mit dem Knaben. Deinen eigenen Nachwuchs von Kindern ziehe auf und morde sie nicht". Dann folgt als peroratio eine konditional formulierte bedingte Unheilsansage: „*Wenn* jemand in diesen Dingen *sündigt,* dann wird der Unsterbliche zürnen". Kompositionen wie Jub 36,7 (Hauptgebot).8 (daß ein jeglicher seinen Bruder liebe . . .).9 (bedingte Unheilsansage für den Fall, daß jemand seinem Bruder nach Bösem trachtet) (vgl. V. 11) sind nicht nur für die Mahnreden des Jub typisch, sondern sind wie Sib III,764 ff. Erweis dafür, wie *Autorität des Mose und frei neben dem Gesetz her formulierte Mahnrede sich keineswegs ausschließen.* – Anderseits wird das Gesetz hypostasiert wie in dem Tat-Folge-Satz in SyrBar 32,1 (Wenn ihr aber eure Herzen vorbereitet, indem ihr die Früchte des Gesetzes in sie hineinsät, so beschirmt es auch in jener Zeit, wo der Allmächtige die ganze Schöpfung erschüttern wird).

f) *Tun und Strafe sind nebeneinandergestellt.*
I) Regelmäßig bei der *Schilderung von Irrlehrern* oder Gegnern wird kommentiert mit „ihr Ende ist . . ." oder „ihr Gericht ist . . ." (Phil 3,18 f.; 2 Kor 11,13–15; Röm 3,8). Verwandt ist auch 2 Tim 4,14 (Schilderung des Alexander; dann: „Ihm wird der Herr vergelten . . ."). Die vorangehende Schilderung ist freilich keine „Anklage", sondern eine Darstellung der Tat. Damit handelt es sich auch nicht notwendig um eine „prophetische Form" (gegen U. B. Müller, Prophetie, S. 191 f.), sondern um eine Kommentierung im Sinne des Tat-Ergehens-Schemas. Analog (ohne den Bezug auf Gegner): Hebr 6,8 („ihr Ende ist . . ."); Röm 6,21 („ihr Ende ist . . .") cf. Sir 21,9.
II) Tun und Strafe aus der Vergangenheit werden als *Exemplum* nebeneinandergestellt in 1 Thess 2,15 f.

III) *Die Mahnrede wird kommentiert durch eine Schilderung des kommen-*
den Gerichtes: Auf die bedingte Heilszusage über das Eingehen in das Reich
folgt unverbunden in Mt 7,22 f. eine narrative Darstellung der Gerichtsszene
mit Apologie und Urteilsspruch negativen Ausgangs. Dieselbe Tradition
wird in Lk 13,25–30 nach dem Mahnwort 13,24 verwendet.

g) *Fluch, Verfluchung*

Lit.: J. BEHM: Art. anathema, ThWNT I 356 f. – R. G. BJÖRCK: Der Fluch des Christen
Sabinus, in: Papyrus Upsaliensis 8, 1938. – G. BORNKAMM: Das Anathema in der urchristlichen Abendmahlsliturgie, in: Das Ende des Gesetzes, Ges. Aufs. I, München
1952, 123–132. – L. BRUN: Segen und Fluch im Urchristentum, 1931. – A. DEISS-
MANN: Anathema, in: ZNW 2 (1901) 342. – K. HOFMANN: Art. Anathema, in: RAC I
427–430. – B. A. PEARSON: Anti-heretical Warnings in Codex IX from Nag Hammadi,
in: Essays on the Nag Hammadi Texts (NHSt 6), Leiden 1975, 145–154. – K. PREI-
SENDANZ; Art. Fluchtafel, in: RAC VIII 1–29. – W. SCHOTTROFF: Der altisraelitische
Fluchspruch (WMANT 30), Neukirchen 1969. – W. SPEYER: Art. Fluch, in: RAC VII
1160–1288. – Vgl. auch: H. D. BETZ, Galatians, 50–52 (Excursus: The Curse in
1,8–9).

1. In einer Reihe von Fällen ist Verfluchung von einer einfachen Unheilsankündigung nur dadurch zu unterscheiden, daß das Unheil *sofort* eintrifft
(Act 13,11; 5,9 b?, erwartet wird es in Act 8,20). – 2. Die Form einer bedingten Unheilsankündigung, aber *mit für Fluch typischem Vokabular,* hat die
Verfluchung in Gal 1,8 und 1,9 (Wenn jemand . . . soll er sein *anathema*) und
in 1 Kor 16,22 (Wenn jemand . . . soll er sein *anathema*); Sätze mit derartigen
Apodoseis sind im 1. und 2. Jh. n. Chr. auf den Fluchtafeln von Megara belegt (vgl. Betz, Galatians, S. 53 Anm. 87). – 3. *Ohne Bedingung* wird ein anderer so verflucht nach 1 Kor 12,3 (*anathema* Jesus. – 4. *Selbstverfluchungen*
für den – nicht ausgesprochenen – Fall, daß man etwas nicht tut oder im Unrecht ist, bieten Mt 27,25 (für den Fall, daß die Juden Jesus zu Unrecht verurteilen, vgl. Act 5,28; 18,6); Act 23,14 (befristet, hier in indirekter Rede). –
Für die *bedingten Fluchformeln* vgl. besonders die Reihe in Dtn 27 und 1 QS
2,5–17. Vgl. im Griechischen die Schlußformel des hippokratischen Eids
(vgl. Betz, Galatians, S. 51 Anm. 74): ,,Wer nicht tut . . ., sei verflucht . . .‘‘.
– Die paulinischen Beispiele zeigen, daß die bedingungsweise Verfluchung
anderer insbesondere der *Autorität des Pneumaträgers* ansteht, und nur von
daher ist auch 1 Kor 12,3 zu verstehen: Für die folgenden Verse 12,4–31 wird
hier drastisch verdeutlicht, daß der Geist Konträres nicht zuläßt, sondern inhaltlich *einer* ist: Niemand kann im Geist, d. h. als Pneumaträger, zugleich Jesus verfluchen und als Kyrios ihm akklamieren. Auch die Gemeinde in 1 Kor
5,5 soll als kollektiver Pneumaträger handeln. – Der ,,Sitz‘‘ derartiger Sätze
(wie 1 Kor 16,22) ist übrigens nicht notwendig der Gottesdienst; wie Gal
1,8 f. zeigt, kann jede Äußerung, auch und insbesondere die schriftliche, die
der berufene Apostel formuliert, diesen Charakter haben. In 1 Kor 16,22
geht es um ein Phänomen, das der brieflichen Schlußparänese verwandt ist.

9. Worte vom Eingehen in das Reich Gottes und vom Erben und Sehen des Reiches Gottes

Lit.: H. WINDISCH: Die Sprüche vom Eingehen in das Reich Gottes, in ZNW 27 (1928) 163–192.

Im Gegensatz zu der sehr weitmaschigen Behandlung des Materials bei H. Windisch sind hier nur die Texte zu behandeln, die nach Bedingung und Folge aufgebaut sind.

Konditionalsätze: Mt 5,20 (Gerechtigkeit reichlicher als die der Pharisäer und Schriftkundigen); 7,21 (nicht „Herr" sagen, sondern den Willen des Vaters tun); 18,3 (Umkehren und werden wie die Kinder); Mk 10,15 par Lk 18,17 (Die Basileia annehmen wie ein Kind); Joh 3,3 (von oben geboren werden); 3,5 (aus Wasser und Geist geboren werden). – *Andere moralische Bedingungen:* Lasterkataloge in 1 Kor 6,10; Gal 5,21; „die Ungerechten" 1 Kor 6,9. – „Unreines, Greuel, Lüge" Apk 21,27 (aber mit „Stadt"); 22,14 (seine Gewänder waschen; mit „Stadt"). Verwandt: Ein Reicher geht *mit Mühe* ein (Mk 10,23 f.; Mt 19,23); 1 Kor 15,50 (Fleisch und Blut); Lk 9,62 (die Hand an den Pflug legen und sich umwenden: nicht geeignet sein für das Reich).

Während die Synoptiker und Joh 3,5 vom Eingehen in das Reich sprechen, geht es in Joh 3,3 um das „Sehen" und in den paulinischen Stellen um das Erben des Reiches (in den Synoptikern sonst Mt 25,34). ApkJoh spricht statt vom Reich von der „Stadt". In den Evangelien handelt es sich häufig um Amen-Worte (oder mit „ich sage euch" eingeleitete Worte). Das weist auf den grundsätzlichen Charakter der hier formulierten Bedingungen. Eine Analyse der inhaltlichen Aussagen bestätigt das: Es geht überall um *grundsätzliche Abgrenzung* gegenüber solchen, die nicht dazugehören; darauf weisen die Qualifizierung als „Ungerechte" (1 Kor 6,9), wie auch die Rede von der „Gerechtigkeit" (Mt 5,20), wie auch die Lasterkataloge (die ja gerade in der Massierung der Phänomene immer die Gegenseite insgesamt charakterisieren und „dualistisch" konzipiert sind), wie auch die auf die Schwelle des Christwerdens bezogenen Aussagen über Kind-Werden, d.h. Niedrigsein oder Geborenwerden. Auch mit „Fleisch und Blut" in 1 Kor 15,50 ist die Gegenseite im Gegensatz zu Pneuma gemeint. – Lediglich die nun aber auch bereits formal abweichenden Sätze Mt 7,21; Lk 9,62, wozu dann auch Mk 9,47; Mt 5,19; Act 14,22 zu nennen wären, beziehen sich auf längerfristige Zeiträume der Bewährung. Auch die formal abweichenden Worte über den Reichen (Mk 10,23 f.25 parr) finden sich aber noch im Kontext einer Bekehrungsgeschichte.

Bis auf Lk 9,62, wo es unklar ist, wird das Verhältnis zur Basileia *futurisch* gedacht. Das überrascht, da doch die jeweils genannten Bedingungen alle nicht nur in der Gegenwart, sondern bereits beim Eintritt in die Gemeinde zu realisieren sind. Ein Blick auf die *formgeschichtlichen* Entsprechungen macht diese Eigenart verständlicher:

a) H. Windisch hat auf eine Reihe von Entsprechungen aufmerksam gemacht, in denen Bedingungen genannt werden, unter denen man in das Land (Dtn 4,1; 6,17 f.; 16,20 vgl. Mt 5,5), in den Bezirk der Stadt Jerusalem (Jes

26,2 f.: „es komme herein das Volk, das Gerechtigkeit tut", vgl. Apk 22,14) oder in dem Tempel (Thren 1,10 und Tempeleinlaßliturgien) hineintreten durfte. Er weist auch auf die hellenistische Tabula Cebes (ed. J. T. Fitzgerald, L. M. White [1983]) hin, in der Weisungen zum Einlaß für eine Stadt genannt werden, die zugleich das „Leben" ist (vgl. die Entsprechung von Basileia und „ewiges Leben" in Mk 9,43.45.47) und nennt Lukians Dialog Hermotimos, in dem gleichfalls Zulassungsbedingungen für eine Idealstadt genannt werden. – Nun läßt sich an diesem Beispiel das Verhältnis von religions- und formgeschichtlicher Methodik gut erklären: Alle bislang genannten Texte vermögen die oben genannten Worte ihren allgemeineren religionsgeschichtlichen Voraussetzungen nach zu erklären: Im Alten Testament wie in der hellenistischen Umwelt sind moralische Regeln verknüpft mit der räumlichen Zugangsmöglichkeit zu einem besonderen, verheißungsvollen Territorium. Die *Zuordnung von Moral und Raum* wird hier als Phänomen erkennbar. Sie hat zumindest eine kultische Wurzel. Noch nicht erklärt ist indes die sprachliche Gestalt der Sätze. Deren Beachtung ist nicht überflüssig, sondern führt über den allgemeinen Rahmen hinaus:

b) Man kann davon ausgehen, daß die *negative Formulierung* („kann nicht eingehen . . .") für die neutestamentlichen Texte die genuine ist (auch Mt 7,21 beginnt ja mit „Nicht . . ."; auch das „schwierig" in Mk 10,23 f. parr ist eine Verneinung, auch Lk 9,62 ist negativ formuliert). – Die einzige wirkliche Entsprechung in der vergleichbaren vorneutestamentlichen Literatur findet sich aber in den Bedingungen über das Hineingehen in die *qahal* (gr.: ekklēsia) in Dtn 23,2–9. Die Formel *„x wird nicht eingehen . . . in die ekklesia des Kyrios"* wird hier stets wiederholt: Es geht um Bedingungen für die Zugehörigkeit zu Israel als Volk (vgl. dazu ZThK 73 (1976) 188 f.203), jedenfalls wird diese Tendenz bei der Auslegung in Neh 13,1–3; Thren 1,10 bereits deutlich. In 1 QSa 1,25 ff. wird der Text aktualisiert und verschärft (ein umfangreicherer Katalog von Defekten), und nach 4 Q flor sind nurmehr solche zugelassen, die „den Namen *Heilige*" tragen. Damit ist bereits eine Gruppenbezeichnung gegeben, die im frühen Christentum mit *„ekklēsia"* häufig in Zusammenhang steht. Bei Philo wird der Text sehr häufig zitiert und schon auf das Hinzurufen von Proselyten bezogen. Wer nicht zu dieser ekklēsia gehört, dem fehlt die pistis („Glaube"), hier geht es um die Herrschaft Gottes (gr.: *archē*) und um Teilhabe an Unsterblichkeit. – So wird erkennbar: *Innerhalb der Auslegungstradition der Zugehörigkeitsbedingungen nach Dtn 23* werden entscheidende Voraussetzungen für die neutestamentlichen Worte vom Eingehen in das Reich geschaffen. – Was noch fehlt, markiert zugleich erkennbar die christliche Besonderheit: Im Neuen Testament zuerst geht es um ein *zukünftiges Verhältnis* zu der Größe, der zuzugehören sich nach diesen Sätzen lohnt. Nicht mehr die Zugehörigkeit zum gegenwärtigen Israel oder zu seiner Kultgemeinde ist der Wert, auf den die Sätze bezogen sind; auch der Eintritt in die christliche ekklēsia ist allein deshalb interessant, weil es sich hier um die Anwärter und das zur künftigen Basileia zugehörige Volk handelt. Innerhalb der Formgeschichte dieser Sätze wird mithin die Auswirkung der Eschatologie Jesu an einem konkreten Punkt faßbar: Die Folge war die Entwertung der Zugehörigkeit zur Kultgemeinde Israels. Interessant ist nur noch die Zugehörigkeit zur künftigen Basileia. Doch das ist in einer relativ kontinuierlichen Entwicklung angebahnt: In Dtn 23 ging es u. a. noch um den Ausschluß von Ammonitern und Moabitern, in 4 Q flor gehören nun alle diejenigen nicht dazu, die nicht „heilig" sind. Innerhalb der jüdischen Auslegungsgeschichte selber schwindet daher die Beziehung auf Israel als Volk; der religiös-kultische Gesichtspunkt, von Anbeginn vorhanden, nimmt weiter zu. Wenn die Größe, der man zugehört, gar erst in die Zukunft verlagert, gleichzeitig aber Gottes eigenes Reich sein wird (nicht nur die „ekklēsia"), dann gewinnt um der gesamten eigenen Hoffnung und Zukunft willen diese Zugehörigkeit an Wert. Je deutlicher dieser Wert formuliert wird, um so stärker wird die Motivation zur „besseren Gerechtigkeit" jetzt (zum Verhältnis von ekklēsia und basileia vgl. ZThK 73 (1976) 201 ff.).

Das Vorkommen vergleichbarer Sätze bei Paulus wie in den Evangelien und in Apk, insbesondere die Tatsache, daß im JohEv nur die Zugehörigkeitsbedingung (3,5.7) so formuliert ist, weist auf die hohe Bedeutung dieser Sätze im frühen Christentum: *Wo die Umwelt heidnisch ist, grenzen die Sätze von „heidnischen Lastern" ab* (Paulus, Apk), *wo sie noch eher jüdisch geprägt ist, wird die Konzeption Niedrigkeit/Hoheit* (oder in deren Gefolge, über den Begriff Kind, das Neugeborenwerden), *die sonst in der Menschensohntheologie begegnet* (vgl. oben § 51,8) *auf die Zulassungsbedingungen übertragen.* Aber abgesehen von diesen Verschiedenheiten geht es doch um ein erhebliches Stück Gemeinsamkeit in den genannten Schriften. Daher werden wohl auch bei Paulus und bei Joh gewissermaßen als formgeschichtliche Fremdkörper die Apodoseis in diesem traditionell christlichen Stil formuliert, so daß darin eine ökumenische Gemeinsamkeit christlicher Gemeindetypen in der gemeinsamen Abgrenzung nach außen sichtbar wird, wie verschieden auch immer dieses Draußen war. – Auch sonst gilt im frühen Christentum: Je stärker ein Text/eine Tradition auf Abgrenzung nach außen bezogen ist, um so größer ist die binnenchristliche, „ökumenische" Gemeinsamkeit gerade in diesem Traditionselement ausgeprägt.

10. *Sätze im Tat-Folge-Schema mit präsentischer Apodosis*

a) *Stellvertretende Affizierung.* So nennen wir das Konzept *„ Wer a etwas tut, hat es eigentlich b getan (und wer b etwas tut, hat es eigentlich c = Gott getan)."* Sätze dieser Art gibt es im Neuen Testament vor allem in den vier Evangelien, aber auch bei Paulus und in Jak sowie im zeitgenössischen Judentum. In den vier Evangelien bietet sich ein relativ einheitliches Bild: Es geht um *Aufnehmen* (als Gast wie auch in bezug auf die Botschaft; letzteres seit den Prophetentargumim), *Hören, Abweisen* (gr.: athetein), *„Glauben an"* und *„Sehen"* (die beiden letzteren nur im JohEv). Identifiziert werden: Jesus und der, der ihn gesandt hat (auch: der Vater), Jesus und die angeredeten Jünger

(„ihr"), Jesus und ein Kind, Jesus und der, den er gesandt hat. Nach diesem Grundinventar sind dann Formulierungen wie diese gebildet: „Wer euch aufnimmt, nimmt mich auf, und wer mich aufnimmt, nimmt den auf, der mich gesandt hat" (Mt 10,40). Auch noch in frühchristlichen Apokryphen wird ähnlich formuliert (Clem Hom, Clement Epist I, 17,1: „Wer Christus nicht aufnimmt, wird wie einer angesehen werden, der den Vater abweist"). – Sowohl die Formulierung „der mich gesandt hat" wie auch die Kontexte, in denen Jünger so angeredet werden (Lk 10,16; Mt 10,40f.; Mk 9,37; Joh 12,44f.; 13,20; 14,9) legen nahe, daß es sich bei diesem Identifikationsverhältnis um Sendung handelt. Wer dem Gesandten etwas tut, tut es eigentlich dem, der ihn gesandt hat.

Wer die Weisung des Paulus abweist und sich gegen den Bruder vergeht, vergeht sich nicht gegen einen Menschen, sondern gegen Gott selbst, da dieser seinen Geist in die Gemeinde gelegt hat (1 Thess 4,8). Hier geht es mithin um den *Geist als Gottes „Repräsentant"* in der Welt. – Ähnlich ist SlavHen 44,1 zu verstehen: „Wer verabscheut das Angesicht eines Menschen, verabscheut das Angesicht des Herrn". Hier ist die *Ähnlichkeit mit Gott* dasjenige von Gott, das verletzt wird durch ein innerweltliches Vergehen.

Außerhalb dieser Texte gibt es jedoch Hinweise darauf, daß vor allem in Zusammenhang mit der Größe *Gesetz* ähnliche Regeln gelten: Jak 4,11 (wer den Bruder verleumdet: das Gesetz); TestXII Aser 2,6 (Wer den Nächsten übervorteilt . . . weist den Gesetzgeber des Gesetzes des Herrn ab und erzürnt ihn); Josephus, ant 4,216f. (Wer das Gesetz/die Gerechtigkeit verletzt: Gott selbst, denn *Gottes Kraft* ist das Gerechte). – Das Gesetz gilt daher als Repräsentant Gottes, so wie sonst der Bote. Im Vergleich mit Act 8,10 bedeutet die Formulierung „Kraft Gottes" bei Josephus: Das Gesetz ist die Weise, wie Gott selbst in der Welt sichtbar wird, es hat etwas „von Gott in sich".

In der Geschichte des frühen Christentums weisen die genannten Texte auf die Konsequenzen, die sich aus der Annahme der Sendung ergeben. Selbst an einem geringfügigen Verhalten zu einem, der von Jesus gesandt ist, entscheidet sich das Verhältnis zu Gott selbst. Denn dieser ist – aufgrund der ihm verliehenen charismatischen Macht – (1 Thess 4,8 nennt das den heiligen Geist) – eng mit Gott verbunden, heilig. Auffallend ist, daß die die Christologie begründende Relation zwischen Gott und Jesus genauso zwischen Jesus und den von ihm gesandten Jüngern gilt. Die direkte Bindung der Heiligkeit Gottes an Menschen ist mithin nicht nur ein Problem der Christologie, sondern damit auch der Ekklesiologie. Auffallend ist weiterhin, daß diese Sätze präsentisch argumentieren. Die Konzentration auf die charismatische Vollmacht läßt – wie auch sonst öfter – die futurische Dimension verschwinden. Gott begegnet in diesen Menschen, und das Ziel dieser Sätze ist, die strikte Verbindlichkeit und Endgültigkeit der Begegnung mit Gottes Boten zu proklamieren. Weil „etwas von Gott" in ihnen ist, geht es um Begegnung mit Gott selbst. Die Rezeption von Boten und Botschaft soll dringlich gemacht werden.

b) *Kennzeichensätze*

So nennen wir Sätze nach dem Schema „*Wer x tut, ist a*". Das Tun eines Menschen ist mithin Kennzeichen für das, was er ist, und diese Sätze deuten ihrerseits bestimmte Tätigkeiten auf eine grundsätzliche Eigenschaft ihrer Täter hin. Da diese sonst verborgen und die Tat nicht klassifiziert bliebe, kommt diesen Sätzen aufklärende und klassifizierende, grenzziehende Funktion zu. Daß diese Sätze daher dort oft begegnen, wo es noch keine anderen Kriterien für Gemeindegrenzen gibt, ist zu erwarten. So begegnen diese Sätze vor allem in 1 Joh, z. B. 2,4: „Wer sagt, ich habe ihn erkannt, und seine Gebote nicht hält, ist ein Lügner, und in diesem ist die Wahrheit nicht" (vgl. ferner: 1,6–8.10; 2,3–5.9–11; 3,4–10.15–17.18–21; 4,8.12.20) oder 4,2 f.: „Jeder Geist, der bekennt, daß Jesus Christus im Fleische gekommen sei, ist aus Gott, und jeder Geist, der nicht Jesus bekennt, ist nicht aus Gott, und dieses ist das Kennzeichen des Antichristen . . .". So werden in diesen Sätzen häufig Urteile gefällt. Daher stehen sie an der Grenze zwischen der symbuleutischen und der dikanischen Gattung. Doch werden diese Sätze hier behandelt, weil es einerseits um die Folgen von Handeln geht („Wer seine Frau entläßt . . . bricht die Ehe"), andererseits diese Texte alle symbuleutischen Charakter haben; dikanisch kann ein Text nur sein, wenn eine Tat bereits vollzogen ist.

Wie bei der Anwendung auf Irrlehrer Inhalt und Form offensichtlich gemeinsam traditionell sind, zeigt folgender Vergleich:

1 Tim 6,3 f.	2 Joh 9
Wenn jemand anderes lehrt und nicht hinzugeht zu den gesunden Worten,	Jeder, der zu weit vorprescht und nicht bleibt
denen, die unseres Herrn Jesus Christus sind,	
und zur Lehre, die nach der Gottesverehrung ist,	in der Lehre des Christus,
der ist geblendet, indem er nicht versteht	der hat Gott nicht

Abgesehen von der breiten Verwendung in diesen Texten lassen sich im Neuen Testament klar unterscheiden:

I. *Kennzeichensätze geben an, wann jemand sündigt* bzw. eine Norm übertritt: Mt 5,28; Lk 16,18; Mt 5,32; Mk 10,11 f.: Ehebruch, bzw. Veranlassung zum Ehebruch. – Hier stehen Kennzeichensätze im Dienst der *Verschärfung der Norm* (vgl. oben § 38). – Ähnlich wird in 1 Kor 7,28.36 von Paulus für bestimmte Fälle entschieden, ob jemand gesündigt hat oder nicht (Heiraten). Ebenso wird als Sünde qualifiziert, wenn nach Jak 4,17 jemand das Gute zu tun weiß und es nicht tut. (Vgl. auch Röm 14,23 – hier besteht Affinität zur Gattung „Definition"). Analogien bietet Prov 14,21 (Wer entehrt Arme, sündigt); 20,2b LXX und Musonius Rufus (Stob flor III 6,23 Hense III 287): „Jeder, der sündigt und folglich unrecht tut, weist, auch wenn es an keinem Nächsten geschieht, doch sich selbst als Schlechten und Ehrlosen auf. Denn wer sündigt, ist, sofern er sündigt, schlecht und ehrlos"; Diogenes Laert., Vit. philos. VII 186: „Wer den Uneingeweihten die Mysterien mitteilt, sündigt" (Chrysipp). – Ferner: Jak 3,10 (Wer das ganze Gesetz erfüllt, aber in einem einzigen fehlt, der hat sich am ganzen schuldig gemacht). 13; 3,2b; 4,11b (mit: Gesetz); 4,17 (Sünde). – Vgl. besonders: 1 Joh 2,22 f.; 3,4–10.

In einigen Fällen sind Kennzeichensätze auch im Aorist formuliert (Mt 5,28; 1 Kor 7,28; Joh 15,6; Sir 27,16). Der Aorist zeigt jeweils an, wann eine Grenze überschritten wurde oder wird.
Kennzeichensätze gibt es auch in der Anrede an die 2. Person Plural, so in Jak 2,8 f. (doppelteilig) .11b.15–17; 3,14 f. – Dabei ist der Abschnitt Jak 2,8–11 geradezu ein Musterbeispiel für Kennzeichenrede, da es hier um die Frage geht, wann das Gesetz übertreten wurde. Ähnlich Mt 5,21 f.27 f.31 f.

II. *Kennzeichensätze geben an, wer Jesu Jünger sein kann, wer zu ihm und zur Gemeinde gehört:* Lk 14 bietet eine Reihe von Konditionalsätzen, deren Ende jeweils ist: „der kann nicht mein Jünger sein" (V. 26: Verwandtschaft und sein eigenes Leben nicht hassen; V. 27: Sein Kreuz nicht tragen und nicht hinter Jesus hergehen; V. 33: Aller Habe absagen). Ganz ähnliche Sätze bietet Mt in 10,37 f. mit der Apodosis „der ist meiner nicht wert"; vergleichbar ist auch Lk 9,62 (zu einem, der sich noch verabschieden will: „Keiner, der . . . ist tauglich für das Reich Gottes"). Auch Joh 8,31b ist hier zu nennen. Eine weitere Gruppe von Sätzen gibt an, wer Jesu Freund ist (Joh 15,14: Wer tut, was Jesus aufträgt) oder wer ihm wahrer Verwandter ist (die Kehrseite zu dem oben genannten Verwandtenhaß): Mk 3,35; Mt 12,50; Lk 8,21. – Sätze über die Zugehörigkeit zu Jesus bieten auch Mk 9,39 (keiner kann Wunder tun in Jesu Namen und ihn dann schmähen); 9,40 (Wer nicht gegen uns ist, ist für uns). – Außer den beiden letztgenannten Texten weisen alle übrigen auf eine Gruppe von Menschen, die ihre wirtschaftlichen und familiären Bindungen im Blick auf Jesus aufgegeben haben. Daß es Wandercharismatiker waren, steht nicht da, denn weder von Wandern noch von Charisma ist die Rede. Auch wer sich zuvor zum Judentum bekehrte und vorher Heide war (wie Aseneth nach JosAs und Hiob nach TestHiob), gab Verwandtschaft (vor der Bekehrung oder nachher) und Besitz (ebenfalls vorher oder nachher) auf. Jesus nachzufolgen wurde sicherlich schon früh im Sinne der Bewahrung seiner Weisungen verstanden (wie das „hinter Gott" bzw. „hinter Mose" Hergehen des Alten Testaments). Ich meine, daß nur unter Voraussetzung dieser allgemeineren Bedeutung von Hinterhergehen/Nachfolgen (vgl. H.-W. Kuhn, in: FS G. Bornkamm, 120–132) diese Sätze auch von nicht im wörtlichen Sinne hinter Jesus herziehenden Gemeinden tradiert werden konnten. In Joh 5,1–12 ist mit Hilfe von Kennzeichensätzen eine ganze Mahnrede gestaltet. Zugleich wird, da es sich hier deutlich um das christologische Bekenntnis handelt, die *historische Funktion* dieser Sätze im frühen Christentum erkennbar: Sein und Schein werden nicht erst beim Gericht voneinander getrennt, sondern „was ist", läßt sich an bestimmten Verhaltensweisen auch jetzt schon ausmachen: Sätze dieser Art legen die Grenzen für die Gegenwart fest, sie sind daher (vom Standpunkt futurischer Eschatologie her gesehen: proleptische) weisheitliche „Aufklärung".

III. Lk 9,48 („Denn der Kleinste . . ., dieser ist groß") ist mit Mt 18,1.4; 23,11; Lk 22,26 zu vergleichen, denn hier überall geht es um *gegenwärtige Größe* in der Gemeinde, die nur über *Niedrigkeit* erreichen ist. Das Verhältnis von Tun und Ergehen ist hier nicht nur auf künftiges Großsein (nach dem Gericht) bezogen, sondern – wie schon beim Menschensohn z. B. in den Worten vom Erdenwirken – auf den Zusammenfall von Vollmacht und Niedrigkeit jetzt. Die Gemeinde mußte ja auch daran interessiert sein, *jetzt* verbindliche Autoritäten zu haben.

§ 52 Seligpreisungen

Lit.: G. L. DIRICHLET: De Veterum Macarismis (RVV 14,4), Gießen 1914. – J. DUPONT: Les Béatitudes, I 1958, II 1969, III 1973. – Chr. KÄHLER: Studien zur Form- und Traditionsgeschichte der biblischen Makarismen, Diss. theol. Jena 1974. – Ders.: Zur Form- und Traditionsgeschichte von Matth. XVI 17–19, in: NTS 23 (1977) 36–58.

Chr. Kähler betrachtet in seiner Arbeit die Makarismen mit Angaben über menschliches Verhalten als eine der Möglichkeiten, in denen die Folge von Tun und Ergehen formuliert worden sei. Nun ist Kähler darin zuzustimmen, daß Makarismen sehr häufig einer symbuleutischen Gattung zugehören. Jedoch ist zu bestreiten, daß es in der Mehrzahl der Makarismen um nichts mehr geht als ein angemessenes menschliches Verhalten und dessen Folgen. Die Unterscheidung zwischen der eigenen Haltung („subjektive Kondition") des Menschen und anderen Einflüssen („objektive Kondition", Tat Gottes usw.) ist nicht aufrechtzuerhalten. Denn hier bricht sogleich die unbeantwortbare Frage nach dem Verhältnisanteil göttlichen und menschlichen Tuns auf. Ist die Trauer nach Tob 13,16 ein Tun des Menschen mit Folgen, die nach dem Verhältnis von Tun und Ergehen zu bemessen sind? Ist das Anstoßnehmen an Jesus nach Lk 7,23; Mt 11,6 in solcher Weise einzuschätzen? Und wenn es in 1 Petr 4,14 heißt: „Wenn ihr geschmäht werdet im Namen des Christus, selig (seid ihr), weil der Geist der Herrlichkeit und Gottes auf euch ruht", wer ist da der Täter, der Mensch oder der Geist? Insbesondere alle Aussagen, in denen Leidende und Mangelhabende seliggepriesen werden, werden so kaum erfaßbar (denn in Lk 6,20f. steht nicht, daß es sich hier um die gerechten Armen und um die gerechten Weinenden handelt). Es geht hier nicht um Tat und Folge. – Vielmehr: *Wer seliggepriesen wird, steht in einem heilvollen Zusammenhang, in welchem ihm alles zum Guten ausschlägt, und zu dem auch sein gutes Handeln gehört.* Viele Beispiele weisen darauf, daß die Seligpreisung weniger an der Einzeltat und deren Folge orientiert ist, sondern ein Lebensmodell vor Augen stellt, einen Typ zu leben, und daher erklärt sich auch die Tendenz, jeweils einen Gegentyp vorzustellen. Es geht also weder um Einzeltaten noch um einen Gegensatz Mensch/Gott, noch um einen Gegensatz Tun und Haltung/Leiden und Erleiden, sondern um eine „segensvolle Ganzheit", in der der Mensch darinsteht, der zu Gott gehört. Die Folge von Gegenwart und Zukunft, die es in dieser Ganzheit gibt, ist umfassender als die von Tun und Ergehen, schließt sie aber auch mit ein. Zu einem Menschen, der selig zu preisen ist, gehört eben alles Mögliche, und so erklären sich auch die Reihenbildungen mit den verschiedensten Aussagen über den Mann, von dem es dann in der ersten Zeile heißt: „Selig der Mann . . ." (vgl. Ps 1; Sir 14,1 ff.; Ps 112,1 f.10; Ps Sal 10,2 f.). So meinen auch die Seligpreisungen der Bergpredigt nicht verschiedene Menschen, sondern beschreiben einen Typ. Wo es nicht zu solchen Reihenbildungen kam, ist dann häufig das für Sein oder Erkennen ingressive Element im Makarismus benannt (wodurch man gerecht wurde – oder woran man einen Gerechten erkennt). Ein Indiz dafür, daß Seligpreisungen eine Ganzheit beschreiben, ist die häufiger betonte Verkettung von Hören und Tun (Lk 11,28: Gottes Wort hören und es befolgen; Joh 13,17: dieses wissen und tun; Jak 1,25; Apk 1,3; 22,7; 4 Q 185: die Weisheit vollbringen; Prov 8,32).

Zur Form der Seligpreisungen: Selbst-Makarismen in der 1. Person fehlen im Neuen Testament; ein Makarismus in der 3. Person ist eine allgemeine Regel mit latentem Universalismus, in der 2. Person dagegen wird eine bestimmte Gruppe (Auserwählte) angeredet. Wo gar die 2. Person Singular so angesprochen wird, bezeichnet man den jeweils maßgeblichen Offenbarungsträger auf diese Weise (z. B. Mt 16,17). – Das Wort „selig" steht meist voran, kann aber auch invertiert sein. Die meisten Seligpreisungen sind *eingliedrig*, d. h. außer dem „selig" wird nur noch dessen Träger genannt (häufig auch als Bedingung für Trägerschaft, z. B. „die Gerechten" in äthHen 82,4a). Eine Reihe von Texten führt jedoch *in einem zweiten Glied* näher aus, welchen Charakter dieses zugesprochene Glück hat, so: Ps 94,12 f. (Ruhe vor dem Bösen); Ps 41,2 (Rettung); Ps 1,3 (Baum, Früchte); Ps 112,2 (Stamm und Geschlecht mächtig); Ps 127,5 (unterliegen nicht); Prov 3,13 (mehr Nutzen als von Silber); 4 Q 185 (Weisheit erben); Tob 13,15 f. (Freude); Sap 3,13 f.; TestIsaak 10,10 (Sitz im Himmel); PsSal 4,23 (Rettung); 6,1 (Rettung). – In Texten der späteren Zeit ist hier der Ort, an dem die Seligpreisung explizit auf eschatologische Güter bezogen werden kann; denn das ist mit dem Wort „selig" allein noch nicht auszusagen. – So sind von den späteren Texten sicher eschatologisch zu verstehen: äthHen 58,2 (herrliches Los: Licht der Sonne und ewiges Leben); 99,10 (Rettung); slavHen 66,6 (leuchten siebenfach); 42,7 (Gericht ohne Ansehen der Person) .10 (Leben ohne Ende) .11 (ernten); 44,4 (am Tag des großen Gerichts sein Maß empfangen) und im Neuen Testament Lk 12,37 (sich gürten und dienen) .43 (über alle Habe setzen); Mt 5,12par Lk 6,23 (Freude wie Tob 13,16 BA); Jak 1,12 (Kranz des Lebens); Apk 14,13 (Ausruhen von den Mühen); 20,6 (der zweite Tod hat keine Macht; Priester Gottes und des Christus; Regentschaft); 22,14 (Vollmacht über den Lebensbaum; Eingehen in die Stadt). Bis auf die präsentische Aussage 1 Petr 4,14 sind mithin alle näheren Entfaltungen des „Selig" im Neuen Testament auf die eschatologische Zukunft bezogen. Im Judentum war diese Tendenz bereits sehr deutlich, im Alten Testament fehlt sie. Im Alten Testament und im Judentum war an dieser Stelle häufig von „Rettung" die Rede.

Im Judentum seltener, aber im Neuen Testament häufiger sind schließlich Makarismen, die nicht den Inhalt des Glücks beschreiben, sondern *Begründungen für das Seligpreisen* liefern (im Judentum: Sir 50,28 f. [30]; JosAs 16,14; im Neuen Testament: Mt 16,17: der Vater hat geoffenbart; Lk 10,23 f.par Mt 13,16 f.: Propheten und Könige sahen nicht; Lk 1,45; Apk 1,3; 14,13: die Werke folgen nach). – Im übrigen gilt für die Formgeschichte der Makarismen:

1. Aufgrund ihrer inhaltlichen Funktion (Darstellung einer soteriologischen Ganzheit) begegnen Makarismen sehr häufig in *Anfangsposition* von Texteinheiten (Ps 1,1; 32,1; 41,1; 106,3; 112,1; 119,1; PsSal 6,1; 10,1; Sib IV 24 ff. (Anfang der Botschaft der Sibylle); äthHen 58,2 (Anfang der 3. Bilderrede); 99,10; Sir 14,1; 14,20G; Mt 5,3; Lk 6,20; Apk 1,3), bisweilen auch *am Schluß* (Ps 2,12; Ps 84,13; Ps 127,5; 137,8; 144,15; HebrTestNaft 10,9; Dan 12,12; Apk 22,7). Besonders zu beachten sind die *Schlußpositionen von Büchern,* weil es da um das Hören und Bewahren der ganzen Schrift geht. So in Apk 22,7.

2. Da *Weisheit* als Gut gilt, wird deren Inhaber schon in frühen Texten unserer Literatur als selig bezeichnet (1 Kge 10,8; Prov 3,13; 8,32.34), dann in 4 Q 185. – Da es für die Seligpreisung dessen, der einer besonderen Offenbarung teilhaftig wurde, kaum ältere Vorstufen gibt, nehme ich an, daß die Seligpreisungen dessen, der Weisheit empfing, eine Art Analogie oder sogar Vorstufe zu Texten sind, in denen die seliggepriesen werden, denen Gottes *Geheimnisse enthüllt* wurden oder die diese schauen durften: JosAs 16,14: „Selig bist du, Asenath, denn Gottes Unaussprechlichkeiten sind dir geoffenbart"; 4Esr10,57: „Du bist selig vor vielen . . ."; Mt 16,17; Lk 10,23 f.par Mt 13,16 f. – Dem Kontext nach gehört auch Hen 82,4a dazu, denn den Gerechten wird die Astronomie geoffenbart.

3. Makarismen werden schon früh in *Reihen* überliefert, wobei aber in den älteren Texten das „selig" selbst weniger oft wiederholt wird, als die Reihe Glieder hat, d. h. ein „selig" steht für mehrere Dinge, die seligzupreisen sind. Und während in den älteren Texten Synonyma überwiegen, sind in den jüngeren (– wie auch in Mt 5,1–11) regelrechte *paränetische Reihen* als Makarismenreihen gestaltet. Hier ist eine ganz deutliche Verschmelzung mit der paganen paränetischen Reihe primär sozialen Inhalts zu konstatieren. – Beispiele:

Ps 119,1–3
Selig, die ihren Lebensweg makellos schreiten,
die wandeln im Gesetz des Herrn
Selig, die seine Weisung halten,
von ganzem Herzen ihn suchen,
die auch kein Unrecht begehen, da sie auf
seinen Wegen wandeln.

Bei insgesamt fünf Gliedern ist nur zweimal „selig" gesetzt. Inhaltlich sind die Aussagen synonym.

Sib IV 24–34

> Selig werden jene Menschen auf Erden sein,
> die den großen Gott lieben werden,
> ihn preisend, bevor sie trinken und essen,
> frommem Sinn vertrauend,
> die sich abwenden werden vom Anblick aller Tempel
> und Altäre, eitler Gründungen aus tauben Steinen,
> die befleckt sind mit dem Blute lebender Geschöpfe
> und mit Opfern vierfüßiger Tiere, vielmehr werden
> sie sehen auf die große Herrlichkeit des einen Gottes,
> weder frevelhaften Mord vollbringend
> noch gestohlenen, unendlichen Gewinn nehmend,
> was ja das Schlimmste ist,
> noch nach fremdem Lager schimpfliches Verlangen hegend,
> noch nach der verhaßten und schrecklichen Schändung
> von Knaben.

Nach Entfaltung des Hauptgebotes wird hier ein *paränetischer Lasterkatalog* geboten.

Alttestamentliche Reihen wie die in Ps 119 finden sich noch in Ps 84,5 f.; Ps 106,3; Sir 14,1 f. 20–27 G; Ps 32,1 f.; Ps 137,8 f.; 144,15; Tob 13,15–16 S (drei Makarismen); Hebr TestNaft 10,9; TestIsaak 2,5 ff.; Sap Sal 3,13 f.; Sir 25,8 f. [11 f.]. – Ebenfalls noch sehr allgemeine Angaben, aber mit Herausstellung des Sabbats, liefert Jes 56,1 f.

Kataloge von Seligpreisungen nach dem Vorbild *griechischer Paränese* liefert außer dem oben genannten Sib IV, 24 ff. (mit der Tendenz zur Betonung sozialer Verhaltensweisen) vor allem SlavHen 42,6–14 (V. 6 entfaltet das Hauptgebot, dann folgen: gerechtes Gericht; Bekleidung der Nackenden; gerechtes Gericht für Witwe, Waise und Gekränkte; in V. 13 folgt Barmherzigkeit). Im Neuen Testament ist hier Mt 5,1–11 zu nennen, welche Reihe inhaltlich den Antithesen der Bergpredigt zugeordnet ist, entsprechend auch das soziale Verhalten betont (5,5–7.9). Matthäus gibt also in erster Linie eine paränetische Reihe, und die Anfangsposition entspricht dem oben unter 1. Bemerkten. – Nun wenden wir uns der Formgeschichte der lukanischen Gestalt zu:

4. Da der Mensch, dem das „selig" gilt, in erster Linie „Typ" ist, wird der „Gegentyp" ebenfalls häufiger genannt und auch schon mit dem „Wehe" bedacht: Ps 1,1–3/4–5/6; Ps 112,1–9/10; Prov 8,34/35/36; Prov 14,21 (sündigt/selig); 28,14 (selig/Unglück); 29,18; Jes 3,10 (conj)/11 (selig/Wehe); Tob 13,14 (verflucht – gesegnet) .15 f. (selig. – Was die Gesegneten und die Seliggepriesenen tun, ist identisch); TestIsaak 2,5 ff. (selig/wehe); SlavHen 52,1 (selig/verflucht); Sib IV 24–34.35 (nie die anderen nachahmen); Apk 22,14/15 (Draußen die Hunde . . .); äthHen 99,10 (selig) .11–15 (anaphorische Wehe-Reihe); 82,4a (selig . . . und nicht sündigen wie die Sünder . . .); 103,5 (Wehe/selig ironisch vertauscht); Röm 14,22b/23; Lk 6,20–23/24–26. Das Ziel der Doppelkomposition bei Lukas ist – ganz anders

als bei Matthäus – die *Abgrenzung* der Angeredeten (daher auch die 2. Person Pl.) von solchen, die nicht hinzugehören. Während Matthäus im Laufe der Bergpredigt die Antithese zum Gesetz entfaltet, geht es bei Lukas viel deutlicher um das, was bei Mt dann auch (aber mit antipharisäischer Polemik) in K. 6f. zur Sprache kommt: um die scharfe Trennung zwischen solchen, die eine Zukunft haben, und solchen, die nichts erwarten dürfen.

5. Makarismen sehen in Züchtigung, *Leiden,* Trauer und Mangel bei denen, die zu Gott gehören, ein Merkmal dieser Zugehörigkeit (Dan 12,12: ausharren; PsSal 10,1: Prüfung, Zuchtrute, Schläge; Sap Sal 3,13: die Unfruchtbare; 3,14: der Eunuch; Lk 23,29: die Unfruchtbaren; Apk 14,13: die dem Herrn sterben (Märtyrer?); Tob 13,16: Trauer aufgrund von Züchtigung Gottes; Jak 1,12: Versuchung erdulden; 1 Petr 3,14: Leiden wegen Gerechtigkeit; 4,14: Geschmähtwerden im Namen Christi; Mt 5,12par Lk 6,23: Verfolgtwerden als Christ; Lk 6,20f.: Arme, Hungrige, Weinende, vgl. Mt 5,3f.).

In einem Teil der Belege geht es um Standhaftigkeit im Leiden (Ausharren) und um das Leiden wegen der Gerechtigkeit und des Christseins. Aber das Leiden selbst ist damit noch keine „Haltung", sondern ein Geschick. Um den vollen, überreichen Ausgleich zu diesem Geschick geht es den Makarismen hier (nicht um Belohnung des Duldens): Wer zu Gott gehört, hat mit Anteil am Widerspruch der Welt gegen Gott, hat aber deswegen auch Anteil an der Zukunft Gottes gegenüber der Welt.

6. Diese Deutung wird bestätigt durch zahlreiche Texte, in denen Makarismen auf den bezogen sind, der *überhaupt zu Gott gehört,* auf ihn vertraut, seinen Namen anruft (Ps 32,12; 34,9; 40,5; 84,13; 89,16; 146,5; Prov 16,20; Jes 30,18; PsSal 6,1; SlavHen 42,6; 52,1; Sib IV,24). Solche Makarismen richten sich an die Auserwählten. Von daher ergibt sich ein grundsätzlicher Zusammenhang zwischen Seligpreisungen für Bekehrte und Seligpreisungen für Empfänger von Offenbarungen (zu beidem vgl.: ThZ 28 (1972) 308–330). Der Seligpreisung der Augenzeugen in Mt 13,16par korrespondiert die Seligpreisung derer, die nicht mehr Augenzeugen sein können, sondern auf deren Zeugnis hin glauben in Joh 20,29 (vgl. dazu die Seligpreisung des Lesers am Schluß von Offenbarungsschriften [Berger, Auferstehung, 460 Anm. 113]); zu Apk 1,3; 22,7 vgl.: Jes 30,18; Dan 12,12 LXX; Sir 50,28f.

7. Eine besonders abgrenzbare Gruppe ist die Seligpreisung der *Prophetenmutter*: Lk 1,42.45.48; 11,27; SyrBar 54,10 und in zahlreichen Apokryphen (ThZ 28 (1972) 308 Anm. 16). Sie gilt dem Propheten selbst. Besonders an dieser Stelle wird eine Nähe zwischen Seligpreisung und Enkomion (s. § 99) erkennbar.

8. Eine bevorzugte Position von Seligpreisungen ist nach Schilderungen (z. B. nach Schilderung der Taten Gottes: Selig, wer auf ihn vertraut) oder nach Aufforderung (dann etwa: Selig, wer so handelt). Die Seligpreisung hat hier Kommentarcharakter.

9. Es fehlt nicht an *griechischen Analogien.* Am nächsten stehen dem

Neuen Testament griechische Gnomen, die als Makarismen formuliert sind: Euripides, Frg. 256 (Nauck): „Selig, der Verstand hat und Gott ehrt. Dieses wird ihm nämlich großen Gewinn bringen"; DM 82: „Selig, wer Besitz und Verstand hat. Denn er gebraucht das Vermögen gut dazu, wo es nötig ist"; KL 135: „Selig, wessen Beschützer der Gott ist"; DM 45: „Der Unrechttäter ist unseliger als der, dem Unrecht getan wird" (gr.: kakodaimonesteros). Besonders schön Hippokrates-Brief XI § 3 (ed. Hercher, S. 291): „Glückselig (gr.: *makarioi*) aber die Völker, die die guten Männer als ihre Waffen begreifen und nicht die Türme noch die Mauern, sondern die Ansichten weiser Männer." Dabei verdrängt das gr. *makarios* zunehmend die älteren *olbios* und *eudaimōn*.

Die meisten griechischen Makarismen sind persönliche Glückwünsche, deren Sprecher – anders als in jüdischen und christlichen Texten – keine besondere Autorität für sich beanspruchen. (Auch Sätze wie Lk 14,15 sind freilich von Glückwünschen nicht zu unterscheiden, ähnlich Slav-Hen 61,3; Apk 20,6). In den Epinikien (Siegeslieder) und Epithalamien (Hochzeitslieder) „herrscht die preisende, lobende Feststellung gegenwärtigen Glücks vor" (Chr. Kähler, 1974, 76). Daneben stehen Seligpreisungen Gestorbener zur Kennzeichnung des eigenen Unglücks (häufiger auch in die apokalyptische Literatur eingedrungen). Eindeutig griechischen Ursprungs ist auch jeweils die Verwendung von *Komparativen* (dazu: Act 20,35f.) und Steigerungen durch „dreimal" (z.B. Sib VIII 163f.). – Das Normative tritt im paganen Bereich zurück; Überschneidungen bietet aber vor allem die Gnomik.

10. Ausweislich Mt 5,11f; 1 Petr 4,13f; Jak 1,2/12 geht der Makarismus nicht nur auf künftigen Lohn, sondern hat in der Freude ein präsentisches, ekstatisch-charismatisches Element.

11. Aufgrund ihrer einprägsamen rhetorischen Gestalt (bedingt durch die regelmäßige Vorweg-Stellung des „selig" und durch den umfassenden semantischen Gehalt dieses einen Wörtchens) werden Seligpreisungen auch im Neuen Testament gezielt und an hervorragender Stelle verwendet (Mt 5,1ff.; Lk 6,20ff.; Röm 4,7f.; 14,22; Lk 11,28). Typische Situationen der Verwendung sind: a) Bewältigung der Situation von *Leiden und Armut,* b) Ermunterung zur Bewahrung der wichtigsten *Grundsätze* des Verhaltens, c) Proklamation der *Hinwendung zum Christentum als Wert und Glück.* Angesichts der weitgehenden Unaufweisbarkeit des erworbenen Heils werden die Makarismen zu wichtigen Instrumenten, christliche Hoffnung zu formulieren. d) Die Seligpreisung der *neu Hinzugekommenen* wird nicht nur durch den protreptischen Charakter von Mt 5,1ff.; Lk 6,20ff. bezeugt, sondern auch durch das Zitat von Ps 32 in Röm 4,7f. (Abraham als Prototyp dessen, der sich im Glauben Gott zuwendet). Um die *grundsätzliche Zugehörigkeit* zum Christentum geht es in Mt 11,6; Lk 7,23 (sich nicht an Jesus ärgern); Apk 22,14 (Gewänder waschen) und dann auch in den Texten, die vom Hören und Bewahren bzw. Nicht-Abfallen (Jak 1,12) reden.

Im Judentum: Philo, PraemPoen 152: „Der Proselyt aber . . . bewundert und selig-gepriesen (makarizomenos) ist er wegen der zwei schönsten Dinge: weil er zu Gott übergelaufen ist und weil er als das angemessenste Geschenk einen festen Stand im Himmel erhalten hat."

§ 53 Mahnung und Schelte

Lit.: L. MARKERT: Struktur und Bezeichnung des Scheltworts. Eine gattungskritische Studie anhand des Amosbuches (BZAW 140), Berlin 1977. – ANRW S. 1283–1285.

Mit L. Markert verstehe ich unter Schelte die *Kritik an vorausliegenden Handlungen.* Formal besteht diese in der Anrede an die 2. Person Plural (die meist Subjekt der Handlung war) und dem Vorwurf (negative Darstellung von Handlungen, deren Subjekt die Angeredeten waren). Es geht hier also nicht um Wünsche, Befehle und Absichten, sondern um Feststellungen, die freilich auch als rhetorische oder emphatische Fragen formuliert sein können. Das Vorwurfsvolle ist regelmäßig auch an der Semantik erkennbar. L. Markert hat zutreffend herausgestellt, daß die Situation, auf die sich Schelten dieser Art beziehen, nicht der forensische Bereich ist, sondern: im täglichen Leben dem Täter seine verkehrten Handlungen nahezubringen. Daß Scheltworte mit Unheilsankündigungen nicht per se etwas zu tun haben, zeigen gerade neutestamentliche *Verbindungen von Schelte und Mahnung.* – Schelte ist schließlich auch ein Element der Diatribe/Dialexis (vgl. dazu R. Bultmann, Diatribe S. 52).

a) *Schelte intensiviert die Mahnrede:* Die beiden geläufigsten Mittel der Schelte, tadelnde *rhetorische Fragen* („Was tust du . . .?") und *Schimpfnamen,* begegnen bereits dann häufig, wenn die Mahnrede durch Schelte eindringlicher wird. Mt 7,3–5 fragt: „Was siehst du den Splitter . . . Oder wie kannst du deinem Bruder sagen . . .?", und redet den Hörer an: „du Heuchler!" Ähnlich wird im Schlußverfahren Lk 12,26.28 tadelnd gefragt: „Was macht ihr euch Sorge?", die Hörer werden als „Kleingläubige" angeredet. – Dieselben Mittel und außerdem noch Sentenz und Schriftzitat sowie den Aufweis der Erfolglosigkeit des verkehrten Handelns verwendet Jak 4,1–6 als Einleitung für die Mahnung in 4,7–10; die Mahnung in V. 7 wird eingeleitet: „Unterwerft euch also Gott". – Die umgekehrte Folge, erst Mahnung und Schelte dann in der *peroratio,* verwendet Jak 4,11–12 („Du aber, wer bist du, daß du den Nächsten richtest?"). Apk 3,17 f. (Weil du . . . rate ich dir . . .) ist Abfolge von Schelte und Umkehrforderung. In Gal 4,8–12 dient Schelte als Warnung vor dem Rückfall der Vorbereitung der mit V. 12 beginnenden positiven Mahnrede.

Die Funktion der Verstärkung hat Schelte auch in Mk 14,37 f.; Mt 26,40 f., und zwar hier im Gewand der Erzählung: Der Tadel an Petrus („Simon, schläfst du? Konntest du nicht eine Stunde mit mir wachen?" ähnlich Lk 22,46: „Was schlaft ihr?") bereitet die Aufforderung V. 38 vor („Wachet und betet, damit . . ."). Diese Aufforderung wird durch das negative exemplum des Petrus einprägsam.

In Mk 10,1–11par Mt 19,4–8 findet sich – wie in der Chrie Mk 7,1 ff. – ein Element der *Schelte vor der neuen Weisung Jesu:* Die alte Weisung über den Scheidebrief war wegen „eurer Herzenshärte" gegeben (Mk 10,5; Mt 19,8); ähnlich werden die Gegner in Mk 7,6–13 getadelt, bevor Jesus in V. 15 die neue Weisung gibt. Dem Leser bedeutet dieses: die eigene Regel wird durch Abgrenzung und Kontrast hervorgehoben.

Als intensive Form der Belehrung begegnet die Verbindung von Scheltwort (Satan) und Aufforderung (Nachfolge) in Mk 8,33par Mt 16,22 f. Petrus ist für die Gemeinde eindrückliches negatives Vorbild für die Mahnung, sich in Bekenntnis und Existenz mit der Abfolge von Niedrigkeit und Hoheit des Menschensohnes und der durch ihn repräsentierten Gemeinde einzuleben. Davon zu unterscheiden ist die Schelte, die einer besonders wichtigen Belehrung vorangeht, aber dabei vielleicht auch das Verhalten kritisiert: Mk 9,19.28 f.par Lk 9,41. – Ein festes Element in Offenbarungsdialogen und in anderen Offenbarungsvorgängen ist die Hörerschelte (vgl. § 18.71). In Mk 4,38–40 findet sie sich auch nach einem Machterweis Jesu (V. 40): Sie weist auf das Wunder und fordert Glauben. Wie die Hörerschelte ist sie hinweisend (vgl. ähnlich auch Mk 5,39; Act 1,11 usw.) und leserbezogen.

b) *Schelte, Mahnung und Unheilsankündigung:* Die Mahnung wird in diesen Fällen noch intensiver begründet. In Jak 5,1–6 besteht sie gar nur noch in der Aufforderung, über sich zu weinen (vgl. Lk 23,28), worauf Ankündigung des Unheils (V. 2–4) und Schelte (V. 4–6) folgen. – Besonders in den Briefen der Apk ist die Abfolge von *Schelte, Mahnung* und *bedingter Unheilsankündigung* häufig zu finden (vor allem in den Briefen I, III, V und VII), so z. B. in Brief VII (3,15: Schelte, V. 16: Schelte und Unheilsankündigung, V. 17: Schelte, V. 18: Mahnung: Ich rate dir, V. 19: Begründung und Mahnung, V. 20: bedingte Heilsansage). Dieselben Aufbauelemente von Schelte, Mahnung und bedingter Unheilsansage finden sich auch in der Täuferpredigt nach Q (Mt 3,7–10; Lk 3,7–9). Gewisse Analogien dazu bietet Ps.-Philo, AntBibl 22,5–6 (*Schelte:* Warum . . . nicht? Es folgt ein exemplum. *Mahnung:* Geht jetzt hin . . . Schluß: Doppelteilige bedingte *Heils-* und *Unheilsankündigung*).

c) *Schelte und Unheilsankündigung:* Auch wenn es hier Berührungspunkte mit dikanischen Texten gibt (begründete Unheilsankündigung), liegt dennoch ein symbuleutischer Text vor, wenn die Täter noch selbst angeredet werden (2. Person) und wenn es sich um ein generelles, nicht abgeschlossenes Verhalten handelt. In Mt 12,33–37 ist der symbuleutische Charakter noch ganz deutlich, da es sich trotz der eindeutigen Schelte in 12,34 um bedingte Heils-, bzw. Unheilsansage handelt. In der *Weherede gegen die Pharisäer,* die zunächst für den Abschnitt Mt 23,13–33 in den Blick genommen sei (vgl. Lk 11,39–48), ist das „Wehe" jeweils die Unheilsansage, die mit Schelte und Schimpfwörtern (z. B. blinde Blindenführer) begründet wird. Gerade aus 23,33 wird jedoch deutlich, daß es sich nicht um eine Verurteilungsrede handelt, sondern um eine Umkehrrede: „Schlangen, Natternbrut, wie wollt ihr fliehen vor dem Gericht der Hölle?" Eine ähnliche Frage stellte auch der Täufer in seiner Umkehrpredigt (vgl. oben unter b) in Mt 3,7; Lk 3,7: „Nat-

ternbrut, wer hat euch gezeigt zu fliehen vor dem kommenden Zorn?" –
Ein besonderes Problem ist freilich das anschließende Vaticinium Mt
23,34–39par Lk 11,49–51; 13,34f. Hier ist mit den Vaticinien in Mk 14,21
parr; Lk 17,1 und der Verbindung von Umkehrmahnung und Vaticinium in
Lk 23,28–31 zu argumentieren: Es kann kein Zweifel daran bestehen, daß
das angesagte Unheil kommt und auch den Schuldigen trifft (vgl. die Argumentation a minore ad maius mit dem grünen Holz und dem dürren Holz in
Lk 23,31). Trotz dieser Unausweichlichkeit wird der Umkehrruf in der Gegenwart erhoben, damit die Angeredeten sich wenigstens einzeln aus der
massa perditionis lösen und dann, wenn das Unheil kommt, entweder gerettet werden (in Lk 17,34–36 offenbar nach Analogie Lots gedacht als Abge-
holtwerden und Ermöglichung der Flucht durch Engel, die jedenfalls ausson-
dern, vgl. Mk 13,27) oder doch das Leiden dann unter der Perspektive des
Christen sehen. Kurzum: Als Rede Jesu ist Mt 23 eine Umkehrrede; die Verbindung von Schelte und Unheilsankündigung hat symbuleutischen Charakter.

Schelte und Unheilsansage in Form eines Vaticiniums werden verbunden in
Lk 19,41–44; Mt 23,37–39. Die Schelte wirft der Stadt vor, daß sie so oft
nicht hören wollte, das Unheil ist die Zerstörung. Dieses Wort kann symbuleutisch gemeint sein: Dann geht es um den Aufweis der Verknüpfung von
Ungehorsam und Untergang, um dennoch zum Hören zu bewegen. Das Wort
kann aber auch im Sinne dikanischer Sätze verstanden werden, denn die Verbindung von Schelte und Unheilsansage ist auch im Neuen Testament (vgl.
Apk 18,21b–23a/23b–24) als begründete Unheilsansage belegt. Die Ambivalenz dieser Form ist möglicherweise ein entscheidender Hinweis darauf,
mit welchen Argumenten man Jesus beseitigen wollte. Denn das ,,Prophe-
zeien gegen Jerusalem" ist sowohl im Alten Testament als auch – ausweislich
des jüdischen Martyrium des Jesaja – nach Ansicht des Judentums des öfteren Todesursache für mißliebige Propheten gewesen, vgl. Jer 26,11.20–24
und AscJes 3,6f.10; 5,1. Das ,,Prophezeien" wird dann als Mißbrauch der
prophetischen Vollmacht zu Segen und Fluch verstanden. (Vgl. Berger, Auferstehung, S. 630 Anm. 578f.)

Jak ist nur Beispiel für die intensive Verwendung von Schelte in neutestamentlichen Briefen (zum Arsenal der Schelte in hellenistischen Briefen vgl.
die Zusammenstellung in ANRW S. 1345–1347). Die Verwendung von
Schelte und epistolarer Mahnrede begegnet vor allem in 1 Kor. In K. 3 sind
Elemente der Schelte V. 1–4.16, Mahnrede, zum Teil als bedingte Unheilsankündigung (V. 17), die VV. 17–21. In 1 Kor 5 geht die Schelte (V. 1–6)
der Mahnrede voraus (V. 7–13). Hier erfahren wir auch den Fachausdruck:
entropē. Den Ausdruck verwendet Paulus in 4,14 (nicht um euch zu beschä-
men . . .); 6,5 und 15,34. Es handelt sich jeweils um Scheltrede.
Wenn die Unheilsankündigung vom Sprecher auf sein eigenes mögliches
Tun bezogen ist, kann man auch von Drohung sprechen. Das ist vor allem in

Briefen der Fall: 3 Joh 10 (Wenn ich komme . . ., werde ich x tun, da er y tut); ähnlich 2 Kor 10,1–11 (verbunden mit einer Systasis in V. 12–18) und 13,1–10.

Die Abfolge von Schelte und Mahnung ist jedenfalls auch für *Bekehrungspredigt* belegt: Act 14,15–17 setzt ein mit dem Tadel an der Menschenvergottung (Was tut ihr da?), um mit der Aufforderung zur Bekehrung fortzufahren. Ähnlich ist Act 8,20–21/22 (mit der die Schelte wieder aufnehmenden Begründung V. 23) aufgebaut (Rede an Simon Magus). Zu den Briefen in Apk vgl. oben in b).

d) *Erweisworte.* „Aus dem zweigliedrigen begründeten prophetischen Ankündigungswort wird das dreigliedrige Erweiswort, dessen eigentliche Intention nicht mehr die bloße Ankündigung eines Geschehens ist, sondern durch die Ankündigung hindurch der Hinweis auf den von Menschen zu erkennenden geschichtlichen Selbsterweis Jahwes in seinem Handeln" (W. Zimmerli, Das Wort des göttlichen Selbsterweises (Erweiswort), eine prophetische Gattung, in: ders.: Gottesoffenbarung. Gesammelte Aufsätze, ThB 19, München 1963, 120ff.124). Als Beispiel sei 1 Kge 20,13.28 genannt. Neu ist jeweils eine Formel mit dem Aufbau *„so daß sie erkennen, daß ich es (oder x) bin".* – Im Neuen Testament ist diese Gattung in Apk 2,20–23b erhalten: 2,20b–21 ist die Schelte, 2,22–23a die Unheilsankündigung, 2,23b die Erkenntnisformel. Neu ist gegenüber der alttestamentlichen Gattung nur der Bedingungssatz in V. 22, der die Unheilsansage zu einer bedingten macht. – Vgl. auch Joh 8,28 (auf Gottes Gesandte bezogen sind Erweisworte auch schon Sach 2,13b.15b belegt). – Im Judentum: Sib III 556f.

e) Scheltrede ist im Neuen Testament aus einer Reihe variabel kombinierbarer Bausteine gestaltet, die aber auch einzeln begegnen können. Diese sind vor allem: Schelte als indikativischer Aufweis negativen vergangenen oder gegenwärtigen Verhaltens; Frage als rhetorische Frage an das Gegenüber, die ihn zum Nachdenken anregen soll; Schimpfwort (Tiernamen: Natterngezücht; moralische Disqualifikation: Ehebrecher etc.), das das Gegenüber entlarven und in seiner Selbstgewißheit verletzen soll; Gerichtsansage: Ohne Bedingung verkündete Darstellung des künftigen Ergehens; Mahnwort: Neben die Scheltrede tritt häufig die Anweisung, wie es besser zu machen sei; Kennzeichensatz (vgl. § 51,10b) qualifiziert das Vergehen im Sinne sozial anerkannter Normen; ähnlich wirkt die qualifizierende Beurteilung. Schließlich ist das Wehewort eine Unheilsansage, die mit oder ohne Bedingung verwendet wird. – Alle diese Teilstücke begegnen in Zusammenhängen, in denen Scheltrede dominiert, doch können Schelte und rhetorische Frage dieses Inhalts auch einzeln begegnen. Im Ganzen ergibt sich für das Neue Testament folgendes Bild:

a) reine Schelte: als Anklage Act 5,28 mit der Gegenanklage 5,30 und Zeugenaussage 5,32; 6,11.13 f. (Zeugenaussagen); 16,20 f.; 24,5–8 (gegen Paulus).9. – Narrative Darstellung des Versagens: Mt 21,32; Jak 2,2–3; ironisch: 2 Kor 11,4.19 f.; wiederum als juridischer Vorgang mit Zeugenaussage: Act 2,22 f.32 f. – Als Vorwurf der Schriftunkenntnis: Mk 2,25; 12,10; Mt 12,3.5.7; 21,42; 22,29.31. Die Funktion ist sehr deutlich, der Gegenseite die Schrift als Argumentationsbasis zu entwinden.

b) Darstellung Dritter (und Gerichtsansage über sie oder Beurteilung): 1 Kor 15,34b (reine Beurteilung); Jud 5–11 (mit Weheruf und Gerichtsansage).

c) Frage oder Beurteilung, die widersprüchliches Verhalten aufdecken: Lk 6,41.46; Act 23,2; Röm 2,21–23 und Mt 23,15.23.24.25.27.29–31.

d) Rhetorische Fragen mit Schelt-Charakter: (AT: Prov 6,9: „Wie lange noch . . .?"); Lk 6,46; Mt 6,28; Jak 2,4; Gal 4,9.15 f.21. Man beachte, daß der Ruf „Wie lange noch . . .?" sowohl in der Klage (Apk 6,10 usw.) wie in der Schelte (Mk 9,19) begegnet und auf eine urtümliche Verwandtschaft beider Gattungen weist. – Als kritische Gegenfrage in Chrien: Mk 12,5. – Wie wollt ihr dem Gericht entgehen?: Röm 2,3; Mt 23,23; Mt 3,7b; Lk 3,7b.

e) Schelte + Gerichtsansage: Lk 11,47–51 (mit Wehe); 10,13–15 (mit Wehe); Apk 3,15–16; 2,20b–23 (das Gericht ergeht über Dritte). Anders: Lk 12,20.

f) Schimpfwort + Gerichtsansage: Mt 12,38–42; Lk 11,29–36 („ehebrecherisches Geschlecht", Zeichenverweigerung, Gericht).

g) Schimpfwort + Schelte: Mt 23,13.15.23–32par außer 23,26.

h) Schimpfwort + Frage: Mt 23,33; 23,19; Mk 9,19; Mt 12,34 (+ Sentenz); Act 13,10 (Sohn des Teufels . . . hörst du nicht auf . . .?), Gal 3,1–5.

i) Schimpfwort + Frage + Mahnwort: Lk 12,56–58 (Versöhnung); Mt 3,7–8 (Umkehr); Lk 3,7–8 (Umkehr) (beide mit Gerichtsansage).

j) Schimpfwort + Mahnrede: Mt 23,26.

k) Frage + Schimpfwort + Mahnrede: Mt 7,3–5 (Splitter und Balken); Mt 6,28–34 (Kleingläubige!).

l) Frage + Schelte: 1 Kor 4,7 f. (V. 8 ironisch).

m) Frage + Gerichtsansage: Act 5,9.

n) Schelte + Mahnwort: Jak 4,13 f./15. Die Mahnung ist auf Umkehr bezogen in folgenden Fällen: Apk 2,4 f.; 3,1–2.2b–3; 2,14 f./16; Act 3,12–18/19; 8,20 f./22.

o) Schimpfwort + Frage + Schelte: Act 7,51–53.

p) Schimpfwort + Frage + Gerichtsansage: Act 13,10.

q) Schelte + Schimpfwort + Frage + Mahnung: Lk 11,37–41, verwandt: Schelte + Schimpfwort + Frage + Kennzeichensatz: Jak 4,2–4.

r) Schelte + Frage + Tadel: 1 Kor 11,17–22.

Die Übersicht zeigt die hohe Anteiligkeit der Logienquelle, die Ausnahme vom paulinischen Sprachgebrauch in Gal 3 f. und die Verwandtschaft von Jak, Apk und des auf Juden bezogenen Teils der Acta mit der Logienquelle. Die Verbindung mit Mahnworten ist relativ selten belegt (i, j, k, n, q). Sie ist dann oft auf Umkehr bezogen. Wichtig sind aus den neutestamentlichen Scheltreden weiterhin folgende Gesichtspunkte:

1. Ein fester Topos ist der Hinweis auf den Rückfall ins Anfängerstadium (1 Kor 3,1–3; Hebr 5,11–14; Gal 1,6 f.; 3,1–5; 4,9–11: Rückfall ins Heidentum); Abirrung: Gal 1,6 f.

2. Mit Argumentation verbunden ist Schelte in Mt 23,16–22; Jak 2,2–7; 4,13 f. (Kürze des Lebens); Lk 12,20 („. . . heute Nacht"), besonders aber in 1 Kor 3,1–3/4–15. Man erkennt hier geradezu, wie Paulus bemüht ist, Positives in der Gemeinde aufzubauen. Häufig ist bei Paulus die Wendung „Wißt ihr nicht, daß . . .?", mit der das Getadelte als Mangel an Belehrung chiffriert wird, die Paulus nun bietet (vgl. 1 Kor 3,16; 5,6; 6,2; 6,3.9.15.16.19). Es handelt sich in erster Linie um ein Signal für die Leser, vergleichbar der oben unter a) genannten Schriftunkenntnis.

3. Bedeutsam ist auch Schelte, die auf dem Gegensatz Gott/Mensch aufbaut: Mk 11,17; Mt 21,13; Lk 16,14f.

4. Schelte hat sehr oft symbuleutischen Charakter; jedoch ist in Act 13,10f.; 5,9 mit der Schelte auch sofortiges Gericht verbunden, in Act 8,24 wird dieses durch Gebet abgewendet.

5. In Röm 1,18–2,29 liegt eine besonders interessante Verbindung von Erzählung über Gottes richtendes Handeln und Scheltrede/Bekehrungspredigt vor:

a) 1,18–32 ist eine narrative Darstellung dessen, wie Gottes Zorn sich offenbart und geoffenbart hat: Die Menschen haben Gottes Erkenntnis niedergehalten und sind deswegen von Gottes strafendem Handeln der Sünde überantwortet worden („übergeben" in 1,24.26.28). Ähnlich besteht bei den Gefäßen des Zorns nach 9,22 eine Verbindung von Ungehorsam und Verstockung. In der bestehenden Verstrickung in heidnische Laster (1,30f.) wird Gottes Zorn erkennbar.

b) 2,1–29 ist der Gattung nach zunächst als Scheltrede mit dem Zweck der Bekehrung zu bestimmen, und zwar in 2,1–16 für alle Menschen, ab 2,17 speziell für Juden. Das Material (Fragesätze, Darstellung der Gerichtsnormen) begegnet sonst auch in Umkehrreden, vgl. besonders Röm 2,3 mit Mt 3,7par Lk 3,7. – Die indikativische Form ist, als Schilderung des Fehlverhaltens, Scheltrede als Aufforderung zur Umkehr.

c) Jedoch was soll eine Umkehrpredigt an dieser Stelle des Röm? Außerdem aber ist die Voranstellung einer Gerichts- und Verstockungsschilderung wie 1,18–32 formgeschichtlich singulär. Denn das bedeutet doch: Weil Gott schon verstockt hat, ist die Möglichkeit zur Umkehr gar nicht zu nutzen. Es gibt hier gar kein Entfliehen. Das aber bedeutet: Die Indikative in 2,4f. sind im eigentlichen Sinne zu verstehen. Durch Voranstellung der Aussagen über die Verhärtung des Sinnes muß der Indikativ gegen die in der Gattung sonst übliche Bedeutung wörtlich verstanden werden. Daher dann auch die indikativischen Aussagen in 2,12–16. Die Ursache für diese Unentrinnbarkeit ist die in der Verstockung wirksame Offenbarung des Zorns (1,18). Erst durch die Offenbarung der Gerechtigkeit wird dieser Zustand aufgehoben (3,21).

§ 54 Unheilsansage als Mahnung

Der symbuleutische Charakter von bedingten Unheilsansagen (s. oben § 51.8) und Mahnungen zur Vermeidung von Unheil („damit nicht . . .") (s. oben § 51.8c) wurde bereits ermittelt. Ebenso ließ sich bisweilen eine gewisse Selbständigkeit von Unheilsschilderungen gegenüber den zugeordneten Mahnungen beobachten (Lk 13,24a/24b–30 par). Das gilt wohl auch für die Aufforderungen, zu weinen angesichts des kommenden Unheils in Lk 23,28/29–31; Jak 5,1/2–6. – Hier geht es nun um *Unheilsansagen, die schon für sich genommen symbuleutischen Charakter tragen:*

1. Weherufe: Daß die Weherufe in Lk 6,24–26 nicht Verurteilung Außenstehender sind, zeigt nicht nur die „ihr"-Anrede, sondern auch die Schilderung der Jerusalemer Gemeinde in Act, die nur unter der Bedingung, daß reiche Gemeindemitglieder ihre Habe zur Verfügung stellten, funktionieren konnte und die von Lukas offenbar als Idealbild auch für seine Gegenwart gedacht ist. Die wiederholten Mahnungen zum Besitzverzicht gerade bei Lukas wären Zynismus, bestünde die Gemeinde nur aus bettelarmen Menschen.

Die *Weherufe* in Lk 17,1; Mt 18,7 (Ärgernisse müssen kommen, wehe dem aber, durch den . . .) sind direkt strukturanalog Mk 14,21 (der Menschensohn geht hin, wie geschrieben, aber wehe dem Menschen, durch den . . .), und man kann vermuten, daß beides Parallelversionen sind, verschiedene Entfaltungen derselben Tradition. Der Widerspruch, daß ein Unheil kommen muß und dennoch davor gewarnt wird, besteht nur für uns Heutige. Für das Neue Testament geht es hier nicht um eine Reflexion über die Freiheit des Einzelnen, sondern um den Zusammenhang zwischen Bosheit und eschatologischem Verhängnis. Beides ist Ausdruck der Gottferne. – Von den im folgenden zu behandelnden Unheilsansagen über Städte sind Mt 11,21; Lk 10,13 als Wehe-Worte formuliert. Auf den symbuleutischen Charakter des Wehe in Mt 23; Lk 11 wurde bereits verwiesen. Auch Weherufe wie Mk 13,17 haben Anweisungsfunktion („Seht zu, daß ihr dann nicht schwanger seid . . .").

2. *Unheilsansagen gegenüber Städten.* In Lk 10,13–15; Mt 11,20–24 cf. Mt 10,15 werden die Orte von Jesu Wirken im Vergleich zu Tyrus, Sidon und Sodom beurteilt, und es wird ihnen größeres Unheil angesagt. Der Aufbau der Worte wiederholt sich: Name der Stadt / andere hätten angesichts des Gebotenen längst positiv reagiert / aber ich sage euch / Name derer, denen es erträglicher im Gericht gehen wird. – Für den Sitz in der Geschichte des Urchristentums ist entscheidend hier die Beziehung zwischen charismatischen Taten (Mt 11,21.23) und Unheilsansage: Wer Zeichen und Machttaten vollbringt, kann als Charismatiker auch Unheil ansagen. Diese Sätze gehören in die Tradition der „Wort gegen Städte" (vgl. dazu oben § 53c). Für Mt 11,23; Lk 10,15 ist Jes 14,13.15 der Hintergrund: Hier gilt vom König von Babel (und damit von Babel), daß er zum Himmel hinaufsteigen wollte, aber in die Tiefe hinabstürzte. Der Gattung nach handelt es sich ausweislich des „Ach!" in Jes 14,12 um ein *politisches Leichenlied.* Das „Ach!" begegnet in Mt 11,21; Lk 10,13 als „Wehe" wieder. Nur ist aus dem Element der politischen Leichenklage inzwischen eine vom Trauer-Ritual gelöste *Unheilsansage* überhaupt geworden. Unter dem Aspekt der „Stadt" gehört auch Lk 19,41–44; Mt 23,37–39 hierher (vgl. oben).

3. *Die Darstellung des Gerichtsverfahrens* selbst ist motivierende Mahnrede: Für die Schilderung des Gerichtes in Mt 25,31–46 gilt das, weil die Kriterien des Gerichtes im einzelnen dargestellt werden. Lk 17,34–36par Mt 24,40f. rufen zur Entscheidung jetzt angesichts der dargestellten strikten Scheidung von Gerechten und Ungerechten. In beiden Fällen nehmen wir die Kriterien für die Gattungszuweisung aus der Annahme, daß eine bestimmte

Wirkung auf den Leser beabsichtigt sei. Diese Annahme stützt sich auf die antithetische Aussagestruktur (der eine . . . der andere) und deren „rhetorischen" Charakter. Auch die lebendige Schilderung des Gerichtsvorgangs in Lk 13,25–29 hat jedenfalls unter damaligen Voraussetzungen eine ähnliche rhetorische Wirkung.

Isolierte kurze Gerichtsschilderungen sollen die Hörer vor kommendem möglichem Unheil warnen oder, wenn es deutlich ist, daß man sie für ungerecht hält, sie mit ihrer Verurteilung durch das Gericht konfrontieren. In diesem Sinne fasse ich die Aussage Mk 14,62par Mt 26,64; Lk 22,69 in ihrer Funktion im Kontext auf (Menschensohn). – Mit Sicherheit ist Apk 1,7 f. so zu deuten („Siehe, er kommt . . ."), und der Satz entspricht an dieser Stelle den Anfängen von prophetischen Büchern (Am 1,2; Mi 1,3; Nah 1,2; Zeph 1,2–6.7; äthHen 1,3b–9, bes. V. 9; vgl. dazu auch Berger, Exegese, 29).

Man vergleiche die Gerichtsankündigungen in Mk 14,62 („Ihr werdet sehen den Sohn des Menschen zur Rechten sitzend der Macht und kommend mit den Wolken des Himmels") und Apk 1,7 („Siehe, er kommt mit den Wolken, und es wird ihn sehen jedes Auge und welche ihn durchbohrt haben, und es werden wehklagen über ihn . . .") sowie Jud 14 f. („Siehe, gekommen ist der Herr mit seinen heiligen Scharen, zu machen Gericht mit allen . . . und zu überführen alle . . ."). Gemeinsam ist die intensive symbuleutische Funktion.

Die knappe Schilderung des Nacheinander von *Unbekümmertheit* und *plötzlichem Verderben* in 1 Thess 5,2b–3 dient der Gemeinde zur Abgrenzung und Warnung (zum alttestamentlichen Hintergrund vgl. § 56).

4. Der *Vergleich* als Mittel symbuleutischer Unheilsansage. Es geht jeweils darum, daß andere, die als Sünder bekannt waren, im Gericht besser wegkommen werden als die von Jesus gerade Angeredeten:

Mt 21,31 f.: Zöllner und Dirnen gehen euch voraus in das Himmelreich. – Mt 12,38–45 par Lk 11,29–32: Die Niniviten werden dieses Geschlecht verurteilen, weil sie sich bekehrt haben; ebenso die heidnische Königin von Saba. Und dabei ging es doch damals nur um Jona bzw. Salomo. Um wieviel mehr müßten sich die Angeredeten jetzt bekehren (Analogie zu den Schlüssen a minore ad maius des Hebr). – Lk 10,13–15; Mt 11,20–24; Mt 10,15; Lk 10,12: Den Städten Tyrus, Sidon und Sodom wird es erträglicher gehen als denen, die Jesus ablehnten bzw. seine Boten abwiesen. Der Grund für diesen Komparativ ist möglicherweise derselbe wie in Mt 12,38 ff.: Das abgewiesene Heil ist größer.

Das Mittel des Vergleichs *(Synkrisis)* dient dazu, die Hörer auf die einzigartige Qualität des Augenblicks aufmerksam zu machen.

Vom symbuleutischen Charakter derartiger Unheilsansagen zeugt besonders Lk 11,29–36. Denn hier ist dank lukanischer Komposition die *Unheilsansage* durch einen Aufforderungsteil erweitert, der am Ende sogar mit einer Heilsansage endet: V. 29–32: Unheilsansagen über dieses böse Geschlecht, V. 33 Gleichnis von der Lampe, V. 34 Gleichnis vom Auge als dem Licht des Leibes. (Beide Gleichnisse weisen auf die Notwendigkeit zu hören hin: Jesus ist das Licht, zum Sehen bestimmt, und es kommt darauf an, ein Aufnahmeorgan für dieses Licht zu besitzen); V. 35: Der Leib wird ganz Licht sein, wenn man ihm dieses nur zugänglich macht: Indem man sieht und hört, was Jesus tut. V. 35 ist die Aufforderung: „sieh nun zu, daß . . .“. – So ist über diesen Imperativ aus der Unheilsansage die Möglichkeit zum Heilsgewinn geworden.

§ 55 Weheworte

Lit.: C. HARDMEIER: Texttheorie und biblische Exegese. Zur rhetorischen Funktion der Trauermetaphorik in der Prophetie, 1978. – E. OTTO: Die Stellung der Wehe-Worte in der Verkündigung des Propheten Habakuk, in: ZAW 85 (1973) 156–167.

„Wehe" ist alttestamentlicher *Klageruf* bei der Totenklage (1 Kge 13,30; Jer 22,18; 34,5). Vom 8. Jh. v. Chr. an übernehmen Propheten diesen Klage-ruf als Redeeröffnung, und zwar für verschiedene Gattungen. Mit dieser Ein-leitung wird jedenfalls die Aufmerksamkeit geweckt, überdies wird ange-kündigt, daß ein Grund zur Trauer besteht oder bevorsteht. Wenn so Toten-klage angestimmt wird (z. B. Am 5,16 f.), gilt sie dem (bevorstehenden oder verdienten) Unheil. Es ist Funktion des Wehe als Einleitung, „die Unheils-gewißheit emotional-affektiv mitvollziehbar zu machen" (C. Hardmeier). Wichtig auch für das Neue Testament ist, daß es nicht „die" Gattung prophe-tischer Weherufe gibt; Hardmeier konnte für Am 5,18–20 ein „Disputa-tionswort", für Am 6,1.3–7 ein begründetes Unheilswort so eingeleitet se-hen. Wichtig ist ferner, daß das „Wehe" dem Wesen nach *nicht appellativ* und nicht drohend, sondern *expressiv* ist. Wegen des fehlenden drohenden Cha-rakters ist auch die Übersetzung „Wehe dem . . ." zunächst unangebracht. Erst wo wirklich der Dativ steht, ist auch die Todesmetaphorik konsequent eingedrungen, denn dann gilt das Wehe dem sozusagen Toten. Wo kein Dativ stand, war das Wehe nur allgemein Ausdruck der Trauer. Damit unterschei-det sich das Wehe vom prädikativ zu gebrauchenden „selig", und dieses be-dingt auch eine ganz andere Geschichte der mit Wehe eingeleiteten Gattungen (beim „selig" handelt es sich im großen und ganzen um *eine* Gattung).

Die Verbindung von Weherufen und Seligpreisungen, wie sie in Lk 6,20–26 vorliegt, ist jedenfalls nicht sehr verbreitet. In einem emendierten Text gilt sie für Jes 3,9 f. (Ge-rechter/Frevler) (nur MT), sie findet sie sodann in äthHen 99,10–15: Eine Seligprei-sung geht vorab, es folgen fünf Wehesätze. Vorangetrieben wurde die Entwicklung in Richtung auf Lk 6 möglicherweise dadurch, daß „gesegnet"/„verflucht" weitgehend synonym mit „wehe/selig" wurde; vgl. Tob 13,14–16 und slavHen, wo z. B. in K. 42 regelmäßig „selig" und „verflucht" gegenübergestellt sind. Die Folge von Seligprei-sung und Fluch findet sich auch in der „Seligpreisung des Sabbatarbeiters" in Lk 6,5 D. – Entscheidend ist, daß das „selig" überhaupt eine Opposition findet. Der Hauptgrund der Verbindung in Lk 6 ist ein inhaltlicher: „selig" und „wehe" beschreiben gleicher-maßen „Typen" und sind dabei dualistisch orientiert.

1. Wehe und symbuleutische Mahnrede

Das Wehe gilt von Anfang an und immer wieder denen, die von Jahwe abfal-len (Hos 7,13; Hab 2,19; Ez 13,3.18; 16,23; Sir 41,8 f. [10 f.]), erst in zweiter

Linie denen, die sowieso draußen stehen (Jdt 16,17 [20]; Jer 26,19 LXX) und vor allem Städten (s. unter 2.). Die LXX verstärkt diese (Am 6,1: „Wehe denen, die Sion verachten und auf den Berg Samariens vertrauen"; MT: „den Sorglosen zu Sion") und überhaupt die moralische Tendenz (Jes 24,16: Gesetz abschaffen, vgl. Sir 41,8 f.). Da mithin ein Typ beschrieben wird (wie bei den Seligpreisungen), bleibt eine Tendenz zur Pauschalität auch in späten Texten erhalten, besonders: die Beziehung auf den Sünder und Ungerechten (Hiob 31,3; Sir 2,12 [14]; 41,8 f.; Jes 1,4; 3,11; 5,18; 10,1; 24,16LXX; äth-Hen 96,4 (Wehe euch Sündern); ebenso: 100,7.9; 6 Esr 16,64: Wehe den Sündern und solchen, die ihre Sünden verbergen wollen; 16,78: Wehe denen, die gefesselt werden von ihren Sünden und gefesselt von ihren Ungerechtigkeiten . . .). Wo die Angabe der Vergehen konkreter wird, stehen von Anfang an *die Reichen und Mächtigen* im Visier der Weheworte, bei denen *Machtausübung mit Unrecht gepaart* ist. Im Alten Testament gilt das besonders für die Reihen Hab 2,6.12; Jes 3,9–11; 5,8–22, aber auch für Jes 1,24 (LXX: Wehe denen, die Macht haben . . .); 10,1. – Vor allem diese Reihen sind es, die den form- und traditionsgeschichtlichen Hintergrund der Wehe-Mahnrede in äthHen 94–100 bilden, und von diesen Texten her wiederum sind die neutestamentlichen Wehereihen in Mt 23,12 ff. par und Lk 6,24–26 zu verstehen. Schon in LXX war in Jes 3,9 f. das Element der *Verfolgung der Gerechten* hinzugetreten (Wehe ihrer Seele . . ., weil sie binden den Gerechten), das für Mt 23,12 ff. dann wichtig wird, zuvor aber in äthHen entfaltet wurde. Hier wie auch sonst gilt also: Eine bestimmte Form (Wehe am Anfang eines Satzes) macht noch keine Gattung. Aber innerhalb aller formgleichen Texte heben sich bestimmte Gruppen von Texten heraus, die als Gattung zueinander gehören. Eine solche Gattung liegt hier vor: Wehe-Mahnrede gegen die ungerechten Verwalter der Macht. Diese Gattung soll im folgenden kurz dargestellt werden, und zwar so, daß wir vom Neuen Testament aus zurückgehen.

a) Lk 6,24 f. (*Reiche,* Satte): äthHen 94,8 (Wehe euch *Reichen,* denn ihr habt euch auf euren *Reichtum* verlassen . . .); 96,4; 96,5; 97,8; Hab 2,6 (anhäuft, was ihm nicht gehört).

b) Lk 6,25 *(Lachende):* äthHen 98,13 (Wehe euch, die ihr euch über die Drangsal der Gerechten *freut*).

c) Gesamttendenz in Mt 23,12 ff. par: (Sein/Schein): äthHen 96,4 (Wehe euch Sündern, daß euer *Reichtum* euch als Gerechte ausweist, aber euer *Herz* überführt euch als Sünder) und alle Texte, nach denen das Wehe denen gilt, die *Lüge* schätzen (äthHen 98,15; 99,1 f.).

d) Mt 23,14 (Auffressen der *Häuser* der Witwen): äthHen 94,7 (Wehe denen, die ihre *Häuser* durch Sünde aufbauen . . .); 99,13 (Wehe euch, daß ihr eure *Häuser* durch die Mühe anderer baut, und deren Baumaterial nichts als Ziegel und Steine der Sünde sind); Jes 5,8 (Wehe denen, die *Haus an Haus* reihen, Feld an Feld rücken, bis kein Raum mehr vorhanden ist, und ihr allein Grundherren seid inmitten des Landes); vgl. auch Hab 2,12.

e) Mt 23,16 (Blinde Blindenführer) (= *falsche Lehre):* äthHen 98,14 (*Worte* der Gerechten zunichte machen) .15 (*Lügenrede* und Frevelworte); 99,1 *(Lügenworte);* Jes 10,1 (Bosheit aufschreiben); 24,16LXX (Gesetz abschaffen). Hierher gehören auch die Weheworte über die Verführung (durch falsche Lehre/durch falsches Beispiel): Mt 18,7. Der Weg Kains, der nach Judas 11 ein Wehe verdient, ist nicht Brudermord, sondern der Unglaube bezüglich Gottes Gericht und Vergeltung. Im Kontext: Die falsche Lehre der Gegner. Eine Wehe gilt umgekehrt auch dem von Gott beauftragten Boten, wenn er nicht verkündet (1 Kor 9,16), wie umgekehrt (Ez 13,3) Falschpropheten das Wehe gilt). –

f) Mt 23,23 (*Rechtschaffenheit*, Erbarmen, Treue): äthHen 96,7 (*Ungerechtigkeit, Betrug und Lästerung*); 98,12 (Werke der *Ungerechtigkeit* lieben).

g) Mt 23,25 (Unreinheit): Jer 13,27.

h) Mt 23,29–37 (**Tötung von Propheten und Gottgesandten**): äthHen 100,7 (Wehe euch Sündern, wenn ihr die Gerechten *peinigt* am Tage des heftigen Kummers und sie mit Feuer *verbrennt*).10 (weil ihr auf Erden *an den Gerechten Gericht übt*); 96,8 (Wehe euch Mächtigen, die ihr gewaltsam den Gerechten niederschlagt) – 99,15 (*Gewalttätigkeit* unterstützen; den *Nächsten töten*); vgl. 98,13. – Jes 3,9 f. (LXX: Wehe . . . *binden den Gerechten*); Hab 2,12 (Wehe, der baut eine Stadt mit Blut).

In diese Tradition der Verfolgung der Gerechten gehören wohl auch die Weheworte über die *Auslieferung des Menschensohnes:* Mt 26,24; Mk 14,21; Lk 22,22.

Die *Funktion* der Wehe-Mahnreden in äthHen ist, die auseinanderdriftenden Gruppen der Frommen und Reichen wieder zur Einheit zu bringen; ähnlich, auf die Gemeinde bezogen, in Lk 6. – Was in äthHen bereits eine große Rolle spielt, bildet in Mt 23,29–37 par Lk 11,47–52 wie in Lk 6,26 (vgl. auch die *Seligpreisungen* Lk 6,22 f.; Mt 5,10–12) das betonte Schlußglied (vgl. die Worte über die Auslieferung des Menschensohnes); die *Verfolgung der Gerechten*. In Lk 6,26 geht es dabei um die Warnung vor Anpassung (Anpassung und Reichtum als sich gegenseitig bedingend), die Verfolgung vermeidet, in Mt 23 par Lk 11 ist die Verfolgung die innere Konsequenz des übrigen Fehlverhaltens. Um diesen theologischen und auch geschichtstheologisch untermauerten Zusammenhang geht es diesen Reihen. Dazu stimmt, daß sowohl in Jes 3.5 wie auch in äthHen regelmäßig und in Lk 6 stets das Wehe entfaltet wird; diese Entfaltung unterbleibt in der Reihe Mt 23 par Lk 11 – bis auf das Schlußglied, in dem die Zerstörung der Stadt bzw. die Bestrafung „dieser Generation" (Lk) gewissermaßen alle andere Bestrafung auf sich zieht. – Vor dem Jahre 70 n. Chr. geht es hier der Sache nach um bedingte Unheilsansagen, aber auch nach 70 n. Chr. haben diese Worte eine mögliche Funktion: Die geschehene Zerstörung mahnt zur grundsätzlichen Umkehr der jüdischen Führungsschicht. Da die *Verfolgung* die Gemeinde, die *Zerstörung der Stadt* alle Judenchristen, auch und besonders aber das Gegenüber, die Adressaten der Rede, jeweils am härtesten traf, lag in der Zuordnung von Verfolgung und Zerstörung der Angelpunkt der Rede.

Wo Wehe in Verbindung mit Mahnrede steht, handelt es sich also um den Aufweis von Tat und Unheil, und zwar – gerade an äthHen wird das deutlich – symbuleutischen Charakters (vgl. die Anrede mit „ihr" z. B. äthHen 96,5.7.8). Es überrascht daher nicht, wenn auch regelartige Sätze bedingter Mahnrede in solchen Zusammenhängen begegnen (z. B. äthHen 94,7b „die aber, die Gold und Silber erwerben, werden plötzlich im Gericht umkommen") oder daß überhaupt das Gericht nach Werken hier betont wird (Jes 3,11 LXX; äthHen 100,7.9).

2. Das Wehe als Unheilsansage gegen Städte

Obwohl in Mt 23 die Zerstörung Jerusalems angekündigt wird, ist in den Wehe-Worten doch nur die Gruppe der Pharisäer angesprochen. Anders in einer breit entfalteten Tradition, in der das Wehe Städten insgesamt gilt: in der Logienquelle ist sie vertreten durch Mt 11,21; Lk 10,13 (nicht: Apk 18, vgl. unten). Es geht hier deutlich um eine Form der Mahnrede. Die zeitlich nächsten Analogien sind ganze Listen mit Weherufen gegen Städte und Landschaften in Sib III (303.492 f.504.508.512); IV (143 f.); V (168 ff.317) und in 5 Esra (15,46 ff. [Asien]). Dabei begegnet in Sib III 303 und in 5 Esra 15,46 ff. das wichtige Stichwort *„Babylon"*, das auch in späteren Apokalypsen eine große Rolle spielt. Diese Texte enthalten jeweils ausführliche Angaben der Strafe, die mit dem Wehe eingeführt wird, aber auch anderes symbuleutisches Material (vor allem Lasterkataloge).

Geht man weiter zurück, so ist das Wehe gegen eine Stadt eine offensichtlich so verbreitete Gattung, daß sie selbst in Koh 10,16 zitiert wird (Wehe dir, Stadt). Im übrigen ist zu verweisen auf Ez 24,9 (Wehe dir, Stadt der Gewalttaten); Jer 48,1 (Nebo); 28,2 (Babylon); Nu 21,29 (Moab); Jer 13,27 (Jerusalem); 50,27 (Babylon); LXX 26,19 Memphis wird „Wehe" genannt werden.

Zur Genese dieser Worte ist zu sagen: Das Wehe entstammt der Klage, es wird politisch verwendet wie auch die Gattung der *Leichenklagelieder* selbst (Am 5,16 f.; Nu 21,29–31, in beiden Fällen mit „Wehe"). In Jes 15 liegt (ohne Wehe) ein ausgebautes politisches Leichenlied vor. – Diese Übertragung der Klage (Wehe) und der Leichenklage auf Städte erfolgte freilich nicht von ungefähr; im Hintergrund steht noch eine weitere Gattung, die – wie auch Klage und Leichenklage – von Hause aus nichts mit symbuleutischer Mahnrede zu tun hat: Die Gattung des altorientalischen *Untergangsklageliedes*. Derartige Untergangsklagelieder sind ab 2006 v. Chr. belegt (für Ur; Akkade; die Emesal-Lieder und das Era-Epos), sie enthalten Klage-Elemente wie das „Ach!" (hebr.: *ajh*) und das Schema einst/jetzt (z. B. Jer 9,18; Mi 2,4). Thr 1–2 verarbeitet die Gattung schon zu *Klagegebeten* (kultische Verarbeitung der Untergangstrauer). Vgl. dann auch: Ez 26,17; 27; Jes 3,25–4,1. Parodiert wird die Untergangsklage in Jes 1,21–23. – Wir halten fest: Das Wehe für Städte begegnet im Zusammenhang der Verbindung der alten Gattungen *Untergangsklage* für Städte und politisch verwendete und damit metaphorisierte *Leichenklage*.

Für Jes 15 f. ist wohl damit zu rechnen, daß es sich um eine Schilderung bereits bestehenden Unheils handelt. In Jes 47,1–15; Zeph 2,13–15 dagegen geht es möglicherweise um *indirekte Heilsansagen* für Israel. Für die Gattung des politischen Leichenliedes benötigt man daher bei der Entscheidung, ob im Einzelfall eine symbuleutische Unheilsansage vorliegt, genaue Kenntnis der jeweiligen politischen Lage. Eindeutig symbuleutisch ist die Verwendung z. B. in Jer 13,27: „Weh dir, Jerusalem! Wann wirst du doch endlich rein werden." In dieser Tradition sehe ich auch die Q-Worte. Die Weheworte gegen Städte in der Logienquelle stehen mithin in einer alten, vielfach verwendbaren Gattung. Letzteres wird durch das Folgende bestätigt.

3. Das Wehe als Ausdruck der Klage über eine Stadt

Textgattung *Untergangsklage:* Ez 26,17 f.; 26,1; Ez 27; Jes 3,25–4,1; 23,1–16.

Apk 18,9 ff. gehört zur Gattung der sog. *Untergangsklagelieder.* Insbesondere finden sich hier mit Ez 26 f. verwandte Elemente wieder. Ausgangspunkt für diese Gattung ist eine *Kontrasterfahrung* zwischen der einstigen Größe und Pracht der Stadt und den jetzigen Ruinen. Die Stadt ist jeweils personifiziert als Jungfrau/Hure (Jes 23,15 f.; Apk 18) oder als Königin, als Witwe oder als Mutter – jeweils weiblich wie die Stadtgöttin. In apokalyptischen Texten wird die dem Untergang geweihte Stadt im Gefolge von Jer oft mit Babylon identifiziert.

In Apk 18,10.16.19 hat sich bei der Schilderung der Klage über den Untergang Babylons (= Roms) die *älteste Funktion des Wehe erhalten, nämlich reiner Ausdruck der Klage zu sein.* Da der Text ab 18,9 eine reine Schilderung dessen ist, was künftig sein wird, hat das Wehe hier keinerlei symbuleutische Funktion und ist auch nicht Unheilsansage, sondern Klage angesichts der zerstörten Stadt. Jeder moralische Beigeschmack fehlt. Die diese Klage formulieren, sind vielmehr erschüttert über den Kontrast von großer Stadt und schnellem Gericht. Diese Feststellungen gelten unabhängig davon, daß die Schilderung Apk 18,9–19 *als ganze* sowohl im *Kontext* dieses Kapitels als auch im Kontext des ganzen Buches eine *begründete* (auch moralisch: 18,4–8) *Unheilsansage* ist, wie sie Apokalypsen häufiger bieten.

Innerhalb der Schilderung der untergegangenen Stadt wird die *Klage der Augenzeugen* wie in Apk 18,9–19 ausgeführt in Ez 26,17; 27,32 und im Töpferorakel (ed. L. Koenen, in: ZPE 2 (1968) 195–209), das besondere Übereinstimmung mit Ez 26,5 aufweist. – Der Kontrast von *Einst und Jetzt* spielt innerhalb der Gattung eine Rolle in Ez 27,38 f.; Jes 23,3 (einstiger Reichtum); Apk 18, z. B. V. 10 f. – Ebenso: *Klagegesten:* Ez 26,16 f.; Ez 27,31 f.; Apk 18,19. – *Warenkatalog:* Ez 27; Apk 18, 12 f. – *Trauernde* sind Händler und Seeleute: Ez 27; Jes 23; Apk 18,11 ff.

Apk 18 läßt mithin eine souveräne Beherrschung der Gattung und fast des gesamten Materials der Tradition der Untergangsklagelieder erkennen.

Der Gegensatz zum Klageruf des Wehe ist hier wie auch sonst die Aufforderung zur Freude: Man beachte den Kontrast zwischen 18,19 und 18,20 (vgl. Apk 12,12: Drum jubelt ihr Himmel, wehe aber der Erde; Lk 6,23 f.: Freut euch an jenem Tage / Doch wehe euch, ihr Reichen . . .). Dieser Kontrast von Wehe und Freude ist, soweit ich sehe, neu im Neuen Testament.

Innerhalb von Apk 18 gehen der Untergangsklage voran in 18,2 f. eine begründete Unheilsproklamation („Sie ist gefallen . . .") und eine begründete Unheilsansage in der Gestalt einer Aufforderung, das Gericht zu vollziehen (18,4–8).

Die Funktion einer reinen Unheilsankündigung ohne Begründung hat das Wehe in Apk 8,13; 12,12 und in Mk 13,17 par Mt 24,19; Lk 21,23. – Im Alten Testament: so seit den ältesten Texten belegt, überall in der prophetischen Trauermetaphorik.

§ 56 Zur Bedeutung der Gattungen prophetischer Mahnrede im Neuen Testament

Innerhalb der prophetischen Bücher des Alten Testamentes findet sich eine Vielzahl von Entsprechungen zu Gattungen neutestamentlicher Mahnrede. An zwei Beispielen ist dieses zu veranschaulichen:

a) 1 Thess 5,3 Wenn sie sagen: „Friede und Sicherheit", dann wird plötzliches Verderben sie überfallen.
Amos 9,10 Durch das Schwert sollen sterben alle Sünder meines Volkes, die behaupten: „Nicht trifft und erreicht uns das Unheil."
Zeph 2,13–15 Ninive macht er zur Wüste, dürr wie die Steppe . . . Das ist also die fröhliche Stadt, die so selbstsicher dahinlebte, die bei sich dachte: „Ich und sonst niemand."

In allen Fällen geht es um eine Unheilsansage, die besonders schreckliches (daher auch: plötzliches) Unheil betrifft, für solche, deren scheinbare Sicherheit durch ein Zitat wörtlicher Rede dokumentiert wird. Die Funktion ist: Abgrenzung von denen zu erwirken, die so denken und denen es so ergehen wird.

b) Lk 12,18f. (Selbstgespräch des Reichen) „Das will ich tun, ich werde meine Scheunen niederreißen und größere bauen; darin will ich aufspeichern all mein Getreide und meine Vorräte. Und zu meiner Seele will ich sagen: „Seele, du hast viel an Vorräten liegen auf viele Jahre; ruh dich aus, iß und trink und laß es dir wohl sein." Es folgt die Gottesrede („Du Tor! Noch in dieser Nacht . . .").

äthHen 97,8f. Wehe euch, die ihr unrechtmäßigerweise Silber und Gold erwerbt, indem ihr sagt: „Wir sind sehr reich geworden, haben Schätze und besitzen alles, was wir wünschen. Jetzt wollen wir ausführen, was wir vorhaben. Denn wir haben wir gesammelt und unsere Kornhäuser gefüllt wie mit Wasser, und zahlreich sind die Bauern unserer Häuser." Wie Wasser soll eure Lüge zerrinnen; denn euer Reichtum wird nicht bleiben, sondern plötzlich von euch hinwegfahren . . .

Sir 11,18f. Gar mancher strebt nach Reichtum . . . er spricht zu seiner Zeit: „Ich habe Ruh' gefunden, und jetzt will ich genießen mein Vermögen." Doch er weiß nicht, was seine Frist sein wird . . .

Hos 12,8–10 Der Händler . . . liebt das Unrecht. Aber Ephraim spricht: „Ich bin doch reich geworden, habe mir Vermögen erworben! Alle meine Gewinne stellen für mich kein Vergehen dar, das Sünde wäre." „Aber ich bin der Herr, dein Gott . . ."

Wie in der unter a) genannten Gattung/Tradition geht es um den Kontrast zwischen Selbstgespräch und Ergehen. In Lk 12 und Hos 12 folgt darauf Gottesrede. Der Inhalt des Selbstgespräches ist in den drei jüngeren Texten ähnlich. Aber auch in Hos 12 geht es um den unrechtmäßigen Besitz des Reichtums (wie in äthHen 97 ausdrücklich). Die Funktion ist jeweils Kampf gegen die Verbindung von Unrecht und Reichtum. Den drei jüngeren Texten ist auch das Motiv der Plötzlichkeit des Untergangs gemeinsam.

Die beiden unter a) und b) genannten Traditionen gehören zur gemeinsamen Gattung der Unheilsansage über den – ausweislich seines Selbstgespräches – ebenso übermütigen wie ahnungslosen Ungerechten (in Tradition b) spezialisiert auf den Reichen). Für diese Gattung ist durch die jüdischen Belege Kontinuität und Lebendigkeit gesichert. Die soziale Situation der religionstreuen Gerechten hatte das Ihrige dazu getan. Zu den festen formalen Elementen gehört das Selbstgespräch des Mannes, dessen Geschick sich umkehrt. In der Struktur ist gemeinsam der Kontrast zwischen Rede und Ergehen.

Im folgenden sind nun für alle Gattungen symbuleutischen Charakters die prophetischen Entsprechungen kurz zu nennen; wenn die Streuung im Judentum breit ist, so wird das vermerkt. Wo keine jüdischen Belege zu finden waren (oder sein werden), muß angenommen werden, daß die Gattung durch Hören und Lesen der Schrift selbst vermittelt wurde und erst im Neuen Testament wieder lebendig wurde.

1. *Paränetische Reihenbildungen von einfachen Aufforderungen:* (vgl. oben § 36 ff.) Sach 7,9–10; 8,16–18; Mal 3,5 (nominaler Katalog); Jes 1,16 f.; 58,7 f. – Analogie zur Haustafel: Jer 29,5–7; Sir 7,18–28.

2. *Begründete Mahnworte:*

a) *Begründung mit Naherwartung* (vgl. oben § 49,1). Im Judentum: syrBar 85,9 f. – Vorher: Zeph 1,7 („denn der Tag des Herrn ist nahe"); Hos 10,12 (solange es Zeit ist . . .); Jes 13,6; 46,12 f.; 55,6; 56,1; Jer 13,16 ist besonders mit Joh 11,9 zu vergleichen. –

b) *Begründung aus dem autoritativen Ich des Sprechers* (Schema: Tut, denn ich . . .) (vgl. oben § 49,4): Am 5,23 f.; Jes 57,14 f.; Jer 3,14.

c) *Begründung in Aussagen über Gott* (vgl. oben § 49,5): Joel 2,12 f.; Jes 35,3 f.; 40,3–5.

d) *Begründung aus dem Wissen um Endereignisse* (vgl. oben § 49,3): äthHen 94,5.

e) *Begründung unter Hinweis auf geltende Normen:* TestXIIJud 13,2 (denn das ist schlecht vor Gott); Jub 7,31. – Vgl. § 49,6.

f) *Begründete Umkehrmahnung* (vgl. Missionsreden § 23,7; 53,e,n): Hos 12,1–6/7; Joel 2,12 f.; Jes 2,20 f./22; 31,6 f.; Jer 10,2 f.; 18,11.

g) *Aufforderung zum Hören/Werberede:* Vgl. Mt 11,28–30 (Kommt alle zu mir . . .) mit Jes 55,1 (Kommt . . . hört . . .). Vgl. § 36,4.

3. Mahnungen im Tat-Folge-Schema

a) *Imperativ und Heilsansage* (vgl. oben § 51.1). Im Judentum verbreitet: Jub und TestXII, im Alten Testament: Am 5,4.14; Sach 1,3; Mal 3,6 f.; Hos 10,12; Jes 45,22; 55,7; 58,6–9; Jer 3,12; 6,16; 7,3.23; 22,3–5 (doppelteilig). – Besonderes Merkmal: Seit Anfang talionartige Entsprechung (z. B. hinwenden – hinwenden; säen – ernten).

b) *Bedingte Heilsansagen* (vgl. oben § 51.2). Im Judentum: TestXIISim 3,5; 6,5–7; TestXIILevi 13,3 (jeder); TestXIIJuda 14,8. – Altes Testament: Mi 3,4 (Wenn ihr zum Herrn schreit, wird er euch erhören); Hab 2,4 (der Gerechte wird durch Treue leben); Sach 3,7; Jes 26,3 (festen Herzens) .7; 28,16 MT: Wer glaubt, der flieht nicht, LXX: Wer glaubt, der wird nicht zuschanden; 33,15–16; 57,13 (Wer auf mich traut, wird das Land erben und meinen heiligen Berg besitzen); 58,13 f.; – Jer 4,2.

c) *Doppelteilige Schlüsse* (vgl. oben § 51.7): Hos 14,10; Hab 2,4; Jer 22,3–5; im Judentum: TestXIILevi 13,5–6; TestXIINaft 8,4–6.

d) *Bedingte Unheilsansagen* (vgl. oben § 51.8): Im Judentum Jub 36,9 (jeder, der) usw. – Altes Testament: Hab 2,4; Jes 2,11; 7,9; 42,17; 45,24; 66,3; Jer 17,13.

e) *Aufforderungen zur Verhinderung von Unheil* (vgl. oben § 51.8c) („damit nicht"): Im Gegensatz zum Neuen Testament sehr häufig im Judentum (z. B. Hen 94,3; Jub 7,32). – Altes Testament: Am 5,6; Jer 4,4.

f) *Aufforderungen zur Bewirkung von Heil* („damit") (vgl. oben § 51,3) im Judentum sehr häufig (z. B. Jub 7,33; 20,9; 21,20; 22,14; 36,3; äthHen 94,4; TestXIISim 4,5; TestXIILevi 13,5), im Alten Testament: Am 5,14; Mal 3,10; Jer 21,12; 25,5.

g) Unheilsansage für den *Fall der Ablehnung* der Mahnrede: (vgl. oben § 51.8e) („wenn aber nicht"), im Judentum z. B. Jub 21,22. – Im Alten Testament: Mal 2,15 f.; Jer 17,27 (vgl. auch oben bei c)).

h) *Reihen von Weherufen:* im Judentum Hen 94–100. Im Alten Testament: Micha 2,1 (V. 3: „dieses Geschlecht"); Hab 2,6.9; 2,15.19; die Reihe in Jes 5,8–22; 10,1. – Vgl. oben § 54,1; 55.

i) *Kennzeichensätze:* Auch im Alten Testament im Kontext von Ehescheidung: Mal 2,16 (Wer ihr aber gram ist und sie verläßt, . . . bedeckt mit Frevel sein Kleid) .17 (Wer Böses tut, gefällt dem Herrn). – Im Judentum: TestXIISim 3,5; TestXIIGad 7,6; TestXIIBenj 3,2.4. Ps.-Phokylides 51: Wer freiwillig Unrecht tut, ist ein schlechter Mann. – Vgl. oben § 51,10b

k) *Stellvertretende Affiziertheit:* Sach 2,12 „Wer euch antastet, der tastet meinen Augapfel an". – Der Text macht deutlich, daß es bei diesen Sätzen um Besitz und/oder körperliche Integrität geht. – Vgl. oben § 51,10a

4. Schelte und Unheilsankündigung (vgl. oben § 53c) begegnet mit symbuleutischer Zielsetzung in fast allen prophetischen Schriften.

Konsequenzen: 1. Die bei den Propheten überwiegende Gattung – die begründete Unheilsankündigung – findet sich mit symbuleutischem Charakter nur selten im Neuen Testament (vgl. § 104). Häufiger ist sie nur in der Apk-Joh, hier aber *nicht* mit symbuleutischer Zielsetzung, sondern im Rahmen der Gattung Apokalypse als vaticinium. Das heißt: Bei den Propheten gilt die Verbindung von Unheilsankündigung und Begründung („Schelte") als Aufweis von Tat und Folge im Sinne einer Mahnrede. In der ApkJoh dient derselbe Aufweis von Tat und Folge als *verbindliches vaticinium* über den Untergang Roms. Innerhalb der andersartigen Großgattung „Apokalypse" ist jedenfalls an diesem Punkt keine Umkehrmahnung beabsichtigt (so auch ausdrücklich: Apk 22,11).

Ein Beispiel für die verhältnismäßig große Abneigung der neutestamentlichen Schriftsteller gegen einfache Unheilsansagen liefert die ApkJoh selbst: Die Unheilsansage aus Jer 15,2; 43,11 wird in Apk 13,10 offensichtlich anderer Gattung zugewiesen. Während es sich bei Jer um eine reine Gerichtsansage mit dem Ziel der ausnahmslosen Vernichtung der Adressaten (daher die Reihe!, vgl. dazu: E. Scherer, 68 f.) handelt, geht es in Apk 13,10 ausweislich V. 10b um eine bedingte Unheilsansage: Wenn jemand in Gefangenschaft führt, wandert er in Gefangenschaft, wenn jemand mit dem Schwert tötet, muß er mit dem Schwert getötet werden. Hier ist daraus eine *bedingte* Vergeltung nach der Talio geworden.

2. Auch wenn es bei den Propheten und im Judentum eine ganze Reihe von *bedingten Heilsansagen* gibt (3b), so fällt doch der zahlenmäßig geringe Anteil im Verhältnis zum Neuen Testament ins Gewicht. Das gilt sogar auch dann noch, wenn man die Parallelen in der Weisheitsliteratur mitbeachtet (dazu: NTS 17, 26), obgleich es dort im Verhältnis ungleich viel häufiger Sätze dieser Art gibt als bei den Propheten. Die sprunghafte Zunahme von Mahnrede im Typ 3b–d ist theologisch und soziologisch zu erklären: Der latente Universalismus macht diese Sätze geeignet, im Rahmen großenteils heidenchristlicher Missionsgemeinden die elementaren Bedingungen der Zugehörigkeit(!) und der Heilsteilhabe zu formulieren. Keine andere Bedingung als die in diesen Sätzen aufgezeigte gilt, und der regelhafte Charakter der Sätze läßt das Verhältnis von Tat und Folge als jedenfalls unproblematisch erscheinen.

§ 57 Paideutikon

Lit.: ANRW 1350–1354.

Texte: Joh 21,15–17 (Erzählung). – 1 Petr 5,1–3; 1 Tim 1,3–11.12–20; 4,3b–15; 5,1–3.7.11.17–22; 6,1–3a; 6,17–21; 2 Tim 2,2.11–14; 4,1–5; Tit 1,10–16; 2,1–15; 3,1–11; Kol 4,17; Act 20,28; 28,26; Lk 22,32.

In dieser Gattung wird der Angesprochene (daher oft brieflich) ermahnt, selbst an seine Hörer/Schüler Lehre auf bestimmte Weise oder mit bestimmtem Inhalt *weiterzugeben.* Es geht daher um die *Belehrung des Lehrers,* und typisch ist eine Dreierkonstallation (z. B. Paulus – Timotheus – Gruppen in der Gemeinde), die autoritär ausgerichtet ist. G. Lohfink nennt die Form „vermittelte Anordnung". Daher ist ein besonderes Kennzeichen auch die Verbindung von Mahnwort und Vorbild des Anredenden bzw. des Angeredeten für seine Hörer. Die hellenistische Vorgeschichte der Gattung liegt im Bereich der *Gnomik.* Anhand der Pythagoreerbriefe kann man zeigen, wie sich auch in diesem Fall in *Traktaten* (vgl. oben § 41) eine eigene Gattung aus der Gnomik herausentwickelt. Die Ratschläge für die Erziehung hängen auch mit den Oikonomikos-Traktaten zusammen. Analogien bieten ferner Herrscherspiegel: Der Philosoph ermahnt den Herrscher, wie dieser seinerseits lehren und Vorbild sein soll. Wir rechnen zu dieser Gattung auch Texte, in denen die Angeredeten mit der Leitung oder Führung einer Gruppe beauftragt werden. Die Merkmale der Gattung sind mithin teils syntaktisch (Imperativ der 2. Person), teils strukturell (Dreierverhältnis). Die überwiegende Anzahl der Belege ist der Briefliteratur zu entnehmen.

§ 58 Normendiskurs

Texte: Mk 7,18–23; Mt 15,17–20; Mt 7,12; 5,37b; Lk 16,16–17 par Mt 5,18; Mk 12,33. – Röm 2,25–29; 3,1–8; 1 Kor 8,1–6; 13,1–3.8–12.13; 1 Tim 6,6–10; Tit 1,15. – 2 Joh 6. – Aus dem Jakobusbrief: als Beschreibung einer Tugend 1,27; 2,14.17.20–26; 3,15–18. – Genealogie von Tugenden/Lastern: 1,3f.; 1, 15; vgl. 3,16.18; 4,1. – Belehrung über Tugend und Laster 1,13–18; Definition von Tugenden: 1,27; Aufklärung über das, was Tugend/Laster ist oder bewirkt: 1,3; 1,20. – Aufklärung über die Folgen: 2,20; 3,16. – Ekphrasis eines ethischen Bereichs: 3,2–12.

Normendiskurs nennen wir eine Gattung zwischen symbuleutischen und epideiktischen Gattungen. Denn einerseits werden bestimmte Verhaltensweisen oder ganze Teilbereiche der Ethik beschrieben, mit Vor- und Nachteilen dargestellt und bewertet. Insofern ist diese Gattung epideiktisch. Andererseits ist die Gattung symbuleutisch, da es sich um Normen handelt, die diskutiert, mithin empfohlen (bzw. abgelehnt) werden. So handelt es sich, auch wenn Imperative oder auch das Verhältnis von Bedingung und Folge nicht erwähnt werden, um eine symbuleutische Gattung. Denn diese Darstellungen sind nicht „zweckfrei". Diesen lehrhaften und nicht-imperativischen Darstellungen dessen, was „gilt", kommt für die Gemeinden des frühen Christentums insbesondere im Prozeß der Lösung vom Judentum eine besondere Bedeutung zu. Dabei bestand freilich das Hauptproblem nicht darin, neue Inhalte zu schaffen, sondern den sozial ortlos gewordenen Gemeinden das Richtige für ihre Situation zu sagen, das die *Stabilisierung* vorantreiben konnte.

1. *Belehrung über einzelne Verhaltensweisen und über das Verhältnis der Verhaltensweisen zueinander.* – Über Erkenntnis und Liebe belehrt 1 Kor 8,1–6, über Frömmigkeit 1 Tim 6,6–10; Jak 1,27, über Reinheit Tit 1,15; Mk 7,18.20.23, über die Weisheit von oben Jak 3,15–18, über die Beschneidung des Herzens als die wahre Beschneidung Röm 2,25–29. – Über das Verhältnis der Tugenden untereinander handeln 1 Tim 6,10 (Geldgier Wurzel aller Übel), Jak 2,14–26 (Glaube und Werke). – Jak 1,15 geht über das Verhältnis von Begierde, Sünde und Tod, 1,3f. über das Verhältnis von Glaube, Erprobung und Ausdauer. Jak 3,16 stellt dar, daß aus Mißgunst und Streitsucht Unordnung und böses Tun resultieren, 3,18, daß aus Frieden Gerechtigkeit kommt, Streitigkeiten aber werden aus Begierden in 4,1 hergeleitet (zur Filiation vgl. auch oben § 47,3d–e). Dazu auch: Jamblichus, Vita Pythagor XVII 78: „Ich möchte zunächst die Mütter jener Verfinsterungen aufspüren und beim Namen nennen: Zuchtlosigkeit und Habgier; beide sind kinderreich: der Zuchtlosigkeit entstammen: ungesetzliche Ehe, Verführung,

Trunksucht, widernatürliche Lüste und heftige Begierden, die ihr Opfer bis an die tiefsten Abgründe hetzen; denn Begierden haben schon manche dazu gebracht, sich weder ihrer Mütter noch ihrer Töchter zu enthalten . . . Andererseits stammen von der Habgier . . . und was damit verschwistert ist . . .‟

Zum Normendiskurs gehören auch *anthropologisch-ethische Belehrungen* darüber, daß Versuchungen aus den eigenen Begierden kommen (Jak 1,13–18; deutlich protreptisch, vgl. § 62) oder Jak 3,2–12 mit einer ausführlichen Beschreibung des Wesens der Zunge.

Die Ursprünge liegen auch hier wieder im Bereich der Gnomik, die kurze Beschreibungen der Tugenden liebt. Die Entwicklung erfolgte ähnlich wie bei den Haustafeln und beim Paideutikon (§ 57): Die Beschreibung der Tugenden und Verhaltensweisen wird zusehens umfangreicher, das Ende der formgeschichtlichen Entwicklung ist der *Traktat* (vgl. die einzelnen Unterabteilungen von Philos Schrift *De Virtutibus,* hier mit Schriftargumentationen wie in Jak 2). Eine Stufe weiter in Richtung Traktat über das Neue Testament hinaus liegen die TestXIIPatr, in denen sich häufiger Schilderungen von Tugenden und Lastern finden, die ausführlicher sind als die neutestamentlichen, durch Einbindung in die Gattung Testament sich aber auch umfangsmäßig in Grenzen halten. (Beispiel: TestDan 4 über den Zorn). Ausgeprägte Traktate zu diesen Themen finden sich vor allem in den Moralia des Plutarch.

2. Die Gültigkeit des *Gesetzes* wird bekräftigt in Mt 5,18; Lk 16,16–17. Dabei haben die in Mt 5 folgenden Antithesen als paränetische Reihe eine ähnliche Funktion wie der Kennzeichensatz Lk 16,18 (Verschärfung). Ebenso ist die Belehrung darüber, was ein großes Gebot ist, welches Gebot ihm gleichzustellen ist und welche Gebotserfüllung mehr wert ist als andere (Mk 12,28–33 par Mt 22,35–40; Lk 10,25–28), ein Normendiskurs. Auch gehört Mt 7,12 hierher: „. . . dies ist das Gesetz und die Propheten‟ (vgl. auch als Teil der Mahnrede die Begründung in Gal 5,14 und Röm 13,9f. mit Schilderung der „Liebe‟). Diese Darstellungen der *Summe des Gesetzes* haben zweifellos im besonderen orientierenden Charakter. – Ob man sich für den Sitz im Leben von Mt 5,18; Lk 16,16f. bestimmte „Gegner‟ denken muß, sei dahingestellt. Es entscheidet sich freilich an einem Gesamtverständnis der Geschichte des frühen Christentums, ob man hier die Front gegenüber enthusiastischen Anomisten erblickt oder den Akzent darauf legt, daß sich die frühchristlichen Gruppen in Diskussion mit Pharisäern als neuen entschiedenen Ansatz verstehen, dem Willen Gottes zur Gültigkeit zu verhelfen („bessere Gerechtigkeit‟).

3. *Priamel* (Lit.: ANRW S. 1204–1208) nennt man eine Belehrung über einen Wert, die nach dem Schema von Folie und Pointe aufgebaut ist (z. B. nicht . . ., nicht . . ., nicht . . ., sondern . . .). Die Folie bilden die Gegenstände, die gegenüber dem in der Pointe genannten abgewertet werden. In der Pointe ändern sich dann Person, Syntax, Gegenstand oder Modus, und es werden deiktische Wörter oder der Superlativ verwendet. – In 1 Kor

13,1–3.8.12.13 wird die Liebe abgesetzt gegenüber anderen Charismen wie auch gegenüber Glaube und Hoffnung. In V. 4–8a wird eine Ekphrasis der Liebe nach Art der unter 1. genannten Beschreibungen von Tugenden gegeben. – Formal besteht die größte Nähe zur Darstellung der Arete nach Tyrtaios (Anthologia Lyrica Graeca I, 9,1–10). – Die Priamel über die Liebe hat ihre allgemeinere Bedeutung in der Rolle der Liebe als der Spitze der Gesetzeserfüllung (vgl. unter 2), die spezielle Funktion in 1 Kor 13 ist, ein Ordnungsprinzip zur Bewertung der Charismen anzugeben. Daher hat dieser Abschnitt eine Schlüsselstellung zwischen K. 12 und K. 14. Analogien zu sogenannten *summarischen Priameln* liegen vor in Mt 13,17 par Lk 10,24 (viele nicht . . ., ihr aber) und in Mt 22,14 (Berufene/Auserwählte).

§ 59 Persönliche Mahnrede

Als „persönliche Mahnrede" bezeichnen wir versuchsweise symbuleutische Texte vor allem in der Briefliteratur, in denen die „pragmatische" (d. h. auch außertextliche) Beziehung zwischen dem redenden und mahnenden Ich (Autor) einerseits und dem ermahnten Partner (der als Du oder Ihr persönlich angesprochen wird) andererseits konstitutiv ist. So geht es hier weniger um allgemeine Regeln oder allgemein formulierte Sätze, sondern der redende Autor versucht, von sich aus und in deutlich situationsgebundener Weise ein Verhältnis zu regeln, dessen Einzelelemente in den allgemeineren Normen nicht vorgesehen waren. Die allgemeinen Normen bleiben daher hier deutlich im Hintergrund, das Konkrete überwiegt. So sind diese Texte zwar spezieller, doch als Konkretion des Christlichen von Interesse. Abgesehen von der pragmatischen Basis ist für die Gattung die syntaktische Beziehung Ich/Ihr (Du) konstitutiv. Die persönlichen Elemente sind dabei mehr oder weniger stark ausgeprägt. So sind die Abschnitte, die dieser Gattung aus 2 Tim angehören (1,6–14, Kontrast: 1,5–18; 2,1–26; 3,10–17) sehr allgemein und typenhaft, etwa im Gegensatz zu den ganz persönlichen Mahnungen in 1 Tim 5,23–25 und Phil 4,2 f.

Typisches Beispiel aus dem handschriftlichen Zusatz des Paulus zum Galaterbrief 6,17: „Fortan mache mir niemand Beschwernis, denn ich trage die Kennmale des Herrn Jesus an meinem Leibe". – In den übrigen Texten sind folgende Elemente charakteristisch: epistolare Redeteile (Kommen des Apostels, Mitarbeiter als Abgesandte), Lob für die Angeredeten, die Hoffnung, daß Begonnenes weitergeführt wird, Mahnungen zur Einheit und dazu, nicht müde zu werden. Eine besondere Rolle spielen *Emotionen* („Herz", Freude, Zuversicht, Mitfreude, Drangsal und Leiden des Apostels), dann auch zwischenmenschliche Fragen des *Sozialprestiges* (Ruhm, Beschämung, Demütigung), schließlich apologetische (z. B. 2 Kor 12,19) und biographische Elemente. Die Mitarbeiter des Paulus werden öfter erwähnt. Die Beziehung auf Jesus Christus tritt stärker zurück, je persönlicher ein Text ist; in Formeln wie „vor dem Angesicht Christi" oder „in Christus" macht sie sich aber bemerkbar. Syntaktisch gesehen ist der kommunikative Plural (Verfasser des Briefes und Adressaten werden im „wir" zusammengeschlossen) häufig. Vor allem aber spielt das *Vorbild des Apostels* immer wieder eine bedeutsame Rolle (vgl. die Sokratikerbriefe: ANRW S. 1134–1137). In den Pastoralbriefen kommt die Abgrenzung zu Abtrünnigen hinzu.

Texte: Joh 13,12–17; 15,10–12 (testamentarisch; die Rollen Vater/Kinder sind hier ersetzt). – 2 Kor 2,3b–11; 7,2–4; 8,1–15.24; 9,1–15; 12,19–21; Gal 6,17; Phil 1,27–30; 2,12–18; 4,1–3; 2 Tim 1,6–14; 2,1–16; 3,10–17; Phm 10–21; 2 Thess 3,6–15; 1 Tim 5,23–25; 6,6–16; 3 Joh 6b–8.11. – Bitte um Gebet: 1 Thess 5,25.
Aufforderungen zur Nachahmung: Phil 3,17; 1 Kor 4,16f.; 11,1; 1 Thess 1,6f.; 2,14; 2 Thess 3,7; Phil 4,8f.

§ 60 Gemeindeordnung

Lit.: ANRW S. 1086–1088. – H. W. BARTSCH: Die Anfänge urchristlicher Rechtsbildungen. Studien zu den Pastoralbriefen (TheolForschg 34), Hamburg 1965.
Texte: Sätze in 1 Kor 7,1–40; 10,23–11,16; 14,3.28.30.35; 16,1–2; Lk 3,11; 22,26.36. – Man unterscheide: Gemeindeparänese § 39,3.

1. *Kennzeichen:* Vor allem die Casus-Bildung und dabei zumeist Imperative der 3. Person Singular oder Plural; Reihen von verwandten Casus, Kennzeichensätze („. . . der sündigt nicht"). Bereits H. W. Bartsch (1965, 13) hatte als formale Kriterien für Gemeindeordnungen genannt den Imperativ in der dritten Person bzw. die Verwendung der Verben „ich will"/„ich ordne an". Inhaltlich geht es anders als bei der Paränese nicht um Beschreibung von „Typen" und deshalb auch nicht um die Frage der Zugehörigkeit zur Gemeinde. Daher fehlt bei diesen Casus auch die der Paränese häufig eignende Radikalität. Aus 1 Kor 7,6f. ist dieses bekannt. Es geht um sehr weitreichende Eingriffe in die Binnenstruktur der Gemeinde und überall um konkrete Fragen. Sie betreffen vor allem die Rolle der Frau und das Verhältnis zwischen den Geschlechtern, die Frage, was gegessen werden darf und wie man im Einzelfall mit den charismatischen Äußerungen umgehen soll, schließlich Fragen des Besitzes: Daß man jeden Sonntag etwas für die Kollekte zurücklegen soll, was man abgeben soll oder sich kaufen muß. An Konkretheit lassen diese Texte alle nichts zu wünschen übrig. Das bringt nicht nur Probleme für den heutigen Hermeneuten, sondern die häufig schwierigen Begründungen lassen erkennen, daß hier auch für Paulus argumentative Schwierigkeiten bestanden (vgl. dazu besonders 1 Kor 11,2–16). In der klassischen Anweisung dieser Art fehlt denn auch jede Begründung, es handelt sich um reine Ordnungsanweisungen, hinter denen jeweils der „erfahrene Organisator" steht, jedenfalls dieses ist der implizite Anspruch solcher Texte.
2. Die typische Form „Wenn (aber) x der Fall ist, dann soll er (sollen sie) y tun" begegnet in 1 Kor 7,9.11.12.13.15.17.18.20.21 (2x) .24 (2x). (ähnlich 27f.).36; 11,6 (2x); 14,13.28.30.35; Lk 3,11; 22,26.36. Außerdem begegnen andere *formulierte Casus* in den oben genannten Texten. – Die nächsten formalen und inhaltlichen Analogien finden sich im hellenistischen Juden-

214

tum: Mt 5,31 („Wer entläßt . . ., soll . . . geben") ist – wie bei Paulus das Verhältnis zwischen Mann und Frau betreffend – als Satz nicht alttestamentlich, sondern entspricht Sätzen, wie Paulus sie unabhängig von Matthäus für dasselbe Sachgebiet verwendet. Die entscheidenden formalen und inhaltlichen Parallelen liegen in *hellenistischen Vereinssatzungen* und betreffen auch hier unter anderem Mann und Frau (Vereinssatzung von Philadelpheia, Z. 14 ff. „Wenn . . ., sollen Männer und Frauen . . . schwören, nicht x zu tun", Z. 31 f. „Frau und Mann, die etwas tut . . ., soll nicht in dieses Haus hineingehen"; Statuten des Vereins der Diana und Antinous-Verehrer, Dessau ILS 7212 § 7 „Jeder Sklave aus diesem Verein, der frei geworden ist, muß eine Amphora guten Weines zahlen"; Inschrift bei S. Omero in Picenum, Dessau ILS 7215: „Wenn aber jemand, der nach dem Reglement den Opferdienst verrichten soll, fehlt, soll er dem Verein 100 Drachmen als Buße zahlen . . . und er soll so lange aus dem Verein ausgeschlossen sein, bis er die Buße bezahlt hat".) Der letztgenannte Text stammt aus einem Testament, und es ist kein Zufall, daß solche Ordnungsregeln auch in Lk 22,26.36 begegnen, die das Leben der Gemeinschaft für die Zeit nachher (später: syrTestament des Herrn, ed. Rahmani) betreffen. Daß sich dieser Stil in den *Kirchenordnungen* der ersten christlichen Jahrhunderte fortsetzt, ist nicht nur erwartbar, sondern schon anhand der Kirchenordnung des Hippolyt zu belegen; wie die hellenistischen Vereinssatzungen oft das gemeinsame Mahl betreffen, so stehen hier Regeln für das Herrenmahl im Vordergrund.

Der Wegfall der Standesunterschiede (vgl. Gal 3,28; 6,15; 1 Kor 12,13; Kol 3,11) gehört ebenso zu den Gemeinsamkeiten frühchristlicher Gemeinden und paganer Kultvereine (vgl. ANRW S. 1087) wie das familiäre und bruderschaftliche Konzept im ganzen, in dem das Haus Mitte der Kultgemeinde ist; ferner: der Eid beim Eintritt (christlich bei Plinius ep 96,7), katalogartige Paränese, Haustafeln, die Rückbeziehung der Regeln für die Gemeinde auf den Zeitpunkt des Übertritts und die Zuordnung der Vereinsämter zum gemeinsamen Mahl (Belege: ANRW S. 1087).

3. Indem für das frühe Christentum vereinsähnliche Regeln autoritativ verordnet werden (zur Mangelhaftigkeit der Begründungen vgl. z. B. 1 Kor 14,35b), soll der Satz 1 Kor 14,40 erfüllt werden: „Alles aber soll wohlanständig und nach Ordnung geschehen". Möglich ist, daß Paulus selbst erst im Zuge der Konfrontation mit den von ihm selbst gegründeten Gemeinden vom freien Charismatiker zum Kirchenorganisator wurde (vgl. dazu: FS G. Bornkamm, S. 389.393). Ohne Zweifel handelt es sich hier um *Recht*. (Dem entsprechen Weisungen, nicht vor ein weltliches Gericht zu gehen: Mt 5,23 f. 25 f.; Lk 12,57–59; 1 Kor 6; Clem Hom 9,14 f.). Die häufig profanen Begründungen (1 Kor 11,16; 14,34b.35b.40 usw.) zeigen, daß es sich hier nicht um prophetische Proklamationen, sondern um Ordnungsrecht handelt, das in erster Linie durch organisatorische Vernunft und eben darin durch Barmherzigkeit (1 Kor 7) bestimmt ist. Das in 1 Kor 14 geschilderte Chaos hätte nur unweigerlich den Sieg der Stärkeren bedeutet. Die Differenz zu anderen

Vereinen bringt in einem solchen Kontext 1 Kor 7,29–31 zum Ausdruck: Die eschatologische Freiheit relativiert nicht das Recht, sondern ist letzte Ermöglichung der Einheit der Verschiedenen (und damit der Intention des Rechts).

§ 61 Der neutestamentliche Brief als symbuleutische Gattung

Lit.: ANRW S. 1132–1138 und S. 1325–1363.

Die zahlreichen fruchtbaren Ergebnisse besonders der neueren amerikanischen Forschung zur Gattung des neutestamentlichen Briefes können hier nicht nochmals wiederholt werden (vgl. dazu ANRW, ibid.). Hier mögen einige Thesen genügen:

1. Alle neutestamentlichen Briefe – inklusive des Hebr und der als Brief formulierten ApkJoh – haben symbuleutischen Charakter. Im Blick auf das Gesamt der hellenistischen Briefe ist das nicht selbstverständlich. Vergleichbar sind in dieser Hinsicht am ehesten die prophetischen Briefe des Alten Testaments und des Judentums (dazu: ZNW 65 (1974) 213–219) und die hellenistischen Philosophenbriefe (z. B. die Kynikerbriefe, ed. Malherbe; die Briefe Senecas an Lucilius sind nur die Spitze eines Eisbergs). Die Philosophenbriefe sind an einzelne Schüler, an Schülergemeinschaften oder auch an Städte gerichtet (ANRW S. 1338 f.).

2. Der apostolische Briefgruß kennzeichnet die betreffenden Briefe als Offenbarungsrede, wie es ähnlich von Testamenten und Apokalypsen belegt ist (die auch ihrerseits „Briefe" genannt werden oder – wie die Syrische Baruchapokalypse – in einem Brief kulminieren). Weil der Verfasser berufener Apostel ist, deshalb ist auch sein Segen wirksam. Von daher erklären sich die zahlreichen brieflichen Gebete.

3. Die Apostelbriefe sind – wie auch die Apk – *schriftlicher Ersatz für mündliche Rede* bzw. Fortsetzung mündlicher Verkündigung. So war auch schon der Freundschaftsbrief der Antike Ersatz leibhaftiger Anwesenheit. Auf den Charakter der Briefe als schriftlicher Mahnrede weist auch ihre Länge, die in antiken Privatbriefen kaum Analogien findet. Die Pythagoreerbriefe (ed. A. Städele) kommen mit ihrer Affinität zu Traktaten dem Umfang der neutestamentlichen Briefe schon näher. So darf man die persönlichen Bemerkungen in den paulinischen Briefen nicht zur Norm erheben, von daher auf den privaten Charakter dieser Briefe schließen und die nächsten Analogien in hellenistischen Privatbriefen suchen. Man sollte vielmehr umgekehrt eher von den anderen Briefen des Neuen Testaments ausgehen und Paulus als Sonderfall betrachten (er ersetzt als Apostel den Gemeindeführer vor Ort).

4. Die persönlichen Bezüge paulinischer Briefe erklären sich zum großen Teil ebenfalls aus dem philosophischen Brief: Der Lehrer ist in seinem Geschick wie in seinem Verhalten, besonders in seinen Peristasen, *Vorbild* für seine Leser. Das biographische Selbstzeugnis hat exemplarische Funktion.

5. Die Briefe des NT haben starke Affinität zu *offiziellen Schreiben* der gleichzeitigen Umwelt, insbesondere zu Briefen von Königen an Ekklesiai

(vgl. dazu: ZThK 73 [1976] 169.183), von daher erklärt sich auch die Funktion des „ich ermahne euch" (gr.: *parakalo*) bei Paulus (s. o.). Dem entspricht das Verlesen urchristlicher Briefe in der Gemeindeversammlung. Auch die Apk ist wohl deshalb als Brief verfaßt, um in den Gottesdienst Eingang zu finden. Je stärker ein Brief allgemein-paränetisch und argumentativ ausgerichtet ist, um so größer ist sein Öffentlichkeitswert.

6. Die Danksagung am Briefbeginn ist die religiöse Form der captatio benevolentiae.

7. Zum Verhältnis von systematischen und symbuleutischen Aussagen in neutestamentlichen Briefen:

a) Der symbuleutische Sinn der systematischen Komplexe etwa des Röm, Gal und Eph wie Kol ist protreptischer Art, d. h. das Interesse ist nicht rein darstellend, sondern auf den Erweis des besseren Weges gerichtet. Zur Gattung Protreptikos vgl. ANRW S. 1138–1142, hier § 62.

b) Gerade in den systematischen Stücken kann Paulus die gemeinsame Zukunft oder Vergangenheit, die Apostel und Gemeinde verbinden, darstellen, erkennbar an „wir"/„ihr" und an „mit" (gr.: syn).

c) Die systematischen Stoffe werden situationsbezogen selektiv referiert. Damit erhalten die zugrundegelegten systematischen Traditionen gegenüber der Situation einen eigentümlichen Bildcharakter.

d) Zu formgeschichtlichen Analogien für die Abfolge von systematischem und paränetischem Teil in hellenistischen Briefen vgl. ANRW S. 1340. 1348.

Ein breiterer formgeschichtlicher Ausgangspunkt für die Entwicklung eines zweiten, paränetischen Teils in neutestamentlichen Briefen liegt offenbar in dem Phänomen der *brieflichen Schlußparänese,* die häufiger belegt ist und sich auch – neben der entfalteteren Paränese – in neutestamentlichen Briefen erhalten hat (vgl. oben § 42).

Zu Aufbau und Funktion der Briefe in der Apk Joh vgl. F. Hahn (FS K.G. Kuhn, S.357–394). – Zur Soziologie der neutest. Briefe allgemein: Vgl. § 109.

§ 62 Protreptische Mahnrede

Lit.: ANRW S. 1138–1145. 1344.

Als Protreptikos Logos bezeichnet man eine Werbeschrift, die in erster Linie für die Beschäftigung mit einer bestimmten Disziplin, insbesondere der Philosophie, Anhänger gewinnen soll. Das geschieht dadurch, daß die Vorteile dieses Weges aufgezeigt und andere Wege verglichen werden. Entsprechend bezeichnen wir als protreptische Mahnrede *alles, was die grundsätzliche Wahl des christlichen Weges zum Thema macht.* Mit Ausnahme des Corpus des Römerbriefes, das ich als ganzes zu dieser Gattung rechne, gehören dazu im Neuen Testament nur jeweils kürzere Stücke, freilich in zentraler Position.

1. Zu Röm 1,17–11,36; Mt 11,25–30; 7,13–27; Joh 3,1–21; 1 Tim 4,7b–10; 1 Kor 13 vgl. bereits ANRW S. 1138–1145. In Röm 1–11 geht es

um den christlichen Weg des Glaubens an Jesus Christus, in dem trotz der Vorrangstellung des Judentums der jüdische Weg „aufgehoben" ist. Mt 11 begründet die Werberede, auf Jesus zu hören, mit der Verheißung der Ruhe. Mt 7 diskutiert die beiden Wege und ihr Ende. In Joh 3 geht es um die grundsätzliche Entscheidung für oder gegen den Offenbarer (vgl. die Forderung nach Wiedergeborenwerden und den auf Glauben bezogenen Doppelschluß). 1 Tim 4 spricht über den Nutzen der Gottesverehrung, 1 Kor 13 über den „höchsten Weg". – Bergpredigt und Feldrede kann man insgesamt als protreptisch bezeichnen (vgl. § 23,4).

2. Als protreptisch bezeichne ich auch *Mahnungen fundamentalen Charakters mit „Schwellenfunktion"*, so etwa Mk 1,15; Mt 3,1 f.; 4,17 („Kehrt um und glaubt"), Lk 13,24a („Müht euch, einzugehen durch die enge Pforte"), Joh 12,35 f. („glaubt an das Licht" mit der Begründung, daß das Licht nur noch kurze Zeit sein wird), 1 Joh 2,15–17 („Liebt nicht die Welt", mit Begründung), Jak 4,6–9 („Unterwerft euch Gott – widersteht dem Teufel", mit Erfolgsverheißungen), Hebr 12,25–29 („Den, der redet, nicht abweisen, Gott dienen mit Furcht und Scheu"), 2 Kor 5,20 („Laßt euch versöhnen mit Gott") und Apk 3,3 („Kehre um . . .")". Teilweise stehen diese Mahnungen innerhalb paränetischer Reihen (z. B. Jak 4,6–9). – Vorbilder für kurze Mahnungen dieser Art sind prophetische Mahnworte wie Am 5,4–6 „Sucht mich" (bzw.: den Herrn), „damit ihr am Leben bleibt"; 5, 14,,Sucht das Gute und nicht das Böse, damit . . ."; 5, 15: „Haßt das Böse und liebt das Gute". – Aufforderungen, etwas zu „fliehen" und anderes zu „verfolgen" (1 Tim 6,11; 2 Tim 2,22) haben demgegenüber Analogien in hellenistischen Philosophenbriefen (ANRW S. 1344). – Eindeutig protreptisch ist das (Di-)Egertikon in Eph 5,14 (Belege in ANRW S. 1375–1377) (allg. Aufforderung und Erfolgsverheißung).

3. Protreptischen Charakter hat auch die *Aufforderung zur Abgrenzung und zum Sich-Unterscheiden von anderen,* denn dieses ist gewissermaßen die Kehrseite der Wahl eines bestimmten Weges im Unterschied zu anderen. Eindrücklich ist dieses gestaltet in den verwandten Stücken Hebr 13,13 (in 9–15) (Hinausgehen vor das Lager); Apk 18,4–7 („Geht heraus mein Volk aus ihr, damit ihr nicht teilhabt . . .") und 2 Kor 6,14–18 („nicht unter einem Joch dienen mit Ungläubigen", dann die Gegenüberstellung von Christus und Beliar usw., dann der Befehl: „Deswegen geht heraus aus ihrer Mitte und sondert euch ab und berührt nichts Unreines."; dazu Verheißung).

Verwandte Aufforderungen zur Abgrenzung: Lk 9,60 („Laß Tote . . ., du aber . . ."); Mt 6,2 f.5–7.16 f.: Beten, Fasten und Almosen „nicht wie die Heuchler und die Heiden"; 6,31–33 (nicht sorgen wie die Heiden); Hebr 10,39 läßt den protreptischen Charakter gut erkennen und ist zudem ein Indikativ mit auffordernder Bedeutung: „Wir aber gehören nicht zu denen, die zurückweichen zu ihrem Verderben, sondern zu denen, die treuen Glaubens sind zur Gewinnung des Lebens". Abgrenzung von den Heiden: Mt 5,47 par und in Eph 4,17–19/20 ff. („nicht wie die Heiden . . ., ihr aber . . ."); vgl.

auch 1 Thess 5,3–9 („Wenn sie sagen . . ., ihr aber . . . nicht schlafen wie die übrigen . . .“). Im Judentum: äthHen 104,6: „Verzagt nun nicht, ihr Gerechten, wenn ihr die Sünder erstarken und auf ihrem Wege Glück haben seht. Werdet ihnen nicht gleich und habt keine Gemeinschaft mit ihnen, sondern haltet euch fern von ihrer Gewalttätigkeit, denn ihr sollt Genossen der himmlischen Heerscharen werden“. – Vgl. ANRW S. 1340–1341.

Die Mahnung zur Abgrenzung kann auch auf namentlich genanntes *schlechtes Beispiel* bezogen sein (1 Joh 3,11f. nicht wie Kain; Mt 23,7–8 in 23,1–11: Schilderung der Pharisäer – „ihr aber“), auf eine bestimmte soziale Gruppe (die Herrschenden in Mk 10,42f.; Lk 22,24–27) oder auf falsche Lehrer, von denen man sich fernhalten soll (2 Tim 3,1–9/10–17 „du aber . . .“; 4,3–4/5 „du aber“; vgl. 2,16f.). Auch in der *postconversionalen Mahnrede* spielt die Abgrenzung eine wichtige Rolle (vgl. Kol 3,5–17; Eph 4). Die Mahnrede 1 Joh 4,1–6 ist aufgebaut anhand des Gegensatzes ihr/sie (vgl. V. 4f.).

Nach G. Lohfink (in: Quaest. Disp. 89, S. 90f.) liegt in 2 Tim ein dreifach wiederholtes Schema vor, das wie folgt aufgebaut ist: A. *Krise als Abfall und Irrlehre* (1,15; 3,1–9; 4,3–4); jeder Passus ist eingeleitet mit einer Aufforderung zur Erkenntnis oder einem entsprechenden Verb in der 1. Person. – B. Kontrast dazu: Der Angeredete, unterschieden durch *„du aber“* (2,1; 3,10; 4,5) wird dem Irrglauben entgegengestellt (2,1–13; 3,10–17; 4,5–8). Paulus ist dabei Vorbild in Lehre und Leiden, Timotheus sein Nachfolger in beidem. – C. *Ansage von Gericht* (bei Untreue) *und Lohn* (bei Treue).

4. Zu dieser Gattung zu rechnen sind auch *allgemeinste Mahnungen* über das Verhalten wie Mt 3,8–9a par (Frucht, der Bekehrung würdig); Mt 7,21 (nicht reden, sondern den Willen tun); 1 Joh 3,3 (in 2,18–3,3) „sich heiligen“; 2 Kor 6,12–7,1 (nach den Aufforderungen zur Abgrenzung: „sich rein bewahren vor aller Befleckung des Fleisches und Geistes“); Mt 5,48 (vollkommen sein); 2 Kor 6,1–2 (nicht vergeblich die Gnade Gottes empfangen). – Häufig sind derartige Mahnungen in Hebr: 3,1f.: auf Jesus schauen; 3,7–4,13: kein böses, ungläubiges Herz, keiner säumig, mit Eifer streben, einzugehen in die Ruhe, damit keiner zu Fall komme; 4,14–16: festhalten am Bekenntnis, mit Zuversicht hintreten zum Thron der Gnade; 6,9–20: Eifer, nicht schlaff werden, sondern Nachahmer derer, die . . .; 12,1–11: Abwerfen aller hemmenden Last, aufblicken zu Jesus; Aushalten unter der Züchtigung; Gott sich unterwerfen (V. 9); die erschlafften Hände aufrichten und die wankenden Knie, den Weg der Füße gerade machen.

5. In der Situation derer, die sich bereits für einen Weg entschieden haben, bedeutet protreptische Mahnrede die Aufforderung, *festzuhalten* an dem, was man hat, und zu *bleiben* bei dem, was am Anfang grundgelegt wurde. Häufig finden sich diese Mahnungen im Kontext anderer protreptischer Elemente, so in Apk 3,3 (bewahre . . ., kehre um . . . bedingte Gerichtsansage; 1 Joh 2,18–3,3: 2,24 Bleiben). Weitere Texte: Joh 15,1–17; Hebr. 3,12;

4,14–16 (festhalten); Phil 2,16 (in 2,12–17); Jud 21 („bewahrt euch in der Liebe Gottes"); Apk 3,11; 2 Thess 2,15.

6. Als protreptisch kann man auch die *Wachsamkeitsparänese* bezeichnen (vgl. oben § 39,7) sowie die Mahnungen, als Gerechter zu *leiden* (vgl. § 45).

Die Funktion dieser Gattung in der urchristlichen Geschichte ist aufgrund ihrer inhaltlichen Pauschalität nicht die Vermittlung konkreter Normen, sondern in erster Linie die *Erinnerung* daran, daß mit der Bekehrung zum Christentum überhaupt ein neuer Weg begonnen wurde, der alternativen Charakter hat. Daher sind die *Mahnungen zur Absonderung* im Rahmen dieser Texte das historisch bedeutsamste Moment. Bedeutungsvoll ist ferner die Umwandlung der Mahnung zum Umdenken in die Mahnung zum Festhalten und Bewahren, wobei ich freilich in letzterem nichts verdächtig Frühkatholisches zu entdecken vermag (vgl. schon Phil 2,16). Denn das Bewahren ist noch nicht verselbständigt und bleibt auf die Initiation zurückbezogen, ist gerade die Art ihrer bleibenden Präsenz. – Zur Gattung der postconversionalen Mahnrede (§ 40) bestehen enge Beziehungen (hier bes. durch 5. u. 6.).

Texte, in denen häufiger *protreptische Elemente* begegnen: Hebr 3,7–4,13; 12,1–11; Phil 2,12–18; 1 Joh 2,18–3,3; Apk 3,3; 1 Joh 4,13–18.

D. Epideiktische Gattungen

Wir behandeln zunächst Beschreibungen ohne Fortgang, um dann über kürzere erzählende Texte zu den erzählenden Großgattungen und zur Historiographie zu gelangen.

§ 63 Beschreibung des Aussehens und der Gestalt

Lit.: ANRW S. 1809–1091. 1201–1204. Vgl. auch hier S. 300 f.

Interesse an solchen „Ekphrasis" genannten Schilderungen besteht im Neuen Testament vor allem in visionären Gattungen, so bei der Verklärung Jesu Mk 9,3 „Und seine Kleider wurden glänzend, sehr weiß, wie ein Walker auf Erden sie so nicht weißen kann" (vgl. Lk 9,29: „die Gestalt seines Angesichts wurde anders und seine Kleidung weiß aufblitzend" und Mt 17,2 „und es erstrahlte sein Angesicht wie die Sonne, seine Kleider aber wurden weiß wie das Licht"). Ähnlich die Beschreibung des Engels Mt 28,3 (Sein Aussehen war wie ein Blitz, und sein Gewand war weiß wie Schnee). – Umfassende Schilderungen liefert die ApkJoh, und zwar in 1,12b–16 (Menschensohn); 2,18b (Gottessohn); 4,2–11 (Thron Gottes und Umgebung); 5,1 (Buch); 5,6 (Lamm); 6,2a.4a.5b.8a (Reiter); 7,1 (Winde-Engel); 7,9 (Menschen vor dem Thron); 9,7–11 (Heuschrecken); 9,17 (Reiter). 19 (Pferde); 10,1–2a (Engel); 13,1b–2a (Tier aus dem Meer); 12,1 (Frau am Himmel) .3 (Drache); 14,1–5 (Lamm und Gefolgschaft); 17,2–6 (Dirne Babylon); 14,14 (Menschensohn; 15,2 (gläsernes Meer); 19,11–13.15a–16 (Logos als Reiter) .14 (seine Heere); 21,2 (himmlisches Jerusalem) .10–14.16a.18–23 (himmlisches Jerusalem); 22,1 f. (Strom und Baum des Lebens).

Außerhalb visionärer Berichte begegnet eine Schilderung des Aussehens nur noch in Hebr 9,2–5 (Einrichtung des Zeltes).

Obwohl die Schilderungen in ApkJoh häufiger traditionell und besonders oft an Ez angelehnt sind (z. B. K. 1 und 4) und auch in den anderen Teilen entwickelte Gattungen im Hintergrund stehen (Schilderung des Aussehens von Engeln, von Herrschern – vgl. dazu: K. Berger, Die griechische Daniel-Diegese, 1976, S. 115–117 – und des himmlischen Jerusalem – vgl. dazu unten § 77,4), gibt es keine vergleichbare Schrift mit so zahlreichen Beschreibungen des Geschauten. Bei der Verbindung der verschiedenen Gattungen und Traditionen war dieser Gesichtspunkt einheitsstiftend. Erst die spätere jüdische Mystik weist im Gefolge Ezechiels wieder Ähnliches auf. Der Grund für die intensive Ausgestaltung der ApkJoh mag auch mit ihren Entstehungsbedingungen gegeben sein: Die Herrlichkeit des Kaiserkultes und die Bedrängnis der Märtyrergemeinde fordern die kräftige Alternative heraus und führten dazu, daß hier Thronvision mit apokalyptischer Ereignisordnung verbunden wurde, so daß alle Ereignisse auch in vom Himmel kommenden Gestalten anschaubar werden (Reiter, Engel), zugleich aber immer wieder die Szenerie himmlischer Liturgie eindrücklich dargestellt wird.

§ 64 Abstraktere Beschreibung und Vergleich zweier Gestalten (Synkrisis)

Lit.: wie § 63 und ANRW S. 1175–1177, hier § 72,4.

Wo nicht Personen beschrieben werden, sondern abstraktere Einzelgrößen, herrscht wie bei der Ekphrasis der Gestalt das formale Mittel der *Merkmalsreihung,* auch hier überwiegt der Nominalstil. Klassisches Beispiel für diese Gattung ist die Schilderung des „Wortes Gottes" in Hebr 4,12 f. („Denn lebendig ist das Wort Gottes, wirksam und schärfer als jedes zweischneidige Schwert, usw."). Im Gegensatz zum JohEv und zur ApkJoh ist der Logos hier nicht christologisch aufgefaßt. Zur Gattung vergleiche man besonders die Schilderung der Weisheit in SapSal 7,22–8,1, speziell den Katalog in 7,22 f. Vergleichbar ist auch die *Aufzählung der Eigenschaften* der Liebe (damit die Beschreibung der Liebe in 1 Joh 4,17–18) in 1 Kor 13,4–7.8–10.13 (hier bereits als Synkrisis). Eine Ekphrasis liegt auch vor, wenn „das Gesetz" (Gal 3,19–25) oder wenn die „Auferstehung" (1 Kor 15,35–56) und mit ihr die Auferstandenen charakterisiert werden. – Die Beschreibung der Funktionen des Hohenpriesters in Hebr 5,1–4 ist das Verbindungsstück zur Gattung der Listen mit *Standespflichten,* wie der Schilderung der Witwe in 1 Tim 5 und der Ältesten und des Episkopos in Tit 1. – „Beschrieben" wird jeweils das Umstrittene:

Eine großangelegte *Ekphrasis der von Gott gelegten Ordnung* der Gemeinde ist 1 Kor 12,1–31. Das Bild vom Leib mit Zügen der Fabel dient besonders dazu, die Ehrung der wenig mit Ehre ausgestatteten Glieder durch Gott darzustellen und so zum Maßstab zu machen.

Beschreibungen in *moralischem Anliegen* liefert Jak: In 3,3–10a wird die Macht der Zunge beschrieben, in 3,17 eine Grundtugend.

Eine Ekphrasis liegt auch vor, wenn eine „Erzählung" über *regelmäßiges Tun* gegeben wird, so über den unreinen Geist in Lk 11,24–26 par Mt 12,43–45.

Hier sind auch Beschreibungen dessen zu nennen, was bestimmte *Gruppen* regelmäßig tun (nicht: was sie in einem bestimmten Zeitabschnitt taten; es geht nicht um Basiserzählungen, vgl. dazu § 96). Derartige Beschreibungen gelten zumeist den Gegnern der Gemeinde, und zwar den gegnerischen Lehrern: So werden die Pharisäer beschrieben in Mt 23,1–7; ähnlich Lk 20,46b–47; Mk 12,38b–40. Von Irrlehrern: 1 Tim 4,1–3a; 2 Tim 3,1–9; 2 Petr 2,12–22; 3,3 f. – Die Schilderung der Pharisäer gilt vor allem als abschreckendes Beispiel, die der Irrlehrer als Erkennungszeichen. Beides dient der Warnung und Abgrenzung.

An der Grenze zum *Enkomion* (vgl. § 99) stehen Schilderungen lobender Art über das, was ein Mensch habituell tut und was ihn auszeichnet: Act 10,2 beschreibt in diesem Sinne den Hauptmann Cornelius, Act 18,24–25 Apollos. – Entsprechend besteht Verwandtschaft zur Gattung Hymnus, wenn von Gott ausgesagt wird, wie er „ist": Act 17,28–29, oder was er getan hat (Act 17,30 f.; Hebr 1,1–3).

Synkrisis ist ebenfalls eine Weise der Beschreibung, jedoch in der Gestalt des Vergleichens zwischen zwei Größen. Insbesondere in der Auseinandersetzung mit dem nichtchristlichen Judentum spielt dabei der Vergleich zwischen der alten und der neuen Institution eine Rolle. In 2 Kor 3,4–18 werden der alte und der neue Bund miteinander verglichen, wobei der Schluß a minore ad maius wichtiges Instrument ist. Der Hebräerbrief vergleicht zwischen der Person Jesu und den Leviten (Hebr 7,11–22), zwischen dem Priestertum Jesu und dem levitischen (7,23–28), zwischen den beiden Heiligtümern (8,1–5) und den beiden Bundesschlüssen (8,6–13; vgl. 2 Kor 3) und der Kraft des alten und des neuen Opfers (10,1–18). In der Weise von Erzählung werden in Hebr 9,11–28 der Bundesschluß unter Mose und der neue Bundesschluß miteinander verglichen. Werden Personen miteinander verglichen, so geschieht das in der Gestalt der Ekphrasis mit *Schilderung und Überbietung* (Christus/Engel in Hebr 2,5–18; Christus/Mose in Hebr 3,1–6) oder als biographische Synkrisis wie zwischen Jesus und Johannes d. T. (vgl. dazu § 72,4). Eine solche Synkrisis zwischen Jesus und dem Täufer bieten auch das Gleichnis von den spielenden Kindern Mt 11,16–19; Lk 7,31–35 und Joh 1,1–8, eine solche mit Mose Joh 1,14–18 (zur Analyse vgl. Berger, Exegese S. 27 f.). – Neben den Ich-Worten mit der ich-er-Synkrisis Jesus/Täufer (vgl. dazu auch Joh 3,28–30.31–35) gibt es auch die Synkrisis zwischen dem Täufer und den Jesusjüngern (Act 1,5; 11,16). – Die Synkrisis Adam/Christus ist in 1 Kor 15,21 f.; 15,45.47 f. nur kurz, in Röm 5,12–21 dagegen umfassend und argumentativ (Entsprechung und Überbietung) durchgeführt. – Heiden und Juden werden (mit Hilfe von bedingten Unheils- und Heilsansagen) verglichen (Synkrisis), und Heiden werden beschrieben (Ekphrasis) in Röm 2,12–16.

Eine *Synkrisis zwischen zwei Frauen* (wie in der Tradition des Herakles am Scheidewege) bietet Lk 10,38–42 (Maria/Martha). Die beiden Frauen sind hier typenhafte Beispiele. – Regelmäßig entsteht auch eine Synkrisis durch die Verflechtung der Berichte über konträre Figuren, so: Herodes/Petrus in Act 12: der eine wird errettet, der andere nach wiederholtem Unrecht bestraft (über Herodes: Act 12, 1–3.18–23). – Ähnlich ist der Kontrast zwischen Jesus einerseits und Petrus und Judas andererseits, dann aber auch wieder zwischen Petrus und Judas in den Leidensgeschichten (Mk 14,54.66–72 parr; Mt 27,3–10): Petrus endet mit Reue, Judas mit Selbstmord.

§ 65 Listen und Kataloge

Lit.: ANRW S. 1147. 1202–1204. – G. Schille: Die urchristliche Kollegialmission (AThANT 48), 1967.

Die paränetischen Reihenbildungen (Tugendkataloge, Lasterkataloge, Reihen mit Prohibitiven usw.) wurden bereits behandelt. So, wie Tugend- und Lasterkataloge die je bestehende radikale Vollkommenheit oder Unvollkommenheit eines der beiden Wege darstellen, ist es auch bei epideiktischen Katalogen häufig die Intention der Form, eine gewisse *Vollständigkeit* vorzuführen. Besonders deutlich wird das in folgenden Fällen: a) *Doxologien* der Apk weisen plerophorische Reihen von Nomina auf, deren Inhalt „Heil" ist (Apk 5,12.13; 7,12; 12,10). Die Reihung erweckt den Eindruck der Fülle.

Diese Tendenz von Listenbildungen geht deutlich aus Röm 2,9f. hervor (z. B. Herrlichkeit, Ehre, Heil). b) Reihungen von *Titeln* in Apk 1,5; 3,7; 3,14b; 12,9 gelten für den Christus wie für den Widersacher und demonstrieren Mächtigkeit. c) *Warenkataloge* suggerieren beim Leser Reichtum, so Apk 18,12.13 mit dem Vorbild in Ez 27 und Mt 2,11 (Gaben der Magier). d) *Peristasenkataloge* (vgl. § 66) demonstrieren die Fülle der ertragenen Leiden. e) *Charismenkataloge* wie 1 Kor 12,8–10.29–30 sind Ausdruck bejahter Vielfalt, wobei die Einheit in der Vielfalt zunächst nur durch die Überschrift gegeben ist. f) Der Katalog der zwölf *Stämme* Israels in Apk 7,4–8 wie auch die Zwölferliste in Apk 21 dienen dazu, eschatologische Vollkommenheit zu beschreiben. Denn die Restitution der zwölf Stämme ist eine eschatologische Erwartung. g) Die Liste der *Zeichen,* die dem Glaubenden folgen (Mk 16,17f.), illustriert – im Kontrast zu der schlichten Verheißung des Mitseins Mt 28,20 –, welcher Erfolg und welcher Schutz den Christen zuteil werden wird, wenn sie als Wandermissionare tätig sind.

Eine andere Rolle spielen *Listen mit Namen von Frauen und Männern* in der Geschichte des Urchristentums. Ihre wichtigste Funktion ist, *Zeugen* für das Geschehene zu benennen und festzuhalten. Dem dienen besonders die Zwölferlisten (Mk 3,16–19; Mt 10,2–4; Lk 6,14–16; Act 1,13). Denn Listen mit zwölf Zeugen sind auch sonst bekannt (Berger, Auferstehung, S. 465 Anm. 132), sowohl bei Vertragsabschluß als auch in religiösen Texten. In Ps.-Philo, AntBibl 6,3 ff. gibt es sogar eine von Abraham angeführte Liste von zwölf Männern, die sich als einzige zu Gott bekannten. – Die zwölf Jünger *bezeugen* sowohl Jesu Taten vor Ostern (Mk 3,14: „damit sie mit ihm seien") als auch insbesondere seine Auferstehung. Beides wird zusammengefaßt in dem lukanischen Zeugenbegriff Act 1,21f. – Ähnliche Bedeutung haben Frauenkataloge: Frauen sind entweder Begleitung Jesu (Lk 8,2–3), Zeugen bei Jesu Tod (Mk 15,40f.; Mt 27,55f.; Joh 19,25), Begräbnis (Mk 15,47) oder am leeren Grab (Mk 16,1; Mt 28,1; Lk 24,10). Wie wichtig die Zeugenschaft bei Tod und Begräbnis war, dokumentiert Joh 19,34f. auf seine Weise (nur wenn Jesus wirklich gestorben ist, wird es auch Sinn haben, von seiner Auferstehung zu reden). – In allen diesen Fällen ist der Grundsatz: Die Vielfalt der Zeugen bestätigt die Wahrheit einer Sache, mindestens sind zwei oder drei erforderlich (Dtn 19,15). Auch die späteren literarischen Reihungen von Visionsberichten (wie z. B. 1 Kor 15,5–7) entsprechen dem Grundsatz der Vielzahl der Zeugen (vgl. dazu: Berger, Auferstehung, S. 164–170). Daß man die Zeugen möglichst namentlich benennt, versteht sich bei der Art des Angewiesenseins frühchristlicher Predigt auf das Zeugnis von selbst. Zur Bedeutung des Zeugnisses von Frauen vgl. ibid., S. 635f. Anm. 590.

Jedoch scheint die Funktion dieser Namenslisten über die Garantierung der Augenzeugenschaft hinauszugehen. Darauf weisen vor allem andere Listen, bei denen nicht die Zeugenschaft im Vordergrund steht, die aber dennoch neben den Zwölferlisten stehen, so die Liste der sieben Hellenisten Act 6,5, die der Propheten und Lehrer in Antiochien Act 13,1 und der Reisebegleiter des Paulus Act 20,4. Diese Listen liefern vielmehr *elementare Orientierung über die frühchristliche Kirchengeschichte* und können als solche sehr gut zu dem Lukas vorgegebenen, mündlich überlieferten Material gehört haben. Durch Benennung der wichtigsten Männer und Frauen werden Orientierungspunkte gesetzt, an denen Gruppen, Beziehungen und Entwicklungen erinnerbar sind. Aus dem gleichen Grund gehören Schülerlisten zum Bestand der „Biographien" der antiken Philosophen, so in Diogenes Laertius II 85 f. (Aristipp); III 46 f. (Platon); VII 36–38 (Zenon); VIII 46 (Pythagoras); X 22–26 (Epikur); Jamblichus, Leben des Pythagoras 267 (Pythagoras); Leben des Aristoteles 47 (lat.).

Diese These wird bestätigt durch eine weitere Art von Listen: Neben die Kataloge der führenden Männer und Frauen traten die der Ortschaften und Missionsgebiete, und zwar in gleicher Rolle als Orientierungshilfen über Gebiete, in denen man mit Christen zu rechnen hatte. Wahrscheinlich erfüllt schon die Liste der Ortschaften, aus denen Menschen Jesus nachfolgen, diesen Zweck (Mk 3,7–8; Mt 4,25; Lk 6,17), sicher aber die Liste in Act 2,9–11, die vom Zentrum Antiochien/Syrien aus gedacht ist und eine Art Missionsatlas darstellt (vgl. TRE XII, 183 f.). Vgl. auch: U. Maiburg: „Und bis an die Grenzen der Erde . . .". Die Ausbreitung des Christentums in den Länderlisten und deren Verwendung in Antike und Christentum, in: JAC 26 (1983) 38–53.

So waren die Namenslisten wichtig, um anhand der wichtigen Autoritäten Reichtum und Grenzen christlicher Gemeinsamkeit aufzuzeigen: Wo man sich auf Namen berief, die nicht in den Listen vorkamen, war die Verbindung mit den Anfängen zweifelhaft. Die Namen dienten als Codewörter der Grenzen christlicher Ökumene, die Ortslisten, um Missionsgebiete aufzuzeigen. Beides war zweifellos in erster Linie für wandernde oder als Geschäftsleute reisende Christen von Interesse. Beides setzt schon das Bedürfnis nach einer Übersicht über die Vielfalt voraus.

§ 66 Peristasenkatalog

Lit.: ANRW S. 1355–1359. – R. HODGSON: Paul the Apostle and First Century Tribulation Lists, in: ZNW 74 (1983) 59–80. – J. ZMIJEWSKI: Der Stil der paulinischen „Narrenrede" (BBB 52), 1978, 231 ff. 307 ff.
Texte: Act 20,19 (Testament des Paulus). – Röm 8,35–37 (endzeitliche christliche Existenz allgemein). – 1 Kor 4,9–13 (autobiograph.). – 2 Kor 4,7–12 (autobiograph.). – 2 Kor 6,4–10 (autobiograph., mit Tugendkatalog). – 2 Kor 12,10 (autobiograph.). – Diognetbrief 7,7–9. – Pagane und jüdische Analogien: ANRW S. 1355–1359.

Das gr. Wort *peristasis* bedeutet: die äußeren Umstände, besonders aber: Unglück, Gefahr, Not. – Nun sind Listen mit derlei Nöten immer zu erwarten, wenn es um die intensive Schilderung umfassender Not geht, vom Krankenbericht bis hin zur Reihung von endzeitlichen Nöten und Leiden, die alle betreffen, besonders aber die Gerechten (so etwa Röm 8,35–37; slavHen 66,6; TestXIIJud 25,4; äthHen 103,9). Jedoch möchte ich von einem Perista-

225

senkatalog im eigentlichen und engeren Sinn nur dann sprechen, wenn es um die Leiden und Nöte einer *Einzelfigur* geht, d. h. im biographischen oder autobiographischen Kontext, wozu dann auch Belege aus Romanen zu rechnen sind (ANRW S. 1357). So ergibt sich auch eine Beziehung zu Märtyrerberichten, in denen die einzelnen Qualen erzählerisch ausgestaltet im Rahmen einer katalogartigen Komposition aufeinander folgen (so schon in 4 Makk 6: Ausziehen; Binden der Hände und des Rückens; Geißelung; Blut; Wunden; Fußtritt, als er zusammenbrechen will; Peinigung mit glühenden Werkzeugen; stinkende Brühe in die Nasenlöcher; Verbrennungen bis auf die Knochen). Unter diesem Aspekt gehören auch die ausgeführten *Leidensweissagungen* der Evangelien (Mk 8,31 parr; 9,31 parr; 10,33 f. parr) zu den Peristasenkatalogen. Auch in den Romanen begegnen die katalogische Kurzform und die narrative Langform nebeneinander. (Das Verhältnis beider Formen zueinander ist auch zur Beurteilung der sog. Summare in den Evangelien überhaupt von Bedeutung.)

Zur *Formgeschichte* der Peristasenkataloge gilt:

1. Anhand von 2 Kor 11,22 ff. (biographischer Aufriß, vgl. § 72,12) kann gezeigt werden, daß das Durchstehen von Peristasen eine paradoxe Form von *Werken* (gr.: *praxeis*) ist, an denen deutlich wird, welchen Wesens man ist; die Heraklestradition (s. 2.) bestätigt das. Ähnlich ist auch für die Passiva-Liste in 1 Tim 3,16 zu beobachten, daß es sich hier um eine ins Passiv verkehrte Form des Enkomions (mit den lobenswerten Taten als Inhalt) handelt (vgl. unten § 99,4). – Ohne Zweifel ist gerade diese Art, von Werken zu reden, in besonderem Maße dazu geeignet, Gott als den sichtbar werden zu lassen, der dem Leidenden Kraft gibt (s. unter 3.).

2. Insbesondere die *Heraklestradition* läßt die innere Affinität von Taten und Leiden (gr.: *ponoi*) deutlich erkennen. Seine „Arbeiten" sind überdies der Weg zu Vergottung und Besiegung des Todes. So ist er das Paradigma für den menschlichen Weg *per aspera ad astra*. Die apokalyptische Literatur vertritt dieselbe Grundanschauung, und in der Figur des leidenden Menschensohnes wird dieses Konzept auch auf das Geschick eines Einzelnen übertragen (vgl. auch § 76,7). Jedoch ist „Beeinflussung" zunächst nicht der Weg, das Verhältnis dieser beiden parallelen Konzeptionen zu erklären; eine Fülle von gemeinsamen kulturellen und religiösen Bedingungen hat zu dieser Parallelität geführt. Beeinflussung ist vielmehr auf dieser gemeinsamen Basis erst möglich, und ich möchte sie für die Form des Katalogs der Mühen und Leiden des Einzelnen so annehmen, daß nicht die Heraklesfigur im ganzen, vielmehr nur diese Kleinform zu gegebener Zeit übernommen wurde.

Listen mit Taten/Leiden des Herakles: Euripides, Herakles 394 ff.; Briefe des Alkiphron III 61 (ed. Hercher, S. 89); Diodorus Sic 4,7,4 ff.

Für Alexander d. Gr. wie für andere hellenistische Herrscher ist Herakles das Vorbild des Regenten. Nach Arrian 3,3,2; 4,28,4 eifert Alexander Herakles nach. Inwiefern auch die Leiden des Herakles Vorbild für den Herrscher sind, erläutert der folgende Text aus Plutarch, dessen erste Hälfte in dem auch im Neuen Testament in diesen Katalogen überwiegenden Ich-Stil (autobiographisch) gehalten ist und der auch in der Struktur Analogien zu den paulinischen Katalogen aufweist (Plutarch, Über das Glück Alexanders 2 f.):

„Erhebe dich und brüste dich mit Königen, die weder Blut noch Wunden kannten; sie waren glücklich, ein Ochus, ein Artaxerxes, die du gleich nach ihrer Geburt auf den Thron des Kyros gesetzt hast; mein Leib hingegen trägt viele Kennzeichen von der Gegnerschaft des Glücks, keineswegs von seiner Bundesgenossenschaft: Zuerst ward ich in Illyrien mit einem Stein am Kopfe getroffen und mit einer Keule auf den Nacken geschlagen, dann am Granicus durch den Dolch eines Barbaren am Haupte getroffen und bei Issus mit dem Schwert an der Hüfte; bei Gaza ward ich am Knöchel durch einen Pfeil verwundet, ich verrenkte mir das Schulterbein und hatte viel auszustehen; bei Marakatarda spaltete ein Pfeil mir das Schienbein, darauf folgten in Indien Wunden und Tapferkeit vor den Tieren; bei den Assakauen ward ich durch die Schulter geschossen, bei den Gandariden durch den Schenkel, bei den Malloten fuhr ein Pfeil mir in die Brust, so daß das Eisen stecken blieb; ein Schlag mit der Keule traf mich am Nacken, als die an die Mauer angesetzten Leitern zerbrachen . . . Dahin gehören auch die Schwierigkeiten des Zuges selbst: Stürme, Trockenheit, Tiefe der Ströme, Höhen selbst von Vögeln unerreicht, furchtbarer Anblick wilder Tiere, eine rauhe Lebensweise, Falschheit, ja Verräterei der Fürsten". Oder man bedenke die Lage Alexanders vor dem Feldzuge: Griechenland sträubte sich . . .

In der Schrift Plutarchs „Ob das Laster hinreichend sei . . ." K. 3 (498F.) treten nach dem Vorbild von „Herakles am Scheidewege" Unglück und Glück gegeneinander auf. Das Glück ist mit Leiden verbunden, für deren Bewältigung eine Liste von Beispielen genannt wird.

Besonders ist hinzuweisen auf Dio Chrysostomus 8,26–27: „Das ist mein Kampf, den ich bestehe, und in dem ich mein Leben aufs Spiel setze gegen die Lust und die Mühsal, aber keiner der elenden Menschen achtet auf mich, sie fesseln nur Springer, Läufer und Tänzer. Sie wollen ja auch nicht sehen, wie Herakles kämpfte und sich abmühte . . . Die Mühsale und Kämpfe des Herakles erbarmten sie, und sie hielten ihn für den gequältesten Menschen. Deshalb nannten sie seine Mühen und Arbeiten auch „qualvolle Kämpfe" . . . Jetzt aber, nach seinem Tode, verehren sie ihn mehr als alle anderen, halten ihn für einen Gott und sagen, er wohne mit Hebe zusammen. Zu ihm beten sie alle, ihr Leben möge nicht so qualvoll sein – zu ihm, der die größten Qualen ertrug".

Zur Bedeutung der Mühen des Herakles vgl. auch Epiktet, Diss I 6,26–36; II 16,45; III 22,57; III 24,13 (Verbindung mit Diogenes); Arrian II 18,1–2; III 3,2.
    Lit.: F. PFISTER: Herakles und Christus, in ARW 34 (1937) 42–60. – G. K. GALINSKY: The Herakles Thema, Totowa, New Jersey 1972. – M. DETIENNE, in RHR 158

(1960) 19 ff.; J. TONDRIAU, in: RIL 83 (1950) 397 ff.; W. DERICHS: Herakles. Vorbild des Herrschers in der Antike, Diss., Köln 1951.

3. Ziel der Kataloge ist es jeweils, den betroffenen Menschen nicht als Opfer, sondern als *Überwinder* der Mühen und Nöte vor Augen zu stellen und ihn so zum Paradigma für die Bewältigung von Leiden zu machen. Die Leiden werden zur Probe darauf, ob der jeweilige Mensch eine verborgene Kraftquelle besitzt, die ihn durch all dieses hindurchzutragen vermag, und eben dieses kann als Prozeß der *deificatio* gedacht werden. Da das Thema der Überwindung des Leidens die Intention der Gattung ist, erklärt sich auch die häufig antithetische Form. Dabei geschieht die Aufhebung des Leidens durch folgende Faktoren: durch die Kraft Gottes im Menschen, durch Gottes Eingreifen, durch die von Gott kommende Kraft und Liebe und unsichtbare Wirkweise, durch die übermenschliche Kraft der Philosophie oder durch die Vernunft (Belege: ANRW S. 1356–1359). Es geht nicht an, wie W. Schrage es versucht, die Befähigung durch Gott für das christliche, die durch des Menschen eigene innere Kraft für das pagane Modell zu halten; vielmehr ist das eine wie das andere christlich und heidnisch belegt.

4. Die *Affinität zwischen Leiden und Tat* wird auch daraus erkennbar, daß Peristasen häufig mit *Tugendkatalogen* verbunden sind (1 Kor 4,9–13; 2 Kor 6,4–10; Diognetbrief 7,7–9).

5. Wie in 2 Kor 11, so werden auch im paganen Bereich Peristasenkataloge in der Auseinandersetzung mit *falschem Rühmen* verwendet (vgl. oben unter 2. das Beispiel Alexanders d. Gr.). Doch ist es wiederum eine falsche und apologetische Alternative, die paganen Texte der Selbstverherrlichung des Menschen, die neutestamentlichen der Verherrlichung Gottes dienen zu lassen.

6. Für 2 Kor 4,7–12 finden sich Analogien im alttestamentlichen *Danklied des Einzelnen* (s. u. § 72,7). Dank dieser Gattungsüberschneidung geht es hier in jedem Glied um die Rettung (vgl. dazu aber auch: TestXIIJosef 1,4; 1 QH 9).

7. *Formale Merkmale* (nach J. Zmijewski, S. 319f.): Gedrängter Stil, Bevorzugung des nominalen Stils, Vorliebe für die Präpositionen „in" und „durch" (gr.: *dia*), asyndetische Reihung, ausweitende Formeln (wie: jeder, stets, immer, den ganzen Tag, bis jetzt), Antithetik (aber, und siehe, aber nicht), Wir-Stil, Dreier- und Vierer-Schema, Steigerung und das Gesetz der wachsenden Glieder, rhetorische Stilmittel (Wiederholung, rhetorische Frage, Antithesen).

8. Bei der Überwindung der Widerfahrnisse spielen *christologische Begründungen* häufig eine Rolle, so in 2 Kor 4,10; 1 Kor 4,10; Röm 8,35b.39; 2 Kor 11,23 (Diener Christi). Gerade weil der Christus als der Leidende und der Gekreuzigte Gottes Auserwählter ist, können Peristasen die Zugehörigkeit zu Christus erweisen.

§ 67 Proklamation

Proklamation ist eine epideiktische Gattung, da es um eine qualifizierte *Beschreibung der Gegenwart* geht. Der gegenwärtige Zeitpunkt und kein früherer ist durch ein neues Geschehnis ausgezeichnet, um das der Sprecher weiß und das er als dringende Mitteilung (mit häufig symbuleutischen Konsequenzen) und daher in Kurzform an seine Hörer vermittelt. Der Mitteilende ist regelmäßig Bote Gottes – daher verwenden auch Falschpropheten Proklamationen (Lk 21,8). Der Inhalt ist häufig eschatologischer Art. Typisch für die Proklamation sind außer der Kürze vor allem: Nomina wie „Stunde", „Zeitpunkt" (gr.: *kairos*), „Tag"; „nahe"; Verben wie „nahekommen", „geschehen" (im Perfekt), Zeitadverbien wie „jetzt" (gr.: *nyn, arti*); deiktische Wörter wie „siehe". Sehr viele Sätze dieser Gattung beziehen sich auf das Gekommen- oder Nahesein des Reiches Gottes, der Rettung oder des Gerichtes und haben dann typische Gestalt:

Mk 1,15a „Erfüllt ist die Zeit, und nahegekommen ist das Reich Gottes" (Konsequenz: „Kehrt um und glaubt . . .").
Lk 10,9 „Gekommen ist auf euch das Reich Gottes" (Proklamation bei Heilungen).
Lk 21,8 „Der Zeitpunkt ist nahegekommen".
Röm 13,11–12a „Und dieses wissend über den Zeitpunkt, daß es schon Zeit ist, daß ihr aus dem Schlaf aufgeweckt werdet. Denn jetzt ist näher unser Heil als da wir gläubig wurden. Die Nacht ist vorangeschritten, der Tag aber ist nahegekommen."
Joh 12,31 „Jetzt ist das Gericht über diese Welt, jetzt wird der Herrscher dieser Welt hinausgeworfen werden."
Apk 11,15 (nach Erdbeben und Anerkennung Gottes): „Geschehen ist das Königreich über die Welt unseres Herrn und seines Christus . . ., und er wird regieren . . ."
Apk 12,10–12 (nachdem Satan auf die Erde geworfen ist): „Jetzt ist geschehen die Rettung und die Kraft und das Reich unseres Gottes und die Macht seines Christus, weil . . . und sie haben ihn besiegt" (Fortsetzung als Aufforderung zu Jubel und Wehe).
Apk 19,6b–7 „Halleluja, denn König geworden ist der Herr, unser Gott, der Allmächtige . . ." (Fortsetzung als Aufforderung zum Jubel ähnlich wie in 12,10–12, dann weitere Proklamation als Begründung:) „Denn gekommen ist die Hochzeit des Lammes, und sein Weib hat sich bereitet . . ., und es wurde ihr gegeben . . ."

Die Voraussetzung zur Errichtung der Basileia ist in der ApkJoh der Fall Babylons. Auch dieser wird durch Proklamation verkündet, und zwar antizipatorisch in 14,8 („Gefallen, gefallen ist Babylon . . .") und dann noch einmal in 18,2–3 („Gefallen, gefallen ist Babylon . . ."), in beiden Fällen mit Begründung. Daß eschatologische Proklamationen in dieser Weise *antizipatorischen* Charakter haben können, sollte im Blick auf die Formulierungen in Lk 10,9; 11,20 nicht unbeachtet bleiben, denn nach apokalyptischem Zeitverständnis ist es für die Proklamation unerheblich, ob die verkündete Zeit schon ganz da oder erst noch im Kommen begriffen ist: denn sie ist jetzt die alles überstrahlende neue Wirklichkeit.

Proklamationen liegen auch in den *Vollzugsmeldungen* Apk 16,17; 21,6a vor. Eine Siegesproklamation liegt in Apk 12,11 vor (zu Analogien vgl. ANRW S. 1374). Alle Proklamationen der Apk finden im Rahmen der *himmlischen Liturgie* vor dem Thron Gottes statt. Daher erklären sich die damit verbundenen *Aufforderungen zu gemeinsamem Jubel* in 12,12; 19,6b.7a. Diese Verbindung von Proklamation (= Ist-Aussage) und Aufforderung zum Jubel ist formgeschichtlich in *Dankpsalmen* vorbereitet, insbesondere in Ps 118,22–24: „Der Stein, den die Erbauer verwarfen, ist zum Eckstein geworden. Durch den Herrn ist dieses geschehen; vor unseren Augen ist es ein Wunder. Dies ist der Tag, den der Herr gemacht hat (gr.: *hemera*); wir wollen jubeln und seiner uns freuen." – Denn hier begegnet insbesondere der zeitliche Aspekt (Tag). Beachtlich ist das auch wegen der hervorragenden Rolle, die Ps 118 in der messianischen Deutung des Frühjudentums und Urchristentums spielt. Zur doppelten Reaktion in Apk 12,12 als Jubel und Wehe vgl. § 55,3.

Aufgrund des bisherigen Ansatzes werden auch Lk 19,9 („Heute ist Heil . . ."); Lk 2,11 („Geboren ist euch heute der Retter"); 4,21 („Heute ist diese Schriftstelle erfüllt . . .") als Proklamationen erkennbar. – Schließlich ist auch die Auferstehungsbotschaft als Proklamation zu bezeichnen: Mk 16,6: „Er ist auferweckt"; Mt 27,64; „Auferweckt wurde er von den Toten"; Lk 24,34: „Auferweckt wurde der Herr und erschien dem Simon".

Unter den jüdischen Texten sind die *Naherwartungsaussagen* in Apokalypsen zu beachten (vgl. § 49,1), doch auch Texte wie syrBar 85,10: „Denn die Jugend der Welt ist vergangen, und die Vollkraft der Schöpfung ist schon längst zu Ende gekommen, und das Herbeikommen der Zeiten ist beinahe schon da und fast schon vorübergegangen. Denn nahe ist der Krug dem Brunnen und das Schiff dem Hafen und die Karawane der Stadt und das Leben dem Ende." – Freilich sind auch außer-apokalyptische Texte zu nennen wie TestHiob 43,14: Nach einer Gerichtsdoxologie in V. 13 heißt es: „Siehe, der *Herr ist gekommen,* siehe, die Heiligen stehen bereit, voran ziehen die Kränze unter Lobgesängen, sich freuen sollen die Heiligen, die sollen frohlocken in ihrem Herzen, daß sie empfangen haben die Herrlichkeit, die sie erwarteten. Genommen ist unsere Sünde, gereinigt unsere Gesetzlosigkeit." Wie in den oben genannten Beispielen aus Ps 118 und Apk 12,12; 19,6b.7a wird die Proklamation mit der Aufforderung zum Jubel verbunden. Es handelt sich um ein Lied vor dem Altar im Zusammenhang des dargebrachten Opfers. Das Gekommensein des Herrn ist hier ein kultisches Geschehen – ganz ähnlich wie es die ApkJoh insgesamt mit ihrem himmlischen Thronsaal für die Eschatologie annimmt (eschatologisches Kommen Gottes als Analogie zu kultischer Präsenz).

Ganz dem Thema der *Proklamation der „Stunde"* gewidmet ist Joh 12,20–36. K. 12 des JohEv ist ja im ganzen eine Art peroratio des öffentlichen Auftretens Jesu. Die Überschrift in 12,23 gibt das Thema an, den Schluß bildet – ebenfalls mit Hinweis auf die (nur noch kurze) Zeit – der Umkehrruf V. 35 f. Das argumentative Zentrum bildet die Jetzt-Aussage in 12,31, vgl. aber auch V. 27a. In V. 24–26 ist die „Stunde" Anlaß für Martyriumsparänese. Der Gebetsdialog 12,28 kennzeichnet die Stunde als Schnittpunkt zwischen vergangenem und zukünftigem Verherrlichen; vgl. dazu auch die Abfolge 12,31/32.

230

Die Betonung der gegenwärtigen Stunde hat die Bedeutung, daß man jetzt auf die Botschaft hören soll (Lk 4,21; 2 Kor 6,2). Ähnlich ist auch Apk 3,20 zu verstehen („Siehe, ich stehe und klopfe . . .“). – Vgl. Hebr 3,7f. 13.15; 4,7. Auch die Stunde des Beginns seines Leidens sagt Jesus in dieser Weise an (Mk 14,41 „Gekommen ist die Stunde . . .“); Lk 22,53 („Diese ist eure Stunde und die Macht der Finsternis . . .“).

Neben den hier behandelten *temporalen deiktischen Sätzen* weist das Neue Testament auch entsprechende lokale Sätze auf, wobei sich freilich eine strikte Scheidung zwischen temporalem und lokalem Aspekt verbietet. Gemeint sind Sätze, die mit „Hier . . .“ eingeleitet sind und entweder auf Jesus selbst verweisen (Mt 12,6.41.42par Lk 11,31f.) oder doch verweisen sollen (Mk 13,21par) oder in erster Linie zeitlich zu verstehen sind (Apk 13,10.18; 14,12; 17,9) und ein kommentierendes Signal für den Leser darstellen. Das „Hier“ weist wie das „Siehe“ den Hörer/Leser direkt in die Situation. Auf das *begleitende Zeichen* weist das „siehe“ Mk 16,6a/b.

Den Charakter einer Proklamation haben auch die im Neuen Testament überlieferten Schwüre, so Mk 14,71; Mt 26,72.74, dazu Hebr 6,14; Apk 10,5–7 und alle mit „Amen, ich sage euch“ eingeleiteten Worte Jesu.

§ 68 Akklamation, Prädikation und Doxologie

Lit.: ANRW S. 1372–1375. Davon besonders: Th. KLAUSER: Art. Akklamation, in: RAC 1 (1950) 216–233.

Als Akklamation bezeichnet man den inhaltlich affirmativen, bestätigenden Zuruf, oft an einen Höhergestellten, der außer der *affirmatio* (häufig titular oder jedenfalls nominal) auch eine *deprecatio* (Bittruf) enthalten kann. Anerkannt wird jeweils Person und/oder Leistung des Gemeinten. So ist die Akklamation auch Teilgattung der *demonstratio/epideixis* (häufig bei wunderhaften Geschichten), in der der so Anerkannte in Macht oder Wohltat hervortrat. – Mit der Doxologie hat die Akklamation die typische Basissituation gemeinsam: In beiden Gattungen geht es um den affirmativen und zumeist nominalen Zuruf an das zumeist höhere Gegenüber. Jedoch hat die Doxologie eine strengere Form, und sie ist stärker von der erzählerischen Basissituation ablösbar (daher begegnet sie auch in Briefen). Außerdem bezieht man die Doxologie allein auf Gott und den erhöhten Christus.

1. Akklamation

a) Rein *attributive Akklamationen* sind: „Würdig“ *(axios)*-Rufe in Apk 4,11; 5,9f.12; 16,6 (vgl. dazu: ANRW S. 1374 und G. Delling, in: NT 3 [1959] 108ff.). Wie Inschriften (Ehrendekrete, Elektionen) zeigen, handelt es sich um ein Kennwort aus dem Abstimmungsverfahren der hellenistischen Volksversammlung. Die ApkJoh denkt die himmlische Kultgemeinde als *ekklesia,* die sich versammelt hat, ihren Herrscher zu loben. – Ein bestimmtes Attribut wird Gott akklamativ zugesprochen im sog. Sanctus (vgl. dazu: A.

Baumstark: Trishagion und Qedusha, in: JLW 3 [1923] 18–32; D. Flusser: Sanctus und Gloria, in: FS O. Michel, 1963, 129–152), zuerst in Jes 6,3, abgewandelt schon in äthHen 39,12 („er erfüllt die Erde mit Geistern"), dann abgewandelt auch in Apk 4,8 („der war und der ist und der Kommende"), später: äthGorgoriosApk Leslau p. 83 („vollkommen in seinen Taten . . ."; 85 „Heilig ist der König"). Vielleicht steht schon in Jes 6,3 der Jerusalemer Kult im Hintergrund. – Attributivisch sind auch Akklamationen mit „groß ist + Name" wie in Act 19,28.34 „Groß ist die Artemis der Epheser"; Analogien finden sich in LXX Bel et Draco 18 („Groß bist du, Bel").41 („Groß bist du, Herr, Gott Daniels") und bei Aelius Aristides 24 (p. 71 Dind., II 399 Keil): „Groß ist der Asklepios" (vgl. dazu: B. Müller, Megas Theos, 1913, 331 ff.; E. Peterson, Eis Theos, 1926, 196 ff.). – Vgl. auch Lk 7,16; Act 8,10. Während der Sitz des „Heilig. . ." wenigstens literarisch der Kult ist, hat die „Groß ist. . ."-Akklamation deutlich Propaganda-, bzw. öffentlichen Bekenntnischarakter vor anderen.

b) Akklamation als „Heil!"-Ruf liegt vor in den *Hosanna-Rufen* beim Einzug Jesu in Jerusalem (Mk 11,9 f.; Mt 21,9; Joh 12,13; vgl. dazu E. Lohse, Art. hosanna, in: ThW IX 682–684), und zwar im Anschluß an Ps 118,25 f. Daß jemand, der *kommt*, akklamativ begrüßt wird (rhetor. Gattungsname: *epibaterios logos*), ist freilich nicht nur Ps 118 zu entnehmen, sondern findet sich zur Zeit des Neuen Testaments z. B. auch in slavHen 14,2, wo die aufgehende Sonne begrüßt wird: „Es kommt der Lichtspender und gibt Licht seiner Kreatur". – Das in den Evangelien vorangestellte Hosanna war schon früher aus einem Hilfe- zu einem Jubelruf geworden.

Die Erzählung vom Einzug Jesu in Jerusalem (Mk 11,1–10; Mt 21,1–9; Lk 19,28–38) kann man als „erzählte Akklamation" bezeichnen; zu verwandten Einholungsszenen vgl. E. Peterson, in: ZSystTheol 7 (1930) 682–702 und NTS 20, S. 30 Anm. 111. In Mk 11,9 f. steht Hosanna als Anfangs- und als Schlußruf, wobei im Schlußruf die Aufforderung zum Jubel auch auf die Himmel ausgedehnt wird. In Lk 19,38 fehlt das Hosanna ganz, statt dessen werden dem, der kommt, doxologische Attribute (Friede, Herrlichkeit) zugesprochen. Nur in Mt 21,9 wird das Hosanna direkt dativisch auf den Sohn Davids bezogen („Heil dem Sohn Davids"), ebenso 21,15, ähnlich dann auch liturgisch in Did 10,6 („Hosanna dem Gott Davids"), auf den „Sohn Davids" bezogen in Eusebius, Hist Eccl 2,23,13 f. In Apk 7,10; 12,10; 19,1 ist das Hosanna als „Rettung" übersetzt (gr.: *soteria*). Die alte Bedeutung des Hosanna findet sich übersetzt als Ruf „Herr, rette" in Mt 8,25.

Man muß daher scheiden zwischen einem *isolierten* Hosanna-Ruf, der allgemein *Zeichen des Jubels und der Freude* ist, und dem Hosanna, das speziell einer Person (dativische Beziehung) zugesprochen wird (als *Doxologie*, vgl. unter 2.).

c) Titulare Akklamationen als *Bittrufe:* Als Sohn Davids und als Kyrios wird Jesus um Rettung und Erbarmen angerufen in Mk 10,47 f.parr; Mt 8,25; 9, 27; 14,30; 15,22; 17,15; 20,30 f.; Lk 18,38 f.; als Lehrer wird er angerufen in Lk 17,13. – Aus jüdischer Tradition: Lk 16,24 (Vater Abraham, erbarme dich meiner) (vgl. dazu: ARW 1907 S. 398).

Sowohl „rette"-Rufe wie „erbarme"-Rufe werden im Judentum auf Menschen bezogen (vgl. dazu: NTS 20, S. 31 Anm. 118).

d) Akklamationen sind regelmäßig *Teil der Gattung Demonstratio/Epideixis* (s. o. § 79), z. B. Lk 7,16 „Ein großer Prophet ist unter uns erweckt worden", „Heimgesucht hat Gott sein Volk". Besonders zu beachten sind Akklamationen, die den Urheber der erstaunlichen Tat als Gott bezeichnen (Act 12,22 „Gottes, nicht eines Menschen Stimme"; 14,11 „Die Götter, menschengleich, sind hinabgestiegen zu uns"), vgl. Act 28,6.

e) **Identifikatorische Akklamation** durch „Du bist . . ." und „Dieser ist . . ." (Prädikation) ist im Neuen Testament *als Kernstück von Erzählungen mit dem Ziel der Identifikation* biographische Teilgattung geworden und für die Formgeschichte der Gattung Evangelium von besonderer Bedeutung.

I. **Akklamation** und **Deutung** durch „Du bist . . ." oder „Dieser ist . . ." liegen nahe beieinander. Die narrative Vorstufe im Rahmen einer Demonstratio, an der zugleich das theologische Problem sichtbar wird, um das es hier geht, ist die *zwiespältige Reaktion* auf das Auftreten oder die Wirksamkeit hin, entweder auf eine Einzeltat hin oder als Summe nach einem Abschnitt. Oft bleibt es dann bei Zwiespalt (Joh 7,43; Act 14,4) oder Ratlosigkeit (Act 2,12), und die einzelnen Deutungen, wer jemand sei oder was mit ihm los sei, bleiben nebeneinander stehen, sind aber als solche schon Reflex des Außergewöhnlichen und Staunenswerten (zu Plutarch: S. 350).

Vgl. dazu Lk 11,15 f. (staunte/durch Beelzebub); Mt 12,23 (Sohn Davids)/24 (Beelzebub); Act 2,7–13 („Sind diese nicht Galiläer . . . wie aber?" „Was soll das sein?" „Voll des süßen Weines"); Joh 7,12 (er ist gut/er verführt das Volk); 10,20 f. (besessen – nicht besessen); Act 17,18 (Schwätzer – Verkündiger fremder Götter); in Act 28 wandelt sich aufgrund des Wunders des Paulus die Einschätzung von „Mörder" (28,4) zu „Gott" in 28,7. In Mk 6,14–16; Mt 14,1–2; Lk 9,7–9 bleibt unklar, wer Jesus ist: Elia, ein Prophet, der auferweckte Johannes. Auf dem letzteren liegt die Betonung.

Der große Abschnitt Joh 7,25–53 hat die *Frage, wer Jesus ist,* zum Thema. Die verschiedenen Einwände (V. 27: der Messias muß unbekannte Herkunft vorweisen; V. 41 f.: der Messias muß aus Bethlehem kommen, V. 52: aus Galiläa kann kein Prophet kommen) werden neben die positiven Urteile (V. 31: Wunder; V. 40: Prophet; V. 46) und das Selbstzeugnis Jesu (V. 28 f.: Werberede; V. 37 f.) gestellt. Nicht nur Jesus wird beurteilt, auch seine Anhänger (V. 47–49).

In anderen Texten wird *nach einer Reihe vorläufiger oder falscher Aussagen am Schluß die richtige oder beste Antwort* gegeben (zu dieser Chrien-Form vgl. ANRW S. 1262). Mk 6,14–16 ist so gewissermaßen der „erste Anlauf" zu der in Mk 8,27–30; Mt 16,13–20; Lk 9,18–21 dann ähnlich, aber besser gelösten Frage, wer Jesus ist; nach den Alternativen Johannes, Elia, (Jeremia), ein Prophet gibt Petrus mit dem Messiasbekenntnis die richtige Antwort; in ThomasEv 13 liegt die richtige Antwort bei Thomas, Petrus und Matthäus sind hier die weniger guten Beantworter. Ähnlich klimaktisch aufgebaut sind Alternativvorschläge in Mt 11,7–9/10par (Wer der Täufer ist:

Schilfrohr – Mensch in weichlichen Kleidern – Prophet – mehr als ein Prophet: ,,Dieser ist . . .‟). In Joh 1,19–23 werden falsche Antworten abgewehrt (Elia, Prophet), die richtige mit einer ich/er-Synkrisis gegeben. In Joh 12,29–32 ist das Volk uneins (Donner/Engel), Jesus sagt die Lösung. Der gesamte Abschnitt Joh 1,35–51 enthält verschiedene Antworten darauf, wer Jesus ist (1,36.38.41.45.49), von denen die letzte, Jesu eigene Antwort (V. 51), die am weitesten gehende ist und dann im Evangelium entfaltet wird.

Daß hier überall die *Gattung der Akklamation* (oft: *in identifikatorischen Erzählungen*) verarbeitet wird, zeigen folgende Beispiele: Die Reaktion des Hauptmanns unter dem Kreuz ist nach Mk 15,39: ,,Dieser Mensch war Sohn Gottes‟ (Lk 23,47: ,,Dieser Mensch war gerecht‟); die Anhänger Simons des Magiers sagen Act 8,10: ,,Dieser ist die Kraft Gottes, die große.‟ Die Anhänger Jesu sagen in Mt 21,10–11 auf die Frage ,,Wer ist dieser?‟: ,,Dieser ist der Prophet . . .‟. Wir nehmen also an, daß das Nebeneinander verschiedener Antworten und die Form der klimaktischen Reihung verschiedener Reaktionen eine narrative Verarbeitung von Akklamation/Prädikation ist.

Die Akklamation in Mk 15,39 (,,Wahrhaftig, dieser Mensch war Gottes Sohn‟) hat zugleich den Charakter eines *Nachrufs* (vgl. 4 Makk 17,11: ,,Wahrhaftig, es war [nämlich] ein göttlicher Wettkampf, der durch sie [sc. die Märtyrer] geschah‟ = *epilogos*).

Das ,,Dieser ist . . .‟ ist sodann aber auch Inhalt qualifizierter Verkündigung; die Predigt des Paulus wird so zusammengefaßt: Er habe gezeigt, dieser sei der Sohn Gottes, bzw. der Christus (Act 9,20.22b). *Die Prädikationsformel ist hier schon zur Überschrift für das gesamte ,,Bekenntnis‟ geworden.*

Im Blick auf Stellen, in denen das ,,dieser ist‟ in Verbindung mit der Schrift begegnet (Act 17,1–3; Mt 11,10; Lk 7,27; Apk 11,4 ,,diese sind die beiden Ölbäume . . .‟) ist jedoch auf einen weiteren Aspekt hinzuweisen: Das ,,dieser ist . . .‟ bezeichnet gegebenenfalls die Enthüllung des wahren Wesens einer Figur durch einen anderen, der so dessen wahre und vor Gott gültige Bedeutung für die Menschen auslegt. In Differenz zu den Ich-bin-Worten (vgl. § 72,3) leistet nicht die Selbstvorstellung diese Enthüllung, sondern die Entdeckung durch einen anderen, der dadurch auch zum ,,Offenbarer‟ wird (vgl. die Auslegung in Mt 16,17: ,,Nicht Fleisch und Blut . . .‟), jedenfalls zur religiösen Autorität. Deshalb sind auch vor Petrus schon die Dämonen zu richtiger Deutung des Wesens Jesu befähigt (vgl. auch Act 16,17: ,,Diese Menschen sind Knechte des höchsten Gottes . . .‟ und die Fehlanzeige Act 19,15 ,,Wer seid ihr?‟). Diese Annahme wird dadurch bestätigt, daß das ,,dieser(-s) ist‟ feste Formel der offenbarenden Auslegung von Visionen und Schriftstellen ist. – In jedem Falle gilt: Wenn Hoheitstitel, Schrifttexte oder Funktionsangaben auf einen Menschen durch ,,dieser ist . . .‟ ,,angewendet‟ werden, so ist das ein Vorgang, der irgendeine Art von Offenbarung voraussetzt: entweder die vorgängige Selbstoffenbarung durch ein Wunder, auf die die Identifizierung die Antwort ist oder die pneumatische, inspirierte Qualität des Menschen, der diese Offenbarung ausspricht (vgl. auch Johannes in Joh 1,33:

Daß Jesus „dieser ist, der mit heiligem Geist tauft" muß Johannes erst von Gott gesagt werden).

Nicht nur Personen und visionäre Gegenstände werden so in ihrer Heilsrelevanz gedeutet; die Deuteworte in den Abendmahlsberichten erklären die „tiefere" Bedeutung des von Jesus ausgeteilten Brotes und des von ihm gereichten Kelches (Brotwort: Mk 14,22; Mt 26,26; Lk 22,19; 1 Kor 11,24. – Kelchwort: Mk 14,24; Mt 26,28; Lk 22,20; 1 Kor 11,25).

So stoßen wir darauf, daß die Prädikation/Deutung „Dieser ist . . ." wie auch die Worte über Brot und Wein eine gemeinsame Wurzel haben in einem alltäglichen Vorgang: der Deutung einer entweder zunächst unbekannten oder doch noch nicht so tief erfaßten gegebenen Größe durch ein „kommentierendes", auf diese Größe weisendes Wort. In religiösem Kontext erschließt diese – nunmehr stets autoritativ erfolgende – Deutung die Dimension einer Größe für das Verhältnis zwischen Gott und Mensch.

Ergebnis: „Dieser ist . . ." deutet eine so zuvor unbekannte Größe, und zwar aufgrund besonderer Autorisierung (Offenbarung usw.), a) als bekennende Akklamation oder Prädikation in der *narratio* (auch klimaktisch), b) als Summe des Bekenntnisses, c) bei der Applikation der Schrift auf eine Person, d) bei der Deutung von Brot und Wein.

II. Zu „Du bist . . .": Die meisten der „Du bist . . ."-Prädikationen sind nichts anderes als Akklamationen, die als persönliche Anrede gestaltet sind (so etwa die Anerkennung Jesu als des Herrn durch die Dämonen in Mk 1,24b; 3,11; Lk 4,41; 8,28 usw., wo nämlich das Wissen um die Identität fehlt, ist auch keine Unterordnung möglich). Wo die Richtung jedoch nicht die der Akklamation von unten nach oben ist, sondern ein Höhergestellter jemanden mit „Du bist + Titel" anredet, liegt eine *Installation* vor. Der Höhergestellte setzt in eine Stellung ein oder bestätigt darin, so schon in Ps 2,7 („Du bist mein Sohn . . .") und Ps 110,4 („Du bist Priester . . ."), die beide häufig als christologische Texte zitiert werden, im Judentum in der Anrede an Henoch in äthHen 71,14 „Du bist der Mensch, der zur Gerechtigkeit geboren wird. Gerechtigkeit wohnt über dir, und die Gerechtigkeit des betagten Hauptes verläßt dich nicht." Aufgrund dieser Rolle Henochs als des paradigmatischen Gerechten ist Henochs Lehre maßgeblich für alle, die auf seinem Wege wandeln (71,16). In Mk 1,11; Lk 3,22 wird die Stimme bei der Taufe in diesem Sinne als Einsetzung/Bestätigung der Gottessohnschaft aufgefaßt (ähnlich, aber in Verbindung mit der Mt-Fassung auch das EbionitenEv und das HebräerEv nach Hieronymus, Comm in Jes 11,2). In Mt 3,17 dagegen heißt es „Dieser ist . . .", und damit geht es hier um eine deutende Erklärung dessen, was in 3,16 geschildert wurde. Schließlich wird auch Petrus mit einem „Du bist + Titel"-Wort von Jesus eingesetzt (Mt 16,18).

Die in Mt 16,19 auf die Installatio folgende Zusage hat Analogien in Texten, in denen ebenfalls Erwählte besonders angesprochen werden: TestAbr A 8 (ich werde dir geben alles, was auch immer du bittest von mir); griechEsrApk „Alles, was du bittest, ich werde es jedem einzelnen geben"; persDanApk (ed. Zotenberg, S. 392 f.) „O Daniel, mein Freund, welche Bitte du auch tust, sie ist dir gewährt"; hebrHen 15,4 f.

Die *Installatio* mit „Du bist + Titel" hat eine eindeutig *juridische Dimension*. Aus diesem Grund genügt auch ihr einmaliger Vollzug. Daß bei dieser Installatio nicht an das ägyptische Thronzeremoniell zu denken ist, hat erst kürzlich wieder G. Friedrich: Die formale Struktur von Mt 28,18–20, in: ZThK 80 (1983) 137–183, erwiesen. Für die seit E. Norden geläufige These besteht die Annahme, es habe in Ägypten ein Drei-Stufen-Schema (Erhöhung/Präsentation/Inthronisation) gegeben, zu Unrecht. Die nächste formale Parallele zur Anrede bei der Taufe liegt in äthHen 71,14 vor (auch wenn Henoch hier nicht zum „Menschensohn" eingesetzt wird), den weiteren Horizont bildet die (stets visionäre) Beauftragung und Einsetzung im Rahmen der Thronszene vor Gott (vgl. Berger, Auferstehung, S. 176. 489–491 und etwa TestXIILevi 2.5). Vgl. auch ApkAbr 14 „Erkenne von nun an, daß dich der Vorweltliche erwählt hat, welchen er lieb gewonnen . . .""

2. Doxologie

Eine Doxologie liegt vor, wenn dem Gegenüber ein nominal formuliertes Heilsgut *„zugesprochen"* wird. Der Ursprung ist daher eine magisch-sakramentale Sprachhandlung, die jemandem zuspricht, was ihm rechtens zukommt. Dabei ist das „Zusprechen" weder nur deskriptiv noch konstitutiv (die Herrlichkeit wird durch das Verherrlichen nicht erst begründet), sondern intensivierend für die Beziehung zwischen dem Adressaten und dem, der spricht. In der frühchristlichen Konzeption des durch den Charismatiker ausgesprochenen *Friedensgrußes* finden sich wichtige Ansätze zum Verständnis der Doxologie: Wer dieses qualifizierten Heilswortes würdig ist, auf dem wird es bleiben, sonst kehrt es zum Aussprechenden zurück (vgl. Mt 10,13; Lk 10,5–6). Dem „Würdigen" kommt das ausgesprochene Heilsgut rechtens zu, und so ist auch die Brücke geschlagen zwischen den „Würdig"-Rufen der Apk und den Doxologien. – Ähnlich qualifizierte Heils(Friedens-)Zusagen kennt auch das zeitgenössische Judentum: In Hen 71,15 wird die Du-bist-Prädikation von 71,14 durch den Engel interpretiert: „Er ruft dir Frieden zu im Namen der zukünftigen Welt, denn von dort geht hervor der Friede seit der Schöpfung der Welt." – Ähnlich TestXIIDan 5,9 (Umkehr Israels) „und er wird euch führen zu seinem Heiligtum, euch Frieden zurufend". Die Friedenszusage bedeutet in beiden Fällen die formelle Bestätigung des Gerechtseins von Gott her, Ratifizierung dessen, was als Beziehung schon besteht. – Wir haben hier Doxologie und Heils-Gruß nebeneinandergestellt, um ein Verständnis für Lk 2,14 zu gewinnen: Die Engel sagen Gott „in der Höhe" die Doxa zu, die ihm zukommt – eine gewöhnliche Doxologie. Sodann aber wird „Heil" (Friede) den auserwählten Menschen zugesprochen: ein qualifizierter Friedensgruß aus dem Mund von Engeln, der in genau dem Sinne, in dem Gott Herrlichkeit zukommt, den auserwählten Menschen das Heil zuspricht. Da sie Auserwählte sind, kommt ihnen das Heil zu. Die Engel formulieren so das, was das Erscheinen des Retters für Gott und Auserwählte bedeutet.

Die übliche *Form* der Doxologie ist: Nomen (inhaltlich: Heilswort) + Dativ der Person, der dieses zugesprochen wird + (fakultativ) „in Ewigkeit" (+ „Amen"). – Statt des einen Nomen können auch mehrere nebeneinandergesetzt sein. Infrage kommen vor allem: Herrlichkeit (Doxa), Kraft, Segen, Ehre, Heil, Weisheit, Dank/Ansehen, Macht, Stärke. – Texte: Apk 1,5b–6; 5,13; 7,10; 7,12; Röm 11,36b; Lk 2,14a. – Die Person im Dativ kann nachgestellt sein. Das „Amen" am Schluß ist ursprünglich (so noch in Apk) liturgisches Respons, und zwar gerade als Respons auf Doxologien zuerst belegt. An das Ende aller anderen Gebete rückte das Amen nur deshalb, weil diese regelmäßig mit Doxologien endeten. Das „in Ewigkeit" kann erweitert werden („der Ewigkeiten") oder ganz umgestaltet sein („und jetzt und in den Tag der Ewigkeit", „wie es war im Anfang . . ." Jud 25). Der Dativ der Person lautet öfter auf „dem aber, der vermag . . .", häufig wird auch die Formel „durch Jesus Christus" verwendet (Röm 16,27). Ganz auf Christus übertragen ist die Doxologie in 2 Tim 4,18, während in Apk häufig Gott und das Lamm als Adressaten zusammen genannt werden.

Lediglich die inhaltlich auf Heil bezogenen *Nomina ohne Dativ* der Person bringt Lk 19,38b, aber inhaltlich ist keine Differenz zur *Doxologie* Mt 21,9, denn gemeint ist: Der König, den man hier segnet, bedeutet und besitzt vor Gott („im Himmel", „in der Höhe") Heil und Herrlichkeit. Vgl. ähnlich Mt 21,9 mit „Hosanna in der Höhe". Der Himmel ist das entscheidende Forum, vor dem Zusprechen von Heil gilt; die sog. Hymnen der Apk verleihen eben dieser Auffassung Ausdruck. In diesem Punkt haben die Evangelisten dieselbe Vorstellung wie die ApkJoh.

An verschiedenen Stellen nehmen Doxologien Elemente des *Hymnus* in sich auf, und zwar 1. in „All-"Formulierungen wie Röm 11,36 („denn aus ihm und durch ihn . . ."), vgl. dazu ANRW S. 1158; 2. wenn die Doxologie mit „denn-"Sätzen begründet ist, die Gottes *Taten* aufzählen, so in Apk 19,1f. (vgl. dazu ANRW S. 1156 [1160f.]). Darin liegt die Differenz zwischen Apk 19,1f. und den früheren Doxologien der ApkJoh: Nunmehr, nachdem das Gericht vollzogen ist, können auch Gottes Taten als Begründung angegeben werden.

Die literarische Funktion der Doxologie in Briefen ist vor allem die Verwendung als Schlußformel, so am Ende des Briefeingangs (Gal 1,5), am Ende von Briefabschnitten (1 Petr 4,11), am Ende des Hauptteils von Briefen (Phil 4,20) oder am Ende des argumentativen Teils (Röm 11,33–36).

Aufgrund des komplexen Bedeutungsgehaltes von gr. „charis" (Dank/Ansehen) sind mit den Doxologien auch die sog. *Charis-Sprüche* verwandt, die nach dem Schema „charis" + Gott (Dativ) + Begründung (Partizip, „weil" oder „wegen") (Begründung kann auch fehlen) aufgebaut sind (vgl. Röm 6,17; 7,25: S. 274).

3. Gerichtsdoxologie nennt man die Anerkennung (von seiten der Betroffenen), daß Gottes Gericht gerecht sei. Umschrieben wird diese Anerkennung mit „Gott die Ehre geben", so in Jos 7,19; Joh 9,24 und Apk 11,13d. – Der Wortlaut der Doxologie selbst erhält sich relativ gleichförmig:

Ps 19,10b: „Die Entscheidungen des Herrn sind wahr, sind insgesamt gerecht" (LXX gr.: *krimata*).

2 Chron 12,6 „Gerecht ist der Herr" (nach verdienter Bestrafung Israels).
Dan 3,27 f. „Gerecht bist du in all deinem Tun gegen uns, alle deine Werke sind richtig und deine Wege gerade. Deine Urteile sind insgesamt zuverlässig. Unerschütterliche Gerichte hast du vollstreckt in allem, was du über uns verhängt und über Jerusalem . . . Denn in Wahrheit und Recht hast du all dieses verhängt wegen unserer Sünden."
Tob 3,2 BA „Gerecht bist du, Herr, und alle deine Werke und alle deine Wege sind Barmherzigkeiten und Wahrheit, und wahres und gerechtes Gericht richtest du in Ewigkeit."
ApkMos 27 „Gerecht bist du, Herr, und du richtest gerade Entscheidungen."
TestHiob 43,12 „Gerecht ist der Herr, wahrhaftig sind seine Gerichte. Bei ihm gibt es kein Ansehen der Person. Er wird uns richten alle in gleicher Weise."
Apk 16,5 „Gerecht bist du, der du bist und warst, du Heiliger, daß du so gerichtet hast" (V. 6 „. . . sie haben es verdient") (Kommentar des Engels nach der dritten Schale).
Apk 16,7 (Respons auf 16,5 f. durch den Altar) „Ja, Herr, Gott, Allherrscher, wahr und gerecht sind deine Gerichte."
Apk 19,2 (als Begründung für die Doxologie in 19,1) „denn wahrhaft und gerecht sind seine Gerichte. Er hielt Gericht über die große Buhlerin."
Paulus-Apk 16.18 (ebenfalls in himmlischer Szenerie): „Gerecht bist du, Herr, und gerecht sind deine Gerichte." K. 14 entspricht weitgehend TestHiob 43: „Gerecht bist du, Herr, und gerecht sind deine Gerichte, und es ist kein Ansehen der Person bei dir, sondern du vergiltst einem jedem nach deinem Urteil."

Der Kontext des wohl ältesten Beleges in Ps 19 läßt erkennen, daß es sich dort eher um eine *normative Rechtsentscheidung* handelt, während es in allen späteren Texten um den anerkennenden Lobpreis·*gerichtlichen Handelns* geht. In Dan 3; Tob 3; TestHiob 43 ist die Neigung unverkennbar, die Gerichtsdoxologie zum Teil eines größeren exhomologetischen Gebetes zu machen. So ist der Einbau dieser Doxologie in den längeren liturgischen Text Apk 19 formgeschichtlich vorbereitet; doch geht es hier um den Lobpreis des Gerichtes über andere. – Der vorschriftliche *Sitz im Leben* dieser Gattung ist der Kommentar der beim Gericht versammelten Volksmenge, wie er etwa im Martyrium Carpi 5 belegt ist („Ein grausamer Urteilsspruch und ungerechte Befehle!").

4. Die *formelhafte Wendung „Getreu ist Gott"* begegnet in 1 Kor 1,9; 10,13; 2 Kor 1,18; 1 Thess 5,24; 2 Thess 3,3, vgl. Hebr 10,23. Sprachliche Analogien bieten vor allem PsSal 14,1 („Getreu ist der Herr für die, die ihn in Wahrheit lieben"); 17,10 („Getreu ist der Herr in allen seinen Gerichten, die er auf der Erde tut"), vgl. auch Dtn 32,4; Jes 49,7 („Getreu ist der Heilige Israels") (vgl. die Treue Gottes in Jes 25,1 f.). In Jes 49 und den Texten aus PsSal geht es um die Zuverlässigkeit und Stabilität von Gottes vergeltendem, richtendem Handeln. In den neutestamentlichen Belegen wird weniger der Gerichtsgedanke betont als vielmehr die Stabilität des Treueverhältnisses Gottes gegenüber seinen Auserwählten, das sich besonders in der Übereinstimmung von Gottes Wort und Tat äußert (vgl. dazu auch Philo Sacr 93: Menschen benötigen Eide, Gott aber, „der spricht, ist (damit) auch treu"; ähnlich LegAlleg III 204). Nach Philo, Heres 93, ist Gott „allein treu", so daß man ihm „glauben" (treu sein) kann. Überall geht es darum, die unerschüt-

terliche Treue Gottes zu seinem Handeln und zu seinem Wort zu betonen. Daß die Wendung bei Paulus formelhaft wurde, hängt mit dem besonderen Interesse des hellenistischen Judentums an der Stabilität Gottes zusammen (vgl. auch zu 2 Tim 2,13 oben § 51,7). Die rabbinischen Belege sind von daher zu erklären. – P. v. d. Osten-Sacken: Gottes Treue bis zur Parusie. Formgeschichtliche Beobachtungen zu 1 Kor 1,7b–9, in: ZNW 68 (1977) 176–199 (vgl. dazu auch M. Dibelius – H. Conzelmann, Die Pastoralbriefe, zu 1 Tim 1,15 [Exkurs]), nennt als rabbinische Entsprechung Aboth II 16: „Und treu ist er, der Herr deiner Arbeit, der wird dir den Lohn deiner Mühe bezahlen." – Gemeinsam ist den Belegen die einleitende Formel („treu" gr. *pistos*), die damit bewirkte Charakterisierung Gottes, der dann folgende relativische Anschluß, die futurische Verbform und die eschatologische Ausrichtung. – v. d. Osten-Sacken sieht einen Zusammenhang mit den Sätzen, die mit „getreu ist das Wort" eingeleitet sind. Der Unterschied ist nur, daß die auf Gottes Treue bezogenen Sätze ausschließlich auf Gottes eigenes zukünftiges Heilshandeln bezogen sind. Ein Zusammenhang besteht auch zu den Amen-Worten (vgl. BZNW 39,104–106).

§ 69 Hymnus und Gebet

Lit.: ANRW S. 1149–1169. 1169–1171. 1336 f. 1348 f. 1371 f. – R. ALBERTZ: Art. Gebet II (AT), in: TRE XII S. 34–42; K. BERGER, Art. Gebet IV (Neues Testament), in: TRE XII, 47–60 (ausführliches Literaturverzeichnis S. 59 f.). – EASON, C. E.: Traces of Liturgical Worship in the Epistles with Special Reference to Hymns, Prayers and Creeds, Diss. Leeds, 1966. – J. H. CHARLESWORTH: A Prolegomenon to a New Study of the Jewish Background of the Hymns and Prayers in the New Testament, in: JJS 33 (1982) 265–285. – S. HOLM-NIELSEN: The Importance of Late Jewish Psalmody for the Understanding of O. T. Psalmodic Tradition, in: StTh 14 (1960) 2 ff.

1. Der griechische Hymnus hat folgenden Aufbau:

a) Name der Gottheit (gr.: epiklēsis)
b) Die Einleitung kann auch eine Selbstaufforderung zum Gesang sein („ich will singen") wie in alttestamentlichen Psalmen.
c) Die physis des Gottes wird beschrieben; dazu gehört gegebenenfalls seine Abstammung, vor allem aber eine Reihe von Attributen, die den Namen erweitern, später mehr Partizipien und Relativsätze.
d) In anaphorischer Du-Anrede werden die Taten des Gottes aufgezählt, bzw. sein jetziges Wirken wird geschildert.
e) In dieser sog. Aretalogie finden sich Nebensätze mit „denn", Relativsätze und Zielangaben mit „damit".
f) Als Einleitung kann auch die Bitte um das Kommen der Gottheit stehen (sog. hymnoi klētikoi).
g) Der Schluß des Hymnus ist regelmäßig ein Gebet, das oft mit „und nun/jetzt . . ." eingeleitet ist.

Analogien zum alttestamentlichen Hymnus bestehen in den Elementen b) und d), auch in den unter e) genannten „denn"-Sätzen. Im Neuen Testament entsprechen diesem Aufbau nur Act 4,24b–30 und teilweise das Vaterunser (Mt 6,9–13; Lk 11,2–4). In Act 4,29 ist besonders die Wende zum Gebet zu beachten („und jetzt"), die so den paganen Hymnen entspricht (Vorläufer im Judentum: Josephus a 4,43; 3 Makk 6,9). Bitten um das Kommen liegen in kurzer Form vor in 1 Kor 16,22; Did 10,6 als das sog. Maranatha, und ähnlich auch in Apk 22,20. Eine Beziehung dieses Gebetsrufes zur Abendmahlsliturgie ist übrigens nicht erweisbar, da es sich um die Anrufung im Zusammenhang mit bedingten Unheilsankündigungen (1 Kor 16,22) Apk 22,18–20 handelt. – Die Bitte um das Kommen ist auch im ersten Teil des Vaterunsers dominierend, sie wird in der seit Markion belegten textlichen Sonderüberlieferung zu Lk 11,2 in Verbindung mit der Brotbitte zur Grundlage vieler Epiklesen der Alten Kirche, aber auch in Mt 6,9–10 in insgesamt drei Bitten entfaltet. Daß entgegen paganen Vorstellungen und Formulierungen nicht Gott um sein Kommen gebeten wird, sondern das Reich kommen soll, betont den eschatologischen und den universalen Aspekt dieses Kommens. Aber auch die Semantik des zweiten Teils des Vaterunsers weist auf Verwandschaft zu paganen Gebeten: Das „gib" wie die Bitte um „Erlösung" haben Entsprechungen in paganen Hymnen (vgl. ANRW S. 1169f.).

Der Hinweis Mt 6,12; Lk 11,4 über die eigene Vergebung gegenüber den Schuldnern ist formgeschichtlich gesehen ein „Rechenschaftsbericht innerhalb eines Gebetes", wie er (in pervertierter Form?) auch in Lk 18,12 und sonst vor allem in Joh 17 begegnet (inklusive der Analogie in Ps.-Philo, Ant-Bibl 19,8 f.). Der Sinn ist möglicherweise pädagogischer Art: Nur der darf überhaupt anfangen zu beten, der dieses von sich sagen kann, vgl. Mk 11,25.

2. Andere neutestamentliche Texte, die üblicherweise als Hymnen bezeichnet werden, verdienen diese formgeschichtliche Bezeichnung nicht. Unter ihnen haben jedoch besonders Doxologien und Christus-Enkomien hymnische Elemente in sich aufgenommen. Diese sind:

a) Reihung von Attributen Gottes in Apk 11,17a.
b) Beschreibung der Herkunft des Gelobten aus Gott: Kol 1,15 (Bild Gottes); Hebr 1,3 (Abglanz der Herrlichkeit; Abdruck seines Wesens). Dieses entspricht der Beschreibung der Abstammung des Gottes im Hymnus. Auch „Erstgeborener" Kol 1,15 weist auf genealogische Vorstellungen.
c) Aufzählung der Werke (z. B. Hebr 1,3). Nicht typisch nur für den Hymnus! Vgl. aber Act 14,15b–17; 17,24.26.28–31!
d) Formulierungen wie „(denn) aus dir": 1 Kor 8,6, vgl. Röm 11,36 und „(denn) nicht ohne dich": Joh 1,3.
e) „allein (du, bzw. er)"-Prädikationen in Doxologien: Röm 16,27; 1 Tim 1,17; Apk 15,4.
f) „Alles"-Prädikationen in Joh 1.3.7.9; Act 4,24b; Phil 2,10f.; Kol 1,15 f.17 f.19 f.; Hebr 1,2 f.; Apk 4,11; 5,9.
g) Der Gelobte als Anfang, Anführer, Erster: Joh 1,1 f.; Kol 1,15.18.
h) Schöpfermacht und Weltherrschaft: Act 4,24b; Joh 1,3 f.10; 1 Kor 8,6; Kol 1,15–17; Hebr 1,3.
i) Semantik: Retten und Retter, Licht, Geben, Erlösen und Befreien.
j) Aretalogie im Ich-Stil: Apk 1,17–18; 21,6.

Alle diese Elemente haben deutliche Analogien in paganen Hymnen, vgl. zum Material: ANRW S. 1155–1163. Teilweise überschneiden sich hier alttestamentliche und hellenistisch-pagane Vorgeschichte der neutestamentlichen Texte. Gemeinsam ist diesen überdies der nominale Stil und auch die Verwendung von rhetorischen Fragen (z. B. Apk 15,4, dazu vgl. ANRW S. 1167). Eine Reihe wichtiger Verbindungsglieder zwischen paganer und jüdischer Hymnik liefern Sib III und VIII. – Zur Auseinandersetzung mit E. Norden vgl. ANRW S. 1163–1166.

In den Anfängen mancher neutestamentlicher Schriften ist auch die alte Beziehung zwischen Hymnus und Proömium erhalten, vgl. dazu: ANRW S. 1171–1173.

3. Nachgeahmt wird die Struktur des Hymnus auch

a) in kürzeren Gebeten, wie z. B. in Mk 14,36 („Abba, Vater, alles ist dir möglich" ist die *hymnische Prädikation;* dann folgt die Bitte und die Unterwerfung unter Gottes Willen); in Mt 26,39 ist daraus eine reine Bitte geworden, auch in Lk 22,42 ist die Bitte um Erfüllung des Willens primär. Zur Einfügung in Gottes Willen vgl. Mt 6,10; Röm 1,10. – Sogar der Ruf „Wie lange noch . . .?" Apk 6,10 enthält ein hymnisches Element („Heiliger und wahrhaftiger Herr");

b) in der Abfolge von Lob oder Dank einerseits und Bitte, bzw. Fürbitte andererseits zu Beginn neutestamentlicher Briefe. Lob und Dank entsprechen dabei der hymnischen Prädikation, die dann folgende Fürbitte der Bitte. So gelingt es, die Gliederung einzelner Briefeingänge aus dem Aufbau dieser bestimmten Gattung zu erklären. Vgl. dazu: Eph 1,3–15 (20–23)/17–19; Phil 1,3–6/9–11; 2 Thess 1,3 ff./11 f.; Phm 4 f./6.

4. Dem Schema des *alttestamentlichen* sog. Hymnus (vgl. dazu: H. Gunkel: Einleitung in die Psalmen, 1933, § 2; K. Koch: Was ist Formgeschichte? S. 195–208) entsprechen im Neuen Testament:

a) In Apk 12,12 folgt auf eine Proklamation (s. oben § 67) ein Ruf, wie er sonst in imperativischen Hymnen begegnet, vgl. etwa Jes 44,23: „Jauchzet ihr Himmel, denn getan hat's Jahwe! Frohlocket, ihr Tiefen der Erde! Brecht aus, ihr Berge, in Jauchzen, du Wald und alle Bäume darin! Denn erlöst hat Jahwe den Jakob, und an Israel erweist er sich herrlich." Nur ist in Apk 12 die Begründung vorangestellt, so daß die Aufforderung zum Jubel mit „Deswegen" beginnen muß, und außerdem folgt (vgl. Apk 18,20 nach dem Wehe 18,19) ein Weheruf. Sowohl der hymnische Ruf wie das Wehe kommentieren die Proklamation. Ähnlich kommentiert die imperativische hymnische Aufforderung auch Apk 18,4–19 in 18,20. Dadurch aber wird die Gattung hier freilich noch kein „Hymnus" im Sinne Gunkels und Crüsemanns.

b) In Apk 19,5 liegt wiederum eine hymnische Aufforderung vor wie zu Beginn von Psalmen (134,1–2; 135,1–3). Dieser Ruf wird nun freilich in 19,6b–8 aufgegriffen, denn der Verf. versteht offenbar das Halleluja in 19,6b im Sinne der Aufforderung, da er es mit „denn . . ." begründet. So ist das Halleluja hier die hebr. Entsprechung zum „Lobt unseren Gott" in 19,5. Dieser Aufforderung an die zweite Person entspricht dann die Selbstaufforderung in V. 7. In V. 7 und V. 9 werden diese Aufforderungen doppelt begründet. So haben wir in Apk 19,(5)6b–8 das einzige Beispiel eines ausgeführten alttestamentlichen Hymnus im Neuen Testament. Apk 19,6b ist freilich für sich genommen auch als Proklamation zu bezeichnen.

Ein Teil eines Hymnus liegt Apk 15,3–4 vor. Gegenüber dem alttestamentlichen Schema fehlt die hymnische Einführung, statt dessen beginnt das Lied mit dem hymnischen Hauptstück, dem Lob der Geschichtstaten Gottes. Da K. Koch, a.a.O., eine feste Anzahl von Elementen in bestimmter Abfolge als „für einen israelitischen Hymnus unabdingbar" erklärt hat, dem hier aber nur ein Element entspricht, handelt es sich um einen Teilhymnus. 15,4 kann dabei dem Abgesang entsprechen, der aber ohnehin relativ frei formulierbar ist.

Ein Element eines (alttestamentlichen) Hymnus findet sich übrigens auch in einem liturgischen Akt der Gegenseite: Nach Apk 13,4 werden Drache und Tier kniefällig verehrt, und die Verehrer rufen: „Wer ist gleich dem Tier, und wer kann kämpfen mit ihm?" (vgl. auch die Frage Röm 11,34 f.). Die alttestamentliche Entsprechung findet sich in dem hymnischen Teil von Ps 89 (V. 7 Denn wer . . . kommt dem Herrn gleich? Herr . . . wer ist wie du?).

Die rhetorische Frage in Apk 15,4 erweist auch Röm 11,34 als alttestamentlich-hymnisches Element.

Lit.: F. CRÜSEMANN: Studien zur Formgeschichte von Hymnus und Danklied in Israel (WMANT 32), Neukirchen 1969. –

5. Die alttestamentliche Gattung des Dankliedes begegnet in folgenden neutestamentlichen Texten:

a) Die von F. Crüsemann für das Alte Testament mit Erfolg bestrittene Form des *kollektiven Dankedlieds* begegnet in Apk 11,17–18: Das einleitende „Wir danken dir, Herr . . ." ist in der Tat ohne alttestamentliche Vorlage; jedoch hat das Judentum hier über das Alte Testament hinaus Formen weiterentwickelt, denn schon in Jdt 8,25 („Für all das lasset uns dem Herrn, unserem Gott, danken, der uns auf die Probe stellt ganz wie unsere Väter" gr.: *eucharistein;* innerhalb einer Rede) und 2 Makk 1,11 („Aus großen Gefahren wurden wir von Gott errettet. Ihm danken wir innigst als Kämpfer gegen den König, denn er hat jene niedergeworfen, die . . ." gr.: *eucharistoumen;* Danksagung zu Beginn eines Briefes) liegen kurze Vorstufen vor, bezeichnenderweise innerhalb von Rede und Brief, also nicht in kultischem Kontext im engeren Sinn.

Insgesamt ergibt sich damit für die *„Hymnen"* der ApkJoh folgendes Bild nach der *Zugehörigkeit zu Gattungen:*
Axios-Akklamation: 4,11; 5,9f.12
Akklamation: 4,8
Gerichtsdoxologie: 16,5f.7; 19,1f.
Proklamation: 11,15; 14,8
kommentierte Proklamation: 12,10f./12 (vgl. 18,20)
Hymnus (atl.): 19,5 + 6–8
Teilhymnus: 15,3f.; (19,5)
Danklied (kollektives!): 11,17–18
Doxologie: 5,13; 7,10.12

b) *Individuelles Danklied:* Lk 1,46–55 (Magnificat). Die von F. Crüsemann konstatierte doppelte Adressatenschaft des Dankliedes des Einzelnen

(Gott und die Kultgemeinde) wird hier noch daran sichtbar, daß die Sprecherin nicht nur ihr eigenes Loben feststellt, sondern auch das aller Geschlechter (vgl. Ps 30,2.5; 34,2.4; 89,2.6; 103,1.20; 138,1.4; 145,1.4); auf diese Weise wird aus der Vorlage 1 Sam 2,3 aufgenommen und korrigiert; schon in der Zwischenstufe in Ps.-Philo, Ant Bibl 51,4 f. war der Vetitiv ergänzt um den Imperativ: „sondern rühmt in Freuden . . .". – Seit H. Gunkel ist es üblich, das Magnificat als einen „eschatologischen Hymnus" zu bezeichnen, da er zukünftige Taten Gottes rühme, als seien sie vergangen. Davon vermag ich nichts zu sehen: Das Lob der Prophetenmutter ist stets ein indirektes für ihr Kind (vgl. Lk 11,27), und mit der Entstehung des Messias in ihrem Leib sind die Könige entthront und die Armen erhöht. Denn bei Lukas ist die Sendung des Messias „vom Mutterleib an" vollzogen (vgl. Gal 1,15; Jes 49,1).

Mit einer Eulogie beginnt der Dankpsalm Lk 1,68–75; Eulogien zu Beginn und inmitten von Liedern finden sich in verschiedensten Gattungen, so in Tob 13,2 als Einleitung zu einem Hymnus, in Ps 143,1–3 als Einleitung zu einer Verbindung aus Danklied und Bittgebet. In 1,75 liegt eine Abschlußwendung vor, die typisch für Psalmen ist (16,11; 18,51; 28,9; 19,10; 30,13). Für unsere Auffassung von Formgeschichte ist es im übrigen dann unerheblich, ob 1,76–79 „ursprünglich" zu diesem Danklied hinzugehört oder nicht; der Verfasser des LukasEv hat diese beiden Texte jedenfalls zusammengestellt, und dieses wird formgeschichtliche Gründe haben. Diese liegen zunächst darin, daß Danklied wie Vaticinium (Genethliakon) als pneumatische, inspirierte Rede gelten; zudem geht auch dem Genethliakon in 2,34 ein Dankgebet (2,29–32) voraus, und schließlich begegnet dieselbe Verbindung als Bericht noch einmal in 2,38 (lobte Gott/und redete über ihn) von Hanna: Mindestens in diesen drei Texten geht das Lob Gottes formgeschichtlich dem Vaticinium über das Kind voraus. Hier dürfte Praxis religiöser Rede durchschimmern, für die das Dankgebet (wie in Briefen und wie in Mt 11,25–30) am Anfang aller weiteren vollmächtigen Rede steht. Diese Beobachtungen gelten übrigens für „Lieder" wie für Briefe: In Lk 1,76; Eph 1,13; 1 Petr 1,4b werden nach vorangehender Eulogie (+ Heil der „wir") nun die Adressaten angesprochen („du" oder „ihr").

Eine feste Tradition steht hinter dem Dankgebet für empfangene Offenbarung und Erkenntnis (vgl. dazu: ZNW 65 [1974] S. 220 Anm. 142; vgl. S. 221 Anm. 147 f.), wie es in Mt 11,25 f.; Lk 10,21 vorliegt und dort Einleitung zu einer Selbstvorstellung und Selbstempfehlung des Boten Gottes ist. (Vgl. dazu auch äthHen 36,4 „Als ich es sah, pries ich ihn und zu jeder Zeit preise ich . . ."). Ein Dankgebet mit Selbstempfehlung (vor Gott) liegt auch Lk 18,11 vor.

Die sog. „Hymnen" von Qumran (Danklieder des Einzelnen) beginnen regelmäßig mit „Ich lobpreise dich, Herr, denn . . ." und sind häufig auf die geschenkte besondere Erkenntnis bezogen, aber auch auf Rettung vor Widersachern. – Zum nachgebildeten Danklied des Einzelnen in 2 Kor 4 vgl. § 72,7.

Zu dem aus einem alttestamentlichen Bittgebet (1 Reg 18,36 f.) umformulierten Dankgebet Joh 11,41 und Zwischenstufen: TRE XII 49,50–55.

Die *Danksagung* am Beginn neutestamentlicher *Briefe* hat folgende Funktionen: a) Religiöse Rede beginnt überhaupt mit Lob und Dank gegen Gott (vgl. dazu auch ZNW 65 [1974] 219–224), b) der Dank an Gott ist ein verstecktes Lob des Briefempfängers und tritt daher an die Stelle der paganen captatio benevolentiae (vgl. ibid., S. 222, bes. Anm. 154), c) Die Danksagung kann durch Bitte weitergeführt werden, so daß das Schema alttestamentlicher Dankpsalmen (z. B. Ps 143 [144]) wie des hellenistischen Hymnus erfüllt wird. Die Fürbitte setzt entsprechend das Lob fort als Aufforderung, das Begonnene fortzusetzen. d) Das Danken bringt besonders wirkungsvoll die Ich/Ihr-Beziehung als ein vor Gott bestehendes Verhältnis zur Geltung. e) Danksagung und Fürbitte enthalten vorwegnehmend Entscheidendes zur Thematik des Briefes.

6. Ein festes Element der alttestamentlichen Klagelieder („Wie lange noch . . .?") begegnet als Klageruf in Apk 6,10 (zur Szene vgl. äthHen 9f.; 47,1–4; 2 Makk 8,2–4). Diese Frage hat „in den Klageliedern gewöhnlich beim Übergang von der Klage zur Bitte ihren Platz" (vgl. Ps 79,5; 6,4; 13,2; 80,13; 89,47; 44,24ff.) (H. J. Kraus, Psalmen I,551f.) (zu den Beziehungen zur Schelte vgl. oben § 53 e,d). – Zur Gattung von Klage und Bitte gehört auch das kurze Gebet Lk 18,13.

7. Sterbegebete sind Lk 23,46 (aus Ps 31,6); Act 7,59 (auch in apokryphen Apostelakten). – Ein besonderer Typus des Gebetes des dem Tode Geweihten liegt in Lk 2,29–32 vor, vgl. dazu: K. Berger, in: NovTest 1984/5.

Die Fürbitte des dem Tod Entgegensehenden für die in der Welt zurückbleibenden Kinder/Schüler ist in Joh 17,9–19, für deren Schüler in 17,20–24 belegt. Vergleichbar ist vor allem Ps.-Philo, AntBibl 19,8f.:

„Siehe, ich habe ja erfüllt die Zeit meines Lebens, und ich habe 120 Jahre erfüllt, und jetzt erbitte ich deine Barmherzigkeit mit deinem Volk und dein Erbarmen mit deinem Erbe. Es möge festgemacht werden, Herr, deine Langmut gegen deinen Ort und über das Geschlecht der Erwählung, weil du sie vor allen geliebt hast, und du weißt, daß ich Schafhirte war. Und als ich die Herde in der Wüste weidete, führte ich sie bis zu deinem Berg Horeb . . . Und du schicktest mich zu ihnen und befreitest sie aus Ägypten . . . Und du gabst ihnen das Gesetz und die Rechtssatzungen, in denen sie leben und einhergehen sollten wie die Söhne der Menschen. Wer ist nämlich der Mensch, der nicht gegen dich gesündigt hat? Und wenn nicht deine Langmut bleibt, wie wird dein Erbe befestigt werden, wenn du ihnen nicht barmherzig sein wirst? Oder wer wird noch ohne Sünde geboren werden? Du aber wirst sie zurechtbringen zur rechten Zeit und nicht in deinem Zorn."

Die Verbindung von Rechenschaftsbericht und Fürbitte entspricht Joh 17. – Die Verbindung von Gesetz, Sünde aller, Langmut und Abwehr von Gottes Zorn entspricht der Thematik von Röm 3,19–26 sie ist hier nur „gesetzlich" gelöst.

8. Eine erzählende Gattung ist der Gebetsdialog, in der ein wörtlich formuliertes Gebet mit einer ebenso wörtlich wiedergegebenen Antwort vom Himmel her bedacht wird: Joh 12,28; Apk 22,17/20 (Antwort mit „Ja", ähnlich das „Amen" als Gebetsantwort der Himmelsstimme in ActThom 121.158). Vorauszusetzen ist die Gattung auch in 2 Kor 12,8f. (Gebet und Antwort). – Jüdische Vorbilder: Paralipomena Jeremiae 1,5f./7; 3,6f./8; 3,9/10; Jub 12,19–24; 10,3–8/9; koptJeremiaApokr 4 (Gebet/Gott antwortet). Funktion dieser Gattung ist die besondere Auszeichnung des Beters durch den Nachweis direkten Kontaktes zur himmlischen Welt. –

U. B. Müller, Prophetie, 229, versteht Röm 10,1/11,25b.26a als zusammengehörige Teile wohl einer solchen Gattung. Dagegen spricht, daß nirgends sonst Gebet und Antwort so weit auseinanderliegen.

9. Die Eulogie (gr.), Berakha (hebr.), Benediktion (lat.), der Segensspruch (Lit.: P. Schäfer, Art.: Benediktionen I (Judentum), in: TRE V 560–562), begegnet im Neuen Testament in folgenden Zusammenhängen:

a) als Begrüßung von Menschen (griech. Gattungsname: epibatērios logos, vgl. Spengel, Rhetores Graeci III 368 ff.) in Lk 1,42; Mk 11,9 f.par Lk 19,39; Joh 12,13; Mt 21,9.

Zur formalen Vorgeschichte: Typisch für die Qumrantexte (1 QH und 1 QM) ist die Formel „Gesegnet bist du, Herr".

b) Als einleitender Lobpreis Gottes in Briefen (2 Kor 1,3; Eph 1,3; 1 Petr 1,3) im Wechsel zur sonst üblichen Danksagung. Die Abweichung in 2 Kor 1 gegenüber 1 Kor ist wohl so zu erklären, daß Paulus hier nicht für den Status der Gemeinde dankt, sondern ein individuelles Danklied nachahmend (1,3–4a.5) das Verhältnis ich/ihr behandelt, für welches jetzt die Errettung des Paulus maßgebliches neues Ereignis geworden ist (vgl. § 72,7). – Auch in Eph 1,3(–12) geht es zunächst um den eigenen Dank, erst in 1,13 kommen die Angeredeten zur Sprache. Schließlich handelt es sich auch in 1 Petr 1,3–4 um „uns". Eulogien werden am Briefanfang mithin überall dort verwendet, wo es nicht um den Dank für die Angeredeten (allein) geht, sondern um den individuellen oder doch zumindest im „Wir" gemeinsamen Dank. Die Gegenprobe bestätigt das: Überall, wo der Verfasser mit Danksagungen beginnt, beziehen sich diese ausschließlich auf die Angeredeten.

c) Kurze Eulogien innerhalb von brieflichen Texten: nach der Erwähnung des Gottesnamens in Röm 1,25; 9,5; 2 Kor 11,31. Das Grundwort ist das „eulogētos", am Schluß steht „in Ewigkeit", dazwischen „ist" oder „der Seiende". In den genannten Texten sind die Eulogien Kontrastmotive, denn Gott steht hier jeweils der Hinfälligkeit, Schwäche, Hilfsbedürftigkeit und Vergänglichkeit des Menschen gegenüber: Im Gegensatz zum Menschen fällt sein Wort nicht hin (2 Kor 11; Röm 9), und im Gegensatz zu denen, die ihn entehren, bleibt sein Lob bestehen (Röm 1).

d) Als Segenssprüche sind auch die brieflichen Grüße zu bezeichnen, die nach dem Schema „Gnade und Friede" aufgebaut sind. Sowohl der semantische Gehalt dieser Verbindung als auch die Herleitung dieser zugesprochenen Güter „von Gott unserem Vater und unserm Herrn Jesus Christus" zeigen, daß es sich um autoritativ zugesprochenen Segen handelt, der den ganzen folgenden Brief als Segensrede qualifiziert. So entsteht eine Offenbarungsparadosis Gott–Christus–Apostel–Gemeinde. Von daher werden insbesondere auch der Anfang von 1 Joh (1,1–4) und der ApkJoh (1,1–3) verständlich. Das „Gnade" (gr. *charis*) ist demnach nicht nur Ersetzung von gr. *chairein,* sondern der Brief des Apostels rückt in die Nähe von Segensreden wie Testamenten und priesterlichen Segnungen (vgl. 1 QSb) (dazu: ZNW 65 [1974] 190–219.) – Entsprechende Bedeutung hat auch der Satz „Gnade mit

245

euch" am Schluß der Briefe (vgl. dazu ibid., 204–207). Der Ausdruck „der Gnade Gottes übergeben" in Act 14,26; 15,40; 20,32 (vgl. dazu auch die ibid., 206 Anm. 71 genannten Beispiele) weist darauf, daß es sich hier um eine Aussendungsformel handelt, die, wie es solchen Formeln zueigen ist, nun auch am Ende des Briefes Abschied, Beauftragung und Entlassung in die „eigene Verantwortung" signalisiert. Zu Gal 6,16 vgl. ibid., 193 f.204.

10. Gebetsformulierungen innerhalb der Briefe (zur Danksagung vgl. oben unter 5.) sind gleichfalls Ausdruck der besonderen charismatischen Qualität neutestamentlicher Briefe: Da der Apostel von Gott gesandt ist, kann kein Zweifel bestehen, daß sein Gebet erhört wird, das Gebet ist verbale Heilsteilgabe und vermittelt die Kraft zu dem vom Apostel gewünschten Verhalten. Die verschiedenen Formen haben Analogien in hellenistischen Briefen (vgl. ANRW S. 1336 f. 1348 f. *1359–1361*). Die briefliche Fürbitte ist entweder als indikativische Zusage formuliert (Gott wird . . ., so in Röm 16,20a; 1 Petr 5,10–11; 1 Kor 1,8) oder als direkter Gebetswunsch (Gott gebe . . ., so in 1 Thess 3,12 f.; 2,16 f.; 2 Thess 3,5; 2 Petr 1,2; Jud 2, vgl. auch Phil 4,7. Ähnlich [Gott + Verb im Konjunktiv] ist der Stil der Fürbitte in Aristeasbrief 185.), dabei auch als Verbindung Gott + Genitivattribut („Der Gott des Friedens aber . . .", so in 1 Thess 5,23; 2 Thess 3,16; Röm 15,33; Hebr 13,20) oder als Gebetswunsch besonders markiert („ich bete dafür, daß . . .", so in Phil 1,9–11; Kol 1,9–11; Eph 1,16b–23; Phm 4b–6; 2 Thess 1,11 f.) oder nur als Bericht über das Beten ohne ausdrücklichen Gebetswunsch (Kol 1,3). Die besondere Markierung des Gebets (Einsatz als Bericht über das Beten und zugleich das Gebet selbst) entspricht besonders betonten Sprechhandlungen (vgl. dazu § 70,5) und hat Analogien in der kultischen Sprache („Ich will dich loben . . ."). – Ein direktes briefliches Gebet liegt auch in Apk 22,20 vor („Komm, Herr Jesus!"). Doch im Unterschied zu den anderen brieflichen Gebeten handelt es sich hier nicht um Fürbitte für die Angeredeten.

Analogien bestehen (wie auch sonst zwischen Brief und Testament) zwischen der paulinischen brieflichen und der testamentarischen Fürbitte (s. o.). Jedoch ist der Ich-Bezug nicht so stark ausgeprägt. – Schließlich stehen die innerbrieflichen Gebete in Zusammenhang damit, daß auch in anderen jüdischen Reden und Briefen dieser Zeit Gebetstexte gehäuft vorkommen (vgl. 2 Makk 1,11; Jdt 8,25). – Insbesondere zu Beginn der Briefe hat die briefliche Fürbitte bei Paulus und in seiner Umgebung symbuleutische Funktion: Gott wird um die Gewährung dessen gebeten, was der Apostel mit seinem Brief in der Gemeinde durchsetzen will. Daher ist bei der Suche nach dem Thema der Briefe besonders auf diese Fürbitten zu achten. Zur Gebetsparänese vgl. ANRW S. 1059 und TRE XII 57 f.

Fürbitten oder Segenswünsche sind mit symbuleutischem Inhalt gestaltet in 1 Thess 3,11–13; 5,23 f.; 2 Thess 1,11 f.; 2,13–17; 3,4 f.; Eph 3,14–21; Kol 1,9–11. In diesen Texten kommt sehr deutlich die Auffassung der Einheit von Segensgabe und Verhalten, von Rettung und rechtem Tun zum Ausdruck. Eine besondere Gruppe bilden Texte, nach denen eine derartige Fürbitte auf die Danksagung am Anfang folgt: Röm 1,8/10; Phil 1,3–6/9–11; Phm 4 f./6; 2 Thess 1,3 f./11 f. Hier wird noch stärker die Kontinuität des erwarteten Handelns mit der bereits zuteil gewordenen Heilsgabe betont. Vgl. § 74.

§ 70 Kommentar und Kommentierung

Vgl. dazu auch: J. Wanke: Kommentarworte. Älteste Kommentierungen von Herrenworten (Erf. Monogr. 44), 1981, und: BZ 24 (1980) 208–233.

Als Kommentar bezeichnen wir es, wenn der Autor eines Textes neben die erste und von Anfang an gebrauchte *Sprachebene* eine zweite stellt. Auf dieser Ebene wendet er sich regelmäßig direkter als auf der zuerst gebrauchten seinen Lesern zu, etwa indem er die Bedeutung des auf der ersten Ebene Gesagten für seine Leser nun klarer darstellt. Auf der zweiten, kommentierenden Ebene offenbart er häufig größeres Wissen um Zusammenhänge, Motive und sogar das Innere der handelnden Personen, aber auch einen größeren Anspruch gegenüber den Hörern; die Kommentarebene ist zugleich die „autoritative".

1. *Deutung durch Identifizierung* mit religiöser Tradition, mit Schrift und Zukunftserwartung: Ein Geschehnis wird kommentiert, indem es als Erfüllung einer Prophetie identifiziert wird – so geschieht es in den Reflexionszitaten (vgl. oben § 35), zu denen auch Joh 12,38–41; Act 1,20 zu rechnen sind. Auch Jesus als Sprecher kann in eigener Rede Ereignisse so kommentieren (Mk 14,49b; Joh 13,18). Als traditionelle Erwartung wird etwas identifiziert, wenn es in zusammenfassenden *Über- oder Unterschriften* heißt „Dieses sind die Anfänge der Wehen" (Mk 13,8) oder „Dieses ist die erste Auferstehung" (Apk 20,5b) oder „Dieses ist der zweite Tod" (Apk 20,14). Ähnlich Lk 21,22: „Dies sind die Tage der Rache, daß alles Geschriebene erfüllt wird": Hier sind Schriftbezug und Einordnung in den Geschehensablauf verbunden. – Auch die Behauptung, *daß etwas geschehen muß*, ist kommentierende Einordnung (Mk 13,7; Apk 20,3b). – Schließlich wird das Handeln von Menschen als *Gesetzeserfüllung* identifiziert, so in Lk 2,23 f.

2. Der Verfasser kommentiert einen Geschehensablauf für die Leser und macht sie so auf das aufmerksam, was er für sie bedeutet: In Apk geschieht das durch die *Hier-Worte* (13,10: „Hier ist die Standhaftigkeit und der Glaube der Heiligen"; 13,18; 14,12; 17,9), in denen die Angeredeten auf das aufmerksam gemacht werden, was bestimmte Ereignisse von ihnen fordern; zur Verstärkung dienen Höraufrufe wie Apk 13,9.

3. Kommentierung durch ethnographische, religionsgeschichtliche oder historische *Erläuterungen:* als Übersetzung hebräischer Worte z. B. Mk 15,34; als Erklärung jüdischer Bräuche Mk 7,3–4; Joh 2,6; als Aufklärung über jüdische Gruppen: Act 23,8, über die Athener: Act 17,21, über den Ort der Kreuzigung Jesu: Apk 11,8.

Kommentierung durch *Retrospektive:* Mk 15,7b; Lk 23,19; Apk 21,1b; Joh 4,44.

4. Der Autor weiß etwas über das *Innere* der Personen und über die sonst verborgenen Gründe des Handelns und Geschehens: Mk 15,10 („denn er hatte erkannt"); Mt 26,18; Joh 2,24; 11,13 (was gemeint/was gedacht); Joh 12,41; 13,11 (warum etwas gesagt wurde); Joh 12,42 (warum jemand etwas unterläßt); Apk 9,19 (warum etwas gerade so geschieht).

Besonders ausgeprägt ist die Neigung zum Kommentieren im JohEv; diese hängt zweifellos mit der theologischen Selbsteinschätzung des Verf. zusammen (Joh 16,13). – Am deutlichsten ist das in Joh 21,18 f. (V. 19 gibt eine regelrechte Exegese des Jesuswortes V. 18: „Dieses sagte er, um anzudeuten . . ."). 23 (Jesus aber hatte nicht gesagt . . ., sondern . . .). Der Verfasser des JohEv kennt nicht nur die verborgenen Absichten der Menschen (etwa im brisanten Fall der Vaticinien: 12,33), er versteht sie auch besser als sie sich selbst und analysiert ihre Antworten (12,5 f.). Aufgrund der Kenntnis des Ausgangs kann er das Wort des Kaiphas in 11,51 f. als Prophetie kennzeichnen. – Kommentierend sind auch die Zählnotizen in 1,11; 4,54; 21,14.

Als einziger Evangelist bemerkt er auch, was die Jünger erst nach Ostern verstanden (2,22; 12,16). Darin zeigt sich besonders die hohe Bedeutung der nachösterlichen Zeit (d. h. seiner Gegenwart) für die Theologie des JohEv (vgl. 14,12).

5. Der Sprecher oder der Verfasser gibt das *Ziel der eigenen Rede* an oder kommentiert sich selbst: Joh 13,19 („ich sage es euch vorher, damit . . ."), sonst bei den *literarischen Autoren:* Joh 20,30 f. („damit ihr glaubt"); 21,25 (Kommentar über die Begrenztheit des Buches: Die Welt würde die Bücher nicht fassen, die man über diese Sache schreiben könnte; formgeschichtliche Analogien am Ende von Büchern: Philo, De Vita Mos I 213; Post Caini 144); Gal 1,20; 1 Joh 2,7 f.; 2 Petr 3,1 (mit Zielangabe); 1 Joh 2,1 (ich schreibe, damit). – Apk 19,10b (das Zeugnis Jesus ist der Geist der Prophetie). – Vgl. den Kommentar über den Zweck des Buches in 2 Makk 6,12 (nicht entmutigen).

6. *Bekräftigung der eigenen Rede:* Gal 1,20 („Was ich euch schreibe, seht, bei Gott, ich lüge nicht"); Joh 19,35 (das Zeugnis ist wahr); 21,24 (das Zeugnis des Jüngers ist wahr); Apk 19,9 „Dies sind die wahrhaftigen Worte Gottes", ähnlich 21,5; 22,6. – Eine ähnliche Funktion hat wohl auch das Jesuswort über das Nichtvergehen der eigenen Worte in Mk 13,31; Mt 24,35; Lk 21,33. Denn nach hebräischem Verständnis ist *Beständigkeit dasselbe wie Wahrheit.* Jesus bekräftigt hier die Wahrheit seiner Zukunftsaussagen wie Gott selbst es ähnlich in ApkJoh tut. – Da das Amen Schwurformel ist, bedeutet auch die Einleitung „Amen, ich sage euch" bei Jesusworten eine Bekräftigung der eigenen Rede.

7. Eine *kommentierte Erzählung* liegt vor, wenn nicht nur die Ereignisfolge geboten wird, sondern das Geschehene zugleich und vor allem sachlich ausgewertet und beurteilt wird, so in den Ihr-Berichten Eph 2,1–22 (vgl. V. 8 f.: durch Gnade – nicht aufgrund von Werken; V. 14 Denn . . .) und 1 Petr 1,22–24, ferner in Jak 2,21–23 (Abraham) und in 1 Petr 1,10–12 (Pro-

pheten); 3,18–20 (Jesus). – In Mk 13,20; Mt 24,22 wird die Erzählung dadurch kommentiert, daß der Verf. über Gottes Absicht der Zeitverkürzung und ihre Zielsetzung Bescheid weiß.

8. Der Sprecher/Autor weiß um den *Zusammenhang von Tun und Ergehen* und daher insbesondere um die künftigen, anderen verborgenen Folgen menschlichen Tuns. Dieses Wissen bringt er in Kommentierungen an, die er zumeist durch eine bekräftigende Einleitung („ich sage euch", „Amen, ich sage euch", „Selig . . .") von dem bis dahin erzählten Verlauf abhebt. Häufig geschieht das in Gleichnissen, z. B. in Lk 12,44 (Wahrlich, ich sage euch, er wird ihn . . .); Mt 24,46 (Makarismus). 47 (Amen-Wort); Lk 18,8.14; 19,26 (Gleichnis von den Minen). – Außerhalb von Gleichnissen: Lk 12,59 (nach dem Mahnwort V. 58: „ich sage dir"); Lk 11,51b (Verstärkende Wiederholung der Gerichtsankündigung im Zitat der „Weisheit" ab V. 49); 2 Petr 2,21 (Es wäre besser für sie . . .); Mk 14,21bpar Mt 26,24 (Es wäre besser für ihn . . .). – Als *Makarismus* ist die Einsicht in den Zusammenhang von Tun und Ergehen formuliert in Apk 1,3; 20,6, jeweils als Kommentar zu andersartigen Stoffen. Vgl. auch den Kommentar über Gottes Vergeltung in 2 Makk 4,38 (So hat ihm der Herr gebührend vergolten). – Vgl. auch § 82g) S. 319.

9. Kommentierung durch eingeschobenen *Zeugenbericht:* Joh 1,14; 19,35; 21,24.

10. Kommentierung durch *andere, kontextfremde Überlieferung:* Joh 13,20 ist hier im Kontext des Judasverrates eingefügt, um dessen generelle Bedeutung hervorzuheben: Bei jedem Handeln gegenüber Jesus (oder einem seiner Gesandten) ist Gott selbst betroffen.

11. Dazu gehört auch die Wendung, daß etwas „schön und angenommen" vor Gott sei (1 Tim 2,3; 5,4) mit ihrem alttestamentlichen Hintergrund in Dtn 12,25.28; 13,18; 21,9 und 1 Clem 7,3; 21,1; 35,5; 60,2. Die Verwendung der Formel läuft über angemessenes kultisches Verhalten, die Bewertung des gesamten Verhaltens bis wieder hin zum kultischen Verhalten in der Alten Kirche. Vgl. auch § 58.

§ 71 Dialog

Lit.: ANRW S. 1301–1316. – Ferner: E. Leidig: Jesu Gespräche mit der Samariterin und weitere Gespräche im Johannesevangelium (Theol. Diss. 15), 1980.

Die Formgeschichte des Dialogs im frühesten Christentum hat bislang kaum Beachtung gefunden, obgleich diese Gattung sowohl für das Verständnis des Lehrbetriebs als auch des „Offenbarungscharakters" des frühen Christentums von größter Bedeutung ist. Die beiden wichtigsten Gattungen sind der Lehrdialog und der Offenbarungsdialog. Die Differenz zwischen beiden ist, daß im Offenbarungsdialog eine von den Menschen unverstandene Offenbarung vorangeht, die im Dialog erläutert werden muß.

Zwischen *Chrie und Dialog* bestehen enge formgeschichtliche Beziehungen (zur Chrie vgl. § 25–29). Wir unterscheiden Chrie und Dialog aufgrund folgender Kriterien: 1. Im Unterschied zur Chrie haben Lehr- und Offenbarungsdialog rein belehrenden Charakter, 2. Häufiger wird der Dialog aus einer Chrienform herausentwickelt, so etwa durch das Mittel der Gegenfrage, durch das Lob der Antwort des Partners, insbesondere aber durch Hintereinanderstellen von Chrien, so in Lk 10,25–28 (1. Chrie).29–37 (2. Chrie); die zweite Chrie endet überdies ähnlich wie die erste (Aufforderung zum Tun in V. 28.37). Das Mittel der Verknüpfung ist auch hier die Gegenfrage. 3. Daß sich Dialog und Chrie gerade in Lk 10,25–37 überschneiden, ist kein Zufall, denn die Frage „Was soll ich tun . . .?" ist zwar inhaltlich auf reine Belehrung ausgerichtet, begegnet aber häufiger in Chrien (vgl. ANRW S. 1098 f.). – 4. Im übrigen ist die Chrie kürzer und auf einen einzelnen Punkt bezogen. Dieses kann jedoch nur als Faustregel gelten, denn Chrie und Dialog sind zwar ihrem Ursprung in der philosophischen Tradition nach verschieden, aber die Dialoge fallen im Neuen Testament kürzer aus und erheben sich erst wieder im apologetischen und gnostischen Schrifttum (Justin und die Texte von Nag Hammadi) zu einer mit den platonischen Dialogen vergleichbaren Breite. – Dennoch finden sich im Neuen Testament eine Reihe von Lehr- und Offenbarungsgesprächen, die man keineswegs unter der Gattung Chrie behandeln kann und die eine eigene formgeschichtliche Genealogie haben.

1. *Lehrdialog*. Die Funktion besteht in der Information für den Leser. Denn im Mittelpunkt steht ein an Wissen und Weisheit überlegener Partner. Die Mitunterredner haben teilweise nur die Funktion, die Information voranzutreiben, so daß in der Spätzeit des hellenistischen Dialogs ihre Rolle nur marginal wird; das ist jedoch häufiger auch in den platonischen Dialogen der Fall, so daß zwischen diesen ältesten belegten Exemplaren der Gattung und den Scheindialogen der autoritativen Kyniker kein allzu großer Unterschied besteht. Bei den letzteren ist jedoch von Diatribe/Dialexis (s. § 33) zu unterscheiden.

In *missionarischem* Kontext ist die Bitte Act 17,19 f. („Können wir erfahren, was das für eine neue Lehre ist . . .?") mit der darauffolgenden Rede des Paulus eher noch eine Bitte um Belehrung als Teil eines Dialogs. Im missionarischen Dialog (Act 8,30–38; Act 26,24–29 Paulus mit Agrippa und Festus; Mt 9,28–29) ist dagegen regelmäßig affirmativ vom Glauben des Partners die Rede. Dabei weist Act 8,30–38 Beziehungen zum Offenbarungsdialog auf, da der Lehrer mit der Frage nach dem Nicht-Gewußten beginnt (vgl. auch: Act 19,1–4).

Alle übrigen Lehrdialoge sind eng auf die Jünger Jesu selbst begrenzt: Bisweilen fragen nur die auserwählten Jünger Petrus, Jakobus, Johannes (und Andreas), so in Mk 9,10b–13par Mt 17,10–13 („Was ist das . . .? Warum . . .?") und in Mk 13,3–4/5 ff. („Wann wird das sein und was ist das Zeichen . . .?"), in Joh 21,20–23 fragt nur Petrus („Herr, was ist mit diesem . . .?"), bei anderen Lehrdialogen sind die Jünger durch den Ort des Hauses deutlich von der Menge abgegrenzt (Mk 10,11 f. und erweitert Mt 19,10–12; Mk 7,17/18–23; 9,28 f.) oder sie fragen speziell als Jünger (Lk

11,1–12: „Herr, lehre uns beten, wie auch Johannes seine Jünger lehrte!") oder sie sind als exklusive Jüngerschar um den Auferstandenen versammelt (Act 1,6 f. „Herr, richtest du in dieser Zeit das Königtum wieder auf für Israel?"). Eine besondere Gruppe sind die Dialoge, die sich mit dem *Thema der Jüngerschaft* selbst befassen, so Mk 10,17–31.35–40. Schon die prinzipielle Klarstellung darüber, wer der „gute Lehrer" ist (10,17 f.) weist auf eine größere, nicht auf den reichen Jüngling allein beschränkte Komposition.

In beiden Dialogen ist das Anfangssignal die Anrede „Lehrer . . .!", in beiden geht ein negatives Beispiel (vgl. dazu § 85) einer allgemeinen Jüngerbelehrung vorab. Und besonders im Anfangsteil sind beide Dialoge stark auf die Person Jesu bezogen. Überdies folgen beide Dialoge aufeinander und sind nur durch eine Leidensweissagung voneinander getrennt, die ohne Zweifel thematisch hinzugehört (vgl. Mk 10,45). Beide Dialoge verarbeiten Elemente aus Chrien, ohne daß diese quellenkritisch herauszulösen wären, Mk 10,17–31 verarbeitet auch die Tradition der Berufungsberichte (vgl. § 81). – Analogie: Jamblichos, Leben des Pythagoras V 21–24 (Verhältnis von Nachfolge und Unterstützung finanzieller Art). – Um die Ich-Du-Beziehung zum Lehrer geht es in Lk 22,31–34 (Petrus); Mk 14,17–21; Mt 26,20–25 (Judas). Eine besondere Gruppe bilden auch die Bitten, etwas zu zeigen oder etwas sehen zu dürfen: Joh 14,8 f. und dazu: 4 Esr 4,44; 6,11; 7,102 und DialErl („Herr, ich will sehen den Ort des Lebens"); Sophia Jesu Christi („Erkläre uns den Vater, offenbare uns, die in den Äonen sind"). – An den Stil der platonischen Lehrdialoge erinnert die „blöde" Wo-Frage in Lk 17,37. Zur Entwicklung des Lehrdialogs im Anschluß an das Neue Testament: ThomasEv 12.18.20.21.24.37.43.51.53.91; BartholEv und von den Nag Hammadi-Schriften: Sophia Jesu Christi, Buch des Thomas, Evangelium der Maria, Dialog des Erlösers, vgl. auch Fragenkatalog und Antwortliste im Brief des Petrus an Philippus. – Zur Vorgeschichte gehört außer den platonischen Dialogen auch der Aristeasbrief. –

Vergleicht man 1 Kor 7,1 („Worüber ihr aber geschrieben habt, daß es gut ist für einen Menschen, eine Frau nicht zu berühren . . .") mit Mt 19,10 („Wenn so die Sache des Menschen mit der Frau ist, dann ist es nicht nützlich zu heiraten . . .") als Jüngeranfrage, dann wird erkennbar, daß die Anfragen, die die korinthische Gemeinde brieflich an den Apostel stellt, in den Evangelien im Lehrdialog von den Jüngern an Jesus gerichtet werden. Außer praktischen Fragen (Ehe, Reinheit, Gebetstexte) stehen vor allem solche der Zukunftserwartung im Vordergrund (vgl. auch dazu: 1 Thess 4 f.; 1 Kor 15). Der „Sitz im Leben" ist daher die autoritative Gemeindebelehrung.

Die Verbindung der auch in Chrien belegten Fragen „Was soll ich tun?" mit den Dialogen wird im Buch des Thomas aus Nag Hammadi gut erkennbar: Belehrungen für den Anfänger, der noch nicht zur Vollkommenheit gelangt ist. – In Lukians Nekyomanteia/Menippus 6 ist eine derartige Frage (Was ist das beste Leben? Was würde ein Vernünftiger wählen?) sogar als visionärer Dialog gestaltet. Der ausführliche Lehrdialog lebt in der höheren Apologetik weiter: Die klassische Tradition wird hier zur argumentativen Überzeugung des zunächst gegnerischen Partners: Der eine der beiden Partner überzeugt sukzessive den anderen; dieser konzediert jeweils einen Teil und gibt neue Einwände vor, beanstandet auch wohl das Vorgetragene und bemängelt Unklarheiten der Position. Die Zugehörigkeit zur dikanischen Gattung ist erkennbar (Apologetik und Anklage, auch der Vorwurf der Raserei). Beispiele: Philo (armen.), De Providentia II; Justin, Dial c. Tryphone (mit Schelte und Imperativen).

2. Offenbarungsdialog.

Lit.: H. Leroy: Rätsel und Mißverständnis. Ein Beitrag zur Formgeschichte des Johannesevangeliums (BBB 30), Bonn 1968 (vgl. besonders die Übersicht S. 46 f.); H. D. Betz, 1983 (vgl. S. 295), 580 unter Hinweis auf Plutarch. De genio Socratis, 21–22; Lukian, Nekyomanteia 6.

Vorangeht die rätselhafte Offenbarung, und typisch ist das an zweiter Stelle konstatierte Nicht-Verstehen des zu Belehrenden (vgl. auch § 18), bisweilen auch in der Gestalt, daß der Frager schon für innerweltliche Dinge ein begrenztes Erkenntnisvermögen hat und daher für himmlische Dinge erst recht auf die Belehrung durch den Offenbarer angewiesen ist. Das Unverständnis ist in jedem Fall Anlaß für weiterführende Offenbarung, die Schelte ein Signal für den Leser. *Formal* ist die Gattung sehr häufig dreiteilig: A. die rätselhafte, „erste", erläuterungsbedürftige Offenbarung, B. das menschliche Unverständnis wird offenbar (Frage, Schelte, Bitte), C. daraufhin ergeht eine „zweite", erläuternde Offenbarung. Dieses Schema ist weit verbreitet, es ist zentral auch für das Verhältnis AT/NT, und *in soziologischer Hinsicht* ist es der autoritativen Lehrerfigur (Bote Gottes) ebenso zugeordnet wie implizit der Schule, bzw. Gemeinde.

Vgl. dazu: Dan 8,27 (der Prophet versteht nicht); 7,28 (verwirrt); 12,8. – 4 Esr 4,2.10. – Lk 24,25; Mk 8,18–21; 9,6; Joh 13,7.9 usw. – Zu Joh 3,8 und 12 vgl. 4 Esr 4,2: Dein Herz entsetzt sich so über diese Welt, und du begehrst, den Weg des Höchsten zu begreifen? 4,10 Du kannst schon das nicht erkennen, was dein und mit dir verwachsen ist, wie kann deine Fassungskraft den Weg des Höchsten erfassen? 4,23 (Rechtfertigung: Ich wollte dich nicht über Dinge fragen, die uns zu hoch sind, sondern über solche, die uns selber betreffen); Sanh 39a: Du weißt nicht, was auf der Erde vorgeht, und was auf dem Himmel vorgeht, willst du wissen? TestHiob 37,8 Wenn du klar und bei Verstand bist, erkläre mir: Wie kommt es, daß wir die Sonne im Osten aufgehen und im Westen untergehen sehen und doch, wenn wir morgens aufstehen, sie wieder im Osten aufgehend finden? Belehre mich darüber, wenn du der Diener Gottes bist. 38,3 Wie wird Festes und Flüssiges im Menschen geschieden, obwohl durch denselben Mund aufgenommen? Ich weiß es nicht. (5) Wenn du den Vorgang im Körper nicht begreifst, wie kannst du dann die himmlischen Dinge begreifen? SapSal 9,16 Kaum das auf der Erde . . . wer hat das im Himmel aufgespürt?

Diese Schelte menschlichen Unvermögens ist außerdem ein wichtiges Unterscheidungskriterium zum gewöhnlichen Lehrdialog. Das bekannte „Jüngerunverständnis" ist daher nicht als isoliertes „Motiv" zu behandeln, sondern gehört in die Konzeption *dieser* Gattung hinein.

Wir unterscheiden als Formen des Offenbarungsdialogs:

a) *Visionärer Dialog,* vgl. § 18 (z. B. Apk 7,1–12/13/14–17; 17,1–5/6 [Staunen]/7–18) mit Vorbildern in Am 8,2; Sach und Dan. Pagane Analogien: Plutarch, De genio Socratis 21–22 (dazu: H. D. Betz, op.cit. bei § 77 580). Im Judentum: äthHen.

b) *Allegorische Gleichnisdeutung:* § 18 Vorbild: Ez 17,3–8.12a. Vgl. Joh 10,6.

c) *Christologische Schriftauslegung:* Act 8,30–35. Wie in den anderen Belegen der Gattung geht die unverstandene Offenbarung voran – hier in Gestalt der Schrift. Der Lehrer fragt zuerst über das Unverstandene (8,30: „Verstehst du auch, was du liest?"), ähnlich wie auch sonst oft in der Gattung (Am 8,2: Gott fragt: „Was siehst du?", um dann selbst die Erläuterung zu geben; Apk 7,13 f.: „Wer sind denn diese . . ., wofür sind sie gekommen?" – „Mein Herr, du weißt es"). – Lk 24,17–27 (Schelte in V. 25, Auslegung V. 27).

d) *Rätselhaftes Handeln Gottes:* Es wird die Frage diskutiert, ob Gottes Handeln ungerecht sei, und zwar mit den Fragen Warum?, Wie lange?, Was nützt?, Wo sind? Der Seher fragt, und Gott oder sein Bote antworten (der Gesamtvorgang wird „Rechten" genannt, gr.: *dikazesthai*). In den Antworten sind Gleichnisse typisch. Texte: 4 Esr, GrEsr; SyrBar (z. B. 52,1). Nach TestHiob sind Gottes und seines Dieners Verhalten für Außenstehende unbegreiflich (vgl. besonders TestHiob 37 ff.; in 37 auch der Topos über die Erkenntnis himmlischer Dinge).

e) *Prophetische Zeichenhandlungen* (vgl. auch § 84) sind zunächst unverständlich und werden gedeutet: Ez 24,15–24, vgl. 24,19: „Willst du uns nicht mitteilen, was das für uns zu bedeuten hat, daß du so handelst?"; 37,15–28, vgl. 37,18: „Willst du uns nicht mitteilen, was das bedeutet?" Im Neuen Testament: Mk (6,51–52 und als Folge:) 8,17–21 (Unverständnis der Brotvermehrung). – Joh 13,4–17 mit Unverständnis in V. 6–10 (Fußwaschung).

f) *Erklärung von Offenbarungsworten.* Der erste Beleg ist der Offenbarungsdialog in Dan 12,7–9 (V. 7: der Mann im Leinenkleid redet von den dreieinhalb Zeiten; V. 8bLXX: „Welches ist die Auflösung dieses Wortes, und für was steht diese Rätselrede?" als Frage Daniels, V. 9 f.: die Zwischenphase vor der zweiten Offenbarung ist hier besonders drastisch gestaltet: „Geh Daniel, denn verhüllt und verborgen . . . Kein Frevler versteht es, die Einsichtigen aber verstehen es", V. 11 f. die Auslegung. Vgl. hier besonders Mk 4,11–13: euch – denen draußen . . .). Im Neuen Testament: Lk 1,29/35 ff. (Engelgruß wird nicht verstanden und dann aufgeklärt); 2,41–52; Mk 7,15–23 (V. 15 ist das rätselhafte Wort, V. 17 f. beschreiben Jüngerunverständnis und Tadel, V. 19–23 geben die Auflösung); Mt 16,5–12 (Rede vom Sauerteig – Jünger verstehen nicht und werden gescholten: V. 9–11 – sie verstehen am Ende doch, diff. Mk 8,14–21!).

Vor allem aber das JohEv ist durch diese Art Offenbarungsdialog gekennzeichnet, und häufig geht es dabei um die joh Grundmetaphern: Geborenwerden, Wasser, Speise, Brot/Fleisch, Schlafen, Aufstehen(?), die „kleine Weile".

Texte: Joh 3,1–13 (Geborenwerden; beachte die Abgrenzung zum Lehrdialog durch „Lehrer" in V. 2.10: der Titel wird in beiden Fällen im Sinne des Evangelisten ironisch verwendet). – Joh 4,7–15 (Wasser); 4,31–38 (Speise); 6,25–59 (Brot/Fleisch); 11,11–16 (Schlafen); 11,21–27 (Aufstehen) (?); 16,16–22 (kleine Weile). Vgl. in Joh 8,31 ff.: Mißverstanden werden „Freiheit" und „Vaterschaft". Mißverstanden werden Grundmetaphern aber nicht nur im JohEv, sondern auch schon bei Mk: Sauerteig (8,15) und Speisung mit Brot (6,30–44; 8,1–10) waren symbolisch zu verstehen (Mk 8,17–21), ähnlich Lk 2,41–52 in V. 48/49: Vater.

Zu Joh 11,21–27 ist freilich zu bemerken:
Der Text ist einerseits Dialog vor dem Wunder (s. u. 9.), sodann dient er der Klärung des rätselhaften Begriffes *anastasis,* und schließlich endet der Dialog in einer christologischen Spitzenaussage, in einer Ich-Aussage Jesu, die im Glaubensbekenntnis der Martha aufgegriffen und bejaht wird. Da es sich nicht nachweisbar um ein Mißverständnis handelt, liegt der Ton wohl eher auf der christologischen Klimax. Daher gehört dieser Dialog in eine andere Gruppe (s. unten 3.).

Eine besonders wichtige Dialogpartie liegt vor in Joh 13,33–14,31: Nacheinander fragen die Jünger Petrus, Thomas, Philippus und Judas (ähnliche Listen von Fragern: in den Nag Hammadi-Texten Dialog des Erlösers und Sophia Jesu Christi).

1. Petrus: 13,36–14,4: Die rätselhafte Offenbarung, die vorangeht, und auf die Petrus sich bezieht, ist 13,33 „wo ich hingehe . . .“, so fragt er „Wohin . . .?“, Jesus antwortet vorläufig in V. 36, dann in 14,2–4. Die vorläufige Antwort Jesu enthüllt das Nichtbegreifen des Petrus in seiner ganzen Tragweite: Es enthüllt seine menschliche Schwäche, die zur Verleugnung führen wird. Joh hat es mithin verstanden, die Verleugnung des Petrus einzufügen in das Nichtverstehen von Offenbarung überhaupt. Die Aufforderung 14,1 ist zudem die Entsprechung von Lk 22,31 f. (Glauben als Gegensatz zum Verleugnen).
2. Thomas: 14,5–7. In der Frage V. 5 wird V. 4 aufgegriffen: Der letzte Satz der Offenbarung an Petrus ist nunmehr die rätselhafte Offenbarung, an die Thomas anknüpft. 14,7 bringt den üblichen Tadel und liefert zugleich das Stichwort „Vater“ für 14,8. Die einzelnen Segmente des Offenbarungsdialoges sind daher durch Stichworte miteinander verknüpft! Denn auch 14,21 liefert das Stichwort für 14,22.
3. Philippus: 14,8–21. Die Frage beginnt jetzt nicht mehr mit „Wohin?“ wie 13,36; 4,5, sondern die Fragen von Philippus und Judas haben das Zeigen und Sichtbarmachen zum Inhalt. 14,9 enthält die übliche Schelte (vgl. zum „so lange schon . . . noch nicht“: Mk 8,17.21).
4. Judas: 14,22–31: Aus 14,21 wird „Offenbaren“ als unverstandene Offenbarungsrede aufgegriffen.
Für den Evangelisten hat diese Befragung Jesu durch die Jünger u. a. auch eine Art Kontrollfunktion: Nach 16,30 hat Jesus es *als Erhöhter* dann nicht mehr nötig, befragt zu werden. Er ist durch die Erhöhung als Offenbarer erwiesen (vgl. ähnlich 16,5.23).

Durch den ausgeprägten Jüngertadel ist auch Mk 9,14–29 in Mk 9,14 („O du ungläubiges Geschlecht . . . wie lange noch . . .?“) als Offenbarungsdialog gekennzeichnet. Dem entspricht die Belehrung im abgegrenzten Bereich im Haus (9,28 f.). Da es sich um den Weg der Dämonenaustreibung handelt, ist dieses ernste Anliegen Markus einen Offenbarungsdialog wert.

g) *Abgebrochener Dialog,* in dem das Rätselwort unaufgelöst bleibt und die Zuhörer im Unverständnis bleiben. Eine Möglichkeit ist, daß die Außenstehenden das letzte Wort haben; das Resultat ist am Ende Jesu Tötung (Joh 2,18–21; 7,33–36; 8,21–59); dazu gehören auch die – aufgrund der andersartigen jüdischen Messiaserwartung – nicht aufgelösten Einwände gegen Jesu Messianität (Joh 7,27.41 f.; 12,34 in 12,32–36). Die Jünger begreifen ihrerseits nicht, daß Jesus leiden muß, und der Dialog kann mit der typischen Schelte abbrechen: Mk 8,31–33; Mt 16,21–23 (in einem Fall verstehen die Jünger dann aufgrund der Schelte: Mt 16,12 diff Mk 8,21). Das schlichte Unverständnis der Jünger wird nach rätselhafter Offenbarung konstatiert in Mk

8,14–21; 9,32 (wagten es nicht zu fragen!); Lk 9,44 f.; 18,31–33/34, die Auflösung erfolgt erst Lk 24,8. – Auch schon in Mk 9,5 f. bezog sich das Mißverständnis des Petrus auf das Leiden (vgl. ANRW S. 1184 ff. Anm. 159). – Nicht-Begreifen wird auch konstatiert in Lk 2,41–51 (auch in Dan 7,28 bewahrt der verwirrte Prophet in seinem Herzen). Um ein späteres Verstehen der Jünger (wie Lk 24,8 vgl. 24,27) geht es auch nach Joh 2,22. – Unaufgelöst und nur für die verständlich, denen es gegeben ist, bleibt die bereits exklusiv an die Jünger gerichtete Rätselrede Mt 19,11 f. Von Joh 11,8–10 ist wohl vorausgesetzt, daß die Leser verstehen.

Im folgenden sind weitere Arten des frühchristlichen Dialogs zu nennen:

3. Erkenntnis der Identität des Offenbarers als Dialog: die sog. Identifikationsphase bei Erscheinungen (vgl. Berger, Auferstehung, S. 161–172) und außerhalb von Erscheinungen (z. B. ThomasEv 61: „Wer bist du?") – oder die Erkenntnis des Offenbarers aufgrund seiner Worte und Taten: Joh 1,47–51 mit V. 49.51; 4,16–26 (Vorbild für die Gestaltung: Gen 24,11–33; Ex 2,15–21: Der Ortsfremde sucht Kontakt mit einer Frau, die von dem Ort Wasser holt; die Frau als Kontaktperson zur Dorfgemeinschaft); Joh 9,35–39. – Nur in Joh 11,21–27 (vgl. dazu schon oben unter 2 f.) geht die Erkenntnis der Tat voran. – In allen diesen Texten spielt ein Mißverständnis keine Rolle. Die christologische Erkenntnis ist die Klimax des Dialoges. – Anders innerhalb von Verhören: Mk 14,61 f.; Mk 15,2, analog dazu, nur weniger amtlich: die Fragen an Petrus Mk 14,54.66–71 (72)parr.

4. Zum Gebetsdialog vgl. § 69,8; Vorbilder: Dan 10,5.12; Josephus a 8,125; zu Joh 12,27 f. besonders Sir 46,16 f.

5. „Amtlicher Dialog" als Verhör (vgl. § 97,2), als Zeugenverhör in Joh 9,8–13.14–17.18–23.24–34, bes. V. 26. – Als Verhandlung: Joh 18,29–32.38b–40 (Juden mit Pilatus über die Freigabe des Barabbas); 19,4–7.12–15 (Pilatus und die Juden über die Freilassung Jesu, in V. 6.15 Schreie auf seiten der Juden). – In Joh 18,1–9 verhandelt Jesus mit der Kohorte über die Freilassung der Jünger.

6. Innerhalb der Gattung Mandatio ist der Einwand und seine Beantwortung ein dialogisches Element: so bei Berufungsgeschichten wie Lk 9,59–60 und bei wunderhaften Erzählungen in Mt 14,15–18; 15,32–34; Lk 9,13–14; Joh 6,5–10 nach dem Vorbild von 2 Reg 4,42 f. (Imperativ–Einwand–Imperativ).

7. Streitgespräch mit gegenseitiger Herabsetzung: Joh 7,45–53 (vgl. die mit mē beginnenden Fragen).

8. Dialog als Element der Schelte: Act 8,18–24; Lk 12,13–21; Joh 9,40–41.

9. Kommunikative und dramatisierende Funktion haben Dialoge in wunderhaften Erzählungen, so in Joh 4,47–50; 5,6–9; 6,5–12; 9,2–5; 11,3–4. 7–10. 11–16. 21–27. 39–40; 21,5, aber auch in Mk 7,26–29; Lk 5,1–11. Der Dialog wirkt retardierend und stellt die Größe der Tat Jesu heraus. – Eine dramatische Funktion hat der Dialog auch bei Zeichenhandlungen: Joh 13,6–9.

Eine besondere Bedeutung hat innerhalb von Dialogen die sog. Kontrollfrage nach dem Muster „Glaubst du das?", „Liebst du mich?" (Joh 21,15.16.17; Mt 13,51; Mt 9,23b; Joh 11,26, vgl. auch Act 8,37 und sonst: Herm vis 3,2,4; sim 9,16,7). Sie geht der Gewährung der wunderhaften Tat, der Einsetzung/Beauftragung oder der Verheißung voraus. Ihre regelmäßige Bejahung ist daher eine Art Schwelle.

Abgrenzende Funktion hat der Dialog in Mk 1,24 f.; Joh 2,3 f.; Joh 7,1–9.10 (ich/ihr aber); Joh 11,3 f. In allen johanneischen Stellen liegt dasselbe Schema zugrunde: Bitte und Vorschlag der Verwandten oder Freunde – Jesus lehnt ab – Jesus tut es dann doch, ergreift aber selber die Handlungsinitiative.

Mk 1,24 beginnt mit einer Abgrenzung, darauf folgt eine Aussage über das Gekommensein Jesu und eine Akklamation. In V. 25 antwortet Jesus seinerseits mit einer Abgrenzung: Er will von diesen keine Akklamation hören. – Die Einzelelemente sind vorher entweder nicht als Dialog (du kamst . . . du bist . . .) oder nicht im Zusammenhang mit Dämonen nachweisbar (gegen die These vom Dialog als exorzistischem Machtkampf im Sinne des Gegenzaubers).

Um Abgrenzung/Abweisung geht es auch in Mt 27,4; Lk 16,24–31; Act 19,13–15; Joh 19,21–22; Act 21,11–14.

10. Eine erzählende Gattung, die seit alters durch Dialoge und überhaupt durch wörtliche Rede geprägt ist, liegt im **Symposion** vor, der Darstellung von Mahl und Tischgesprächen (vgl. dazu: ANRW S. 1310–1315 mit Lit.).

Neutestamentliche Belege: Lk 22,14–38 (zugleich als testamentarisches Mahl nach jüdischen Vorbildern in Jub gestaltet, vgl. dazu: Berger, Exegese S. 183 f.). – Dialoge auch in: Mk 14,17–21; Mt 26,20–25. – Ferner: Mk 14,3–9; Lk 7,36–50; Joh 13,1–30 (mit Fußwaschung). Der Bericht über die Einsetzungsworte selbst gehört nicht zur Gattung der Gastmahlsgespräche, sondern ist als Ätiologie zu bezeichnen.

Zu den Symposien gehören seit alters die Themen Liebe (vgl. vielleicht Joh 13,14; sicher Lk 7,42.47) und Frauen (Lk 7,36–50; Mk 14,3–9). In Lk 7,36–50 finden sich nicht nur die formalen Requisiten des Gastmahlgesprächs (so 7,40.43. 44–46), sondern auch das typische Merkmal der mehreren Gesprächsgänge ist aufweisbar. Zum Thema „Frau" wird dann auch das Stück Lk 8,1–3 angefügt (vgl. Platons Symposion und im Judentum 3 Esr 4,13–40).

11. Ein Dialog zwischen Gleichniserzähler und Hörern liegt auch bei allen Gleichnissen vor, die nach dem Konzept des paradigmatischen Rechtsentscheids aufgebaut sind (z. B. Mt 17,25–26; 21,28–32).

§ 72 Ich-Rede

Lit.: R. BULTMANN: GST 161–179. – E. NORDEN: Agnostos Theos, [2]Darmstadt 1956, II: Judaica 1. Formen der Anaklese und Prädikation: *Sy ei, egō eimi, houtos estin*/Ein soteriologischer Redetypus, S. 177–201. – J. BECKER: Das Evangelium des Johannes (ÖTKNT 4/1), Gütersloh und Würzburg 1979, Exkurs 5: Die Ich-Bin-Worte, S. 207–210. – J.-A. BÜHNER: Der Gesandte und sein Weg im 4. Evangelium, Tübingen 1977, 118–180. – H. ZIMMERMANN: Das absolute Ego eimi als die neutestamentliche Offenbarungsformel, in: BZ NF 4 (1960) 54–69.266–276.

Unter Ich-Rede verstehen wir Texte, in denen die 1. Person (meist: Singular) Subjekt ist. Daß diese Form nicht belanglos ist und insbesondere in religiösen Texten enge Beziehung zum Inhalt hat, war seit E. Norden immer wieder aufgefallen. Am Beispiel der Ich-Rede läßt sich daher der hier vorgetragene formgeschichtliche Ansatz auch mit dem Blick auf eine bereits längere Forschungstradition auf die Probe stellen. Die meisten neutestamentlichen Texte dieser Form haben für die Geschichte des Urchristentums dadurch Bedeutung, daß es darin um die Themen „der Sendende", „der Gesandte" und die typische oder exemplarische Rolle des sprechenden Ich geht. Da sowohl Jesus als auch die Apostel „gesandt" sind, weist die Formgeschichte hier auf eine enge Beziehung von Christologie und Apostolat.

1. **Gottesrede:** Theologisch überaus bemerkenswert ist, daß Gott selbst mit eigener Ich-Rede außerhalb der ApkJoh nur in Zitaten aus dem Alten Testament begegnet. In Apk 1,8 stellt Gott sich – nach der Gerichtsankündigung V. 7 – vor als der, von dem alle dann folgende Offenbarung ausgeht (vgl. 1,1). Formgeschichtlich entspricht das etwa dem ersten Satz des Dekalogs Dtn 5,6 („Ich bin der Herr, dein Gott, der dich aus Ägyptenland geführt hat, aus der Knechtschaft"). Eine Analogie besteht aber hier auch zum sog. Apostolikon, der Selbstvorstellung des Apostels und seiner Botschaft, am Anfang neutestamentlicher Briefe. – Innerhalb der Thronvision der ApkJoh spricht Gott nur in 21,5–6: „Siehe, ich mache alles neu"; durch einen Schreibbefehl werden diese Worte bekräftigt; dann konstatiert Gott selbst, daß alles neu wurde – analog zu dem wiederholten „Und Gott sah, daß es gut war" in Gen 1 –, stellt sich selbst ähnlich wie in 1,8 vor, und zwar als Einleitung zu einer im Stil der Überwindersprüche gehaltenen doppelteiligen Mahnrede. Die Selbstvorstellung in 21,6b dient der Einleitung der Mahnrede.

Von den *Zitaten* mit Gottesrede im Ich-Stil entfallen die meisten auf Act: Heilsansagen sind Act 2,17–19; 15,16–18; 13,34.41. – Gott ist der *Sendende* in Act 13,47.33 (Sohn). – Scheltrede Gottes wird in Act 7,49 f. zitiert. – Nach den übrigen Texten ist Gott wieder der *Sendende:* bezüglich des Täufers in Mk 1,2; Lk 7,27; Mt 11,10, bezüglich des Knechtes/Sohnes in Mt 12,18–21.

Hier ist kurz auf die *Verwendung von Ps 2 im frühen Christentum* einzugehen: 1. Keine Verwendung zeigt sich bei Paulus, in den Deuteropaulinen und den Katholischen Briefen, im JohEv und den Johannesbriefen. – 2. „Du bist mein Sohn" begegnet in Mk 1,11; Lk 3,22; Act 13,33; Hebr 1,5a; 5,5, ferner in Justin, Dial 88.103.122; Diognet, EvEbion und 1 Clem 36. – 3. Der Zusatz „heute habe ich dich gezeugt" begegnet nur in Act 13,33, in den Hebräerbriefstellen, aber eben nicht im Zusammenhang mit Taufe, und in den späteren Zitaten. – 4. Das „Weiden mit eisernem Stab" ist eine Sonderüberlieferung, die sich nur Apk 2,26 f.; 12,5; 19,15 findet (außerhalb: in der KoptPaulusApk und in Sib VIII). – 5. Weiteres Material über das *Erben* etc. aus Ps 2 findet sich in Hebr 1,2 und Justin, D 122; 1 Clem 36. – 6. Die *Kombination mit 2 Sam 7* begegnet nur in Hebr 1; 4 Q Flor vgl. Act 13,23/33; Lk 1,32 f./3,22. – 7. Ps 2,1 und 2 (Gott und sein Christus) werden in Act 4,25 f.; Apk 11,15 (vgl. V. 18) zusammen auf Gott und Jesus bezogen. – Daraus ist ersichtlich: 4. und 7. sind geschlossene Sondertraditionen, 6. ist sehr selten und 5. wird erst spät oder vereinzelt angewandt. Der Hauptstrang ist bei 2. und 3. zu sehen. – Bezüglich der *Taufberichte* zeigt sich aber, daß sie Jes 42,1 sehr nahestehen. Nur so erklärt sich auch die Verbindung zum „Geist". Mt 12 referiert eine griechische Fassung von Jes 42, die die unmittelbare Vorlage der Taufstimme gewesen sein könnte; die Wandlung von „*pais*" (Knecht/Knabe) zu „*hyios*" ist aufgrund jüdischen Sprachgebrauchs erklärbar (SapSal 2,13.18; 5,5 – in 2,18 wird auch Jes 42,1a zitiert). Aus dem „Siehe" von Jes 42 wurde das „Du bist" aufgrund der Gattung (Anrede als Einsetzung). – Daraus kann man folgern: I. *Am Anfang der Tradition von der Taufstimme stand eine Version von Jes 42,1, nicht Ps 2,7.* Noch Ebion Ev zeigt Jes 42,1 und Ps 2,7 bei der Taufe nebeneinander. – II. Erst bei Justin ist auch die Tauftradition mit Ps 2,7 verbunden. III. Hingegen wird *außerhalb der Tauftradition Ps 2 zur Beschreibung des Gesandtseins Jesu* gebraucht (Act 13,33; Hebr 1), und hier begegnet auch immer die vollständige Fassung mit „heute habe ich dich gezeugt". IV. Erst im EbionEv und bei Justin wird demnach auch die Tauftüberlieferung mit Ps 2 in Verbindung gebracht. – IV. Die oben unter 7. genannte Tradition ist bedeutsam, weil *nur hier ein Leiden des Christus aus der Schrift entnommen werden konnte.*

Die These, daß Jes 42 am Anfang der Tauftradition steht, wird auch dadurch gestützt, daß schon in den ältesten Texten des Neuen Testaments Gottessohnschaft und Geist zusammengehören. Eben diese Verbindung konnte man auch in Jes 42,1 f. erblicken.

Wie bei alttestamentlichen Propheten, so begegnet *Gottesrede als Ich-Rede auch im Munde von Boten Gottes*, so ist in Apk 11,3 (nach der Rede von Gott in der 3. Person in 11,1) noch die „Stimme" von 10,8 gemeint, in Apk 22,12 f. macht der Engel aus 22,8 f. (der die Proskynese gerade abgewiesen hatte, weil er nicht mit Gott verwechselt werden, sondern sich als sein Bote erweisen wollte) Aussagen, wie sie sonst Gott über sich gemacht hat („Ich komme . . . Ich bin das A und das O", vgl. 1,8; 21,6b), ähnlich 22,7a. – Als Ich-Rede Gottes im Munde seines Boten ist im JohEv mindestens auch Joh 8,58 (hier ist das am deutlichsten) zu verstehen. So erklärt sich auch die Anwendung der Erweisformel auf Jesus (8,28). Aber auch in den anderen Ich-Worten des JohEv geht es nicht um die vom Vater isolierbare Gottheit Jesu, sondern um den Gesandten, der so rein und so total Gottes Gesandter ist, daß Gottes Ich in ihm redet.

2. Das Ich des Sendenden

Nicht nur Gott selbst sendet (Act 13,47; Mk 1,2 parr), auch seine Repräsentanten beauftragen oder subdelegieren in dieser Weise. Das gilt für die „Stimme" von Apk 11,3 ebenso wie für die Weisheit in Lk 11,49–51 (Vaticinium als begründete Unheilsansage), denn die Weisheit ist Gottes personifizierte Repräsentantin, und da sie die Propheten „macht" (SapSal 7,27) und man von ihren „Kindern" reden kann (Lk 7,35), kann sie auch als Aussenderin gedacht werden (wie der mit ihr öfter synonyme Geist: Act 13,4). – Nach Joh 13,20 sendet Jesus seine Jünger genauso, wie er vom Vater gesandt ist (stellvertretende Affiziertheit, vgl. oben § 51,10a), und so begegnet auch in Mt 28,18–20 und in Lk 10,18 f. vor der Aussage über Sendung, bzw. Vollmachtsübertragung jeweils eine Ich-Aussage, die die eigene Bevollmächtigung Jesu sicherstellt (in Lk 6,12 ff. wird die Frage durch vorgängiges Gebet Jesu gelöst). – In Mt 23,34 hat Jesus die noch nach Lk 11,49 aussendende Weisheit durch sich selbst ersetzt. In Apk 22,16 stellt Jesus sich am Schluß des Buches als den vor, der den apokalyptischen Begleitengel für Johannes gesandt hat.

Die Verbindung zwischen eigener Sendung Jesu und Sendung der Jünger ist in diesem Sinne auch hergestellt worden in Mt 10,34–36/37–42.

Nicht zu vergessen sind auch die im Ich-Stil formulierten Stellen in brieflichen *Epistolarien* (zur Gattung s. § 73), in denen Paulus davon spricht, daß er seine Mitarbeiter „gesandt habe" oder senden werde (insbesondere Timotheus). Analog ist offenbar das Institut der „Apostel der Gemeinden" (2 Kor 8,23), und man beachte, daß auch für sie der Titel „Apostel" verwendet wird.

Das juridische Institut der Sendung ist in der Geschichte des frühen Christentums das Organisationsprinzip der Beziehungen zwischen Gott und

Mensch wie zwischen Mensch und Mitmensch, wo immer es um stellvertretende Ausführung von Aufträgen und Aufgaben geht. Die Kategorie der Sendung hält Christologie und Ekklesiologie zusammen – nach dem Prinzip der stellvertretenden Repräsentation und Beauftragung. Wo der Sendende im Ich-Stil spricht, geht es um diejenige Autorität, an der der dann Gesandte kraft Sendung teilhat.

3. Aussagen nach dem Schema „ich bin x", „ich bin es".

Lit.: Zur Selbstvorstellung des Boten „Ich bin der und der" vgl. J. Bühner (§ 72, Anfang), a.a.O., 153–166.

Nach Mt 24,5 sagen die falschen Christusse „Ich bin der Christus" und präsentieren so sich selbst und ihren Anspruch, ähnlich der Pseudoprophet bei Celsus (Origenes AdvCels VII 8f): „Ich bin Gott (oder: Gottes Sohn, oder: göttlicher Geist)", und in Joh 19,21 wird als Vorschlag für die Kreuzesinschrift von seiten der Juden vorgelegt: „Ich bin der König der Juden" (weil die Juden nicht mitverhöhnt werden wollen). Ähnlich wie in Apk 1,8 und in den metaphorischen Ich-bin-Prädikationen des JohEv ist die Selbstvorstellung mit „Ich bin" wenn nicht Anfang der Rede, so doch zumindest Dokumentation eines autoritativen und entsprechend angefochtenen Anspruchs. In Lk 21,8 wird in der Parallele zu Mt 24,5 dann auch gleich ein zentrales Stück der Botschaft nachgeschoben („Die Zeit ist nahe").

Aber sowohl in Mk 13,6 wie in Lk 21,8 wird die Äußerung derer, die im Namen Jesu auftreten, nur wiedergegeben als „ich bin es" (gr. *egō eimi*). Dieses und Stellen aus dem JohEv (4,26 „ich bin es, der mit dir redet"); 8,28 („dann werdet ihr erkennen, daß ich es bin") .24 („wenn ihr nicht glaubt, daß ich es bin") sowie Mk 14,62 („ich bin es") und Apk 2,23 („werden erkennen, daß ich der bin, der die Nieren erforscht . . .") hat man zusammengenommen und erklärt, es handele sich dabei formgeschichtlich um die alttestamentliche Theophanieformel (vgl. auch: R. Schnackenburg, Das JohEv, II, 59–70 Exkurs 8: „Herkunft und Sinn der Formel egō eimi"), und damit sei Jesus eine für „jüdische Ohren unerhörte Dignität zugesprochen" (ibid., 69). Vor allem wird auf Mk 6,50 verwiesen: „Seid getrost, ich bin es, fürchtet euch nicht".

Aber hier ist sprachlich genau zu differenzieren: Weder in Jes 43,10f. noch in den neutestamentlichen Belegen handelt es sich um die Sätze „Ich bin Jahwe" oder „Ich bin, der ich bin". Es handelt sich vielmehr in keinem der oben genannten Texte um eine spezifische Offenbarungsformel, sondern um eine *sprachliche Erscheinung,* die aus dem jeweiligen Kontext nach folgenden Möglichkeiten zu erklären ist:

a) Der zugehörige Titel wurde bereits *im vorangehenden Text* genannt, und das „ich bin es" *bezieht sich* auf diesen Titel *zurück,* z. B. als Antwort auf eine Frage (so Mk 14,62 auf 14,61, ähnlich Clem Hom 2,24) oder als Identifikation mit dem, von dem die Rede war (Joh 4,25/26), so auch in Mk 13,6; Lk 21,8, da Jesus hier ja von sich spricht und außerdem vom Auftreten unter seinem Namen in der 1. Person.

b) In Mk 6,50 sollen die Jünger Jesus an seiner Stimme erkennen (wie wenn uns eine zunächst fremde Gestalt im Dunkeln begegnet und dann sagt: „Ich bin's"), wie sie ihn andernorts am Brotverteilen erkannten und wie ihn auch Maria Magdalena an der Stimme und daran, daß er ihren Namen weiß, erkennt.

c) Eine feste Verbindung ist die Wendung *„erkennen (glauben), daß ich es bin"*. Sie liegt vor in Jes 43,10f. (hebr.: *ani hu*); Joh 8,24.28 und – schon wieder mit Zusatz „der, der die Nieren erforscht . . ." – in Apk 2,23 als sog. „Erweiswort" (vgl. dazu § 53 d). Aber auch hier geht es nicht um ein isoliertes „ich bin", sondern um den Erweis eines früheren Anspruchs, der nun bestätigt wird (apokryphe Belege bei Berger, Auferstehung, S. 462 Anm. 120). In Jes 43,10 geht es um die Nachprüfbarkeit von vorgängigem Wort und anschließend erweisender Tat, in den beiden Belegen in Joh 8 um den christologischen Anspruch Jesu. Es geht demnach hier um Ähnliches wie unter a); nur der Kontext ist weiter.

4. Vergleich zwischen „ich" und „er" (Synkrisis, vgl. ANRW S. 1173–1191). Das Verhältnis zwischen Jesus und dem Täufer wird immer wieder in Ich-Aussagen des Täufers geklärt, in denen er die eigene Rolle und Funktion der späteren, größeren und wichtigeren des Kommenden zuordnet (wobei dieser Kommende ursprünglich vielleicht Gott oder der Menschensohn war). Wichtig ist dabei die Vorordnung der Wasser- vor der Feuertaufe (vgl. die Zuordnung von Wassergericht bei der Sintflut und Feuergericht am Ende). Außer in den Logien Mk 1,7f.; Mt 3,11f.; Lk 3,15–17; Act 13,25; Joh 1,15.26f.30. liegt dasselbe Aufbauprinzip auch größeren Kompositionen zugrunde, und zwar Joh 3,27–36 (V. 27: generelle Regel als Überschrift, V. 28–30 Synkrisis, V. 31–35 Zeugnis für Jesus, V. 36 Doppelschluß als bedingte Mahnrede) und Mt 11 (V. 2–6: Wer ist Jesus?, V. 7–15: Wer ist Johannes?, V. 16–24: symbuleutische Scheltrede und Unheilsansage). Auch das Gleichnis in Mt 11,16f. mit Auflösung in V. 18 ist nach dem Prinzip der Synkrisis aufgebaut.

Die Selbsteinordnung des Täufers war als Selbstzeugnis von besonderem Wert für die Problematik, die sich aus dem Nebeneinander von Johannes und Jesus ergab. Daß es sich dabei um „Konkurrenz" oder Konflikte zwischen Jesus(jüngern) und Johannes(jüngern) handelte, ist nicht erweisbar. Das Problem war offensichtlich eher ein innerchristliches über die rechte Art der Taufe. Auch in Act 19,1–7 liegen keine Johannesjünger vor, sondern Christen mit Taufe nach Johannesart. Da Jesus selbst nicht getauft hatte, war die Frage nach der Taufe durch Jesusworte nicht zu lösen, und der Modus wie auch die Art der Christianisierung der Taufe waren ein offenes und für christliche „Ökumene" des 1. Jh. brisantes Problem. Man greift Täuferworte zur Sache auf. Im übrigen aber dient der Täufer der Bestätigung Jesu (luk Vorgeschichten wie auch Joh 3,28–30).

5. Das Ich des Gesandten

a) *Visionäre Selbstzeugnisse* nach dem Schema „ich sah"/„ich hörte" werden überliefert von Jesus selbst in Lk 10,18 (Entmachtung Satans und Beginn des Kampfes auf Erden, daher die Bevollmächtigung V. 19), von Paulus in 1 Kor

15,8–11; Gal 1,12; 1,15f.; 2,2; 2 Kor 12,1–10, von Paulus in Act: 22,6–11.17–21; 26,12–18. – Von Petrus: 2 Petr 1,16–18; Act 11,5–12, von Stephanus Act 7,56, von Kornelius Act 10,30–33; vom Apokalyptiker Johannes in Apk 1,9–19; 10,1–11; 11,1–2 und in allen Einsätzen mit „und ich sah" (passim). Eine Reihe prophetischer Bücher beginnt mit Formulierungen wie „ich sah . . ." (z. B. Ez 1,4), und den visionären Ich-Stil zeigen auch Bücher wie 4 Esra, äthHen (1,2ff.; 14,2ff.); SyrBar 3,1ff. – Charakteristisch ist zu Anfang dieser Bücher ein *Wechsel zwischen der 1. und der 3. Person* (so auch in Apk 1,1f./9ff.), der nicht zur Literarkritik Anlaß geben sollte, sondern – abgesehen davon, daß er topisch ist (Hen 1,1–2c/2dff.; Ez 1,1.2–3/4; Sach 1,1–7/8), worauf E. Rau aufmerksam gemacht hat – gerade zu Anfang eines Buches aus der Notwendigkeit entstand, das visionäre Ich, das für die Gattung dann im Rest des Buches typisch ist, durch einen *Namen* zu präzisieren, um überhaupt feststellbar zu machen, wer der Verfasser war. Da Buchtitelei eine spätere Erfindung ist, wird auf diesem Weg *formgeschichtlich der erste Schritt getan, den Verfasser eines Buches anzugeben.* Dabei besteht von Anfang an eine gewisse Entsprechung zur Briefliteratur, nur daß hier der Adressat fehlt und statt dessen der Verfasser Adressat einer göttlichen Botschaft ist. Auch der Anfang der antiken Briefe ist aber durch die *Nennung des Namens in der 3. Person* gekennzeichnet. In den neutestamentlichen Briefen vollzieht sich dadurch eine Synthese zwischen Prophetenbuch und Brief, daß der in der 3. Person genannte Verfasser nicht nur Adressaten hat, sondern zugleich auch selbst „von Gott her" grüßt und gesandt ist, also selbst in bestimmter Hinsicht Adressat und nur Mittler.

Auch die Briefanfänge der Gemeindebriefe in der ApkJoh („Dieses sagt der" + Partizip oder Bildwort) geben den Namen des Absenders in der 3. Person wieder. Von dieser literarischen Funktion des Namens zu Beginn eines schriftlichen Dokuments her wird noch einmal die Selbstvorstellung Gottes am Beginn der Apk in 1,8 verständlich: Gott präsentiert sich als den wahren Urheber des folgenden Schriftstückes.

b) Die **Verwendung der 3. Person statt der 1. Person** in religiösen Ich-Aussagen ist noch über das unter a) Genannte hinaus verbreitet, so in den Menschensohnworten Jesu (z. B. Mk 10,45) – unabhängig davon, ob Jesus vielleicht zu Anfang von dem Menschensohn als von einem anderen gesprochen hat – und in einer eigenen Gruppe über den „Sohn" und den „Vater" (Mt 11,27b par Lk 10,22b, nach Ich-Aussagen; Mk 13,32; Joh 3,16f.; 5,19–26; 6,40; 8,35 (Sklave/Sohn); 14,13b; 17,1). Die ausdrückliche Verbindung mit „ich" in Mt 11,27; Lk 10,22; Joh 6,40; 14,13 und insbesondere die Verwendung der Rede vom Sohn in Joh 8,35 lassen den Sinn dieser Rede erkennen: Jesus sagt nicht „Gott" und „ich", sondern metaphorisch „Vater" und „Sohn", um mit diesen Metaphern selbst seine Rede schon plausibel zu machen: Weil zwischen Vater und Sohn eine solche Relation zu bestehen pflegt, deshalb kann dieses auch zwischen Gott und mir sein. Die metaphorische Einkleidung macht plausibel, führt auf einfache Dimensionen zurück und nimmt die Anstößigkeit, weil sie „im Bild" bleibt.

Von anderer Art sind die Menschensohnworte und 2 Kor 12,1–10. Der entscheidende Schritt ist bereits, diese Texte aus formgeschichtlichen Überlegungen überhaupt zueinander in Beziehung zu setzen. Religionsgeschichtliche Erwägungen treten hinzu: Der Ort des Menschensohnes im Himmel ist Gottes Thron (Dan 7; Act 7,56), ebenso ist der dritte Himmel der Ort von Gottes Thron. Vor Gottes Thron aber steht man nicht als irdischer Mensch, sondern ist in ein himmlisches Wesen verwandelt (vgl. dazu unten § 75,4; 77,2 und Berger, Auferstehung, S. 534–538). Der Mensch ist dann nicht mehr er selbst (und wenn er zurückkommt, ist er Gottes Bote auf Erden). Der Menschensohn ist für Jesus die *Art und Weise seiner himmlischen Identität*, wie für Paulus „der Mensch" er selbst insofern ist, als er vor Gott stand. Daher reden Jesus wie Paulus in der dritten Person von sich, Jesus bleibend, wenn er sich als Gottes einzigen Gesandten und Repräsentanten (der daher auch Vollmacht hat) benennt, der zum Gericht unverhüllt als himmlisches Wesen erscheinen wird. Zum himmlischen Doppel vgl. auch Act 12,15.

Im übrigen hat die Verwendung der 3. Person statt der 1. stets den Charakter *strikter Objektivität* und findet sich daher in juridisch relevanten Texten, so in Zeugenberichten (Joh 3,32;19,35 und 21,24a: Es geht jeweils um ein Ich!) und in Apk 1 (vgl. S. 261).

c) Die *Selbstvorstellung des Erscheinenden*. In Act 9,5; 22,8; 26,15 stellt sich der Erscheinende vor: „Ich bin Jesus, den du verfolgst." Umfangreicher ist die Selbstvorstellung des erscheinenden Jesus in Apk 1,17–18 („Fürchte dich nicht, ich bin der Erste und der Letzte . . ."). Analog stellt sich in Lk 1,19 Gabriel in der Vision so vor („Ich bin Gabriel . . ."). Joh 21,12 notiert, daß die Frage „Wer bist du?", auf die die Selbstvorstellung gewöhnlich die Antwort ist, unterdrückt wurde. In Mk 6,50 sagt der Erscheinende, daß er Jesus sei.

Die Selbstvorstellungen mit Namen, insbesondere aber das Schema „Wer bist du?"/„Ich bin" werden im Judentum – übrigens parallel zum gleichzeitigen paganen Hellenismus, vgl. ANRW S. 1362 – erst zur Zeit des Neuen Testaments üblich (vgl. dazu: Berger, Auferstehung, 154–158.436–448). – Die alttestamentlichen Selbstvorstellungen des Erscheinenden kennen Angabe der Funktion und der Taten (z. B. „der Gott deines Vaters"), und noch bei Josephus ist dieses ausgeprägt. In jüdischen Texten wird der Erscheinende um seinen Namen gebeten, damit man ihn kultisch anrufen kann.

d) Ich-Worte vom Gekommensein und Gesandtsein

Lit.: E. ARENS, The Elthon-Sayings in the Synoptic Tradition. A Historico-Critical Investigation (OBO 10), Freiburg 1976. – BERGER, Auferstehung, S. 527–529 Anm. 285. – J. BÜHNER, a.a.O., 138–166. – A. HARNACK: Ich bin gekommen, in: ZThK 22 (1912) 1–30. – J. JEREMIAS: Die älteste Schicht der Menschensohnlogien, in: ZNW 58 (1967) 159–172.

Die Bedeutung dieser Gattung wird daran erkennbar, daß Jesus wie Paulus an herausgehobener Stelle in einer Formulierung dieser Art sagen, wozu sie gesandt sind: Nach Mt 15,24: „Ich bin nur gesandt zu den verlorenen Schafen des Hauses Israel" beschränkt Jesus seine Sendung für die Zeit seines Erdendaseins auf Israel.

Lukas beginnt den ersten Auftritt Jesu in der Öffentlichkeit in 4,16 ff nach 4,18 mit der Schriftstelle Jes 61,1 f., die dieser Gattung zugehört („Er hat mich gesalbt . . ., er hat mich gesandt zu . . .") und die als „Summe" der Verkündigung Jesu vorzüglich die programmatische Rolle zu erhellen vermag, die Sätze dieser Art immer haben.

Ähnlich ist die Selbstvorstellung zu Beginn der Rede in äthHen 91,1 „Das Wort ruft mich, und der Geist ist über mich ausgegossen, um euch alles zu zeigen, was euch bis in Ewigkeit treffen wird". Im Unterschied zu Lk 4 fehlt hier nur der Schriftbezug, vielmehr handelt es sich noch um Kontinuität derselben Gattung, wie sie in Jes 61,1 gegeben ist. Auch bei Lukas ist wohl der Gebrauch der Gattung das Primäre, nur wie so oft im Neuen Testament (vgl. den Sprachgebrauch der ApkJoh) wird er durch Schriftzitierung intensiviert bzw. (für uns heutige) verdeckt.

Nach 1 Kor 1,17 „Denn nicht hat mich Christus gesandt zu taufen, sondern das Evangelium zu verkünden" faßt Paulus den Hauptzweck seiner Aufgabe zusammen. Wo statt vom Gesandtsein vom Gekommensein die Rede ist, so zumeist bei den Synoptikern in der Form „ich bin gekommen zu . . ." (Infinitiv) (auch als nicht-sondern-Satz), wird die Selbständigkeit des Boten stärker betont, und der Aussender tritt in den Hintergrund (Bühner, a.a.O., 145 f.). Dabei geht es um eine *Zusammenfassung der Botschaft*. In den entsprechenden Worten des JohEv entfällt häufig die Angabe des Inhalts der Botschaft (nicht immer: Joh 9,39; 12,47; 12,46), statt dessen wird die Herkunft dieses Boten betont.

Die Analogien zu diesen neutestamentlichen Worten begegnen im Munde von irdischen wie von himmlischen Boten (vgl. die Materialsammlungen bei Bühner, a.a.O., 140–145 und Berger, a.a.O., 527–529).

Es ist nun offenbar möglich, für die synoptischen Worte vom Gekommen- und Gesandtsein sowie für etliche spätere, von ihnen abhängige, eine einheitliche theologische Absicht herauszustellen. Diese hängt mit der Form zusammen: Jesus betont den Eigenwert der *Zeit seiner Sendung* und seiner Tätigkeit und setzt sie ab von der des kommenden Gerichtes oder des Endes überhaupt. Der Eigenwert der Zeit des Gesandten ist: Jetzt ist die Zeit zu Umkehr und Rettung, die Zeit der Annahme der Sünder, in der auch der Richter noch nicht richtet, sondern dient. Zu diesem Nicht-Vorwegnehmen des Endes gehört auch, daß das Gesetz nicht aufgelöst, sondern gehorsam erfüllt wird. Denn das Gesetz könnte erst mit dem Vergehen dieser Schöpfung, mit der es „gleichzeitig" und „konsubstantiell" ist, verschwinden. Jesus aber bewirkt weder das Ende der Schöpfung noch die Aufhebung des Gesetzes. – Doch andererseits ist auch das messianische Heilsgut des Friedens noch nicht möglich. Denn der Messias tritt *als* Umkehrprediger auf und läßt als solcher Scheidung unter den Menschen entstehen und Trennung – wegen des Evangeliums. Nicht Allversöhnung, sondern Parteinahme gilt jetzt.

So erhellen die verschiedenen Sätze vom Gekommen- und Gesandtsein verschiedene Seiten einer messianischen Konzeption, nach der der Messias nicht die Endgültigkeit ausruft, sondern barmherzig erst vorbereitet, zwar in die Entscheidung und zur Gerechtigkeit ruft, aber nicht das, was er vorfindet, einfach verurteilt.

In diese Konzeption gehören zunächst Worte über das *Berufen von Sündern* und das *Retten des Verlorenen* – im Gegensatz zum Richten und Berufen nur der Gerechten. Im Hintergrund steht deutlich das Bild vom Hirten, der Verlorenes rettet (Ez 34; Jer 23; Sach 9.11): Mk 2,17b (Gerechte/Sünder); Mt 9,13; Lk 5,32 (wie Mk 2,17b, mit Zusatz „zur Umkehr"); Mt 18,11 (retten das Verlorene); Lk 9,55 (vernichten/retten); Lk 19,10 (suchen und retten das Verlorene); 1 Tim 1,15 (Sünder zu retten); Barn 5,9 (Gerechte/Sünder); 2 Clem 2,4 (Gerechte/Sünder); Justin, Apol 1,15 (Gerechte/Sünder „zur Umkehr"); Joh 12,47 (Retten/Richten) (nach Joh 12,48 liegt es freilich an den Hörern Jesu, diese Rettung zu ergreifen). – Joh 9,39 setzt diese Tradition geradezu voraus und ändert sie polemisch im Kontext.

Die Worte vom *Dienen des Menschensohnes* Mk 10,45a; Lk 22,27D gehen aus vom Kontrast zwischen Hoheit und Dienen: In der Zeit vor der Wende, die ihrem Charakter nach Gott entgegengesetzt ist, zeigt sich Hoheit nur im Dienen. Aber der Menschensohn nimmt eben diese Zeit ganz ernst, und deshalb ist er gerade als Menschensohn zum Dienen gekommen. Daß Dienen auch einen Verzicht auf Richten impliziert, ist deutlich, und der gesamte Komplex geht in 2 Tim 2,24 ein in ein Bild des „Knechtes Gottes" als Muster christlicher Existenz. Die Folgen für das Gottesbild werden in Diognetbrief 7,4–6 erkennbar.

In Mt 10,34–36; Lk 12,(49f.) 51–53 ist die *notwendige Entzweiung* jetzt dem messianischen Heilsgut „Frieden" gegenübergestellt. Jesus kann diese Endgültigkeit nicht bringen. Die Entzweiung entspricht der Zeit der Umkehr. – Schließlich ist in Mt 5,17 die Existenz des Gesetzes frühjüdischem Verständnis entsprechend an den Bestand der Welt gebunden. Wer das Ende der Welt nicht bringt, kann auch das Gesetz nicht auflösen.

Da die frühe Gemeinde die Situation Jesu bezüglich des Noch-nicht-Gekommenseins des Endes teilt, sind diese Sätze für sie Hilfen, die Gegenwart in Gehorsam und Niedrigkeit zu ertragen, den Sündern vor allem eine Chance zu geben. In der Auseinandersetzung Jesu mit der pharisäischen Bewegung können diese oder verwandte Sätze eine große Rolle gespielt haben, da sie die Hinwendung zu ganz Israel (und damit auch zu seiner „sündigen" Hälfte) markieren. In diesem Sinne ist auch Mt 15,24 in diese Worte einzureihen.

Die *johanneischen Worte vom Gekommensein* haben zumeist keine Zielangabe, sondern betonen das Woher: von Gott, vom Vater, von oben, vom Himmel; besonders wichtig sind die legitimatorischen Aussagen „im Namen meines Vaters", nicht „im eigenen Namen" und nicht „von mir selbst her" Joh 7,28; 8,42. Wo das Ziel angegeben wird, werden die synoptischen Worte als verwandte Äußerungen erkennbar: In 10,10 geht es um das Bild der Schafe, wie in der obengenannten Tradition vom Retten des Verlorenen; in 12,47 um den Verzicht auf Richten (in 9,39 um dessen Abwandlung), nur 12,46 (als Licht) und 18,37 (um von der Wahrheit zu zeugen) sind echte Neubildungen über das synoptische Material hinaus. In den johanneischen Worten vom Gekommensein geht es in erster Linie um die Kardinalfrage der *Legitimität der Sendung Jesu.*

e) *Metaphorische Ich-Prädikationen:* Vgl. oben § 12. Besonders wichtig ist Joh 10,1–18 als entfaltete Reihe solcher Prädikationen.

f) *Selbstvorstellung mit angehängter Mahnrede:* Vgl. oben § 49,4; 51,4. Ähnlich wie im Dekalog ist die *Ich-Aussage Einleitung für einen symbuleutischen Text* (Imperative: Mt 28,18f; Konditionalsätze im JohEv). Bisweilen sind auch Mahnung und Heilsansage ganz vom Ich-Stil durchdrungen (Apk 3,20f.).

Zu dieser Gattung gehören auch folgende Texte: 1. Apk 1,17f. (ich bin) /19f. (schreibe . . .). – 2. Das alttestamentliche Vorbild ist gut in Act 7,32f. erkennbar („Ich bin der Gott . . . löse"); freilich ist die Reihenfolge von Selbstvorstellung und Imperativ gegenüber Ex 3,5f. vertauscht. 3. Anders zu beurteilen, und zwar im Sinne des positiven oder negativen exemplums, sind Mahnungen an die Jünger, auf die ein Ich-Wort Jesu folgt: Lk 22,26–27a; Mk 10,45 nach 10,43f.; Lk 22,36 (Begründung: denn ich gelte als Gesetzloser, tut ihr es anders).

Im Ich-Stil gehalten ist auch eine besondere Gruppe von Mahnworten im Tat-Folge-Verhältnis, in denen *der Sprecher entweder zugleich der künftige Anwalt seiner Jünger vor Gottes Gericht* sein wird (zu dieser altertümlichen Christologie vgl. H. D. Betz: Eine Episode im Jüngsten Gericht [Mt 7,21–23], in ZThK 78 [1981] 1–30), so Mt 7,21–23; Lk 13,(24)26–27 und Mt 10,32f.; Lk 12,8f.; Mk 8,38; Lk 9,26, *oder in denen der Sprecher zugleich der künftige Richter selbst ist* (Apk 2,5.16.22f.; 3,3.11.[20]; 16,15; 21,6f. von Gott; 22,12). In fast allen Sätzen (bis auf 3,20, welches keine eigentliche Gerichtsaussage ist, und die Gottesrede 21,6f.) geht es zugleich um das baldige Kommen des Sprechers. Daß man es schon bei dem Sprechenden jetzt mit dem Richter zu tun hat, ist außer Mt 25,31–46 so nur in Apk belegt.

g) Selbstempfehlung und Selbstabgrenzung, Werberuf

Vor allem angesichts bestehender Konkurrenz (vgl. oben zu Mt 24,5) von Falschlehrern muß der Charismatiker auch seine eigene Vollmacht darstellen und sich als Vorbild empfehlen. Das geschieht am einfachsten auf direktem Wege, indem man erklärt, was man „kann" (Mt 26,61 „ich kann zerstören . . . aufbauen", den gleichen Sinn hat wohl auch schon Mk 14,58, auch wenn es im Sinne einer Unheils- und Heilsansage gemeint ist; ferner: Mt 26,53). Direkt geschieht es auch, indem man sagt, daß nur einem selbst alle Offenbarung Gottes zuteil wurde (Mt 11,25–27; Lk 10,21–22). Mt verbindet dieses sachgemäß in 11,28–30 mit einem Aufruf „Her zu mir . . .", der durch entsprechende Werberede über die Vorteile ergänzt ist, die für die Zukunft gerade das Lernen bei diesem Lehrer bieten wird. Derartige Werberede läßt auch schon die Weisheit hören, die Prov 1,23.33 ruft: „Bekehrt euch zu meiner Mahnung . . . meine Worte gebe ich euch kund . . . wer auf mich hört, kann in Ruhe wohnen und unbesorgt sein vor des Unheils Schrecken"; ähnlich: Prov 8,34–36 (Weisheit); 9,4–6: „Wer ungelehrt ist, biege hierher ein, und wem die Einsicht fehlt, dem will ich künden: Kommt her, genießt von meinem Brot und trinkt vom Wein, den ich gemischt! Gebt Torheit auf, damit ihr lebt, und schreitet auf der Einsicht Pfad." Ähnlich Sir 51,23–29. Im Neuen Testament auch: Joh 6,35 („Ich bin . . . wer zu mir kommt, wird nicht mehr hungern, und wer an mich glaubt, wird nicht mehr dürsten"); Joh 7,37f. („Wenn jemand dürstet, komme er zu mir und trinke . . ."); Apk 22,17 (*auf das Buch der ApkJoh bezogen:* „Wen dürstet, der komme, und wer will, der empfange umsonst Wasser des Lebens"). – Die häufige Beziehung zum Sattwerden und Stillen des Durstes findet sich auch schon in Jes 55,1–5 („Zum Wasser kommt, ihr Durstigen alle! Kommt, die ihr kein Geld habt, kauft und esset ohne Geld und ohne Kaufpreis Wein und Milch . . . Hört auf mich, daß ihr Gutes zu essen bekommt . . ."), hier ist Gott selbst der Sprechende. Vgl. auch die Ich-Rede der „Gnade" mit dem Ruf herbeizukommen in OdSal 33,6–13.

Gemeinsam ist diesen Texten: Die imperativische Fassung, die Verheißung, hier etwas Gutes zu finden, häufig der Aufruf zu kommen, häufig der Bezug auf Essen und vor allem auf Trinken. Der Ruf des Wasserverkäufers auf den Straßen wird so nachgeahmt oder die Einladung des Gastwirts zum Mahl. Daß die Gaben hier ausnahmsweise kostenlos sind, betonen Jes 55 und Apk 22. Das Szenarium ist die Öffentlichkeit (Straße, Plätze). – Neben dem Sattwerden an Essen und Trinken steht auch die Ruhe von der Mühsal als Verheißungsgut.

Indirekt ist die Selbstempfehlung, wenn man seine Augen- und Ohrenzeugen ob ihrer einmaligen Glückslage seligpreist (Mt 13,16f.; Lk 10,23f.). In Lk 10 bildet diese indirekte Selbstempfehlung die Fortsetzung zu dem mit Mt 11,25–27 parallelen Stück (Jubelruf), und Lukas bleibt daher durch diese Fortsetzung im Rahmen der Gattung. Der Visionsbericht 10,18 legitimiert Jesus als den Ursprung wirksamer Vollmacht. Weil er der Sohn ist, hat Gott ihm die Vollmacht verliehen (10,21–22), und die Seligpreisung der Offenbarungsempfänger in V. 23f. ist ebenso eine indirekte Selbstempfehlung. Für die Leser haben diese christologischen Selbstaussagen *protreptischen* Charakter: Die Vorzüge dieses Lehrers und die auf seinem Weg sicheren Erfolge werden „werbewirksam" vor Augen geführt. Das Essen und Trinken ist in Mt 11 ersetzt durch die *Ruhe* von der Mühsal (wie Prov 1,33). Man kann auch sagen, daß *Konditionalsätze* zu Beginn oder am Ende einer Rede, die auf das Tat-Folge-Schema bezogen sind, den Charakter eines *Werberufs* haben, wenn sie auf das Hören bezogen sind, so etwa Joh 5,24 „Amen, Amen, ich sage euch, daß, wer auf mein Wort hört und dem glaubt, der mich gesandt hat, das ewige Leben hat . . .". Der Ich-Stil verbindet mit den übrigen Beispielen der Werberede.

Paulus ist aufgrund konkurrierender Gegner zu *Selbstempfehlungen* gezwungen. Im Gegensatz zu der oben dargestellten „weisheitlichen" Tradition sind bei ihm folgende Elemente wichtig: 1. Die traditionelle Selbstempfehlung des Charismatikers mit dem Hinweis auf seine Wunder und Visionen sowie die jüdische Abstammung *lehnt Paulus einerseits ab, kann sie andererseits aber noch überbieten,* wenn es durchaus sein müsse. 2. Neu sind bei ihm das *moralische* und das *apologetische* Element. 3. Die entscheidende Empfehlung für sich sieht Paulus in der *ich/ihr-Beziehung* des Apostels zu seiner Gemeinde. So kann er sie auch an das bei der Christwerdung ungetrübte Verhältnis erinnern (Anamnesis). 4. Neu ist bei Paulus das *biographische* Element, insbesondere was Leiden und Mühsale betrifft (Peristasen). 5. Für Phil 3 und 2 Kor sind charakteristisch die als Mittel der Selbstempfehlung eingesetzten traditionelleren und weniger situationsgebundenen *systematischen „Einlagen"* christologischer und eschatologischer Art: Dadurch wird das Selbstverständnis des Apostels offenbar, von dem er hofft, daß es die Hörer überzeugt. – 6. Schließlich *grenzt Paulus sich von Gegnern ab* und zeichnet dabei ein polemisches Bild von ihnen.

Texte: 1 Thess 2,3–13. – Phil 3,3–21 gegenüber 3,1–2. – 2 Kor 2,(12–)17; 3,1–3 (dogmatisches Zwischenstück: 3,4–18); 4,1–7,4 (in 6,11–6,18 Kurzfassung der Botschaft); 10,12–18. – Selbstabgrenzung: 2 Kor 3,4; 10,12–18.

Die grundsätzlich verschiedene Art der Selbstempfehlung bei Paulus einerseits und in den Evangelien und der ApkJoh andererseits läßt verschiedene Situationen des frühen Christentums im Hintergrund erkennen: Auch wenn die Evangelien sich an Ortsgemeinden richten, die im ganzen von den paulinischen nicht sehr verschieden sein müssen, so beziehen sie doch ihr Material aus der missionarischen Verkündigung, die daran interessiert ist, daß jemand überhaupt diesen Weg und nicht einen anderen einschlägt. Es könnte sogar sein, daß die Gegner für die Evangelien ähnliche sind wie für Paulus (Pharisäismus in verschiedenen Gestalten) – dennoch argumentiert Paulus ständig von einer bereits bestehenden Beziehung und von seinem eigenen bereits geleisteten Dienst her (rückwärtsgewandt apologetisch oder doch autobiographisch ichbezogen), während der Jesus der Evangelien und die Apk sich sehr viel stärker an die allgemeinere weisheitliche Tradition anlehnen, nicht historisch-individuell zeichnen, sondern das Verhältnis von Mangel und Verheißungsgut in den Mittelpunkt rücken. So kann man sagen: *Bei Paulus wird das Selbstzeugnis zur Selbstempfehlung, bei dem Jesus der Evangelien und in Apk empfiehlt der Lehrer seine Gaben oder den Erfolg seines Weges.* Beide weisen damit auf sehr verschiedenen Wegen von sich weg auf Gottes Wirksamkeit an ihnen. Bei Paulus kommt einfach das bereits Erbrachte, die bestehende individuelle Gemeinde, in den Blick. Der formgeschichtliche Ursprung der paulinischen Systasis ist die hellenistische Apologetik.

h) **Einfache Botenselbstvorstellung:** Am ausgeprägtesten ist die *Ich-Rede des Boten* im JohEv. In den Jesus-Reden dieses Evangeliums unterscheiden wir folgende Gattungen im Ich-Stil: 1. Metaphorische Ich-bin-Prädikation (vgl. § 12), 2. Apologien (s. § 103), 3. Rechenschaftsbericht (vgl. unter 1) wie in Joh 17, 4. Botenselbstvorstellungen nach der Art „ich bin gesandt . . ."/„ich bin gekommen" (vgl. oben unter d), 5. Werberede wie in Joh 7,37 (vgl. unter g), 6. Selbstvorstellung mit angehängter Mahnrede (vgl. unter f), 7. „Erweisworte" (vgl. § 53 d), 8. Testamentarische Ich-Rede (s. § 24).

In den ausführlicheren Selbstpräsentationen des Boten Gottes in Joh 10,7–15(18) und 12,44–50 bezieht sich Jesus jeweils ausdrücklich auch auf den Vater. Eine *Boten-*

selbstvorstellung in Verbindung mit Elementen der *Werberede* liegt auch vor in Joh 5,19–30. – Zur Selbstvorstellung alttestamentlicher *Propheten* im Ich-Stil vgl. Jer 26,12.15 (anläßlich angezweifelter Legitimität); Am 7,15 und besonders Jes 61,1–3 und das betonte Ich in 62,1. – Eine *Botenselbstvorstellung* liegt auch vor in Act 9,17.

i) **Apostolikon** (vgl. ANRW S. 1353f.) nennen wir die briefliche Selbsteinführung des Apostels, zu der nicht nur sein *Name,* sondern auch die *Darstellung seines Amtes,* eine kurze Wiedergabe seiner *Botschaft* und seines *Selbstverständnisses* gehören. Das Apostolikon ist daher eine kurze Selbstdarstellung des Briefstellers, insofern er Apostel ist. Charakteristisch ist die Verbindung von Ich-Aussagen mit traditionellen systematischen Angaben über wichtige Inhalte der Botschaft. Der Apostolat wird als Berufung geschildert, aber auch als Bekehrung. Die Berufung kann auch als Augenzeugenschaft näher begründet werden, durch realen Kontakt (1 Joh 1,1–4) oder durch Visionsberichte (Apk 1; Gal 1; 1 Kor 15,1–11). Der Apostel kann auch kurz die Bedeutung seines Auftrages für die Gemeinde in der Vergangenheit darstellen, und diese autobiographischen Partien sind in Gal sehr ausgedehnt. Häufig ist das sog. *Revelationsschema* Teil des Apostolikons. Da vom Evangelium des Apostels die Rede ist, kann er auch am Anfang des Briefes bereits auf *Irrlehrer und Abweichler* vom Evangelium eingehen (so wird insbesondere der Ort von Gal 1,6–10 verständlich).

Texte: Röm 1,1–5; 1 Thess 1,4–6.9–10; Gal 1,1–2,21; 1 Tim 1,3–20; 2 Tim 1,9–12; Tit 1,1–3; 1 Joh 1,1–10 (gerade hier findet sich ein Aufbau, der die beiden wichtigsten Elemente des Apostolikon klar erkennen läßt: V. 1–4 Begründung der Position des Briefstellers durch Zeugenschaft, V. 5–10: „Das ist die Botschaft . . .“); 1 Petr 1,1–5 (V. 3–5 als Darstellung des Evangeliums); 2 Petr 1,16–21 (Begründung der Autorität des Petrus aus der Augenzeugenschaft bei der Verklärung); Kol 1,13–2,5; Apk 1,1–2.8 (Selbstvorstellung Gottes als des wahren Autors, vgl. 1,1) .9–19 (Christusvision als Autorisierung für die folgenden Briefe an die Gemeinden).
Auch im Corpus eines Briefes können derartige Passagen stehen, so in 1 Kor 15,1–11 als Autorisation für die dann folgenden Ausführungen über die Auferstehung; Eph 3,1–13 (Einleitung zum paränetischen Teil des Briefes). In 1 Kor sind die ersten vier Kapitel davon beherrscht, daß der Apostel Selbstverständnis und Botschaft der Gemeinde gegenüber darstellt.
Innerhalb dieser Passagen begegnet das *Revelationsschema* in Kol 1,26; Eph 3,5.9–11; 2 Tim 1,9–12; Tit 1,1–3.

Der *formgeschichtliche Ursprung* des Apostolikon liegt in der *Selbstvorstellung des Briefstellers zu Beginn seines Briefes,* wie antike Briefe es belegen (vgl. ANRW S. 1353f.) und wie es in christianisierter Form in den Anfängen der Briefe in Apk vorliegt (Apk 2,1.8.12.18; 3,1.7.14). Schon in antiken Briefen kann, wenn sie insgesamt philosophischen Inhalts sind, am Anfang eine *kurze Entfaltung der Lehre* stehen (z. B. Chion 16 ab § 4: Gott und die Gerechtigkeit ehren; Reihe mit Sozialpflichten), oder es kann auch das bisherige Verhältnis zwischen Briefsteller und Adressaten geschildert werden (vgl. ANRW ibid.). In Aufnahme dieser Tradition stellt auch der Apostel sowohl sein „Evangelium“ als auch sein Verhältnis zu den Angeredeten dar. Neu ist die Abgrenzung und Warnung vor Irrlehrern an dieser Stelle.

Das sog. **Revelationsschema** (außerhalb des Apostolikon noch belegt in Röm 16,25 f.; 1 Petr 1,20) umfaßt folgende Elemente: a) ein Geheimnis bzw. ein verborgener Gegenstand oder eine verborgene Person, b) die Zeit des Verborgenseins währte seit Ewigkeiten, d. h. von jeher oder auch seit Anbeginn der Schöpfung, c) jetzt ist die Zeit der Enthüllung dieses Geheimnisses, d) das Geheimnis wurde jetzt auserwählten Trägern enthüllt, in erster Linie den Aposteln, die sich als Diener dieses Geheimnisses betrachten und es der Gemeinde mitteilen.

Der Ursprung dieses Schemas liegt in der apokalyptischen Literatur: äthHen 48,6 f. heißt es vom Menschensohn/Messias: „Zu diesem Zweck war er auserwählt und *verborgen* vor ihm (Gott), bevor die Welt geschaffen wurde, und er wird bis in Ewigkeit vor ihm sein. Die Weisheit des Herrn der Geister *hat ihn den Heiligen und Gerechten geoffenbart,* denn er bewahrt das Los der Gerechten . . .“; ähnlich äthHen 62,7: „Denn der Menschensohn war *vorher verborgen,* und der Höchste hat ihn vor seiner Macht aufbewahrt und ihn den Auserwählten *geoffenbart“.* Den anderen wird dieser erst zum Gericht geoffenbart. – In beiden Texten geht es um die exklusive Offenbarung des seit Ewigkeit verborgenen Menschensohnes/Messias an die Gemeinde der Auserwählten, die de facto durch das Henochbuch selbst erfolgt. Das bedeutet: Hier steht Henoch als Offenbarungsmittler an der Stelle, die Paulus mit seinem Evangelium einnimmt. Auch wenn das Neue Testament von der „Offenbarung Jesu Christi“ redet, ist damit entweder die Enthüllung vor Auserwählten jetzt gemeint (Gal 1,12) oder, in der Mehrzahl der Fälle, die künftige (1 Kor 1,7; 1 Petr 1,7.13; 4,13) – jedenfalls ist vorausgesetzt, daß er den anderen oder bis dahin *verborgen* ist.

Die formgeschichtliche Funktion des Revelationsschemas wird durch seine Einbettung in das Apostolikon erkennbar: Es geht nicht um die Offenbarung eines Geheimnisses im allgemeinen, sondern um die Auszeichnung bestimmter Träger, die dadurch einen – angesichts des kommenden Endes – rettenden Erkenntnisvorsprung besitzen. In diesem Sinne ist innerhalb der synoptischen Überlieferung eine Analogie des Revelationsschemas in Mt 13,35 auf die Hörer der Gleichnisse Jesu bezogen.

Auch auf die Erkenntnis des verborgenen, aber schon in der Schrift greifbaren Schriftsinns ist dieses Schema möglicherweise bezogen: Den Propheten wurde geoffenbart, aber erst jetzt wird enthüllt (vgl. Röm 16,25 f.).

k) *Ich-Berichte über das Selbstverständnis des Apostels und den Charakter seiner Botschaft* sind dem Apostolikon verwandt und finden sich – weniger deutlich inhaltlich umschreibbar – im Corpus der Briefe oder auch am Anfang von Apostelreden, etwa mit Überschriftcharakter in Act 17,23b (Themenangabe als zusammenfassende Kommentierung des folgenden eigenen Tuns), als Sammelcharakteristik des eigenen Tuns (Lk 13,31 f.; Röm 11,13 f.) oder einer neuen Phase darin (Act 18,6b „Mit gutem Gewissen werde ich von nun an zu den Heiden gehen“). Die wichtigsten Texte über das Selbstverständnis des Apostelberufs finden sich in 2 Kor 2,14–16 (zwei Ansätze: Gott wirkt durch den Apostel. – Der Apostel ist „Verlängerung“ Jesu Christi bei den Menschen zum Leben oder zum Tod); 5,11–21 (Dienst der Versöhnung); 4,1–6 (der Apostel als Vermittler der Herrlichkeit, die auf Jesu Antlitz sichtbar wurde); 10,3–5 (Art des Kampfes). Vgl. auch 1 Kor 7, 40b.

l) **Rechenschaftsbericht.** Merkmale sind: Ich-Stil, Bericht über eigene Handlungen in der Vergangenheit, die abgeschlossen sind, häufiger apologetische Tendenz; der Adressat ist zumindest ein Gleichgestellter, wenn nicht der Auftraggeber des Boten. Wichtige Elemente aus Joh 17 wurden bereits von J. Bühner (a.a.O., 260 f.) als Rechenschaftsbericht des zurückkehrenden Boten bezeichnet, auch wenn die jüdischen Paralleltexte nur von der Rückgabe der Vollmacht sprechen und formale Vorbilder für den Rechenschaftsbericht selbst hier fehlen. Analogien sind aber von vornherein in den paulinischen Briefen zu erwarten, in denen Paulus als Bote Gottes nun zwar nicht dem Sender, wohl aber „vor dessen Angesicht" seinen Gemeinden Rechenschaft über sein Tun gibt, so 1 Kor 1,14–17 (P. taufte nur wenige in Korinth); 2,1–5 (Auftreten und Verkündigung bei der Gemeindegründung in Korinth); 9,18–23 (Paulus gebraucht seine Rechte nicht und tut alles um des Evangeliums willen); 15,10 (Paulus hat, bzw. die Gnade Gottes hat an ihm, mehr gearbeitet als alle/an allen); 15,30–32 (als Argument von der eigenen Person her: Gefahren und wilde Tiere); Gal 1,10–14 (autobiographischer Rechenschaftsbericht; das wird vor allem dann deutlich, wenn man 1,10 als Überschrift nimmt: Paulus soll Gott gefallen und Menschen überzeugen – und nicht umgekehrt). – Auch Mk 10,28 par Lk 18,28 ist als Rechenschaftsbericht von Boten aufzufassen, denn im Dienst des sie aussendenden Jesus erfolgte die Aufgabe der Güter. In der Parallele Mt 19,27 wird die Frage des Lohnes für den Botendienst schon beim Rechenschaftsbericht gestellt (vgl. den Aspekt des Lohnes für den Boten auch in Joh 17,4/5), in der Mk-Fassung antwortet erst Jesus in diesem Sinne (10,29–31; versteht man den Abschnitt in diesem Sinn, so wird auch die Beziehung zu Mt 20,1–16 mit dem Schluß in V. 16 deutlicher als bisher). – Lk 13,31–33 ist dagegen kein Rechenschaftsbericht, die Betonung liegt hier auf dem notwendigen Ende, der Vollendung in Jerusalem (Vaticinium).

Neben Mk 10,28 (Lk 10,17 ist eher eine Erfolgsmeldung) ist Joh 17 wenigstens in Teilen des Gebets der einzige neutestamentliche Rechenschaftsbericht eines Boten, der dem Aussender direkt geliefert wird, so in 17,4.6–8.12.14a.18–19.22.26 (mit Zielangabe).

Ähnlich liegt daher auch im Testament des Paulus Act 20,18–21.26–27.33–35 ein Rechenschaftsbericht vor. – Die Knechte legen ihrem Herrn einen Rechenschaftsbericht vor in dem Gleichnis von den Talenten Mt 25,20.22.24–25.
Apologetische Funktion hat der Rechenschaftsbericht in Act 23,1 und von Zachäus gegenüber Jesus in Lk 19,8.
Ein brieflicher Rechenschaftsbericht liegt in Act 23,26–30 vor.
Kurze Berichte über das Ablegen von Rechenschaftsberichten enthält die Apostelgeschichte in 15,3.4.12; 21,19; 25,13–21. – Ähnlich ist es auch zu beurteilen, wenn nach den Visionen erzählt wird, wie das Geschaute berichtet wird. Vgl. Lk 24,10 f.; Joh 20,18 usw.

m) In *autobiographischen Teilstücken* (vgl. 11.) wird besonders das Leiden des Apostels Thema: außer in den Peristasenkatalogen (s. § 66) auch in: Phil

1,12–17 (Gefangenschaft und Verkündigung); 2 Tim 1,15–18 (Gegner); 1 Kor 15,30–32 (Gefahren). Wie schon im hellenistischen Judentum Leiden und Verfolgtwerden für das Gesetz Ausweis bewährter Treue sind, so ist auch für Paulus Leiden und Not, da es ihm von außen her zukommt, wichtiges Zeugnis apostolischer Legitimität.

n) Die *Darstellung der Ich/Ihr-Beziehung* trägt entweder epistolaren Charakter, d. h. sie betrifft die praktische Regelung des Verhältnisses zwischen Apostel und Gemeinde (1 Thess 2,17–3,13; 2 Kor 7,5–16), oder sie ist Anlaß für tiefgreifende theologische Reflexion (Übergang: Kol 2,1–5), nach der das Verhältnis zwischen Apostel und Gemeinde selbst soteriologischen Charakter hat, d. h. in das Heilsgeschehen selbst hineingehört: Nach 2 Kor 4,12–15 gilt die Zusammengehörigkeit von Leben und Tod so für das Verhältnis Apostel/ Gemeinde, daß der Apostel auf der Seite des Todes steht, Leben aber in der Gemeinde ist; und gemeinsam ist der Geist des Glaubens, doch beim Apostel hatte er die besondere Wirkung, sein Rede-Amt zu begründen; gemeinsam ist auch die Hoffnung auf Auferstehung. In 2 Kor 5,11–21 wird die Struktur des „für die Gemeinde" aus dem Jesusgeschehen auf den Apostolat übertragen. In 1 Kor 1,18–25/26–31 geht es wiederum um eine Entsprechung von Botschaft und Gemeinde: Auf der Seite des Apostels steht die „törichte" Botschaft, und die Gemeinde ist zumeist arm und unangesehen. Für beide ist Kontrast zu weltlichen Wertmaßstäben das Signum der Erwähltheit.

Die Ich/Ihr-Beziehung wird häufig auch zum Thema in der sog. Anamnesis neutestamentlicher Briefe, in denen der Leser an die vergangene gemeinsame Geschichte erinnert wird, so etwa in 1 Thess 1,4–9; Gal 4,13–16. – Ferner gehören hier Texte auch hinzu, in denen sich der Sprecher als exemplarischen Lehrer der Angeredeten darstellt, so außer den oben genannten paulinischen (vgl. oben 5f) auch Mk 10,45; Lk 22,26–27a.

o) *Ankündigung des Kommens und des Weggehens des Boten Gottes:* Die Ankündigung erhofften Kommens gehört regelmäßig in die Epistolarien (§ 73), und in der ApkJoh als einem Brief hat die Ankündigung des baldigen Kommens Gottes, des wahren Briefstellers (1,8) zugleich eschatologischen Charakter. – Die Ankündigung des Weggehens hat sowohl in Joh 7,33 f.(–36) als auch in Lk 13,35; Mt 23,39 die Rolle einer Dringlichkeitsmahnung, die kurze Zeit bis dahin zu nutzen (vgl. in Joh 7 die Fortsetzung durch die Werberede ab 7,37 und in Lk 13,35par die Verbindung mit der Zerstörung Jerusalems und mit der messianischen Wiederkehr).

p) *Ich-Vaticinien des Boten* (vgl. auch § 76,7 a) haben entweder testamentarischen Charakter (Verkündigung des nahen Todes: 2 Tim 4,6–8) oder sind Teil der Einsicht in den notwendigen Ablauf der Endereignisse, in denen das Geschick des Boten eine feste Funktion hat; in diesem Sinne sind alle Worte, die von der Schriftgemäßheit und von der Geschehensnotwendigkeit der Abfolge von Leiden und Sterben des Messias bzw. Menschensohnes reden, Teil des Wissens um die Endereignisse überhaupt. Man kann zeigen, daß hier nicht einzelne Schriftstellen, sondern – auf einen Repräsentanten konzentriert – die Konzeption der notwendigen und nicht überspringbaren Abfolge von Leiden und Herrlichkeit am Ende im Hintergrund steht (vgl. Act 14,22b und Worte wie 1 Kor 15,3f.; Mk 8,31parr). – Eine besondere Gruppe bilden Vaticinien, nach denen das *Geschick des Boten mit einer bestimmten Stadt* verbunden ist: Lk 13,31–33 (Jerusalem); Act 21,11 (Jerusalem); 23,11 (Rom); 27,23f. (Rom); Josephus, Vita 208f. (Römer); ClemHom 14,7 (aus Rom); Actus Petri c. Simone 5 (Rom); vgl. auch: Act 22,18 (aus Jerusalem).

6. **Religiöse Selbstzeugnisse.** Dazu rechne ich Texte, in denen der Autor sein ganz persönliches Hoffen und Sehnen darstellt (Röm 9,1–5: Paulus und seine jüdischen Brüder; 10,1: dasselbe; Phil 1,20–26: Verlangen, mit Christus zu sein, gegen Ausharren bei der Gemeinde), die Konversionsberichte Phil 3,5–6/7–14 (3,10f. ähnlich Phil 1,20ff.); Act 22,5–11; 26,12–18; Tit 3,3/4–7, wozu TestHiob 1–5; ApkAbr 1–12 gattungsmäßige Parallelen im Judentum sind. (Vgl. dazu auch Berger, Auferstehung, S. 549–559).

Nicht nur im Neuen Testament werden (visionäre) Berufungsberichte im Ich-Stil erzählt. Dio Chrysostomus, Rede 13,9ff. bietet ein Beispiel, in dem der Verf. von seinem durch ein Orakel erhaltenen Auftrag berichtet, als kynischer Wanderphilosoph durch die Welt zu ziehen (9: „bis an das Ende der Erde"), und davon, wie er diesen Auftrag erfüllt.

Gebete (s. § 69) sind häufig im Ich-Stil gehalten und als solche häufig dem Alten Testament entlehnt (Act 2,25–28 und das Gebet Jesu am Kreuz Mk 15,34 aus Ps 22,2) oder in Analogie zu alttestamentlichen Gebetsformen gebildet, vgl. Mt 11,25 „Ich danke dir, Vater, Herr des Himmels und der Erde, daß . . ." mit Sir 51,1 „Ich will dir danken, Herr, König und will loben dich, Gott, meinen Retter, ich sage Dank deinem Namen, daß . . .".

Zu dieser Gruppe rechne ich auch die *Exhomologese,* das an Gott gerichtete Eingeständnis, Sünder zu sein, welches im Neuen Testament aber nur in kurzen Ausrufen belegt ist: Lk 15,18.21; 5,8; 18,13 (Bitte um Gnade). – Ausführlichere Exhomologesen im Alten Testament: Neh 9,(6)33–37, in V. 33 verbunden mit Gerichtsdoxologie wie Lk 23,41. – Vgl. ferner z. B. Ps 51,5–7; als Bericht Ps 32,5; Ps 38,4.19 und die Parallele aus der akkadischen Psalmenliteratur bei A. Falkenstein, W. v. Soden: Sumerische und Akkadische Hymnen und Gebete, 1953, 272: „Ich, dein Knecht habe immer wieder in allem gesündigt, Lügen sprach ich immer wieder, tat leichthin ab meine Sünde, sagte immer wieder Unheilvolles; alles dies sollst du wissen."

7. **Selbstzeugnis über Gefährdung und Rettung des Gerechten:** Der Gerechte geriet in Todesnot, wurde aber von Gott errettet und bekennt dieses. Belegt sind formale und inhaltliche Analogien im sog. Danklied des Einzelnen (vgl. Ps 118(117),13; 18,18 (17,19); 116(114),6; 40,1f.), im Judentum belegt in TestXIIJoseph 1,4–7 („ich wurde bzw. tat . . . aber der Herr . . .") (vgl. dazu: H. W. Hollander: The Ethical Character of the Patriarch Joseph, in: G. Nickelsburg, ed.: Studies on the Testament of Joseph, Missoula 1975, 47–104, 48ff.); Sir 31(34),13 (In Todesnöten bin ich oft geschwebt . . . und

ward errettet). Paulus greift diese Gattung auf in 2 Kor 1,4.8 f./10; 4,7–11, besonders 4,8 f. (bedrängt, doch nicht erdrückt usw.); 7,5/6 (Drangsal . . . Gott aber tröstete uns). Da in 2 Kor 4,15 auch das Motiv der Danksagung begegnet, kann man 4,7–11 ein „nachgeahmtes Danklied des Einzelnen" nennen. In 2 Kor 1.4 hat das Selbstzeugnis der Errettung aus Todesgefahr hervorragende theologische Bedeutung: Für Paulus wie für die Gemeinde ist es das Zeugnis einer Paulus als gerecht und auserwählt erweisenden Tat Gottes, in ihrer Bedeutung dem Damaskuserlebnis zumindest analog. Sehr ähnlich: armenPhilo, De Iona 39 (153; Übers. F. Siegert): „Soviel an uns lag, liebe Freunde, waren wir schon tot. Wir hatten uns selbst das Urteil gesprochen . . . und nun leben wir durch die Güte des Herrn! Unter diesen Umständen ist es nur recht und billig, daß wir demjenigen, von dem wir das Leben als einen Teil seiner Gnade erhalten haben, durch dieses unser Leben den Dank abstatten."– Zu dieser Gattung gehört auch 2 Tim 4,16–18 (nur futurisch). – In Apk 1,18 stellt sich der erscheinende Christus vor: „ich war tot und wurde wieder lebendig" – Gott steht also hinter ihm, denn solches bewirkt nur Gott.

8. **Das Ich als Typus der christlichen Existenz** begegnet in einer Reihe paulinischer Texte und im Titusbrief. Paulus spricht hier von Erfahrungen im Stil der Biographie, die allgemeinen und typischen Charakter haben. Ein gutes Beispiel ist 1 Kor 13,11 f.: „Als ich noch ein Kind war, redete ich wie ein Kind, dachte wie ein Kind, überlegte wie ein Kind; da ich aber ein Mann geworden, legte ich die Art des Kindes ab . . .". Ähnlich aufzufassen sind der Wir-Stil in Röm 5,1–11; der Bericht über die Taufe in Röm 6,1–10 (Grundlegung für die Paränese ab V. 11), vor allem aber Röm 7,7–25 (Beziehung zwischen dem sarkischen Ich und dem Gesetz). – Ähnlich auch die Wir-Erfahrungen nach Röm 8,12.15.23–29, bes. V. 26; in Gal 2,15–21 spricht Paulus als der Typus des gesetzesfreien Judenchristen, in Gal 4,1–5 im Wir-Stil autobiographisch von Juden und Heiden. – Wie in Röm 8, so handelt es sich in 2 Kor 4,16–5,10 um typische Erfahrungen und Hoffnungen von Christen (vgl. 2 Kor 5,8 mit Röm 7,25; Phil 1,18–26 ist dagegen persönlich formuliert). In Tit 3,3/4–7 geht es um eine Schilderung des Zustands vor und nach der Bekehrung wie schon ähnlich in Gal 4,1–5. – Alle diese Texte haben eine bedeutende Wirkungsgeschichte erlangt, da die *Generalisierung biographischer Erfahrungen hier zum Spiegelbild christlicher Existenz wurde.* Formgeschichtlich steht im Hintergrund, daß der *Lehrer* der Antike sich in seinen Briefen zugleich als Vorbild darstellt, was hier in diesem Falle zum Urbild abgewandelt wird (Material bei W. G. Kümmel, Römer 7 und die Bekehrung des Paulus (1929), in: Römer 7 und das Bild des Menschen im Neuen Testament, TB 53, 1974, 126–128.131 f.). U. Wilckens (Der Brief an die Römer II, 77) weist demgegenüber auf das Ich der Psalmen, in denen auf die Erzählung der eigenen Geschichte hin Gott am Ende für das rettende Eingreifen gedankt werde. Nun kann man zwar notfalls so die Folge Röm 7,24.25a erklären (aber nicht notwendig: Röm 7,24 entspricht Epiktet 1,3,5 überaus

deutlich, und die Danksagung in 7,25a ist eine briefliche Danksagung (S. 237) für den Fall, in dem eine gedankliche Lösung gefunden wurde. Man kann jedoch nicht den ganzen Abschnitt so erklären. H. D. Betz, Galatians, 123 Anm. 87 bemerkt zu diesem Gebrauch des Ich bei Paulus „Strangely, no satisfactory investigation of the notion in Paul exists", und U. Wilckens, Röm II 77, kritisiert an Kümmel, sein Material zeige „lediglich einen kurzen, auf wenige Sätze beschränkten Gebrauch des Ich-Stils". Zur weiteren Erforschung wird man beachten müssen, daß sich der lediglich rhetorische Gebrauch des brieflichen Ich gut von dem hier zu diskutierenden unterscheiden läßt (s. u. 9.), während hier eine besondere Verbindung von *Autobiographie, Paradigma und anthropologischer Reflexion* vorliegt. Zudem erweist sich der Sprechende dadurch als Lehrer, daß er der anthropologischen Erfahrung Sprache verleiht und auf die gestellten Probleme eine Antwort findet. Die nächsten Analogien sehe ich in zwei Texten:

a) *SapSal 7.* – D. Georgi (JSHRZ III 4, 423) bemerkt zu diesem Kapitel: „Die besonderen Vorzüge des Lehrers erweisen sich nicht im individuell Besonderen, sondern im Typischen, nämlich in der Fähigkeit, das Typische auch im Biographischen besonders eindrücklich und überzeugend darzustellen." Anthropologische Relevanz hat diese typische Autobiographie dadurch, daß immer wieder die Gleichheit mit allen anderen Menschen hervorgehoben wird. Wie in Röm 7,7–11 spielt die Entsprechung zu Adam eine Rolle:

1 „Ich bin zwar sterblich, ein Mensch gleich allen (anderen) und ein Sproß des Erdgeborenen, des Zuerst-Geformten; und in der Mutter Leib wurde ich als Fleisch gebildet, (2) in zehnmonatiger Dauer geronn ich im Blut . . . (3) Und als ich dann geboren war, sog ich die allgemeine Luft ein, und ich fiel auf die Erde, die Ähnliches fühlte. Ich weinte den ersten Ton in einer allen gleichen Weise . . . (6) Ein Eingang ins Leben ist allen gemein, und der Ausgang ist der gleiche. (7) Deswegen betete ich, und Überlegung wurde mir gegeben. Ich rief an, und es kam mir der Geist der Weisheit . . . (14) denn sie ist ein unerschöpflicher Schatz für die Menschen. Die ihn erworben haben, bringen Freundschaft für Gott zustande . . ."

Auch in 7,14 wird daher noch einmal in einem allgemeinen Satz die umfassende Bedeutung der Weisheit für alle möglichen Menschen hervorgehoben. Der Sprecher, Salomo, ist als Lehrer wie als Prototyp gedacht (ähnlich wie in 4,10 Henoch Prototyp der Gerechten war). Der große Weisheitslehrer kann seine Erfahrungen verallgemeinern.

b) *Epiktet, Enchiridion III 19:* Bei der Darstellung des Unterschiedes zwischen dem gemeinen Menschen und dem Philosophen berichtet Epiktet im Wir-Stil von den Philosophen:

„Wenn wir selbst uns also auch dahin neigen, daß wir, wenn es schlecht geht, uns selbst die Schuld geben, und uns erinnern, daß an der Verstörung und Verwirrung nichts anderes schuld ist, als die Ansicht: so schwöre ich euch bei allen Göttern, daß wir Fortschritte gemacht haben. Nun aber sind wir gleich von Anfang einen anderen Weg gegangen. Gleich, solange wir noch Kinder waren, hat die Amme, wenn wir einmal gaffend an einen Stein stießen, nicht uns gescholten, sondern den Stein geschlagen . . . Auf diese Art zeigen wir uns, erwachsen, als Kinder."

Die Fehlerziehung seit der Kindheit wird beklagt, darin liegt ein *allgemeines und zugleich auch autobiographisches Element.* Andererseits sind trotz dieser gemeinsamen Erziehung mit allen anderen die Philosophen die einzigen, die einen alternativen Weg gehen können. Der soziologische Grundansatz entspricht also sehr deutlich dem von SapSal 7 (vgl. das Bild der Kindheit auch in 1 Kor 13,11).

Lit.: Zum exemplarischen Ich des Lehrers: ANRW S. 1134–1137. – Zur typenhaften Bedeutung Adams in späterer Psalmendichtung: BERGER, Exegese, S. 182. – Zum „Ich" bei Paulus: E. STAUFFER: Art.: ego, in: ThWNT II 341–360. – R. BULTMANN: Römer 7 und die Anthropologie des Paulus, in : Exegetica, 198–209. – H. D. BETZ, Galatians, 123 f.

9. *Das rhetorische Ich in Argumentationen* ist von dem eben genannten paradigmatischen Ich gut zu unterscheiden, denn es begegnet entweder in rhetorischen Fragen (Röm 3,7; 1 Kor 6,15; 10,29 f.; 14,6), in nur erörterten hypothetischen Fällen (1 Kor 13,1–3; 14,11.14 f.; 15,19.32b) oder als Fortsetzung des Stils der Parole in 1 Kor 6,12. In keinem Falle geht es wie unter 8. um exemplarische Bedeutung der Biographie. Auf der Grenze liegt freilich Gal 2,18, da hier das Ich für einen nur hypothetischen Fall genannt wird. – Rhetorische Funktion hat das Ich auch in Lk 11,23, da es hier nicht das Ich Jesu ist.

10. *Handlungsbegleitende Ich-Aussagen* („Koinzidenz" von Handlung und Wort, vgl. ZNW 63 [1972] 53–59) nach dem Schema „siehe, ich tue (jetzt)" finden sich regelmäßig bei der *Botenaussendung* („siehe, ich sende x" [sc. als Boten]), so in: Mk 1,2; Lk 7,27; 24,49, ohne „siehe" in Mt 10,16; 11,10; 23,34) und bei besonders *betonten Redehandlungen* (Lk 22,29: ich vermache euch; Joh 13,19: „ich sage es euch, bevor es geschieht"), daher auch bei allen Sätzen, die mit „(Amen) ich sage euch" beginnen (dazu vgl. ZNW 63 [1972] 53 ff.).

11. *Apologien* (s. § 103) sind in der Regel im Ich-Stil gehalten und enthalten autobiographische Elemente.

12. *Autobiographie* (Lit.: vgl. ANRW S. 1271–1274) umfaßt als Gattung auch Selbstzeugnisse über Gefährdung und Rettung des Gerechten (vgl. oben unter 7.), Ich-Berichte über Visionen und Auditionen (vgl. oben unter 5 a; auch das Apostolikon, so in 2 Petr 1,16–18) und weist Affinität zum Rechenschaftsbericht (vgl. oben unter 5 l), zu Bekehrungsberichten (vgl. oben unter 6.), Peristasenkatalogen (§ 66) sowie zur Apologie (vgl. § 103) auf. Der bekannteste autobiographische Abschnitt des NT (mit apologetischer Tendenz) ist Gal 1,12–2,14. Sehr wichtige autobiographische Elemente enthält vor allem die Gattung der *Testamente,* da diese regelmäßig mit einem biographischen Abschnitt beginnen. – Autobiographie ist demnach im Neuen Testament keine Gattung, die ein ganzes Buch bestimmt, sondern Sammelbezeichnung für verschiedene Weisen, in denen das Ich des Sprechers die Vergangenheit des eigenen Lebens behandelt. Es handelt sich hier aber regelmäßig nur um Teilabschnitte oder Überblicke. Der Gattung Auto-

biographie am nächsten stehen noch die Texte, in denen der Sprecher „von Jugend an" beginnt (Act 22,3; 26,4f.; Phil 3,5f. – in allen Fällen die gesetzestreue Jugend des Paulus. Vgl. auch Mk 10,20!). *Hellenistische Briefe* enthalten häufiger autobiographische Berichte „von Jugend auf", so Aeschines, Brief 12 (Hercher S. 41f.); Alkiphron III 61 (Hercher S. 89); Apollonius v. Tyana 6 (Hercher S. 103); Chion 16 (Hercher, S. 203–205); Phalaris 4 (Hercher S. 409f.); Sokratikerbriefe 27 (Phaedros an Platon), vgl. auch ANRW S. 1347f. – Die *größte Nähe zur Gattung Biographie* weist darunter 2 Kor 11,22–33 auf: Wie in der Biographie wird zu Anfang der Volksstamm genannt (Hebräer), dann die politische Einheit, der man entstammt (gr.: *patris*, hier: Israelit?), dann die Vorfahren (Nachkommen Abrahams), dann der Beruf (gr.: *epitēdeumata*, hier: Diener Christi 11,23) und schließlich die Taten, die den Charakter zeigen (gr.: *praxeis*, hier 11,23–29 bezeichnenderweise als Peristasenkatalog gestaltet). Das hier angenommene Schema der griechischen Biographie findet sich z. B. bei Aphthonius (Rhetores Graeci, ed. L. Spengel, Leipzig 1853, II, 36, 37ff.).

Der Ursprung der Gattung Autobiographie liegt im griechischen Bereich wohl in *orientalischen Königsinschriften,* in denen orientalische Nachfolger Alexanders d. Gr. ihre Werke aufzählen (OGIS 54 von Ptolemaios Euergetes I und OGIS 383 von Antiochos I). Diese sog. aretalogische Autobiographie wird auch auf Götter übertragen: Die vielzitierten Isis-Hymnen im Ich-Stil (vgl. dazu: D. Müller, Ägypten und die griechischen Isis-Aretalogien, ASGW.PH 53, Berlin 1961) gehören ebenso in diese Gattung wie der Serapis-Hymnus bei Diodor I 27,3. – Wie so oft, steht auch in dieser Gattung eine *katalogartige Reihung am Anfang einer literarischen Entwicklung* (vgl. dazu auch § 23,1–4). – Im Alten Testament ist das Buch Nehemia im Ich-Stil gehalten und gehört wohl zu der Gattung der *Herrscher-Autobiographien.*

Innerhalb der Geschichte des frühen Christentums haben autobiographische Texte folgende Funktion: a) Ähnlich wie in den hellenistisch-jüdischen Schriften TestHiob und ApkAbraham haben individuelle Berichte über Bekehrung und Berufung im Ich-Stil generelle Bedeutung für das Christentum als eine Bekehrungsreligion, in der die Grundlage der Übertritt jedes Einzelnen bildet. b) Apologetische Autobiographien und die relativ häufige Betonung der Gesetzestreue von Jugend an sind an die Öffentlichkeit gerichtete Selbstzeugnisse, die das Klischee der Sittenlosigkeit und der Aufrührigkeit beseitigen sollen, das man auch mit dieser neuen Bewegung verbunden hatte. c) Mit der exemplarischen Funktion der biographischen Selbstzeugnisse verbindet sich die integrative: Das Leben des Lehrers ist die stärkste Orientierung für Gemeinden, die soziologisch noch ungefestigt sind. Ähnlich groß ist aber auch die Bedeutung autobiographischer Elemente in hellenistischen Philosophenbriefen (vgl. die Zusammenstellung in ANRW S. 1347f.).

13. *Reiseberichte* im Ich-Stil haben seit Xenophons Anabasis eine lange formgeschichtliche Tradition; bei Xenophon wird als Grundgerüst der Gattung so etwas wie ein „Itinerar" (Liste der Ortschaften, die besucht wurden,

der Entfernungen zwischen den Ortschaften und der wichtigsten Vorkommnisse, nach Stationen gegliedert) noch erkennbar. Im Neuen Testament wird
diese Gattung an zwei Stellen in besonders ausgeprägter Gestalt greifbar: a)
Die sog. Wir-Berichte der Acta (16,10–17; 20,5f.13–15; 21,1–9; 21,15–17;
27,1–13. 27–44) sind nicht notwendig auf eine besondere „Quelle" zurückzuführen, sondern entsprechen in der Verwendung des Wir-Stils der Darstellung antiker Schiffsreisen auch sonst (vgl. V. K. Robbins: The We-Passages
in Acts and Ancient Sea Voyages, in: Biblical Research 20 (1975) 5–18, auch
in: Ch. H. Talbert, Perspectives on Luke-Acts, 1978, S. 215–242; ferner den
Exkurs bei G. Schneider, Die Apostelgeschichte I, S. 89–95 „Wir-Berichte
und Itinerarhypothese"; E. Plümacher: Wirklichkeitserfahrung und Geschichtsschreibung bei Lukas. Erwägungen zu den Wir-Stücken der Apostelgeschichte, in: ZNW 68 (1977) 2–22). E. Plümacher (1977) weist dafür besonders auf die Ich-Reise-Erzählungen der Odyssee, die in der Historiographie und bei Plautus nachgeahmt werden. b) Der sog. *unterbrochene Reisebericht:* In 2 Kor 2,13 bricht ein Reisebericht ab, der in 7,5 wiederaufge-
nommen wird. Das gesamte Zwischenstück enthält Reflexionen über den
apostolischen Beruf, dessen Ausführung eben diese Reise dient. Vergleichbare unterbrochene Reiseberichte kennen die antike Literatur und auch das
Neue Testament (vgl. ANRW S. 1274f.). Besonders ist hier der 7. Brief Platos zu nennen, der nicht nur Reflexion und Reisebericht verbindet, sondern
dieses genauso tut wie Paulus in 2 Kor (vgl. 328c „In dieser Überzeugung
also, dies zu wagen entschlossen, reiste ich von zu Hause ab, nicht aus den
Motiven, die mir viele Leute unterschoben" (es folgen Reflexionen, und der
Reisebericht wird mit der Ankunft in 329b fortgesetzt:) „Wie ich nun ankam,
da fand ich . . .". Die Reflexionen oder Zwischenberichte überbrücken für
den Leser sinnenfällig die lange Reisezeit und wurden zum Ort, Grundsätzliches über Beruf und Reiseziel zu sagen. Nicht als Reflexion, wohl aber als
Zwischenbericht hat die Darstellung des Geschicks des Täufers zwischen Mk
6,12f. (Aussendung) und Mk 6,30 (Rückkehr der Jünger) ähnliche Funktion
(Johannes als Paradigma für das Geschick von Jüngern).

§ 73 Epistolaria (persönliche Elemente in Briefen)

Lit.: ANRW S. 1048 und 1350, besonders: K. THRAEDE: Grundzüge griechisch-römi-
scher Brieftopik (Zetemata 48), München 1970. Vgl. dazu auch: J. J. McDonald: Was
Romans XVI a Separate Letter?, in: NTS 16 (1969/70) 369–372.
    Texte: Röm 1,9–15; 16,1–16.19.21.23; 1 Kor 4,17–21; 11,34b; 16,3–12.17f.,
19–20; 14,6 (hypothetisch); 2 Kor 2,3b–13; 7,5–16; 8,16–24; 9,1–15; 12,14–18;
13,1–3.6.10.12; Eph 6,21f.; Phil 1,26; 2,19–30; 4,22f.; Kol 2,5; 4,7–17; 1 Thess
2,17–3,13; 5,26f.; 2 Thess 3,10; 1 Tim 3,14–15a; 2 Tim 1,4; 1,15–18; 4,9–21; Tit
3,12f.15; Phm 22; Hebr 13,22–24; 2 Joh 12f.; 3 Joh 9f.13f.

    Als Epistolaria bezeichne ich persönlich-pragmatische Elemente in Brie-
fen, d. h. alle Abschnitte, die die Realien des Verhältnisses zwischen Brief-

steller und Adressat betreffen, den außerbrieflichen Kontakt und das gesamte „pragmatische" Umfeld der unmittelbaren Briefsituation. Ich wähle den Ausdruck Epistolaria, weil der antike Brief (gr.: *epistolē*), insbesondere der Privatbrief, in erster Linie diese Beziehungen regelt, *indem er alles zum Thema macht, was sich aus der Abwesenheit des Briefstellers ergibt* (K. Thraede, 1970). Der Brief wird unter diesem Aspekt verstanden als ein Verbindungsstück in den realen Beziehungen zwischen Partnern. Die Epistolarien betreffen also *alle realen Umstände, die sich aus der Tatsache des räumlichen Getrenntseins der Partner ergeben.*

1. Das sog. *Parusia-Motiv:* Der Verfasser des Briefes spricht von seinem künftigen Besuch beim Adressaten, den er ankündigt, ersehnt oder dessen bisheriges Nichtzustandekommen er apologetisch verteidigt. Der Übergang vom Schreiben zum Sehen ist besonders schön in 2 Joh 12; 3 Joh 13 f. formuliert. Künftiges Handeln bei einem Besuch wird angekündigt (3 Joh 10; 1 Kor 11,34b; 16,9–12), auch in Gestalt einer Drohung (1 Kor 4,20 f.; 2 Kor 13,1–3.6.10). – Zuvor aber dokumentiert der Brief wenigstens die geistige Anwesenheit des Verfassers in der Gemeinde der Adressaten (Kol 2,5).

2. Der Verfasser berichtet über die Leute, *die im Augenblick bei ihm* sind und die ihn gegebenenfalls über die Abwesenheit des Restes der Gemeinde trösten (1 Kor 16,17). Überdies berichtet der Verfasser über sein *gegenwärtiges Ergehen,* über seine Gegner und Enttäuschungen. Hier spielen Namen bereits eine große Rolle.

3. Der Verfasser berichtet über vergangene und zukünftige *Reisen* und andere *Vorhaben,* auch über solche anderer Leute.

4. Der Verfasser schreibt, *wen er (zur Gemeinde) sendet* (als Überbringer des Briefes?) und welche Gesandten der Gemeinde er empfangen hat bzw. woher er über die Gemeinde Bescheid weiß. Hier spielen Namen von Mitarbeitern und Berichte über Helfer eine große Rolle.

5. Diese Abschnitte dienen der *Empfehlung* von Mitarbeitern oder Mitchristen (1 Kor 16,11; Phil 2,20–22; Kol 4,13; 2 Tim 1,16–18). 3 Joh ist wohl im ganzen ein Empfehlungsbrief; vgl. auch 2 Kor 8 f.; Röm 16,1; 2 Kor 3,1 erwähnt die Sache (ferner: Act 18,27; 9,2; 22,5). Zur Gattung des antiken *Empfehlungsbriefes* vgl.: Ch.-H. Kim: The familiar Letter of Recommendation (SBL Diss Ser 4), 1972. Die wichtigsten Teile einer Empfehlung sind: Einleitende Ankündigung oder Präsentation, Schilderung der Vorzüge des Empfohlenen, Bitte um Aufnahme (vgl. ANRW S. 1328).

6. *Bitten des Verfassers:* um Aufnahme des Briefes (Hebr 13,22), um Verlesung des Briefes in der Gemeinde und anderswo (Kol 4,16; 1 Thess 5,27), um Aufnahme von namentlich bezeichneten Leuten (Phil 2,29), die Bitte, eine Herberge bereitzuhalten für den Verfasser (Phm 22); Anweisungen darüber, wie die Gemeinde mit bestimmten Leuten verfahren soll (2 Kor 2,8); die Bitte, jemand möge kommen.

7. Die *frühere Korrespondenz* wird erwähnt, ebenso (apologetisch) die *frühere Tätigkeit* des Apostels in der Gemeinde (1 Thess 2,17–20).

8. Aufforderungen, bestimmte Leute zu grüßen und Bericht darüber, wer weiterhin grüßen läßt.

9. Bericht über *praktische Aktionen* 2 Kor 8,16–24; 9,1–15 mit symbuleutischer Zielsetzung.

Eine besonders große Rolle spielen in diesen Abschnitten Namen und Mitarbeiter des Paulus sowie der Kontakt durch Boten, zu denen am Ende in gewisser Weise auch der Brief selbst gehört. Formal geht es häufig um die Beziehung im Dreieck ich-du-er bzw. ich-ihr-er. Die Zielsetzungen sind epideiktisch berichtend oder auch symbuleutisch (2 Kor 8f.) oder apologetisch (2 Kor 12,14–18; 1 Thess 2). (Vgl. deshalb: ANRW S. 1048.)

§ 74 Beschreibung des Heilsstands der Gemeinde

Vor allem zu Anfang neutestamentlicher Briefe finden sich oft umfangreiche Angaben über den Heilsstand der Angeredeten, bisweilen auch den Verfasser umgreifend (dann nicht als Ihr-, sondern als Wir-Text gestaltet). Als formale Einkleidung dieser Beschreibung dient häufig die Danksagung, ebenso aber auch die Anamnesis (Erinnerung). Dabei ist die Danksagung aus der *captatio benevolentiae* herzuleiten: Denn in offizieller Korrespondenz, insbesondere in hellenistischen Königsbriefen (die hier wie auch sonst oft die nächsten Analogien zu neutestamentlichen Gemeindebriefen liefern; vgl. die Studie von C. J. Bjerkelund, Parakalō, 1967), ist die *captatio* häufig als Dank an die Götter gestaltet, daß sie gerade diesen angeredeten König zur Regentschaft kommen ließen und ihm Weisheit verliehen (vgl. dazu: ZNW 65 (1974) 219–224, bes. 222 Anm. 154). Der Dank an Gott für das der Gemeinde geschenkte Heil ist demnach formgeschichtlich wohl eine Art, das Wohlwollen der Gemeinde zu gewinnen und ihr gleichzeitig Mut zu machen, das bisher Erreichte fortzusetzen. So dient die captatio häufig bereits *symbuleutischen* Zwecken (z. B. 2 Petr 1,5–7). Besonders deutlich ist dieses in Kol 1, wo auf die Danksagung gleich die diesbezügliche Fürbitte folgt (1,3–8: Danksagung als Lob; 1,9–12: Fürbitte, „daß euer Wandel würdig sei"), in 1 Petr 1,13 lautet die Mahnung nach der Eulogie (V. 3–12) „Deswegen . . . hofft ganz und gar . . .". Der symbuleutische Charakter dieses Wunsches nach Stabilität und Kontinuität zum Briefeingang wird besonders deutlich, wenn er ohne Danksagung formuliert ist, wie in Jud 3 f. und in 2 Joh 4–5 (daher auch hier – wie sonst öfter im Apostolikon, vgl. § 72 i – die Abweisung von Irrlehre(rn)) (vgl. § 69,10). Entsprechend gehört der Topos über die Koinonia (vgl. ANRW 1341 f.) an den Anfang von Briefen, vgl. 1 Joh 1,5–10; Jud 3 f. (mit Aufweis des Gegenteils in den Irrlehrern).

Texte: Röm 1,8 (Dank: euer Glaube); 8,29 f. (Kettenreihe); 1 Kor 1,4–9 (Dank; reich an Wort und Erkenntnis); 1,26–31 („Berufung", Gott hat erwählt); Eph 1,3–12 (eigene Erwählung). 13 (Erwählung der Angeredeten) (Eulogie); 1,15 f. Dank /17 Fürbitte um Erkenntnis (deren Inhalt V. 18–23 ist das Thema des Briefes); 2,1–22 (einst/jetzt, V. 11: „Denket daran . . ."); Phil 1,3–6 (Dank und Fürbitte); Kol 1,3–8 (Dank); 1,9 (Fürbitte, paränetisch); 1,13 f. (Gottes Tat für „uns"); 1 Thess 1,2–9

Dank (V. 4: Erwählung); 2,1–12 (Darstellung der früheren Tätigkeit des Paulus); 2,13 (Dank); 2 Thess 1,3–4 (Dank) .11 f. (Fürbitte, paränetisch); 2,13 f. (Dank, erwählt, berufen) (V. 15: Paränese, V. 16 f.: Fürbitte). – Jak 1,17 f. (gezeugt uns durch das Wort der Wahrheit); 1 Petr 1,3–12 (Eulogie: neu geboren, V. 10–12: Größe des Heils, ab V. 13: Paränese); 2 Petr 1,3–4 (Gott hat uns geschenkt, V. 5–12: Paränese) (V. 12: „Erinnern"); 1 Joh 2,12–14 (Ihr habt . . .); 5,13 (Ihr habt . . .); 5,18–20 (sind aus Gott); 4,13–19 (er hat uns gegeben, wir erkannten, haben geschaut; wir lieben, weil er uns liebte). – 2 Tim 1,3–5 Dank/Erinnerung, V. 6: Mahnung. – Gal 1,6; 3,2 und 4,13–16 erinnern an das Christwerden und die erste Verkündigung des Evangeliums dort. – Apk 1, 5b–6a. –Apk 2,5; 3,3 (beide Male Aufforderung zur Erinnerung).

1. Obwohl Danksagung und Eulogie häufig sind, bilden sie doch nicht die einzige Form, in der auf den Heilsstand der Angeredeten bezuggenommen wird (vgl. nur Röm 8,29 f.; 2 Petr 1). Eine *Doxologie* bietet Apk 1, 5b–6.

2. Häufig wird die Schilderung des Heilsstandes *durch Paränese fortgesetzt,* auch anschließende Fürbitte kann paränetische Funktion haben.

3. Häufig wird der Heilsstand auf die *Bekehrung* zum Christentum selbst zurückbezogen. In den hellenistischen Analogien geht es lediglich um ein Erinnern an die bis dahin gemeinsame Geschichte und Beziehung. Dieser Rekurs auf die Vergangenheit wird demnach in christlichen Briefen zum *reditus ad baptismum.* – Von „Erinnern" ist im NT hier ausdrücklich die Rede in 2 Petr 1,12; Eph 2,11; 1 Thess 2,9; Apk 2,5; 3,3; 2 Tim 1,4 f., der Sache nach geht es darum auch in dem ganzen Abschnitt 1 Thess 2,1–12. – Das *Einst/Jetzt-Schema* spielt eine Rolle.

4. In Kol 1,13 f. kann der Verfasser auch einfach erzählen, was Gott für die Gemeinde getan hat, und damit ist die Brücke zu der universaleren Formulierung in Hebr 1,1–3 geschlagen (Gattung: Enkomion); auch in Kol 1 folgt auf diesen Text ein Enkomion.

5. Paulus selbst bezeichnet diese Abschnitte als (Darstellung der) *„Berufung", „Erwählung",* und entsprechend häufig begegnen die Verben.

In etwas allgemeinerem und schon „typischen" Sinn geht es um den Heilsstand der Angeredeten in Gal 3,26–29; 4,6–8.

6. Die Schilderung des Heilsstandes der Angeredeten hat so vor allem *rhetorische Funktion:* Sie ist Darstellung der Basis und Anknüpfung an das, was die Gemeinde bereits ist und worauf sie stolz sein kann. Der captatio-Charakter wird in dem persönlichen Schreiben 2 Tim 1,4 f. (Danksagung) ganz deutlich.

§ 75 Berichte über Visionen und Auditionen

Lit.: ANRW S. 1316–1323. 1361 f. – BERGER, Auferstehung, S. 151–235. 425–650. – U. B. MÜLLER: Vision und Botschaft. Erwägungen zur prophetischen Struktur der Verkündigung Jesu, in: ZThK 74 (1977) 416–448.

Ähnlich wie bei Wunderberichten (s. § 78) liegt auch bei Visionen und Auditionen *keine eigene Gattung* vor. Dennoch ist der Sachverhalt verschieden: Wenigstens bei Visionen geht es sehr häufig darum, daß *zwei Ebenen* des

Textes und damit zwei Gattungen gegeneinander versetzt sind: Die Ausgangserzählung wird an einer „Schaltstelle" verlassen, und von da ab wird
von einem Geschehen berichtet, das innerhalb der Vision erfaßt wird. Wenn
die Vision abgeschlossen ist, wird in der Regel die Ausgangserzählung wieder
aufgegriffen – oft jedoch nicht erst dann. Zur Ebene der Ausgangserzählung
gehören auch alle Reaktionen auf Seiten des Visionärs, Furcht und Schrek-
ken, Freude und die Ausführung dessen, wozu er in der Vision beauftragt
wurde, so auch das Weinen in Apk 5,4. Die Ebene der Ausgangserzählung
nennen wir die Rahmenerzählung; sie ist ante-, intra- und/oder postvisional.
Sowohl die Rahmenerzählung wie auch die eigentliche intravisionale Erzählung sind nun nicht spezifisch für Visionen und Auditionen, sondern in beiden
begegnet eine Vielzahl der auch sonst geläufigen Gattungen. Dieses ist wichtig, denn so werden Texte vergleichbar, die bislang nur scheinbar durch ihren
visionären oder nicht-visionären Charakter voneinander geschieden waren:
Die Auflösung rätselhafter Offenbarung etwa kann innerhalb (Apk
17,1–6.7–18) wie außerhalb (Mk 4,3–8.14–20) von Visionen geschehen,
und ebenso werden die Installationen durch Du-Anrede in Mk 1,11 und Mt
16,18 miteinander vergleichbar (Jesus wird durch die Stimme, Petrus durch
Jesus eingesetzt).

Wie wenig gattungskonstituierend Vision oder Wunder sind, wird deutlich an Lk
5,1–11 par Joh 21,1–23. Die Gattung ist in beiden Fällen die Beauftragung (eines bestimmten Jüngers) mit Mission bzw. Gemeindeführung. Die ebenso bedingungslose
wie dem ersten Anschein nach unsinnige Befolgung von Jesu Auftrag zu fischen ist in
beiden Fällen nur Vorspiel und Analogie zum „kirchlichen" Auftrag. Der wunderbare
Fischfang demonstriert nicht Jesu Macht zum Wundertun, sondern erweist – als Sichtbarmachung eines Teils charismatischer Vollmacht – seine Autorität zur Sendung. Daß
im JohEv erst der in der Vision Erscheinende dieses vollzieht, gehört zu der in 20,17a
formulierten Eigenkonzeption des Johannes: Solange der Herr noch nicht zum Vater
aufgestiegen ist, ist er noch nicht in den umfassenden Rang seiner Kyriosvollmacht ein-
getreten (vgl.: Berger, Auferstehung, 498 A. 227).

Was die Vision oder Audition ausmacht, ist nur die Schaltstelle, die selbst
auf der Ebene der Rahmenerzählung liegt und die die neue Ebene einleitet;
häufig als Ich-Bericht: „ich sah . . .", „mir erschien", aber auch als Er-Be-
richt: „stand bei ihm und sagte" (gr.: *efhistēmi*); „kam", ferner: „sich umwenden und sehen" (Joh 20,14; Apk 1,12); zu jemandem „sprechen", „gesandt sein" zu jemandem, „im Traum geschah . . ."; „kam in Verzückung",
„nachts (war) ein Gesicht", „sie sahen". Am Schluß der Vision kann auf die
Schaltstelle besonderes Gewicht fallen, wenn aus der *Art des Verschwindens*
etwas erschlossen wird über das himmlische Wesen dessen, der erschien (vgl.
dazu Berger, Auferstehung, S. 475–478; im Neuen Testament besonders:
Act 1,10–11 und 12,10f., ferner Lk 24,31f.; 24,50–53).

Nun gibt es eine Reihe von Elementen, die mehr oder weniger häufig in allen Gattungen begegnen, die mit Visionen verbunden sind, und zwar besonders in der *Einleitungsphase* der visionären Erzählung selbst. Ich habe diese
Elemente als „interspezifische" bezeichnet und folgendes zu ihnen gerech-

net: Tadel am bisherigen, meist traurigen oder erschrockenen Verhalten („fürchte dich nicht"; „warum weinst du?" z. B. in Lk 24,5 f.; Apk 5,4 f.), „er erschien und sagte", „siehe ich" bzw. „was ist es?" (So hat noch die lat. Version in Act 9,6 stilgemäß eingefügt: „domine, quid me vis facere") als Antwort, „geh und sag", das häufige „fürchte dich nicht" steht öfter in Verbindung mit „. . . ich bin es" oder mit „sei mutig", dann die Aufforderung „steh auf" oder „stelle dich auf deine Füße" (die autoritative Kräftigung des vor Schwachheit und Demut niedergesunkenen Menschen), der Friedensgruß, die Verdoppelung des Namens in der Anrede, am Schluß die Formel „ich bin mit dir" und schließlich insbesondere die sog. Identifikationsphase („ich bin", „du bist", „Wer bist du?"/„Ich bin . . .", worauf Name oder Taten genannt werden), für die auch die Unterscheidung von Geistern/Dämonen wichtig ist (zu allem vgl. Berger, Auferstehung, S. 153–170).

Alle diese Elemente begegnen zwar gehäuft in Visionen, sind aber ihrem Ursprung nach nicht spezifisch visionär, sondern durchweg *dem Alltagsleben entlehnt* (vgl. dazu besonders: I. Lande, Formelhafte Wendungen der Umgangssprache im Alten Testament, Leiden 1949) und begegnen auch im Neuen Testament außerhalb von Visionen: Die sog. Identifikationsphase spielt auch eine Rolle in Act 12,13–16 mit der typischen Alternative Engel bzw. Geist oder „er selbst", und die autoritative Kräftigung, die zum Aufstehen befähigt, begegnet nicht nur innerhalb der Vision in Act 9,6, sondern ebenso als Befehl mit derselben Folge auch in wunderhaltigen Erzählungen (Mk 2,9; Joh 5,8) und in der Erzählung Apk 11,11.

Es gibt auch Berichte über Visionen, in denen nur das „Daß" berichtet wird und in denen damit eine zweite Textebene entfällt, so in 1 Kor 15,1–8; Mk 9,4; Mt 27,53; Lk 22,43; Mt 27,19 (Frau des Pilatus).

Die Rahmenerzählung wird *häufiger* durchbrochen, wenn a) Visionsberichte *gereiht* werden, so insbesondere in den neutestamentlichen Osterberichten, mit dem Ziel, mehrere Zeugnisse zu bieten, das anfängliche Zeugnis der Frauen zu ersetzen und Anzahl oder Qualität der Zeugen zu steigern, so daß insbesondere die Gruppe der Zwölf die Kulmination bietet; allerdings finden wir in 1 Kor 15,5.7 auch das Prinzip, den wichtigsten Zeugen *allein zuerst* zu nennen (vgl. dazu Berger, Auferstehung, S. 164–170), oder wenn b) *Vision und Audition* einander zugeordnet werden, aber nebeneinanderstehen, so in Mk 1,10 f.; 9,3.7a/7b; Act 10,11 f./13; 1,9/10–11. In der Regel *erklärt und deutet die Audition die Vision*. Es kann auch geschehen, daß die Vision nur einem, die Audition dagegen allen Anwesenden zuteil wird (Act 9,7; Mt 3,16/17, vgl. dazu Berger, Auferstehung, 554 f.); zur Spaltung vgl. auch Apk 1,10 f/12–20 (Berger, Auferstehung, S. 553 Anm. 371). c) Eine anfängliche Vision wird durch eine zweite, folgende *ausgeweitet und überboten,* so in Lk 2,9–11.12 und 2,13–14: Auf die Proklamation durch den einen Engel folgt die Akklamation Gottes durch die ganze Schar; vorausgesetzt ist in der zweiten Vision wohl eine Szene vor Gottes Thron. – Auf Joh 20,11–13 folgt nach Vision und Frage der beiden Engel in V. 14–17 die Erscheinung Jesu selbst, verbunden durch das typische „Sich-Umwenden" wie die Überbietung der Stimme durch die Vision in Apk 1. Ähnlich wird die Engelvision in 4 Esr 3–9 *überboten* durch die Vision Zions, des Adlers und des Menschensohnes in den folgenden Kapiteln. Die „Brüche" entspringen mithin jeweils kompositorischer Absicht. d) In hochwichtigen Phasen der frühesten Kirchengeschichte sind – wie bei den Auferstehungsvisionen – die Visionen verschiedener Menschen einander *zugeordnet,* bestätigen und erklären sich gegenseitig, so in Act 9 und 10: Sowohl Petrus wie auch Paulus begreifen erst durch eine zweite, unabhängige Person (Cornelius, Ananias) den Sinn ihrer Vision: der Sinn ist die Absicherung durch je einen zweiten Zeugen. Erst nachdem Petrus den Bericht über die Corneliusvision vernommen hat, kann er Act 10,34 sagen: „Jetzt begreife ich in Wahrheit, daß . . .": die für ihn noch zu Einwänden führende eigene Vision ist nun durch eine zweite, vollgültige Offenbarung bestätigt. In Act 9 erhält Ananias seinen Auftrag wie Paulus durch Vision, überdies sieht der blinde Paulus seine Heilung per Vision (9,12).

Eine *Verknüpfung der beiden Erzählebenen* kann nicht nur durch das Verhältnis zwischen Auftrag und Ausführung bestehen, sondern auch dadurch, daß in der Vision ein *Zeichen* für deren Wahrheit angegeben wird, das außerhalb der Vision erkennbar sein wird, etwa mit der Ankündigung „. . . und dies soll euch zum Zeichen sein" oder durch „und siehe". Wichtig ist das besonders für Mk 16,6: Nach der Proklamation der Auferstehung heißt es „Siehe der Ort . . .": Das leere Grab ist das bestätigende Zeichen. Ähnlich: Lk 1,18–20 (Verstummen); Lk 1,36 f.; Act 9,11 (ähnlich dem Verstummen des Zacharias Zeichen für die Gottesbegegnung, vgl. Berger, Auferstehung, S. 559 Anm. 388).

1. Die wichtigsten **intravisionalen Gattungen** im Neuen Testament sind:

Genethliakon (zur Gattung vgl. ANRW S. 1197 f.; hier: § 100,7 a; 69,5 b): Lk
    1,13–17.30–33.35.
Gebetsdialog: Lk 1,10/13; Act 10,4.
Proklamation: Lk 2,11; Mk 16,6a par Lk 24,5.6a; Apk 5,5.
Akklamation: Lk 2,14.
Zeichenhandlung: Joh 20,22 f.; Apk 10,8–11; 11,1–3.
Schilderung eines Vorgangs: Etwas kommt vom Himmel herab: Mk 1,10; Joh 1,32; Lk
    10,18; Act 2,3; 10,11–13; Apk 6,12–9,1; 12,4.
„Thronvision" (Schilderung von Thron, Hofstaat und Zeremoniell = „Liturgie"): Act
    7,56; Apk 4,1 ff. – Zeremoniell: Aufrichten durch Machtwort (auch in wunderhaltigen Erzählungen); Abweisung der Proskynese (Joh 20,17a; Apk 19,10; 22,8 f.; außervisionär: Mk 10,17 f.).
Beauftragung zur Verkündigung der Botschaft: Mt 28,19 f.; Mk 16,15; Lk 24,46–48
    (als Ernennung der Zeugen); Act 5,19 f. (5,20 ist durchaus als das Zentrum von K. 4 und 5 anzusehen: der Auftrag zum Zeugnis – vgl. 5,29 – steht gegen den Widerstand der Menschen); 13,2 f. (Geist); 18,9 f.; 26,16–18; Apk 10,3–11/11,1 ff. – Auftrag zum *Aufschreiben und Versenden* der Botschaft: Apk 1,11. – Auftrag zum *Schreiben:* Apk 1,17–20; 21,5 vgl. 22,10; 10,4. – *Reisebefehle:* (Mt 2,12); Act 7,2–3/4; 8,26/27a; 8,29/30a. – Andere Aufträge: *Leitung der Gemeinde* Joh 21,15–17. – Ferner: Vgl. Act 9,3–6/8 mit 10,4–6/7 ff. und 22,10. – Ferner: Act 10,13–15.19 f.;

7,33. Besonders interessant sind die *Begründungen von Aufträgen* in Mt 1,20–24; Lk 1,28–33; Act 9,10–19: Berger, Auferstehung, S. 479f. Anm. 167.169, S. 565 Anm. 406.

Erfüllung oder Weitergabe eines Auftrags, den der Erscheinende selbst hat: nach dem Schema „ich bin gekommen zu . . ." (Botenselbstvorstellung) oder „womit mich Gott beauftragt hat, damit beauftrage ich euch": Lk 1,19 in V. 11–22; Joh 20,19–23; Act 7,34; 22,21; 26,13–18.

Chrie: Joh 21,20–23.

Deutung des zuvor Rätselhaften: Joh 1,32/33a/33b; Joh 6,19/20; Act 1,9f./11; Apk 1,20a/20b; 17,1–6/7–18; 21,1–4. – Act 10,9–16 wird aufgelöst durch die Erzählung der Vision in 10,30–33, vgl. V. 34.

Vaticinium: Mt 1,21–23 (als Begründung); ähnlich Lk 1,30–33. – Mk 16,7b; Joh 21,18.20–23. – Act 1,11; 18,10; 20,23; 23,11; 27,24.

Schilderung von Personen (wo und wie sie stehen oder sitzen): Lk 1,11; Joh 20,12; Act 7,55f.; Apk 1,12–16.

Ausführlichere *Klärung der Identität* der Hauptfigur: als Dialog Joh 20,13–16; durch Zeichen: 21,1–12 und 20,19f.26–29. – In Joh 6,15–21 ist das Wandeln auf dem See der folgenden Speisungsgeschichte vorangestellt, um die von Gott her begründete Identität des Speise-Gebers zu sichern.

2. Die letztgenannte Gruppe ist ein Sonderfall der **Deutung des zuvor Rätselhaften.** Zu beiden gehören Texte, in denen die *Identität* eines in seinem Wesen zunächst Unbekannten geklärt wird durch den Hinweis „dieser ist", denn die Wendung „dieser ist", „diese sind" begegnet sonst bei der (allegorischen) Erklärung von zuvor Rätselhaftem. Wir hatten bereits früher (§ 68,1 e) hingewiesen auf den formgeschichtlichen Zusammenhang zwischen akklamatorischer Zusprache und Deutung. Hier geht es um eben dieses Geschehen, und zwar im Zusammenhang mit Visionen. Mit Hilfe dieses Mittels wird die Identität Jesu *in einem Offenbarungsvorgang* „geklärt" in Joh 1,32f., aber auch in Mt 3,17; Mk 9,7 par Mt 17,5; Lk 9,35. Damit gliedert sich die *Verklärungsgeschichte* wie folgt: Mk 9,2c–4 parr ist der rätselhafte Offenbarungsvorgang, Mk 9,5–6 ist das übliche Falsch-Verstehen (vgl. dazu oben § 18; 71,2, wie es auch Mk 4,10–13 als Nicht-Verstehen zwischen Offenbarung und Auflösung steht), dann folgt in Mk 9,7 die authentische Interpretation der rätselhaften Vorgänge von 9,2c–4. Die Stimme *deutet* daher nur.

Die mißverstehende, nur menschliche und korrekturbedürftige Äußerung des Petrus Mk 9,5f. entspricht religionsgeschichtlich der in ANRW S. 1184 Anm. 159 aufgewiesenen Tradition, wonach der von Gott Beauftragte vom Offenbarungsort (hier: der Berg) nicht wieder hinab zu den Menschen gehen will, da er dort Widerspruch und menschliches Geschick inklusive Tod zu erwarten hat. Der Unverstand des Petrus hat demnach „Methode" und entspricht Mk 8,32f.

Ähnlich ist der in Mt 16,16f; Gal 1,12.16 angedeutete Offenbarungsvorgang aufzufassen. – Man unterscheidet demnach zwei Arten der Enthüllung christologischer Identität: Jesus wird *als Mensch gesehen* und *durch eine Offenbarung gedeutet* (Mt 3,17; Joh 1,32f.) oder er wird *„verklärt"* und durch eine zweite, nun danebengestellte Offenbarung gedeutet (Mk 9parr). Zu welcher der beiden Gruppen der in Gal 1,12.16 angedeutete Offenbarungsvorgang gehört, ist nicht zu erkennen. Und wie es eine bloße Offenbarung über das Wesen ohne Verklärung gibt, ist auch eine Verklärung ohne Erklärung belegt: Act 6,15 und Parallelen (s. Berger, Auferstehung, S. 568 Anm. 415) beschreiben, wie das Antlitz oder auch der ganze Körper des jeweiligen Gottesboten in Schönheit und himmlischem Glanz erstrahlt, wenn dieser vor Menschen auftritt, z. T. mit der Reaktion der Proskynese. So unterscheiden wir:

Verklärung *ohne* zusätzliche Erklärung: Act 6,15 parr.
Verklärung *mit* zusätzlicher Erklärung: durch Offenbarung: Mk 9,2–7.
Erklärung der Identität *durch Offenbarung*: Mt 16,16f.
Erklärung durch „Du bist"-Anrede ohne Offenbarung: Mk 8,29 (s. u. § 68,1 e). Gattung: *Akklamation als Bekenntnis.*

Verschieden ist dabei jeweils das Publikum: Bei der qualifiziertesten Art von Offenbarung sind nur die drei Autoritäten Zeugen, sonst aber geht es um eine unbestimmte Anzahl von Menschen, die überzeugt oder belehrt werden sollen. Immerhin sind aber Offenbarung der Identität des Gottesboten vor den drei Gemeindeautoritäten (Petrus, Johannes, Jakobus) und die Enthüllung der Identität vor den zu Bekehrenden zu derselben Gattung zu rechnen und strukturanalog. Dasselbe beobachten wir in 1 Kor 15,5f.: Die Ostervision vor Petrus und den Zwölfen, den Autoritäten der Gemeinde, ist analog der Erscheinung vor den 500 Brüdern. *Bekehrung und qualifizierte Erwählung sind gleicher Art,* nur die Anzahl der Betroffenen ist verschieden in den Berichten.

3. **Installation:** Ganz anders einzustufen ist die – in Mk 1,10f. ebenfalls mit einer Vision verbundene – Anrede mit „Du bist" (vgl. § 68) durch einen Höhergestellten, die nur dem Angeredeten selbst gilt. Ohne Vision gehört dazu im Neuen Testament auch Mt 16,18f. (Du bist Petrus) und der in Hebr 5–7 zitierte Ps 110,4 (Du bist Priester . . .), ähnlich äthHen 71,14 (Du bist der zur Gerechtigkeit geborene Mensch) und äthBuch der Engel (Leslau 55): Der Engel der Finsternis wird vor Bernael, den Herrn der Geister gesetzt, und zu ihm wird gesagt: „Wahrlich, du bist mein Sohn, Engel Mastema", dabei wird er geschmückt mit goldenen Gewändern und erhält ein goldenes Diadem auf sein Haupt. Ähnlich die Anrede Jakobs an Levi in TestLevi 2,14 Zusatz Frgm 58. Der so Angeredete ist zu einer *besonderen Funktion* erwählt, die er entweder ad hoc übertragen bekommt oder die ihm bestätigt wird (Gattung: *akklamatorische Installation).* In Mk 1,10f. ist freilich mit den unter 2. genannten Texten vergleichbar, daß die Vision durch eine Stimme erläutert wird.

Nur mit der von F. Lentzen-Deis, Die Taufe Jesu nach den Synoptikern. Literarkritische und gattungsgeschichtliche Untersuchungen, Frankfurt 1970 dargestellten Tradition aus den Targumim hat der Taufbericht wohl kaum etwas zu tun. In den Targumim fordern Engel ihre Mitengel auf, ihr Augenmerk auf das Tun von Patriarchen zu lenken – jeweils eine himmlische Proklamation und Empfehlung, in der jedoch die Menschen im Gegensatz zur Taufe Jesu nicht angeredet werden. Nur in einem allgemeineren Sinne besteht die These vielleicht zu Recht: Eine vorgegebene Überlieferung (?) wird durch den Aufriß des sie begleitenden himmlischen Hintergrundes theologisch bestimmt (Vision enthüllt die Bedeutung des irdischen Vorgangs). – Die Vision in Mk 1,10 f. verstärkt jedoch wie in der oben genannten Gattung der Identifikation die Stimme und umgekehrt. In Hen 71,15 wird für Henoch zusätzlich die Stimme erklärt: Nach 71,14 hatte er die Stimme gehört, die nur ihn betraf, dann erklärt ihm der Engel diese Stimme. Hier stehen also nicht Vision und Stimme erklärend nebeneinander, sondern Stimme und Erklärung des Engelwortes.

4. Die sog. „Thronvision" als Ekphrasis des Hofstaates Gottes und entsprechender höfischer Vorgänge (Zeremoniell) geht auf alttestamentliche (1 Reg 22,19–22; Jes 6; Ez 1–3) und jüdische (äthHen 14 f.71; slavHen 22 f.) Vorbilder zurück und bildet den Rahmen der ApkJoh (vgl. dazu unten). Um eine Thronvision handelt es sich auch bei der Vision des Menschensohnes durch Stephanus (Act 7,56); ähnlich geht ja auch der Thronvision in Apk 4,1 ff. eine *Vision des Menschensohnes* (als des Auferstandenen) in Apk 1 *voraus*. Aus beiden Texten ergeben sich Anhaltspunkte für die These R. Peschs, die Auferstehungsvisionen seien in erster Linie Visionen des Menschensohnes (FZPT 30 (1983) 73–98). Für diese beiden Texte trifft die These R. Peschs zu. Der Menschensohn als der Anwalt der Christen vor Gottes Thron (vgl. S. 265) tritt hier an die Stelle traditionsgeschichtlich älterer Engelwesen in gleicher Funktion (die letzte „Station" vor Gottes Thron zu sein). Erst in späteren christlichen Texten spielt die Thronvision wieder eine Rolle (vgl. Berger, Auferstehung, S. 511, A 252), und zwar als Boten-Beauftragung.

Daß die Darstellung von Geschehnissen vor Gottes Thron *nicht notwendig visionär* ist, bezeugt Mt 25,31–46.

Mit einem *Auftrag* (vgl. Apk 21,5 usw.) ist die Thronvision in äthHen 14 f. verbunden (Scheltrede an die gefallenen Engel), während die Zielaussage von äthHen 71 bereits auf denen liegt, die Henoch nachfolgen: Sie werden sein wie er und mit ihm sein.

In der Henochliteratur und auch in anderen Texten (Berger, Auferstehung, S. 534–537) wird der Seher vor dem Thron Gottes gekräftigt, so daß er stehen kann, er bekommt neue Kleider, d. h. einen neuen Leib, und wird dabei verwandelt. Dieses Moment spielt nur indirekt im NT eine Rolle bei der Begründung der paulinischen Auferstehungshoffnung in 1 Kor 15,44 ff.

5. Von der Thronvision gut abgrenzbar sind neutestamentliche **Theophanieberichte** (zur alttestamentlichen Vorgeschichte der Gattung vgl. die eher motivgeschichtlich ausgerichtete Arbeit von Jörg Jeremias, Theophanie. Die Geschichte einer alttestamentlichen Gattung, 1965). Das klassische Inventar der Gattung bietet Apk 11,19 mit der Schilderung des endzeitlichen Erscheinens der Lade (im himmlischen Tempel). Auf ihr Sichtbarwerden hin folgen Blitze und Donner, Erdbeben und Hagel. – In Hebr 12,18–21 wird die Schilderung der *Sinaitheophanie* argumentativ gegenübergestellt der Gemeinde auf dem Sion (12,22–24). – Da bei der Auferweckung eines toten Menschen nur Gott selbst eingreift, kann dieses Handeln Gottes mit theophanen Begleiterscheinungen ausgezeichnet sein: Apk 11,13 (Erdbeben nach Auferweckung der Zeugen). – Bei Mt hat schon der Tod Jesu theophane Reaktionen zur Folge: Mt 27,51–53 (Erdbeben, Spaltung der Felsen und Auferweckung

Toter, vgl. dazu Berger, Auferstehung, S. 494 Anm. 214, S. 407 Anm. 570: „ein nicht-eschatologisches theophanes Eingreifen Gottes", in dem Gott als er selbst spricht, da nur er Tote auferwecken kann). – Die Zeichen der Theophanie sind für das frühe Christentum in erster Linie für die Zukunft erwartete Stadien der Aufrichtung von Gottes Herrschaft. Sie erweisen nicht nur Gott als ihn selbst, sondern auch als den Herrn der kosmischen Erscheinungen. Für die beiden Zeugen in Apk 11,11–13 und für den am Kreuz verschiedenen Jesus sind die theophanen Zeichen untrügliche Kriterien der Legitimität.

Elemente theophanen Ursprungs dienen – neben den die Wege der Missionare säumenden Visionsberichten – in Act dazu, die Geschichte des frühen Christentums als eine von Gott geführte zu erweisen: Auf das *Gebet* in 4,25–30 hin bebt die Erde in V. 31, und ähnlich geschieht ein großes Erdbeben in Act 16,26, nachdem nach V. 25 Paulus und Silas nächtens *gebetet* hatten.

Eine Theophanie-Erzählung ist Mk 6,45–52; Mt 14,22–33; Joh 6,15–21, Jesu Wandeln auf dem Meer. Vgl. zur Herkunft der Motive: W. Berg: Die Rezeption alttestamentlicher Motive im Neuen Testament – dargestellt an den Seewandelgeschichten, Hochschulsammlung Theologie, Exegese Band 1, Freiburg 1979. – Das gilt auch dann, wenn das „Fürchtet euch nicht, ich bin es" nicht Theophanieformel ist, vgl. dazu oben § 72,3. – Vgl. Hiob 9,8b; 38,16. – Jesus erweist durch dieses Zeichen, daß er Gottes Bote ist, denn auf Wasser gehen zu können, ist spezifisches Signum Gottes.

6. Zur Bedeutung der Visionsberichte in der Geschichte des frühen Christentums:

1. Schon die ersten Leser und Hörer dieser Texte werden nicht notwendigerweise auch selbst visionäre Erfahrungen gehabt haben; vielmehr weist vieles darauf, daß Visionen – sicherlich nicht ausschließlich, aber doch vornehmlich – der „ersten Generation" und insbesondere den Aposteln und anderen Erstzeugen zugeschrieben wurden. Damit bedeuten die Berichte für den Leser die Darstellung des eigenen Christseins in vergrößertem Maßstab, die Explikation dessen, was Kontakt mit der himmlischen Welt bedeuten kann. Eph 5,14 ist Beleg dafür, daß die Initialvision noch immer das Muster für die Bekehrung ist (zur Gattung Bekehrungsvision vgl. Berger, Auferstehung, S. 549–561). Denn der Erwählte ist der Visionär und umgekehrt (vgl. in der Anwendung auf alle Christen 3 Joh 11: „Wer Schlechtes tut, hat Gott nicht gesehen", vgl. dazu Berger, ibid., 615 f.).

2. Die ungewöhnliche Fülle der Visionsberichte weist auf ein bleibend charismatisches Selbstverständnis des frühesten Christentums. Voraussetzung dazu war zweifellos eine bestimmte Lebenspraxis (vor allem lange anhaltendes Gebet und auch Fasten). Visionen sind dann zentrale Erfahrung und grundsätzliche Legitimation. Die von Jesus angesagte Nähe Gottes erfährt der Visionär zugleich als räumliche Nähe und damit als gültige Wirklichkeit, als die verbindlichere Ordnung, als die mächtigere Instanz.

3. Der Visionär setzt daher seine Erfahrung zum Herr-Sein Gottes in Beziehung, so daß für ihn und die Gemeinde die Vision zur gültigen Gegeninstanz gegen vorläufige oder nur irdische Mächte und Herrschaften wird (Tod; römisches Reich in Apk; jüdische Obrigkeit in Act für die Apostel und für Stephanus). Da somit die Visionen entscheidende Bedeutung gerade für die bedrängten Gemeinden haben, wird durch Häufung, Verkettung und Hintereinanderschaltung sowie durch gegenseitiges Sich-Bestätigen der Visionsberichte eine größtmögliche Absicherung dieses *Zeugnisses* angestrebt. Das gilt besonders für die zentralen Punkte der Auferweckung Jesu, des Beginns der beschneidungsfreien Heidenmission (Petrus/Cornelius) und der Berufung des Paulus. – Die Auferweckung Jesu gilt als Erweis der Legitimität von Gott her, da nur Gott Tote erwecken kann.

4. Weil Gott und Gerechtigkeit für das Verständnis des frühen Judenchristentums zusammengehören, haben die Visionen als Begegnung mit Gott juridische Relevanz: Sie sind Zeugnisse höheren, überlegenen Rechts (was auch direkt in Prozessen oder prozeßähnlichen Verfahren zum Ausdruck kommt: Act 7,55 f.; in der Theorie von der Inspiriertheit der christlichen Prozeßantworten: Lk 21,14 f. parr; schließlich in der Verwendung der verwandten Gattung Vaticinium im Prozeß Jesu: Mk 14,62 parr). Visionen und Verwandtes wirken daher in derartigen Zusammenhängen als Provokationen (Act 7,57; Mk 14,63 f.). Diese Konzeption vom juridischen Charakter der Visionen wird auch durch Lk 10,18 f. bestätigt: Der Fall Satans vom Himmel bedeutet seinen Hinauswurf aus dem Bereich Gottes und den Beginn seiner verstärkten Aktivitäten auf Erden (vgl. Apk 12,8 ff.), jedoch ist diese bereits partikuläre Entmachtung Voraussetzung dafür, daß Jesus den Jüngern Vollmacht gegen ihn geben kann (V. 19). Die juridische Bedeutung der Visionen beschränkt sich aber nicht auf das Verhältnis nach außen. Visionen und Visionsberichte haben größte Bedeutung für die Organisation der frühesten Gemeinden. Denn wenn die Gemeinden mit dem visionären Zeugnis stehen und fallen, dann müssen die Zeugen auch die Gemeindeführer sein (und umgekehrt); vgl. dazu den Aufbau von 1 Kor 15,1–11/12 ff. Da Berufung und Bekehrung strukturanalog sind, kommt es auf die zeitliche Priorität an. (Außer auf Petrus und die Zwölf ist hier auch für das Prinzip von Priorität und Gemeindeführung auf 1 Kor 16,15 f. zu verweisen.) Jedenfalls versteht der Visionär seine Erfahrung als Erfahrung „für andere", nicht nur als private.

5. Besondere Bedeutung für die Absicherung des Zeugnisses durch eine Vielzahl von Zeugen haben die Kollektiverfahrungen (Mt 28,16–20; Mk 16,12 f.14–19; Lk 24,13–33.34.36–53; Joh 20,3 ff.; 21,1 ff.; Act 1,3–12; 2,1–4; 13,1–3); bei den späteren Zeugnissen wird das Erscheinen des Auferstandenen abgelöst durch das Reden des Geistes (Act 13,1–3, vgl. 1 Tim 1,18 mit 4,14) in derselben Funktion (Aussendung). Möglicherweise sind diese kollektiven Erfahrungen und die Berichte über sie sogar die ältesten – jedenfalls aber haben sie für die Artikulation des Selbstverständnisses der Gemeinde zentrale Bedeutung.

6. Fast durchgehend werden die Erscheinungen des Auferstandenen nicht nur als Erweis der Legitimität Jesu aufgefaßt (dazu hätte auch schon die Botschaft der Engel am leeren Grab genügt), sondern zugleich als Weitergabe seines Auftrags bzw. als Sendung der Jünger. In jedem Falle geht es um die juridische Kategorie der Sendung. Da die Sendung delegierbar ist, weist das Verständnis der Visionen vor allem darauf, daß Jesus hier als der von Gott Gesandte erfahren wird, mit dessen Bestätigung nach seinem Martyrium freilich auch die der Jünger steht und fällt.

7. Nach Act wird die Kirchengeschichte insgesamt durch Visionen und Pneuma-Worte gelenkt, was insbesondere in der Verknüpfung von Visionsbericht und Reisebericht zum Ausdruck kommt (Act 8,25–27. 29–30a; 9,3–17; 26,12 ff.; 27,23 f.; 20,23; vgl. auch Act 18,9–11 und Mt 2,12); zur Art der Verbindung von Wanderung und Vision vgl. Art. Geist III in: TRE Bd. XII, S. 179 f.

8. Aufgrund der sachlichen Eigenart kommt bei Visionen und vergleichbaren Erfahrungen dem *Ich-Bericht* primäre Bedeutung zu (vgl. Lk 10,18, öfter als „Berufungsvision Jesu" stilisiert; Mt 27,19; Joh 20,18; 1 Kor 9,1; 15,8–11; Act 22,6–11.17–21; 26,12–18; 27,23 f.; 7,56; 10,30–33; Gal 1,12.15 f.; ApkJoh; Joh 1,32–34; 2 Kor 12,1–9). Dieses entspricht dem Stil und der Gattung der *Zeugenberichte* (z. B. Joh 1,14; 1 Joh 1,1–4). Die Vorgeschichte reicht über die apokalyptische Literatur (z. B. äth und slav Henoch; 4 Esra) in die prophetische Literatur (Jes, Jer, Ez). – Nur die *Audition* bei der Verklärung Jesu ist als Ich-Bericht gestaltet in 2 Petr 1,17 f.

9. Auf den Zusammenhang von Vision und Audition, aber auch auf Visionen alleine geht zurück, was U. B. Müller (1977) über den engen Verbund von *Vision und Botschaft* für Lk 10,18 mit Beziehung auf Am 8,2; Jer 1,13 f.; Ez 2,9 f. und Sir 44,3 ausführt. Auch für Paulus gilt, daß er bei seiner Berufungsvision das Evangelium empfing (Gal 1,12.16).

§ 76 Vaticinien

Lit.: W. FAUTH: Art. Orakel, in: Der Kleine Pauly 4, 323–328. – ANRW S. 1319–1321.

Als Vaticinien bezeichnen wir Texte zumeist kürzeren Umfangs, die sich auf künftiges Heil oder Unheil beziehen, d. h. Heils- und Unheilsansagen, sofern sie außerhalb des Tat-Folge-Zusammenhanges stehen. Weder bedingte noch begründete Heils- und Unheilsansagen rechnen wir demnach zu dieser Gruppe. Und während zur Beurteilung der Folge einer Tat Regeln aus Erfahrung aufgestellt werden können (vgl. dazu oben § 49.51), ruhen Vaticinien allein auf der Autorität ihres Verkünders und erlangen ihre Evidenz allein durch ihr Eintreffen. Ihre Gültigkeit vor Eintreffen ist daher in besonderem Maße an die Autorität des Verkündigers gebunden. Eine erste Gruppe von Vaticinien, die oben bereits behandelt wurde, betrifft die „Weissagungen" alttestamentlicher Schriften, insbesondere der Propheten, die vor allem in der Geschichte Jesu in Erfüllung gegangen sind (s. § 35). Aber auch innerhalb der frühen Geschichte der Jünger und Gemeinde Jesu gibt es eine Fülle von Vaticinien, die sich erfüllt haben, so jeweils in der Verbindung von Auftrag und Vaticinium die Auffindung der Eselin (Mk 11,2.7parr) und des Mannes, der das Gemach für das letzte Mahl bereithält (Mk 14,13–15.16), der Verrat des Judas und die Verleugnung des Petrus sowie der Abfall aller Jünger, vor allem aber die Leidensweissagungen und die Verheißung des Pfingstgeistes, die Weissagung des Agabus (Act 11,28) und Zeichenhandlung und Prophetie des Agabus in Act 21,11 über das Geschick des Paulus. Daß es eine Fülle von *bereits eingetroffenen Vaticinien* gibt, erhöht nicht nur die Glaubwürdigkeit ihrer Verkünder auch für das noch nicht Eingetroffene, die Bewahrheitung der Vorhersagen hat vielmehr auch oft eine apologetische Funktion: War das Versagen von Judas und Petrus vorhergewußt, so entlastet es Jesus von dem Vorwurf, sich falsche Freunde gesucht zu haben. War das Leiden des Messias selbst auch von ihm vorher angekündigt, so wurde es aus dem Bereich nur kontingenter Zufälligkeit herausgehoben und konnte der Verkündigung Jesu theologisch zugeordnet werden, was durch die Kategorie „Menschensohn" oder durch das Drei-Tage-Schema bei Lukas geschah. Andere Vaticinien, wie die Vorhersage des Geschicks für Petrus Joh 21,18, hatten sich zumindest für die Leser wohl erfüllt. – Daneben aber gibt es die große Gruppe der Vaticinien, die sich auf die *eschatologische Zukunft* beziehen, von der wohl schon gegenwärtigen Verfolgung der Gemeinde über die eschatologischen Drangsale bis hin zur Scheidung beim Gericht und zur Abfolge von Unheil und Heil. – Wie in der prophetischen Literatur dominieren noch immer die Unheilsansagen. Innerhalb der synoptischen Apokalypsen wird bisweilen, jedoch selten und dann sehr pauschal, angegeben, wozu diese Vaticinien dienen: Sich zu hüten, wachsam zu sein, nicht wankend zu werden und Geduld zu haben, sich nicht verführen zu lassen. Gerade in diesen Zusammenhängen betont Jesus häufiger „ich habe es euch vorher gesagt" (Mk 13,23; Mt 24,25; Joh 13,19; 14,29; 16,4). Eine besondere Gruppe bilden Worte, in denen die Gemeinde angesichts ihrer Leiden unter Hinweis auf kommendes Heil aufgefordert wird: „fürchtet euch nicht".

Die Bedeutung der Vaticinien für die frühchristlichen Gemeinden liegt (sieht man von den Reflexionszitaten ab) insgesamt darin, *Leiden zu bewältigen.* Denn wenn Gottes prophetische Boten um die Versuchungen und Schrecknisse wissen, können Gottes Herrsein und das Heil der Gerechten nicht durch diese dunkle Zeit aufgehoben sein, kann dieses alles nur der mühsame Weg zum Reich sein, über den Gott auch Herr ist. Wenn Gott und Gottes Propheten um das Negative wissen, kann man daraus kein Argument gegen Gott und die Botschaft machen. Im Vordergrund stehen daher die beiden Konzeptionen der *notwendigen Scheidung von Gerechten und Ungerechten und der Abfolge von Leiden und Herrlichkeit.*

Formal sind Vaticinien oft an den futurischen Verbalformen erkennbar (in ApkJoh häufiger Tempuswechsel). Wegen der Ungesichertheit durch innerweltliche Nachprüfbarkeit sind Vaticinien sehr häufig als Amen-Worte formuliert (so z. B. auch die Vaticinien des Petrus- und Judas-Abfalls) oder mit der bedeutungsgleichen Schwurformel eingeleitet (vgl. Apk 10,5f. als Aussage über Naherwartung mit inhaltsanalogen Amen-Worten wie Mk 9,1). – Da in dieser Gattung so deutlich wie nirgends sonst Analogien zu den Propheten des AT bestehen, überrascht es nicht, wenn hier auch Analogien zum **Botenspruch** begegnen, so in den Prophetien des Propheten Agabus (Act 21,11: „So spricht der heilige Geist: Den Mann . . .") und in gewissem Sinne vergleichbar auch in den Zitierungen dessen, was „das Pneuma sagt" (1 Tim 4,1; Act 11,28; 20,23; Apk 14,13), ferner als Einleitung zu Zitaten, z. B. Röm 12,19. Die Botenformel ist zu dieser Zeit in jüdischen Texten durchaus lebendig (vgl. dazu: BZNW 39, S. 126–128), auch im ursprünglichen Sinn. Zum Verhältnis zwischen Pneumaworten und Amen-Worten vgl. ibid., 117ff.

Besondere Beachtung verdienen auch Vaticinien, die mit gr. „*dei*" („es ist notwendig, daß") formuliert sind (z. B. Lk 13,33; Act 27,24; Apk 20,3b). Ein Zitat aus Dan 2,28f.LXX liegt bei dieser Verwendung nicht vor, vielmehr ist die Wendung über apokalyptische Schriften des Judentums aus der Geschichtsanschauung Herodots und der Tragödie herzuleiten und dort auch im entsprechenden Sinn belegt: Was notwendig geschieht, entspricht und entspringt dem Willen der Götter.

Wie Schwurformel, Botenspruch, „Amen" und „Notwendigkeit", so ist auch die Absicherung von Vaticinien durch Schriftworte (Röm 11,25; Mk 14,27; Joh 13,18) oder die Bezeichnung als „Geheimnis" (Röm 11,25) Mittel, um die Autorität der Vaticinien zu festigen. In Mk 14,26–31; Mt 26,30–35; Lk 22,31–34 wird im Rahmen eines erzählten Dialogs das Vaticinium Jesu (Mk 14,27.30) mit dem Widerspruch (Treueversprechen) der Jünger konfrontiert. Dieser *Widerspruch* hat eine Funktion, die der des *Einwands* parallel ist. Denn da, wie der Leser weiß, das Vaticinium eintreffen wird, unterstreicht der menschliche Einwand nur die menschliche Schwäche und den Abstand zum prophetischen Lehrer. – Ähnliche Verbindungen von Vaticinium und Einwand finden sich in Lk 1,13–17/18 und 1,31–33/34. Im Unterschied dazu behält Jesus in Mk 14 nicht das letzte Wort.

Wir unterscheiden folgende *Gruppen von Vaticinien* im Neuen Testament:
1. *Allgemeine Heilsansagen:* a) mit dem Ich Jahwes formuliert vor allem in alttestamentlichen Zitaten (Act 2,17–21: Joel 3,1–5; Act 15,16–18: Am 9,11f.; Act 7,6f.: Gen 15,13f.) oder in dem AT sehr nahestehenden Texten (Apk 21,3b–4, vgl. 6f.), b) für bestimmte Gruppen: Jüdisches Volk (Röm 11,25–32); Glaubende (Mk 16,17f.); Gerechte (Mt 13,43), c) mit dem Ich Jesu formuliert: Joh 12,32 (alle an mich ziehen), d) auf die Jünger bezogen: Act 1,5; 11,16 (Geistverheißung).

Mk 13,10; Mt 24,14 („Zuerst muß das Evangelium verkündet werden") wäre als Heilsansage formal ungewöhnlich, obwohl die Leser des Evangeliums die Stelle wohl so auffaßten. Für die betroffenen Verkündiger handelt es sich, wie der unmittelbare

Kontext zeigt, eher um eine Unheils- weil Leidensansage. Doch keiner von beiden Lösungsvorschlägen überzeugt. Das „Zuerst" weist darauf, daß es sich um ein Stück apokalyptischer Ereignisordnung handelt, das weder als Heils- noch als Unheilsansage qualifiziert ist (wie auch 13,8b und die Begründung in 13,7b), vgl. dazu § 77,1.

2. *Persönliche Heilsansagen:* Lk 23,43 (Amen-Wort, gerichtet an den Schächer am Kreuz); Lk 2,26 (an Simeon, er werde nicht sterben, „bis daß . . .", vgl. dazu die Amen-Worte Mk 9,1; Lk 9,27, Mt 16,28); Mk 14,9par Mt 26,13: über den Ruhm für die Frau, die Jesus salbte (Amen-Wort).

Das Vaticinium über das Bekanntwerden der Verdienste der Frau, die Jesus gesalbt hat (Mk 14,9; Mt 26,13) ist als *indirektes* zu verstehen. Nur im Zusammenhang der Botschaft vom Tod und von der Auferstehung Jesu (Evangelium) hat diese Tat ihren Ort. Denn das persönliche Prodigium unterstreicht die Bedeutung des Mannes (vgl. Plutarch, Pompeius 78: Pompeius nahm Abschied von Cornelia, welche zum voraus schon sein Ende beweinte).

3. Zu den einfachen Heilsansagen gehören auch die – den Amen-Worten der Evangelien vergleichbaren – nur auf das Handeln Gottes abhebenden Worte, die mit „Getreu ist Gott . . ." beginnen (vgl. dazu oben § 68,4): 1 Kor 1,9; 10,13; 2 Kor 1,18; 1 Thess 5,24; 2 Thess 3,3, vgl. Hebr 10,23.

4. *Abfolge von Unheils- und Heilsansagen:* Mk 14,58par Mt 26,61par Joh 2,19 (niederreißen/aufbauen); Lk 13,34f.par Mt 23,37–39 (Zerstörung Jerusalems/Empfang des Messias mit dem Ruf: „Gesegnet, der kommt . . ."); wegen der mit diesen beiden Belegen gemeinsamen *Israel-Thematik* gehört hier auch Röm 11,25–32 hinzu, da in Röm 9 Unheilsaussagen vorangingen. – Auf die Jünger vor und nach Ostern bezogen: Mk 14,27/28par Mt 26,(30)31f. (den Hirten schlagen/aber er wird vorausziehen; d. h. auch in dem Galiläa-Vaticinium ist Jesus wohl als Hirte zu verstehen). – Ähnlich: Joh 12,30–32 (der Fürst dieser Welt/Ich aber . . .; vgl. dazu Mk 13,10); ferner die Ansagen von Leiden und anschließendem Trost (Heilsaussage über Bewahrung) Lk 21,12f. (Verfolgung/euch zum Zeugnis); 21,16f./18f. (Verfolgung/kein Haar des Hauptes . . .).

Hierher gehören wohl auch die *Aussagen über den Menschensohn, der leiden muß, dann aber auferstehen wird* (Mk 8,31; 9,31; 10,33f. parr). Daß die Auferstehung des Menschensohnes ein Heilsereignis ist, entspricht auch dem Schema von drei, bzw. „nach drei" Tagen zwischen Tod und Auferweckung und deren theologischem Gehalt wie auch der Entsprechung zu Erniedrigung und Erhöhung Israels in Dan 7. – Die übrigen Weissagungen Jesu über sein Geschick gehören in eine andere Gruppe von Vaticinien: zu den reinen Unheilsansagen. – Zumindest in späteren (dtr?) Redaktionen der atl. Schriftpropheten ist die Abfolge von Unheils- und Heilsansage häufig schematisch eingeführt worden.

5. Heilsansagen nach dem Schema „Fürchte dich nicht, denn . . .": Lk 12,32 (,,. . . denn euer Vater hat beschlossen, euch die Herrschaft zu geben"); Hen 104,2 („Faßt also Mut, die ihr alt geworden seid in Übeln und

Bedrängnissen. Wie Himmelsleuchten werdet ihr scheinen und leuchten . . ."); 96,3 („Und fürchtet euch nicht, ihr *Leidenden,* denn Heilung wird euch zuteil werden, und ein helles Licht wird euch leuchten . . ."); 4 Esr 12,46 f. („Vertraue, Israel und sei nicht traurig, Haus Jakob, denn euer Andenken ist vor dem Höchsten . . ."); im Alten Testament: Jes 41,14–16 („Fürchte dich nicht, du Würmlein Jakob, erschrick nicht, du Made Israel. Ich helfe dir, ist der Spruch des Herrn, dein Erlöser ist . . ."; vgl. V. 10 f.); 54,4 f.; Jer 30,10. – Die *Leidensaussage,* die in den Henochtexten hier eindringt (vgl. auch grHen 103,4) spielt auch eine Rolle in Apk 2,9–10 („Fürchte dich nicht vor dem, was du *leiden* wirst"), auch wenn hier dann zunächst eine Leidensansage folgt und die *Heilsansage* in 2,10b abhängig ist von der Erfüllung des Imperativs, „treu zu sein" (zu dieser Form vgl. oben § 45; 51,1); Apk 2,10 gehört also nur bedingt zu dieser Gattung. – Das Schema ist demnach: *Aufforderung zum Vertrauen* + Begründung durch eine Heilsansage.

Lit.: J. BEGRICH: Das priesterliche Heilsorakel, in: Ders., Gesammelte Studien zum Alten Testament, ThB 21 (1964) 217 ff., U. B. MÜLLER: Prophetie, S. 93–96.

6. *Zeichenhafte Geschehnisse oder Zeichenhandlungen* haben den Charakter von Vaticinien: Lk 1,44 (Hüpfen im Mutterleib); Joh 12,1–8par Mk 14,1–10 (Salbung Jesu); Joh 13,26–30 (Judasbissen); Apk 11,1–2a (Messen des Heiligtums)/2b.

7. *Unheilsvaticinien als Leidensvaticinien:*
Fast durchgehend haben diese Vaticinien verschiedene formgeschichtliche Ursprungsorte: Testamente, Unheilsansagen (Menschensohn), testamentarische Abfallsweissagungen, Unheilsansagen vom Kampf aller gegen alle.

a) *Weissagungen über das eigene Leiden:* Mk 14,41par Mt 26,45; Lk 9,44; Ansage des Todes: Lk 22,37c; – Mk 14,25; Lk 22,15 f.18; Mt 26,29. – Paulus sagt seinen eigenen Tod an in Act 20,25. – Den formgeschichtlichen Ursprung dieser Todesansagen kann ich z. T. in der Gattung der Testamente erkennen, in denen der dem Tod Geweihte sein baldiges Ende voraussagt. Dem entspricht, daß die Mahlsituation Mk 14,25parr „testamentarischen" Charakter hat. Lk 22 wurde insgesamt als Testament Jesu gedeutet (s. o. § 24). Die Aussagen über Judas sind dagegen Abfallsweissagungen.

Der formgeschichtliche Ursprung der Menschensohnaussagen dagegen liegt wohl – wegen des „repräsentierenden" Charakters des Menschensohnes in Unheilsansagen.

Die Vaticinien des Polykarp über sein Martyrium sind wohl unabhängig von den neutestamentlichen, aber formgeschichtlich verwandt (M Polyk 5,2). Zum Ursprung solcher persönlicher Vaticinien vgl. Diogenes Laertius, Vit philos II 35 (über Sokrates:) „Im Traum glaubte er einen zu vernehmen, der die Worte an ihn richtete: ,Laß drei Tage vergehn, dann bist du im scholligen Phthia', worauf er zu Aischines sagte: ,Am dritten Tage muß ich sterben'."

b) Leidensweissagungen für andere: Lk 2,35 (Schwert/Mariens Herz im Rahmen des Genethliakon; analog Lk 11,27 indirekt auf Jesus bezogen); Mk 14,3 ff. – Weissagungen darüber, daß die Gemeinde verfolgt wird, in den synoptischen Apokalypsen (Mk 13,9.13 par Lk 21,12 f.; Mt 24,9–10; Lk 21,16 f.), bei Mt entlehnt in der Aussendungsrede: Mt 10,17 f.21 f.24 f. – Ferner: Joh 15,20 f.; 16,1–4 (Tendenz: „euch wie mich" vgl. Mt 10); Apk 2,10; persönliche Leidensweissagung an Petrus: Joh 21,18 (mit Diskussion V. 21–23).

Als formgeschichtlicher Ursprung ist auch die im Alten Testament belegte Unheilsansage vom Kampf aller gegen alle zu erkennen (z. B. in Mk 13,12 f.).

Was wir hier als Leidensvaticinien zusammenfaßten, hat *formgeschichtlich verschiedene Ursprünge:* Wirkliche Unheilsansagen stehen hinter Mk 14,41 wegen der überindividuellen Bedeutung der Figur des Menschensohnes. Die Tradition *vom Kampf aller gegen alle* speist sich aus Jes 19,2 (Kriegsorakel) und Micha 7,6 (Scheltrede) (Belege und Wirkungsgeschichte bei Berger, Gesetzesauslegung S. 243–251). Die Ankündigung des Todes in Testamenten hat eine Analogie in Sophokles, Oedipus Kol., 1518–1555.

c) In Lk 13,32 f. liegt ein Vaticinium vor, dessen beide Hälften gleichmäßig nach dem Schema „heute, morgen und am dritten Tag" aufgebaut sind. Der Prophet Jesus stellt sein Werk vor als Wanderung mit dem Ziel der Vollendung, die am Ende als Umkommen in *Jerusalem* enthüllt wird. Bis auf diese Enthüllung bleibt der Text durch das Schema der drei Tage ein Rätselwort (zum Drei-Tage-Schema im Zusammenhang mit Elia vgl. Berger, Auferstehung, S. 140). Zur Verbindung mit der deuteronomistischen Tradition vom gewaltsamen Geschick der Propheten vgl. O. H. Steck, Israel und das gewaltsame Geschick der Propheten, 1967, S. 40–47. Zu Sokrates vgl. unter 7 a).

8. *Unheilsvaticinien als Abfallsweissagung:*

Die testamentarische Ansage des Abfalls und des Auftretens falscher Lehrer in Israel wird im Neuen Testament gestaltet a) als Ansage der *Petrusverleugnung* (als Amen-Wort: Mk 14,30; Mt 26,34; Lk 22,34; Joh 13,38), b) als Ansage des *Judasverrats* (als Amen-Wort: Mk 14,18.20 f parr; Joh 13,10b.(11).18.21), c) als Ansage des *Abfalls aller* (Mk 14,27; Mt 26,31), d) als Vorhersage von *Irrlehrern* (Mk 13,6.22; Mt 24,5.11.24; Act 20,29 f.) (vgl. dazu schon oben § 24). – Hierher gehört, daß nach Apk 20,3b Satan zur Verführung der Völker eine kurze Zeit (vgl. Mk 13,20!) losgelassen werden wird.

9. *Unheilsansagen allgemeinen oder eschatologischen Charakters.*

a) Vaticinium über *Zerstörung Jerusalems:* Mk 13,2; Mt 24,2; Lk 21,6 und Act 6,14a (Stadt oder Tempel); 1 Petr 4,17 (Tempel). – b) *Kampf aller gegen alle* (vgl. dazu oben unter 6b): Lk 12,52–53 (mit Ich-Wort); Mk 13,8.12; Mt 24,7.10; Lk 21,10.16; Mt 10,21. – Der Passus Lk 12,51/52 f. verdient besondere Aufmerksamkeit: Jesus selbst stellt sich als den dar, der die endzeitliche Scheidung und den Kampf aller gegen alle beginnen läßt. Anders als in der apokalyptischen Überlieferung ist das allgemeine Gegeneinander nicht Folge des Ordnungsverfalls, sondern der Notwendigkeit, sich für oder gegen das Evangelium zu entscheiden. – Verwandt aufgrund der alttestamentlichen Gattung der *Kriegsorakel* sind *Vaticinien über den eschatologischen Krieg* in

Apk 17,8.10.14.16; 20,7–9(10), vgl. auch 11,7; 13,7a. – c) *Verfall des Kosmos:* Mk 13,24 f.parr. – d) Allgemeine *Gesetzlosigkeit:* Mt 24,12 (zu den Abstraktnomina vgl. oben § 47,3 a). – e) *Drangsal:* Mk 13,19 f.; Lk 21,11; Mt 24,21 f. – f) Wie andere Gattungen zu Vaticinien werden, zeigt der Propheten- und Märtyrerbericht Apk 11,3–13 und die Klage über die zerstörte Stadt Apk 18,9 ff. – g) *Allgemeine Unheilsansage* ist die Prophetie des Agabus über die Hungersnot Act 11,28.

10. *Das Vaticinium betrifft die Frage des Zeitpunkts des Endes:* Diese Vaticinien sind in der Geschichte des frühen Christentums Gegenstand der Auseinandersetzung; darauf weist schon die Formulierung als Schwur- oder Amen-Wort in Apk 10,6b–7; Mt 10,23b (Städte Israels); Mk 9,1; Mt 16,28; Lk 9,27; ohne besondere Einkleidung ist nur 1 Petr 4,17. – In Lk 21,8 wird im Gegensatz zu den eben genannten Texten der als Falschlehrer bezeichnet, der sagt: „Die Zeit ist nahegekommen." – Eine offenbar gebräuchliche *Komposition* ist: Schilderung der Endereignisse, dann Erörterung der Frage nach dem Wann anhand der Angabe von Zeichen („Wenn das geschieht, erkennt . . .") so in Mk 13,24–27/28 f.par Mt 24,29–31/32 f.; Lk 21,25–28/30 f. So ist auch die Abfolge von Mk 13,2 und 13,3 f. zu erklären.

11. *Vaticinien über das kommende Gericht:* Als durch Engel vollzogener Scheidungsprozeß in Mk 13,24–27; Mt 24,29–31; Lk 21,25–28 und auch Lk 17,34 f. – Als Scheidung durch den Richter selbst: Mt 25,31–46. – Als Erzählung im Ich-Stil über Anklage und Verteidigung: Mt 7,22–23. – Als Vernichtung des Widersachers: Apk 20,9b–10. Zur Gerichtsansage in Apk 1,7 vgl. oben S. 201. – Hierher gehören auch Vaticinien über die Eigenart des kommenden Gerichts: Mt 12,36 f.; 2 Thess 1,6–10; 1 Kor 3,12 f. In allen diesen Texten ist eine Teilung der betroffenen Menschengruppen angelegt oder ausgesprochen.

12. Von den kurzen Vaticinien sind die längeren apokalyptischen Erzählungen zu unterscheiden (vgl. § 77,1).

13. *Trägerkreise:* Vaticinien sind *Rede aus geistlicher Vollmacht,* und daher sagt sie nicht irgendwer. Die Nähe zum vollmächtig-wirksamen Gebet wird etwa aus Röm 16,20 deutlich. Während sonst am Schluß von Briefen häufig Segenswünsche stehen, ist daraus hier ein Vaticinium geworden: „Gott wird . . .".

Die Apk benennt ihre Vaticinien als *„Worte der Prophetie"* (1,3; 22,7.10.18 f.), und der Verfasser versteht sich als einen aus einer größeren Prophetengruppe (vgl. 22,6.16; 10,7).

§ 77 Apokalyptische Gattungen

Lit.: D. HELLHOLM (Ed.): Apocalypticism in the Mediterranean World and the Near East, Tübingen 1983, darin besonders: U. B. MÜLLER: Literarische und formgeschichtliche Bestimmung der Apokalypse des Johannes als einem Zeugnis frühchristlicher Apokalyptik, S. 599–619; H. D. BETZ: The Problem of Apocalyptic Genre in Greek and Hellenistic Literature: The Case of the Oracle of Trophonius, S. 577–597. –

Ferner: J. J. COLLINS: The Apocalyptic Vision of the Book of Daniel, HarvSemMonogr 16 (1977). – Ders.: (ed.) Apocalypse. The Morphology of a Genre (Semeia 14), Missoula 1979 (darin: Towards Morphology of a Genre, 1–20). – H.-P. MÜLLER: Die Plagen der Apokalypse, in: ZNW 51 (1960) 268–278. – Im übrigen vgl. ANRW S. 1316–1326 und 1361 f.

Gattungsbezeichnung ist das Wort „*apocalypsis*" erst seit Mitte oder Ende des 2. Jh.s n. Chr., als der Canon Muratori die Apokalypsen des Johannes und Petrus gemeinsam mit dem nicht-übersetzten Wort „apocalapse" benennt (71 ff.). Wie dort so ist auch später die Bezeichnung „Apokalypse" nicht gerade sparsam verwendet worden, und in der älteren Formgeschichte hat man so heterogene Dinge wie Lk 17,20–37, ferner Lk 23,28–31, die „synoptischen Apokalypsen" Mk 13; Mt 24f.; Lk 21, die Apokalypse des Johannes und die verschiedenen Produkte frühjüdischer und frühchristlicher Apokalyptik unter diesem Titel zusammengefaßt. Aufgrund dieses sehr weiten Rahmens kam J. J. Collins (1979,9) zu der Definition: „Apokalypse ist eine Gattung der Offenbarungsliteratur mit erzählerischem Rahmen, in dem eine Offenbarung vermittelt wird durch ein jenseitiges Wesen an einen menschlichen Empfänger, enthüllend eine transzendente Realität, die sowohl zeitlich ist, insofern als sie eschatologische Rettung anvisiert, als auch räumlich, indem sie eine andere, übernatürliche Welt einschließt." Die gemeinsame Implikation aller dieser Elemente sei „Transzendenz": Die Art der Offenbarung erfordert einen transzendenten Mittler wie auch transzendente Objekte. – Diese Definition ist trotz ihrer (scheinbaren) Weite eine moderne Entscheidung und nicht ohne einen Hauch von Willkür. Wir gehen hier demgegenüber den umgekehrten Weg, indem wir nicht nach „der" Gattung Apokalypse fragen und demnach nicht versuchen, die Klassifikationen seit der Mitte des 2. nachchristlichen Jahrhunderts nachzuvollziehen oder zu korrigieren, sondern indem wir fragen, welche literarischen Gattungen sich hinter den mit „Apokalypse" benannten Texten wirklich verbergen. Wir gehen also induktiv vor und setzen nicht voraus, daß Mk 13parr, Lk 17,20 ff. und ApkJoh zu einer Gattung gehören müssen oder auch nur je für sich als einheitliche Gattung konzipiert sein müssen. Dieser Weg ist weniger an allgemeinsten Strukturen (Collins), sondern stärker an der literarischen Gestalt orientiert. Dabei kommt heraus, daß die ApkJoh eine Synthese (wenn nicht nach dem Baukasten-, so doch nach dem Inklusionsprinzip) aus verschiedenen Gattungen ist, deren Mehrzahl innerhalb der theologischen Richtung, die man als Apokalyptik bezeichnet, häufiger verwendet wurde. Der Vorteil dieses Weges ist, daß es, im Gegensatz zu einem Vorgehen nach der Definition von J. J. Collins, möglich wird, auch andere neutestamentliche Texte der ApkJoh zuzuordnen, die für „apokalyptisch" gehalten werden; dabei ist freilich nicht die ApkJoh der Maßstab für das, was apokalyptische Literaturgattung sein kann, vielmehr ist der Maßstab die Gesamtheit der im Rahmen der Apokalyptik vorfindlichen Gattungen. Es wird so möglich, auch dann von apokalyptischen Gattungen zu reden, wenn sie der Definition von Collins nicht entsprechen (was besonders die Figur des transzendenten Mittlers betrifft, der z. B. in den neutestamentlichen Briefpassagen apokalyptischen Charakters fehlt). Dabei können wir es uns erlauben, von einer inhaltlichen Definition dessen, was Apokalyptik ist, abzusehen; wir nehmen den Begriff vielmehr so weit wie möglich, um möglichst keine Texte von der Vergleichung auszuschließen; denn das Entscheidende ist am Ende nicht, ob ein Text sachlich zu dem paßt, was man sich als „apokalyptisches Wesen" zurechtgelegt hat, sondern ob er dazu helfen kann, die formgeschichtliche Eigenart neutestamentlicher Texte zu erklären, die sonst dunkler oder verschlossen bleiben müßte. So muß hier nicht entschieden werden, ob die Verbindung von Umkehrmahnung („Weinet . . .") und Unheilsansage in Lk 23,28–31 eine „Apokalypse" ist oder nicht. – Folgende Gattungen spielen in den als apokalyptisch bezeichneten Texten des Neuen Testaments eine Rolle:

1. Die apokalyptische Ereignisordnung (Tagma).

Texte:

1 Kor 15,23–28: Auferweckung Jesu – Herrschaft Jesu, in der ihm Gott alle Feinde zu Füßen legt – Besiegung des letzten Feindes, des Todes – Auferstehung – Jesus übergibt sein Reich Gott.

1 Thess 4,13–18: Stimme des Erzengels – Trompete Gottes – der Herr steigt auf einer Wolke herab – Auferstehung der Christen – Entrückung der Auferstandenen mit den auf der Erde Lebenden in die Luft – Begegnung mit dem Herrn – Sein mit dem Herrn (auf der Erde).

2 Thess 2,3–12: 1. Nähere Zukunft: a) Das Geheimnis der Bosheit wirkt schon, b) der „Aufhalter", 2. Mittlere Zukunft: a) Beseitigung des Aufhalters, b) Offenbarung des Sohnes des Verderbens und sein Wirken, 3. Tag des Herrn: a) Vernichtung des Gesetzlosen, b) Gericht über alle, die der Wahrheit nicht geglaubt haben.

Mk 13,5–27parr: 1. Nähere Zukunft, aber nicht das Ende: Kriege, Verfolgung unter Juden, Verkündigung des Evangeliums, Verfolgung (unter Heiden), Entweihung des Tempels, Drangsal, Verkürzung der Tage, Falsche Christusse. – 2. Wirkliches Ende: Zeichen an Sonne, Mond und Sternen, Kommen des Menschensohnes, Aussenden der Engel.

Daß diese Gattung in Mk 13 vorliegt, darauf weisen eine Reihe von Bemerkungen im Anschluß an die einzelnen Vaticinien und Mahnungen: 13,7b „noch nicht das Ende", 13,8b „Anfang der Wehen", 13,10 „zuvor muß . . . den Heiden verkündet werden"; 13,24 „nach", 13,26.27 „dann". – Ein relativ fester Ablauf bildet also auch in Mk 13parr das Gerippe und damit das am Ende ausschlaggebende Element für die Bestimmung der Gattung.

ApkJoh 6,1–9,21; 11,1–19; 16,1–21: Visionen der Siegel, Posaunen, Wehe und Schalen. Innerhalb der jeweiligen Reihen nehmen die Phänomene nach Umfang zu. – Innerhalb dieser Ereignisordnung nehmen die nach dem Vorbild der Exodusplagen (Ex 7,8–10,29) gestalteten „Plagen" nach Inhalt und Aufbau eine besondere Rolle ein. H.-P. Müller: Die Plagen der Apokalypse, in: ZNW 51 (1960) 268–278, hat ein regelmäßiges Aufbauschema ermittelt: 1. Bevollmächtigung der Engel, die Plagen auszulösen, 2. Ausführung des Auftrags, 3. Auswirkung der Engelhandlung („und es wurde" wie in Ex), 4. Folgen der Auswirkung, 5. Reaktion der Menschen.

In der apokalyptischen Literatur gibt es *Analogien* in der Zehn-Wochen-Apokalypse äthHen 93+91,12–17 und in der Vision der aus dem Meer aufsteigenden Wolke mit den schwarzen und hellen Wassern, dem leuchtenden Blitz und den 12 Strömen, die ihm untertan werden (syrBarApk 53,1–11/56–74).

Der Ursprung dieser Gattung liegt in den sog. Prognostika, astrologisch-metereologischen Reihen mit Phänomenen für verschiedene Zeitabschnitte, die so gereiht sind, daß verschiedene Phasen aufeinander folgen, die je bestimmte Merkmale haben (s. § 82). Im Hintergrund steht mithin eine bestimmte Ausprägung von Kalenderwissenschaft. Bindeglieder zwischen *kalendarischen Reihen* und *eschatologischen Reihen* liefert die Henochliteratur selbst: in Gestalt der astronomischen Partien des äth und slav Hen. – In Jub wird das kalendarische Prinzip auf die *zurückliegende* Geschichte Israels übertragen (Zeitrechnung in Jubiläen und Ermittlung der Festtagsdaten aus historischen Ereignissen). In der *Zehn-Wochen-Apokalypse* des äthHen wird zum ersten Mal das Kalenderprinzip auf einen Aufriß übertragen, der nicht nur die Geschichte, sondern auch die Eschatologie umfaßt. Der Name „Wochen-Apokalypse" weist deutlich auf den *kalendarischen* Ursprung dieser Art Eschatologie. Die phasenartige Strukturierung wird beibehalten (zum besonderen Fortleben in der Frage der Phasen der Auferstehung vgl. Berger, Auferstehung, S. 251–253 Anm. 48), die kalendarische Periodisierung verschwindet in der Folgezeit. – Von den Phasen, die die ApkJoh annimmt, sind zumindest die „*Wehe*" in entsprechenden *Reihen* auch als Gattung symbuleutischen Inhalts belegt (vgl. oben § 55). – Ob Perioden des Kalenders oder Perioden der Endzeit – jedenfalls vermittelt der Weise eine Ordnungserfahrung, die die durch das Gesetz festgehaltene vielleicht sogar an Faszination übertreffen mußte. (Vgl. auch schon Dan 9,25–27).

In den oben genannten frühchristlichen Texten stimmt keine der genannten Reihen mit einer anderen überein. Man verfährt offenbar je nach aktuellem Bedarf: In 1 Kor 15 will Paulus die Hoffnung auf Auferstehung überhaupt begründen, daher ist der Abschnitt zeitlich viel weiter gefaßt als in 1 Thess, wo es minutiös um die Abläufe beim Kommen des Herrn selbst geht. In 2 Thess dagegen steht die Frage der Verzögerung im Vordergrund, so daß hier eine Reihe sonst nicht bekannter Zwischenphänomene genannt wird.

2. Thronvision

Lit.: O. H. STECK: Bemerkungen zu Jes 6, in: BZ NF 16 (1972) 188–206. BERGER: Auferstehung, S. 531–538 (dort auch Belege für die Wirkungsgeschichte in frühchristlichen Texten). – Vgl. dazu schon oben § 75,4.
Texte: 1 Reg 22,19–22; Jes 6; Ez 1–3; äthHen 14,8–16,4; 71,1–17; slavHen 20ff.; AscJes 7–11; Act 7,55f.; 2 Kor 12,2–4; ApkJoh 4,2–6.1.3.5.7.9–11; 7,9–8,5; 9,13f.; 11,15–19; 15,5–16,1; 19,1–10; 20,11–15; 21,3–8.

In allen hier genannten Fällen handelt es sich um visionäre Ich-Berichte. Gott ist regelmäßig nicht allein (2 Kor 12 ist nur ein abgekürzter Bericht), sondern von stehenden (Gott allein sitzt) Engeln oder den vier Wesen umgeben; in Act 7,56 „steht" nur der Menschensohn, hier als Engelwesen und nicht zur Rechten sitzend gedacht. In *keinem Falle handelt es sich um einen*

Berufungsbericht, der Visionär ist schon länger in seiner religiösen Funktion. Sehr häufig, bis weit in die Alte Kirche hinein, ist Thronvision mit *Sendung und Beauftragung* verbunden, so schon in den ältesten Belegen 1 Reg 22 (Micha sieht, wie ein Geist am Thron Gottes beauftragt wird) und Jes 6. In Jes 6 und Ez 1–3 geht es um Verkündigungs- (bzw. Verstockungs-)Aufträge an die Menschen. Daß die *Botschaft* bei der Thronvision empfangen wird, illustriert Ez 1–3 durch das Essen des Buches (verselbständigt begegnet dieses Element wieder in Apk 10). Das Element des *Empfangens der Botschaft* wird dann weiter ausgebaut. In äthHen folgt jedenfalls das gesamte astronomische Buch auf die Thronvision des Henoch hin (K. 71/72 ff.); in slavHen ist die Verbindung zwischen Thronvision und Botschaft weiter durchgeführt, weil der Thronende ausdrücklich befiehlt, Henoch die *Bücher* zu zeigen, damit er sie abschreiben kann, und er empfängt Geheimnisse, die selbst den Engeln nicht kundgetan wurden (Kosmologie, Meteorologie, Ethik). In 2 Kor 12, slavHen und AscJes ist mit der Thronvision – formgeschichtlich nicht ursprünglich – das Schema der mehreren Himmel verbunden, die man zu durchwandern hat, bis man zum höchsten Himmel gelangt. Hier zeigt sich der Einfluß der allgemein-vorderorientalischen Gattung *Himmelsreise* (vgl. dazu: W. Bousset: Die Himmelsreise der Seele, Darmstadt [2]1963). – Den Büchern, die Henoch in slavHen am Thron einsehen darf, entspricht nun das Buch mit den sieben Siegeln am Thron der ApkJoh, nur daß dieses Buch den Ablauf der Endereignisse enthält (auch hier also der oben unter 1. schon beobachtete Übergang von naturwissenschaftlicher Erkenntnis zu geschichtstheologischer). Die übliche *Beauftragung* findet sich in Apk 21,5 (vgl. schon 1,19) – hier als *Schreibauftrag* wie in slavHen, er tritt aber verhältnismäßig zurück und ist in 21,5 wohl nur auf „diese Worte" (V. 5) zu beziehen. Dasselbe Phänomen beobachten wir in 2 Kor 12 und in Act 7: Die für die älteren Texte konstitutive Beauftragung fehlt hier ganz, Paulus hält seine Einsichten noch nicht einmal für mitteilensfähig. Die Tatsache, daß er überhaupt eine derartige Vision hatte, ist, wie wohl auch für Stephanus, entscheidend. In diesem Punkt unterscheidet sich freilich die ApkJoh: Wie in den jüdischen Texten und in der AscJes ist die Thronvision nicht nur die entscheidende *Legitimation für seine Botschaft* (bei Paulus ist dieses Element auf die Berufungsvision verlagert), da er sie am Thron schaute. Ähnlich wie in Jes 6 (vgl. das Sanctus in 6,3) und in äthHen 71 (V. 11: „Ich schrie mit lauter Stimme, mit dem Geiste der Kraft, und segnete, lobte und erhob ihn"), nur ausführlicher ist in ApkJoh das Element des *himmlischen Dienstes* vor dem Thron Gottes entfaltet: Die zahlreichen „hymnischen" Texte, zu denen in Apk 4,8 auch das Sanctus gehört, bezeugen dieses ebenso wie „liturgische" Aktionen der Huldigung (Zeremoniell; z. B. Niederfallen und Anbeten, 4,10 Werfen der Kränze vor den Thron als Zeichen der Huldigung).

Die *Funktion* der Berichte über Thronvisionen im frühen Christentum (wie in AscJes) ist gleichbleibend: *Jeweils auf der Spitze der Auseinandersetzung mit dem Gegner* und als letztes, entscheidendes Argument rekurriert der angefeindete Gottesbote auf seine Thronvision, um damit den höchstmöglichen Kontakt, den ein Mensch mit Gott haben kann, als Argument für sich anzuführen. In 2 Kor 12 handelt es sich um den Abschluß der Auseinandersetzung mit den Gegnern (daß dieses im Stil der Narrenrede geschieht, bedeutet nur den indirekten Weg), in Act 7 um den Höhepunkt der Auseinandersetzung mit der jüdischen Obrigkeit und die Wende im Geschick des Stephanus, in ApkJoh um die Auseinandersetzung mit dem Anspruch des römischen Kaisers, nachdem es bereits christliche Märtyrer gab. Daß die universale Weltmacht Rom durch den Gott bezwungen werden wird, der hinter dieser verfolgten Minorität steht, kann in diesem Augenblick nur auf dem Weg einer Thronvision eingeführt werden.

Vor der Thronvision hinterläßt der Visionär Abschiedsparänese an die auf Erden Zurückbleibenden (slavHen 1,9: „Und sage deinen Söhnen und allen Kindern deines Hauses alles, so viel sie tun sollen ohne dich auf der Erde in deinem Hause, und niemand soll dich suchen . . .“ „Und ich rief meine Söhne . . . und tat ihnen kund, soviel mir gesagt hatten jene sehr wunderbaren Männer“). In Apk 1–3 nimmt Jesus die Stelle dieser Engel ein, und er diktiert die Worte an die Gemeinden, die man formgeschichtlich im Aufriß des Ganzen auch als entfaltete Abschiedsparänese deuten kann.

3. Offenbarungsdialog mit dem Engel

Die ältere Form des Dialogs mit Gott über das visionär Geschaute (Am 8,2) war abgelöst worden durch das Gespräch mit dem Engel (Sach, Dan), der die einzelnen Gegenstände der Vision deutet. Besonders in 4 Esra ist diese Rolle des Engels noch weiter entfaltet worden. Unter den neutestamentlichen Autoren bevorzugt Lukas die Institution des angelus interpres: Nur bei ihm entdecken die Frauen zuerst, daß das Grab leer ist, und erst dann geben die beiden „Männer“ eine *Deutung dieses Zeichens (Lk 24,3–6); ebenso wird die Himmelfahrt Jesu von zwei Männern im Sinne seiner Wiederkunft gedeutet (Act 1,10 f.).* Beides geschieht jeweils in kurzen Dialogen. – Aus der ApkJoh sind K. 7 und 17 zu nennen: a) 7,13–17: der Älteste fragt zuerst und erklärt dann. Er hat die Rolle des *angelus interpres*. Im übrigen tritt der Engel zurück, obwohl er immer noch derjenige ist, der „zeigt“ (Apk 1,1; 17,1; 22,6 f.). – b) In 17,7 interpretiert der Engel das, was er ab V. 1 gezeigt hat, nunmehr auf die übliche Weise allegorisch, ebenso in 17,15–18. Der Mitknecht, den der Verfasser in 19,9 f.; 22,8 f. (nach der Rede V. 6 f.) kniefällig verehren will, ist der Engel, der den Visionär bei seiner Offenbarung immer und deshalb auch hier begleitet. In 19,9 wie in 22,6 f. formuliert er Seligpreisungen und bekräftigt die Wahrheit der Worte.

4. Schilderungen ohne Verlaufscharakter (vgl. auch § 63)

a) Darstellungen des endzeitlichen Jerusalem: Apk 21,9–27 gehört einer seit Ez 48,31–35 beliebten Gattung an, deren Zwischenbelege sind: Tob 13,16; 1 Q 32; 2 Q 24; 5 Q 15; vgl. die Abhandlung darüber in DJD III 184–186. Ausgangspunkt ist Ez 40–48. Die Maße, Metalle und Edelsteine sind Realsymbole für eine herrliche Zukunft überhaupt.

b) Die Kapitel 18–21 der ApkJoh werden beherrscht vom *Gegenüber der beiden Städte* Babylon (Rom) und himmlisches Jerusalem, deren jede durch eine weibliche

Gestalt (Hure und reine Braut) dargestellt wird. In dieser Gegenüberstellung wird nicht nur die alte Orientierung an Hure oder züchtiger Frau in der Tradition von Herakles am Scheideweg greifbar (vgl. dazu: ANRW S. 1090f.), diese Tradition ist vielmehr auch schon vor der ApkJoh in ganz ähnlichem Sinne politisch gedeutet worden im Sinne zweier entgegengesetzter Herrschaftssysteme, der Tyrannei und des wahren Königtums. Überdies werden diese beiden entgegengesetzten Herrschaften auch visionär geschaut: Dion Chrysostomus, Rede I 66–82 (dazu: ANRW S. 1317f.).

5. Kriegsschilderungen (apokalyptische)

Texte: Mi 4,11–13; Ez 38f. – Joel 4; Sach 14,1–13; Ps 2 mit Wirkungsgeschichte in Ps Sal 17,22–25; Nu 24,7LXX. – Sib 3,663–674; 3,323ff.; 5,107–109; äthHen 56; Targum PsJ.F zu Gen 49,11; Targum Jon zu Jes 10,27; Targum F zu Nu 11,26 (die Targumim nach S. H. Lewey, The Messiah: An Aramaic Interpretation, 1974); HebrEliabuch (nach Riessler, Altjüd. Schrifttum). – Apk 16,14; 19,11–21; 20,7–15. – Lk 21,20–28; vgl. mit Apk 20,9.

Abgesehen von anderen Schilderungen über den Kampf aller gegen alle in der Endzeit (vgl. oben § 76,9) geht es hier um den Kampf gegen Jerusalem, zu dem sich Völker oder dann auch Gog versammeln. Dieser Kampf wird beendet durch Gottes Feuergericht oder durch das Kommen des Messias, der gegen die Völker kämpft und sie besiegt. Kap. 17 bis 21 der ApkJoh folgen einer großenteils vorgeprägten jüdischen Tradition, die sich im Rahmen dieser Gattung herausgebildet hat. Insbesondere zum HebrEliabuch gibt es enge Berührungspunkte (vgl. auch: TgPsJNu 11,26):

HebrElia	ApkJoh
2 Ende Roms	17,16 irdische Gegner Roms
2,4 Gegner Roms	18 Untergang Babylons angekündigt
3f. Sammlung der Exulanten	18,4 Befehl zum Auszug aus Babylon
Auszug aus Babylon	
4,8–5,1 der eschatologische Hauptwidersacher	13–19: das Tier. 19,19: das Tier und die Könige
5,2.5; 6,1: der Messias kommt	19,11–21 der Logos kommt
6,2 Erfolg: die Heiden schwinden	19,20f. Bestrafung der Widersacher
6,3–5 messianische Zeit von 40 Jahren	20,1–6 Tausendjähriges Reich
7,1 Gog und Magog ziehen gegen Jerusalem	20,7–9a Gog und Magog ziehen gegen Jerusalem
	20,9: Feuer vom Himmel
7,2.3 Gott und Messias gegen sie	Die Züge aus HebrElias entsprechen hier z. T. Apk 19,19.21, so auch:
7,5 Vögel fressen das Fleisch der Gegner	Apk 19,17f. Vögel fressen Fleisch der
7,9 Israels Städte durch Feuer geschützt	Gegner
	20,9 Feuer vernichtet Feinde
8,3 Auferstehung	20,12f. Auferstehung
9,1–3 Gericht	20,14f. Gericht
10,1–8 Neues Sion/Jerusalem	21,10ff. Neues Jerusalem

Da die ApkJoh ein christliches Buch ist, fehlt die Sammlung der Exulanten; der Auszug aus Babylon wird offenbar umgedeutet (18,4). Die messianische Zeit wird in Apk 20 in Differenz zur jüdischen Tradition als Zeit der *Regentschaft der Märtyrer* verstanden (vgl. dazu: Berger, Auferstehung, S. 371–379). Die Schilderung Jerusalems unterscheidet sich, aber in HebrElias heißt es 10,4 „Ich sehe, wie eine schöne, prächtig große Stadt vom Himmel kommt . . .“ (vgl. Apk 21,2).

Die Funktion dieser Schilderungen von Krieg und Sieg (vgl. das blutgetränkte Gewand des Messias in Apk 19,13) im frühen Christentum ist: Nirgends anders als auf der Ebene konkreter Geschichte wird Gott seine Herrschaft durchsetzen, und zwar im Rahmen der Geschichte Israels. Wie die Märtyrer leibhaftig umgebracht wurden, so werden sie auch leibhaftig herrschen. Angesichts der jedes Gewohnte übersteigenden Erfahrung geballter politisch-militärischer Macht durch das römische Reich sind auch diese kühnen Hoffnungen nicht unverständlich, im Sinne von Tröstung und Theodizee.

6. Reiche- und Herrschaftsfolgen als Allegorien

In Apk 5; 11,7–20,10 stehen sich gegenüber: der Drachen und zwei Tiere auf der einen Seite, das Lamm und die den messianischen Knaben gebärende Frau auf der anderen Seite. Wie in Dan 7 spielen die *Hörner* des Lammes wie der anderen Tiere eine große Rolle. In den Bilderreden des äthHen (85–90) wird die ganze Geschichte Israels inklusive der messianischen Zeit ähnlich in Tierallegorien dargestellt. Hier wie in 4 Esr 11f. ist auch die Rede von den „Häuptern" wichtig (in 4 Esr: Häupter und Flügel). Wie in Dan 7 ist dabei der Bericht fast nach genealogischem Muster konzipiert: entscheidend ist die *Abfolge der Allegorien.* – Neben den Tierallegorien kennt die biblische und außerbiblische Überlieferung auch die Konzeption einer Reichefolge in Gestalt von vier *Metallen* (Dan 2). Das vierte Reich wurde im 1. Jh. mit Rom identifiziert (Josephus a 10,276f.), das fünfte Reich ersehnte man allgemein aus dem Osten. Dieses wird als das neue, ideale Reich erwartet. In der Apk-Joh ist die Folge der früheren Reiche weggefallen, es stehen sich nur noch Rom und das kommende Reich gegenüber (zur Verbindung mit der Reiche-Apokalyptik vgl. Sib 3,350–355 mit Apk 18,6f.).

7. Apokalypsen als Briefe

Lit.: K. BERGER: Apostelbrief und apostolische Rede. Zum Formular frühchristlicher Briefe, in: ZNW 65 (1974) 190–231, besonders § 2: Apostelbrief und Offenbarungsliteratur S. 207ff. – Daran anschließend: U. B. MÜLLER (1983). – ANRW S. 1361f.

Wie eine Reihe anderer apokalyptischer Texte ist die ApkJoh als Brief abgefaßt (1,4–6; 22,21), und sie enthält überdies in 2–3 sieben Einzelbriefe. Analogien bilden die prophetischen Briefe des AT und besonders die Briefe der Jeremia-Baruch-Tradition, darunter besonders syrBar 78–87. Briefe werden hier als Fortsetzung prophetischer Tätigkeit mit anderen Mitteln und als vollgültiger Ersatz für die Abwesenheit des Propheten aufgefaßt. Wie die Prophetenbriefe öffentlich vorgelesen werden sollten (vgl. ZNW 1974, 216), so auch Apostelbriefe und so möglicherweise auch die ApkJoh (U. B. Müller, 1983, 607), vgl. 22,16.

Nun geht es in ApkJoh aber *nicht um eine Fortsetzung* der Tätigkeit des Propheten, und darin unterscheidet sich dieser Brief von den Prophetenbriefen aus der Jeremia-Baruch-Tradition. Vielmehr – und darin sehe ich den Schlüssel für die briefliche Abfassung dieser „Apokalypse" – wird hier ein

Brief dem Kommen des (eigentlichen) Autors vorangeschickt. So ist es auch bei Paulus (und natürlich auch sonst oft): Die Briefe *kündigen sein baldiges Kommen an,* und zwar häufig mit dem Satz „ich komme (werde kommen)" (z. B. 1 Kor 4,21; 16,5; 2 Kor 12,1), insbesondere aber mit der auch außerhalb des NT häufig belegten Wendung „ich komme bald" (1 Kor 4,19 gr.: *tacheōs;* Phil 2,24 gr.: *tacheōs*). Eben diese für den vorangeschickten Brief typische Ankündigung des baldigen Kommens aber wird in der ApkJoh häufiger wiederholt (2,16; 3,11; 16,15 und besonders im epistolaren Schluß: 22,7.12.20) und ähnlich wie bei Paulus (z. B. 2 Kor 10.13) auch im Zusammenhang mit Drohungen verwendet (Apk 2,5.16). Nur ist es *Gott,* der dieses tut: Gott selbst ist der eigentliche Autor dieser Schrift (Apk 1,1; 1,8). *Er kündigt sein Kommen an wie die Verfasser von Briefen auch sonst.* Die Tradition eschatologischer Naherwartung und der Rede vom Kommen Gottes hat sich daher auf sinnreiche Weise verbunden mit der Ankündigung baldigen Kommens in Briefen, und daher ist die ApkJoh als Brief stilisiert worden, und auch die ihr inkorporierten Briefe enthalten häufiger dieses Motiv (Apk 2,5.16; 3,11). – In wie hohem Maße auch die Passagen außerhalb der Gemeindebriefe der JohApk als Brief und diesen zugeordnet betrachtet werden müssen, darauf weist z. B. die Verwendung des Begriffs „Werke", der sowohl in den Briefen als auch späterhin eine zentrale Rolle spielt (9,20; 14,13; 16,11; 18,6; 20,12. 13; 22,12). Auch die anderen Elemente der Briefe begegnen im Laufe des Buches wieder.

8. Schilderungen der Abfolge von Äonen

In Übernahme griechischer Schilderungen der Abfolge mehrerer Welten entwickelt die Apokalyptik des 1. Jh. die Darstellung des Vergehens der alten Schöpfung und der Erstellung einer neuen (Apk 20,11; 21,1; 2 Petr 3 kennt sogar drei Schöpfungen: die erste wurde bei der Sintflut vernichtet). In äthHen 91,15 ist schon vom Fliehen des ersten Himmels und der ersten Erde die Rede.

9. Vaticinien, vgl. § 76.

10. Apokalyptische Märtyrerberichte, vgl. § (97) 98.

11. *Szenisch ausgestaltete Schilderungen des Gerichts* kennen im Neuen Testament auffallenderweise – aber mit um so größerer Wirkungsgeschichte – nur Mt 25,31–46 (Gruppierung nach rechts und links); Apk 21,11–15. Ansatzweise ist Ähnliches auch in Q = Mt 7,21–23; Lk 13,26 f. gegeben, nur geht es dort um das Gespräch mit dem potentiellen Anwalt, nicht mit dem Richter, wenn auch zeitlich um die Stunde des Gerichts. Sowohl in Mk 13,27 f. (par Mt 24,31) als auch in Lk 17,34–37 wird das *Einsammeln* der Gerechten durch die Engel des Menschensohnes nur kurz angedeutet. In Apk 21,11–15 geht es um das Buch, die Rückgabe der Toten aus Meer und Unterwelt und das Ende der Bösen im Feuersee. – Die Gattungsgeschichte läßt erkennen, daß *Dan 7,9 f. nur einen Ausschnitt aus einer Tradition* bietet, in

der der Richter auf dem Thron, Bücher, Gerichtsschreiber sowie die Orte der Seligen und der Verdammten und das Wiedergegebenwerden der Toten durch die Erde als Motive abwechselnd kombiniert werden. Dan 7,9f. ist noch nicht einmal der älteste Beleg, und aus äthHen 51,1–3 wird erkennbar, daß in der Frühzeit der Geschichte der Gattung die einzelnen Elemente noch sehr abweichend kombinierbar waren. Zu dieser Gattung sind zu rechnen: äthHen 47,3; 51,1–3; 90,20–27; 4 Esr 7,32–44; Dan 7,9f.; Mt 25,31–46; Apk 21,11–15.

12. Zur Form der frühchristlichen apokalyptischen Texte:
a) Die „synoptischen Apokalypsen" Mk 13; Mt 24,1–25,13; Lk 21 weisen folgenden gemeinsamen Aufbau auf: A. Apokalyptische Ereignisordnung (Tagma). – B. Vaticinien über Nähe des Endes. – C. Wachsamkeits-Mahnrede (bei Lk in erster Linie Vermeidung der Bedrohung durch Gebet). – Nur Mt weist mit der Gerichtsdarstellung in 25,31–46 ein wichtiges zusätzliches Element auf: Die Mahnrede über Wachsamkeit, die so endet, ist bei Mt insgesamt ein symbuleutischer Gleichnis-Diskurs.

b) Die ApkJoh ist eine Synthese aus folgenden apokalyptischen Gattungen: 1.22 und 2–3: Brief. – 1–3: Visionärer Ich-Bericht. – 4–22: Thronvision. – 6–16: Apokalyptische Ereignisordnung. – 7.17: Offenbarungsdialog. – 11,3–13: apokalyptischer Märtyrerbericht. – 16.19.20: Kriegsschilderung. – 18–21: Ekphrasis der beiden entgegengesetzten Städte. – 18: Klage über die zerstörte Stadt. – 20f.: Ekphrasis der Abfolge von Äonen. – 21: Schilderung des endzeitlichen Jerusalem. Diese Synthese erfolgt nicht kunstlos: Beachtenswert ist vor allem die Verbindung von Thronvision und Ereignisordnung dadurch, daß das Feuer, mit dem die Erde bestraft wird, von den himmlischen Altären genommen wird; die Schalen sind Opferschalen usw. Der visionäre Ich-Bericht der K. 1–3 ist der Thronvision dadurch zugeordnet, daß der Ekphrasis der Gestalt des Menschensohnes in K. 1 die Ekphrasis des Thrones Gottes in K. 4 entspricht. Durch die auf K. 1 folgenden Briefe wird der Menschensohn als für seine Gemeinden, durch die Ereignisordnung ab K. 6 der thronende Gott als für die ganze Welt zuständig erklärt. – Schließlich wird die strenge Systematik vor allem der Kapitel 6–9 gegen Ende des Buches ab K. 16 wieder aufgegriffen. – So dominieren im ganzen Elemente der Thronvision und der Ereignisordnung und analoger Gattungen. Im Blick auf verwandte apokalyptische Texte (äthHen und slavHen), in denen gleichfalls Thronvisionen bestimmende Elemente sind, muß man sagen, daß die kompositorische Leistung des Verfassers der JohApk darin liegt, Thronvision und Ereignisordnung (nebst Analoga) eng miteinander verknüpft zu haben. Läßt sich die Gattung der ApkJoh mithin so beschreiben, dann ist nach dem Sitz im Leben gerade dieser Verbindung zu fragen. An den „hymnischen" Stücken wird er am leichtesten erkennbar: Nicht nur das Lamm kann im Himmel als Sieger gefeiert werden – in den himmlischen Akklamationen wird auch jede weitere Phase der Verwirklichung von Gottes Herrschaft gelobt und anerkannt. Da der Seher dieses angesichts einer durch den römischen Staat bedrängten Gemeinde als Gegenwart schaut, sind die Darstellungen des Himmels und der Akklamationen nicht nur *überlegene Konkurrenz* zum sichtbaren Gepränge der römischen Kaiser („basileomorphe Mystik") – ähnlich wie in *Hebr* der himmlische Kultort als höhere Entsprechung zum konkurrierenden Jerusalemer Tempel aufgefaßt wird, und dieses angesichts der Bedrohung durch den Rückfall ins Judentum – der Streit ist vielmehr auch bereits entschieden. Eine Analogie zum Hebr drängt sich auf: Der Sitz im Leben der Darstellung des himmlischen Heiligtums und des vollkommeneren neuen Hohenpriesters, der im Himmel weilt, ist: dem konkurrierenden und offenbar zunehmend auch für Christen wieder attraktiven Judentum Überlegenheit auf analogem Gebiete zu präsentieren. Ähnlich die Dimension des himmlischen Thrones und Kultes in der ApkJoh – nur jetzt gegenüber der Gefährdung, die vom römischen Staat zum Abfall ausgeht. Zweimal wird mithin im frühen Christentum Schilderung des himmlischen Heiligtums gegen Bedrohung zum Abfall eingesetzt, gegen nichtchristliche Juden und gegen Römer.

c) In Lk 17,20–37 ist die Gattung der *apokalyptischen Ereignisfolge* immerhin nachgeahmt durch das „zuvor aber muß . . ." in V. 25 (vgl. Mk 13,10), aber nicht weiter durchgeführt. Die symbuleutischen Elemente überwiegen noch stärker als in den synoptischen Apokalypsen Mk 13parr. Alle Aussagen über Zukünftiges werden sogleich in Mahnrede umgemünzt. Auch der eindrucksvolle Schluß V. 37 weist nur auf die Gnadenlosigkeit des Gerichtes, die zur Entscheidung jetzt ermuntern soll.

§ 78 Zur Problematik des Gattungsbegriffs „Wundererzählung"

Lit.: ANRW S. 1212–1218. – R. GLÖCKNER: Neutestamentliche Wundergeschichten und das Lob der Wundertaten Gottes in den Psalmen, Mainz 1983.

1. Wunder/Wundererzählung ist kein Gattungsbegriff, sondern moderne Beschreibung eines antiken Wirklichkeitsverständnisses. Die Problematik der Abgrenzung von Wundergeschichten wird unmittelbar einsichtig, wenn man fragt, inwiefern der Seewandel Jesu (Joh 6,16–21) etwa in Differenz zu Sturmstillungsgeschichten, inwiefern die wunderbare Auffindung der Eselin nach Mk 11,2.4, die Befreiung des gefangenen Petrus nach Act 12,8f. oder die Auferweckung der beiden Zeugen nach Apk 11,11 Wunderberichte sind oder nicht. Auch anhand von Act 5,1–11 versagt jede gängige Einteilung von Wundergeschichten. Denn die erzählenden Texte schildern Jesus wie die Apostel durchweg als Charismatiker. Wunder läßt sich daher religionsphänomenologisch beschreiben als staunenswerter Erweis charismatischer Macht in erzählter Geschichte. Aber eine formgeschichtliche Beschreibung ist dieses nicht. Vielmehr gehören die verschiedenen Wunder-Erzählungen des Neuen Testaments einer ganzen Reihe von an der Beschreibung von Einzelfiguren orientierten erzählenden Gattungen des Neuen Testaments an.

Die wichtigsten dieser Gattungen sind: Demonstratio/Epideixis, Deesis/Petitio, Chrie, Erzählungen über Ausführung eines Befehls (Mandatio), Konflikterzählungen, Zeichenhandlungen, Symposien, Prodigienberichte, Erzählungen über Erkennen und Wiedererkennen, Beispielerzählungen, erzählte Akklamationen, Theophanieerzählungen, Basisbiographie, Visionsbericht. – Auch das formgeschichtliche Problem der sog. Wundersummare löst sich auf diese Weise, da derartige Summare zum Grundstock einer Biographie als „Basisbiographie" gehören. – Als formgeschichtliche Vorstufen für die neutestamentlichen Texte kommen vor allem alttestamentliche Erzählungen über Elia und Elisa und hellenistische inschriftliche Wunderberichte in Frage (vgl. dazu: ANRW S. 1215–1217). Gewiß gibt es zwischen wunderhaften Erzählungen immer wieder zahlreiche Übereinstimmungen. Diese bestehen aber deshalb, weil diese Erzählungen (zusammen mit nichtwunderhaften) bestimmten gemeinsamen Gattungen angehören – nicht aber, weil es sich um Wunder handelt.

2. Es gibt *an Einzelfiguren orientierte Erzählgattungen,* in denen wunderhafte Vorgänge eine verhältnismäßig große Rolle spielen (z. B. Epideixis/Demonstratio), solche, in denen sie höchstens summarisch berichtet werden (Autobiographie) und solche, in denen sie ganz fehlen (z. B. Begräbnisberichte). Dieser Tatbestand berechtigt jedoch noch nicht, bei den stärker wunderhaltigen Erzählungen von Wunderberichten als Gattung zu sprechen. Denn daß der charismatische „Held" einer Erzählung seine charismatische Macht und seinen Kontakt mit der himmlischen Welt unter Beweis stellt, macht noch keine Gattung aus. Die verschiedenen erzählenden Gattungen bieten dazu bekanntlich mehr oder weniger gute Gelegenheiten, an denen der Erzähler etwas „durchblitzen" läßt von der charismatischen Qualität seines Helden.

3. Das von G. Theißen (Urchristliche Wundergeschichten, 1974) im Anschluß an R. Bultmanns Orientierung an der älteren Folkloristik gesammelte und angeblich gattungskonstituierende Motivarsenal bedarf daher einer Überprüfung. Denn dieser Zaun, der die Wunderberichte von anderen abgrenzen soll, hat zu viele Löcher, d. h. wichtige Elemente fehlen zu häufig, so daß die Abgrenzung, wie unter 1. geschildert, unklar bleibt. Das gilt auch hinsichtlich des Schweigegebotes, das sich kaum aus dem Verbot der Weitergabe magischer Formeln herleiten läßt (vgl. dazu § 100). Zudem wurde hier der Begriff „Wundergeschichte" unbefragt vorausgesetzt.

4. Wunderhafte Berichte gehören verschiedenen erzählenden Gattungen zu, weil in ihnen etwas „geschieht". Aufgrund ihres *Ereignischarakters* dienen wunderhaltige Erzählungen daher häufig als Anlaß, Exposition oder Einschub in stärker an Rede orientierten Erzählungen und haben daher öfter einen unselbständigen Charakter. Häufig sind sie daher gar nicht strikt abgrenzbar, vielmehr war dem Erzähler – im Gegensatz zum modernen Exegeten, der oft beides unverständig auseinanderreißt – gerade an der Zusammengehörigkeit von Wort und Tat im Auftreten des Charismatikers gelegen.

So fehlt in Mk 3,22–27 noch ein Wunder, während die Parallelen Mt 12,22–32; Lk 11,14–23 die Erzählung „sachgemäß" vervollständigen. Die ältere Formgeschichte hat – unter Betonung des Wortes – Wort und Tat zu stark geschieden. In der „gemischten Chrie" sind schon längst vor dem Neuen Testament Wort und Tat integriert (im NT: Mk 2,1–12, dazu bereits Berger, Exegese, S. 29f.; 3,1–6; Lk 13,10–17; 14,1–6). Abgesehen von diesen Chrien, in denen Wunderberichte scheinbar „sekundär eingeschoben" sind, haben wunderhaltige Erzählungsabschnitte folgende kompositorische Funktion:

a) *Auftakt für Bekehrungspredigt:* Act 3,1–11/12–26 (hier auch für weitergehende Konflikte: 4,1–31, bes. bis 4,21f.)

b) typisch für johanneische Wundergeschichten ist die *„verschleppte Reaktion"* in Joh 5,10.16–18; 9,8–39; 11,45.46–53; 12,9–11.17–19 (die Akklamation beim Einzug in Jerusalem ist im ganzen Reaktion auf die Auferweckung des Lazarus, vgl. 12,13 und 12,17); 12,37–43. – Außerhalb: Mt 12,22–32; Lk 11,14–23. – Nicht nur in Joh 5, sondern auch in Mt 12,22/23–37 und in Lk 11,14/15–36 ist eine Wundertat die *Einleitung zu einer Apologie.* Eine zerdehnte Reaktion liegt auch vor, wenn die wunderhafte Erzählung der Auftakt zur Verfolgung ist: Act 3,1–11/4,1–31.

c) die *Dialoge* vor dem „Wunder" (wieder vor allem in joh Wundergeschichten) haben die Funktion eines retardierenden Elements (Joh 4,46–50; 5,6–9; 6,5–12; 9,2–5; 11,3–4.7–10.11–16.21–27.32–37.39–40).

d) *präventive Legitimation:* Die beiden Wunderberichte Act 9,32–42 gehen dem wichtigen K. 10 (Petrus und die erste Heidenbekehrung) voran, die drei Berichte Mt 9,18–34 stehen vor der Aussendung.

e) In Mt 12,22/23–37 und Lk 11,14/15–28/29–36 sind wunderhafte Berichte ähnlich wie in Joh 5.9 und 11 nur die Exposition für eine Verbindung von Apologie und Schelte sowie bedingter Mahnrede. Die nicht-akzeptierte Tat ist Anlaß für christologische Ausführungen apologetischer Art und zur Mahnrede, die mit dem harten Mittel der Schelte arbeitet.
Fortführung mit Unheilsansagen: Mt 8,10–12 (der Wundertäter ist auch der „Gerichtsprophet", der verbindlich Heil oder Unheil ansagt).

f) Die Einsicht, daß wunderhaltige Erzählungen oftmals nur Auftakt sind, ermöglicht auch eine angemessene Einschätzung der Formel „dein Glaube hat dich gerettet", etwa in Lk 17,11–19: Die Rettung durch den Glauben geschah in dem Dank; das Wunder selbst steht gar nicht mehr im Zentrum.

g) *Verknüpfung* von wunderhaltigen Erzählungen: Hier ist regelmäßig Steigerung beabsichtigt. In Act 9,32–35/36–42 folgt eine Totenerweckung auf eine Gelähmtenheilung, in Mk 5,21–43 auf die Heilung der Blutflüssigen die Totenerweckung der Tochter des Jairus (die erste Geschichte wirkt als retardierendes Element). In der in allen Evangelien belegten Abfolge von Speisungsgeschichte und Wandeln auf dem Meer wird ein prophetisches Element (vgl. Elisa-Berichte) mit einem eher hellenistisch-theophanen verknüpft: Jesus tut nicht nur wie Elisa, sondern wandelt wie ein Gott über dem Wasser (vgl. Hiob 9,8 LXX). Die zweite Geschichte funktioniert wie eine nachgestellte Bekräftigung. – Nur für die abschließende Reaktion „Solches ist noch nie in Israel gesehen worden" gilt das in den drei Erzählungen Mt 9,18–34. Ähnlich in Mt 8,23–27/28–34/9,1–8. – Der Zyklus Mt 8,1–4/5–13/14–15 wird in V. 16–17 durch ein umfassendes Schriftzitat abgeschlossen.

h) Das Wunder steht als Bekräftigung am Schluß: Mt 17,27. Vgl. auch Lk 4,29f.

i) Aufgrund der strukturellen Ähnlichkeit von Chrie und bestimmten wunderhaltigen Erzählungen (Konzentration auf das entscheidende Wort) haben sich Chrie und

Wunder oft miteinander verbunden: Mk 2,1–12; 3,1–6; Lk 14,1–6; 13,10–17; Mt 12,22–32par Lk 11,14–23.

5. Erzählungen, in denen die Taten wunderhaft sind, machen mithin *nicht diese Tat selbst zum Zentrum;* daher kann auch Jesu Wunderwirken im einzelnen völlig verschwinden, auch der Bericht über Reaktion und Wahrnehmung, wie oft bei den Speisungsgeschichten. Die Fähigkeit Jesu, Wunder zu wirken, ist allemal vorausgesetzt. Die wunderhafte Erzählung ist vielmehr stets Vehikel für eine besondere Aussage – je nach Erzählgattung und je nach deren Sitz im Leben. Wegen dieses durchaus unselbständigen „Einbettungs"-Charakters haben die wunderhaften Erzählungen auch *bewegliche Schwerpunkte,* können bestimmte Teile geradezu übermäßig zerdehnt werden (vgl. 4b, c, e), etwa die Reaktion, oder kann es geschehen, daß das Wichtigste die Anzahl der Körbe mit den übriggebliebenen Stücken wird (Mk 8,19–21).

6. Ein weiteres Element der Erzähltechnik, welches man als typisch für Wundergeschichten ansehen könnte, begegnet keineswegs nur in wunderhaften Erzählungen, sondern überall dort, wo Boten Gottes am Werk sind und wo Gott „mit" Menschen ist. Es handelt sich darum, daß eine verhältnismässig geringfügige Handlung, von diesen Menschen ausgeführt, eine erstaunlich große Wirkung hat. In dieser Hinsicht stimmen nun aber Machtworte in wunderhaften Geschichten, entsprechende Handlungen (z. B. an der Hand fassen), Gebete der Gemeinde (Act 4,31: Erdbeben als Folge, vgl. 16,26) und kultische Aktionen im himmlischen Heiligtum der Apk (z. B. das Ausgießen der Schalen nach Apk 16) überein. Dazu gehören auch Fluch und Segen (Fluchworte Jesu: Mk 11,12–14par Mt 21,18–19; Mk 11,20; Mt 21,20).

Daher haben auch die Worte der Apostel nach Act 5,1–11 automatische Wirkung: Ananias und Sapphira fallen tot um. Auch diese Erzählung ist ebensowenig und ebenso sehr „Wundergeschichte" wie andere auch. Ebenso ist es übrigens wunderhaft, wenn ein erwartbarer Erfolg ausbleibt: Das Charisma hat nicht nur offensive, auch schützende Funktion (Mk 16,18ab; Act 28,3–6). –

Nur deshalb werden auch Sündenvergebung (Mk 2,5b) und heilende Aufforderung (Mk 2,9) überhaupt vergleichbar und können in einer Erzählung behandelt werden; wer beides hier trennt, um die Wundergeschichte als Gattung zu isolieren, verkennt die innere Zusammengehörigkeit beider Arten von Machtwort. Die Gattungsfrage entscheidet sich hier an der Art, wie diese Machtworte Jesu hier zur Diskussion stehen, wie mit ihnen umgegangen wird.

So gilt: Eine derartige Wirkung von Wort und Tat konstituiert noch keine Wundergeschichte. Vielmehr ist jegliches Wort des Charismatikers oder des Boten Gottes auch Tat und setzt Wirklichkeit – es geht also nicht um eine Gattung, sondern um ein Wirklichkeitsverständnis. So gilt: Wenn jemand solche Taten wirken kann – in welche Art von Erzählungen wird dieses hineingewoben?

Könnte man die Erzählungen, die durch dieses Wirklichkeitsverständnis geprägt sind, isoliert betrachten, so dürfte man sie formgeschichtlich allenfalls zusammenfassen unter der Kategorie „Erzählungen über Tat/Wort von Gerechten, bzw. Gottes Boten und deren Folge".

7. Wunderhaltige Erzählungen haben als solche eine qualifizierte *Beziehung zu bestimmten Grundentscheidungen der Geschichte des Urchristentums*. Mit dieser Feststellung wird weder durch die Hintertür die Gattung Wundergeschichte wieder eingeführt noch das Wunderbare als Reflex sozialer oder sozialpsychologischer Zustände betrachtet (zum Ansatz von G. Theißen vgl. ANRW S. 1214f.). Vielmehr gilt: Mit wunderhaltigen Erzählungen wird die charismatische Vollmacht Jesu für die autoritative Klärung einer Reihe von entscheidenden Schritten in der Geschichte des frühen Christentums beansprucht. Aus diesem Grunde sind Wundergeschichten im Neuen Testament auch unverhältnismäßig viel häufiger als in der umgebenden Literatur. Verschiedene Erzählgattungen erhalten so durch wunderhafte Züge verstärkte Bedeutung für die in ihnen erzählerisch bewältigte Rechtfertigung entscheidender Schritte z. B. in Richtung auf Universalismus. Jedoch werden die wunderhaften Geschichten dadurch nicht zu symbolischen Handlungen (G. Theißen), vielmehr ist es die charismatische Vollmacht Jesu selbst, auf die die je erlangte größere Freiheit oder Legitimität zurückgeführt wird; es geht nicht um Symbole, sondern um eine Klärung auf gleicher Ebene, also um *exempla* (vgl. § 8).

Derartige Konflikte, Probleme und legitimationsbedürftige Ansprüche in der Geschichte des frühen Christentums, die durch charismatische Machterweise exemplarisch geregelt werden, sind:

a) In der *Diskussion mit dem Judentum* das Konzept der „offensiven Reinheit und Heiligkeit" (d. h. einer Reinheit, die nicht nur passiv und verletzbar besteht, sondern die Unreines rein machen kann): Mk 1,40–45; Lk 17,11–19. – Daher auch besonders: Beseitigung weiblicher Unreinheit: Mk 5,25–43; Lk 8,2; Mt 9,18–23.

b) (wohl im Zusammenhang damit): *Anspruch* auf Sündenvergebung (Mk 2,1–12).

c) Aus der Missionspraxis der Christen (s. o. § 32,1) ergaben sich die *Sabbatkonflikte* um die charismatische Tätigkeit der Christen: Mk 1,21–28parr; Mk 3,1–6parr; Joh 5,1–16; Lk 13,10–17; Lk 14,1–6. Es geht nicht nur darum, durch die Argumente das Heilen zu rechtfertigen, sondern die Heilungen und die Argumente rechtfertigen die christliche Sabbatpraxis überhaupt.

d) *Samaritanermission:* Lk 17,11–19.

e) Die *Jünger setzen überhaupt Jesu Werk fort:* In den Speisungsgeschichten (Mk 6,30–44; Mt 14,13–21; Lk 9,10–17; Joh 6,1–13; Mk 8,1–9; Mt 15,32–38) stehen die Jünger wie sonst nie im Zentrum als Ausführende, daher auch die symbolische Anzahl der Körbe (auf die Sieben und die Zwölf als frühe Autoritätsgruppen bezogen?). Jesus wirkt im Tun der Jünger. – Ähnlich sind alle wunderhaften *Erzählungen am Meer* bezogen auf die enge Gemeinschaft Jesus/Jünger, so der Fischzug (Lk 5,1–11; Joh 21,1–14), die Sturmstillung (Mk 4,35–41; Lk 8,22–25) und das Wandeln auf dem Meer (Mk 6,45–52; Mt 14,22–23). Die Adressaten dieser Widerfahrnisse sind exklusiv die Jünger. Vgl. auch Mk 9,14–29.

f) *Zuwendung zu den Heiden in Heidenmission:* Mk 5,1–20; Mk 7,24–30par Mt 15,21–28 (Syrophönikerin); Mt 8,5–13par Lk 7,1–10 (Hauptmann von Kapernaum);

Mt 8,28–34 (Besessene in Gadara). – In der Geschichte von der Syrophönikerin steht außer Frage, daß Jesus das Wunder wirken kann, entscheidend ist hier nur, wem er es zukommen läßt. Der Dialog vor dem Wunder entscheidet hier als pars pro toto eine der Lebensfragen des frühen Christentums.

g) (auch für die Heidenmission wichtig:) Stützung der Autorität des *Petrus:* Lk 5,1–11; Joh 21,1–14; Act 3,4–6; 9,32–35.36–42; 12,7–11.

h) Konflikte mit der *jüdischen Obrigkeit:* Act 5,19f. (vgl. 4,25–30); Mt 17,24–27 (das Wunder überbietet hier das ältere, zum gegenteiligen Resultat gelangende Gleichnis, so daß eine Zwar . . . aber-Argumentation herauskommt).

i) Konflikte mit der *römischen Obrigkeit:* Act 16,16–18.19–34. Vgl. besonders 16,21/37f.: Die vorgeben, römische Sitte zu schützen, mißhandeln römische Bürger und bekommen es dann mit der Angst zu tun. So wird die Anklage 16,20f. widerlegt. Das Wunder ab V. 26 widerlegt die Vorwürfe und erweist das Unrecht. Die Gefangenenbefreiungen in Act (K. 5,12,16) stehen in einem besonderen Verhältnis zur Haltung der Act auch gegenüber Rom und dem Fall des Paulus am Ende.

k) Konflikte zwischen *Christen und Gemeindeführung:* Act 5,1–11.

l) *Predigt und Abendmahl stehen unter Gottes Schutz und Segen:* Act 20,7–12: Das Wunder wird fast nebensächlich berichtet, besonders augenfällig ist der „eingeschobene" V. 11: Brotbrechen und Reden gehören derselben Dimension an wie Tote Erwekken. Das „sie wurden ermuntert" entspricht paulinischer brieflicher Diktion (vgl. 2 Kor 1,3–10!). Auch das „erschreckt euch nicht" könnte in einem paulinischen Brief stehen.

Insbesondere aus den Punkten a)–d) und f) wird erkennbar: Wunder sind Teil der Vollmacht Jesu zur Erstellung von Neuem, sind Elemente des Durchbrechens nationaler Schranken. Jedoch werden diese Schranken nicht deshalb aufgehoben, weil Glaube als Grenzüberschreitung beschreibbar wäre, sondern aufgrund der charismatischen Vollmacht Jesu.

§ 79 Die erzählende Gattung Epideixis/Demonstratio

Zu dieser Gattung rechnen wir alle Texte, in denen ein Geschehen so berichtet wird, daß am Ende die (Augen- oder Ohren-)Zeugen darauf mit Verwunderung, Staunen oder Fragen reagieren. Der Autor gibt zwei Betrachtungsweisen wieder: die seine als die „objektive" des Geschehens und die „subjektive" der Rezeption des Geschehenen durch die damaligen Zeugen. Diese haben Bedeutung für die *Leser,* die sich der Autor vorstellt, denn ihre Reaktion soll die der Leser im voraus abbilden und die Leser dazu einladen, sich zu identifizieren (für den Fall negativer oder gespaltener Reaktion: sich abzugrenzen). Mit Hilfe der Einführung dieser Gattung wird es vor allem unnötig, für die Formgeschichte zuvor den Begriff des Wunders systematisch einzugrenzen. Denn gerade unter dieser Gattung lassen sich außer im traditionellen Sinne wunderhaltigen Texten auch andere erfassen, deren Erzählgegenstand der Autor für nicht minder staunenswert hielt. Die formgeschichtliche Kategorie wird hier zum Instrument, auch die religionsgeschichtliche Frage voranzutreiben und nicht zuvor zu entscheiden. Neben den *Zeugen ersten Ranges* (den betroffenen Empfängern des Offenbarungsgutes) sind es vor allem die *Zeugen zweiten Ranges,* die Zaungäste, auf die es ankommt. Bisweilen werden auch beider Reaktionen berichtet (Lk 5,9f.; 18,35–43) oder, und das bildet vortrefflich die Rolle ab, die den Zeugen zweiten Ranges vom Autor zugedacht ist, deren Reaktion erfolgt auch in der Erzählung erst, wenn ihnen die Geschichte erzählt wird (Mk 5,20). Denn sie stehen für die Leser des Textes. So gelingt es, durch die Gattungskategorie „Demonstratio" auch den Leserbezug in der Erzählung als konstitutiv in die Gattung einzubringen. Aus seiner Perspektive wird hier erzählt (etwa im Unterschied zur hagiographischen Perspektive, in der es um die Verherrlichung des Helden geht). Typisch für die Gattung ist als Reaktion die Frage: „Wer ist dieser . . .?" oder die Reaktion: „Du bist + Titel" (vgl. dazu oben § 68,1 e). Dadurch wird insbesondere der Bezug dieser Gattung zur Biographie sichergestellt.

1. Daß Geschehen und Reaktion zusammen berichtet werden, qualifiziert das Geschehen im ganzen; die Reaktion ist nicht nur ausschmückende Zutat. Es handelt sich vielmehr um eine Art kommentierten Berichtes, und der Kommentar *weist das Geschehen als offenbarungshaft, von Gott kommend aus.*

Beschränkt man den Blick hier auf Wundergeschichten, so sind die Anhaltspunkte für die Formgeschichte des „Admirationsmotivs" in Wundergeschichten äußerst spärlich (G. Theißen, a.a.O., 79) und kaum ausreichend, die Vielfalt und Regelmäßigkeit in den zahlreichen neutestamentlichen Texten dieser Art zu erklären. Vielmehr liegt die Vorgeschichte in der Darstellung von *Epiphanien und Theophanien* (vgl. § 75,5). Hier sind Staunen, Furcht, Schrecken usw. die üblichen Reaktionen. Auf die Gattung Gotteserscheinung weist bereits der Chorschluß in Paralipomena Jeremiae 7,20 (der Adler, Gottes Bote, hat einen Toten auferweckt): „Es staunte aber das ganze Volk über das Geschehen, sagend: Ist dieses nicht der Gott, der unseren Vätern erschienen ist in der Wüste durch Mose, und nun erschien er uns durch diesen Adler." Für die enge Verbindung, die Altes und Neues Testament für diese Gattung haben, sei nicht nur auf die Aufhebung der Furcht als der üblichen Reaktion durch das visionäre „Fürchte dich nicht!" verwiesen, sondern auch auf die Beziehung zwischen 1 Kor 2,3 zu Jes 19,16LXX. Für „Furcht" als Theophaniemotiv ist auf Mt 28,2–4 zu weisen. Ähnlich wird auf theophane Ereignisse (Auferweckung, Erdbeben) mit Furcht und Gerichtsdoxologie reagiert in Apk 11,11.13. – Für den Bereich des paganen Griechentums vgl. zu Furcht, Schrecken und Verwunderung als Reaktionen auf das Erscheinen von Göttern: RAC IV 966 und PW.S 4,316 ff.

Die Reaktion auf charismatisches Geschehen an Menschen stellt sich Paulus in 1 Kor 14,25 vor als den Ausruf „Gott ist in euch". Alles weist darauf, daß es sich bei den Belegen der Gattung Epideixis sachlich gesehen um Begegnungen mit dem Göttlichen handelt. Das Besondere im Neuen Testament ist nicht etwa das Zurücktreten des Elementes der Furcht (die verschiedenen Verben geben das Außer-Fassung-Geraten nicht als freundliches Überraschtwerden wieder), sondern die große *Bedeutung von Boten und Mittlern* für die Begegnung mit Gott (vgl. etwa Mt 14,33: Reaktion „beteten an").

2. In folgenden neutestamentlichen Zusammenhängen finden wir die Gattung Epideixis:

a) *Ekstatische Zustände:* Act 2,1–13, darin V. 7.12 (vgl. dazu: TRE XII 183 f.). – Vgl. 1 Kor 14,25. – Auf Prophetie ist Staunen die Reaktion in Lk 2,33 (nach V. 25–32), auf eine Vision hin in Apk 17,5 f.

b) *Reden,* insbesondere solche „harten" Inhalts: Mt 7,28 f. (Bergpredigt ab Mt 5,2); Mk 10,23–26 (Reichtum); 10,32 (Leiden Jesu); Act 24,25 (Gerechtigkeit, Enthaltsamkeit, Gericht). – *Schriftauslegung* als charismatische Rede: Lk 4,22. – *Rede als Weisheit:* Mk 6,1–6a, in V.2, ebenso Mk 1,22; Mk 12,17b (Steuerfrage); Lk 2,46 f.; 4, 22 f. – Man beachte besonders die Verbindung von Weisheit und Machttaten in Mk 6,2. In Mk 6,1–6 par ist eine Demonstratio mit negativer Reaktion zu einer *apologetischen Chrie* gestaltet worden. – *Reden* sind dieser Wirkung zugeordnet auch nach Act 2,37 und besonders nach Act 4,9–12.13 f. Da das letztere eine Apologie vor Gericht ist, trifft auf sie die Verheißung Lk 21,14 f. zu, so daß es sich hier ausdrücklich um inspirierte, „göttliche" Rede handelt. – Die Seligpreisung der Prophetenmutter in Lk 11,27 ist Anerkennung für die Rede, die Jesus in Lk 11,15–26 gehalten hat. – In 11,28 „korrigiert" Jesus dieses Lob, indem er die gleiche Anerkennung denen verheißt, die die Rede hören und bewahren. – Zu Reden vgl. RAC IV, 965.

c) *Prodigien* bei Jesu Tod (Mk 15,37–39; Mt 27,51–54; Lk 23,47 f.) werden entweder mit dem Satz „Wahrhaftig, dieser Mensch war Gottes Sohn" oder mit Furcht und Lobpreis Gottes beantwortet, bei Lukas auch mit Sich an die Brust Schlagen.

d) Berichte über die *Einbeziehung der Heiden* werden in Act mit derselben Wendung kommentiert, mit der Lukas vorzugsweise Wunder kommentieren läßt: „Sie lobten (gr.: *doxazō*) Gott", so in Act 13,48 zu 13,46 f. und in 11,18 zu 11,5–17. Je stärker die Erzählungen missionarisch ausgerichtet sind, um so deutlicher wird die Reaktion als Bekehrung identifiziert (vgl. Act 9,35.42b; 13,12; 16,27–33).

e) Das Verherrlichen und Lobpreisen kann in *Hymnen* auch ausgeführt werden. Unter diesem Aspekt gehören Erzählungen und die sie beantwortenden und kommentierenden Hymnen zusammen, so Lk 1,26–38 und das Magnificat Lk 1,46b–55, Apk 11,11–13 (Auferweckung und Erdbeben) und die „Hymnen" in 11,15; Apk 17 f. sowie die Proklamation des Falls von Babylon (Rom) in Apk 18 mit den „Hymnen" in 19,1–8 (vgl. dazu § 69). Innerhalb der Evangelien beantwortet die Akklamation beim Einzug in Jerusalem wohl alles bisherige Tun Jesu.

f) *Heilungstaten* Jesu· Mt 9,32 34 („Solches noch nie in Israel"); Mt 12,23; Mk 2,12par Mt 9,8; Lk 5,26; Lk 13,10–13; Mk 7,37par Mt 15,31. – Totenerweckung: Lk 7,11–17 (V. 16: großer Prophet, Gott hat sein Volk heimgesucht). – Heilungstaten der Jünger: Act 3,1–11(8–11). – Die Heilung des tödlich getroffenen Tieres in Apk 13,3 wird nicht nur mit Staunen beantwortet, sondern ist auch die Ursache für spätere Anbetung (13,12.14).

g) Angesichts des *leeren Grabes* als Zeichen: Lk 24,12; Joh 20,6. Angesichts des *Auferstandenen:* Joh 20,28 („Mein Herr und mein Gott", vgl. dazu: Berger, Auferstehung S. 459 Anm. 112).

h) In wunderhaltigen Erzählungen spielen bei der Reaktion häufig „Glauben" und christologische Titel eine Rolle (Mk 4,35–41 par; Mt 12,22 f.; Lk 18,35–43; Mk 6,45–52; Mk 10,46–52; Joh 6,1–14).

i) *Rettung* der Jünger vor dem Sturm und *Wandeln auf dem Meer* sind besonders intensiv kommentiert worden: Mk 4,35–41parr; Mk 6,45–52 (Mt 14,33: beteten an).

j) Reaktionen mit „*Wer ist dieser?*", „Dieser ist . . ." finden sich in Mk 4,41; Mt 12,23; Lk 4,22; Act 28,3–6; Lk 1,66 („Was wird dieser Knabe sein?")

k) Die Kapitel 10–14 der Acta werden u. a. dadurch zusammengehalten, daß es nach den verschiedenen Reaktionen der Menschen auf das Geschehen jeweils Gott ist, der gehandelt hat (Act 10,34 f.; 11,18; 12,11 und irrtümlich in 12,22; 14,11).

l) Wo die Reaktion negativ ist, hat das häufiger längere apologetische Passagen zur Folge, so in Mk 6,1–6 und vor allem im JohEv. Mk 6,4 erklärt, weshalb es zu dem Anstoß kommen mußte, 6,6 erklärt, weshalb Jesus nach V. 5 keine Wunder tun konnte. Beides ist apologetisch.

m) Als Demonstratio ist auch das regelmäßige Tun der Gemeinde in Act 2,42 f. beschrieben. Dieses steht hier genau an der Stelle, die sonst Wundertaten einnehmen.

Im Rahmen der Kategorie Epideixis/Demonstratio versuchen wir, zusammenzusehen, was sonst getrennt wird, weil die neutestamentlichen Autoren in einem Maße, wie es zuvor nicht belegt ist, so ihre Erzählungen als Begegnung mit Gott kennzeichnen. So wird diese Art der Darstellung zu einem besonderen Weg „theologischer Geschichtsschreibung", in der die Reaktion der Menschen die Art ist, in der sich das Heil seinen Weg bahnt. Die Durchsetzung von Gottes Herrschaft und Reich geschieht über diesen Weg der partikulären Verwunderung und Akklamation der jeweiligen Zeugen. Daß das Staunen eine Art zu glauben ist, belegt auch ThomasEv 2. Wo die Reaktion ausbleibt, ist dieses Zeichen des kommenden Unheils und der Verstockung der Menschen: Apk 9,6.18.20–21; 6,15–17; 8,13.

3. Durch die Gestalt als Demonstratio werden Jesu Worte und Taten sehr wesentlich in eine fortlaufende Erzählung *eingebettet,* so daß eine Beziehung zur Basiserzählung (§ 94) entsteht, in der das Publikum via impliziten Leser eine Art narrativer Konstante bildet. So fügen sich die Belege dieser Gattung in die Großgattung Evangelium ein.

Daß die Demonstratio/Epideixis eine missionarische Erzählung ist, ist erhaben über jeden Zweifel. Die gattungstypischen Merkmale treten besonders in den späten Beispielen hervor: Die Blendung des Zauberers Elymas ist eine missionarische Demonstratio (Act 13,8–12), und an ihrem Ende heißt es: „Als der Statthalter sah, was geschah, wurde er gläubig, tief ergriffen von der Lehre des Herrn."

§ 80 Deesis/Petitio

Mit dieser Kategorie erfassen wir Texte, in denen erzählt wird, wie jemand sich mit seiner Bitte an einen Mächtigeren wendet, der diese Bitte dann gewährt oder verweigert. Die Struktur ist autoritativ, der politische Hintergrund zur Zeit des Neuen Testaments ist die herrscherliche Audienz, wie sie im hellenistischen Judentum von Philo in seiner Schrift Legatio ad Gaium, sonst z. B. von Plutarch in den Vitae parallelae, Themistokles 28, geschildert wird. Dieses Zeremoniell hat auch in den neutestamentlichen Erzählungen dieser Gattung deutliche Spuren hinterlassen (auch die alttestamentlichen „rette"-Rufe sind entweder an Gott oder an Könige gerichtet, vgl. NTS 20, S. 31 Anm. 118). Vor allem zwei Bereiche des Neuen Testaments gehören dieser Gattung aus dem hellenistischen Audienzstil an:

a) **Gebetsdialog:** Das Gebet wird an Gott gerichtet und beantwortet, so in Joh 12,27 f.; Apk 22,17–20 (V. 17: „Komm", V. 20: „Ja, ich komme bald",

V. 20b erneute Antwort auf die Reaktion: „Amen, komm Herr Jesus").
Ähnlich ist das „Ja" Antwort auf das Gebet durch Himmelsstimme in Act-
Thom 158.121. – Vgl. im übrigen: Jub 10,3–8.9; 12,19–24; Paralipomena
Jeremiae 1,5f./1,7; 3,6f./3,8; 3,9/3,10: koptJeremia-Apokryphon 4 (Ge-
bet/Gott antwortet).

b) **Wunderhafte Erzählungen:** Entscheidend ist hier nicht, daß der Leser
Jesu Vollmacht zum Wunderwirken bestätigt sieht (dazu hätte auch eine
Epideixis, vgl. § 79, genügt), sondern – jedenfalls in diesen Erzählungen – die
Art, in der Jesus gebeten und damit als Herr anerkannt wird.

So ist in der Erzählung Mk 7,24–30par Mt 15,21–28 das Entscheidende
der Dialog: In dieser Petitio wird der Widerstand Jesu gebrochen. Dann kann
auch – als fast selbstverständliche Konsequenz – das Wunder geschehen. Die
Anerkennung Jesu als des Herrn geschieht in solchen Erzählungen durch
Proskynese, durch den Anruf „Erbarme dich" (+ Titel) oder „Herr, wenn du
willst, kannst du . . .", „Herr, rette uns, wir gehen zugrunde", „rette uns",
dadurch, daß man die Bedürftigen zu Jesus heranträgt und dadurch, daß man
ihn bittet (gr.: *parakalein*). In Mt 9,27 f. fragt Jesus zurück: Dadurch entsteht
die Folge: Ruf – Gegenfrage: „Glaubt ihr, daß ich das tun kann?" – bestätigende Antwort. Besonders entfaltet ist die Petitio in der Geschichte des heidnischen Hauptmanns von Kapernaum: Die umständliche Art der Annähe-
rung (Lk 7,3–8) mit der Empfehlung anderer für den Hauptmann der Selbst-
erniedrigung („nicht würdig") und der Bitte um ein Machtwort ist nötig, da
es sich um einen Heiden handelt. – Auf die Bitten reagiert Jesus dann mit der
wunderhaften Tat, in der Regel durch ein entsprechendes Wort (Bescheid).
Die Gattung der Petitio/Deesis ist so in gewisser Hinsicht das Komplement
zur Gattung Mandatio, die im folgenden zu besprechen ist. Die Zuordnung
wird in Mk 5,1–20, wo Bitte um Erlaubnis (V. 10–13) neben Befehl steht
(V. 8), deutlich.

Texte: Lk 4,38 f. (vgl. auch Mk 1,30 f.). – Mk 7,24–30; Mt 15,21–28 (V. 22!). – Mk
7,31–37 (7,32, vgl. Mt 15,30). – Mk 1,40–45par Mt 8,1–4; Lk 5,12–16. – Mk
5,21–43par Mt 9,18–26; Lk 8,40–56. – Mk 8,22–26. – Mk 10,46–52par Mt 20,29–34;
Lk 18,35–43. – Mt 8,5–13par Lk 7,1–10. – Mt 9,27–31; Lk 17,11–19; Act 9,36–42. –
Vgl. auch Mt 8,25; Joh 11,3. – Man kann auch Texte unterscheiden, in denen der Empfänger der Tat selbst bittet und solche, in denen andere für ihn bitten.
Hierher gehört auch Hebr 5,7–10 (Lit.: H. W. Attridge: Heard becauce of His Re-
verance (Hbr 5,7), in: JBL 98 (1979) 90–93, und J. Jeremias, in: ZNW 44 (1952/53)
107–111). Einen Bezug auf Gethsemane halte ich für unangebracht: Es geht doch hier
um ein Gebet Jesu, das erhört wird. Damit kann nur die Bitte um Errettung aus dem
Tod und die Beantwortung der Bitte durch Gottes auferweckendes Handeln gemeint
sein. So wird Jesus hier als der ideale Beter dargestellt, zu dessen Gebet Geschrei und
Tränen nach damaligem Verständnis dazugehören: 3 Makk 1,16; 5,7; Philo, Q in Gen
4,233; Heres 14.19.22. An der letztgenannten Stelle wird gerade dieses Tun als „Got-
tesfurcht" bezeichnet. Jesus wurde also erhört und vollendet; die Erhörung ist die Auferweckung, vgl. Joh 12,27 f.; 17,5.

Die petitio geht in der Regel positiv aus. Nur in Mk 8,11–13par Mt 16,1–4
verweigert Jesus das geforderte Zeichen. Das legitimierende Prodigium, das

Jesus nach Mk 8,11 f. verweigert, nämlich ein Zeichen vom Himmel her, wird Gott dann nach der Kreuzigung liefern: Mk 15,33 (Finsternis). Das Verhältnis zwischen Verweigerung des legitimierenden Zeichens vor der Kreuzigung und dem von Gott dann erbrachten Prodigium ist dasselbe wie das von Kreuz und Auferstehung überhaupt: Das Kreuz als der restlose Verzicht auf Selbstlegitimation, die Auferstehung als der nur auf Gott selbst zurückführbare Erweis der Rechtmäßigkeit des Anspruchs Jesu. – Abgewiesen wird die Bitte auch in Lk 16,24–31 (Dialog Abraham/reicher Mann), ebenso in Act 8,18–24 (Simon Magus/Apostel).

Profaner Zusammenhang: Mt 27,62–66.

§ 81 Die erzählende Gattung Mandatio

Unter dieser Kategorie fassen wir erzählende Texte zusammen, die die Folge von Auftrag (durch eine autoritative Figur) und Gehorsam (durch einen Abhängigen) darstellen. Die Verbreitung der Gattung spiegelt die antike Gesellschaftsstruktur, in der alle anderen dem Herrn und Hausherrn zu Gehorsam verpflichtet waren. – Mit den Chrien sind diese Erzählungen dadurch verwandt, daß ein Wort oder eine Tat Jesu im Zentrum der Erzählung steht.

Die überwältigende Mehrzahl der neutestamentlichen Belege für diese Gattung stellt vor allem Jesus als den Kyrios dar, dem Jünger, Dämonen und Kranke bedingungslos und mit heilvollem Effekt gehorchen. Der Gehorsam, der seinem Wort gegenüber geleistet wird, ist so umfassend, daß Unreinheit davor zurückweicht (Mk 1,41 f.) und „Wind und Wellen ihm gehorchen"; nach Philo, VitMos I 156 gehorchen alle Elemente der Welt Mose als ihrem Herrn. Man kann unterscheiden:

a) Jesus *befiehlt den Dämonen* als ihr souveräner Herrscher: Mk 9,25/26 (in: 9,14–29); 5,8 (Erlaubnis: V. 9–13) (in 5,1–20); Mt 8,32 (in 8,28–34). – Gleiches gilt für die Apostel: Act 16,18 in 16,16–18.

b) Jesus *befiehlt dem Sturmwind:* Mk 4,39 (in Mk 4,35–41). Daß der Sturm und die Wellen dämonisch seien, steht hier nicht.

c) Jesus *befiehlt den Jüngern.* Dafür ergeben sich einige typische Situationen, die für die Geschichte des frühen Christentums insgesamt wichtig sind:

I. Berufungsgeschichten

Das prophetische Vorbild für die neutestamentlichen Berufungsberichte ist bekannt:

IReg 19,19–21	Mk 1,19
und er ging weg von dort	und er ging ein wenig voran
und er findet den Elisa, Sohn des Safat,	und sah Jakobus, den Sohn des Zebedaios und Johannes, seinen Bruder,
und er pflügte mit Rindern,	und er richtete im Schiff die Netze,
und er ging auf ihn zu und warf seinen Mantel auf ihn,	und sogleich rief er sie
und ... Elisa sagte: Ich will Abschied nehmen von meinem Vater	(Lk 9,59) Erlaube mir erst, wegzugehen und meinen Vater zu begraben
und dir nachfolgen.	(Lk 9,61) Ich will dir folgen, Herr, erst

	aber erlaube mir, Abschied zu nehmen von denen in meinem Hause
(21) Und er stand auf und ging hinter Elia her und diente ihm	(Mk 2,14 c parr) Und er stand auf und folgte ihm

Während es bei Markus (1,18par; 1,20par; 2,14parr) keinen Einwand gibt, hat Lukas in 9,60par; 9,62 die Affinität zur alttestamentlichen Erzählung erhöht, läßt aber gleichzeitig die größere Radikalität Jesu hervortreten. Für die Gattung ist wichtig, daß die Jünger bei Markus automatisch folgen, bei Lukas *Einwände* formuliert werden, wie sie freilich allgemein für alttestamentliche vorprophetische Berufungsgeschichten üblich sind (dazu und zur Wirkungsgeschichte: Berger, Auferstehung, 479 Anm. 168): Der Einwand betont die Wichtigkeit des Auftrags und die Kleinheit des beauftragten Menschen.

In den Berufungsgeschichten in Joh 1 ist nur 1,43 nach diesem Schema ausgerichtet. Die anderen Berufungen sind so dargestellt, daß nicht mehr Jesus, sondern ein von ihm berufener Jünger beruft, und an der Stelle des Berufungswortes steht das messianische Bekenntnis (vgl. dazu: F. Hahn: Die Jüngerberufung Joh 1,35–51, in: J. Gnilka, Hrsg.: Neues Testament und Kirche, FS R. Schnackenburg, Freiburg, Basel, Wien 1974, 172–190). Auch in der mißlungenen Berufung Mk 10,17–22parr fehlt die typische Aufforderung zur Nachfolge nicht (V. 21).

Ebenso befiehlt Jesus den Jüngern, und sein Befehl wird – nach unterdrücktem Einwand – befolgt in Lk 5,1–11 (V. 4–6), ohne Einwand in Joh 21,1–14 (V. 6). Auf diese beiden Texte sind wir gestoßen, weil sie wie die erstgenannten den Gehorsam der Jünger gegen Jesus schildern. Nun ergibt sich, daß auch diese Texte etwas mit *Berufung und Einsetzung in eine Funktion* (installatio) (Menschenfischer und Hirte der Schafe, letzteres Joh 21,15ff.) zu tun haben. So erweist sich hier nicht nur die Gattungskategorie „Mandatio" als sinnvoll, zusätzlich wird auch das in § 78 über die wunderhaltigen Geschichten Gesagte bestätigt: In Lk 5,1–11 wie in Joh 21 hat das Wunder untergeordnete und verstärkende Bedeutung. Wie in den in diesem § unter a) und b) genannten Texten kommt das „Wunder" durch die Relation Befehl/Gehorsam zustande, doch dieser Gehorsam ist nur Teil für das Ganze (vgl. in Joh 21 die Aufforderungen V. 15–17 und die Nachfolgeforderungen V. 19.21). Gemeinsam sind den bisher behandelten Berufungsberichten auch die metaphorischen Berufsbezeichnungen, die sich, wo ein alttestamentliches Schema vorliegt, auf den früheren Beruf gründen (Menschenfischer; Ackersmann am Pflug in 1 Reg 19,19 und Lk 9,62; Hirte).

II. Beauftragungen in Visionen zeigen ebenfalls Befehle Jesu an die Jünger, die dann befolgt werden. Formgeschichtlich handelt es sich hier um die Gruppe von Visionsberichten, die auf das vom Angeredeten geforderte Tun ausgerichtet sind (dazu: Berger, Auferstehung, S. 173ff.). Visionäre Aufträge werden gegeben und befolgt nach Mt 28,10/16 (nach Galiläa); Mk 16,14–19/20 (Mission); Mt 28,1–7/8 (Engel/Frauen); Act 1,4–5/12–14 (unterbrochen durch zwei Szenen, die den Sinn des Wartens verdeutlichen);

Act 9,6/8f. (Paulus); 9,11–16 (mit Einwand)/17 (Anania); 26,12–18/19 (Paulus).

III. Beauftragungen von Boten überhaupt und die Befolgung dieses Auftrags: Mk 6,7/12f./30f. (zum Ausruhen nach der Erfüllung des charismatischen Auftrags: Sib 2,346); Apk 14,14–20; 16,1–18 (Engel). – Hierher gehören auch die beiden Aussendungen von je zwei Boten nach Mk 14,12–16parr; Mk 11,1–6parr, die außer dem Auftrag auch noch je ein Vaticinium des Kyrios enthalten. Das „muß" in Mk 13,10 ist auch das für Boten: vgl. Lk 4,43. Und das „zuerst" legt nahe, daß auch für die Mission ein bestimmter Plan Gottes besteht, wie er andernorts im Neuen Testament mit dem „zuerst Juden, dann Heiden" genannt wird.

IV. Wie in den Jüngerbeauftragungen in I–III, so geht es auch bei den **Speisungsgeschichten** (Mk 6,30–44; 8,1–9parr; Joh 6,1–13) um das in den Jüngern sich fortsetzende Tun Jesu. Wie bei den Berufungsberichten nach I, so liegt auch hier ein prophetisches Vorbild zugrunde: 2 Reg 4,42f. (Aufforderung, Einwand, Aufforderung). Zu dem entscheidenden Imperativ in den Speisungsgeschichten (Mk 6,37; Lk 9,13) vgl. 2 Reg 4,42–44, V. 42: „Gebt dem Volk." Entscheidend ist die Aufforderung an die Jünger zu geben. Es geht um die über jeden Einwand erhabene Wirkmacht des Wortes Jesu und seines Willens im Tun der Jünger. Die Speisung selbst steht nicht nur für „Lehre", sondern für umfassende messianische Fülle, die freilich in Wundermacht und Weisheit gründet.

d) Bei *wunderhaften Taten* wird dem, dem Jesu Hilfe zukommt, ein Befehl gegeben, den er befolgen kann. Diese autoritäre Struktur vieler wunderhaften Erzählungen bringt der Hauptmann in Lk 7,7f. zum Ausdruck: „Sondern sprich ein Wort, so wird mein Knecht gesund. Denn auch ich bin ein Mensch, der Obrigkeit untertan, und habe Kriegsknechte unter mir; und spreche ich zu einem: Gehe hin! so geht er; und zum anderen: Komm her! so kommt er; und zu meinem Knecht: Tu das! so tut er's." (Jesus heilt dann hier sogar ohne ein solches Wort, diff. Mt 8,13.) – Der autoritäre Imperativ „steh auf" begegnet als kräftigendes Wort des himmlischen Boten angesichts menschlicher Schwachheit zuerst in Dan 8.10 und in zahlreichen weiteren Texten (Berger, Auferstehung, S. 531f. Anm. 229). Verbindungsglied zu wunderhaften Geschichten des Neuen Testaments ist die Angelophanie Act 12,7–11 mit der Aufforderung und den wunderhaften Folgen in 12,7. Vgl. auch Apk 11,11. Ein Befehl „steh auf" gehört aber weder zu der „Gattung" Visions- noch zur „Gattung" Wunderbericht, sondern entstammt der erzählerischen Gattung Zeremoniell (§ 83).

Vgl. dazu: Mk 1,41 (in: 1,40–45)parr; 2,11 (in 2,1–12par); 5,41 (in 5,35–43)parr; 7,34 (in 7,34–37); 10,52 (in: 10,46–52)parr; Mt 8,13 (in 8,5–13); Act 3,6; 9,34.40; 12,7–9 (in 12,7–11); 14,10; Lk 17,14 (in 17,11–19). – Durchgehend imperativisch ausgerichtet sind wunderhafte Erzählungen bei Johannes: 2,7f.; 4,50; 5,8; 6,10.12; 9,7; 11,39.

Da auch Act 12,7–11 ausweislich V. 7–9 eindeutig der Gattung der Mandatio zugehört, entfällt hier die Kategorie „Rettungswunder", die – unter Aufarbeitung breiten Materials im Sinne der motivgeschichtlichen Arbeitsweise – R. Kratz: Rettungswunder. Motiv-, traditions- und formkritische Aufarbeitung einer biblischen Gattung (EH 23, 123), Frankfurt 1979 – erarbeitet hat.

e) In nicht-religiösen Zusammenhängen begegnet die Gattung in Mt 28,11–14/15 und in Act 23,23–30/31–33. Im Verhältnis Petrus/Gemeinde: Act 1,15–22/23–26. Als Missionsvorgang: Act 2,37–40/41; 3,1–11.

Ähnlich strukturiert ist die Erzählung von Ratschlag/Befolgung (Jerusalemer Gemeinde/Paulus) in Act 21,18–26.

f) Wie die Apostel gehorsam gegenüber ihrem Herrn sind, so sind sie ungehorsam gegenüber Machthabern, die Einstellung der Predigt verlangen: Act 4,18/19; 5,19–21, reflektiert in 5,28f.

Im Rahmen dieser Gattung wird eine Gemeinsamkeit zwischen den Imperativen bei Wundertaten Jesu und bei der Berufung oder Beauftragung von Jüngern sichtbar. Das hat hohen theologischen Erkenntniswert: Jede Scheidung zwischen wirkmächtigem Wort und menschlichem Tun, zwischen Lehre und Machttat, zwischen Herz und Leib wird so gegenstandslos. An den Speisungsgeschichten wird das besonders deutlich.

In den *exempla* innerhalb der Stephanusrede Act 7 spielt der vorbildliche Gehorsam Abrahams (7,3/4) ebenso eine Rolle wie der das Verhältnis zu Jesus vor-abbildende Ungehorsam gegenüber Mose in Act 7,38/39–41.

§ 82 Erzählungen in visionären und apokalyptischen Gattungen

Intravisionale Erzählung bietet Apk 5–16 mit folgenden beachtenswerten Merkmalen:

a) Das Geschehen ist sehr stark in *Phasen* gegliedert (Siegel, Posaunen, Wehe, Schalen), und die einzelnen Phasen sind nicht kausal verknüpft (eher ein Neben- und Nacheinander als ein Auseinander). Auch innerhalb der Phasen ist die Tendenz zur Reihenbildung sehr ausgeprägt (z. B. beim 6. Siegel in Apk 6,12–15 Katalog von Ereignissen; auch die Liste der Zwölf Stämme in 7,5–8 ist kein Fremdkörper). Daher sind die Sätze zumeist nur durch „und" verbunden (z. B. in 9,1 ff.). Auch in Mk 13 begegnen wir einem derartigen Katalog von Ereignissen. Die formgeschichtlichen Vorbilder liegen in der antiken Astrologie und Meteorologie, und zwar in der Gattung der Prognostica: Für einzelne Phasen des Kalenders werden bestimmte Erscheinungen reihenmäßig aufgezählt; ein Beispiel ist das nach seinem Herausgeber Mingana frühjudenchristliche Buch des Sem, des Sohnes Noahs (BJRL 4 (1917) 20–29). –

b) Typisch ist das *Geschehen auf mehreren Ebenen:* Siegel des Buches werden geöffnet, mit „und" verbunden werden dann Geschehnisse sowohl im Himmel als auch auf der Erde berichtet. Besonders auffällig ist in K. 7

das unvermittelte Nebeneinander von irdischen (V. 2–8) und himmlischen (V. 9–17) Vorgängen. Dabei handelt es sich jedoch beide Male um dieselbe Gruppe, nur unter zwei verschiedenen zeitlichen Gesichtspunkten; das war möglich wegen der Verbindung von Thronvision und Geschichtsapokalypse.

c) Das *Verhältnis von Verursachung und Folge* ist häufig ähnlich wie in wunderhaften Geschichten: Nach einer vergleichsweise unbedeutenden Initialhandlung ereignet sich etwas Weltbewegendes (Beispiel: die Folgen des Ausgießens der Schalen in Apk 16). –

Zu diesem Wirklichkeitsverständnis in theologischen Erzählungen gehört auch, wenn das an Gott gerichtete Gebetswort prompt durch das Sich-Ereignen des Erbetenen erhört wird (Act 4,25–30/31; 16,25/26).

d) Typisch ist auch der häufige Wechsel von Subjekten in diesen visionären Erzählungen (z. B. auch in Apk 14,14–20).

e) Die *Zitierung* wörtlicher Passagen (eingelegte „Hymnen" und wörtliche Rede wie z. B. Apk 5,5) erweist den Text als Bericht eines Augenzeugen. Zur gleichen Zeit versucht auch Historiographie (vgl. die eingelegten Urkunden in 1 Makk) auf diese Weise, den Zeugniswert der Darstellungen zu erhöhen.

f) Dank der Verbindung von Vision und Handlungsbericht werden am Anfang eines Berichtes die Hauptakteure in ihrem *Aussehen* geschildert, welches jeweils bereits Zeichen für ihre Funktion und Rolle in der Geschichte ist (Apk 10,1 f.; 12,1–3; 13,1 f.; 19,11–15a.16; diese Bedeutung hat auch die Schilderung des Menschensohnes in K. 1 und des Thrones Gottes in K. 4 der ApkJoh). Die dann folgenden Vaticinien sind oft nicht mehr als Auslegung oder Fortzeichnung dieses Bildes. Im Hintergrund steht formgeschichtlich noch die Trennung von Vision und Audition: Anfangs ist die Schau nur des Bildes eine in sich geschlossene Offenbarung (vgl. etwa 4 Esr 11,1–12,3).

g) Typisch für Apk ist die *Verbindung von Erzählung und symbuleutischem Kommentar:*

Apk 14,1–3 (Lamm und Gefolge). 4 f. (Bedingungen der Zugehörigkeit)
Apk 13,1–8 (Tier und Drachen). 9 f. (Bedingte Unheilsansage)
Apk 16,13–14 (Vision der dämonischen Geister). 15 (Seligpreisung des Wachsamen und Ich-Wort)
Apk 20,4–5 (Schilderung der Ersten Auferstehung). 6 (Makarismus der Teilhaber), vgl. 19,1–8/9.
Apk 21,24–26 (Völker-Vaticinium). 27 (Einlaßbedingungen).

Durch diese Kommentare werden – auch wenn das „Selig . . ." keine Bedingungen nennt – die Schilderungen für die Hörer angewandt.

In der Gerichtsschilderung 19,11–21 sind folgende Züge bemerkenswert:

a) 19,17 f. verfremdet die Gattung der Einladung zum eschatologischen Mahl (vgl.: Apk 19,9; Mt 22,3.10 usw.): Es geht um das Fleisch der Feinde, das die Vögel verzehren sollen.

b) Ein Kampfgeschehen wird weder hier noch in 20,7–10 berichtet. Die Feinde werden einfach genommen und geworfen. Der Rest wird durch das Schwert getötet, das aus dem Mund des Logos kommt.

c) Die wiederholten Neueinsätze mit „und ich sah" in Apk 19,11.17.19 machen es unnötig, einen kontinuierlichen Ablauf zu bieten. Statt dessen sind ausschnittartig Szenen aufeinandergetürmt, die verschiedene Aspekte und Perspektiven voraussetzen. So werden der dramatische Eindruck und das Gefühl des Schreckens beim Hörer verstärkt. Diese Kunst, dramatische Einzelszenen zu gestalten, verbindet sich mit eindrücklichen Bildern. Ein Ereignisablauf soll nicht gegeben werden, das einzige Ziel ist ein rhetorisches.

§ 83 Erzähltes Zeremoniell (Liturgie)

Lit.: R. BAUCKHAM: The Worship of Jesus in Apocalyptic Christianity, in: NTSt 27 (1980/81) 322–341. – K. BERGER: Auferstehung, S. 438 Anm. 42; S. 611 Anm. 529; NTSt 17 (1970/71) S. 419 Anm. 2.
Texte: Himmlische Liturgie in Apk 4,8–11; 5,1–14; 7,9–12(17); 8,1–5; 9,13 f.; 11,15–19; 14,1–3.14–18; 15,2–8; 19,1–8; 16,5 f.7.
Kniefällige Verehrung Jesu: Mt 2,(1–)11 (mit Darbringung von Gaben); Mt 28,9a (Umfassen der Füße und Anbetung). 17a;
Segensritus: Mk 10,16parr; Lk 24,51 f. (Segen und Proskynese);
Verweigerung der Anbetung: Apk 19,10; 22,8 f.; Joh 20,17a (Anrühren als Umfassen der Füße); Mk 10,17 f.; Act 14,11.15;
Zeremonielle Verehrung als Verspottung: Mk 15,16–20a; Mt 27,27–31a; Joh 19,1–3;
Gebet mit theophanen Folgeerscheinungen: Act 16,25 f. (Gebet und Gesang/Erdbeben), ebenso: Act 4,23–30/31.
Irdisches und himmlisches Zeremoniell: Hebr 9,6 f./9,11 f. (vgl. 9,25); 9,18–21; 10,11 f.

ApkJoh will staatliches, Hebr will jüdisches Zeremoniell durch Schilderung des himmlischen Dienstes überbieten. Für Apk sind typisch antiphonische Gesänge (eine zweite Gruppe nimmt das anfangs gesungene Lied auf mit einem jeweils bestätigenden Anfangswort: „Ja" oder „Amen"), Rauchopfer vor Gott, Niederlegen der Kronen vor Gott. In Apk 11,19 wie in 15,5 öffnet sich der Tempel (wohl das Allerheiligste) nach einem Gesang; entweder die Bundeslade wird sichtbar oder Engel treten hervor. Der Himmel insgesamt wird als Tempel vorgestellt, zugleich als Thronsaal Gottes. Diese Verbindung gilt bereits vom Jerusalemer Tempel.

Die Abweisung der Proskynese (Verweigerung der Anbetung) ist ein Gestus, der den Boten Gottes erst als solchen legitimiert. Nur Satan verlangt die Anbetung für sich. In Act 14,11.15 wird dieses jüdische Schema auf die Heidenmission übertragen.

Lukas kennt eine Proskynese der Jünger vor Jesus erst am Schluß seines Evangeliums nach der ersten berichteten Himmelfahrt: Erst jetzt haben die Jünger allen Grund, Jesus so zu ehren (und noch nicht vorher: Joh 20,17a!). Bei Mt ehren die heidnischen Magier Jesus von Anbeginn so, während Israel ihn verkennt.– Zu Apk 4,10b (Ablegen der Kronen) vgl. Tacitus, Ann 15,29,2.

Die zeremoniellen Zeichenhandlungen führen dem Leser das sonst unanschaulich Verborgene des neuen Heilsgewinns bildreich vor Augen. Das erzählte kultische Zeremoniell wird als Ersatz wie auch als Anregung für eigenes kultisches Tun empfunden.

Die zeremonielle Verspottung Jesu hat eine recht genaue Entsprechung bei Philo, In Flaccum 36–39 (Anrede als „marin"/„unser Herr").

Andere apokalyptische Texte berichten spärlicher über himmlische Liturgie, vgl. aber immerhin äthHen 14,22–25; 40,1–10; weniger 71,11–13; später in christlichen koptischen Texten.

§ 84 Zeichenhandlungen

Lit.: G. FOHRER: Die symbolischen Handlungen der Propheten, Zürich 1953.
Texte: Mk 11,12–14.20; Mt 21,18f. (Verfluchung des Feigenbaumes); Mk 11,15–19; Lk 19,47f.; Mt 21,12–13; Joh 2,13–17 („Tempelreinigung"); Mt 27,24 (Pilatus wäscht sich die Hände). – Mk 14,22–25parr (Jesus verteilt Brot und Wein). – Joh 13,1–17 (Jesus wäscht den Jüngern die Füße). – Act 21,10f. (Agabus nimmt den Gürtel des Paulus, bindet sich damit Hände und Füße und gibt ein Vaticinium über Paulus). – Typische Zeichenhandlungen liegen auch vor in Apk 10,8–11; 11,1–3.

Nach G. Fohrer sind die prophetischen Zeichenhandlungen des Alten Testaments durch folgendes gekennzeichnet: a) Die prophetischen Handlungen sind selbst Verkündigung wie das Wort, b) sie bezeugen das, was eintreten wird, stets ein bevorstehendes Geschehen (auch in Hos 1), Heil oder Unheil, c) es geht um absonderliche, oft anstößige Handlungen. Damit soll Aufmerken oder Erschrecken erzielt werden, d) der Prophet erfährt die Wirklichkeit des Zükünftigen stellvertretend an sich, e) „Zwischen der symbolischen Handlung und der gemeinten Wirklichkeit besteht ein sozusagen ‚sakramentales' Band, insofern die letztere sich ebenso unwiderruflich einfindet, als die Handlung ausgeführt worden ist" (S. 93). Bedingte Wirksamkeit gilt nur für den Fall, daß kein Rückfall erfolgt.

Die Elemente a)–c) sind auch in den neutestamentlichen Texten gegeben; nur das Verteilen von Brot und Wein ist keine absonderliche Handlung. – Bei d) sind deutliche Unterschiede zu verzeichnen, denn nur in Act 21 und Joh 13 erleidet der Prophet das, was erst zukünftig sein soll. Außerdem geht es in Joh 13 zwar um ein Zeichen, aber im Sinne des Vorbildes. Auf Israel im ganzen bezogen ist nur die Verfluchung des Feigenbaums, bestenfalls noch die „Tempelreinigung", dabei geht es aber in der Verfluchung des Feigenbaums wie bei Agabus um kommendes Unheil, bei der Tempelreinigung (vgl. Sach 14,20–21) und beim Abendmahl um kommendes Heil (Abendmahl: durch Jesu Tod bewirktes Leben und Sühne). Außer bei den Zeichenhandlungen aus Mk 11 ist überall eine deutliche Bindung an die Person Jesu (Act 21: Paulus) gegeben. Mk 14,3–8 ist dagegen ein Prodigium (s. S. 349).

Das Händewaschen des Pilatus Mt 27,24 gehört nicht zu den prophetischen Zeichenhandlungen, da es keinen Zukunftsaspekt bietet, sondern nur symbolisch die Unschuld darlegen soll.
G. Fohrer behandelt im Anschluß an die prophetischen Zeichenhandlungen unter dem Thema „Prophetie und Symbol" auch die symbolischen Visionen der Propheten. Im Neuen Testament ist dafür auf Act 10,11f.; 11,5f. sowie auf Texte der Apk (Siegel; Dirne und Braut des Lammes; Tiere) zu verweisen.

Eine Überschneidung von Vision und Zeichenhandlung liegt in Apk 18,21–24 vor: Der in der Vision geschaute Engel wirft einen Stein von der Größe eines Mühlsteins ins Meer und verkündet Babylons Geschick. Eine derartige Bindung des künftigen Heils oder Unheils an die Einzelperson ist dem Alten Testament fremd.

§ 85 Beispielerzählungen aus dem Jüngerkreis

Die Evangelien enthalten aber auch *Beispielerzählungen als Jüngergeschichten*. Das Beispiel wird hier nicht aus ferner Zeit gewonnen, sondern die Jünger selbst halten als (zumeist abschreckendes) Beispiel für die Leser her. In Mk 9,14–29par Mt 17,14–20; Lk 9,37–43a enthält in Mk 9,19 eine ausführliche Jüngerschelte und in 9,28f. eine Anweisung an die Jünger, wie sie es richtig zu machen hätten (vgl. Mt 17,17 und die Erweiterung in 17,20). – Als Beispielerzählungen sind auch die Geschichten über Verfehlung und Umkehr/Reue des Petrus (Mk 14,54.66–72par Lk 22,54–62; Mt 26,58.69–75) und des Judas (Mt 26,47–48; 27,3–4) anzusehen, die insbesondere in der Matthäusfassung als kontrastierende Erzählungen gestaltet sind. Beide haben sich verfehlt, der eine gelangt durch Reue zur Einsicht, der andere zur Verzweiflung. In Mt 27,4 bekennt Judas sogar wie der verlorene Sohn „ich habe gesündigt". So wird das Nebeneinander von Petrus und Judas zur Kontrasterzählung, wie sie sonst in Gleichnissen begegnen (Pharisäer und Zöllner). Überhaupt ist hier an die Erzählung (Gleichnis) vom verlorenen Sohn zu denken (Lk 15,13–16/17–21), wo die Materie auf Gleichnisebene behandelt wird. Eine Beispielerzählung mit zwei konkurrierenden Personen (Synkrisis, vgl. § 64) ist auch die über Maria und Martha in Lk 10,38–42.

Eine negative Beispielerzählung ist auch die über die erfolglose Jüngerberufung in Mk 10,17–22. In Act 4,36f. (Josef Barnabas) und 5,1–11 (Ananias und Sapphira) folgen ein lobendes und ein abschreckendes Beispiel aufeinander. Beide Stücke sind die szenische Erläuterung zu Act 4,32–35. –

Die Simon-Magus-Erzählung Act 8,18–24 veranschaulicht: Die Apostel haben Vollmacht zu Fluch und Fürbitte. Sie liefern ein warnendes Beispiel.

Mk 5,25–34 ist eine Beispielerzählung für die missionarische Praxis der Jünger. Das Ziel der Geschichte ist es nicht, Jesu Wunderkraft herauszustellen – das Wunder selbst wird nur beiläufig berichtet (5,27–29) –, sondern der größte Teil der Erzählung ist ausgefüllt von dem Versuch Jesu, einen persönlichen Kontakt mit der Geheilten herzustellen (5,30–34). So ist das Ziel: Mit bloßem Berühren und Geheiltwerden ist keine Mission zu treiben; das wäre falsch verstandene Geheimhaltung (vgl. dann 5,40.43), sondern die persönliche confessio (5,33b) und die persönliche Ansprache (5,34) sind nötig, auch wenn es sich um einen Massenauflauf handelt (5,31). Nicht die magische Berührung selbst wird kritisiert, wohl aber die Anonymität, und daher fällt in V. 34 das Wort vom „Glauben", welches das Tun der Frau für die Christengemeinde „vereinnahmt". – Anders Mt 9,20–22 (Chrie).

Auch Mk 10,35–41 ist eine negative Beispielerzählung über Jünger (vgl. das in V. 41 berichtete Unwilligsein der anderen Jünger).

In einer Reihe von Texten geht mithin das Negativbeispiel der Jünger einer allgemeineren Jüngerbelehrung voraus:

Mk 8,32–33/34–38 (Petrus und Leiden Jesu)
Mk 9,18b–19/28–29 (Unfähigkeit zum Exorzismus)
Mk 10,13–14a/14b–15 (Jesus und die Kinder)
Mk 10,17–22/23–31 (Reicher Jüngling)
Mk 10,35–40/41–45 (Jakobus und Johannes)
Lk 22,24/25 (Jüngerstreit)
Mk 14,37/38 (Einschlafen der Jünger in Gethsemane)

In den Test XII sind die Autoritäten ähnlich „fehlbar" und *exempla* der Besserung.

§ 86 Erzählungen über das Handeln eines Kollektivs

Texte: Act 1,15–26, bes. 23–26; 6,1–6.7; 8,14; 11,27–30; 13,1–3; 15,2.22–29; 17,10. In allen bisher genannten Texten geht es um das gemeinsame Handeln der Jünger(gemeinde). Dazu gehört auch 21,18–25. – Berichte über das kollektive Tun von Gegnern: Mk 14,1–2par Mt 26,3–5; Lk 22,1–2. Bei Matthäus sind die zahlreichen Berichte dieser Art am Stichwort „Beratschlagung" (gr.: *symbulion*) erkennbar: Mt 12,14; 22,15 f.; 27,1–7; 28,12 f. Vgl. auch Mk 3,6; 15,1. – Vgl. ferner: Mt 27,62–66. – In Act sind diese Berichte wohl dosiert: Der ausführlichste Bericht Act 19,23–40 weist nach, daß nicht die Christen die Unruhestifter sind, sondern andere. – Act 5,17.26–40 behandelt die Verfolgung der Apostel, Act 23,12–15 die Verschwörung gegen Paulus.

Es fällt zunächst auf, daß Kollektivberichte entweder von der Gemeinde im ganzen handeln oder von Jesu und ihren Gegnern – tertium non datur. Kollektive Aktionen anderer werden in dieser Periode des Christentums als bedrohlich erfahren.

Wenn von der Gemeinde die Rede ist, wird sehr häufig folgendes berichtet: Gemeinsames Gebet (und Fasten), ein Wortführer redet. In den meisten Fällen sendet die Gemeinde aus (Act 8,14; 11,30; 13,1–3; 15,2; 17,10) oder sie bestellt Männer aus ihrer Mitte (Act 1,15–26; 6,1–6; 13,1–3; 15,22), sie beschließt, bzw. ihr scheint etwas gut (Act 15 passim; 11,29). Sehr häufig sind Namenslisten (Act 1.6.11.13.15.17.20).

Bei Aktionen der Gegner ist typisch ein kurzer Bericht mit wörtlicher Rede, die gegen Ende steht und zumeist als Rede aller referiert wird (Ausnahme: Gamaliel).

Die Basisberichte (vgl. § 96) über das gemeinsame regelmäßige Tun der Gemeinde (Act 2.4.5) berichten im Unterschied zu den hier behandelten Texten nicht einmalige, sondern übliche Aktionen. Sie sind eher Beschreibungen (Ekphrasis) als Erzählungen, bzw. stehen auf der Grenze zwischen beiden Gattungen. Das Vorbild sind Berichte, wie sie Philo über die Essener (z. B. in De Vita Contemplativa) gibt und wie sie andere hellenistische Schriftsteller über „ideale" orientalische Priesterschaften zu geben pflegen.

§ 87 Konflikterzählungen

Texte: Konflikte unter den Jüngern Mk 9,33 f.; Lk 24,24(–27); Act 6,1; 15,1–5.36–40. – Zwischen Aposteln und Juden: Act 4,1–33 mit Fortsetzung in 5,17–42; 13,44–52;

14,1–7.19–20; 17,1–4/5–9; 17,10–12/13–14; 18,5/6; 19,9. – Konflikt der Sadduzäer und Pharisäer vor Gericht: Act 23,7–10. – Konflikt zwischen Judas und dem Hohen Rat Mt 27,3–10. – Apk 12,7–9 (Michael gegen Drachen); 17,14 (Könige/Lamm); 19,19–21 (Tier und Hure gegen den Reiter). – Als Gleichniserzählung: Witwe/gottloser Richter (Lk 18,1–8).

Die Kriterien für diese Gattung sind struktureller Art: Mindestens zwei gegensätzliche Positionen sind das Kennzeichen der Gattung (in Mk 9; Lk 22 nur summarisch berichtet). In Act häufig ist das Aufbauschema „x handelt, y aber unternimmt etwas dagegen". So sind die Konflikte zwischen Aposteln und Juden regelmäßig aufgebaut: Tun der Apostel/die Juden aber . . ./Lösung des Konfliktes durch Flucht, Freilassung oder Ortsveränderung. Bedeutungsvoll ist, daß alle Konflikterzählungen zwischen Aposteln und Juden in Act jeweils Vorspiel für ein Martyrium sind: Der sich über K. 4 und 5 lang hinziehende (nur durch 4,34–5,11 unterbrochene) Konflikt steigert sich bis hin zum Martyrium des Stephanus, und die Konflikte zwischen Juden und Paulus bis hin zur Gefangenschaft des Paulus in Rom, der Vorstufe zu seinem Martyrium (vgl. Act 20,25). Für den Aufbau von Act 4–5 sind besonders die wiederholten Verbote (4,18; 5,28) und Widersprüche (4,19 f.; 5,29, bestärkt durch den Auftrag des Engels in 5,20) sowie die Berichte über das freimütige Zeugnis kennzeichnend: 4,31; 4,33; 5,30. Die Kraft zum Widerspruch und zum Freimut erhielt die Gemeinde durch Gebet und Engelwort. Konflikte zwischen den Jüngern sind dagegen jeweils Exposition für Mahnrede Jesu. – Zu den Berichten über den endzeitlichen Krieg vgl. § 77,5.

§ 88 Erzählung zur Veranschaulichung der Macht und Eigenart einer Größe

Texte: Act 8,14–40; 10,44–48; 19,13b–18; Hebr 11,1–40.

Obgleich Hebr 11 der Gattung „Paradigmenkatalog" zugerechnet wird, sind doch die Grenzen zwischen Katalog und Erzählung im Neuen Testament fließend; das trifft auch für Hebr 11 zu, da nicht nur die einzelnen Beispiele in zeitlicher Reihenfolge gebracht werden, sondern auch in sich häufig als Abfolge von Ereignissen im Leben eines Einzelnen komponiert sind (z. B. für Mose: 11,23–28). Jede Lebensphase und die Geschichte Israels insgesamt erscheinen so als Dokumentation der Macht des Glaubens. – Ähnlich ist in Act 8,14–40 das Wort „Pneuma" Leitbegriff, und die Einzelszenen sind exemplarische Verdeutlichungen seiner Macht: Der Geist macht die Taufe christlich, er gibt Macht zum Fluchen und zur Fürbitte, er gibt Rat und bewirkt den Fortgang der Mission, er ist apostolisch und hat nichts mit Geld zu tun. Act 10,44 ff. ist Demonstration der Schranken überwindenden Macht des Pneuma; als Pneuma-Erzählung wird hier gestaltet, was sonst auch Wunder Jesu übernehmen: Charismatischer Machterweis durchbricht die Schranken zwischen Juden und Heiden. Act 19,13 ff. ist Demonstration pneumatischer Macht, wenn man die falsche Autorität nennt – Jesus und Paulus sind die einzigen Namen, die hier Unglück verhindern. Es ist nicht auszuschließen, daß Hebr 11 und Act 8 formgeschichtliche Analogien auch in den hymnischen Aufzählungen der Taten eines Gottes haben (vgl. § 69). An die Stelle eines Gottes trat hier die abstrakte Größe.

§ 89 Erzähltes Erkennen und Wiedererkennen des Gegenübers

a) Zentral ist die Einsicht der Jünger, „daß" *Jesus es ist,* dem sie begegnet sind, wie in Mk 6,45–52par Mt 14,22–33; Joh 6,15–21 (Wandeln auf dem Meer), in Lk 24,13–32 (Emmausjünger), in Joh 20,14–18 (Maria Magdalena); 21,1–14 (Fischzug); Mk 16,12f. (zwei Jünger). Offensichtlich wird Jesus jeweils an bestimmten Zeichen erkannt, am Brotbrechen, das der Lehrer für die Schüler zu tun pflegte (Lk 24), an der Kenntnis des Namens (Joh 20), an der Einladung zum Frühstück und am reichen Fischfang (Joh 21), an der Stimme (Joh 6par Mk 6). Entscheidend sind jeweils die Umstände, unter denen Jesus hier als er selbst erkannt wird: nach seiner Kreuzigung oder auf dem Meer gehend. Vergleichbar sind vor allem Legenden aus der Elia-Tradition (und daher dann auch: über Johannes den Täufer), nach denen der in den Himmel Entrückte in anderer Gestalt wieder auf Erden erscheint (vgl. dazu Berger, Auferstehung, S. 572 Anm. 423, besonders Philo, Abr 113 und aus den Evangelien: Mk 8,28; Mt 16,14) und nur anhand von Indizien erkannt wird (entmythisiert in Lk 1,17: „in Geist und Kraft des Elia"). Vor Ostern wie nach Ostern erweisen diese Erzählungen daher Jesu himmlisches Sein, und zwar jeweils zu besonderem Zweck: Als so Erkannter kann er die Schriftdeutung der Gemeinde legitimieren (in Lk 24: V. 24–27), Petrus zum Hirten bestimmen (Joh 21), Maria Magdalena zur Erstzeugin des Auferstandenseins werden lassen (Joh 20). Beim Wandeln auf dem Meer fällt die enge Verbindung mit der Speisungsgeschichte in allen Evangelien auf. Beide Erzählungen gehören so eng zusammen, daß die übliche Perikopentrennung hier versagt: In beiden wird nicht nur die fortdauernde Gemeinschaft Jesu mit den Jüngern veranschaulicht (s. o. § 78,7e), vielmehr dient die Erzählung vom Seewandel gewissermaßen als Schlußpunkt hinter der Erzählung vom Weiterwirken Jesu durch die Jünger bei der Speisung dem Erweis des göttlichen Wesens (als Teilhabe des Boten Gottes an himmlischem Sein) eben dessen, der so in den Jüngern weiterwirkt. – In den vor- wie in den nachösterlichen Erzählungen dieser Gattung geht es demnach um dasselbe Ziel: Jesus ist fortdauernd mit seinen Jüngern, und zwar als der von Gott durch himmlisches Sein Ausgezeichnete.

Als Teilerzählung begegnet die Gattung in der sog. Identifikationsphase von Erscheinungsberichten, vgl. dazu: Berger, Auferstehung, S. 154–163, 436–463.

b) Zentral ist die Einsicht, *wer Jesus ist,* und dieses wird dem Leser vermittelt als Selbstvorstellung (vgl. § 72,3 u. 5h), als Proklamation und Deutung („dieser ist . . .") (vgl. § 68,1e) oder als Akklamation (vgl. § 68). Nun sind nicht alle Akklamationen Ziel der Erzählung, wohl aber ist dieses der Fall in Erzählungen über das – durch Jesus dann unterdrückte – Bekenntnis von Dämonen (z. B. Mk 1,23–27; Lk 4,29 f.; Mk 3,7–12; vgl. 5,7) und im Fall des Petrusbekenntnisses (Mk 8,27–30): „erzählte Akklamationen". Bei den Bekenntnissen der Dämonen handelt es sich keineswegs um Gegenzauber, sondern um qualifizierte Aussagen übermenschlicher Wesen, die es „wissen müssen". Die Unterbindung des Bekenntnisses hat Gründe, die für das Ganze der Biographie Jesu aufzuzeigen und mit dem Geheimnismotiv überhaupt gegeben sind.

§ 90 Reiseberichte, Berichte über Wanderungen („Itinerare")

Lit.: K. L. SCHMIDT: Der Rahmen der Geschichte Jesu. Literarkritische Untersuchungen zur ältesten Jesusüberlieferung, Berlin 1919, ²Darmstadt 1964. – ANRW S. 1274 f. – Vgl. oben § 72,13.

Die historische Glaubwürdigkeit der Rahmungen der Jesusüberlieferungen ist durch K. L. Schmidt nachhaltig erschüttert worden. – Unabhängig davon sind die Ortsveränderungen in den Evangelien (besonders die nach Galiläa, z. B. Mk 1,14; Mt 4,12–16 – mit Reflexionszitat! – Lk 4,14 par Joh 4,1–5, und nach Jerusalem, vgl. Lk 9,51 ff.) sachlich und theologisch von größter Bedeutung. Das gilt auch für Reiseberichte in Act (über die Berichte dieser Art im Ich-Stil in Act und Briefen vgl. oben § 72,13). Die Verbindung von Biographie und Wanderung ist für die Gattung Evangelium geradezu typisch. Sie findet sich in der verwandten Literatur etwa in der Vita Aesopi G (ed. Perry) und im Leben des Apollonius v. Tyana des Philostratos. – Die Bedeutung für die Gattung zeigt sich darin, daß itinerarische Notizen häufig mit Basisberichten verbunden sind (z. B. Mk 1,14 f.; Act 15,40–16,12; 17,1.10.14 f.; 18,18–23; 19,21–22; 20,1–6). Wie bei den Basisberichten zeigt sich die Neigung, Einzelszenen auszugrenzen (Act 13,4 f./6–12).

Dafür, daß die Jesusüberlieferung in den Evangelien so gestaltet wurde, lassen sich folgende Gründe nennen: 1. Erinnerung an Jesu Tätigkeit als Wanderprophet und ältere Praxis christlicher Missionare überhaupt, 2. Lokaltraditionen und Reminiszenzen in manchen Überlieferungen, die am ehesten durch Wanderungen des Helden in Verbindung gesetzt wurden, 3. Jerusalem als Ziel des Weges Jesu wird auch in der Logientradition bedacht (Lk 13,33), 4. Wanderungen als Ausdruck des theologischen Anspruchs auf ganz Israel (und darüber hinaus: das Berühren heidnischer Gebiete und Samariens als „Zeichenhandlungen" für künftige Mission in diesen Gebieten, vgl. die entsprechenden Heilungen).

§ 91 Berichte über die Tätigkeiten Einzelner und ihr Geschick

Derartige Berichte enthalten die Evangelien über Johannes den Täufer und Jesus, am Rande auch über Judas (Mk 14,10 f. par; Mt 27,3–10; Act

1,18 f.), Apk 11 über die beiden Zeugen, Apk 13 über die beiden Tiere und im übrigen die Apostelgeschichte. Abgesehen von den Basisberichten ragen hier besonders hervor die Reden des Petrus und die Dialoge des Philippus (Act 8,26–40) und des Petrus und Johannes mit Simon Magus (Act 8,18–24). Im übrigen ist in Act 10–12.15 viel von Petrus, auch von Jakobus die Rede. Vor allem aber umfaßt Act von 13,4–14,28 und von 15,36–21,26 eine Darstellung des Wirkens des Paulus, ab 21,27 seine „Leidensgeschichte". Es ist auch formgeschichtlich aufschlußreich, die Darstellungen des Petrus und des Paulus miteinander und die ausführlichere des Paulus mit der Darstellung Jesu in den Evangelien zu vergleichen. Die Vielzahl der Übereinstimmungen läßt sich hier nur andeuten:

a) Paulus/Jesus: Vorausgehende Ankündigung über Bedeutung für Israel und Heiden sowie Leiden (Act 9,15 f.; Lk 2,32.34), Anfang in der Synagoge Lk 4,16–30; Act 13,14–52; Geist als Führer und Begegnung mit dem Teufel am Anfang: Act 13,1–12; Lk 3,21–4,13; Wende nach Jerusalem: Lk 9,51; Act 19,21; Abschiedsrede Lk 22,31–38; Act 20,18–35; Leidensweissagungen: Act 20,22–25; 21,4.10–12, passim im LkEv; „Der Wille des Herrn geschehe": Act 21,14 (die anderen zu Paulus); Lk 22,42; Prozeß mit den Hauptetappen: Verhaftung, Hoher Rat, römischer Präfekt, jüdischer König (in Act: Agrippa); in beiden Prozessen: „finden" als Unruhestifter (Lk 23,2; Act 24,5); keine Freilassung trotz erkannter Unschuld. – Vgl. dazu: W. Radl: Paulus und Jesus im lukanischen Doppelwerk, 1975.

b) Paulus/Petrus: Visionen betreffs Heidenmission, durch jeweils zweiten Zeugen (Cornelius, Ananias) bestätigt; Strafwunder, Umgang mit Magiern, Totenauferweckung; Befreiung aus dem Kerker; Veranlassen von Prophezeien/Zungenreden, Heilungen von Lahmen, Anklage wegen Laxheit in Jerusalem (Petrus: Act 11,3.5 ff.; Paulus: Act 21,21), Verkündigung der Auferstehung (4,2/K. 23–26); Gefangennahme im Zusammenhang mit dem Tempel (Act 4,1–3/21,27), Apologie (4,9/22,1 ff.).

Diese ganz offensichtlich beabsichtigten Übereinstimmungen zeigen sich auch in der Verwendung gleichartiger Gattungen. Im Rahmen des lukanischen Werkes stützen sie insgesamt die Autorität des Paulus. Denn ist die Geschicksgemeinschaft mit Jesus und Petrus gegeben, so kann kein Zweifel an seiner Legitimität bestehen. Vor allem die wiederholten Visionsberichte im Zusammenhang des Beginns der Heidenmission (Act 10–11; 9; 22; 26) bestätigen die Rechtmäßigkeit der beschneidungsfreien Mission des Paulus – für jüdische oder judenchristlich-pharisäisch orientierte Leser, die daran wohl Zweifel hatten.

Ähnliche Entsprechungen, nur positiv/negativ gibt es zwischen Apk 11 und Apk 13: Vgl. Berger, BK S. 469.

§ 92 Entstehungsbericht (summarisch) eines Buches als Überschrift

Diese Gattung liegt vor in Apk 1,1b (zur Überschrift direkt). 1c–2 (selbständiger Satz). Analogien (ohne Datumsangabe wie hier): Ob 1; Jon 1,1; besonders Hab 1,1 „Die Botschaft, die der Prophet Habakuk geschaut hat". – Vgl. auch die Überschrift der „Drei Stelen des Seth" (NHC VII,5): „Die Offenbarung des Dositheos über die drei Stelen des Seth, des Vaters des lebendigen und unerschütterlichen Geschlechts, die er sah und verstand. Und nachdem er sie gelesen hatte, erinnerte er sich an sie. Und er gab sie den Erwählten, den Gerechten, wie sie dort aufgeschrieben waren . . .".

§ 93 Berichte über das Handeln Gottes

Texte: Röm 1,18–32; 3,21–31; 8,3f.29f.; 9,9–29; 1 Kor 1,18–21.26–31; 2,7–10; 12,18–28; Gal 4,4–6; Joh 3,16f.34f.; Hebr 1,1–2; 1 Joh 4,9. Vgl. ferner die Texte über das zukünftige Gerichtshandeln Gottes unter § 77,11–12, zu den Gleichnissen vgl. § 16f.

Genannt sind hier nur Texte, die über mehrere Sätze hin von Gottes Handeln berichten. In den synoptischen Evangelien ist von Gottes Handeln über einen längeren Zusammenhang hin vor allem in Gleichnissen die Rede, vgl. etwa Mk 12,1–9. Demgegenüber begegnen die hier zu behandelnden Berichte in erster Linie in der Briefliteratur und weisen sprachlich häufig einen hohen Abstraktionsgrad auf.

a) Eine leicht abgrenzbare Gruppe bilden die Texte, in denen davon gesprochen wird, daß Gott seinen Sohn gesandt habe (Joh 3,16f.; Röm 8,3f.; Gal 4,4–6; 1 Joh 4,9), vgl. dazu: E. Schweizer: Zum religionsgeschichtlichen Hintergrund der „Sendungsformel" . . ., in: ZNW 57 (1966) 199–210. Bedeutsam ist, daß außer Gott, Sohn und Sendung auch jeweils eine „damit"-Aussage begegnet, die das Ziel der Sendung angibt. Zwar kann ich diese Sätze nicht als Belege für eine „Formel" auffassen, es handelt sich jedoch um eine formal und inhaltlich geprägte Gattung: In Gestalt einer Gottesaussage bilden diese Sätze die Entsprechung zu den Sätzen nach dem Schema „Ich bin gekommen, um zu . . .", bzw. „Ich bin gesandt, um zu . . .", die ja gleichfalls den Zweck der Sendung angeben. Wird Gott als Urheber genannt, so ist die Perspektive verschoben, die Initiative Gottes und seine Urheberschaft werden betont (daher auch die Anreicherung durch weitere Verben wie „lieben" etc.). Wie bei den Sätzen vom Gekommensein und Gesandtsein handelt es sich um kurze Gesamtdarstellungen.

b) Röm 1,18–32 ist eine Erzählung über der Menschen Verschulden und die Offenbarung des Zornes Gottes dadurch, daß Gott diejenigen, die seine Erkenntnis niederhalten, immer tiefer in Sünde sich verstricken läßt. Zur Verbindung mit der nachfolgenden Scheltrede vgl. oben § 53. – Unter dem Aspekt des Handelns Gottes entsprechen sich in Röm die Abschnitte 1,18–32 (vgl. die Aussagen „er hat übergeben . . ." in 1,24.26.28 und das passivum divinum in 1,18) und 3,21–31 (vgl. das passivum divinum in 3,21, Gott als logisches Subjekt in 3,24.26, als grammatisches Subjekt in V. 25.29f.). So stehen sich also auch der Gattung nach die Offenbarung des Zornes und die der Gerechtigkeit Gottes gegenüber.

c) Eine wichtige Entsprechung besteht auch zwischen Röm 3,21–31 und 1 Kor 1,18–21: Das Handeln Gottes macht jeweils *entgegengesetztes menschliches Handeln zunichte* (das Sich-Rühmen der Weisheit, bzw. das Sich-Rühmen des Gesetzes, vgl. gr.: *kauchasthai* in 1 Kor 1,29.31 und gr.: *kauchesis* in

Röm 3,27), und diese Vernichtung wird in einem „Wo ist . . .?"-Satz zum Ausdruck gebracht (1 Kor 1,20; Röm 3,27).

d) Bedeutsam für das Selbstverständnis der Gemeinden ist, daß sehr häufig von der *eigenen Erwählung* als Gottes Tat die Rede ist und daß dieses auch mit der verliehenen Erkenntnis und Offenbarung zusammenhängt (vgl. 1 Kor 1,26–31; Röm 8,29f. als Kettenreihe; 1 Kor 2,7–10, vgl. Act 1,24; 13,17; 15,7; Eph 1,4; Jak 2,5). Auch der ganze Abschnitt Röm 9,9–29 bezieht sich auf dieses Thema.

e) Gottes Handeln ist schließlich nach 1 Kor 12 auch in der *Binnenstruktur der Gemeinde* erkennbar, und zwar nach demselben Gesetz, das in 1 Kor 1,26–31 formuliert war: Dem zurückgebliebenen Glied in der Gemeinde hat Gott besondere Ehre erwiesen, „damit keine Spaltung sei" (12,24f.). Liest man in 12,28 direkt weiter, so ist das unumgänglich so zu verstehen, daß eben die Apostel und Propheten gerade wegen dieser Eigenschaft so in der Gemeinde von Gott an die erste und zweite Stelle „gesetzt" worden sind. Sie sind offenbar nicht diejenigen, die mit Charismen sich hervortun und sind deshalb „ehrloser" (vgl. zum Apostel: 2,3; 4,9f. und zum geringeren Ansehen der Prophetie K. 14): Die Spitze der Argumentation ist gegen das Zungenreden gerichtet und hat positiv die Betonung der Autorität des Paulus, der Propheten und Lehrer zum Ziel, also vergleichsweise unchaotischer Begabungen.

f) Ähnlich wie bei den unter a) genannten Sätzen wird Gottes Handeln in Jesus Christus insgesamt zusammengefaßt in Hebr 1,1–2, nun aber als Gottes Reden. Formgeschichtliche Analogie zu Beginn einer Schrift bilden die einleitenden Sätze von alttestamentlichen Prophetenbüchern („Das Wort des Herrn erging an x", so in Mi 1,1; Joel 1,1; Jona 1,1; Zeph 1,1; Sach 1,1 usw.). Verbunden hat sich dieser auf Gottes Reden bezügliche Buchanfang in Hebr 1,1f. mit dem typisch hellenistischen Buchanfang, wie er in Lk 1,1(–4) vorliegt und der auf die vielen Vorgänger Bezug zu nehmen pflegt, die vorausgesetzt werden, aber eingeholt und überboten werden sollen (vgl. die Proömien des Dioskurides und Thessalos bei Klostermann, Komm.LkEv, z. St., ferner: G. Klein: Lukas 1,1–4 als theologisches Programm, in: Zeit und Geschichte, FS R. Bultmann, Tübingen 1964, 193–216). So geht es um Darstellung von Gottes Wort (vgl. auch Lk 1,2b) wie bei den Propheten, aber zugleich in einer alles Frühere überbietenden Weise (wie in den hellenistischen Proömien).

g) Von Gottes Handeln ist regelmäßig in den Missionsreden der Acta die Rede, und zwar in den Reden an die Juden immer dann, wenn es um Gottes die Juden ihrer Schuld überführendes Auferweckungshandeln an Jesus geht (Act 2,24.32; 3,15; 5,30f.; 13,30), ähnlich schon in der Mosegeschichte Act 7,35. Diese Grundstruktur findet sich freilich ebenso in dem vielfach verwendeten Zitat aus Ps 118,22 (Bauleute/Gott aber), so in Mk 12,10f.; Mt 21,42; Lk 20,17. Vgl. ebenso: Lk 16,15.

h) Gottes Handeln wird in den Geschichtsüberblicken Act 7,2ff.; 13,17ff. häufiger erwähnt (vgl. dazu unten § 102,1).

Auch in den Missionsreden an die Heiden ist Gott der Handelnde: Act 14,15b–17; 17,24–31. Das fällt auf, da entsprechend die Christusverkündigung fehlt oder zurücktritt.

i) Von Gottes Handeln ist indirekt oder direkt auch die Rede in den Verstockungsaussagen (vgl. oben unter b.)

j) Eine enge Beziehung besteht zwischen Hymnus und der Aufzählung von Gottes Taten, wie besonders an den Grenzfällen Act 14,15–17; 17,24–31 deutlich wird.

§ 94 Selbstgespräch

Das Selbstgespräch als erzählerische Teilgattung begegnet im Neuen Testament in folgenden Zusammenhängen: a) als stolzes, verblendetes Selbstgespräch des Frevlers vor seinem (zumindest angekündigten) Sturz, so insbesondere als Selbstgespräch des reichen und gewalttätigen Mannes (Lk 12,19; Apk 3,17, vgl. die Liste in § 56); dazu gehören auch die stolzen Worte der als Frau gedachten Stadt in Apk 18,7b mit den formgeschichtlichen Entsprechungen in Jes 47,7f.; Zeph 2,15; griechDaniel-Diegese (ed. Berger) 9,1ff. b) als Gespräch des zu Heilenden in wunderhaften Geschichten, das seinen Glauben offenbart, so in Mk 5,28; Mt 9,21, c) als Wendemarke in lukanischen Gleichnissen, so in Lk 12,19; 15,17–19; 16,3f.; 18,4f. Das Selbstgespräch bringt jeweils die entscheidende Wende in der Erzählung. G. Sellin: Gleichnisstrukturen, in: LingBibl 31 (1974) 89–115, hat S. 102–104 diese Selbstgespräche analysiert und die Gleichartigkeit ihres Aufbaus ermittelt. d) Auch in Act 19,21 liegt wohl ein Selbstgespräch vor; die Vision in 23,11 wird dieses den Weg des Paulus nach Jerusalem und Rom wendende Gespräch „im Geist" bestätigen. Das Selbstgespräch von Gottes Apostel hat mithin besondere Qualität. e) Das Selbstgespräch des ausgetriebenen Geistes in Mt 12,44a markiert wie die anderen Belege auch einen entscheidenden dramatischen Neueinsatz. f) Eine bestimmte dramatische Funktion hat auch das Gespräch zueinander in Lk 24,32; Mk 16,3par; Lk 7,39.49.

§ 95 Ätiologie

Als Ätiologien bezeichnen wir Erzählungen, die das Ziel haben, die Entstehung gegenwärtiger Praxis zu erklären. Öfter begegnet die Formel „bis auf den heutigen Tag". Wir unterscheiden folgende Ätiologien:

a) Ortsnamenätiologie: Mt 27,3–8 (Blutacker)
b) Namensätiologie: Mt 16,16–18 (Petrus)
c) Kultätiologie: Die ceiden Aendmahlsberichte Lk 22,15–20; 1 Kor 11,23–25 weisen beide den sog. Wiederholungsbefehl auf (Lk 22,19; 1 Kor 11,25) und sind damit Stiftungslegende des Herrenmahls.
d) 2 Kor 3,12–15, bes. V. 14: Erklärung des Unglaubens oder eines bestimmten liturgischen Brauches der Juden aus Ex 34.
e) Ätiologie des Gerüchtes, Jesus sei gestohlen: Mt 27,62–66; 28,11–15.

f) Begründung der Heidenmission: Act 10,1–48, besonders 10,44–48 (Ätiologie für die Taufe von Heiden). – Vgl. auch Act 13,46 f.; 18,5 f.

g) Ätiologie für die Kircheneinheit zwischen Wanderaposteln und ortsansässigen Christen und für die Garantie richtigen Verstehens von Zungenreden: Act 2,1–13 (vgl. TRE XII 183 f.).

h) Wo „Häuser" der Christen erwähnt werden, die Jesus oder Apostel auf ihren Wanderungen besuchen, könnte es sich um die Gründungslegenden von Hausgemeinden handeln.

Die Abendmahlsberichte Mk 14,22–25; Mt 26,26–29 sind nur dann als Kultätiologien zu bezeichnen, wenn sich erweisen läßt, daß das Abendmahl in diesen Gemeinden schon regelmäßig gefeiert wurde. Beweisen läßt sich das für Markus nicht; für Mt ist ein Hinweis der Zusatz „zur Vergebung der Sünden", der bei der Johannestaufe fehlt. Aber beweisbar ist das Mahl als feste Institution hier nicht. Eine ganz andere Frage ist überdies, ob der Bericht bei der Feier auch rezitiert wurde.

Die Gattung ist hellenistisch (vgl. den mythisch-ätiologischen Viten-Typ b. Plutarch) wie alttestamentlich: vgl. Ex 4,26 (Beschneidung); 12,11 (Passah); Gen 32,29 ff. (Ortsname und Personenname und Speiseverbot) – In Jub kommt eine Reihe kalendarischer Ätiologien hinzu. Gerade an Jub ist erkennbar, was wohl allgemein gilt: Ätiologien werden nicht aus Neugier geliefert, sondern dienen der Verteidigung des einer Gemeinschaft im strikten Sinne Gemeinsamen (Land, Kalender usw.). Die Ätiologie in Act 1,19 dient unter diesem Aspekt der Abschreckung gegenüber potentiellen Verrätern (ein allgemeineres Problem: Mk 13,12 usw.).

§ 96 Basis-Bericht (Summar)

Als Basis-Bericht bezeichnen wir Texte ohne Einzelszenen, die das erfolgreiche Wirken von Missionaren darstellen. In diesen Texten steht gänzlich die handelnde Person im Mittelpunkt, so daß auch die Reaktion darauf jeweils durch ein nicht näher definiertes Publikum „massenweise" erfolgt. Statt des einen Missionars kann auch eine – dann aber völlig homogene – Gruppe den Platz des Protagonisten einnehmen. Dargestellt werden: Ort oder Gegend des Wirkens (oft auf die Umgebung ausgeweitet: z.B. „von überall her"), Wortverkündigung (nur bei Paulus und Apollos ist in Act auch der Inhalt kurz angegeben), Zeichen (mit der Neigung zu katalogartigen Reihen), der Erfolg des Tuns, in Act häufig im Zusammenhang mit dem Wort „Anzahl". Wo es um eine Gemeinschaft geht, steht eine Schilderung ihres Zusammenlebens an der Stelle der Wortverkündigung, aber mit ähnlichem Erfolg. Bei Einzelpersonen kann eine kurze Ekphrasis vorangehen (z. B. bei Apollos und Barnabas). In semantischer Hinsicht fällt auf die Häufung der Wörter „viele", „alle", „niemand", „von überall her".

Man hat Texte dieser Art bislang häufig als „Summare" bezeichnet und sie neben die passionsdidaktischen Summare der Leidensweissagungen gestellt. Ich halte den Ausdruck „Summar" jedoch für irreführend, denn er ist primär literarkritisch orientiert (Summare als das, was bei der Aufstückelung des Evangeliums in Einzelszenen und Rahmenangaben übrigbleibt) und scheint vorauszusetzen, daß hier eine größere Vielfalt von Berichten summarisch zusammengefaßt wird. Der darin implizierte Vorrang der ausgeführten Einzelszene ist ein Urteil, dem man sich nicht von vornherein anschließen darf. Vielmehr gilt: Die sog. Summare sind nicht a priori zu beurteilen als Zusammenfassung einer Vielzahl möglicher oder wirklicher Einzelszenen und sind überhaupt nicht als eine Kurzform darzustellen.

Wir wählen den Ausdruck *Basis-Bericht,* um gegenüber der Bezeichnung *Summar,* die zu sehr an den ausgeführten Szenen orientiert ist, eine andere mögliche Perspektive geltend zu machen: Die Basis-Berichte sind nicht Verkürzungen am Rande, sondern sie bieten die entscheidende Fülle des Wirkens. Sie sind die Grundlage der Erzählung, aus der sich die Einzelszenen wie Schaumkronen aus dem Meer erheben. Gegenüber diesen grundlegenden Berichten sind die Einzelszenen mehr oder weniger stark verselbständigt. Diese Verselbständigungen lassen sich beobachten, wenn ein Basisbericht einer Einzelszene vorangeht (Mk 2,13; Mt 3,5 f. vor 3,7–10) oder wenn er ihr folgt (Mk 4,33 f.; Mt 13,34 f.); besonders gut läßt sich die Ausgliederung anhand von Act 1,1b–3/4–8 (Einzelszene) beobachten. – Die Bedeutung dieser Gattung liegt in folgendem:

1. Ausgangspunkt war die Beobachtung, daß durchweg von einem überaus positiven und erfolgreichen Wirken des betreffenden „Helden" die Rede ist. Von daher legt sich eine Verbindung zur hellenistischen Gattung Enkomion nahe. Auch das Enkomion enthält keine Einzelszenen, sondern ist „Charakterisierung" im weitesten Sinne des Wortes. Wir stehen mithin hier an einer formgeschichtlich bedeutsamen Wegemarke zwischen Enkomion und Biographie (vgl. dazu unten § 99 f.).

2. Basis-Berichte begegnen nicht nur in den synoptischen Evangelien, sondern auch in Act und in Apk, d. h. überall dort im Neuen Testament, wo von erfolgreicher Mission die Rede ist. Es ist wichtig, hier einen gemeinsamen Baustein für diese verschiedenen Groß-Gattungen zu haben.

3. In der Gattung bilden wunderhafte Taten nur einen Teilaspekt. Es ist daher nicht sinnvoll, von „Wundersummaren" zu reden, da die typische Reaktion auch auf nicht-wunderhafte Phänomene hin eintritt (vgl. Act 2,43a nach V. 42 und vor der Angabe über Wunder). Auch hier bestätigt sich, daß die Gattung Wundergeschichten überflüssig ist.

4. Die Basisberichte haben häufig einen *apologetischen oder legitimatorischen Aspekt:* das gilt besonders für Act nach dem Rat des Gamaliel in 5,38b: Wenn es sich um eine menschliche Sache handelt, wird sie sich auflösen; die steigenden Erfolgszahlen weisen aber darauf, daß die Sache von Gott ist, und eben dieses ist der Inhalt der Basis-Berichte. Aber auch im einzelnen haben Basisberichte eine wichtige theologische Funktion: Act 6,7 folgt auf die Wahl der „Hellenisten" und bestätigt damit die Richtigkeit dieser Entscheidung, Act 11,21 folgt auf den Bericht über die erste Heidenmission in 11,19 f. – Mt 9,35 steht vor der Aussendungsrede und demonstriert Jesu Vollmacht, die in dieser Rede deutlich wird, also die Fülle, die messianischem Wirken eigen ist. Und schließlich hat auch Mt 11,5par Lk 7,22 (aus Jes 29,18 f.; 35,5 f.) innerhalb der Evangelien die Gestalt eines solchen Basisberichtes. Liest man die-

sen Text auf dem Niveau der sonst in den Evangelien üblichen Gattungen, gehört diese Reihe in die genannte Gattung. Erwiesen wird aber so der Christos (Mt 11,2: „die Werke des Christos") gegenüber dem Täufer.

5. Die Texte beziehen sich insgesamt auf *missionarisches Wirken* und stellen dieses in hellstem Glanz dar. So wird erwiesen, daß Gott mit seinen Boten ist. Um so krasser heben sich davon negative Reaktionen ab, wie wir sie in solchen Basisberichten für Jesus (z. B. Mt 21,14/15; Lk 19,47 f.), Stephanus (Act 6,8–10) und Paulus (Act 9,20–22.28–29a; 17,4 f.) finden, freilich sehr oft in Verbindung auch mit positiver Reaktion der „anderen".

6. Die Gestalt des Einzelmissionars oder des Missionarpaares tritt in diesen Berichten hervor. In Apk 13 wird die Gattung auf das „Tier" und besonders auf das zweite Tier, den „Propheten" des ersten Tieres, übertragen. Ein ähnlicher Vorgang liegt bei der Anwendung der Gattung auf Simon Magus in Act 8,9–11 vor: Die am Wirken des Einzelmissionars orientierte Gemeinde überträgt ihre Kategorien auf verschiedenartigste Gegner.

7. Zu den Basiserzählungen gehören auch kurze Berufungsberichte (Mk 2,14), Berichte über Begleitung Jesu (Mk 3,13–15; Lk 8,1–3) und Berichte über Bevollmächtigung und Aussendung von Jüngern (Mt 10,1; Lk 9,1–2; Mk 3,13–15; 6,6–13.30–32; Lk 6,12–26). Diese Texte gehören deshalb zur Basis des Evangeliums, weil dieses der Gattung nach der Biographie des Philosophen (der Schüler um sich hat) und des Propheten (der, wenn er wie Elia auftritt, dieses gleichfalls hat) deutlich verwandt ist (§ 100).

Texte: von Jesus: Mk 1,32–34par Mt 8,16–17; Lk 4,40 f. – Mk 1,14 f.par Mt 4,17; Lk 4,14 f. (gattungsgemäß ergänzt um die Erfolgsnachricht). – Mk 1,39par Mt 4,23–25; Mt 9,35. – Mk 3,7–12par Mt 12,15–21 (mit Reflexionszitat); Lk 6,17–19. – Mk 2,13; Lk 4,44. – Mk 4,33 f. – Mk 6,5 f. – Lk 9,10 f. – Lk 19,47 f. – Mk 6,55–56par Mt 14,34–36. – Mt 14,13–14. – Mt 15,29–31. – Mt 21,14. – Act 10,37 f. (der „Evangelienabriß" gehört dieser Gattung an!). – Act 1,1b–3. – Joh 2,23(–25); 10,39–42. – Mt 11,5par Lk 7,22.
Jünger Jesu: Lk 9,6/10. – Der Geheilte: Mk 1,45; Lk 5,15.
Johannes der Täufer: Mt 3,5 f.; Joh 3,22–24.
Die Gemeinde in Jerusalem: Act 2,42–47; 4,32–35; 5,12–16. – Die Stephanusgruppe: Act 9,31; 11,19–22, vgl. 6,7.
Einzelmissionare: Act 8,5–8 (Philippus) (ein „klassischer" Basisbericht); 11,23 f. (Barnabas); 8,25 (zwei Apostel); 18,24–26a.27b–28 (Apollos). – Paulus und Barnabas: Act 13,49; 14,22 f. – Paulus: Act 8,3; 17,2–4.12; 18,4–5.
Simon Magus: Act 8,9–11;
Mose: Act 7,22 (vgl. Lk 24,19b Jesus);
das Tier: Apk 13,5; – das zweite Tier: Apk 13,11–14.16 f. (Erfolgsmeldung);
die zwei Propheten nach Apk 11: 11,5 f. (Schilderung nur der Vollmacht wie auch 13,5 und 13,12–14).
Eine Besonderheit in den Basis-Berichten über Jesus ist die „gattungswidrige" Verbindung mit dem Wunsch, verborgen zu bleiben, vgl. dazu unten § 100,10. – Hier ist der Basisbericht deutlich Basisbiographie geworden.

§ 97 Märtyrerbericht

Lit.: ANRW S. 1248–1256. – Zu jüd. Märtyrerlegenden: K. KOCH: Das Buch Daniel, Darmstadt 1980, 88 ff.

Texte: (über **Johannes den Täufer:**) Mk 6,17–29; Mt 14,3–12; Lk 3,18–20. – **(über Jesus:)** Mk 14,43–15,47; Mt 26,47–27,66; Lk 22,47–23,56; Joh 18,1–19,42. – (über **Petrus und Johannes:**) Gefangensetzung Act 4,1–3; Verhör: 4,5–12; Beratung des Synhedriums 4,13–17; (dann: Verwarnung, Widerspruch, Freilassung), ähnlich in Act 5: 5,17 f.: Gefangensetzung; 5,19 f.: Befreiung und Ausführung; 5,21–25: Feststellen des Tatbestandes; 5,26–33: Heranführung und Verhör; 5,34–42: Beratung (dann: Freilassung, Mahnung, Predigt). – **(über Stephanus:)** Act 6,8–7,60; 8,2; besonders: 6,11–14: Anschuldigungen und falsche Zeugen (vgl. Mt 26,59–61); 7,2–53: Apologie und Schelte; innerhalb der Stephanusrede: 7,9 f. – 7,55–56/57 f.; provokative Äuße-rung über den Menschensohn mit entsprechender Reaktion, vgl. Mk 14,61 f. – Act 8,1.3 (Verfolgung); 12,1–2 (Herodes geht gegen Gemeinde vor und tötet **Jakobus**). – 13,50 (Paulus und Barnabas); 14,5 f.; 14,19; 16,19–40, bes. 19–24. – Hebr 11,37–39 (Sammelbericht). – **„Passio Pauli":** Act 21,27–24,23: Juden wiegeln das Volk auf und legen Hand an Paulus (V. 27), ergreifen Paulus und schleppen ihn aus dem Tempel (21,30), versuchen, ihn zu töten (21,31), schlagen Paulus (21,32); Fesselung und Fest-nahme (21,33); das Volk schreit: „Hinweg mit ihm" (21,36, vgl. Lk 23,18), ebenso 22,22; Paulus soll unter Geißelhieben verhört werden (22,24), in Riemen gespannt werden (22,25), gefoltert werden (22,29). – Paulus wird geohrfeigt (23,2); der Chi-liarch fürchtet, Paulus solle zerrissen werden und läßt ihn in die Kaserne bringen (23,10); Vision über Ziel und Sinn des Leidens (23,11); Paulus weiterhin in Gewahr-sam zu halten: 23,35; 24,23. – Vorbericht: Act 21,10–14 (zu V. 14 vgl. Mt 26,42). Verfolgung: Apk 12,1–6.13–18 (Drache verfolgt Frau); 13,7a: Krieg gegen die Heili-gen, vgl. wohl auch Apk 17,14. Vgl. im übrigen § 98: Erzählungen über Leiden und Rettung des Gerechten.

Die hier genannten *„Märtyrerberichte"* enden nicht alle in der Erzählung auch mit dem Martyrium; so werden hier auch eine Reihe von Berichten auf-genommen, die nur einige Stadien mit den Märtyrerberichten gemeinsam haben. Insbesondere an der „Passio Pauli" Act 21 ff. kann man aber sehen, daß vergleichbare Elemente wie in den regelrechten Märtyrerberichten ver-wendet werden (vgl. dazu auch unter 2.) Der regelrechte Märtyrerbericht en-det mit der Bestattung des Märtyrers. – In den neutestamentlichen Märty-rerberichten treffen sich eine Reihe gattungsgeschichtlicher Entwicklungs-linien:

1. Das Martyrium Johannes des Täufers in Mk 6parr gehört auch zur Gat-tung der Hofgeschichten, wie sie in Dan 3–4 vorliegen und in Dan 3 ebenfalls mit der Verfolgung (wenn auch hier: nachträglichen Rettung) Gerechter ver-knüpft sind. Der Weigerung der Verehrung des heidnischen Gottes durch die „drei Männer im Feuerofen" entspricht die Schelte des Johannes gegen He-rodes. Daß die drei Männer in Dan 3 gerettet werden, verändert nicht prinzi-piell die Gattung, wie auch Jesu Passion als Märtyrerbericht unbeschadet des folgenden Auferstehungsberichtes als solcher bestehen bleibt.

Hofgeschichten im biblischen Bereich: Esther, 3 Esr 3 f.; Achiqar. Vgl. dazu auch Dan 6.

2. *Darstellung des Prozesses:* Hier führt eine Entwicklungslinie über hel-lenistische Prozeßprotokolle (Mitte 1. Jh.) und über pagane Märtyrerakten, die daraus entwickelt werden (Acta martyrum Alexandrinorum) bis hin zur Gestaltung der christlichen, nachneutestamentlichen Märtyrerakte. Aber schon die Berichte über Jesu Passion haben mit diesen heidnischen Akten

(und gegen die erhaltenen jüdischen Märtyrerberichte) gemeinsam: a) ausführliche Schilderung von Prozeßszenen, b) das Bekenntnis während der Verhandlung (nicht während der Vollstreckung wie in den jüdischen Texten), c) gemeinsam fehlt (gegen 4 Makk) eine ausführliche Schilderung der Qualen.

Die paganen hellenistischen Märtyrerakten sind aus Alexandrien ab 41, bzw. 52/53 n. Chr. bis zum Ende des 2. Jh.s n. Chr. belegt. Es handelt sich jeweils um einheimische Vornehme, die sich unter Einsatz ihres Lebens gegen römische (und jüdische) Überfremdung wehren. So üben sie Kritik an den schwachen römischen Kaisern und betonen die einheimischen Götter. Es handelt sich um patriotische Traktate mit kynisch-philosophischer Tendenz. – Hervorgegangen sind diese Akten aus den sehr viel einfacheren Prozeßprotokollen, die nur Gerichtsverhandlung und Urteil boten (vgl. ANRW S. 1248 f.). Bei der Ausarbeitung der Protokolle zu Akten wird eine Vorgeschichte dazugeliefert und die Reden des Angeklagten werden erweitert, so daß sie die des Richters zurückdrängen. In den späteren christlichen Märtyrerakten kommen Urteilsvollstreckung und Bestattung hinzu.

In der Überlieferung über Cyprian sind sowohl Protokoll als auch christliche Akte erhalten.

Als besondere erzählerische Teilgattung entwickelt sich die szenisch gestaltete Verhör-Schilderung (gr.: *anakrisis*):

a) Verhör Jesu vor dem Hohen Rat: Mk 14,55–64; Mt 26,59–66; Lk 22,66–71; mit den wichtigen Teilszenen: Vernehmung der Zeugen, Feststellung der Identität, Feststellung der Schuld, Urteil (Mißhandlung), Abführung durch Gerichtsdiener, Übergabe an die nächste Instanz.
b) Verhör vor Pilatus: Mk 15,2–5; Mt 27,11–14; Lk 23,3–5; Joh 18,33–38 mit den Elementen: Frage nach Identität, Bitte um Stellungnahme zur Anklage; bei Lukas: Unschuldserklärung. Lk 23,2.5: Anklage vorweg.
c) Verhör vor Herodes: Lk 23,9–11: Fragen, Anklagen, Verspottung.
d) Verhör vor dem Hohenpriester Annas Joh 18,18–23: Fragen, Apologie Jesu und tadelnde Kritik, Ohrfeige, Gegenantwort Jesu.
e) Zwei Verhöre durch Pilatus Joh 18,33–38a; 19,8–11 Fragen zum Schuldvorwurf und Gegenfragen.
f) Act 4,5–12.15–17: Frage nach dem Ursprung der Vollmacht – Petrus verkündigt Jesus Christus – Beratung – Lehrverbot – Widerspruch.
g) Act 5,27–33: Schuldvorwurf – Apologie des Petrus.
h) Act 6,12–7,53 Schleppen vor Gericht – falsche Zeugnisse – Frage nach Stellungnahme zu den Vorwürfen – Apologie und Scheltrede des Stephanus.
i) Act 21,37–39: Frage nach der Identität – Erklärung der Identität – ab 22,1: Apologie vor Juden. Ebenso in Act 22,27 f.: Frage nach der Identität – Erklärung der Identität.
k) Act 25,9–12 Verhör Festus–Paulus (Ende: Paulus legt Berufung an den Kaiser ein).
Die Dialoge in Act 26,24–32 läßt Lukas betont vom Schema des Verhörs abweichen. Paulus tritt hier Festus und Agrippa als „freier Mann" und als (belächelter) Missionar gegenüber.

Wichtigste Elemente: Anklage durch Zeugen, Befragung des Angeklagten über die Vorwürfe, Befragung des Angeklagten danach, wer er sei (die beiden letztgenannten Elemente fallen im Prozeß Jesu zusammen!), zu den Vorwürfen schweigt der Angeklagte oder er bekennt sich mutig, beides führt zum gleichen Ergebnis. Auch Apologien (vgl. § 103) können Teile des Verhörs sein.

3. Jüdische und pagane Traditionen, nach denen ein Weiser durch einen Mächtigen bzw. durch die Obrigkeit hingerichtet wird, weil er eine anstößige Botschaft ausrichtet, für die er sich auf Gott beruft: Pagan: Sokrates beruft sich nach Platons Apologie auf das Daimonion. – Jüdisch: Überlieferung vom gewaltsamen Geschick aller Propheten (seit Neh 9,26), ausgestaltet etwa in 2 Chron 24,20–22 (Rede des Sacharja: Schelte und Gerichtswort) „Doch sie verschworen sich wider ihn und steinigten ihn auf Befehl des Königs im Vorhof des Hauses des Herrn"; noch weiter ausgestaltet im Martyrium Jesajae (in der AscJes, vgl. JSHRZ II 1,15 ff.), vgl. bes. 3,6: Jesaja weissagte gegen Jerusalem und die Städte Judas, daß sie verwüstet werden sollten; nachdem Jesaja den Falschpropheten verflucht hat, der auf seiten des Königs steht, wird er zersägt. Der Fluch in 5,9 hat eine gewisse Analogie in der Gerichtsansage Mk 14,61 (Menschensohn). Bemerkenswert ist im Blick auf Mk 14,28; 16,7, besonders aber Mt 28,10, daß das letzte Wort Jesajas an seine Jünger gerichtet ist und lautet: „Geht in die Gegend von Tyrus und Sidon, denn für mich allein hat Gott den Becher gemischt" (5,13). Ist auch die Aufforderung, nach Galiläa zu gehen, eine Mahnung, dem Martyrium zu entgehen?

Wie Sokrates und die genannten Propheten stirbt Jesus für seine Botschaft, für die er sich auch im Prozeß auf Gott beruft (vgl. Mk 14,61–63). – In Differenz zu den makkabäischen Märtyrern, die „für das Gesetz" sterben, geht es hier regelmäßig um prophetische Figuren, die für ihre eigene Botschaft in den Tod gehen.

4. Der Märtyrer stirbt mannhaft, mutig und der Qualen nicht achtend: Hier geht es nicht um einen Prozeß, sondern um das vorbildliche Sterben des Weisen. Da hier keine alte jüdische Tradition vorliegt, läuft hier die Entwicklung wohl vom Sokrates des Phaidon Platons ausgehend über die kynische Sokratesrezeption, die jüdischen Martyrien von 2 Makk 7 und 4 Makk bis hin zu den rabbinischen Märtyrerberichten. Auch an dieser Linie haben die Berichte der Evangelien teil, indem sie Jesu Bereitwilligkeit zu leiden hervorheben (Mk 14,36; 14,42; 15,23b; Joh 18,5.11) und sein Sterben schildern (Mk 15,33–37parr). Ähnlich auch Act 21,14b für Paulus: „Des Herrn Wille soll geschehen."

Quellen: Platon, Phaidon 117a–118a.59d–60c; Xenophon, Memorabilien IV 8 („schöner Tod"). Berichte über den Tod des Sokrates in den Sokratikerbriefen 14 (Hercher, Epistolographi 619–621),15,16 und besonders 17 (vgl. dazu in der Edition von A. Malherbe S. 253 ff. über das Lachen des Sokrates und sein Begräbnis).
Jüdische Märtyrerberichte in dieser Tradition: 2 Makk 6,18–31; 7; 4 Makk. – Rabbinische Märtyrergestalten: Jose ben Joezer (Gen r 27,27); Akiba (b Ber 61b; Mischle r 9,2); Jehuda ben Baba (b Sanh 13bc; b Aboda Zara 8b); Chananja (b Aboda Zara 18a).

In den rabbinischen Berichten wird die Vorgeschichte nur kurz dargestellt; ausgeführt werden dagegen die Marterqualen, Furchtlosigkeit und Beredsamkeit, die Unempfindlichkeit gegen Schmerzen und die Frömmigkeit (wie in Jesu letzten Worten am Kreuz). Typische Elemente: Erduldung der Verspottung ohne Klage, Mahnworte zum Abschied, Gebetswort vor dem Tod, Ablehnung der Milderung der Marterqual, Hinführung zum Richtplatz, Schuldtafel, Beschreibung der Folterwerkzeuge, außergewöhnliche Ereignisse beim Tod.

5. Eng verwandt mit 4. sind Märtyrerberichte über Philosophen (vgl. ANRW S. 1249 f. 1251–1255) wie die über Zenon, Anaxarchos und Hermeias, in denen der Märtyrer nicht nur die Schmerzen verachtet (in zwei Fällen beißt er sich die Zunge ab und speit sie vor dem Tyrannen aus), sondern vor allem dem mächtigeren Widersacher mit mutiger und trotziger Rede Widerstand leistet. Das hellenistische Judentum kannte derartige Überlieferungen (Philo, De Prov II 8–11).

6. Wie bereits zu den Peristasenkatalogen dargestellt wurde (s. § 66), haben die Mühsale des Herakles auf seinem Weg zur Vergottung (gr.: *ponoi*) bedeutenden Einfluß auf die Vorstellung des Märtyrers als eines „Athleten" (Wettkämpfer im Agon) gehabt. Das gilt bereits für das Bild Hiobs im hellenistischen Judentum (TestHiob 27,3–5 schildert einen regelrechten Ringkampf Hiobs mit Satan, „ein Athlet mit dem anderen"), Jesus und Märtyrer (seit 1 Clem 5,1) werden ebenso benannt. Auch in Jamblichs Leben des Pythagoras § 40 ist vom „Durchkämpfen der Mühen" (gr.: *diathlēsai tous ponous*) die Rede. Bedeutung hat diese Tradition für die Aufzählung von Leiden wie in 4 Makk und im Rahmen des größeren Zusammenhangs der Vergottung. Träger sind Pythagoreer und Asketen der Spätantike überhaupt.

7. Ebenfalls in der jüdischen Märtyrertradition belegt und für die Evangelien von Bedeutung, wenn auch in den Passionsberichten nur an einer Stelle (Lk 23,35.37; Mt 27,40 „Wenn du der Sohn Gottes bist . . ."), im übrigen aber in den Versuchungsberichten (Mt 4,1–11; Lk 4,1–13; Mk 1,13), ist die Gattung „Versuchung des Gerechten"; wegen der Verankerung in Märtyrerüberlieferung ist es daher kein Zufall, daß sich die Bezüge auf diese Gattung am Anfang und am Ende der Evangelien, besonders bei Mt und Lk finden.

Gemeint ist hier nicht die Abrahamtradition, in der Gott versucht, um Abrahams Glauben zu erproben (Jub 19 usw.), sondern Texte, nach denen der Widersacher oder ein Herrscher als Gegenspieler (daher rührt ihrer beider Identifikation in der Gestalt des Antichrist) den Gerechten durch Leiden einerseits und/oder Versprechungen andererseits zum Abfall zu bringen versucht: Typisch sind öfter die Verbindung von Imperativ und Erfolgszusage und das Verb „sich retten" (wie Mt 27,40; Lk 23,37), so in 4 Makk 10,1.13; 6,14 f., vgl. ferner: 4 Makk 12,4 f. (gehorchst du . . . Freund); 5,6–13; 8,5–11; 9,16; 2 Makk 7,7; Mart Polyk 9 f. (Imperativ und Lohn); Mart Justin 5; Mart Scilit 8.9; Mart Apoll 7.

Auch im jüdisch-hellenistischen TestHiob begegnet Satan selbst als Versucher und Urheber der vielen Leiden Hiobs, bis hin zum Tod der Kinder.

Der Widersacher fordert jeweils zu einem Tun auf, das in seinem Sinn ist und das zu tun Zeichen der Zugehörigkeit zu ihm wäre. Der Märtyrer leistet dem jedoch Widerstand – oft um den Preis seines Todes. Die Versuchungen des typischen Proselyten (Abraham, Hiob) führen nicht zum Tod, sie gelten nur der Bewährung der Initiation. So gibt es für die Versuchungsgeschichten im hellenistischen Judentum zwei Sitze im Leben: Wiederabfall der Neubekehrten zu verhindern und Vorbilder zu schaffen für die Bewahrung des Gesetzes bis in den Tod. Beider Versuchung hat mit Leiden zu tun, nur eben in unterschiedlichem Ausmaß. Wahrscheinlich liegen in den Versuchungen Jesu beide Linien vor: Die Versuchung am Anfang der Evangelien ist die Probe auf die Initiierung als Sohn Gottes in der Taufe (hilft er sich selbst und überläßt er nicht Gott die Ehre und auch die Aufgabe, ihn zu legitimieren?), die am Kreuz ist die der Gegner (ähnlichen Inhalts), nur steht hier an der Stelle des Gesetzes in hell.-jüd. Texten Jesu eigenster Auftrag als Gottes Sohn und Gesandter, nicht von sich aus und für sich zu wirken, sondern alles Gott zu überlassen (der ihn auferwecken wird).

Den unter 1. bis 5. genannten Überlieferungssträngen ist gemeinsam die widerständige Rede des Märtyrers gegen die ihn verurteilende Obrigkeit. Im Neuen Testament findet sich dieses Element (vgl. dazu: ANRW S. 1251–1254) in Joh 19,11 (Macht nur von Gott); Mk 14,62 (Menschensohn als Richter), d. h. im Sinne der Ankündigung kommenden Gerichts. Im übrigen aber suchen die Evangelien den Gegner vor allem innerhalb der Gemeinde (Judas, Petrus), die Obrigkeit (Römer) wird geschont, und die Beurteilung der Juden dürfte auch Widerspiegelung eigener Probleme mit Jesu Leiden sein.

Bei unserem Versuch, die Gattung der Passionserzählung zu bestimmen, spielt die wichtigste Rolle die Beobachtung, *daß in den hellenistischen paganen Akten nur der Prozeß, in den jüdischen Märtyrerberichten nur Leiden und Sterben* (wie auch die Versuchung zum Abfall) *dargestellt sind.* So ergibt sich, daß die neutestamentlichen Berichte vor allem eine Verbindung aus diesen beiden Linien sind. Dagegen ist es völlig unzureichend, die Passionsberichte aus einer Anhäufung alttestamentlicher Anspielungen an die passio iusti zu verstehen. Ebenso verbietet sich eine Herleitung aus den Psalmen allein, wie an einem Beispiel zu zeigen ist:

Von M. Dibelius (FE, 185) stammt die einflußreiche These, man habe in den Texten Ps 22; 31; 69; Jes 53 „das Leiden Jesu im voraus geschildert" gefunden, „man las diese Texte wieder und wieder als Passionsevangelium; daraus erwuchs, sicher noch vor der Entstehung des Markusevangeliums, eine Vorstellung von Leidensweg und Leidensstunde . . . Wir dürfen annehmen, daß schon der älteste Bericht Geschehnisse aus der Passion erzählt hat, die nur dadurch eine Bedeutung gewannen, daß man sie von der Schrift angekündigt wußte." Dibelius führt dieses heilsgeschichtliche Verstehen, wie so vieles, auf den Sitz in der Predigt zurück. Noch A. Dihle (1983, 45, vgl. Lit. zu § 100) beruft sich auf die Rolle von Ps 22 für die Passion und spielt die „heilsgeschichtliche Bedeutung" (a.a.O., 46) gegen das Biographische aus. Eine genauere Untersuchung für das Beispiel des Ps 22 ergibt jedoch ein anderes Bild:

1. Ps 22,2 (Mein Gott . . .) fehlt schon bei Lukas und im JohEv. 2. Die einzige wirklich feste mit Ps 22 verknüpfte Tradition ist das Teilen der Gewänder und deren Verlosung (auch PetrEv 12 und Justin, Dial 104). 3. Das Kopfschütteln aus Ps 22,8 ist nur in Mk 15,29; Mt 27,39 belegt, später in 1 Clem 16,16 und bei Justin I Apol 38,6; Dial 101,3. – 4. Lk 23,35 „das Volk stand da und schaute, die Ratsherren verhöhnten ihn" könnte auf Ps 22,8 zurückgehen. – 5. Ausdrücklich wird der Ps zitiert nur in Joh 19,23 f., dann erst später in Barn; 1 Clem und Justin. – 6. Eine wirklich konsequente Auslegung des Ps 22 bis V. 23 inklusive findet sich erst bei Justin (Dial 99–106) (unter anderem allegorische Auslegung des Einhorns auf das Kreuz). Gerade daran wird deutlich, daß es sich zuvor nicht um eine konsequente Auslegung handelte, und dann auch nur bis V. 23. – 7. Nur bestimmte Punkte haben allgemeine Bedeutung gewonnen: V. 2 (Mk, Mt, Justin), V. 8–9 (Kopfschütteln, Schauen und Lästern und Mt 27,43), V. 19 (Gewand). Dabei spielt Ps 22,19 auch darin eine Sonderrolle, daß es nicht in der Reihenfolge des Ps 22 zitiert ist. – 8. Sehr weit entfernt vom Schriftbezug ist PetrEv als außersynoptische Überlieferung.

Das bedeutet: 2–3 feste Punkte im Psalmgebrauch lassen nicht den Schluß zu, daß der ganze Psalm ursprünglich als Passionsgeschichte gelesen wurde. Nimmt man zur Kontrolle noch Ps 68,22 LXX hinzu (Tränkung mit Essig [und Galle]), so steht Mk 15,36; Joh 19,28 f. dem Psalm recht fern, deutlicher ist PetrEv 16, am nächsten bei Ps 68 (ohne zu zitieren) ist Sib 8,303. Aus diesem Psalm geht es um überhaupt nur ein Stück, und die wirkliche Beziehung wird erst außerhalb des Neuen Testaments erkennbar.

Abgesehen davon also, daß Schriftbezug nicht systematisch nachweisbar ist und nur einzelne Punkte betrifft, gilt vor allem: Die Kreuzigungsberichte sind auch ohne diese Stücke lesbar. Die Genese der Berichte ist vielleicht so vorzustellen:

a) kurzer Bericht mit Zeichen bei Jesu Tod, Kreuzesinschrift und Spottworten,

b) Ausschmückung mit Anspielungen an den leidenden Gerechten aus Ps 22 und Ps 69, insbesondere das Gewand und die letzten Worte Jesu betreffend. Die Schriftbenutzung hat mithin eine kreative Wirkung nur in bezug auf Einzelszenen, und auch hier nur im Sinne von Anspielungen.

c) Ausführliche Schriftzitierungen.

d) Vollständiger Midrasch bei Justin.

Die alten Haftpunkte von Schriftanspielungen werden von den späteren Autoren durch freien Gebrauch des weiteren Textes der Psalmen erweitert, so besonders bei Mt und in Barn. Im Gegensatz zu A. DIHLE und anderen gilt: Die Schriftverwendung nimmt deutlich zu. Daß Ps 22 nicht Gerüst ist, sieht man daran, daß auch nicht der Reihenfolge nach zitiert wird. Immer wieder ist schließlich aufgefallen, daß Ps 22,17 (Durchbohren der Hände und Füße) ausgelassen wurde: Dank historisch genauerer Kenntnis konnte hier der Psalm nicht kreativ wirken: Hier zeigt sich auch deutlich die Grenze der Ausschmückbarkeit durch die Schrift. Schließlich ist kurz darauf zu verweisen, daß auch außerhalb der Passionsüberlieferung der Prozeß der Einbeziehung der Schrift überall ein sekundäres Stadium in der Tradition darstellt (Sohn Gottes wurde Jesus schon vor der Indienstnahme von Ps 2 genannt, zur Rechten Gottes sitzt er schon vor der Zitierung von Ps 110, über die Engel steigt er auf, bevor Ps 8 zitiert wird, und Kyrios ist er auch, bevor Ps 110 auf ihn angewandt wird). Wo Zitate sehr leicht eingeführt werden, handelt es sich häufig um wörtliche Aussprüche an zentralen Stellen, insbesondere dort, wo sie das Verhältnis von Gott und Christus betreffen. Die Schrift dient dazu, direkte Gottesworte zu gewinnen (wozu auch Jes 42 in der Rolle bei der Taufe anzuführen ist). – Daß Psalmen gerade im frühen Christentum verwendet werden, so oft wie sonst nicht, hängt wohl weniger mit deren gottesdienstlicher als mit deren exorzistischer Funktion zusammen. Vor allem aber gilt, daß Biographie und Schriftgebrauch nicht gegeneinander ausgespielt werden können.

§ 98 Erzählungen über Leiden und Rettung des Gerechten und schematische Kurzfassungen

1. Das Motiv der Errettung des Gerechten aus Leiden und Not ist so alt und verbreitet, daß die *Motiv*untersuchung *hier* zur formgeschichtlichen Fragestellung nichts beitragen kann. Ich halte es auch nicht für glücklich, verschiedenartige Erzählungen zu diesem Motiv auf gemeinsame strukturelle Schemata zurechtzustutzen, denn das kann im Einzelfall nicht ohne Gewaltsamkeit abgehen. Die schließliche Rettung Josephs und seine Erhöhung kann ich ebensowenig mit den Berichten über Jesu Tod und Auferstehung unter formgeschichtlichen Gesichtspunkten vergleichen wie die Rettung Achiqars. Zwar sind derlei Vergleiche durch Kirchenväter und in der Geschichte der Kunst immer wieder eindrücklich und mit eigenem Recht durchgeführt worden, aber Formgeschichte kann sich hier aus Gründen der Präzision nicht auf dieses Feld begeben, auf dem mit der strukturellen Abstraktion stets auch die Beliebigkeit des Vergleichbaren (nämlich alles, was man wertschätzt) Einzug hält. Formgeschichtliche Arbeit muß – jedenfalls hier – strenger sein, hat genauer auf die Gestalt der Texte zu sehen und muß sich an die Gemeinsamkeiten halten, die an der Oberfläche des Textes (Form, Semantik) liegen oder die historisch zu erklären sind. Von daher ergeben sich in der Folge sehr verschiedenartige formgeschichtliche Ansätze, die notwendig sind, um die Texte durchsichtig zu machen, in denen das frühe Christentum die Erfahrungen von Tod und Auferstehungserscheinungen im Rahmen des Geschicks Jesu und von Rettung seiner Apostel aus Not und Gefahr formuliert hat.

2. Im Rahmen von Ich-Aussagen wurden bereits Texte behandelt, in denen der gerettete Einzelne in Form eines (nachgeahmten) Dankliedes seine Befreiung aus Not bekennt (vgl. § 72,7). In derartigen Zusammenhängen wird nun auch auf Tod und Auferweckung Bezug genommen, und umgekehrt wird das Geschick Jesu in solchen Kategorien erfaßt:

a) In 2 Kor 1.4 schildert Paulus seine Errettung aus Lebensgefahr; er bringt diese in 1,9 (vertrauen . . . auf den Gott, der die Toten erweckt) und in 4,10 f. (Sterben Jesu/Leben Jesu, Tod/Leben) ausdrücklich mit Jesu Geschick in Verbindung.

b) In Hebr 5,7–10 wird Jesu Geschick dargestellt als die Abfolge von Gebet aus Not und Erhörung (vgl. § 80).

c) Zur Verwendung von Ps 22 vgl. § 97.

In diesen Fällen ist nachweislich das Geschick Jesu im Horizont der Gattungen Klagepsalm/Danklied erfaßt und gestaltet worden.

3. In den an Juden gerichteten Missionsreden der Acta wird das Tun der Juden bei der Hinrichtung Jesu jeweils dem *Auferweckungshandeln* gegenübergestellt (Act 2,23 f.; 3,14 f.; 5,30 f.; 13,27–30); der Gegensatz zwischen „Ihr" und Gott ist konstitutiv; er dient der Überführung der Angeredeten (Schelte). Der formgeschichtliche Ursprung liegt in der Scheltrede des Märtyrers vor dem Tyrannen (vgl. dazu: ANRW S. 1251–1255), vgl. etwa 2 Makk 7,9: „Du zwar . . . löst uns aus dem gegenwärtigen Leben, der König der Welt aber wird uns . . . zum ewigen Leben auferstehen lassen", vgl. 7,14; auf breiterer Basis ist vergleichbar die Konfrontation des Mörders des unschuldig Getöteten mit dessen Gott (vgl. ibid.). Um den Gegensatz und die Konfrontation ungerechte Menschen/verfolgter Gerechter/Gott aber . . . geht es auch in Act 7,35; ebenso in: 7,9a/9b–10: („Die Stammväter . . . doch Gott war mit ihm"). Man beachte, daß die Rede des Stephanus eine Anklagerede ist. – Der Bezug auf die Gerichtssituation ist auch noch in 1 Petr 4,6 (gerichtet . . . leben) erkennbar.

4. Die *Gottesprädikation* „der die Toten lebendig macht/auferweckt" (so etwa im Achtzehnbittengebet) hat ihren Ursprung in älteren antithetischen Gottesprädikationen nach dem Schema „der erhöht und erniedrigt" (seit 1 Reg 2,6–7.10, vgl. Berger, Exegese S. 41) und wird zu einer der ältesten Möglichkeiten, Jesu Geschick sprachlich zu erfassen, so in Röm 4,24 im Vergleich mit 4,17; Röm 8,11; 2 Kor 4,14; Gal 1,1; Eph 1,20; Kol 2,12; 1 Petr 1,21 (vgl. dazu und zu jüdischen Analogien: Berger, Auferstehung, S. 408–410; dazu auch JosAs 8,9). Die Auferweckung Jesu wird hier als für Gott typisches Handeln beschrieben und in das traditionelle Gottesbild eingeordnet.

Die *partizipialen Gottesprädikationen* (vgl. dazu schon E. Norden, Agnostos Theos, 1913, 166–176) sind in neuerer Zeit vor allem von G. Delling behandelt worden (Partizipiale Gottesprädikationen in den Briefen des Neuen Testaments, in: StTh 17 [1963] 1–59; ders.: Geprägte partizipiale Gottesaussagen in der urchristlichen Verkündigung, in: Ders.: Studien zum Neuen Testament und zum hellenistischen Judentum, Göttingen 1970, 401–416 und ders.: Zum gottesdienstlichen Stil der Johannes-Apokalypse, III: Die partizipialen Gottesbezeichnungen, in: ibid., 437–441; ders.: Die Bezeichnung „Gott des Friedens" und ähnliche Wendungen in den Paulusbriefen, in: FS W. G. Kümmel, Göttingen 1975, 76–84; vgl. auch: K. Berger, Exegese, S. 40 f.). – Ergebnisse: 1. Diese sprachliche Form findet sich vor allem in Eulogien, Doxologien, in Formulierungen mit „. . . der vermag (gr.: *ho dynamenos*)" sowie in Begründungen des Dankes an Gott. – 2. Direkt aus Judentum und Altem Testament übernommen sind entsprechende Formulierungen über Gott als Schöpfer (Act 4,24; Apk 14,7; Act 17,24; 1 Tim 6,13; Eph 3,9; vgl. auch Röm 4,17). – 3. Demgegenüber werden alttestamentliche Ich bin-Aussagen über die Herausführung aus Ägypten nicht rezipiert. – 4. Statt dessen spielt die Wendung „der aus Toten auferweckt", bzw. „der Jesus auferweckte" (mit Abwandlungen) eine besondere Rolle (Röm 4,17; 2 Kor 1,9; Röm 4,24; 1 Petr 1,21; Gal 1,1; Röm 8,11; 2 Kor 4,14; Kol 2,12; Hebr 13,20). In der Christologie entspricht dem die Wendung „der von den Toten erweckte". – 5. Die Situation der Missionsgemeinden spiegelt sich darin, daß Gott häufig genannt wird „der euch beruft", bzw. „berief". – 6. In der Christologie sind die Aussagen „der euch geliebt" oder „der sich hingegeben hat" häufiger, auch „der da ist zur Rechten Gottes". – 7. Die „Ein"-Bekenntnisse kennen den relativischen Anschluß wie die partizipiale Formulierung, z. B. 1 Kor 8,6; Jak 4,12; 1 Tim 2,5 f. – 8. Gegenüber G. Delling wird man vorsichtig sein mit der Vermutung, daß der Sitz im Leben dieser Formulierungen „der Gottesdienst" oder „die Verkündigung" sei. Hier werden nur die Aporien der älteren Formgeschichte sichtbar. Vgl. dazu auch: ANRW S. 1348 f. 1360 f. – Vielmehr kommt in diesen Texten eine enge und selbstverständliche Verbindung mit dem Gott Israels zum Ausdruck, der Ursprung nicht nur der Auferstehung Jesu, sondern auch aller einzelnen alltäglichen und zukünftigen Heilsgaben der Gemeinde ist. – 9. Theologisch bedeutsam ist der in Röm 4,17.24 begründete Zusammenhang von Schöpfungs- und Auferweckungsaussagen; Gott als Schöpfer steht auch hinter der sog. paulinischen Kreuzestheologie in 1 Kor 1 (vgl. V. 28).

Die Gottesprädikationen nach dem Schema „Gott + Genitiv-Attribut (eines Abstraktums)" (wie: Gott des Friedens) bezeichnen Gott als den, der etwas gibt. Vorstufen finden sich insbesondere in den Qumrantexten („Gott des Friedens" nur in Test-XIIDan 5,2; „Gott der Wahrheit" in 1 Esr 4,40). Bei Paulus findet sich diese Art der Gottesprädikation häufig in Gebetswünschen am Ende der Briefe.

5. In Mk 16,1–8par Mt 28,1–10; Lk 24,1–12; Joh 20,1–10 wird die Erfahrung des Auferstandenen dargestellt als *Erzählung über die vergebliche Suche nach dem Toten.* Vergleichbare kurze Erzählungen gibt es seit alters bei Entrückungen, jeweils mit dem Ergebnis „und er wurde nicht gefunden", „und sie fanden ihn nicht", so insbesondere bei Elia und Henoch (vgl. dazu: G. Strecker, Art. Entrückung, RAC V, 474 f.; Berger, Auferstehung, 117–122.390–402, verarbeitet bei R. Pesch, Komm. Mk II 522–525). In der paganen Überlieferung werden Herakles und Romulus auf ähnliche Weise „nicht gefunden" (R. Pesch, a.a.O., S. 525 f.), wobei die Romulus-Überlieferung deutlich von der Heraklestradition abhängig ist.

Nach TestHiob 39 will Hiobs Frau die Gebeine ihrer toten (gerechten) Kinder aus den Trümmern des Hauses bergen, das über ihnen zusammenstürzte. Hiob hindert sie daran (V. 12): „Müht euch nicht vergeblich ab. Ihr werdet meine Kinder nicht finden, denn sie sind aufgenommen worden in den Himmel von ihrem Schöpfer, dem König." Nach 40,3 wird dieses durch eine Vision der Umstehenden bestätigt: „Und sie sahen meine Kinder bekränzt stehen vor der Herrlichkeit des Himmlischen."

Da das Entrücktsein und Nicht-Gefundenwerden vieldeutig ist, auch eine Entrückung durch Engel nicht notwendig Auferstehung zur Folge haben muß, erklärt es sich, weshalb in der synoptischen Tradition die Botschaft selbst durch Engel verkündet werden muß.

6. Joh 20,14–18 bietet ausweislich V. 17 eine Erscheinung auf dem Weg zur Entrückung, ähnlich wie Apk 11,12 (ebenfalls nach der Auferweckung) und wie es sonst in der Romulustradition belegt ist (vgl. Plutarch, Numa 2; Dionysius v. Halikarnassos Ant 2,63,4; Justin, 1. Apol 21,3; zum Komplex

dieser Erscheinungsberichte vgl. ANRW S. 1322–1324). – Zu den übrigen Ostervisionen vgl. oben § 75.

7. Apk 11,3–13 und verwandte Darstellungen in jüdischen und christlichen Apokalypsen (vgl. dazu Berger, Auferstehung, 9–149) schildern (wie EvPetr und Melito, Paschahomilie) den Auferstehungsvorgang direkt, vorher jedoch das dreieinhalbtägige Daliegen auf den Plätzen der Stadt. Abgesehen von der Herkunft der Einzelmotive, die aus den Passionsgeschichten über Jesus jedenfalls nicht zu erklären sind, ist hier die Frage zu behandeln, wo diese Art der Darstellung ihren Ursprung hat. Es ergibt sich, daß es sich um „versetzte" und sachgemäß abgewandelte Elemente aus Entrückungserzählungen handelt. Zwar geht es hier nicht um eine zeitweilige Entrückung, sondern um Auferweckung Toter, doch ist die *szenische Darstellung Entrückungsberichten entnommen,* nach denen der Prophet drei Tage wie tot daliegt, das Volk um ihn herumsteht und trauert, er aber nach drei Tagen wieder aufsteht. Derartige Berichte finden sich in Paralipomena Jeremiae 9,7–13; vgl. AscJes 6,9–16. Relikt aus dieser Gattung ist die Himmelsstimme mit dem Befehl „Steigt auf" (Apk 11,12): vgl. Apk 4,1.

In anderer Weise ist auch in 1 Petr 3,18–20 ein Element der traditionellen Himmelsreisen (vgl. dazu: W. Bousset, Die Himmelsreise der Seele, Darmstadt 1960, Nachdr.) mit den Aussagen über (Tod und) Auferweckung verknüpft worden: Die Predigt bei den Geistern im Gefängnis (3,19) ist nur auf einer solchen Reise möglich (vgl. äthHen), auch wenn es sich hier nicht um die gefallenen Engel, sondern um die Toten überhaupt handelt. Gelöst wird so das Problem der *Universalität ante Christum.*

8. Die Rettung aus Bedrängnis ist Bestätigung, daß Gott „mit" dem Geretteten ist, weil er „noch weiteres mit ihm vorhat", so in Act 12,3–23 (im Anschluß an K. 11 als Bestätigung des Petrus! Entsprechend wird Herodes bestraft, beide haben es mit einem Engel zu tun). Ähnlich wird Paulus nach seiner Bekehrung in Act 9 gerettet: 9,23–25.29–30. – Besonders zu beachten ist die Rettung des Paulus nach Act 14,19f. (Steinigung – Meinung, er sei tot – er steht auf). – Für Jesus: Lk 4,29f.

9. Kürzere Formulierungen können zum Inhalt haben, daß das Geschick Jesu schriftgemäß und/oder „notwendig" war. Damit ist entweder nur das Leiden oder auch die Auferweckung beschrieben, und Jesus wird in diesen Formulierungen „Christus" oder „Menschensohn" genannt. Die bekannteste dieser Formulierungen liegt in 1 Kor 15,3f. vor. Formgeschichtlich steht eine Tradition von Heils- und/oder Unheilsansagen im Hintergrund, die folgende Gestalt hat:

a) Begründung der Unheils-, bzw. Heilsansage durch pauschale Formulierungen wie die folgenden synonymen: „es ist notwendig", „es geziemte sich", „alle Worte", „alles dieses kommt über x", „Gott läßt alles, was er gesagt hat, kommen über x", „die Schriften" (sc. alle Schriften werden erfüllt), „alles, was geschrieben ist", „gemäß den Schriften", „gemäß dem, was geschrieben ist", „alles wird erfüllt", „Schriften im Himmel", „ich sah geschrieben", „denn so ist es geschrieben", „über x ist geschrieben", „himmlische Prophetie", „Schrift Henochs", „alle, bzw. die Propheten", „alles, was die Propheten geredet haben, bzw. alle Worte der Propheten", „nach allen Worten der Propheten", „wie der Herr durch die Propheten gesagt", „alle Prophezeiungen", „Worte der Propheten sind eingetroffen", „Mose und die Propheten", „alle Propheten stimmen überein . . .".

Mit allen Formulierungen dieser Art (seit deuteronomistischer Zeit üblich) wird pauschal der gesamte Inhalt überlieferter Offenbarung benannt. Einzelne Stellen werden nicht zitiert. Worauf werden nun diese Qualifikationen bezogen?

b) Inhalt: Strafe, Gericht, Fluch, insbesondere Strafe für Mörder der Gerechten. – Eschatologische Drangsale. – Negative eschatologische Figuren (z. B. Ez 38; 4 Q 177). – Die gesamte Eschatologie, d. h. „alles, was geschehen wird". – Die Abfolge von Leiden und Herrlichkeit in der Endzeit. – Heilsansagen, dabei positive eschatologische Figuren (auch: Vorläufer). – Das Kommen des Messias und die Zeit des Messias. – Die Zeit der Sündenvergebung. – Das Schema von Sünde–Exil–Rückkehr. – Die Heidenmission. – Die allgemeine Auferstehung.

Mit demselben Formelgut werden aber nun im Neuen Testament das Leiden des Christus, seine Auferstehung, bzw. die Abfolge von Leiden und Herrlichkeit beschrieben, und dieses wird „Evangelium" genannt. Daraus ziehe ich folgende Konsequenzen:

1. Daß bei den entsprechenden christologischen Texten keine Einzelstellen genannt werden, entspricht der Tradition. Es stehen auch keine Einzelbelege im Hintergrund.

2. Das Geschick des Christus wird als allgemeinen eschatologischen Gesetzmäßigkeiten unterworfen betrachtet, d. h. es besteht in der Abfolge von Unheil (Leiden) und Heil (Herrlichkeit, Auferstehung).

3. Damit sind Aussagen über das Geschick des Christus der Abfolge pauschaler Unheils- und Heilsansagen nachgebildet, wie sie sich etwa in Ez 39,24–29LXX und Act 14,22 (Drangsal/Reich Gottes) finden.

4. Allgemeine Aussagen werden auf das Geschick des Messias konzentriert; es ist kein Zufall, daß hier häufig vom Menschensohn die Rede ist, da dieser ohnehin einen hohen Repräsentativcharakter hat (er ist Prototyp der Gemeinde der Gerechten). Andererseits werden auch Aussagen verständlich, nach denen „diese Tage" prophezeit seien (vgl. Act 3,24) oder nach denen das, was die Propheten vorhersagten, nicht die Abfolge von Leiden und Auferstehung, sondern die von Leiden des Christus und Apokatastasis aller Verheißungen ist (Act 3,18.21) (vgl. Lk 17,24 f.: Leiden des Menschensohnes und Wiederkunft). – Eschatologische Einzelfiguren (Gog, Elia, Messias) werden auch in jüdischer Tradition so qualifiziert, aber es sind eschatologische Gestalten, die für eine bestimmte Phase im Ablauf der Endgeschichte stehen.

5. Ist das Sterben des Christus in diesem Zusammenhang „zur Sündenvergebung gemäß den Schriften" (1 Kor 15,3), so geht es um die Phase vor dem Ende, in der Gott die Sünden beseitigt, so etwa Dan 9,24.

§ 99 Enkomion

Lit.: ANRW S. 1173–1195. 1232–1239. – Ferner: D. L. BALCH: Two Apologetic Encomia: Dionysius on Rome and Josephus on the Jews, in: JSJ 12 (1982) 6–46.

Seit Isokrates bezeichnet man als Enkomion die lobende Darstellung eines Menschen. Im Gegensatz zur Biographie, die freilich häufig mit dem Enkomion verwandt ist, wird die Gesamtheit eines Lebens hier nicht dargestellt. Jedoch konnte man in chronologischer Ordnung vorgehen (e. narrativum) – wie auch in systematischer. Üblich wird die chronologische Folge mit diesen Elementen: 1. Proömium, 2. Herkunft (Volk, Vaterland, Stadt, Geschlecht, Vorfahren, Vorväter, Art der Geburt, Art der natürlichen Beschaffenheit), 3. Ausbildung und Beruf (Beschäftigung, Lebensstil, Gewohnheiten), 4. Taten (gr.: *praxeis*), d. h. Eigenschaften der Seele, des Leibes und des Geschicks, die in bestimmten Situationen zum Ausdruck kommen. Tugenden, Laster und habituelle Verhaltensweisen des Helden werden so mehr oder weniger entfaltet dargestellt.

Das Enkomion ist von den Rhetorikern häufig beschrieben worden und ist als Grundmuster für auf Menschen bezogene epideiktische Gattungen vor allem für die Gattung Biographie bedeutsam geworden. Im Neuen Testament zeigt sich der Einfluß dieser Gattung an folgenden Stellen:

1. 2 Kor 11,22–33 ist als autobiographischer Abschnitt abhängig vom Schema des Enkomions (Herkunft/Beruf/Taten – die Taten sind hier durch die Peristasen des Apostels dargestellt); ähnlich: Phil 3,5–6.

2. In den Kindheitsgeschichten bei Mt und Lk sind die Einzelheiten des Abschnittes „Herkunft" entfaltet dargestellt (vgl. auch § 101).

3. Vor allem in Inschriften, im übrigen aber in jüdisch-hellenistischer Literatur ist ein Enkomion-Schema verbreitet, das nach der Folge Wesen/Herkunft–Taten–Ruhm aufgebaut ist. In den Inschriften ist der „Ruhm" jeweils die durch die Volksversammlung o. Ä. zugesprochene Ehrung (vgl. ANRW S. 1178–1191). Die Mehrzahl der Vergleichstexte begegnet in den Väter-Enkomien in Sir 44–50 und 1 Makk 2,50–64. Insbesondere zu Sir 44–50 bestehen Entsprechungen zum NT (zum 2. Hippokr.-Brief vgl. § 109). Diese Analogien liegen vor in den bislang fälschlich „Christus-Hymnen" genannten Texten Phil 2,6–11; Hebr 1,1–4; 1 Tim 3,16. Dabei wird die Aussage über Wesen/Herkunft öfter auch zur Präexistenzaussage entfaltet, die Aussage über die Taten konzentriert sich immer mehr auf Jesu Tod, und der Abschnitt über die Ehrung nimmt die Erhöhungsaussagen auf. Für Phil 2,6–11 läßt sich zeigen, daß dieser Text in jeder Hinsicht der älteste der genannten neutestamentlichen Belege ist (vgl. ANRW S. 1178 ff.), und daß hier auch eine besondere Tradition von der Sendung des gottförmigen prophetischen Boten verarbeitet wurde (vgl. ANRW S. 1184 ff., Anm. 159). – Dieses Gattungsschema ist auch sonst im frühen Christentum belegt (vgl. ANRW S. 1178 ff.). Kol 1, 15–20 ist ein Enkomion im Er-Stil der Prädikation (s. § 109).

4. In 1 Tim 3,16 liegt der Sonderfall eines passiv gestalteten Enkomions vor: Werden üblicherweise die Taten eines Menschen im Aktiv aufgereiht, so steht hier das passivum divinum zur Kennzeichnung seiner Beauftragung und Legitimation durch Gott. Das Schema entspricht älteren Enkomien, die Herkunft (hier: Zeile 1 „geoffenbart im Fleisch") und Taten aufzählen.

5. Der relativische Beginn der neutestamentlichen Christus-Enkomien („der . . .“ gr.: *hos*) findet seine Erklärung darin, daß in den Analogien jeweils der Name des gelobten Mannes voransteht. Auf diesen bezieht sich der relativische Anschluß. Das Enkomion ist die Entfaltung des „großen Namens“, und wo dieser apotropäische Bedeutung hat, hat das Enkomion dann daran teil (ANRW S. 1168, Anm. 141, 1190f.).

6. Weitere Enkomien liegen vor in Kol 2,9–15; Hebr 7,1–10 (Melchisedek); 1 Tim 2,5–6 (von Gott und Jesus). Enkomion-Stil liegt auch in Tit 2,11–15 vor, wo zunächst von der Gnade und dann in V. 14 von Jesus Christus in großen Zügen die wichtigsten charakterisierenden und zu lobenden „Werke“ genannt werden. Für beide Größen wird auch jeweils die Relevanz für die „wir“ angegeben.

7. Ein (rudimentäres) Enkomion auf Mose bietet Josephus am Ende seiner Mosebiographie in a 4,328–330 (übrigens als Epitaphios), eines auf Augustus findet sich bei Philo, Leg. Gai. 21.

Die Umkehrung des Enkomions ist in gewissem Sinn die Spottrede, und wie das Enkomion steht die (hier: nicht erwartbare) Tat im Vordergrund, aber auch „Wesen“ und Name: Mk 15,29–32.36par Mt 27,40–44; Lk 23,35–37.39; Mk 15,18; Mt 27,49; Lk 22,64; Joh 11,37; 19,3. – Vgl. auch Lk 4,23. – Zu den Imperativen vgl. oben § 36,7. – Spottrede ist aber vor allem Parodie von anderen bestehenden Gattungen, in erster Linie von solchen der Ehrerbietung und des Zeremoniells. So ist die spottende Aufforderung, ein Zeichen zu wirken, die Kehrseite der Gattung Deesis/Petitio (vgl. § 80).

§ 100 Evangelium und Biographie

Lit.: ANRW S. 1191–1194 und 1231–1264. – A. Dihle: Die Evangelien und die biographische Tradition der Antike, in: ZThK 80 (1983) 33–49. – P. Stuhlmacher (Hrsg.): Das Evangelium und die Evangelien (WUNT 28), Tübingen 1983, darin besonders folgende Beiträge: R. Guelich: The Gospel Genre, S. 183–219; M. Hengel: Probleme des Markusevangeliums, S. 221–265; L. Abramowski: Die „Erinnerungen der Apostel“ bei Justin, S. 341–353; A. Dihle: Die Evangelien und die griechische Biographie, S. 383–411. – H. Gugel: Studien zur biographischen Technik Suetons (Wiener Studien Beiheft 7), 1977, 145 ff., vgl. auch G. Alföldy, in: Ancient Society 11/12 (1980/81) 352. – D. Lührmann: Mk 14,55–64, Christologie und Zerstörung des Tempels im Markusevangelium, in: NTSt 27 (1980/81) 457–474.

Die hellenistische Biographie ist trotz des begrenzten Quellenbestandes (vgl. die Übersicht ANRW S. 1232–1236) so vielgestaltig, daß auch die Evangelien darin Platz haben könnten. Da die Evangelien mit antiken Biographien ohne Zweifel zahlreiche formgeschichtliche Elemente gemeinsam haben, kann man sie auch eine biographische Gattung nennen, ungeachtet eines bedeutenden Einflusses „prophetischer“ Biographie gerade auch auf die Form.

1. **Enkomion und Evangelium:** Zwischen den in § 99 behandelten Christus-Enkomien und den Evangelien besteht eine strukturelle Entsprechung (Klärung der Identität, Taten, Verherrlichung), mindestens aber zum JohEv, dessen Prolog die Aussagen über Herkunft und Wesen betrifft und das zudem mit dem für die Enkomien typischen Mittel der Synkrisis arbeitet (vgl. dazu ANRW S. 1191–1194).

Die Kindheitsgeschichten bei Mt und Lk beschreiben Abkunft und Vaterstadt. Diese Evangelien orientieren sich mithin am enkomienhaften Typ der Biographien.

Insbesondere entspricht der antiken Enkomion-Biographie der Bericht über den Täufer in Mk 1,4–8 (vgl. mit den in § 99 genannten Elementen V. 2–4: Funktion und Beruf; V. 5: Tat und Erfolg; V. 6: Schilderung des Aussehens und des Lebensstiles (vgl. Mt 3,4); V. 7f.: Synkrisis mit Jesus). Die Einleitung per Schriftzitat zur Klärung der Identität entspricht übrigens Lk 4,17–19; 3,4–6; Apk 11,4 (jeweils am Anfang einer [Kurz]Biographie). Auch die kurzen Prophetenbiographien in den von Th. Schermann herausgegebenen Vitae prophetarum sind vor allem am Anfang ganz ähnlich aufgebaut (vgl. z. B. Daniel: Name, Geschlecht, Geburtsort, allgemeine Eigenschaften, allgemeine Charakterisierung, Aussehen), dann folgen Einzeltaten, Ort des Todes, Begräbnis.

Mit P. L. Shuler (A Genre for the Gospels, Philadelphia 1982) bin ich der Meinung, daß die Evangelien wesentlich „laudatory biography" sind, wie sie ähnlich bei Philo (Vita Mosis), Isokrates und Xenophon belegt ist. Die Kritik von R. Guelich (1983, 191) der auf die Unterschiede hinweist, halte ich für nicht durchschlagend (vgl. das Folgende).

2. Die Einwände R. Bultmanns gegen den **biographischen Charakter** der Evangelien sind widerlegbar: a) Auch in den Evangelien ist das Typische wichtiger als das Individuelle (das Gesetz der biographischen Analogie); daher die Entsprechung zu alttestamentlichen Propheten in den wunderhaften Erzählungen und die zu griechischen Weisen in den Chrien. Daher hat Jesus auch Vorbildcharakter und soll nachgeahmt werden (z. B. Mk 10,42–45parr; Lk 2,51b: „untertan" ist Haustafelethik). b) Weder die Evangelien noch die überwältigende Mehrzahl der antiken Biographien stellen eine Entwicklung des geschilderten Menschen dar. c) Auch antike Biographien haben mythischen und kultischen Charakter. d) Nur Anfang und Schluß antiker Biographien berichten chronologisch, der Mittelteil enthält häufig Material über Worte und Taten wie die Evv. Auch Mk intendiert erst ab Kapitel 11 eine chronologische Reihenfolge. – Vgl. Näheres: ANRW S. 1236–1245.

3. In der neueren Diskussion zu wenig beachtet wird, daß Jesus in den Evangelien nicht allein dargestellt wird, sondern daß er Jünger hat (vgl. z. B. Mk 6,7–13.30–32par). Analogien finden sich vor allem in der **Philosophenbiographie** (z. B. Jamblichus, Leben des Pythagoras). Am Anfang des Philosophenlebens steht die Berufung/Bekehrung zur Philosophie, und zwar genau an der Stelle, die im MkEv die Installatio Jesu durch Gottes Geist bei der Taufe einnimmt (Mk 1,10f.). – Vgl. ANRW S. 1240. Besondere Bedeutung haben die Lebensdarstellungen des Sokrates.

4. Für unbeweisbar halte ich die These, daß **Aretalogien** den formgeschichtlichen Hintergrund der Evangelien bildeten. Denn derartige Sammlungen von Großtaten sind für menschliche Helden nicht belegt. Die Gattung wurde nur erschlossen, um die angeblich wunderkritische Tendenz der Evangelien und deren angebliche theologia crucis von der Gattungsvorlage abheben zu können. Die Gattung Aretalogie hatte daher vor allem formgeschichtliche Entlastungsfunktion. Auch das Buch Jona ist alles andere als eine mög-

liche Aretalogie. Überdies sind auch „wunderhafte Taten" und Martyrium nicht verbunden worden. Zur ausgedehnten Diskussion vgl. ANRW S. 1218–1231. Das Konzept vom „göttlichen Menschen" ist methodisch insgesamt problematisch und für die Gattungsbestimmung der Evangelien unfruchtbar. – Die bestenfalls vergleichbaren Taten- und Peristasenkataloge des Halbgottes (!) Herakles (vgl. dazu § 66) sind wiederum *der Form nach* nicht vergleichbar mit dem, was als Aretalogie „vor" den Evangelien vorauszusetzen wäre. Die am Vorbild des Herakles ausgerichtete Tatenreihung in Plutarchs Vita des Theseus findet sich bereits im Rahmen einer Biographie.

5. Es finden sich auch antike Biographien, bei denen die Berichte über **Leiden und Sterben** einen wichtigen Teil ausmachen, so in Plutarchs Darstellungen über Cato minor und Eumenes (M. Hengel, 1983, 224).

6. J. Z. Smith (Good News is no News, in: Map is not Territory, Leiden 1978, 190–207) hat auf eine für die Evangelien besonders interessante Verbindung von **Mythos und Philosophenvita** hingewiesen: Die vita hat das Ziel, den Helden nicht nur als Magier, sondern als Wundertäter zu erweisen, für die Schüler aber als noch mehr: als göttlichen Ursprungs. So ist die Frage nach der Identität des Helden für die Gattung entscheidend, und diese läßt sich definieren als „eine Erzählung eines Gottessohnes, der unter Menschen erscheint als ein Rätsel, das zu Mißverständnissen einlädt". – Entsprechungen sind ferner: Das Sammeln von Schülern, die Lehre über Gesetz und Moral, wunderhafte Erzählungen und die Scheidung von öffentlicher und geheimer Lehre (vgl. ANRW S. 1261–1264).

In der verborgenen Identität des Helden liegt ein spezifisch religiös-mythisches Element in den betreffenden Biographien (Pythagoras, Mose, Jesus) vor. Wäre die Herakles-Biographie Plutarchs erhalten, so wäre hier vielleicht die Offenbarung seiner Gottessohnschaft durch Leiden und Mühen hindurch konstitutiv. Für die Evangelien wurde entsprechend auf die Akklamationen und Installationen hingewiesen (§ 68), vgl. auch Lk 3,15 (ob er der Christus sei), Joh 1,19 f. („Wer bist du?"); 1,24–28; 6,67–69; EvEbion 4 und Mt 11,2–6par Lk 7,18–23. Zum anfänglichen „Dieser ist . . ." vgl. § 68,1 und oben 1. – Zum Verhältnis zwischen den Viten und Jesu eigener Geheimhaltung vgl. unten.

7. Wichtige Einzelelemente, die vor allem in **Biographien** begegnen, sind:

a) **Genethliakon** (vgl. ANRW S. 1197 f.; hier § 69,5b) als Weissagung über ein Kind: Lk 2,34 f.38, vgl. 2,11. Ein gut vergleichbares Genethliakon liegt vor in der Prophetie Henochs nach äthHen 106,13–19. Methusalah war zu Henoch gegangen, um ihn über die wunderbare Erscheinung des neugeborenen Noah zu befragen. Henoch gibt daraufhin eine ganze Offenbarungsrede über den Verlauf der Geschichte bis zur Sintflut, in der es über Noah heißt (V. 16): „Dieser Sohn, der euch geboren worden ist, wird auf der Erde übrigbleiben . . . tue deinem Sohne Lamech kund, daß der, der geboren worden ist, wirklich sein Sohn ist, und nenne seinen Namen Noah, denn er wird übrigbleiben . . .". Henoch übernimmt hier zum Teil Aufgaben wie sie in Mt 1,20; 1,21 (Name!); Lk 1,13b im Munde des Engels sind.

b) **Politische Kindheitsgeschichten,** so die vom Kindermord: Sueton, Augustus 94 und jüdische Abraham-Midraschim und die Mose-Überlieferung.

c) Nach Theon, Progymnasmata 8 sind wichtig: edle Abkunft (gr.: *eugeneia,* vgl. Mt 1,18–25: vom heiligen Geist), Stadt und Vaterland (bei Lukas geklärt in Lk 2,1–5; Matthäus dagegen hat drei Berichte miteinander zu verbinden: den über Bethlehem 2,4–6, über Ägypten 2,13–15 und über Nazareth 2,19–23, in 4,12–16 kommt Kapernaum als vierte Lokalität hinzu); Hauptziel von Mt 2 in jetziger Gestalt, besonders in der Fortführung der Magierlegende, ist die Klärung der Traditionen über die Herkunft Jesu und ihre Verbindung.

d) Erzählungen über persönliche **Prodigien** (vgl. dazu: K. Berger, in: ANRW II 23.2, 1428–1469, bes. 1444 f.) sind Lk 2,25–38; 1,44; Mt 2,1–12; Mk 14,3–8 par; Mt 21,15 f.; 27,51b–53. Es handelt sich jeweils um besondere Vorkommnisse, die entgegen dem jeweiligen Augenschein etwas über die wahre Größe des Helden sagen. Hier besteht also eine gewisse Verwandtschaft zu dem unter 6. geschilderten Geheimnismotiv.

e) Die hervorragende Weisheit des Zwölfjährigen: Xenophon, Kyropaideia 1,2,8 (mit zwölf allen Knaben überlegen, schneller und wie Erwachsene); Ariston v. Keos (225 v. Chr.) über Epikur nach Diogenes Laertius X 14 (mit zwölf Jahren Philosophie begonnen); Josephus a 5,348 (Samuel hatte mit zwölf mehr Weisheit als seinem Alter angemessen und begann zu prophezeien) und entsprechend Lk 2,41–52 (dazu: H. J. de Jonge, in: NTSt 24 [1980] 317–354),

f) **ultima verba:** Zu Jesu und des Stephanus letzten Worten Mk 15,33 f.; Mt 27,46; Lk 23,46; Joh 19,30 (wie Hercules in Seneca, Hercules Ota. V. 1472 f.; Act 7,59) und zur Gattung Testament vgl. § 24. –

g) Von dem biographischen Mittel der **Synkrisis** (vgl. dazu ANRW S. 1173–1177 und besonders H. Erbse: Die Bedeutung der Synkrisis in den Parallelbiographien Plutarchs, in: Hermes 84 [1956] 398–424) machen die Evangelien insgesamt häufig Gebrauch. Das betrifft besonders die Vergleichung zwischen Jesus und Johannes d. Täufer, die vielfältig durchgeführt wird und besonders bei Lukas weiten Raum einnimmt. (Vgl. die Stellen und die Bedeutung für Acta in ANRW S. 1176 f. und hier § 64.91 S. 327).

Von besonderer Bedeutung für die Evangelien ist ein Vergleich mit den *Vitae parallelae* des Plutarch. Das gilt weniger für deren politisch-historiographische Elemente (trotz Alex 2 ausführlich vertreten) als vielmehr 1. für die *biographische Technik* und 2. für die *mythologischen Elemente.* – Zu 1.: Im Aufbau bieten die Vitae – ohne strenges Schema – Angaben über Abkunft, Geschlecht, Gestalt, Lebensweise und Tageslauf, über die Lehrer und das Erlernte. Schon in der Kindheit wird regelmäßig die künftige Größe offenbar (Romulus 6; Alex 2), über das Kind werden Vaticinien gegeben. *Episoden* und *Chrien* sind ebenso Grundbausteine (zu Episoden vgl. etwa Kleomenes 29: Verweigerung des Erfrischungsgetränkes) wie die von uns für die Evangelien und Act ermittelten *Basisberichte* (Agis 14, Reaktion: Bewunderung; Kleomenes 13. Reaktion: „Herakles' echter Sohn"; 32). Ausgeprägt ist die biographische Synkrisis (z.B. Tiberius G. 2f.). Für Einzelzüge der Evangelien sind interessant: häufig geschilderte *Hypantesis und Akklamation* (zu Mk 11,1–10 parr, vgl. Numa 5.7), *Reihung von Einzeltaten* (mit absichtlicher Analogie zu den Taten des Herakles: Theseus 9ff.), die Verbindung von Martyrium und Hofgeschichte (zu Mk 6,17ff. vgl. Kleomenes 33f.), das *Dankgebet vor dem Tod* (vgl. Lk 2,29–32 mit Marius 46, vgl. auch Somnium Scipionis 1), die Betonung der ultima verba vor dem Tod und sogar *Zeichenhandlungen,* die an prophetische erinnern (Tiberius G.13): Zur Aufreizung der Massen legt Tiberius Trauerkleider an und führt seine Kinder dem Volk vor mit der Bitte, „für sie und ihre Mutter zu sorgen, denn er selbst habe sich aufgegeben". Anders als bei den Propheten und wie in den Evv hat die Zeichenhandlung individuell-biographischen Charakter. – Zu 2.: Die historische und charakterliche Größe der beschriebenen Helden wird mit direktem (*„mythologischem"*) *Einwirken der Götter in Verbindung gebracht:* Bereits bei der Entstehung sind regelmäßig Götter oder Halbgötter beteiligt (Romulus 2; Numa 4; Fabius M.1; Alexander 3; Aemilius P.2), zumindest bei den Ahnherren. In Alex 2 haben Mann und Frau je einen Traum vor der Geburt des Kindes. Träume, *Visionen* und Orakel sowie Prodigien säumen den Weg des Helden. Dem erscheinenden Mann von Act 16,9 ist die Erscheinung des grauhaarigen Mannes in Alex 26 zu vergleichen. Am Lebensende wird die Göttlichkeit eines Menschen erwiesen, wenn *er nach dem Tod erscheinen* kann (Theseus 35).

Von besonderer Bedeutung im Blick auf das oben unter 6. Gesagte sind Reaktionen anderer Menschen auf Worte und Taten des Helden, die *per acclamationem* seine *Göttlichkeit* feststellen (Alexander 28: der ägyptische Hohepriester redet A. unwillentlich als *„pai Dios"* [Sohn des Zeus] an; Kleomenes 13: K. übt solche Wirkung aus, daß man ihn „für Herakles' echten Sohn" erklärt; 39: Nach seinem Tod wird er „Heros" und „Göttersohn" genannt; Theseus 6 [Gerücht: Poseidon sei sein Vater]). In Romulus 7 fragt Numitor angesichts der Art, in der Remus auftritt: *„ Wer er sei und woher er stamme".* Ähnlich heißt es in Alexander 28, A. „glich einem Manne, der vollkommen von seiner göttlichen Abkunft und Geburt überzeugt ist", und auf einen Donnerschlag hin fragt das Volk: „Hast du das getan, Sohn des Zeus?" – *Die generelle Funktion der Biographie, das verborgene Wesen (den Charakter) durch die Darstellung der Taten sukzessive zu enthüllen, ist hier zur speziellen geworden: Dieses Wesen ist göttlicher Art. Dieser Zug ist grundsätzlich mit den Evangelien gemeinsam.* Besonders interessant ist, wenn der Autor *mehrere mögliche Deutungen* vorträgt und dadurch die Rätselhaftigkeit und geheimnisvolle Eigenart des Helden als allgemein anerkannt erweist (Fabius M.1: eine Nymphe oder . . . ein . . . Weib), was in anderer Gestalt auch in Mk 8,27f.; 6,14–16 vorliegt. – In Alex 27 wird ein „mißverständliches" Wortspiel mit dem irdischen und himmlischen „Vater" referiert, das an Lk 2,48f.; Joh 8,38ff. erinnert.

Von allgemeinerer Bedeutung ist die Betonung des *ätiologischen* Elements in den stärker mythologischen Biographien Plutarchs (vgl. dazu die biographischen Ätiologien in Mt 27,8; Act 1,19) und daß Plutarch typologische Kategorien wie „zweiter Herakles", „zweiter Gründer Roms", „zweiter Hannibal" einführt (vgl. wenigstens indirekt die Darstellung Jesu als des zweiten Mose und des zweiten Elia in den Evv).

8. Speziell **jüdische Tradition** steht hinter den ausführlichen Ahnentafeln in Mt 1,1–17par Lk 3,23–38: Auch Hen 37,1 liefert einen Stammbaum bis auf Adam, vgl. ferner: Judith 8,1; Jes 1,1; Ru 4,18–22 (David); Esr 7,1–5 (Esra); Esr 2,59–62; Hen 7,64 und vor allem 1 Chron 1,1–9,44. – Berichte über Beschneidung und Namengebung: Lk (1,59–66); 2,21 (vgl. dazu: Gen 21,4; Jub 16,14 und die Namengebung allein: Ri 13,24 f.), zu Lk 2,52 vgl. 1 Sam 2,26, zu Lk 2,22–39 vielleicht 1 Sam 1,24–28.

Besonders hinzuweisen ist für den Gesamtaufriß auf die jüdisch-hellenistische Schrift Testamentum Hiob (Aufbau: Initiation durch Licht und Stimme – Versuchung durch Satan – gute Taten – Leiden – Triumph (Restituierung und Tod als Hinaufnahme in den Himmel – charismatisches Reden der Zeugen), auf die Abrisse der Vitae prophetarum (s. o.) und auf die Rezeption der griechischen biographischen Tradition in Philos Schrift De Vita Mosis (beachte besonders II 288–292 über das Lebensende des Mose und dazu auch K. Haacker, P. Schäfer: Nachbiblische Traditionen vom Tod des Mose, in: Josephus-Studien, FS O. Michel, 1974, 146–174). Auch Josephus bietet in a 2,201–4,331 eine Biographie des Mose mit apologetischer Tendenz. – Eine Analogie zu den Aufrissen der Evangelien, die kaum durch diese selbst vermittelt ist, stellt auch Apk 11,4–13 dar: A. Schriftgelehrte Identifikation V. 4, B. Darstellung der Vollmacht V. 5–6, C. Martyrium V. 7–10, D. Auferstehung, Himmelanstieg und die Reaktion darauf: V. 11 f., E. Nachfolgendes Strafwunder, das zugleich das theophane Geschehen von D ergänzt: V. 13.

9. Auch in der *Binnenstruktur* der Evangelien gibt es (jedenfalls in dieser Kombination) gattungstypische Merkmale, die gegenüber der Großform nicht zu vernachlässigen sind:

a) In den synoptischen Evangelien steht ein apokalyptischer Text (Mk 13) am Schluß des Wirkens Jesu. Ähnlich ist die Position von Dtn 32f; Tob 14; Dan 7 (im arDan); 1 Kor 15; Did 16 im Aufbau der jeweiligen Schrift. Vergleicht man die ApkJoh mit 1 Kor, so werden die 1 Kor 5–14 entsprechenden Probleme in den Gemeindebriefen (Apk 2f) abgehandelt, während Apk 4–22 der gewissermaßen entfaltete eschatologische Schlußteil ist. – Die Funktion des Schlußteils ist jeweils die einer peroratio: Die Weisungen werden mit dem Hinweis auf Gottes Zukunft motiviert. Gerade im Unterschied dazu fällt die extreme Anfangslastigkeit im Aufbau der Act auf; nicht nur die entscheidenden Ereignisse, auch „der" apokalyptische Text (2,16–21) stehen am Anfang. Wichtig ist, daß Act 2,17–21 ähnlich aufgebaut ist wie Mk 13: Auf das Prophezeien von Menschen (Act 2,17–18; in Mk 13: Diskussion über Falschlehrer und Falschpropheten V.5–23) folgen die Zeichen am Himmel (Act 2,19–21; Mk 13,24–27). Ist die Verwendung von Joel 3 doch vorlukanisch, so daß dieses Stück den Bauplan auch für Mk 13 abgab? b) Die sog. Basis-Biographie (vgl. § 94) bildet den erzählerischen Zusammenhang, aus dem sich einzelne Szenen herausheben (z. B. Mk 4,33 f.; Joh 2,23–25; Act 1,1b–4[5]; Lk 21,37 f.). Auch der Evangelium-Aufriß in Act 10,36–43 ist von dieser Art. – Verselbständigt sich eine Schilderung gegenüber der Basiserzählung, so ist das erkennbar an wörtlicher Rede, an der Einführung anderer menschlicher Individuen außer Jesus und an Angaben über Raum und Zeit. So ist Mk 1,29–31 noch nicht stark verselbständigt (Jesus wirkt in den Häusern der Christen), stärker jedoch Mk 1,35–39. – Basisbiographie sind auch Texte wie Lk 1,80; 2,40.52.

c) *Episoden* nenne ich kleine, erzählerisch ganz unselbständige Erzählungen am Rande des Geschehens, die gleichwohl Wesentliches zum Ausdruck bringen: Mk 14,47par Mt 26,51–54; Lk 22,50 f.; Joh 18,10 f. (Petrus und der Knecht des Hohenpriesters); Mk 14,51 f.; Mt 27,19; Joh 19,21 f. (Enthüllung der judenfeindlichen Position des Pilatus); Act 23,1–5 (Freimut und Gesetzestreue des Paulus); Mk 15,35 f. (Elia rufen); Lk 9,51–56 (Rachelust der Jünger wird korrigiert). –

d) Eine *paradigmatische biographische Erzählung* nenne ich Mk 6,1–6, besonders aber Lk 4,16–30: Das Ergehen in der Vaterstadt wird zum Paradigma für alles Geschick Jesu, die Vaterstadt wird zum Bild für jede Polis. Der abgewiesene Lehrer wird nach Lukas gerettet aus der Bedrohung (christologisches Interesse), nach Markus wendet er sich ab. –

e) Zu Beginn biographischer Aufrisse steht öfter eine schriftgelehrte Identifikation mit „Dieser ist . . .“, so in Mt 3,3.17; Act 10,36; Joh 1,34; Apk 11,4; EbionEv Frgm 4: Die rätselhafte Schrift und der rätselhafte Bote Gottes enthüllen sich gegenseitig. Bei Lukas steht an entsprechender Stelle lediglich je eine Schriftstelle für den Täufer und für Jesus (Lk 3,4–6; 4,18 f.). Dem Schema entspricht aber auch der Beginn der kurzen Täufer-Vita in Mk 1,2 f. Der Ursprung dieser initialen schriftgelehrten Identifikation liegt einerseits in der apokalyptischen Deutetechnik, andererseits aber wohl sicher in der frühchristlichen Synagogalpropaganda (vgl. Act 17,3: „daß dieser der Christus ist“; 18,28). Hier hätte sich mithin ein Element mündlicher Propaganda bis in die Anfänge von biographischen Aufrissen hinein erhalten. Dem entspricht übrigens, daß bei Mk und Lk Jesus seinen ersten Auftritt in der Synagoge seiner Vaterstadt (Kapernaum/Nazareth) hat (zu geprägten Evangelien-Anfängen vgl. Berger, Exegese 70 f.). – Ohne den Schriftbezug ist das „Dieser ist . . .“ traditionell in Enkomien (vgl. das Enkomion auf Augustus bei Philo, Leg Gai 21) – eines der Verbindungsglieder zwischen *Evangelium und Enkomion* (vgl. dazu auch: E. Norden, Agnostos Theos, S. 223 f.).

10. A. Dihle (1983a, b) hat erklärt, Evangelium und **antike Biographie** seien toto coelo verschieden und hätten nichts miteinander zu tun, und er ist darin radikaler als R. Bultmann. Die Argumente: Die Biographien sind indi-

viduell und moralisch ausgerichtet, als Exempla für eine gleichartige Menschennatur gedacht, und die Vorstellung, daß sich die moralischen Wesenszüge erst durch das eigene Handeln herausbilden, hätten auf das „Erdenleben des menschgewordenen Gottes" kaum angewendet werden können. Zur Alternativlösung für die Evangelien, hier handele es sich regelmäßig um das Schema Verheißung/Erfüllung (dazu auch in dem o. g. Sammelband P. Stuhlmacher S. 181 f.: Schrifterfüllung sei der Ursprung des Erzählrasters der Evangelien), wurde bereits oben (§ 97) etwas gesagt. – Ich halte Dihles These nach allem in diesem Buch Gesagten für falsch, denn weder ist, zumindest nach den Synoptikern, Jesus der „menschgewordene Gott auf Erden" noch zeigen die Biographien ein höheres Maß an charakterlicher Entwicklung, noch sind die Evangelien frei von der Absicht, Jesus auch als Vorbild darzustellen (s. o.). Jedoch macht Dihle auf Wichtiges aufmerksam, das auch mit der Bedeutung des Alten Testaments und der prophetischen Biographien für die Evangelien zusammenhängt: auf die Frage der Bedeutung charismatisch-soteriologischer Einmaligkeit für diesen biographischen Aufriß. Dazu folgendes: a) In Jesus wirkt nicht die Macht der Tugend, sondern die des Pneuma; aber wie diese ist es eine Kraft, die in Werken Gestalt gewinnt, und zwar in allen. Von hier aus erweist es sich noch einmal als sinnvoll, daß wir auf Wundergeschichten als eigene Gattung verzichtet haben, denn Taten wie Worte Jesu sind von dieser wunderbaren Macht verursacht. Aber wie in der Biographie gilt: Das, was Kern der Persönlichkeit Jesu ist und Werke als Zeichen (vgl. Mt 11,2) hervorbringt, erweist, wer er ist. b) Als Pneumatiker handelt Jesus als Gottes Gesandter. Daher kann auch im Evangelienaufriß Act 10,36–43 Gottes Handeln stark hervorgehoben werden, daher ist auch 1 Tim 3,16 als passives Enkomion formuliert. Vorbilder aber dafür fanden sich notwendigerweise nur im Alten Testament (vgl. die Übersicht über die Elia- und Elisa-Typologie in Berger, Bibelkunde, 437). Und es war geradezu notwendig, derartige prophetische Zeugnisse immer mit den ja immerhin für beliebige Weisheitslehrer anzusetzenden Chrien zu verknüpfen, um keinen Zweifel daran zu lassen, daß es sich um *Gottes* Geist handelte. Auch die Reflexionszitate sagen immer nur, daß in diesem Mann Gott handelt, weil er sein Bote ist. Aber weder ist das toto coelo von der griechischen Biographie verschieden, die auch von Halbgöttern (Romulus, Pythagoras, Herakles) handeln konnte, noch ist dieses in die Alternativen „individuell"/„geschichtlich" einerseits und „allgemeine Menschennatur"/„soteriologische Einmaligkeit" andererseits aufzulösen, denn auch die Bedeutung Jesu wird mit Hilfe von theologischen Allgemeinaussagen (z. B. Typologie; Konzept des Gesandten) formuliert, und gerade als Sohn Gottes ist Jesus Prototyp. – c) Künftige Erforschung dieser Beziehung wird sich besonders kümmern müssen 1. um Anfang und Schluß der Lebensdarstellungen, 2. um die Verarbeitung von Chrien und Reden im Rahmen eines Bios, 3. darum, ob die paganen Analogien eher den Charakter einer Sammlung tragen (so oft bei Diogenes Laertius) oder stärker zu einer Einheit geworden sind (so öfter bei Plutarch), und

4. um das Darstellungsziel der *Einheit von Lehre und Leben* im (Philosophen-)Bios und in Evv. d) Als *Gottes* Gesandter ist Jesu auf Legitimation allein durch *Gott* angewiesen, und in diesem Sinne verstehe ich einen Zug, der gewisse Affinität zum religionsgeschichtlich vorgegebenen Motiv der verborgenen Identität des biographischen Helden (vgl. oben unter 6.) hat, hier aber de facto sicher davon unabhängig ist: Zahlreiche Abschnitte gerade der Basisbiographie sind geprägt von Jesu wiederholtem Wunsch, verborgen zu bleiben (Mk 1,44f.par Mt 8,4; Lk 5,14–16; Mk 1,35–38; Lk 4,42; Mk 3,7; Mt 12,15.16; Mk 6,5par Mt 14,23f.; Joh 6,15), und Ähnliches gilt auch von Jesu Jüngern nach deren erfolgreichem Wirken (Mk 6,32f.par). Gegenüber der augenblicklichen Tendenz der Forschung setze ich dieses mit dem Wunder- und dem Messiasgeheimnis in Beziehung und streite damit auch gegen die von G. Theißen (Urchristliche Wundergeschichten, 1974, 77f. 143–154) vorgebrachten Argumente:

1. Es ist nicht möglich, in den betroffenen Wundergeschichten zwischen Redaktion und Tradition zu scheiden:
   a) Tradition ist nicht zu beschränken auf die exorzistischen Verstummungsbefehle und die *rhesis barbarike*, denn Mk 8,22–26; 1,40–45 beziehen weder das Schweigen auf eine *rhesis barbarike*, noch sind es Exorzismen, noch lassen sie es zu, das Schweigemotiv einfach als „redaktionell" auszusondern.
   b) Auch inhaltlich sind die exorzistischen Befehle nicht von den anderen Schweigegeboten zu trennen. Daß die Nennung des Namens Jesu die Gegenwehr der Dämonen sei, ist nicht zu beweisen. Vielmehr sagen sie voll und ganz die Wahrheit: Act 16,17. – Der Hinweis auf den Wind Mk 4,39 ist unangebracht, da er nicht ‚menschlich' redete.
   c) Redaktionelle Erweiterungen in Mk 5,19; 8,26 sind nicht erweisbar. In 5,19–20 geht es um Steigerung, in 8,26 eben um Geheimhaltung.

2. Eine mögliche Lösung wäre: Es handelte sich um Jesu Strategie zur Vermeidung des Konfliktes mit dem Judentum vor Mk 14,61f. Dazu paßte: ·
   a) Joh 9,1ff.: Wer Jesus als Heiler bekennt, wird „aposynagōgos" (V. 22.34). Das will Mk noch vermeiden. Das Ende kommt sowieso früh genug, vgl. Mk 3,1–6/6. – Joh 7,10–13 (keine offene Rede aus Furcht vor Juden).
   b) Nur im Ernstfall sind die negativen Folgen durchzustehen: Mk 8,34–9,1.
   c) Konfliktvermeidung auch Mk 1,40–45 (nach G. Theißen).
   d) Dem entspricht, daß für das *Heidengebiet* ein positiver Auftrag gegeben wird: 5,19f.

3. Von der Redaktion scheidbare Tradition ist aber auch aus diesen Gründen nicht anzunehmen:
   a) Die Geheimhaltung der Rezepte ist wegen verschiedenartiger Gattung (Rezept ist nicht Geschichte) keine Parallele.
   b) Einzig die Totenerweckung im abgeschlossenen Haus (Jairus) hat eine erweisbare traditionelle Vorgeschichte (AT); doch keine Zeugen bei der Tat zu haben ist etwas anderes als das Ergebnis nicht weitersagen zu dürfen.

4. Wenn eine *spezielle* Herleitung der Verankerung des Schweigegebots in Wundergeschichten fehlschlägt, ist auch die Brücke zum Messiasgeheimnis wieder gegeben. Das liegt auch sowieso nahe wegen der Beziehung Mk 8,26/8,30. – Dann ist der Ursprung allgemeiner in der Botschaft Jesu und in weisheitlicher Tradition zu suchen. Das Grundproblem ist zu beschreiben als PHANERON POIEIN „Offenbarmachen":

a) Wer jetzt verborgen bleiben will, wartet damit auf ein künftiges Offenbartwerden durch Gott
   – denn Gott ist es, der das Verborgene offenbar macht (2 Makk 12,41)
   – Offenbarmachen bedeutet krisis
     (insofern es damit auch um die krisis der Menschen geht, kann hier auch 2a–d integriert werden) (vgl. dann: Mk 14,62).
b) Mk 9,9 ist dann bezogen auf das Offenbargemachtwerden durch Gott in der Auferstehung.
c) Jesus will nicht durch Dämonen, sondern durch Gott geoffenbart werden, deshalb muß er bis zur Auferstehung warten: Schweigegebote.
d) In der Lehre Jesu entspricht dem das Wertlegen auf Verborgenheit in Mt 6,5 (wer jetzt *phaneros* „offenbar" ist, empfängt seinen Lohn jetzt). Vgl. Röm 2,28; Gal 5,19.
e) Die Zeit, auf die Jesus in Joh 7,6 verweist und die noch nicht da ist (Kontext: Offenbarmachen), ist die der Auferstehung. Dabei offenbart sich Jesus dann seinen Jüngern (21,1.14, was sie vorher gewollt hatten: 7,4).
f) Mt 12,18–21 ist daher eine zutreffende Deutung des Schweigegebotes in Mt 12,15–17.
g) Wenn auch Menschen Jesus weiter offenbar machen, so ist dieses aber doch nicht sein Wille. Er hat es jedenfalls nicht gewollt und die Verborgenheit vorgezogen.
h) Das Schema der notwendigen Abfolge von Verborgenheit jetzt und Offenbarwerden dann hat eine Analogie in dem Schema der notwendigen Abfolge von Niedrigkeit und Hoheit in der Menschensohnchristologie und ist dessen Entsprechung, was den Sohn Gottes angeht.
i) Jesus kann nicht nur die Übertretung des Schweigegebotes nicht verhindern (oder die Ausweitung des Redeauftrags wie in Mk 5,19 f.), analog ist auch, wenn das Volk ihm in die Einsamkeit nachfolgt (Mk 1,44 f.; 2,1 f.; 6,32 f.). Denn die Einsamkeit ist Gott näher, wie das Verborgene. In jedem Falle wird die Distanz zur Welt endgültig erst durch die Verkündigung des Evangeliums aufgebrochen.
k) Es geht also um ein Element der Niedrigkeit (gr.: *tapeinotes*) Jesu, seines Vorausblickens auf Gott und damit seiner eschatologischen Botschaft selber. Dieses war vielleicht nicht schon immer notwendig nur auf den Punkt seiner Auferstehung bezogen (das einzig wirklich Redaktionelle wäre dann unter Umständen die Beziehung der Auferstehung in Mk 9,9 auf Ostern, vgl. auch 9,11 f.). Es geht um die Art, in der Jesus – dem Verhältnis Gott/Welt gerecht werdend – christologische Legitimation allein von Gott erhofft; die Art der „Berühmtheit" durch Taten.

5. Es ergibt sich daher die Möglichkeit, die Theorie vom Wunder- und Messiasgeheimnis
   a) eng miteinander zu verknüpfen: Denn das Entscheidende an der Messianität Jesu sind seine charismatischen Wundertaten. Sie sind in gleicher Weise geheim zu halten wie seine Messianität selber: Dies ist das Feld, auf dem gestritten wird.
   b) auf den historischen Jesus wenigstens der Möglichkeit nach zurückzuführen: Denn es geht um den Punkt, an dem Eschatologie und Christologie miteinander verknüpft sind: Das Wirken im Verborgenen jetzt ist angewiesen auf das Offenbarwerden dann.

6. Die Verankerung in der Jesustradition dürfte demnach schon relativ alt sein, sie ist daher nicht auf Tradition und Redaktion im MkEv verteilbar.
   Auch die Sprüche über das Offenbarwerden des Verborgenen sind dieser Konzeption zuzuordnen: Mk 4,22; Mt 10,26; Lk 8,17; Lk 12,2; EvThom 5. – Diese Sprüche sind daher auf die Eigenart des Christentums und der pneumatischen Legitimität Jesu zu beziehen.

7. Mk hat das Schweigegebot überall dort, wo es von der Geschichte her möglich ist, also nicht dort, wo ohnehin eine Vielzahl von Volk (Brotvermehrungen, Auftritte in der Synagoge, Sturmstillung, „viel Volk") oder auch alle Jünger (Schwiegermutter des Petrus, Seewandel) dabei sind. Sondern entweder ist er mit dem zu Heilenden allein (Mk 1,40ff.; 7,33) oder das Publikum wird drastisch eingeschränkt (Mk 5,37.40) oder das Schweigegebot gilt für die Umwelt des Geheilten (Mk 8,22–26). Er hat es dagegen immer, wo die Dämonen Jesus (als Sohn Gottes) erkennen (1,23 ff.; 1,34; 3,11 f.) und bei der Totenauferweckung als dem stärksten Legitimationserweis.

Das Geheimnismotiv im Markusevangelium sehe ich damit in besonderer Beziehung zur Eigenart dieser Biographie als der eines Boten Gottes.

*

Ebensowenig wie es „das" Schema einer antiken Biographie gibt, läßt sich auch „die"Gattung Evangelium erweisen, sieht man von dem allgemeinen Kennzeichen ab, daß es sich um erzählende Jesus-Überlieferung handelt. Dennoch läßt sich die Gattung für jeden einzelnen Evangelisten neu beschreiben. Eine Reihe formgeschichtlich bedeutsamer Elemente wird jeweils von einem zentralen Interesse getragen, das – wie auch immer der einzelne Exeget es formulieren mag – doch auch formgeschichtlich und nicht nur „gedanklich" ausweisbar sein müßte. Bei *Markus* betrachte ich als formgeschichtlich wichtige Elemente: die Sammlung der für Philosophenbiographien (und andere) wichtigen Chrien, die Schülerliste, die Nachahmung prophetischer Berufungs- und wunderhafter Geschichten, die Proklamation in der Mitte des Evangeliums („Verklärung"), die Gleichnis-, Messias- und Wunder-Geheimnisse, die Verbindung von Passions- und Auferstehungserzählung, die Menschensohnworte. Das zentrale Anliegen, das diese Elemente eint und auch in den demonstrationes zum Ausdruck kommt, ist m. E. die *Enthüllung des verborgenen Menschensohnes/Sohnes Gottes* für Jünger/Leser. Damit erfüllt das MarkusEv das, was nach äthHen 48,7 Aufgabe der Weisheit Gottes ist: die Enthüllung des Menschensohnes für die Auserwählten vor dem Tage des Gerichts. Die Enthüllung geschieht bei Markus vor allem durch Proklamation und demonstratio, aber auch durch den Osterbericht am Ende. Die Erzählungen erweisen die wirkliche Legitimität Jesu, die nicht die von Beelzebub her oder die eines Magiers gewesen sei. Markus, so könnte man sagen, hat eine *prophetische Philosophenbiographie als Offenbarungserzählung* verfaßt. (Eine Beziehung des „Revelationsschemas" zu Mt 13,35 und zum Zweck der Evangelien im ganzen ist daher möglich.) *Matthäus* und *Lukas* haben demgegenüber in viel höherem Maße die *Biographie des Messias* geschrieben, indem sie die königlichen Elemente betonen und zugleich eine besondere Deutung dieser Messianität mit ihrer Erzählung verbinden: Nach Matthäus ist der Messias in Wahrheit der göttliche Kyrios, und sein Reich realisiert sich in dem Getauft- und Belehrtwerden aller Völker der Erde; und als Kyrios ist Jesus „mit" seinen Boten (Mt 28,16–20). Bei Lukas realisiert sich das Königtum durch die universale Geistmission, daher gehört Act zum Evangelium dazu. Der Schriftbeweis im MtEv und die Bestätigung der Messianität Jesu durch die Geschichte der Jüngergemeinde haben je für sich auch einen deutlich apologetischen Zug.

Ganz anders ist demgegenüber das JohEv zu sehen. Die hohe Bedeutung dikanischer Gattungen für das Evangelium ist (vgl. bes. Abschnitt E) erkennbar. Sie betrifft auch das Evangelium im ganzen: Es ist ganz offensichtlich zu verstehen als eine *Sammlung von juridisch relevanten Zeugnissen über Jesus.* Das geht schon daraus hervor, daß Anfang und Ende dieser Schrift durch das auffällige Wir-Zeugen-Motiv ausgezeichnet sind (1,14b; 21,24f.). Über die Bedeutung des Zeugnisbegriffs für das Evangelium selbst ist hinreichend gearbeitet worden (vgl. etwa J. Beutler, Martyria, Frankfurt 1970). Jede einzelne Wundertat ist als Zeugnis zu betrachten und wird von weiteren Zeugnissen begleitet; und der Rechenschaftsbericht in Joh 17 ist ein abschließendes Selbstzeugnis als Gebet. Ähnlich also wie in der Gattung Apologie (s. § 103) biographische Elemente eine große Rolle spielen (vgl. die Reden des Paulus in Act 22 und 26 etc.), so ist hier für das ganze Evangelium das biographische Material dem juridischen Zweck und Rahmen des Ganzen eingepaßt. – So ist auch die Installatio des Nachfolgers Inhalt des Zeugnisses (K. 21; vgl. dazu im übrigen die jüdischen Berichte über die Einsetzung prophetischer Nachfolgerfiguren in 1 Q 22 [Mose] und Josephus a 4,323–326 [Mose], weiteres Material: VigChr 27 (1973) 114–116, wobei es sich wie in Joh 21 jeweils um zwei Männer handelt, von denen aber nur einer der wirkliche Nachfolger ist).

So kann man sagen, daß in der Geschichte der „Evangelien" die juridischen Elemente zunehmen über die Frage der Legitimität Jesu bei Markus, die Apologie seiner Messianität bei Matthäus und Lukas bis hin zum JohEv als einem Zeugenbericht. So werden am Ende die literarisch verschiedenen Ausprägungen doch wieder vergleichbar.

§ 101 Evangelienform und Altes Testament

Lit.: K. BALTZER: Die Biographie der Propheten, Neukirchen 1975. – R. E. BROWN: The Birth of the Messiah, 1977. – G. ERDMANN: Die Vorgeschichten des Lukas- und Matthäus-Evangeliums, Göttingen 1932. – Ch. PERROT: Les récits d'enfance dans la Haggada antérieure au IIe siècle de notre ère, in: RSR 55 (1967) 481–518. – D. ZELLER: Die Ankündigung einer Geburt – Wandlungen einer Gattung, in: R. PESCH (ed.): Zur Theologie der Kindheitsgeschichten. Der heutige Stand der Exegese, München–Zürich 1981, 27–48.

1. *Zur Gattung der Kindheitsgeschichten.*

Außer Isaak sind es regelmäßig charismatische oder prophetische Figuren, denen im AT und im Judentum eine Erzählung gewidmet ist, die die wunderbaren Umstände ihrer Entstehung zum Inhalt hat. Erklärt wird damit die besondere Gestalt der Erzählungen über Johannes und Jesus in Lk 1 f., aber auch in Mt 1.

Texte: 1 Sam 1,1–20 (Hanna/Samuel); 2 Reg 4,4–17 (Sunamitin); Gen 17,15–22 (Abraham/Sara/Isaak); 18,9–15 (dieselben); Ri 13,2–25 (Simson), deutlich abgewandelt in Ps.-Philo, Lib Ant 42,1–7; 53,12; NT: Lk 1,5–25.57–80 (Johannes); 1,26–56;2,1–7 (Jesus); Mt 1,18–25.

Die wichtigsten gemeinsamen Elemente dieser Texte sind:

A. *Es erscheint aussichtslos, auf normalem Wege zu einem Sohn zu kommen:* 1 Sam 1,5 (Unfruchtbarkeit); 2 Reg 4,14 (Alter); Gen 17,17 f. (Alter); 18,11 (Alter); Ri 13,2 (Unfruchtbarkeit; Diskussion darüber in Lib Ant 42,1); Lk 1,7 (Unfruchtbarkeit und Alter); 1,27 (Jungfräulichkeit).

B. *Gott selbst oder ein Repräsentant* (Prophet, Priester, Engel) *erscheint, und zwar zumeist der Frau:* 1 Sam 1,12–16 (Priester); 2 Reg 4,15 (Elisa); Gen 18,9 ff. (Engel; = Jub 16,1–4); Ri 13,3 (= Lib Ant 42,3) (Engel); Lk 1,26 f. (Engel Gabriel), *aber auch dem Mann:* Gen 17,15–22 (Gott); Lk 1,11 (Gabriel); Mt 1,20 (Engel des Herrn).

C. *In einer Botschaft des Erscheinenden werden Schwangerschaft und Geburt angekündigt:* 1 Sam 1,17; 2 Reg 4,16; Gen 17,16.21; Gen 18,10 („siehe …"); Ri 13,3 f. („siehe") .5a („siehe …") (Ähnlich in Lib Ant 42,3; 50,7b); Lk 1,31 („siehe").

D. *Der Name des Sohnes wird vom Erscheinenden verordnet:* Gen 17,19 (Isaak) (vgl. schon Gen 16,11: Ismael); Lib Ant 42,3 (nicht in Ri 13: Simson); Lk 1,13 (Johannes); 1,31 (Jesus); Mt 1,21. Die Namengebung kann ausdrücklich begründet werden: Gen 16,10 f.; Lib Ant 42,3; Mt 1,21. Diese Begründung hat den Charakter eines Vaticiniums.

E. *Der Erscheinende gibt ein Vaticinium über den künftigen Sohn:* Es enthüllt im voraus die kommende Bedeutsamkeit, insbesondere unter politischem und universalem Aspekt: Gen 17,19 (vgl. Jub 16,16–18); Ri 13,5b mit Lib Ant 42,3; 53,12 („was aus dir geboren wird …" wie Lk 1,35); Lk 1,14–17.35, Mt 1,21–23.

F. *Die Reaktion auf die Botschaft besteht häufig in einem zweifelnden Einwand:* Gen 17,17 f.; 18,12 f. mit Jub 16,2; Lib Ant 42,5 (Unglaube); Lk 1,18 (Bitte um Zeichen); 1,34 f. (Einwand und Angabe des Zeichens in 1,36). – Zur ähnlichen Funktion von Einwänden in vorprophetischen Berufungsberichten vgl. W. RICHTER: Die sogenannten vorprophetischen Berufungsberichte, 1970, 145 f. – Die Reaktion kann auch in gehorsamem Einverständnis bestehen: Lk 1,38 und Lib Ant 53,12 („so geschehe es").

G. *Auf den Einwand hin kann die Geburtsankündigung bestätigt und bekräftigt oder durch ein Zeichen glaubwürdig gemacht werden:* Gen 17,19; 18,14; Lk 1,20; 1,36 f.

H. *Das Scheiden des Boten wird berichtet:* Gen 17,22; Ri 13,20; Lk 1,38.

I. *Die Botschaft trifft ein, das Kind wird geboren* (oft mit Namengebung).

Zu Element E lassen sich weitere Analogien auch außerhalb umfangreicherer Erzählungen nennen (Gen 16,10–16; Jes 7,10–17; 9,5 f.; Lib Ant 4,11 im Munde der Mutter vor der Geburt; 49,8 [von Samuel]; Apk Mos 3 von Seth). D. ZELLER (1981) vermutet daher, die Institution der Ansage eines bedeutenden Kindes durch Gottes Repräsentanten habe am Anfang der Entwicklung gestanden. – Auch außerbiblische Analogien (in Ägypten; vgl. auch das – zeitlich freilich umstrittene – Orakel des Hephaistion I,1 bei ERDMANN, 1932, 25 f.) sind zu nennen, die sich regelmäßig auf politische Führer beziehen. – Geburtsankündigungen dieser Art sind zu trennen vom eher hellenistischen *Genethliakon* (vgl. § 100,7; 69,5), das nach der Geburt über das Kind gesprochen wird.

Lk und Mt verwenden eine zu ihrer Zeit lebendige Gattung (vgl. auch die Erscheinung Gottes vor dem Vater des Kindes Mose nach Josephus a 2,212–216 mit Mt 1). Die Bedeutung von Ri 13 inklusive seiner jüdischen Rezeption für Lk und Mt bestätigt, was man auch aus der jüdischen Vorgeschichte des Titels *Sotēr* („Erlöser", „Retter") weiß: Jesus wird in besonderer Analogie gesehen zu den charismatischen Führern der Frühzeit Israels.

2. Die deutlichen *Analogien zu Elia/Elisa* in den Berufungs-, Speisungs- und Totenerweckungserzählungen lassen den Schluß zu, daß Jesus zu einer bestimmten Zeit als „Elia" angesehen wurde (vgl. BERGER, Auferstehung, 302 Anm. 197, zu Mk 9,13). Die formgeschichtliche Beobachtung, daß hier Erzählungen „typologisch" „kopiert" werden, findet ihre religionsgeschichtliche Erklärung darin, daß Elia eben hier in Jesus „Wirklichkeit", eschatologisch präsent ist (Mal 3,23 f.). – Die Beobachtungen K. BALTZERS (1975, bes. S. 184 ff.) sind darin richtig und treffen sich zum Teil mit unseren Beobachtungen zu hellenistischen Biographien, daß es auch in den Viten der Propheten weniger auf Persönlichkeit, Herkunft, Bildung und Entwicklung ankommt als vielmehr auf Einsetzung (Berufung), Amt und Funktion, Topoi, Legitimität der Einsetzung und das Verhältnis zu Gott und Gemeinschaft. Weitergehende „strukturelle" Analogien (z.B. Streitgespräche Jesu als „Rechtsentscheide") wird man nur unter Preisgabe des Gesichtspunktes der literarischen Form sehen können, was nach unseren methodischen Prämissen nicht gut möglich ist.

§ 102 Apostelgeschichte und Historiographie

Lit.: ANRW S. 1275–1281.

Act sind wohl – wie die Werke des Josephus – der apologetischen Geschichtsschreibung zuzurechnen (Bewahrheitung des Rates des Gamaliel 5,38 im Sinne der Gemeinde, dargestellt durch Erfolgsnotizen; Bestätigung des Vaticiniums und Auftrages Jesu von 1,8 durch die Ankunft des Paulus in Rom; Verteidigung der Mission unter Samaritanern und Heiden; wiederholte Verteidigung der Unschuld des Paulus). Wegen der – auch im Vergleich zu Josephus – ausgeprägten wunderhaften und visionären Züge (vgl. unter 2.5.), die stärker an bestimmte Texte aus 2 Makk und Dan heranführen, sollte man vorsichtiger sein beim Anlegen des strengen Maßstabes der „Historiographie" und eher von apologetischen *„Geschichtserzählungen"* reden. Dieses Ziel erreicht Lukas durch eine Reihe darstellerischer Mittel:
1. Die eingefügten Geschichtsüberblicke Act 7,2–53; 13,17–25 (nach dem Vorbild von Ps 78 und SapSal 10,1–11,5; Jdt 5,5–19; vgl. auch Mk 12,1–12parr!) ergänzen sich gegenseitig und lassen den Leser die Geschichte Jesu und der Jünger als innere Konsequenz der Geschichte Israels und zugleich als Antwort darauf erscheinen. Auch die Stationen von Gottes Handeln in Act 17,24–31 sind der Reihenfolge nach organisiert, sie enden wie der Überblick in Act 13 mit Jesus, sparen nur den alttestamentlichen Teil aus, da die Rede an Heiden gerichtet ist.
2. Wie in den wunderhaften Erzählungen der Evangelien ereignet sich Staunenswertes nach vergleichsweise geringfügigen menschlichen Handlungen der Jünger Jesu. Typisch für Act ist dabei die Rede vom „Fallen" (gr.: *pipto*) und von der Plötzlichkeit (zum Fallen vgl. auch Apk 6–9.12), so in Act 5,5.10; 10,44; 12,7.23; 13,11; 16,25 f.; 19,6; 22,12 f.
3. „Inszenierung" und „dramatischer Episodenstil" lösen die historische Entwicklung in Einzelszenen auf, die auch gegeneinander gestellt oder mit Abwandlung wiederholt werden können. Dabei dient die Ausgliederung auch deutlich der Steigerung und Akzentuierung des im Basisbericht Dargestellten. Beispiel sind Szenen über Simon Magus sowohl im Zusammenhang des Philippus als auch im Kontext der Wirksamkeit von Petrus und Johannes (8,13; 8,18–24). Vgl. ferner: 1,6–9.10 f.; 4,36 f.; 5,1–11; 8,26–39; 9,3–19a im Rahmen 9,1 f.19b–30; 13,6b–12; 12,6–17 und 21–23 gegenüber dem Ba-

sisbericht 12,1–5.18–20.24–25; 16,13 ff. im Bericht ab 15,40 ff.; 28,3–6 und 8 im Basisbericht 28,1 f.7. –

4. Wie in der paganen Geschichtsschreibung spielen Reden eine große Rolle (vgl. auch die von zwei Reden gerahmte Schilderung des Aufstandes in Act 19,23–40), wie in der jüdischen Historiographie verdeutlichen Gebete die Richtung des Geschehens.

5. Vor allem ist Gott selber der Urheber des Geschehens, so in Act 7,2 ff.; 13,17–31.36–42; 14,15–17, und er gestaltet die Geschichte der Gemeinde durch seinen Engel (z. B. 5,19 f.), durch Visionen (16,9), vor allem aber durch den heiligen Geist (13,4; 16,6.7, vgl. auch 19,21). – Von besonderer Bedeutung ist, wenn Gottes Handeln gegenläufig zu dem der Menschen ist, so ihr Unrecht erweist oder den Verfolgten und von Menschen Gepeinigten erhöht (die Verkündigung über Jesus und auch Act 7,25.35.38–42; 13,21.27–30).

6. Wie in den Evangelien spielt die Frage nach der Identität von Gottes Boten eine wichtige Rolle, der Kontrast zwischen Menschlichkeit und Gottes Erwählung (so Act 8,10 „dieser ist . . .“; 9,20.21.22; 14,11 f.; 28,4/6), vgl. Lk 4,22. Ein wichtiges Movens der weiteren Erzählung ist ambivalente Reaktion: Act 4,1–3; 2,9–13.

7. Dem Leser bleibt die „Anfangslastigkeit“ im Aufbau der Act nicht verborgen: Die großen Taten Gottes und die entscheidenden Ereignisse fallen in K. 1–15; über die Reisen des Paulus, besonders über seinen Weg nach Rom, wird dann relativ breit erzählt, und das Buch endet, im Gegensatz zu den Evv, relativ perspektivenlos. Das Konzept ist: *Gottes anfängliches Handeln hat weite, bis in die jüngste Gegenwart auslaufende Konsequenzen,* die es aber doch nicht ganz einzuholen vermögen.

E. Dikanische Gattungen

§ 103 Apologien und apologetische Texte

Lit.: ANRW S. 1287–1291 und besonders: H. D. Betz: Der Apostel Paulus und die sokratische Tradition (BHTh 45), Tübingen 1972. – Ders.: The Literary Composition and Function of Paul's Letter to the Galatians, in: NTS 21 (1975) 353–379. – Ders.: Galatians, Philadelphia 1979.

1. Apologien im eigentlichen Sinne der Verteidigungsrede vor Gericht liegen vor in Mt 7,22(–23)par Lk 13,26(–27) (mit abweisendem Urteil) und sodann in Act 23,1–6 (Paulus vor dem Hohen Rat); 24,10–21 (Paulus vor Felix); 25,8 (Paulus vor Festus); 26,2–23 (Paulus vor Agrippa), und man kann auch die Rede des Paulus vor den Juden in Act 22,1–21 dazu rechnen. Eine Kurzform ist die Unschuldserklärung Mt 27,24. – Mit den lukanischen Apologien weisen insbesondere die römischen, bei Livius und Tacitus erhaltenen (vgl. ANRW S. 1288 f.) die meiste Ähnlichkeit auf. Gemeinsame Merkmale hier und dort: Überwiegen der 1. Person Singular, autobiographische Abschnitte, Unschuldserklärung, captatio benevolentiae zu Anfang, rhetorische Fragen, Gebrauch der Wörter „Verteidigungsrede“ (gr.: *apologia*) oder „sich verteidigen“ (gr.: *apologeisthai*), Feststellung der Anklage und Widerlegung im einzelnen. Am Ende wird die Unschuld beteuert. Lukanische Neuerung ist freilich das Unterbrechen und Abbrechen der Reden. Die lukanischen Reden betonen die jüdische Herkunft und Gesinnung des Paulus, zugleich auch die Unschuld vor der römischen lex.

2. Apologetische Texte im weiteren Sinne bietet das Neue Testament vor allem in Röm 9.11, im JohEv und in 2 Kor. Die Selbstverteidigung ist von der Verteidigung Dritter (insbesondere: Gottes) zu unterscheiden. Daß es sich um apologetische Texte handelt, geht aus einer Reihe von Merkmalen hervor: Ich-Stil (außer bei der Apologie für Dritte), autobiographische Stücke, antithetischer Stil (oft: Opposition Mensch/Gott), Abgrenzung („ich bin nicht wie . . ."), retrospektive Behandlung des ich/ihr-Verhältnisses („als ich bei euch war . . ."), Selbstbericht über Verkündigungstätigkeit, rhetorische Fragen, Argumentation mit dem alttestamentlichen Gesetz, Ausschluß von Verdächtigungen, bei der Verteidigung des Handelns Gottes: narratio über Gottes Tun in der Vergangenheit. Vor allem aber gibt es eine Reihe wirklich judizialer Restelemente, die derartige Texte überdies als apologetisch-dikanisch ausweisen: Eingehen auf Vorwürfe, die Rede von „Zeugen", „Zeugnis" und „Bezeugen", Zeugenanrufungen, „Richten", „Apologie", kritische Gegenfragen und Unschuldserklärungen.

Charakteristisch für einige Texte, die in § 104 zu behandeln sind, ist die Verbindung von Scheltrede und Verteidigung.

Einfache apologetische Texte sind: Lk 7,1–10 (bes. V. 9; wunderhafte Erzählung zur Legitimation der Heidenmission). Ähnlich: Lk 7,36–50 (mit Gleichnis; Legitimation des Umgangs Jesu mit Sündern); 19,1–10 (bes. V. 8–10): Legitimation des Umgangs Jesu mit Zöllnern; Mt 12,22–37 (Tat und Rede zur Klärung des Ursprungs der Vollmacht Jesu), vgl. Mk 3,22–30. –
Act 28,17–22 ist ein apologetischer Dialog: Paulus sagt, warum er in Ketten liegt, die Juden sagen dann, daß nichts Nachteiliges bekannt wurde. Im Testament des Paulus Act 20 liegt in V. 26 f. eine Unschuldserklärung vor (vgl. Mt 27,24; 1 Kor 4,1–5). In Act 11,1–17 liegt nach der Anklage in V. 2 f. ein apologetischer Ich-Bericht vor. – Ein judiziales Element ist auch gegeben, wenn – wie z. B. in Mt 21,16 – auf den Anwurf der Hohenpriester und Schriftgelehrten in 21,15 hin das Tun der Jünger mit dem Schriftbeweis verteidigt wird.
Aus dem Johannesevangelium sind außer den in § 103 zu behandelnden Texten zu nennen: Joh 5,19–37 reagiert auf den Vorwurf in V. 18. – In Joh 7,14–24 ist der Schlußsatz: „Urteilt nicht nach Augenschein, sondern urteilt gerechtes Gericht", die typische peroratio einer forensischen Gerichtsrede. In Joh 10,22(24)–39, besonders in V. 32–39 sind dikanische Elemente der Hinweis auf das Tun in der Öffentlichkeit (10,24), auf das Zeugnis der Werke (10,25) und die kritische Gegenfrage (10,32).

In den erzählenden Texten des Neuen Testaments betreffen apologetische Passagen mithin immer die Wahrnehmung der anstößigen Vollmacht Jesu oder von ihm Beauftragter. Dabei liegen die Themen Zöllner, Sünder, Heidenmission einerseits und die weiteren Themen Ursprung der Vollmacht beim Vater und Messianität Jesu jeweils auf einer konstant sich durchhaltenden Linie.

Aufgabe und Dienst des Apostels stehen in den apologetischen Passagen der Briefliteratur zur Diskussion: 1 Kor 2,1–13; 4,1–5 (Unschuldserklärung und Appell an ein höheres Gericht); 1,14–17 (Tätigkeit in Korinth); 9,1–27 (V. 3: „dies ist meine Apologie"). – 2 Kor 1,12–2,3a (beachte: 1,18 „bei der Treue Gottes". 23 Gott als Zeuge); 4,16–5,11 (apologetisch durch Darstellung der persönlichen Eschatologie, vgl. Bibelkunde S. 384 f.); 10,12–18; 11,1–12,19 (beachte die Beteuerungsformeln in 11,10.11;

11,31 und „verteidigen" in 12,19; Kontrast: Gegner und Hörer in Korinth). – Gal 1,10–12 (autobiographisch); 2,15–21 (Warum Paulus das Gesetz nicht wieder aufrichtet). – Auf das Verhältnis ich/ihr bezogen sind die apologetischen Passagen 1 Thess 1,5; 2,3–13 (narratio und Abgrenzung). – Zu den apologetischen Passagen zur Rechtfertigung der Mängel des Redners in hellenistischer Literatur vgl. ANRW S. 1291.

Von Belang ist, daß außerhalb dieser im engeren Sinne des Wortes persönlich engagierten Gemeindebriefe des Paulus apologetische Passagen, Menschen betreffend, in den übrigen Briefen des Neuen Testaments fehlen. Insbesondere die Pastoralbriefe zeigen ein anderes Verhältnis zwischen geistlichem Vollmachtsträger, Gemeinde und Gegnern.

Verteidigung Dritter betrifft die Jünger Mt 21,16 und die salbende Frau Mk 14,6–9par Mt 26,10.13. – Vor allem aber wird negativ wirksames Handeln Gottes apologetisch verteidigt, und zwar sowohl das Leiden der Gerechten (in 1 Kor 11,31 f.: Daß wir gerichtet werden, kommt daher, daß wir nicht kritisch gegen uns selbst sind. Und im übrigen ist solches Ergehen nur die Bewahrung vor einem endgültigen Verurteiltwerden; ganz ähnlich in Hebr 12,5–11: Züchtigung als Bewahrung vor endgültigem Unheil) als auch die Verstockung Israels in Röm 9,6–33; 11,1–16; 11,25–36.

Merkmale dieser Abschnitte: Nicht/sondern-Argumentation (9,12.16); Schriftbeweise; rhetorische Frage nach Gottes etwaiger Ungerechtigkeit und Beantwortung mit „keineswegs!", Gegensatz Gott/Mensch, *narratio* über Gottes Tun, der Verteidiger kann durch Zielangabe Gottes Handeln rechtfertigen: 11,31.32; Ausschluß eines Verdachts und Abweisung von Vorwürfen, Beispiele, und schließlich die Zusage, Gottes Handeln werde in Zukunft wieder einsichtig sein, ab 11,25.

Apologetische Argumentation mit dem Ziel der Bewältigung des Leidens liegt auch vor in 1 Petr 4,12–19 (während bei den Leiden der Sklaven noch lediglich mit dem Vorbild des Christus operiert wurde: 2,21–24).

Die Texte zeigen, daß die heikelsten und die Gemeinde zutiefst bedrückenden Fragen mit Hilfe der Verteidigung von Gottes eigenem Handeln beantwortet werden. Vorbild im Judentum: 4 Esra.

§ 104 Die Verbindung von Apologie und Anklage (Schelte)

Es liegt in der Natur der Sache, daß Verteidigung mit Anklage oder Gegenanklage verbunden wird. Besonders deutlich wird das in der Verhandlung Act 5,28–32 (V. 28: Anklage gegen die Apostel, V. 29: Apologie der Apostel, V. 30 Gegenanklage: Ihr habt getötet, V. 32: Zeugen als dikanisches Element; vgl. auch das Stichwort „gehorchen" in V. 29.32); ähnlich ist Act 4,7/8–12 (Gegenanklage V. 10 f., vgl. die Stichworte „retten" in V. 9.12). – Ein beliebtes Mittel in dieser Mischgattung ist die Synkrisis (Vergleich ich/ihr oder auch ihr/Mose aber, bzw. ihr/sie aber). Wichtig ist diese Gattung für Joh 5.7.8 und die Stephanusrede.

Texte: Mk 7,1–23; Mt 15,1–20 (Schelte in Mk 7,9–13 und Synkrisis Mose/ihr aber); Lk 7,44–46 (du/sie-Synkrisis im Rahmen der Verteidigung von Jesu Kontakt mit Sündern); für die Vollmachtsfrage: Mt 12,22–37 mit Gegenanklage in V. 34 und par Lk

11,14(15)–26 mit von Mt 12 unabhängiger Gegenanklage in V. 24–26. – Lk 13,14–17 (im Rahmen einer Chrie: „Ihr Heuchler!", dann Argumentation); Mt 20,13–15 (Gleichnis von den Arbeitern im Weinberg: Rechtfertigung in V. 15, Schelte in V. 13). – Act 4,8–12; 5,29–32; 7,2–53 (Stephanusrede: als Apologie bezogen auf 6,14, daher die tempelkritischen Passagen, Nachweis des Ungehorsams durch die Heilsgeschichte Israels hindurch, ab V. 48 offene Scheltrede. Die Rede ist im ganzen eher Gegenvorwurf als Apologie).

Im Johannesevangelium: 5,19–47 (Schelte: 5,37b–47; als dikanische Elemente vgl. die Zeugenbenennungen in 5,31–37a.39); 7,14–24 (Apologie V. 19–20a.21; Gegenbeschuldigung: V. 20b, Gegenapologie: V. 20c); 8,13–19 (V. 15: ich/ihr-Synkrisis, V. 19: Gegenanklage; vgl. als dikanische Elemente: V. 13f.17f.: Zeugnis, V. 15f.: Richten, Gericht; V. 17: Gesetz); 18,20f.23.

In Briefen ist die Gattung seltener: 1 Kor 3,1/2 f. (Verteidigung der Art der früheren Unterweisung/„ihr wart noch nicht fähig"); 2 Kor 11,4.19 f. innerhalb des apologetischen Abschnittes 11,1–12,19.

Eine besondere Stellung nimmt Joh 7,45–53 ein: Es geht einerseits um negative Beurteilung und Verdächtigung von Jesusjüngern, andererseits um Gegenvorwürfe. Die von J. A. Bühner (Der Gesandte und sein Weg im 4. Evangelium, Tübingen 1977) für den Botenbegriff des JohEv aufgewiesene Verankerung in juristischen Kategorien wird durch die hier nachgewiesenen Gattungen in den sog. Reden dieses Evangeliums bestätigt und ergänzt.

Zur Verbindung von Apologie und Anklage in hellenistischen Briefen: Heraklitbrief 7 (Hercher, Epistolographi, S. 284.)

Außer in 1.2 Kor ist die Gattung regelmäßig auf die *Auseinandersetzung mit der jüdischen Führungsschicht* bezogen (auch in Act; Mt 20,13–15 geht möglicherweise über die Hinzunahme von Heiden zu dem älteren, pharisäisch-christlichen Grundbestand der Gemeinde) und betrifft die Praxis der Gemeinde und/oder die Christologie (das JohEv konzentriert alles auf diesen einen Punkt).

§ 105 Begründete Unheilsansagen

Diese Texte orientieren sich am Tat/Folge-Schema, sie betreffen aber eine bereits ausgeführte Handlung, aufgrund derer das kommende Unheil als zwangsläufig erklärt wird. Diese Texte rechne ich zur dikanischen Gattung, weil sie eine Entscheidung verständlich machen und begründen sollen. Ein besonderes Phänomen in dieser Gattung ist die fakultative Ersetzung der Unheilsansage durch den „richterlichen Imperativ" (als Aufforderung zur Vergeltung: Apk 18,6–7a; Mt 25,28, als Aufforderung zum Weggehen Mt 25,41 oder zum Kommen Mt 25,34; im Alten Testament: Hab 2,16). – Folgende Textgruppen sind zu unterscheiden:

1. Das Richten ist zu einem Teil bereits ausgeführt und äußert sich in gegenwärtiger Verstockung: Röm 1,18–32 (Gott hat übergeben); Act 7,42–43 (ihr habt getan – darum hat Gott übergeben [Verstockung, vgl. Röm 1!] – Zitat Am 5,25–27: Darum werde ich euch wegführen); Mk 4,11b–12 (Denen die draußen sind, wird deshalb, weil sie draußen sind . . . zuteil, damit . . .; das Draußensein entspricht der Nichtanerkennung Gottes in Röm 1); Mt 13,13–15; Lk 8,10; Act 28,26–28 (Strafe . . ., denn . . ., damit . . . den Heiden). Die endgültige Strafe steht wegen der Verstockung bevor.

2. In den Briefen der Apk spricht der künftige Richter über sein Strafhandeln: Apk 3,9 (ich werde geben . . ., die . . . [= weil sie . . .], ich werde machen . . .); 3,16 (Weil du . . ., will ich dich . . .); AT: Micha 6,16 (Du hast . . ., deshalb . . .).

3. Gerichtsszenen werden geschildert: Mt 7,23par Lk 13,27 (richterlicher Imperativ + „die ihr tut . . .“ = „weil ihr tut“); Mt 25,26–28; 25,41–43; Apk 18,6–8 (Aufforderung zur Vergeltung mit Begründung); 18,21b–24 (Babylon wird . . ., denn . . .; nach Zeichenhandlung).

4. Unmittelbar anschließend an den Schuldnachweis vollzogenes richterliches Handeln durch den Charismatiker: Act 5,9; 8,20; 13,10–11 (Schelte und direkt erfüllte Unheilsansage); 13,46 (Weil ihr . . ., siehe wir werden uns . . .).

5. Der abgelehnte oder mißhandelte Bote kündigt das künftige Gericht an: Mt 23,37–39; Lk 11,48–51; Act 23,2 (Schelte plus Unheilsansage: Gott wird dich schlagen); Mt 21,33–41/42/43 (Darum . . .) (Gleichnis von den bösen Winzern).

6. Bei Gleichniserzählungen liefert die vorangehende Erzählung die Begründung für den Urteilsspruch (z. B. für Lk 18,14; Mt 21,43).

Bei einigen dieser Texte ist eine Deutung der Unheilsansagen im Sinne symbuleutischer Aufforderung ausgeschlossen. Hier geht es auf der Ebene des Textes um dikanische Gattung (besonders unter 3.4.6), und zwar handelt es sich der Funktion nach um Beispielerzählungen: Das in der Ebene der Erzählung vollzogene und begründete Gericht soll für den Leser abschreckend wirken, hat also nur für ihn eine symbuleutische Funktion, nicht aber für die betroffenen Menschen in der Erzählung. Anders bei den unter 5. genannten Texten: Die Leser der Evangelien mußten diese Ansagen zum Teil als erfüllte vaticinia betrachten (Zerstörung Jerusalems) oder als Begründung für die bereits unwiderruflich begonnene Heidenmission (Mt 21). Auch Apk 3,9 ist wohl unwiderruflich gemeint, während Apk 3,16 ausweislich 3,18f. „nur“ symbuleutische Funktion hat. Auch die unter 1. genannten Texte haben zum Teil symbuleutische Bedeutung in dem Sinne, daß die angeredeten Außenstehenden ihre Verstockung wahrnehmen und die gefährliche Lage durch bedingungslose Umkehr überwinden sollen. Im Kontext nach Röm 1,18–32 geschieht das durch Unterwerfung unter die in 3,21 ff. geschilderte Gnade.

§ 106 Begründete Heilsansagen

Texte: Mk 14,9(Amen-Wort)par Mt 26,13; Mt 19,28par Lk 22,28–30; Mt 25,21. 23.34–36; Apk 3,4.10 (vgl. mit der ebenso aufgebauten Unheilsansage 3,16). – Im Gleichnis: Lk 18,14 (?).

Alle diese Worte haben eine sehr enge Bindung an das Ich des Sprechers. Da Mk 14,9 keine direkte Heilsaussage ist (wohl wegen Mk 10,35–40), vielmehr eher ein indirektes Vaticinium auf Jesus, ist die Gattung vor allem in Q, bei Mt und in Apk vertreten. In Mk 10,35–40 wird wohl, entsprechend der Aussagerichtung unserer Gattung, eben das kritisiert und abgewiesen, was deren Intention ist: Begründete Heilsaussagen finden sich regelmäßig im Zusammenhang mit der Person Jesu, und sie stehen in seiner Verfügungsgewalt. Mt 19,28par ist daher der Intention von Mk 10,35 ff. entgegengesetzt.

Zur Vorgeschichte: 1 Reg 21,29 (Weil er . . ., werde ich . . .); 2 Reg 10,30; Jer 35,18f. (Weil ihr gelacht habt, soll es niemals . . .); vgl. besonders 4 Esr 13,54f. (Du hast verlassen . . ., ausgerichtet: Deshalb habe ich dir das gezeigt: Es gibt Lohn) mit Mt 19,28par.

§ 107 Urteile und Beurteilungen

Lit.: Vgl. auch ZNW 63 (1972) 71 f. (Amen-Worte als Urteilssprüche des Richters).

Texte: Lk 7,9par Mt 8,10 (Synkrisis); Mk 12,43 f.; Mt 15,14a (Blinde sind sie . . .);
Mt 6,2.5.16b (Abgrenzung: Sie haben ihren Lohn); Joh 15,22–25 (Warum die Führungsschicht der Juden „Sünde" hat); 1 Joh 2,16 (Beurteilung der Fleischeslust etc. als
„von der Welt" = verkappter Kennzeichensatz); Röm 3,9–20 (Urteil über das Sün-
dersein aller); 10,1–21 (Beurteilung der Juden als unentschuldbar, vgl. besonders
10,3.18–21). Dazu vgl. auch weitere Beurteilungen anderer: 2 Kor 11,1–15, besonders
12b–15 und die entlarvende Schilderung der Gegner (Irrlehrer) nebst Ankündigung
des Gerichtes über sie in 2 Tim 3,7–9; Tit 3,11; 1,10–16; 2 Petr 2,1–22; Jud 11–16.

In dieser Gattung fassen wir über Menschen gemachte Aussagen zusammen,
die das Urteil Gottes im Munde des Charismatikers gewissermaßen vorweg-
nehmen. Die Tendenz ist Warnung, Abschreckung, Abgrenzung oder auch
Empfehlung als Vorbild (so nur Mk 12,43 f. als Amen-Wort mit Synkrisis: sie/
diese alle). Es handelt sich regelmäßig um Urteile über Dritte; die Urteile über
Angesprochene fanden sich dagegen regelmäßig bei begründeten Heils- oder
Unheilsansagen. Wichtig ist, daß die Beurteilung der Juden in Röm 10 zwischen den apologetischen Passagen in Röm 9 und 11 zu stehen kommt, die
Gott entlasten. Für die Geschichte der Gattung im frühen Christentum ist bezeichnend, daß sie vor allem zur Beurteilung der jüdischen Führungsschicht,
dann zur Beurteilung aller nichtchristlichen Juden und schließlich zur Beurteilung von Gegnern und Irrlehrern verwendet wird. Häufig ist mit der Beurteilung auch die Ankündigung des Gerichtes verbunden. Nur in Röm 3,9–20
wird die Beurteilung auf die gesamte vor- und außerchristliche Menschheit
ausgeweitet. Bei Abstracta wie in 1 Joh 2,16 besteht eine sehr enge Beziehung zum Normendiskurs (vgl. § 58).

§ 108 Zeugenberichte und Ernennung zu Zeugen

Lit.: ANRW S. 1294 f.
Ernennung zu Zeugen: Lk 24,48; Mk 14,63 f.par Mt 26,65. Altes Testament: Jes
43,10.12.
Zeugenberichte: Man unterscheidet Berichte über Zeugen, die nur für den Leser
Zeugniswert haben und Selbstberichte von Zeugen, die auf der Ebene des literarischen
Kontextes bereits als Zeugnis fungieren. – Zur ersten Gruppe gehören: Mk 15,40 f.47;
Mt 27,55 f.61; Lk 23,49.55; Joh 19,32–35 (alle im Zusammenhang des Prozesses ge-
gen Jesus). – Zur zweiten: Mk 14,57 f.; Mt 26,61; Lk 23,2; 22,71. – Joh 1,14b.32–34;
vgl. 1,41.45; 4,39–42; 19,35; 20,25a. – Act 10,(36–38)39.(40–)41; 20,23 (Pneuma);
Apk 22,8. – „Objektive" Zeugenberichte *in der 3. Person:* Joh 3,32; 19,35; 21,24a
(vgl. S. 262) und Anfänge von Visionsberichten (S. 261 f.).

Der Ich-Bericht eines Zeugen unterscheidet sich dadurch von anderen,
daß er entweder das Wort „bezeugen" zur Kennzeichnung der eigenen Rede
verwendet oder daß er ausdrücklich sagt, er habe „gesehen" und/oder „gehört", und daß er dieses im Zusammenhang eines forensischen Geschehens
äußert. Dabei gibt es deutliche Überschneidungen mit Visionsberichten,
denn zumindest in Act 7,56 und in der Ascensio Jesaiae hat der Bericht des

Visionärs zugleich die Rolle eines Zeugnisses vor Gericht; ähnlich übrigens auch die Vision des Paulus in den Apologien Act 22,6–11.17–22; 26,12–18. Es besteht mithin eine alte Verbindung zwischen visionärem Selbstzeugnis und Zeugnis vor Gericht (vgl. dazu auch die Inspirationstheorie Lk 21,14 f.; Mk 13,11; Mt 10,19 f., die womöglich ein Abglanz der visionären Erfahrung *ante tribunal* ist). Übrigens werden auch die Prophezeiungen des Töpfers im sog. Töpferorakel (ZPE 2 [1968] 178–209) als „Apologia" bezeichnet und in einer Gerichtsverhandlung gedeutet. Zur Rechtserheblichkeit visionärer Berichte vgl. auch Act 10 f. Auch die Wendung „ich habe gefunden" beschreibt wiederholt die persönliche Wahrnehmung durch Dabeisein.

F. Schlußwort

§ 109 Zur Theologie und Soziologie der Großgattungen Brief und Evangelium

1. Zu den neutestamentlichen Briefen.

a) Die jüdische Tradition der Diasporabriefe, besonders überliefert für die Propheten Jeremia und Baruch, wird im Neuen Testament erkennbar fortgesetzt. Außer Jak 1,1 ist besonders 1 Petr 1,1 (Beisassen der Diaspora) mit 5,13 zu nennen: Babylon ist dort nicht negativ gewertet wie in apokalyptischen Schriften und steht daher wie in den Jeremia- und Baruch-Briefen für die gedachte Mitte der Diaspora (vgl. etwa Bar LXX: Brief aus Babylon). Im weiteren Sinne gehören hierher auch alle Briefe ohne konkrete Gemeindeangaben (2 Petr; Eph; 1 Joh; Jud; Hebr) und solche, die ausdrücklich als Rundschreiben gedacht sind (Apk ausweislich der sieben genannten Gemeinden). Frühe christliche Gemeinden verstehen sich wie jüdische als „Diaspora", und vom Judentum wird das Mittel übernommen, die räumlich voneinander Getrennten an einer einheitlichen Verkündigung teilhaben zu lassen. Diese Briefe sind daher eine Entsprechung zum Wanderapostolat mit anderen Mitteln.

b) Ähnlich wie der Wanderapostolat kollegial verfaßt war (mindestens zwei Boten gehören jeweils zusammen), sind auch die meisten Paulusbriefe (1.2 Kor; Phil; Kol; 1.2 Thess; Phm) nicht von Paulus allein verfaßt, sondern zusammen mit mindestens einem Mitarbeiter. Die „klassische" Konstellation des Gegenübers des „einen" Apostels und „der" Gemeinde begegnet nur in Röm und Gal (vgl. ebenso dann: 2.3 Joh).

c) Die Entsprechung Apostelbrief/Philosophenbrief zeigt sich vielfältig: im halboffiziellen Charakter des Briefes, in der Verquickung von Lehre und Persönlichem (der Lehrer als Vorbild), in der Tendenz zur Sammlung von Briefen, besonders aber in den Elementen der Diatribe/Dialexis, die ausgesprochen autoritären Charakter haben und gezielt der Seelsorge gelten. Besonders hinzuweisen ist hier auf die Pastoralbriefe, die den Briefen des Lehrers an den Schüler seines Vertrauens entsprechen (vgl. die häufigen Elemente des Paideutikon in ihnen), aber auch dem weisheitlichen Brief des Vaters an seinen Sohn (vgl. etwa den Brief des Mara bar Serapion an seinen Sohn; ed. W. Cureton).

Auffällig und für die Folgezeit der Rezeption häufig problematisch ist in einigen neutestamentlichen Briefen ein besonderes Verhältnis von *Identität* und *Relevanz*, d. h. einem Überschuß an Motivation (die Identität betreffend) entspricht ein Mangel an Konkretion (Relevanz, praktische Bedeutung des Gebotenen in bestimmter Situation). Das gilt insbesondere für protreptische und postconversionale Mahnrede, z. B. für 1 Petr 1,13–2,5. In der Situation einer Gemeinde von Neubekehrten ist dieses zweifellos geboten, da das Unterscheidende vor allem in der Motivation liegt, in der neu gewonnenen Identität. Die konkreten Einzelmahnungen werden gerade für 1 Petr (vgl. 2,13–17) aus der Umwelt übernommen; die Motivation dient hier dazu, die bürgerlichen Normen besser und für die Mission attraktiver zu erfüllen (ähnlich wie in Mt 5,16–20 im Bereich des Judentums). Das Verhältnis *außen/innen* ist daher entscheidend für das Verhältnis von *Identität und Relevanz*.

d) Pseudepigraphität dient nicht nur dem Lob der in Anspruch genommenen Autorität, sondern auch der zeitlichen Verlängerung der Geltung des einmaligen Anspruchs der „Apostel". Sie dient daher heiklen, nur autoritativ zu lösenden Problemen (z. B.: Kol bezüglich der Irrlehrer; Eph bezüglich der Einheit der Gemeinde). Analogie: Ps.-Sokrates- und Sokratikerbriefe.

Im ganzen sehe ich in den neutestamentlichen Briefen vor allem eine Verbindung von Propheten- und Philosophenbrief. Die Briefe in Apk 2–3 stehen dabei sowohl synoptischen wie prophetischen Gattungen am nächsten. Zu deren Aufbau mit Schelte, Erinnerung, Mahnung (etc.) und bedingter Heilsansage (Überwindersprüche) am Schluß vgl. besonders Jes 1,10–20; Hos 14,2 f. 9, aber auch 4 Esra 7,127–130 (Siegen/Besiegtwerden; „Wähle dir den Weg…" mit Bezug auf Mose).

2. Zu den Evangelien

a) Die Gemeinsamkeiten mit den Briefen betreffen außer einer Fülle gemeinsamer Formen und Gattungen, die in diesem Buch dargestellt wurden, auch spezielle Gesichtspunkte wie die Einheit von Lehre und gelebter Botschaft in der Person des Lehrers (jedenfalls bei Paulus und in den Evv), die Endposition apokalyptischer Passagen, aber auch die große Bedeutung des Alten Testaments.

b) Für die Evangelien lieferte die verglichene Literatur, insbesondere die Viten Plutarchs und jüdische Texte (TestHiob; Vitae Prophetarum), nicht nur analoge Motive, sondern *strukturanaloge Teile des Aufbaus*. Hier ist noch einmal auf die Elemente des Enkomions zu verweisen sowie auf die Analogien zwischen Christusenkomien (vgl. zum Aufbau von Phil 2,6–11 auch den 2. Brief des Hippokrates nach Hercher, Epistolographi, S. 289, mit der Abfolge der Darstellung: göttliche Herkunft – Dienst auf Erden – titulare Ehrung als „Retter" etc.) und Evangelien. Zu nennen ist als strukturelles Element auch die mythologische Ausgestaltung insbesondere von Anfang und Ende der Vita, die Verknüpfung von Einzelmaterial als Reise usw. In den Prophetenleben (z. B. Vita Daniel) ist das das Leben des Propheten überschreitende Vaticinium wie in Mk 13 das letzte vor dem Sterben berichtete Element.

c) Unter den Viten des Plutarch ist ein stärker mythologisch-ätiologischer Typus erkennbar. Hier wie in Philosophenviten begegnen das Element des Geheimnisses, die Frage „Wer ist dieser?" und damit verbunden das Mißverständnis. Die geteilten Meinungen über die Identität (zumeist göttlicher Art; auch bei Hippokrates, vgl. unter b]) sind mithin die innerhalb der Gattung Bios nachweisbare Vorstufe für die *Geheimniskonzeption* des Markus. – Die besondere Identität kann auch durch geheimnisvolles Zusammensein mit der Figur, der man ähnlich ist (Numa mit Pythagoras nach Plutarch, Numa 8 und Mk 9,4), erweisbar sein.

d) Ist das Geheimnismotiv mit der Gattung vorgegeben, so ist doch die Besonderheit bei Markus, daß nicht Jesus, sondern nur Gott selbst dieses Geheimnis durch Auferweckung lüftet. Hier stoßen wir zugleich auf das unmittelbare Interesse, das zur Abfassung des MkEv führte. Da in Evv,Acta und Briefen die Vaticinien jeweils die direkte Gegenwart betreffen, ist die Gegenwart nach Mk 13 durch ein Wiederaufleben der Naherwartung gekennzeichnet, die mit einem irdisch wiedererscheinenden Jesus und mit einem „Angriff" auf den Tempel rechnet (vgl. Mk 13,14; 14,58; die Tempelzerstörung des Jahres 70 ist in der Tat nicht vorausgesetzt). Jesus wäre dann nur entrückt und würde wiedererscheinen wie die Figuren nach Mk 8,28. Dagegen betont Markus: Jesus ist der Menschensohn – er ist als der Menschensohn von Gott auferweckt (vgl. Mk 8,31 etc.) und kommt als solcher mit den Wolken des Himmels. Die Menschensohnvorstellung dient daher (ähnlich wie Act 1,11b für 1,6) der Korrektur einer Christos Konzeption, die für bald jedenfalls mit einem messianischen Krieg, vielleicht auch mit einem entsprechenden Reich (Mk 10,37) und jedenfalls mit dem baldigen Ende allen Leidens rechnet. Der Menschensohn ist weniger als das (das Leiden hört nicht auf, der Menschensohn vergibt keine Plätze), aber auch zugleich mehr (von Gott auferweckt, eine himmlische Figur). – So kämpft Markus gegen zwei Fronten (vgl. analog: ANRW S. 1261): Gegenüber den Außenstehenden vor allem erweist er die verborgene *Gottessohnschaft* Jesu (und damit Jesu legitime Vollmacht), gegenüber den Erwartungen der eigenen Gemeinde stellt er Jesus als den *Menschensohn* dar (vgl. dazu den Konflikt Mk 8,29–33). Weil so der Menschensohn mit einer möglichen Zerstörung des Tempels (als Bestrafung für seine Ablehnung) nichts zu tun hat, wird Jesus auch bezüglich Mk 14,58 entlastet. – Die Schwelle für die Zugehörigkeit zur Gemeinde ist so die Annahme der *Gottessohnschaft* Jesu (die Legitimität seines Pneumas: Mk 3,28f), während eine falsche Auffassung über den *Menschensohn* (dann konsequent in Mt 12,32) vergebbar ist, wie der Evangelist am Beispiel des Petrus zeigt. Markus verteidigt daher die Identität Christus/Menschensohn, in der der Menschensohn Gottes Vezier und dem Reich Gottes zugeordnet ist, gegenüber einer selbständigeren Rolle des Christus, wie sie als Gegenposition vor allem in Mk 10,37 und in anderen Jüngermißverständnissen sowie in Mk 13,5 f.22 erkennbar wird. Und falls der „Greuel" von Mk 13,14 ein Nero redivivus ist (M. Hengel), so konkurriert doch Jesus in keiner Weise mit ihm, weder mit dadurch geweckten Hoffnungen noch mit Befürchtungen. Er ist überhaupt anders.

e) Auch im Judentum werden Einzelfiguren biographisch dargestellt (Mose bei Philo und Artapanus; vgl. die Autobiographien in den TestPatr). Neu ist mithin nicht die Gattung, sondern die Tatsache, daß diese theologischen allgemeinen Topoi und Gattungen mit Jesus verbunden werden. Wie in den Viten den Plutarch, so geht es auch hier um etwas Allgemeineres (Gottes prophetischer Gesandter).

f) Die Beziehung der Evangelien zur volkstümlichen, zum Teil halb romanhaften Literatur (Vita Aesopi, ed. Perry; Vita Homeri, ed. U. v. Wilamowitz-Moellendorff; Vita Alexandri, ed. H. v. Thiel) innerhalb antiker Viten ist jüngst neu beachtet worden (vgl. auch: M. Reiser: Der Alexanderroman und das Markusevangelium, in: WUNT 33 [1984] 131–163). Die Affinitäten beziehen sich auf folgendes:

1. Reihung von Szenen und Episoden, kaum komplexe und gleichzeitige Handlungen (in den Evv nur in der Passionsgeschichte). Die kurzen Szenen werden oft durch das Mittel der Reise aneinandergereiht.

2. Nur vage Zeit- und Personenangaben, Erzählung ohne Details und Umstände, daher häufig Unwahrscheinlichkeit des Erzählten, besonders in der Geographie; Wiederholungen und Dubletten; Mangel an Differenzierung in der Psychologie.

3. Entsprechend der Einsträngigkeit der Erzählung: Die Anzahl der Personen ist begrenzt, Freund und Feind werden schematisch dargestellt; Gruppen sprechen. Die eingestreuten kurzen Reden richten sich an „das" Publikum.

4. Anders als in den Viten Plutarchs werden nicht Quellenvarianten berichtet; der Autor bleibt ungenannt.

5. Ähnlich wie in den Viten Plutarchs, bei Mose, Apollonius und Pythagoras ist die Göttlichkeit des Helden den Menschen verborgen (Vita Alex 2,15,1 „Die Perser aber sahen Alexander voll Verwunderung über seine kleine Gestalt an, wußten sie doch nicht, daß in einem kleinen Gefäß der Glanz eines übermenschlichen Geschicks verborgen war"). Dem entsprechen mythische Züge wie die der Begnadung dienende Isisvision in Vita Aesopi G 6, die Serapisvision in Vita Alex 1,33, 7–11, die Zeichen vom Himmel beim Tod Alexanders in Vita Alex 3,33,5, die Prodigien und die Funktion der „Stimme".

6. Auch hier findet sich, wenn auch viel seltener als bei Plutarch und bei Diogenes Laertius, die Chrie (vgl. die Kollektion von drei Chrien in Vita Alex 2,9,1–2,10,3). Dagegen fehlen in diesen Viten Wundererzählungen, und die eingestreuten Briefe erinnern mehr an Apg. – In diesen Punkten sind die Evv stärker jüdisch und „prophetisch" orientiert.

3. Abschließende Thesen zur Gattung Evangelium

a) Zu den mythologischen Kindheitsgeschichten, zum „Sohn Gottes" und zum „verborgenen göttlichen Wesen" in Evangelien und hellenistischen Biographien:

I. Die mythologischen Entstehungsberichte in Biographien zeigen: Die Bedeutung eines Menschen ist in der verborgensten Phase, in seiner Entstehung, am offenbarsten, dort, wo Zeugen fehlen. Auch das spätere Sichtbarwerden und das Tun in der Öffentlichkeit kann dieses nie adäquat einholen.

II. Hell. Biographien enthalten daher bereits entscheidende Elemente des „Messiasgeheimnisses".

III. Die Frage nach der Identität ist umstritten (Meinungen oder Quellen, die der Autor nebeneinanderstellt). So bleibt das Geheimnis während des Erwachsenseins auf andere, neue Weise bestehen: der Held bleibt jenseits der Meinungen, ungreifbar – dadurch für naiv Fromme wie für Intellektuelle akzeptabel.

IV. Im Bereich der alttestamentlichen Religion ist die Frage nach dem „Wesenskern" in dieser Weise unbekannt. Sie hängt demnach direkt mit Zeugung/Kindschaft zusammen. Das gilt auch dann, wenn, wie bei Mk, der Gottessohn nicht von Gott selbst gezeugt, sondern nur als Kind adoptiert ist. Aber beides, Zeugung wie Frage nach der verborgenen Identität, ist gleichermaßen unalttestamentlich. Und die Frage nach der verborgenen Identität ist nur die Folge und/oder abgemilderte Form der Frage nach Gottessohnschaft per Zeugung.

V. Auf vergleichbarer Ebene kennt das Alte Testament nur das „Mit-Sein" Gottes oder die Inspiration. So wird denn bei Mt und Lk die Empfängnis Jesu durch den Geist Gottes als quasi-inspiratorischer Vorgang gedeutet, und Mt kennt auch das Mit-Sein (1,23). Auch wenn man von Plutarch, Numa 4, absieht, ist die Entstehung Jesu durch den Geist Gottes mithin für Juden die äußerste Möglichkeit, den biographischen Topos der Entstehung durch einen Gott zu rezipieren.

VI. Die Beteiligung der Gottheit an der Entstehung des Helden bedeutet eine besondere Verschränkung von *tremendum* und *fascinosum* (Erblinden als Folge des Zusehens; Meiden der Gattin).

VII. Die Gottheit wirkt so im Leben des Helden nicht von außen, sondern von innen her, nicht durch heilsgeschichtliche Ereignisse, sondern aus der Mitte und dem Geheimnis von Personen. Weil das göttliche Einwirken lange *ante natum* erfolgt, wird der Geschenkcharakter besonders deutlich. Geschenkt wird je der Mensch selbst.

VIII. Im Unterschied zum Judentum und zum Alten Testament wird der Gott hier Teil der biographischen Kette (vgl. aber die „Aufweichung" im Stammbaum Lk 3,38). Damit liegt der Gott nicht jenseits des Menschlichen, und es besteht keine Furcht vor Anthropomorphismen. Während die letztere die jüdische Religion kennzeichnet (neben und parallel der philosophischen Ausprägung griechischer Religion), ist das Merkmal der griechischen Volksreligion (und Magie) eher das Gegenteil: Furcht davor, Götter transzendent-übermenschlich zu sehen.

b) Zur neueren Diskussion über hellenistische Biographie und Evangelium:

I. Ähnlich wie ein Großteil der unter dem Namen Biographie zusammenzufassenden hellenistischen Viten sind auch die Evangelien *moralisch* orientiert: Der Gattung Chrie ist dieser Aspekt prinzipiell zueigen (Einheit von Lehre und Leben), und von daher gewinnen auch die Chrien Bedeutung, in denen über das Gesetz diskutiert wird. Jesus ist nach den Chrien durchaus vorbildlich in seinem Verhalten, und zwar für Jünger und Gemeinde, so etwa beim „Essen mit Sündern und Zöllnern". – In Mt 11,29 fordert Jesus ausdrücklich dazu auf, von ihm zu lernen, denn er ist sanft und demütig, und er stellt damit selbst dar, wozu er in Mt 5,38–48 aufgerufen hat (vgl. auch Mt 5,5). – Schließlich meint der Begriff „Nachfolge" durchaus Moralisches.

II. Auch der Jesus der synoptischen Evangelien steht in positiver, affirmativer Beziehung zu *allgemeinen Normen,* ja er erfüllt sie radikal unter tieferer Erfassung des Willens Gottes. Er predigt nicht Anarchie, sondern vollkommenen Gehorsam. Gerade dieses verbindet die Evangelien mit dem die Normen bejahenden und vermittelnden Charakter der Biographien Plutarchs.

III. Weder in den Evangelien noch im mythologischen Typ der Biographien Plutarchs und anderer ist der Held nur Repräsentant der *allgemeinen menschlichen Physis*. Durch einen sehr oft halb-göttlichen Ursprung ist der Held über die allgemeine Natur hinausgehoben.

IV. Eine häufige Betrachtungsweise, nach der die Evangelien vor allem durch den *Rahmen* (Taufe, bzw. Kindheitsberichte und Passionserzählung) bestimmt seien, der im übrigen mit verschiedenartigem Material „aufgefüllt" wurde, ist zu korrigieren durch eine andere, hier vertretene, nach der Chrien, Demonstrationen („Epiphanie-Erzählungen"), Episoden usw. alle die gemeinsame Funktion haben, das verborgene Wesen sichtbar zu machen. Dem fügen sich Tauf-, Kreuzigungs- und Auferstehungsberichte ein. Diese Gattungen stehen an der Stelle der „praxeis" genannten Stoffe antiker Biographien.

V. Nach A. Dihle (1983 a, b) verdienen nur die Viten Plutarchs den Namen „Gattung Biographie", im Unterschied zu biographisch verwendbaren Kleinformen. Das Kriterium für die Gattung Biographie ist für Dihle aber rein philosophischer Art: Sichtbarmachen der verborgenen Verhaltensweisen, des Charakters, durch „Werke". Dazu ist zu sagen: 1. Sachlich gesehen besteht kein Grund, die Evangelien in diesem Punkt von den Biographien Plutarchs zu unterscheiden, denn es geht um genau dieses Element. 2. Jedoch halte ich eine philosophische Konzeption für vergleichsweise ungeeignet zur Bestimmung einer literarischen Gattung; eine solche darf nicht ohne präzise Beachtung der literarischen Formen geschehen. Unternimmt man das, wie es hier versucht wurde, so läßt sich die Gemeinsamkeit zwischen Bioi und Evangelien hier durch gemeinsame Formen, nämlich: Frage nach dem Wesen, Äußerung verschiedener Meinungen über die rätselhafte Identität, Deutung der Identität durch „Dieser ist..." usw. nachweisen. Da ferner nach unserer Konzeption jeder Text einer Gattung zugehört, rücken alle biographischen Formen in den Horizont des Vergleichbaren.

VI. Je größer die *religiöse* Bedeutung und Legitimation des biographischen Helden ist, um so unspezifischer, religionsgeschichtlich allgemeiner und „traditioneller" ist das biographische Material (Evv; Viten des Pythagoras), je größer die nur *politisch-soziale* Bedeutung ist, um so „individueller" wird das Material, um so größere Nähe besteht zur Historiographie (z. B. Plutarch, Vita Sullae).

VII. Die Gattung Evangelium hat über das NT hinaus keine Fortsetzung gefunden; Gesamtumfang und Alter des PetrEv sind unbekannt, und das arPs.-JohEv (ed. Galbiati) ist zu spät. Vom 2. Jh. aus gesehen sind die Evv komplexe Synthesen von Materialien und Interessen, die später (wieder) auseinanderfielen und verschiedenartige (wenn auch überwiegend dialogische) Gestalt gewannen: für die „Außenfront" Apologien und Streitgespräche mit Juden (Justins Dialogus ist in dieser Hinsicht Erbe der Evv), für den Binnenbereich Belehrungen durch den Auferstandenen. Die stark apologetischen Kindheits- und Passionsevangelien lösen die „kritischen Phasen" des Bios Jesu vom Gesamt seiner Tätigkeit und vor allem von seiner Lehre. Aufgelöst wird mithin überall die Einheit von Lehre und Leben. Gerade sie verbindet aber die Evv des NT mit der antiken Philosophenvita, im weiteren mit antiken Biographien allgemein und mit ihrem zentralen pädagogischen Ziel, Unerreichbarkeit und Exemplarisches zu verbinden.

4. Querverbindungen zwischen Evangelien und Briefen

a) Beide Gattungen sind je für sich eine besondere Verbindung prophetischer und philosophischer Elemente (Prophetenbrief und Philosophenbrief; Propheten- und Philosophenvita). Bei Mt und Lk nehmen die Elemente aus Herrscherviten zu.

b) Bei Bedrohung der Identität der Gemeinde durch Anpassung an pagane weltanschauliche (Jud; 2 Petr; 1 Kor 15) oder politisch-religiöse (ApkJoh;

Mk 13 parr) Tendenzen bedeutet der Rückgriff auf apokalyptische Eschatologie in den sog. Apokalypsen stets zugleich, daß ein *judenchristliches Element zum Bollwerk gegen Nivellierung und Auflösung* wird. Hier wird jeweils das Proprium sichtbar, seien die Gegner Skeptiker, Mystiker oder die geistigen Erben der paulinischen „Starken". Diese der Nivellierung entgegenwirkende Rolle spielt die Anlehnung an das Judentum auch in Eph (2,11ff) angesichts der Ortlosigkeit der Christen und der Gefahr des Rückfalls in das Heidentum (Eph 4,17ff).

c) Für den Aufbau des JohEv ist durch den Prolog (Analyse: Berger, Exegese, S. 27f) die Entsprechung von Weltbezug (Joh 1,1–13: es geht um den Logos) und Gemeindebezug (Joh 1,14 und der Rest des Ev) konstitutiv. Ähnlich ist die Struktur des Enkomions in Kol 1,15–20 (beide Texte sind Logos-Enkomien):

Das Enkomion in Kol 1,15–20 ist im Er-Stil der Prädikation gehalten (vgl. E. Norden, Agnostos Theos, S. 164f.). Trotz Ps 47,1.4.15; 118,6f.14 ist dieser Stil nicht alttestamentlich zu nennen. Analogien sind vor allem in Enkomien auf Zeus und Serapis überliefert (Demokrit 30; Aristides 43 und 45,29.32 als Reihen mit „dieser ist"). In Kol 1 bezieht sich die erste Hälfte (der ist... und er ist...) auf die Weltfunktion des Logos, die zweite, spiegelbildlich dazu aufgebaute Hälfte (und er ist..., der ist...) auf seine Gemeindefunktion. Ähnlich ist auch die Doxologie in Apk 1,5a (Weltbezug)/5b–6a (Gemeindebezug) aufgebaut. Analogien sind Weisheitstexte (Sir 24,3–9/10ff.). – Zur Entsprechung von Joh 1 und Enkomien vgl. auch ANRW S. 1191–1194.

Der Weltbezug stellt jeweils die Bedeutung des Gemeindebezugs heraus, auf dem der Ton liegt.

d) Gemeinsame Reihenbildungen: Zu nennen sind außer paränetischen Reihen (Lasterkataloge; Paränese) vor allem die strukturverwandten Reihen über Tun, bzw. Leiden: Peristasenkataloge in den Briefen und Reihungen von Taten, bzw. wunderhaften Erzählungen in den Evangelien. Anhand der Heraklestradition konnte aufgezeigt werden, daß beides einen gemeinsamen Ursprung haben kann. In Plutarchs Vita des Theseus, K. 6–14 begegnet eine erzählte Reihe von Macht- und Krafttaten auch innerhalb einer Vita (mit ausdrücklicher Nennung des Herakles als Vorbild). „Aretalogien" im Sinne der Forschung sind diese nicht, denn weder begegnen die Reihen literarisch isoliert oder isolierbar noch handelt es sich um Wundererzählungen (diese Kategorie schlossen wir vielmehr überhaupt aus), sondern um erzählte oder aufgelistete Reihen von Erweisen über Geduld oder Kraft des jeweiligen „Helden".

Diese Reihungen von Erweisen aber haben ihren literarischen Sitz eben deshalb in Biographien und biographischen Stücken, weil es Kennzeichen der auch für die Evangelien „maßgeblichen" Art von Biographien ist, das verborgene Wesen *durch viele „praxeis" zu erweisen*. Anhand der Austauschbarkeit von Tat und Leiden in solchen Reihen, die wir etwa für 2 Kor 11,22–33 erkannten, wird auch deutlich, daß die evangelischen Erzählungen über Taten, Worte und Leiden Jesu zusammengehören. Es besteht von der

Konzeption her nicht der geringste Anlaß, wunderhafte Machterweise von den Passionsberichten zu trennen.

e) Die biographischen Stücke der Pastoralbriefe haben mit der Jesusdarstellung aller Evangelien gemeinsam eine *hagiographische Ausrichtung* der Biographie. Ähnlich sind die Vitae prophetarum und die Vita Pythagorae des Jamblichus in diesem Punkt. Es fehlt dann jeweils nicht an Kontrastfiguren: fehlbare Jünger in den Evv. und Gegner in den Pastoralbriefen. Zu den Jüngern als negativen Vorbildern vgl. § 85; zu Paulus als positivem und den Gegnern als negativen exempla in den Pastoralbriefen vgl. B. Fiore: The Function of Personal Example in the Socratic and Pastoral Epistles, Yale 1982.

§ 110 Zur Praxis formgeschichtlichen Arbeitens anhand der Auslegung von Gleichniserzählungen

Am komplizierten Fall der Exegese von Gleichniserzählungen läßt sich darstellen, wie die Frage nach Semantik (Wortbedeutung), Kohärenz des Textes (Was macht den Text zu einer Einheit?) und soziologischer Verortung innerlich zusammenhängen.

1. Es ist davon auszugehen, daß es für einen derartigen Text *ein Aussageziel* (Pointe) gibt, auch wenn dieses nicht als Satzwahrheit, sondern als ein neuer Text darzustellen ist. Die Pointe ist der inhaltliche Brennpunkt des Gleichnisses. Der einen Pointe stehen die mannigfach möglichen tertia comparationis gegenüber. Daß diese mannigfach sein konnten, zeigte uns die Beobachtung semantischer Verzahnung (vgl. § 13). Dabei spielten besonders usuelle Metaphern eine große Rolle, Metaphern also, die auch schon auf der Ausgangsebene theologisch verstanden werden konnten und nun im Gleichnis wiederkehren. Man hat bisweilen den Eindruck, daß Gleichnisse aus Material gebaut werden, das in anderen Großgattungen im Rahmen metaphorischer Mahnrede begegnet (z.B. Lk 12, 35–40 und 1 Petr. 1,13;4,7;5,8). (Und andererseits werden auch Visionen aus Metaphernmaterial gestaltet, vgl. 1 Petr. 1,19 mit Apk 5,6).

Auch die Semantik von Sentenzen spielt für das Bildmaterial von Gleichnissen eine Rolle (z. B. Saat/Ernte).

2. Die Pointe einer Gleichniserzählung ist wesentlich aus dem Aufbau zu ermitteln, also aus der *Struktur* (Mk 12,1–11 hat die Struktur einer bedingten Unheilsansage: Wenn jetzt nicht, dann...; Mt 13,24–30: Was jetzt den Sklaven verboten wird, soll dann anderen (Erntearbeitern) befohlen werden).

3. Die Hauptschwierigkeiten bei der Gleichnisauslegung ergeben sich daraus, daß unklar bleibt, wie hoch die *Abstraktion* bei der Formulierung der Pointe zu wählen ist. Man tut gut daran, anhand der Struktur eine inhaltlich möglichst wenig gefüllte „Minimalaussage" an den Anfang zu stellen. Für Mk 12,1–12 wäre das: „Jetzt ist die entscheidende Stunde". Hier ist nur der Gang der Erzählung äußerst abstrakt erfaßt: Daß es angesichts des nun gesandten

Sohnes um die entscheidende Stellungnahme und die Möglichkeit der Wende geht. Bei dieser abstrakten Minimalaussage spielen keinerlei mögliche christologische Implikationen eine Rolle, auch nicht eine Deutung der Sklaven auf die Propheten etc.

Abgesehen von diesem Minimum ist aber zu fragen, ob die Pointe nicht auch noch inhaltsreicher und weniger abstrakt festzumachen ist. Eine Anleitung dazu liefert der Aspekt der semantischen Verzahnung:

4. *Inhaltsreichere* Beschreibungen der Pointe orientieren sich nicht nur an den *strukturellen Phasen* der Erzählung, sondern zunehmend an der *Semantik*. Dabei gilt offenbar die Regel: *Je geringer die semantische Verzahnung ist, um so höher muß die Abstraktionsebene sein.* – Entscheidend ist jedoch, daß die einzelnen Metaphern der Gleichniserzählung (wie auch Relationen etc.) nicht isoliert ausgelegt werden, sondern stimmig. Das heißt: *Jeweils derjenige semantische Teilgehalt einer Metapher (etc.) ist für das theologische Verständnis relevant, der es erlaubt, anderen wichtigen Metaphern des Textes zugeordnet zu werden.*

Das mögliche Verständnis der einzelnen Metaphern ergibt sich aus Konkordanzarbeit (AT, jüd. Literatur, NT) und Kontext.

Erläuterungen anhand von Mk 12,1–11: Genannt werden zentrale Metaphern des Gleichnisses und mögliche Entschlüsselungen im Rahmen der semantischen Verzahnung.

Weinberg: Israel als Volk; Land; Herrschaft über Israel; Auserwählung; (abstrakter:) etwas Anvertrautes überhaupt, daher auch: *Vollmacht in Israel*

Weinbauern: Juden; *jüdische Lehrautoritäten;* politische Führer Israels.

Sklaven: *Propheten*

Verhältnis Weinbauern/Weinberg: *Lehrvollmacht in Israel;* politische Herrschaft in Israel

der Sohn als Erbe: Auserwählte als Erben; Messias als politischer Machthaber; *Anrecht des Messias auf Gefolgschaft*

Verweigerung der Früchte: *Ablehnung von Gottes Forderung nach Gerechtigkeit*

Vernichten der Weinbauern und Übergabe an andere: Herrschaft der Römer nach 70 und Katastrophe des Jahres 70; Zuwendung der Botschaft zu den Heiden; Gericht Gottes am Ende; *Übergang der Lehrvollmacht an die Jünger Jesu, während sie den Schriftgelehrten und Pharisäern weggenommen wird*

Verhältnis der Weinbauern zum Sohn: Nach 12,7: *Konkurrenz*

Bei einer isolierten Auslegung der einzelnen Positionen wären jeweils alle Möglichkeiten gegeben.

5. *Zuordnung und einheitliche Lesbarkeit* der Metaphern und Relationen ist möglich, wenn innere Logik und sachliche Einheit auf der Ausgangs- wie auf der Bildebene gegeben sind. Die Einheit auf beiden Ebenen nenne ich „analogische Kohärenz". Kriterium ist die Einheit der narratio wie die Einheit auf der Ausgangsebene. So gibt es *zwei miteinander verzahnte Kohärenzen.*

6. Bei alledem handelt es sich nicht um allegorische Auslegung. Sondern: Dank der Verwendung usueller Metaphern auf Ausgangs- und Bildebene gibt es nicht zwei völlig voneinander unabhängige Kohärenzen, die nur parallel nebeneinander herliefen (wie bei der Allegorie). Gerade für Mk 12,1–11

hat man immer wieder diskutiert, ob eine Allegorie vorliegt. Das ist nicht der Fall (abgesehen davon muß auch nicht jeder Einzelzug übersetzbar sein wie häufig bei Allegorien, da die semantische Nähe jeweils größer oder geringer sein kann).

7. *Prinzip der Sparsamkeit:* Einheitlichkeit ist bis zum Erweis des Gegenteils auch für die Ausgangsebene anzunehmen: Man darf nicht unnötig viele disparate theologische Gehalte annehmen (für Mk 12: nicht damit rechnen, daß im Schriftzitat mit einem Male zusätzlich von der Auferstehung die Rede ist). Man sollte versuchen, solange wie möglich mit *einer* Isotopie-Ebene auszukommen.

8. Für den oben genannten Fall müßte man nun verschiedene Kombinationen durchspielen und dafür den Text immer wieder lesen. Eine politische Deutung scheidet wohl aus wegen der Zuordnung von Sklaven (Propheten) und Sohn einerseits und der Konkurrenz Sohn/Weinbauern nach 12,7 andererseits. So bleibt m. E. nur die Möglichkeit, nach dem Kontext zu interpretieren und das Verfügungsrecht über den Weinberg im Sinne der in Mk 11,28–33 diskutierten Exusia (Lehrvollmacht) zu deuten. In diesem Sinne ist in der unter 4. genannten Übersicht das Koordinierbare kursiv gedruckt. Alles kursiv Gedruckte zusammen ergibt die analogische Kohärenz.

9. Soziologische Fragestellungen sind zu richten:

    a) auf die historische Herkunft des Gleichnismaterials aus der antiken Gesellschaft. Im Rahmen einer Formgeschichte ist das weniger relevant.

    b) auf den möglichen Sitz im Rahmen der Jesusbewegung:
Entweder geht es um den letzten Appell (paradoxe Intervention) an die jüdische Führungsschicht, ihre Rolle nicht aus falschem Konkurrenzdenken zu verspielen, oder es geht um die Legitimation des Übergangs der Lehrvollmacht an die Jünger (was auch vor Ostern nicht undenkbar ist). Die Schriftanspielung in Mk 12,1 und das Schriftzitat in Mk 12,10f weisen darauf, daß es in diesem Gleichnis so deutlich wie nirgends sonst um den Streit über die Lehrvollmacht geht.

    c) auf die möglichen Interessen einer tradierenden Gemeinde:
Hier spielt die Kompositionskritik eine wichtige Rolle (Kontext in der Evv-Überlieferung). Die „anderen" sind hier bereits die von den jüdischen Lehrautoritäten weitgehend getrennten Lehrer der christlichen Gemeinde (beachte Stellung am Ende des MkEv!). Mk 12,8 kann nunmehr im Sinne des Geschicks Jesu gelesen werden (auf Stufe b] könnte Jesus dieses immerhin als Konsequenz seiner Ablehnung vorausgeahnt haben).
Hierher gehört auch die Redaktion anderer Evangelisten: In Mt 21,33–46 wird das Gleichnis in anderen Zusammenhang gestellt (Gleichnisse nach dem Schema: wenn ihr nicht – dann andere) und

laut Mt 21,43 (add.) auf den Übergang der Basileia (nicht mehr: der Lehrvollmacht) an die Heiden gedeutet, jedenfalls an ein „Volk", das nicht Israel ist.

Während auf Stufe b) das Gleichnis der Gattung nach entweder symbuleutisch oder dikanisch war, ist es hier sehr wahrscheinlich dikanisch zu deuten (Rechtfertigung vollzogener Entscheidung)

d) auf den impliziten antiken Leser hin (soziologische Rezeptionskritik):

Wo kann sich der Leser „wiederfinden"? (vielleicht anfängliche Sympathie mit den Weinbauern angesichts antiker Sozialverhältnisse, die dann aber in Ablehnung endet) Welche moralischen Wertungen werden angesprochen? Welche Gefühle? Worin besteht die Rezeptionsüberraschung? (Angesichts der deutlichen, auch gattungsmäßigen [paradigmatischer Rechtsentscheid] Verwandtschaft mit Jes 5,1–7 fällt auf, daß dort nur vom Weinberg die Rede ist, der „nicht will", hier dagegen zusätzlich von den Weinbauern und den neuen Pächtern. Darauf kommt es also an, und damit wird die unter 8. vorgeschlagene Lösung auch von der Rezeptionskritik her wahrscheinlich. – Worin besteht die „Extravaganz" des Gleichnisses? – In der schier unbegreiflichen Geduld des Besitzers, der nicht nur seine Knechte ohne Gegenreaktion umkommen läßt, sondern auch noch seinen Sohn aufs Spiel setzt: Eben diese Extravaganz wird für den Leser zu einem neuen Schlüssel der Entdeckung semantischer Verzahnung: Die Sendung der vielen Knechte entspricht der Sendung der Propheten.

Allegorie liegt nicht vor, weil die Metaphern nicht erst künstlich vereinbart sind. Allegorische Teile gibt es auch dann, wenn nicht das ganze Gleichnis „Allegorie" ist (z. B. die Minen/Talente in Mt 25,14–30; Lk 19,11–27; das Öl in Mt 25,1–13).

Die Rezipienten müssen auch das Spiel des Erzählers mit Gattungen verstehen. Als *Beispielerzählung* wären z. B. Lk 16,1–9; Mt 25,8f unmöglich und skandalös; die eigene Empörung soll den Hörer nötigen, hier nach der etwas versteckteren Pointe eines *Gleichnisses* zu suchen – ein letzter Beleg für die Relevanz des Wissens um Gattungen.

Wichtige Literatur zur Formgeschichte

Bousset, W.: Apophthegmata. Textüberlieferung und Charakter der Apophthegmata Patrum. Zur Überlieferung der Vita Pachomii. Euagrios-Studien, Tübingen 1923.
Bultmann, R.: Die Geschichte der synoptischen Tradition, Göttingen [6]1964, [9]1979 (= GST). – Ergänzungsheft dazu von G. Theißen und Ph. Vielhauer, [4]1971, [5]1979.
Ders.: Der Stil der paulinischen Predigt und die kynisch-stoische Diatribe (FRLANT 13), Göttingen 1910.
Dibelius, M.: Die Formgeschichte des Evangeliums, Tübingen [6]1971 (= FE). –
Ders.: Zur Formgeschichte des Neuen Testaments (außerhalb der Evangelien), in: ThRNF (1931) 207–242.
Ders.: Stilkritisches zur Apostelgeschichte, in: Aufsätze zur Apostelgeschichte, Berlin 1951, 9–28.
Ders.: Zur Formgeschichte der Evangelien, ThR NF 1 (1929) 185–216.
Grobel, K.: Formgeschichte und synoptische Quellenanalyse, Göttingen 1937.
Gunkel, H.: Reden und Aufsätze, 1913.
Güttgemanns, E.: Offene Fragen zur Formgeschichte des Evangeliums (BEvTh 54), München 1970.
Iber, G.: Zur Formgeschichte der Evangelien, in: ThR NF 24 (1957/58) 283–338.
Koch, K.: Was ist Formgeschichte? Methoden der Bibelexegese. 3., verb. Auflage mit einem Nachwort: Linguistik und Formgeschichte, Neukirchen 1974.
Müller, U. B.: Prophetie und Predigt im Neuen Testament, Gütersloh 1975.
Norden, E.: Agnostos Theos. Untersuchungen zur Formengeschichte religiöser Rede, 1913, Darmstadt Nachdr. 1956.
v. Nordheim, E.: Die Lehre der Alten I: Das Testament als Literaturgattung im Judentum der hellenistisch-römischen Zeit (ALGHJ 13), Leiden 1980.
Plümacher, E.: Neues Testament und hellenistische Form. Zur literarischen Gattung der lukanischen Schriften, in: ThViat 14 (1979) 109–123.
Schürmann, H.: Die vorösterlichen Anfänge der Logientradition, in: Ders.: Traditionsgeschichtliche Untersuchungen zu den synoptischen Evangelien, Düsseldorf 1968, 39–65.
Wolff, H. W.: Die Begründungen der prophetischen Unheilssprüche, in: ZAW 52 (1934) 1–22.
Zeller, D.: Die weisheitlichen Mahnsprüche bei den Synoptikern (FzB 17), Würzburg 1977.

Weitere abgekürzt zitierte Literatur:

Berger, K.: Die Auferstehung des Propheten und die Erhöhung des Menschensohnes. Traditionsgeschichtliche Untersuchungen zur Deutung des Geschicks Jesu in frühchristlichen Texten (StUNT 13), Göttingen 1976 (= Berger, Auferstehung).
Ders.: Exegese des Neuen Testaments, UTB 658, Heidelberg [2]1984 (= Berger, Exegese).
Ders.: Bibelkunde des Alten und Neuen Testaments, II Neues Testament, UTB 972, [2]1984 (= Berger, BK).
Ders.: Die Gesetzesauslegung Jesu I, Neukirchen 1972 (= Berger, Gesetzesauslegung).
ANRW = Berger, K.: Hellenistische Gattungen im Neuen Testament, in: Aufstieg und Niedergang der römischen Welt (Hrsg. H. Temporini, W. Haase) Reihe II, Bd. 25,2, Berlin 1984. S. 1031–1432. 1831–1885.

Register

1. Die typischen Situationen und Funktionen für die neutestamentlichen Gattungen (sozialgeschichtlicher Index)

381

2. Neutestamentliche Gattungen und Formen

3. Neutestamentliche Schriftstellen